天津近代历史人物传

下 卷

天津市档案馆 / 编

李 晶 万新平 / 主 编

荣 华 于学蕴 / 副主编

天津出版传媒集团

天津人民出版社

王 文 韶

　　王文韶（1830—1908），字夔石，号耕娱、赓虞，晚号退圃，祖籍浙江仁和，生于江苏嘉定。1852年，王文韶中壬子恩科第三甲进士，任铨户部主事，升户部员外郎、郎中。1864年授湖北安襄郧荆道，加盐运使衔，移署湖北汉黄德道。左宗棠、李鸿章皆荐其才，1867年擢湖北按察使，后调署湖南布政使。1871年擢署湖南巡抚，翌年实授。1878年署兵部左侍郎，充军机大臣，补礼部左侍郎，兼总理各国事务衙门行走。1882年署户部尚书。1889年升云贵总督，任内镇边戍防、募勇屯垦，绥靖各路土司，多次镇压农民运动和苗民起义。

　　1894年，中日甲午战争爆发，10月，王文韶奉诏入京，12月派充帮办北洋事务大臣，在京师和直隶协助李鸿章操办军务。甲午战争失败后，清廷派李鸿章赴日议和。1895年2月，王文韶署理直隶总督兼北洋大臣，8月实授。

　　王文韶主政直隶后，深知直隶防务交涉，胥关重要，一切新政，尤为全国命脉所系。他积极统筹北洋海防，规划宏远。1895年12月25日，王文韶预筹来年北洋海防各项经费需银七十余万两。[1]由于北洋海防以天津为诸军根本之地，以大沽、北塘为内户，金、旅、威海为外户，而山海关、营口等处，分扼水陆要冲，相为犄角，环海三千余里，均关紧要。1896年2月，王文韶建议及时整顿布置，以重防务，并提议留

---

①《王文韶奏核估光绪二十二年北洋海防经费折》，载《中国近代兵器工业档案史料》编委会编：《中国近代兵器工业档案史料》(1)，兵器工业出版社，1993年，第734页。

湘、淮、豫三军共九十营,分地屯守。

在修建威海、旅顺、大连湾炮台并增置船坞、船艇的同时,王文韶奏请扩大军械制造规模,将来工厂日增,海口之炮台、防营之军火、他省防剿之挹注、神机营之调取,均可取给于此。他还建议改天津机器局为北洋机器局,奏请清廷增拨经费,添置机器,扩大该局军火生产规模。

在王文韶主持下,北洋机器局铸钱厂于1896年5月19日恢复开炉,鼓铸制钱,并试铸面值为一圆、五角、二角、一角、半角的银币。这是中国第一套以"圆"为货币单位的计值流通银币(壹圆银币的重量为库平银七钱二分)。[1]1899年,北洋机器局又改铸"光绪元宝"龙洋银币,俗称"北洋造"。截至1900年,北洋机器局共铸造各币值的银圆约30个版次,超过3000万枚,加快了北方地区货币转型的步伐,对消除洋元冲击、重建政府信用具有积极作用。

王文韶注重发展北洋新型学堂教育,他认为,造就各种应用之才,尤当以学堂为急,因创办学堂事繁责重,必须通晓西学才堪总核之员认真经理,方不致有名无实。军事教育唯有整理水师、武备各学堂,简选训习,以储将才。严饬各练船认真操巡,以娴兵备,候财力稍裕,渐次扩充,此则北洋海军亟办之事。又相继奏设北洋大学堂、铁路学堂、育才馆、俄文馆,造就人才甚众。

1895年9月19日,津海关道盛宣怀撰写《拟设天津中西学堂章程禀》,呈送王文韶。9月30日,王文韶据此上奏,并具陈"创设北洋西学学堂缘由"。10月1日,王文韶咨总理各国事务衙门,创设北洋西学学堂,倡捐集资,不动公款。[2]王文韶还同时咨送军机处查核。1895年

---

[1]天津市钱币学会编:《天津近代钱币》,中国金融出版社,2004年,第29—38页。
[2]《具奏创设西学学堂一折抄录知照由》,台湾近代史档案馆藏清政府总理各国事务衙门档案,01-06-001-02-001。

10月2日,奉朱批照准。①这一天也被视为该学堂正式成立之日。该学堂成立后,即按盛宣怀所拟章程,"设立头等、二等学堂各一所"。其中,头等学堂即"外国所谓大学堂也"。其创设之初已称"北洋大学堂"或"天津大学堂",包括文、法、工、师范教育等诸多学科,是"在中国首先按照西方办学形式建立起的第一所新式大学"②。

督直期间,王文韶着力交涉德、美、法、日等国在津开辟、扩充租界,以及法国当局修理天津望海楼教堂等外交要事,③竭尽所能地维护主权、利权。

戊戌变法之际,王文韶赞成维新、革除旧法。1895年,康有为等创办强学会,鼓吹变法,议论时务。王文韶捐银五千两以示支持。1898年,清政府令王文韶封禁《国闻报》。时王文韶与严复已有交往,积极从中斡旋,严复等遂变通形式,继续出版《国闻报》。期间,王文韶对严复及学堂学生等多有保护。

1898年6月23日,王文韶再任军机大臣上行走,兼总理各国事务衙门行走,补授户部尚书。1899年赏御书匾额、对联、珍玩、文绮,旋以户部尚书协办大学士。1900年赏加太子少保衔,充国史馆副总裁。八国联军攻陷北京之际,王文韶追随慈禧太后西逃,力主对外妥协,晋体仁阁大学士,管理户部事务。1901年任国史馆正总裁,改外务部会办大臣、署全权大臣,佐办中俄条约、交还东三省及关外铁路等事宜。后充政务处大臣、督办路矿大臣,转文渊阁大学士、武英殿大学士。

1907年,王文韶因病奏请开缺获准,回原籍调理,次年卒于杭州,谥号"文勤",终年78岁。著有《王文韶日记》《湘抚奏议》《滇督奏议》

---

①《道员创办西学堂倡捐集资不动公款奏明立案由》,台北近代史档案馆藏清政府总理各国事务衙门档案,01-06-001-02-002。

②北洋大学-天津大学校史编辑室:《北洋大学-天津大学校史》(1),天津大学出版社,1990年,第14页。

③《天津望海楼教堂买碑》,台湾近代史档案馆藏清政府总理各国事务衙门档案,01-12-038-07。

《直督奏议》《退圃老人宣南奏议》等,另有《函牍存稿》。[1]

参考文献:

《仁和王相国事略》,《申报》,1908年12月27日。

王先谦:《赠太保武英殿大学士王文勤公墓志铭》,载《王先谦诗文集·虚受堂文集》卷10,岳麓书社,2008年。

王钟翰点校:《清史列传》,中华书局,1987年。

赵尔巽等:《清史稿》,中华书局,1977年。

汤志钧:《戊戌变法人物传稿》(增订本)下册,中华书局,1982年。

(王勇则)

---

①柯愈春:《清人诗文集总目提要》(中),北京古籍出版社,2001年,第1655页。

王 锡 彤

王锡彤(1865—1938),字筱汀,号悔斋,晚号抑斋行一。河南汲县人。王锡彤勤奋好学,少时曾习盐业,19岁以县试第一中秀才,1887年考入开封大梁学院,学成后以教书为业,先后主讲于经正书舍、禹州三峰实业学堂等。1902年受聘任孟县溴西精舍山长,在讲授儒家基本经典的同时,他还传授一些工矿业、纺织业等现代工业知识。科举制度取消后回到汲县,与李敏修等人主持商立初等小学堂招生考试。

甲午战争后,王锡彤悲愤交集,立志救国。1905年,他应禹州之聘,参与三峰矿物公司管理,从而走上了实业救国之路。王锡彤到任后,大力整顿矿务,合东、西、中三峰为一,改变三峰分裂的局面。他还筹集资金,到天津考察,购买机器设备,使公司生产渐有条理。经数年努力,煤矿渐有起色。1906年,全国收回利权运动高涨,山西人民收回了英国福公司的矿权,河南绅民也开始了轰轰烈烈的反对福公司的斗争。同年11月,王锡彤赴开封参加筹划成立矿务研究会,被举为发起人之一,数次与省矿政调查局和福公司交涉,但是福公司无视河南绅民的要求。1909年3月,王锡彤等士绅在开封与英国福公司进行谈判,据理力争。4月,福公司交涉案移到北京继续谈判,王锡彤被推为四名代表之一赴京谈判。最终因未得到清政府的支持,王锡彤等人领导的斗争归于失败。

1906年,中国修筑洛潼铁路时,外国人争相插手,但王锡彤为给国人争气,呼吁自办。1907年11月,河南绅民在开封成立铁路公所,邀集全省士绅及海外留学者协谋集股办理。王锡彤积极参与建设铁路的筹划,四处奔走,不辞劳苦。1908年初,铁路公所在开封召开铁路议事会,王锡彤任监察员,协助议定修建洛潼铁路章程、劝募集股事宜。1909年,他辞去禹州煤矿公司的职务,全力经营洛潼铁路,积极劝募股金,购买机器,终使洛潼铁路竣工通车,显示了他实业救国的热心和才干。

1908年,袁世凯避居河南,积极物色实业人才,王锡彤进入了袁世凯的视线。1909年8月,王锡彤抵达北京,9月,京师自来水公司成立,举行第一次股东会,王锡彤被推举为董事。次年2月,王锡彤被公司股东会推举为协理,时任总理的周学熙兼职众多,公务繁忙,王锡彤成为公司事务的实际管理者。在周学熙两任北洋政府财政总长期间,王锡彤代理京师自来水公司总理职务。因为当时军阀混战、时局动荡,自来水公司这一新生事物的经营每况愈下。王锡彤带头减薪,力行搏节,裁减不必要人员,使公司营业情况有所好转。

启新洋灰公司、滦州矿务公司和华新纺织公司是周学熙资本集团的骨干企业,王锡彤在三家企业中均担任重要职务,为企业发展做出了重要贡献。当时全国只有天津启新洋灰公司和湖北水泥厂两家水泥生产企业。1912年4月,在启新洋灰公司股东会上,王锡彤被推举为协理。湖北厂是老厂,因经营不善,欠下日本三菱公司巨额债务,有被其吞并的危险。王锡彤为防止湖北厂落入日本人之手,于1914年以"华丰实业社"的名义代办湖北厂,借钱给湖北厂偿还债务,更其名为"华记湖北水泥公司"。两家水泥公司的产品占全国水泥市场90%以上的份额,占据了垄断地位。1924年后,因为外商水泥生产剧增,上海华商水泥公司无力与外国资本抗衡,王锡彤代表启新洋灰公司又与上海华商水泥公司订立协定,采取统一行动,再次控制了中国水泥市场,王锡彤因此被誉为"中国水泥王"。

第一次世界大战爆发后,外货中断,中国的棉纺织工业有了长足的发展。当时出任政府财政总长的周学熙,于1915年授意王锡彤等人具呈创办华新棉纺织股份公司,经大总统袁世凯批准,委周学熙为督办。华新第一厂设在天津,当时天津仅有一家官办的模范纱厂,华新厂是商办的第一家纱厂,对北方的棉纺织工业起到了很大的推动作用。继此之后,天津各大纱厂相继建立。

1913年,天津造胰公司召开股东会,王锡彤被选举为董事。1914年6月,王锡彤任天津恒丰公司主任董事。8月被选为天津通惠公司董事。1917年4月,江西南浔铁路新股维持会开会,王锡彤被选为理事长,设事务所于北京。1918年5月,华新纺织公司改为商办(原为官商合办),股东会上王被选为董事,并任专为扶助华新纺织公司而设的兴华资本团主任董事。1919年,王锡彤与周学熙等创办华新纺织公司唐山、卫辉两厂,王被举为唐山厂专务董事、卫辉厂董事。兴华棉业公司成立后,王被举为董事。天津棉业公会成立,王再被举为董事。1922年6月,王锡彤辞去京师自来水公司协理职务,任董事。1924年3月,王锡彤兼任实业总汇处理事,该处是天津启新洋灰公司、华新纺织公司所属天津、青岛、唐山、卫辉四厂及滦州矿务公司等合组的办事处。5月该处改为实业协会,王任副会长。

60岁后,王锡彤因体弱多病,陆续辞去了一些职务。1926年初,王锡彤先后辞去棉业公会董事、实业协会副会长、兴华资本团主任董事、华新纺织公司卫辉厂董事等职。1927年又辞去天津启新洋灰公司协理之职。3月,王锡彤不得已应邀任华新纺织公司唐山厂专务董事兼任管理。由于股东的信任,在6月召开的启新洋灰公司股东会上,王锡彤被选举为总理,但他力辞不就,仅任董事。1935年3月,华新纺织公司唐山厂改名为唐山华新纺织股份有限公司,王仍任专务董事。

自20年代后期始,王锡彤主要隐居在天津休养和读书写作,编纂印成《清鉴前编》3册、《清鉴正编》若干册、《抑斋自述》6卷。另有《大学演》等著作和一批诗文,由其后代刊刻为《抑斋诗文集》问世。王锡彤的诗文,具有重要的史料价值。

1938年,王锡彤在天津病逝,终年73岁。

参考文献:

王锡彤:《抑斋自述》,郑永福、吕美颐点注,河南大学出版社,2001年。

吴宏亮、谢晓鹏主编:《河南与近现代中国研究》,郑州大学出版社,2010年。

陈义初主编:《近代豫商列传》,河南人民出版社,2007年。

(高　鹏)

王 襄

王襄（1876—1965），字纶阁，号簠室，天津人。1876年12月31日（清光绪二年十一月十六日），王襄出生于一个诗书传家、崇文重教的家庭。7岁开始读书，11岁在天津城东南斜街樊荫慈家塾中读书，18岁时师从王守恂及李桐庵学习古文、诗词。1895年，王襄开始从事金石文字学的研究，同时受近代思潮的影响，涉猎大量社会科学和自然科学知识。1898年，22岁的王襄补天津县学生员。

1905年，王襄考入京师高等实业学堂矿科班，预科二年，专科三年。在五年的学习生活中，他游览了京城古迹，课余时间继续研究金石文字，编辑书籍。1907年，王襄得王懿荣所藏中白作旅簠，因此取号簠室。1910年矿科毕业后，"奖给举人，尽先补用知县，分省河南"[①]。1911年9月，王襄赴河南省开封候补。当时他的恩师王守恂任职河南巡警道，王襄在警务公所帮办文牍工作。目睹了官场的黑暗龌龊，王襄自度个人秉性无法适应，遂绝意仕途，当年底即返回津门故里。

1914年，经高等实业学堂同学陈震华介绍，王襄到长芦盐务稽核所石碑支所任职，自此开始了他长达23年的漂泊游历生涯。在《归田谣序》中他写道："中华民国三年，余备员长芦盐务稽核分所，至十年夏，调福建，二年有半改广东，甫二年，去四川，四年往浙江，周二年迁湖北，又二年移浙江，期年复回长芦，此余入盐务后二十三年之经历

---

① 唐石父、王巨儒整理：《王襄著作选集》，天津古籍出版社，2005年，第2409页。

也。"①每到一处,工作之余,他不忘游览古迹,追寻先贤,这期间他创作了《入蜀诗草》《越中吟》《泽畔吟》《越吟续稿》等多部游历诗集。辗转工作期间,不仅阅历大增、眼界开阔,而且学术研究工作也得到极大充实,成为其学术研究的一个高峰期。独在他乡,考订文物、研究学问成为他业余生活的主要内容,他先后完成了《簠室杂抄》《彝器铭释文》《簠室殷契征文》等多部代表性著作。

1936年,他调回天津长芦盐务稽核所,此时的天津已是风雨飘摇,日本人在津屡屡制造事端,王襄《次韵张异荪丁丑除夕见赠诗》云:"放眼河山剧可悲,人间非复太平时。"②1937年七七事变后,在日伪统治下,工作处境异常困难,王襄内心十分矛盾,他曾作诗:"儒冠已误身,涉世每摧挫。极目旧河山,怀心悲碎破。"③悲愤之情由此可鉴,王襄终于1939年辞去了长芦盐务稽核所的工作。此后他深居简出,清白自守,闭门读书著作,靠所蓄家资和典卖旧物维持家庭生活。

1945年日本投降,王襄至为欢悦,他觉得八年困难,终于一朝告靖。然而,国民党当局政治腐败,压榨依旧,人民苦难不减当年,面对如此国事,他只能以读书吟诗、整理文稿自慰。1947年,王襄所撰自寿联有记:"龙集丁亥,簠室敬人生辰,逢四方多故。斗米万金,难以循俗娱宾,乃乞灵文字自觊,冀饮水读书,度此厄会。"④

新中国成立后,王襄感到万象更新,身心愉悦。他的《赠李寿先》诗云:"驰逐文场君健者,泮芹采罢属同门。万方解放民更始,不负清时是幸存。"⑤这时的王襄虽已届耄耋之年,仍追求思想进步。其实早在1948年,他就读了毛泽东的《新民主主义论》,读后对子侄辈说:"共产主义就是真","共产党一定会成功"。⑥革命的成功,印证了他的看法:"近年读马列著作,遇矛盾之理皆能玄解,且合实际,知共产之学造

①②③④⑤⑥唐石父、王巨儒整理:《王襄著作选集》,天津古籍出版社,2005年,第2527、2529、2539、2008、2567、2633页。

福社会。不图老耄得此异书,胜读礼运诸篇。"[1]

王襄是甲骨文最早的发现者、收藏者、研究者之一。1898年冬,王襄与天津著名书法家孟广慧初识甲骨,并开始研究甲骨文字,他将毕生精力都投入甲骨学研究之中。1899年秋,王襄与孟广慧从山东古董商范寿轩手中购得甲骨,以这次购买甲骨为开端,此后的几十年间,王襄节衣缩食,竭力购求,购置了几千片甲骨,开始了漫长的整理、研究、编辑、出版工作。为了表达自己对甲骨的爱恋,王襄特意将书斋名更改为"宝古龟轩""古龟轩",并自称"大卜世家"。

王襄以毕生的心血与才智搜集、辨识、研究甲骨文字,完成了多部甲骨文及古文字学研究专著。其中,《簠室殷契类纂》是我国第一部甲骨文汇,开创了甲骨文字典之先河。王襄编辑此书历经十余年之久,1918年完成初稿,1920年12月由天津河北第一博物院出版。甲骨学者陈梦家先生评价《类纂》是"值得我们重视的创作性的字汇"[2]。至今仍不失为一部有学术价值的工具书。王襄的《簠室殷契征文(附考释)》,以古籍为依据,将金文与卜辞相互印证,论说有据,且富有独特的见解,便于检索,利于研究,至今仍为甲骨学界诸多学者引用和称赞。1931年完成的《秦前文字韵林》,理清了文字源流、衍变的脉络,是一部创造性的著作。1949年写成的《古文流变臆说》,全书以甲骨文、金文文字为例,阐释了我国文字演变的规律,是一部重要的古文字学著作。《殷代贞史特征录》写于1953年,是王襄晚年的代表作之一。

除甲骨文研究外,王襄在金石、陶器和简策等方面均有专深的研究,并取得重要成果,主要专著有《古陶今释》《两汉文物举例》《古镜写影》《毛公鼎释文》《滕县汉石刻画记》《三体石经考录本》《宋钱志异录》《纶阁所抚金石文字》《古陶残器絮语》《流沙坠简勘误记》等。除以上

---

①②唐石父、王巨儒整理:《王襄著作选集》,天津古籍出版社,2005年,第2076、2603页。

列举的有关古文字专著外,王襄还有自己的诗文别集和多部杂著,主要有《纶阁文稿》《纶阁诗稿》《簠室题跋》《簠室笔记》《簠室杂抄》《簠室课余杂抄》《簠室丛录》《丛录备志》《入蜀琐记》及《簠室楹联集》等。

王襄长期致力于中国古代文字和文物的研究,见过不少实物及拓本,积四十余年所写的鉴定、考辞和评价文章,编成《簠室题跋》5卷,共586篇,以书、帖、金、石四大类划分,题跋文字长短不一,多有独到见解,从中可见其深厚的古代文化修养、渊识博见及严谨的治学态度。

王襄自20岁开始进行金石文字研究,同时开始练习篆书和治印。对于前辈篆书大家,他最为佩服吴大澂,并终生引以为师。新中国成立后,天津市重修大悲禅院,请王襄题写"古刹大悲禅院"六字篆书,字大一尺有余,古穆肃静,气势磅礴,体态厚重,是现在仅存的王襄榜书墨迹。王襄深得甲骨文内中三昧,对文字结构了如指掌,他常以甲骨文书写对联题赠好友。王襄的行、楷书更多地继承了六朝和唐人写经的风格,同时吸收了北魏的书风,体现出古拙、端庄的风貌。对篆刻之学,他也有很多独到的体会,他认为学习篆刻"得古玺之雄奇,秦之秀逸,汉之工整,方为正途"。

王襄习字写字,内容往往是他思想感情的抒发,爱憎分明,有鲜明的时代性。在日伪统治时期,他表现出强烈的爱国之情及崇高的民族气节。1942年冬,日军于东京举办"大东亚书道展",伪天津市图书馆出面邀请他,王襄严辞拒绝,并告诫子侄辈:"人之读书,前言往行,一一信诸心,无他焉,欲致用而已。事之来也,不慑于声势,不屈于利害,从容处理,不使溃决不可收拾,所谓见理明,处事当,能行所学者。"[1]1944年,他以宋代陆游诗句题辞自励:"陆放翁生当南宋,不忘汴京版图,其爱国挚诚形于歌咏,读之发人深感。"[2]新中国成立后,他的书法

①唐石父、王巨儒整理:《王襄著作选集》,天津古籍出版社,2005年,第2624页。
②唐石父、王巨儒整理:《王襄著作选集》,天津古籍出版社,2005年,第1964页。

内容一改过去沉闷之气,每年新年之际都题字作书,抒发愉快心情,歌颂社会主义祖国并自勉努力。

王襄的收藏涉猎广泛,包括甲骨,秦汉封泥,战国、秦、汉残陶,古碑刻拓本,六朝、唐人写经,唐三彩,瓷玩具,陶俑,宋明清古砚,钱币,埃及石刻,古印,天津书法家墨迹,金石、甲骨拓本,等等。王襄一生收集甲骨数千片,其中一级珍品七八十片,二级甲骨亦有三四百片之多,这些甲骨内容涉及天文、气象、战争、等级、社会状况等很多内容,是研究中国早期社会的重要资料。20世纪30年代,他与王君石(时任天津市立图书馆馆长)共同组织古泉研究会。王襄收藏古泉两千余种,自真贝至民国初年之福建通宝,各代粗备。王襄收藏的古代砖瓦、陶瓷器、陶俑、陶镜、瓷玩也很多,都是极为少见的珍品。他积多年研究而编成《簠室古甬》,是我国第一本著录古代明器的图册,傅抱石曾将其记入自己所著的《中国美术年谱》。

王襄毕生致力于中国古文字和文物研究,著录题识,从中既可以感受到他对中华文化的无限热爱,更可以体悟到他学优于瞻、渊识博见的深厚学养。王襄的研究继承了乾隆、嘉庆以来,尤其是同治、光绪以来学者的研究成果,在此基础上又吸收了近现代科学考古方法,扩展范围,不断进取,这些思想方法都反映在他的著作中。同时,对于研究工作,他主张鉴定为首要,《簠室题跋》说:"从来治金石学者有二派,曰考证,曰鉴定,二者以鉴定为要,鉴定确而后考证有所附,不然,博引广征徒词费耳。"所以他在题跋书、帖、金石时,必是先鉴定确定而后加考释,他认为:"古器物之文字为古人精意所寄,礼、乐、兵、农之器可以证经,碑志可以补史,其文章书翰足供文士之诵习,亦艺苑之盛业也。"[①]

党和政府对王襄的思想进步和深厚学识给予了极高的荣誉和信

---

① 唐石父、王巨儒整理:《王襄著作选集》,天津古籍出版社,2005年,第1727页。

任。1953年,78岁的王襄被天津市人民政府任命为天津市文史研究馆首任馆长,曾任第二、第三届天津市政协委员。1955年,当选中国科学院历史研究所甲骨文合集编辑委员会委员。1956年,时年80岁的王襄加入中国共产党。1962年,受聘为天津市人民委员会文物保管委员会委员。

1965年1月31日,王襄病逝,享年89岁。其骨灰安葬于天津北仓第一公墓,墓碑由郭沫若题写:"殷墟文字研究专家王襄同志之墓"。遵照王襄遗嘱,家属把他一生的著作手稿和所收藏的文物、古籍全部捐献给国家,分别收藏于天津图书馆、天津博物馆、天津市文史研究馆等处。

参考文献:

唐石父、王巨儒整理:《王襄著作选集》,天津古籍出版社,2005年。

（钱　钢）

王 晓 岩

王晓岩(1879—1951),名凤鸣,字晓岩,以字行,天津人,生于天津西郊北辛庄。其父务农,品质高洁,虽贫穷而不愿吃嗟来之食,每逢冬季放赈者来村庄时,他常常避而不出,并教育孩子们学习本领,独立生活,不依靠赈济。

王晓岩15岁时,经亲友介绍到天津裕源长银号学徒,在化银炉房学艺,因聪明干练,几年间学到了银号的许多本领。1907年28岁时,王晓岩用积攒的钱创办永顺长银号,由于资金有限,缺乏经验,几年后停业。

1912年,王晓岩重整旗鼓,与师弟门杰宸合资开设馀大银号,以熔化银子、收购散碎杂银为主要业务。前店后场,王主持前店收购散碎杂银,亲自把关,门主管后场5座化银炉,亲自担任头炉熔化,一时生意颇为兴隆。王晓岩在识别银子方面有丰富的经验,对杂银成色的评定、铅锡杂质的测定,较为准确,公平交易,不让顾客吃亏。王还练得一手好算盘,有"王一盘"之称,不少顾客慕名而来。

1918年,天津交通银行副经理张朗轩、恒源纱厂创办人章瑞庭、山东盐运使王鸿禄,各投股本5万元,连同王晓岩馀大银号原股本5万元,馀大银号增资至20万元,改名为馀大昌银号,取更加昌盛之意,增聘王捷三为经理。除继续经营收兑杂银、熔化银子业务外,增加了存款、放款和汇款业务。当时,天津的银行、银号争相买卖帝俄货币卢布(俗称俄国羌帖),进行投机活动,但不久即发生买空卖空的情况,空额日巨。新增选为天津钱业公会董事的王晓岩,在公会讨论卢布问题时,认为帝俄滥发纸钞易我现金,后患不堪设想,提议公会应采取措施。经公决,由公会出面禁止开放卢布市场。不久俄国爆发十月革命,卢布成了废纸。天津钱业由于防患于未然,未受损失。

1922年第一次直奉战争奉系战败,跟奉系有关系的股东章瑞庭恐受株连,撤出在馀大昌银号的股金。王鸿禄也提出撤股,给王晓岩造成很大压力。经王晓岩好友张朗轩介绍,交通银行经理林熙生投入股本5万元,张朗轩二弟张芷庵、五弟张晋卿投入股本5万元。1933年,资本缩减为15万元,改馀大昌为馀大亨,以王晓岩为总经理,王稚亭为经理。由于经营得法,1935年在北平前门外施家胡同设立分号,银号进入业务兴旺发达时期,存款总额达220万元。

1924年,王晓岩同馀大昌银号的股东共同组织三义盐店,租办隆平、临城、柏乡(简称隆临柏)三县盐务,王晓岩自任经理,租办期限为5年。1928年,王晓岩租办藁城县盐务,名为厚德店,年销盐量由3000包增至1万包以上,当年的盈利达10万元之巨。藁城租期届满后,他又租办沧州六县、无极县盐务,获利尚佳。经营盐务的收益,是王晓岩积累财富的一个重要方面。抗战胜利后,国民党政府改变盐务制度,开放引岸,自由销售,王晓岩的盐务经营也就结束了。

1928年,在中外银行贷款达700万元的协和贸易公司倒闭,不少外国银行"华账房"随之倒闭。各银号存在"华账房"的资金无法兑回,仅馀大昌银号一家就有7万余元。王晓岩成立债权团追索。由于行动敏捷,追回大部分债款。1930年11月,天津钱业公会进行改选,王晓岩当选公会常委会主席。天津总商会也遵照法令更名为天津市商会,商会常委会主席为张品题,王晓岩为常委。

1932年,银行业、钱业联合会决定成立银钱业公库,王晓岩任理事兼库长。现金归于公库,公库开出的支票在全市流通,解决了差价问题,使市面趋于稳定。

1937年7月,天津沦陷。8月,高凌霨出面组织日伪天津治安维持会,商会常务董事王晓岩任金融对策委员会会长。高凌霨任伪天津特别市市长后,王晓岩担任市府参事。七七事变后迁入租界的商号日渐增多,遂成立了华商公会,王晓岩当选为主席。抗战胜利后,国民政府颁布银行管理办法,强令银号增加资本,改称钱庄。这时馀大亨银号营业不振,王晓岩辞去总经理职务。

王晓岩一生热心教育和慈善事业。他接办私立商业学校,改名为众诚商业学校,自任董事长。北伐胜利后,天津红十字会、广仁堂等慈善团体,组成天津市慈善事业联合委员会,由王晓岩任会长。王晓岩任会长期间,每年冬季设粥厂七处,施放米粥及棉衣裤等,严格募集和动用慈善款项的管理。1934年,河北省长垣、濮阳、东明三县遭受黄河水灾,省主席于学忠组织黄河水灾救济委员会,自任委员会主席,王晓岩为常务委员,发行黄河救灾奖券,筹集款项。1939年,天津遭受特大洪水灾害,王晓岩主持救灾,召开华商公会董事会,发动社会各界捐款救灾。

1951年,王晓岩病逝于北京,终年72岁。

参考文献:

邢伯涵、刘嘉琛:《天津钱业能人王晓岩》,载许涤新主编:《中国企业家列传》第3册,经济日报出版社,1989年。

于彤:《战后北平的钱庄业一览(1945—1948)》,《北京档案史料》,1996年第4期。

(高　鹏)

王揖唐

王揖唐(1877—1948),初名志洋,字慎吾,又字什公,后改名赓,字一堂,号揖唐,别号逸塘,晚号今传是楼主人,安徽合肥人,生于1877年10月17日(清光绪三年九月十一日)。

1904年,王揖唐在清朝最后一次科举考试中考取甲辰科进士。同年9月由北洋督练公所保送日本东京振武学校学习军事,由于他不能忍受军训之苦,经常不出操,受到惩罚,被教官踢伤,从此不再学习军事,转到东京法政大学继续学习。

1907年,王揖唐留学归来,就任清政府的兵部主事,很快受到东三省总督徐世昌的赏识,就任督署军事参议,后又担任吉林陆军第一协协统、吉林督练处参议。两年后,任赴俄答谢使头等参赞,并且接受了沙皇授予的"宝鼎勋章"。继而又赴欧美考察军政、铁路、交通及运输,回国后改任吉林兵备处总办。

1911年辛亥革命后,王揖唐得徐世昌举荐,先后任袁世凯的秘书、参议、顾问,并被授予陆军中将,加上将衔。

1912年5月,袁世凯为在临时国会中与同盟会对抗,指使其党羽成立共和党,选举黎元洪为理事长,王揖唐为干事。1913年3月,共和、民主、统一三党合并,改名为进步党,黎元洪仍任理事长,王揖唐任理事并兼宪法起草委员。1913年4月,第一届国会成立,王揖唐被选为参议员。

1914年1月,袁世凯非法解散国会,3月袁召开"约法会议",王揖唐被选为议员,5月按照"约法"产生参政院,王揖唐任参政。8月王又改任吉林巡按使。在此期间,王揖唐为袁世凯大力鼓吹帝制,并创办《国华报》,为袁张目劝进。在袁世凯称帝后,赐封王为一等男爵。袁世凯死后,段祺瑞出任国务总理,皖系势力得到迅速发展。1916年4月23日,王揖唐担任段祺瑞内阁的内务总长,6月30日辞职,前后仅两个月,但这却是王揖唐投入皖系的开始。此后,王揖唐再次旅欧,1917年4月回国,重入政界,在直、皖两系的争斗中,一直是段祺瑞身边的核心人物。

1917年7月,张勋复辟失败后,黎元洪辞去大总统,直系首领冯国璋任代理大总统,而皖系首领段祺瑞因平复了张勋复辟,再次担任国务总理。段为把持政局,执意废弃旧国会,改选新国会,因此授意以王揖唐为首的一批官僚政客,组织了一个安福俱乐部。在安福俱乐部里,王揖唐是总负责人。为了成立新国会,王揖唐采取了一系列措施。首先是利用"截旷"和开商店为贿选筹集经费;其次是发放高津贴拉选票;再次是制造伪票,怕被圈定的人票数不够,直接往票箱中投入伪票,令他们一榜定音。经过王揖唐等人的操作,1918年8月12日新国会成立,国会议员共472人,安福系占了330多人,成为新国会中人数最多的一个派系,该届国会也被人称为"安福国会"。王揖唐当选众议院议长。

新国会成立后,皖系即开始操办总统选举,赶走冯国璋成为皖系和段祺瑞的直接目的。于是段又派王揖唐等人赶赴天津,与正在天津开会的各省军阀政客密商,决定将北洋老官僚徐世昌推举出来,充任傀儡总统。

徐世昌没有任何兵权,只是一届傀儡总统,对副总统的人选无权干涉。段祺瑞为分化直系,提出曹锟为副总统候选人,并嘱王揖唐做好副总统的选举工作。为了曹锟的选举,王揖唐到处筹集经费,用每张选票2000元拉拢议员。但由于遭到多数议员的抵制,连续三次选举会都没有开成。王揖唐因在选举中丢尽脸面,借口生病去汤山疗养。

1920年,直皖战争以皖系失败而告终,总统徐世昌以"勾结土匪,希图扰乱"的罪名通缉王揖唐,王闻讯后仓皇逃往日本。1924年,段祺瑞再次出山组织政府,王揖唐闻讯由日本回国,得到重用。然而1926年吴佩孚、张作霖要缉拿安福党人,并将段祺瑞监视起来,段只好退走天津。王揖唐失去靠山,也随段祺瑞到天津闲住。此后的两年,王揖唐在天津的《国闻周报》上连载《今传是楼诗话》,后由天津《大公报》汇集出版单行本。1928年6月,南京国民政府接收平津,下令通缉王揖唐,王便逃到天津日租界过起隐匿生活,并从事佛学研究。

1931年九一八事变后,日本占领了东三省,并将魔爪逐渐伸向华北,实行"以华制华、分而治之"的策略。他们将目光瞄向了积极亲日的皖系首领段祺瑞。王揖唐长期以来执行的都是段祺瑞的亲日政策,因此很快得到日本人的信任。蒋介石也想靠这层关系与日本人接触,于是放弃缉拿王揖唐,并派王东渡日本,了解日本对中日关系的态度。在东京,王揖唐拜见了日本军政权要,并将访问情况写成《东游纪略》交给蒋介石,该书后由天津大公报社印行。

1935年12月,南京政府对日妥协,成立了冀察政务委员会,王揖唐任该委员会委员。1937年七七事变爆发,王揖唐多次与日方接触,并趁冀察政务委员会委员长宋哲元不在北平之机,任代理委员长。1937年12月14日,日本扶植的伪华北临时政府在北平成立,王揖唐被委任为政府委员、常务委员兼赈济部总长。汪伪政权成立后,王揖唐被任命为汪伪政权的考试院院长。1940年6月,王揖唐在日本人的扶植下,当上了伪华北政务委员会委员长,他先后两次参拜靖国神社,叩谒日本天皇,奉献大批中国名贵古玩书画,以示效忠。此后直至1943年2月,王一直在日本人的指令下,充当日本侵略华北的工具。

王揖唐积极配合日军实施"治安强化运动"。王揖唐在任期内,在日本人策划之下组织了五次治安强化运动,华北伪政权投入10多万伪军协同日军对抗日军民作战,其凶残程度不亚于日军,其间,华北人民所遭受的压迫、搜刮、掠夺、屠杀也是最残酷的。王揖唐配合日军对抗日军民进行了多次大扫荡,甚至连手无寸铁的百姓也不放过。单次使用兵力千人以上至万人的扫荡即达132次,万人以上至7万人的扫荡达27次。他还协助日军屠杀了无数爱国志士和无辜百姓,帮助日军抓捕大批劳工供其役使,光是一次性屠杀千人以上的大惨案就有11起,包括著名的"潘家峪惨案"。1941年1月,日伪军扫荡潘家峪,一次集体枪杀1300多人。

为迎合日本人"思想战"的需要,王揖唐改组了新民会。在政治上,强调军政会三者一体,对抗共产党的党政军三位一体的战争体制;组织上,建立中央和地方的各级训练机构,对华北人民实施反共奴化教育,使新民会成为治安强化运动的核心实践团体;思想上,宣传中日亲善、东亚新秩序等汉奸理论,以愚弄华北民众,并且修改了新民会纲领,进一步确立了和平反共方针。

王揖唐在任期间,还做了很多出卖华北经济权益的事情。在他的配合下,日方接收了开滦煤矿并强行开采和运营。同时日方还强行开采、收购、统制了盐、铁矿、萤石、云母等矿产品及棉花、麻、烟叶等农产品。1942年6月,王揖唐还成立了华北综合调查研究所,为日本侵华提供战略物资支持。日本华北方面军司令官冈村宁次对王揖唐大加赞赏,称其在华北方面自大东亚战争爆发以来,对帝国战争做出了很大的贡献。

1943年2月,随着中国人民抗日斗争的日益高涨,大汉奸王揖唐更加不得人心,于是汪伪政权以贪污渎职为由,令王揖唐辞职。他临走时,还没忘了侵吞所有公款和大量公物,甚至连厨房里的米面油盐、库房里的汽油煤油、办公室里的纸墨文笔也席卷一空。

1945年,王揖唐预感到自己的末日为期不远,于是称病住院,并暗中活动,企图推脱汉奸罪名。8月15日,日本投降,国民政府以汉奸罪逮捕了王揖唐。

1948年9月10日,王揖唐被河北高等法院判处死刑,在北平姚家井监狱执行枪决,结束了他罪恶的一生,终年71岁。

参考文献:

徐铸成:《李思浩生前谈从政始末》,载上海市政协文史委编:《上海文史资料选辑》第22辑,上海人民出版社,1979年。

黄美真主编:《汪伪十汉奸》,上海人民出版社,1986年。

回永广:《叛国奸贼——大汉奸的最后结局》,中共党史出版社,2005年。

万墨林:《沪上往事》第2册,台湾中外图书出版社,1973年。

孔繁杰编著:《民国往事》(2),百花文艺出版社,2011年。

(孙书祥)

王 益 孙

王益孙(1876—1930)，名锡瑛，字益孙，以字行，祖籍山西洪洞县。咸丰年间，王益孙的祖父王益斋开始为天津盐商代购苇席、麻袋，从中获利，因此被称为"麻袋王"，后在天津城西永丰屯开设益德号钱铺。清末，外币涌入中国，王家趁币制混乱之际走上发家之路，陆续开设了当铺、海贸店，并涉足盐业，成为大盐商，跻身"八大家"之列，成为津门巨富。到了王益斋的儿子王奎章一代，王家的产业更为发达，王奎章还担任了长芦纲总。

王益孙是王奎章之子，"益德王"的第三代，他与天津绅商各界广泛结交，"益德王"产业在他的手上日渐兴盛。到1911年，王家的产业包括：开州、东明两处引岸，盐店一座(名为"益兴源")，银钱号两家，当铺两家，商铺九处，庄子四处，地13顷，住房141所计1636间，包括其自住的北门里只家胡同一座大宅院。王益孙与其弟王锡璜一起经营这些产业。因王家"富甲津郡，殷实堪靠"，天津许多商户的票款存款都存在王家钱号。

19世纪末20世纪初，时局动荡，天津商业很不景气，王家的生意也受到了冲击，亏空甚多。1911年武昌起义之后，天津人心惴惧，市面不通，银根奇紧，商户多受影响，资金周转困难。由于金融业发生挤兑风潮，天津商会不得不向农工商部、北洋大臣禀请发款救济。1911年10月28日，天津因局势动荡而宣告停市，汇票交易也受到影响，无法兑付。就在这一天，王家开设的两座钱号益兴恒、益源恒及盐店益兴源同时宣告倒闭，向天津商会请求保护。两座钱号共欠各商户银90多万两,再加上其他商铺外欠银26万多两,以王益孙为首的王家共背负了120多万两的外债。除此之外,其他商户欠王家的债务也有银34万多两、钱43万多吊,难以收回。在商会的主持下,王益孙和王锡瑛将百余张房契租折交出作为质押,以房产还债,数年后债务基本还清。

王益孙对新生事物接受很快,天津电话局一设立,他就第一批安装了电话。他还为子女从英国进口自行车,他的女儿是天津第一批骑自行车上街的女性。在他的支持下,他的女儿们都没有缠足。

作为天津首屈一指的富商和士绅,王益孙对地方公益事业十分热心。1904年底,王益孙将从章幼林处追还的银2万两全数直接捐给了直隶工艺总局陈列馆。1905年,天津成立了以改革发展中医药为目的的天津医药研究会,王益孙是创办人之一。1911年11月,《大公报》报道天津各绅商为刚成立的绅商保卫局捐款,王益孙的捐款数额为大洋500元,仅次于严修的600元。

王益孙对天津教育事业的发展起到过重要作用,这与王家重视教育的传统是分不开的。王益孙的父亲王奎章就十分重视对子女的教育。20世纪初年,王奎章仿照严修在家中设立私塾,这就是与严修的"严馆"并称的"王馆"。王奎章聘请在严馆任教的张伯苓,教授其子侄及戚友子弟6人英文、数理。张伯苓每日上午至严馆,下午至王馆,分别授课。此时的王益孙已经是三十多岁的成人,未能与张伯苓结下师生之缘,但他对张伯苓十分敬重。1903年6月,张伯苓赴日考察归来,王益孙与严修一起,带领王、严两馆学生到车站迎接。[①]王奎章去世后,王益孙继承父亲的衣钵,将王馆办得有声有色。他令其子女及夫人、姨太太都在学堂中学习。除了张伯苓外,王益孙聘请了一个英国人教英语,一位德国女士教德语,还有其他若干老师教授语文、数学、物理、化

---

① 梁吉生:《张伯苓年谱长编》(上),人民教育出版社,2008年,第30页。

学等课程。他还聘请了一位名为井上的日本大夫做医疗卫生顾问。王益孙从国外购买了大量的先进科学仪器,还订阅了大量的书刊。

1904年,严修与张伯苓赴日考察教育,回津后即开始着手成立中学堂,商议将严、王两馆合并,王益孙对此十分赞成。9月,严修、张伯苓、王益孙与林墨青、陈哲甫等人多次集合严、王二馆学生商讨建立中学堂事宜。10月16日,由严、王两馆合并而成的私立中学堂正式成立。校舍位于严宅偏院,校具及改建费由严修捐助,王益孙捐助了各种理化仪器及书桌、图书等。严、王两家各担负常年经费每月银100两,后来为了给学校军乐会购置乐器,两家又各捐银500两。为了缓解建校初期人员不足的状况,王益孙令其弟帮办校务,不领薪水。第二年,私立中学堂改名为敬业中学堂,因经费不敷支出,王益孙和严修将每月捐助的经常费用提高到白银200两。1906年,学校在南开起建新校舍,王益孙、严范孙、徐菊人、卢木斋及严子均共同捐银26000两,其中王益孙一次性捐银1万两,占三分之一还多。1907年,学校迁入新校舍,更名为南开中学。此后王益孙一直坚持每月为南开捐助经费银200两。1911年10月武昌起义爆发后,天津局势动荡,南开中学学生纷纷请假,学校宣布停课,王益孙的捐助才宣告停止。

20世纪30年代以后,王家产业逐渐衰落。

参考文献:

《大公报》,人民出版社,1983年影印版。

高凌雯纂:《天津县新志》,载来新夏、郭凤岐主编:《天津通志·旧志点校卷》中,南开大学出版社,1999年。

关文斌:《文明初曙——近代天津盐商与社会》,天津人民出版社,1999年。

(吉朋辉)

王 益 友

　　王益友(1880—1945),原名杰,字子英,河北玉田人。王益友幼入玉田县益合科班学艺。出科后边搭班演出边授徒。清宣统初,清宗室肃亲王善耆召集王益友、徐廷璧等组建安庆社昆弋班。未几民国建立,安庆社解散。王益友先后加入"荣庆社"等北方昆曲班社,与韩世昌、郝振基、陶显庭等人在北京演出,颇受观众欢迎。王益友嗓音带有沙音,即所谓云遮月嗓子。他武功卓绝,功架稳准,披靠戏如《倒铜旗》之秦琼,载歌载舞,为其绝作,而短打戏如《夜奔》《夜巡》《探庄》《打虎》《雅观楼》诸折,尤为擅长。

　　王益友在表演上,注重把握人物性格及身份,张弛得宜,以平淡取胜。以《夜奔》一剧为例。王益友曾说:"《夜奔》是身份戏,不能只卖弄腰腿功夫,要把身段摆顺当了,叫观众看得舒服。"他在这出戏中,通场只在〔折桂令〕曲牌中走"射雁""飞脚",在〔得胜令〕中走一个"劈叉",此外无其他技巧性的表演,但演来却显得稳重大方、优美和谐。王益友在文戏上也有独到之处,如《完璧归赵》之蔺相如,说白、身段皆合身份。

　　1918年和1920年,王益友来天津演出。这两次演出提高了王益友在天津昆曲爱好者中的知名度。1928年,王益友来到天津,主要从事昆曲教学,对天津业余昆曲的发展起到积极的推动作用。王益友先是担任汇文中学"彩云社"的昆曲导师。经王益友的指导,该社成员技艺大为长进,多次在校内及文化馆演出,剧目有《闹学》《游园》《思凡》《扫松》《春睡》《佳期》《拷红》等。继汇文中学"彩云社"之后,河北女子师范学院师生组织曲会,也请王益友授课。

王益友在教课之外,也时常参与昆曲演出。从1929年开始,天津的昆曲演出逐渐增多。韩世昌、白云生、庞世奇等北方昆曲名伶多次组班来津演出,多邀请王益友参与演出。1929年9月,庆生社来津演出,王益友受邀参演。

1936年秋,在天津的河北省立法商学院,发起组织曲社,取用《牡丹亭·闹学》的第一支曲子《一江风》为社名,曰"一江风曲社"。推王贻祐为社长,聘请王益友为导师。每周两集。课后黄昏,室中笛歌清越,与窗下蛩虫相酬答,饶有古趣。1937年七七事变爆发后,曲社活动一度停止。

1938年,一江风曲社恢复活动,社址设于南开天海路小学。1940年,工商学院及附中的昆曲社设立,名为工商曲社,延聘王益友来校为同学说戏。该社每周活动两次,事先安排好说戏的剧目次序,依次排练。王益友精心设置教学剧目,为工商昆曲社的学生们开蒙。老生戏为《弹词》,生旦戏为《游园惊梦》,武生戏是《夜奔》,净戏是《醉打山门》。继而排练《单刀会》《酒楼》《春香闹学》《奇双会》《小宴惊变》《闻铃》等20余出。每到校庆和年终游艺会,欢送毕业同学和欢迎新同学游艺会时,工商曲社与工商京剧社便联合演出于三楼大礼堂。

1941年,一江风曲社联合工商昆曲社,在东马路青年会礼堂合演两场,王益友除全面指导外,还兼任司鼓,并约请了马祥麟助演,演出受到观众的欢迎。此外,王益友还在泰康商场的渔阳国剧社教授昆曲。

王益友在昆曲教学中极为讲究方法。教授《夜奔》时,他在台毯上画方格,严格要求学员走步尺寸准确。王益友在教授身段时,特别讲清"手、眼、身、法、步"之间的程式规律,及其相互间的关系。他常说,手指到哪儿,眼神必须跟到哪儿,不这样就不能把观众的眼神抓过来。这是把角色和观众的精神统一到动作上来,借以沟通演员与观众的思想感情。他还指出：由于行当不同，身段各异，因而行动坐卧就有大小之别，但无论动作多大多小，都离不开"圆弧"和"对称"。这个总的原则乃是戏剧传统的程式规律，这样才能给人以美的享受。

王益友教戏不仅注重教唱、念、做，更重视讲解角色的性格、处境和思想感情。他在教授《长生殿》时，对于《小宴惊变》一折，一再强调前逸后紧的不同要求。在《闻铃》一折中，特别强调悲伤凄凉的情绪。他在教授《牡丹亭·惊梦》时，要求学生掌握柳梦梅"温文雅俏"的气质特征。对于《奇双会·写状》，王益友指出在表演夫妻间戏谑之言时，要重"雅"避"躁"，否则有失主人公县令的身份。王益友能戏极多，生、旦、净、末、丑俱全。更难得的是不管哪出戏，全部角色他都能一一向学生传授。

1942年，王益友受聘于北京大学文艺研究会昆曲组。

1945年5月11日，王益友在北京病逝，终年65岁。

参考文献：

《大公报》(天津版)，人民出版社，1983年影印版。

吴小如：《吴小如戏曲随笔续集》，天津古籍出版社，2005年。

（王兴昀）

王 引

王引（1911—1988），本名王春元，天津人，生于1911年6月25日（清宣统三年五月二十九日）。王春元6岁时随家人从天津迁居上海，早年就读于上海同芳书院。这时候，王春元的父亲失业，家庭生活日趋艰难。而此时正是中国电影事业勃兴的初期，他加入电影界，缘于他对电影有着浓厚兴趣。

1929年，王春元进入上海暨南影片公司当演员，演出的第一部影片为《火烧青龙寺》，独立执导的第一部影片为《荒山奇僧》，后又主演了《海上夺宝》《风尘剑侠》《白鹅英雄》等多部影片。

1931年，王春元进入上海影戏公司，他幸运地被杜宇选为主角，接连演出了《东方夜谭》《失足恨》《美人岛》三部戏。受当时电影风气的影响，这几部戏大都属于武侠格斗一类。同时期，王春元的名字还多次出现在一些小公司的演员名单中，如"大光明"的《古寺神僧》，"华侨兄弟"的《九剑十六侠》，"福星"的《绿林奇女子》，"牡丹"的《侠盗卢鬈》等，大多是打斗戏，王春元扮演的角色非侠即僧。

王春元转入"艺华"演艺公司后，导演史东山引导他真正走上了演艺之路，并将王春元的名字改为王引。这个时期的王引自觉时代之变，以"坚决反抗者"的崭新形象重新出现在银幕上。在史东山的导演下，王引的表演生动、流利、自然起来，成为史东山最信赖的演员，出演过《中国海的怒潮》和《女人》后，由于他天然的燕赵男儿的气概，被称作"一个天才的演戏者"。此后，王引接连出演了"艺华"的几部影片，一再得到认可，成功地转变了戏路，步入表演坦途，一跃而为"艺华"的台柱,也被评论界普遍看好。1936年后,他又主演了《花烛之夜》《化身姑娘》等影片,参演的影片达10部之多。

1938年王引短暂流寓香港期间,他自筹人马投拍了《女少爷》,自此成为"新华"演艺公司的一员。加盟"新华"之后的七八年间,王引的电影天赋得以全面发挥。他自组公司,工作重心亦由演员转至编导,已臻成熟的演技为王引带来了更多的机会,他多半出演所谓"硬性"角色,影片《森林恩仇记》脱胎于曹禺名作《原野》,他很好地刻画了仇虎的人物形象。而影片《万世流芳》上映后,赞誉随之而来,观众称王引不仅能演好本色戏,也能胜任其他角色,称赞他的表演已达上乘境界。

之后,王引受命赴港与胡蝶主演《绝代佳人》,继而担任《潘巧云》的编导并主演男主人公石秀。王引导演的影片也不乏佳作,《乡下大姑娘》的高卖座率,奠定了他作为导演的地位。该片上映的第一天恰逢星期日,全天5场,场场均告客满,卖足1万多元。之后每天4场照常客满,每天可卖足7000多元,与电影院对开分账后,仍可收取3700多元。这在当时可不是个小数,不仅王引本人兴奋异常,整个电影圈也议论纷纷,掀起了"自费拍片"的热潮,接着又自费拍摄了《小老虎》。从《恨不相逢未嫁时》开始,王引的主要精力放在写戏、导演的工作上,到抗战结束,他相继完成了近10部影片,其中婚恋题材超过半数以上。他导演的影片关注人物性格的发展,对整个戏的氛围有相当强的把握力,镜头也很美,既有商业性,也有艺术性。

王引还把《北京人》和《金小玉》搬上银幕。《激流》(《千里哀鸿》)是王引电影中的一部现实题材影片,反映的是科学治水的主题。

抗战胜利后,王引南下香港加入"大中华"影业公司,他以编导身份往来奔波于各片场之间。从1949年到1957年,他先后为"中联""长城""三友""新华""南洋""邵氏"等影业公司编导影片20多部,偶尔也在影片中担任角色。

20世纪60年代,王引声名再起。1962年,他因主演《手枪》获得首届台湾电影金马奖最佳男主角奖。1971年,凭《缇萦》中的出色表演再次获得该奖。这两部影片都由李翰祥执导,王引成功扮演了两个父亲形象。在《后门》《玉女私情》《小儿女》等为人称道的影片中,王引均以父亲形象出现,粗犷、朴素,演文戏有气质,扮武戏够气魄,被李翰祥称为"王老引"或"老头儿王引",对其敬意有加。

王引于1959年独立创办天南公司,并把制片业务拓展到了台湾。"天南"是王引自办公司中经营时间最长的一个,10年间完成了10部影片,多为王引早年熟悉的"硬派"题材,如《虎穴擒凶》《铁蹄下》《敌后壮士血》《新婚大血案》等。另两部根据琼瑶小说改编的爱情戏《烟雨》(1965年)和《花落谁家》(1966年),表现出王引作为制片人对电影市场的敏锐感知。

1974年,王引导演了最后一部影片《老与小》,1977年客串演出影片《手足情深》,从此退出电影界。1981年,古稀之年的王引获台湾电影金马奖特别成就奖。

1987年,王引定居上海,1988年4月13日病逝,终年77岁。

参考文献:

《上海电影志》编纂委员会编:《上海电影志》,上海社会科学院出版社,1999年。

(郝天石)

王庾生

王庾生(1889—1971),字元恺,别署冷虹簃主,回族,出生于天津的一个阿訇家庭。他少年时代就读于河北省立高等师范学校,求学期间对京剧产生浓厚兴趣。他利用课余时间到小道子街上的隆庆和科班借台练功,得到吴连奎、冯黑灯等著名艺人的指教,艺事进步很快。此后,王庾生常与较他年长的名票窦砚峰、王君直等人同台票戏,在舞台实践中显示出特有的天赋和才情。

王庾生对红极一时的京剧谭(鑫培)派老生酷爱至深,谭鑫培每到天津演出,他必前往观看。当时,学习谭派老生的青年小小余三胜(即后来的余叔岩)因败嗓久居天津,王庾生经常与他一起切磋谭派艺术。

王庾生肯于学、勤于练,艺术修养日渐精进。后经人介绍,他结识了有"伶界大王"美誉的谭鑫培。谭见王庾生求艺真诚,而且具备天赋条件,便将《南阳关》和《断臂说书》两出戏传授给他,实现了他梦寐以求的夙愿。此前王庾生常演的《御碑亭》《碰碑》《琼林宴》《一捧雪》等剧目,也得到谭鑫培指点。

王庾生从师范学校毕业后,先在天津文昌宫学校任教,后来历任河北省邱县知事、开滦矿务总局秘书主任、开滦河东处主任等职。无论是当老师还是任职员,王庾生对京剧的痴迷与日俱增,他把许多时间和金钱都用在了学戏和演戏上。

20年代,袁寒云、张伯驹等名票常约王庾生一起配戏。1931年6月10日,上海杜(月笙)氏祠堂落成会演,把梅兰芳、程砚秋、荀慧生、尚小云、马连良、高庆奎、言菊朋、谭富英、姜妙香、李万春、金少山等享誉全国的京剧名角尽请去献艺,王庚生以名票身份也在邀请之列,与武生一代宗师杨小楼合演《庆顶珠》。

王庚生对艺术刻意追求,博学强记,会背能演剧目多达三百余出,其中包括文老生、架子老生、文小生、武小生、武生和丑角等多种行当。他的艺术实践也十分广泛,不仅经常出演于票房,而且多次应田桂凤、十三旦、杨小楼、尚和玉、尚小云、筱翠花、侯喜瑞等名伶邀请,同台合演《群英会》《连环套》《打侄上坟》《打严嵩》《游龙戏凤》《八大锤》等剧目。

王庚生广泛结交京剧名家高手,常与余叔岩、言菊朋一起交流学谭心得;名琴师梅雨田向他传授谭派《打严嵩》《打登州》《天雷报》等剧目里的唱腔;名净钱金福为他设计《珠帘寨》里的对刀和《宁武关》里的开打;名丑王长林教会他《问樵闹府》里的身段表演。此外,他还认真钻研过程长庚的唱法、贾洪林的做派,向人请教孙菊仙、汪桂芬的艺术特色。马连良、谭富英、奚啸伯等许多专业京剧名家都与他有深厚交谊,他们每到天津献艺,总要抽出时间访晤这位票界翘楚,彼此切磋技艺。经过长期的探索和反复磨炼,王庚生终于成为文武昆乱不挡、生旦净丑皆能的一代名票。天津报界把"票友大王"的徽号封赠给他。伶界各行当名角对他也格外敬重。

王庚生在开滦矿务局任职期间,因总局督办周大文嗜戏,故于1930年在天津创建开滦国剧社,特聘王庚生担任剧社业务负责人,从此,王庚生把自己的业余时间和精力,都花在了研习京剧艺术和指导后学上。

王庚生不仅能教老生戏,还能教青衣戏。章遏云12岁拜在王庚生门下学习青衣戏,几年后学会了十几出。因她贪玩,王庚生并不看好她。章遏云的父亲系广东籍,他以同乡的身份借用广东会馆的戏楼,安排章遏云做第一次登台演出。章遏云以小客串的名义与名伶曹宝义之子小宝义合演《汾河湾》。开戏前王庚生告诫章遏云:"要是有人问你跟谁学的,你可千万别说是跟我王某人学的。"没想到,第一次登台露演的章遏云,把一出唱做繁重的戏演得很完整。戏演完有人问:"这孩子扮相不错,唱的也好,做的活泼,是跟哪位先生学的?"王庚生凑上前去说:"是我教的。"1930年,天津《北洋画报》主持评选京剧四大坤旦,章遏云顺利当选,从此在南北剧坛大红大紫。王庚生对章遏云说:"我教你这些戏,没收你多少钱。你本来是一块木头,现在我把你雕刻得像模像样了,也拿得出去了,如果往后你还要我教下去的话,得跟我立张字据,做我的正式徒弟,学师几年,帮师几年,我们得按规矩来。"章遏云正式拜师后,王庚生经常与她同台合演,还把她推荐给名票袁寒云。章遏云在王庚生提携下,很快成为京剧女伶中的明星。后来章遏云去了台湾,1989年获美国"亚洲杰出艺人奖"。

三四十年代,许多热爱京剧的男女青年,费尽周折到王庚生门下投师问艺,他所传门徒有数十之众。在京剧历史上红极一时的名伶孟小冬、马艳云、曹艺斌、李宗义、吴素秋、杨菊芬、杨菊秋等,均曾以师礼尊之。1938年天津业余国剧研究社成立后,王庚生更是亲自任教。徐东明、吴铁庵、童芷苓、丁至云、崔熹云等后起之秀,都是其所传门徒。"四大须生"中的奚啸伯、杨宝森,也都尊王庚生为师,虚心向其问艺。

20世纪40年代,王庚生任天津市第四民众教育馆主任,并当选天津市戏曲协会理事长,还被北平基本艺术研究委员会特邀为委员。新中国成立初期,他任天津市文联戏曲改进委员会委员。1952年10月,他为名家韩俊卿、银达子执导的河北梆子《秦香莲》,获第一届全国戏曲观摩演出大会优秀导演奖。后来他调入天津河北梆子剧团,任专职编导。1955年,王庚生与其弟子李相心合作,将《聊斋志异》里的故事《画皮》改编成同名河北梆子并亲自执导,金宝环、杜义亭、宝珠钻合作演出。其后,各地不同剧种的表演团体争相移植,流行颇广,盛极一时。上海人民美术出版社将《画皮》编为连环画出版发行。

1960年,王庚生与李邦佐、冯育坤合作,将马连良所演京剧《大红袍》改编成河北梆子《五彩轿》,由天津河北梆子剧院王玉磬等名角上演后风靡一时,周扬、田汉、王朝闻等人专程到天津观看,看后赞不绝口。

1956年,天津戏曲学校开学典礼,他作为特邀嘉宾,与杨宝森、华粹深等文艺界名流同被请上主席台,可见文化主管部门对其非常重视。

王庚生为中国戏剧家协会天津分会理事,在艺术研究方面也取得显著成就。他对京剧源流、艺术派别的考订与分析,对声腔和字韵的掌握,都有深入的研究。他所著《天津京剧史话》,于1960年在《天津晚报》连载。1960年他在天津人民广播电台播出知识讲座《京剧老生流派特色》,后将其整理成《京剧生行艺术家浅论》,1981年由中国戏剧出版社出版。王庚生灌制的京剧唱片,现有《天雷报》《阳平关》两种存世。

在"文化大革命"中,王庚生身心受到严重摧残,于1971年11月21日去世,终年82岁。

参考文献:
天津河北梆子剧院存王庚生人事档案。
《天津商报》《益世报》,1930—1937年。

（甄光俊）

王 玉 磬

王玉磬(1923—2007),原名陈国贤,河北省安新县铜口镇人。其父陈栋才从小在赫赫有名的饶阳县迁民庄崇庆班坐科,以扮演刀马旦远近闻名,人称"刀马亮"。后因在演出中受伤而无法上台,贫病忧愤而死。

陈国贤6岁开始跟随青衣演员王文炳学唱河北梆子。她聪颖过人,且很能吃苦,学起戏来非常用功。除了练习基本功,当别人在台上演出的时候,她就在台下仔细观看,就这样学会了很多戏,经常能够临时客串各种角色,几年以后她就能演许多戏了。她天生一副好嗓子,很快就被远近一些县镇的观众熟知。

1937年七七事变之后,华北沦陷,民不聊生,艺人更是度日艰难,刚崭露头角的陈国贤也失去了登台演出的自由。为了生计,一家人投奔已经先到天津唱戏的二姐妙灵云,经人介绍,陈国贤加入了银达子、韩俊卿等艺人组织的戏班。她先后在"小华北""西广开""广顺"等戏园子,和银达子、韩俊卿搭班唱戏,艺术上逐渐成熟起来。通过观看名伶小香水、金钢钻的演出,她开阔了艺术视野,增长了见识。她时常向小香水求教,这为她后来在艺术上取得成就奠定了坚实的基础。

陈国贤能在天津立足,得益于著名河北梆子艺人银达子的提携。银达子把她安排在自己的戏班里,为了在观众中树立她的声望,他把自己主演的一些重头戏让给陈国贤演,并且为她扮演配角。他带着陈国贤在电台为商户做广告,用挣来的钱贴补陈国贤家用。陈国贤在天津没有住处,银达子在自己的家里挤出一块地方,安排她住宿。陈国贤为报答银达子提携之恩,主动拜在银达子门下。在南市华楼举行的拜师收徒仪式上,天津《博陵日报》的一位老编辑,以陈国贤的歌喉"音胜磬石,闻则若迷"为由,替她取名"玉磬",改随师父的王姓(银达子姓王名庆林)。

1937年天津沦陷后,河北梆子艺术萧条冷落,小香水、金钢钻两位领军人物相继去世,许多艺术上有成就的老艺人也都或逃亡他乡或弃艺改行。幸存的老弱病残,一面卖烧饼馃子、拉胶皮车以维持生计,一面在极其困难的条件下坚持演戏。王玉磬虽然正处于唱戏的大好年华,也照样穷困潦倒,甚至连温饱都很难保证。但是在银达子的带领下,她和同行的艺人们咬牙坚持着,没有放弃河北梆子。

1949年天津解放,王玉磬主动放弃了私营班社一天30元的包银,申请加入了月薪有限的国营剧团。1953年,国营天津河北梆子剧团刚刚组建,她便随团赴朝鲜前线慰问中国人民志愿军。1954年,天津市举办第一届戏曲会演,王玉磬与著名青衣演员宝珠钻合作表演《秦香莲·杀庙》,荣获演员一等奖,从此,她在天津剧坛的影响越来越大。1958年天津河北梆子剧院成立,她成为该剧院的五大主演之一。

这一时期,王玉磬除了忙于舞台演出,还对自己在几十年艺术实践中积累的经验进行归纳、总结,使她的表演艺术在原有基础上不断改进和提高。她对自己的一批看家戏,本着去芜存菁的原则,不断锤炼,反复琢磨,使之更加精湛。此外,她主动参加移植剧目的演出,先后在《赵氏孤儿》《五彩轿》《苏武牧羊》等剧中扮演主要角色。同时,对反映现实生活的剧目,她也积极支持并参加排演,从而使她的戏路越来越开阔,擅演剧目也越来越多。

王玉磬在艺术上很有创造力。她对所扮演的角色从唱腔技巧到身形表演及人物性格的刻画,总是精心设计,反复推敲。她对待传统艺术既勇于探索出新,又善于博采众长,融入自己的演出实践。因为她小时候接触过京剧,掌握了一些京剧知识,所以在为新戏设计唱腔时,她能够比较自如地从京剧中吸收一些有益成分,融入自己的行腔旋律中,这在她所主演的《五彩轿》《苏武牧羊》等剧中不乏实例。1958年排演新戏《苏武牧羊》时,她与著名琴师郭小亭合作,在河北梆子原有女声"反调二六板"的基础上,创作了男声"反梆子",用于苏武的唱腔。演出后,这一新的板式被各地同行效法,现已成为男声唱腔不可或缺的固定板式之一。王玉磬对于京韵大鼓、天津时调等一些曲艺种类,以及晋剧、豫剧、川剧等姐妹剧种,也经常涉猎并有所吸收。平时只要有空闲,她总是利用一切机会到演出场所听几段、看几出,然后把它们学会、唱熟,从中汲取精华加以借鉴,以提升自己的艺术创作。

由于在艺术方面的贡献,王玉磬于1958年被中国戏剧家协会、中国音乐家协会同时吸收为会员。1961年7月1日,她加入了中国共产党,还被选为天津市青联委员、天津市妇联委员。"文化大革命"中她遭到残酷迫害。

"文化大革命"结束后,王玉磬再次焕发艺术青春。她在天津河北梆子剧院任职期间,很快便恢复演出了她所擅演的许多剧目,经有关部门及时录音、录像,作为中国戏曲艺术的经典保存起来。有些剧目或片断,经中央及地方电台、电视台播出后,在广大河北梆子爱好者中间广为传唱。她每年都坚持为各地群众送戏上门,足迹遍及河北省石家庄、衡水、保定、沧州、廊坊等地区,山东省的德州、聊城地区,北京的郊县及天津的四郊五县。除了舞台演出,她还承担起为河北梆子培养接班人的重任。80年代后她曾收多名中青年演员为徒,把自己在长期演出实践中积累的宝贵经验无私地传授给他们。

1978年3月,王玉磬作为天津文艺界的代表,出席了第五届全国政协第一次会议,并增补为全国政协委员。1979年10月,她在出席第四次全国文代会期间,当选为第三届中国戏剧家协会理事。1981年被推举为天津戏剧家协会副主席。同年,她被任命为天津河北梆子剧院副院长。1987年调入天津市表演艺术咨询委员会任委员。

2017年1月,王玉磐在天津病逝,终年84岁。

参考文献:

天津河北梆子剧院存王玉磐人事档案。

中国戏曲志编辑委员会编:《中国戏曲志·天津卷》,文化艺术出版社,1990年。

(甄光俊)

王芸生

王芸生(1901—1980),原名德鹏,天津静海人,1901年9月27日(清光绪二十七年八月十五日)出生于天津一个贫苦的工人家庭。

他幼年生活困难,读过几年私塾,13岁到天津一家小茶叶店当学徒。他勤奋刻苦,爱看报纸,并开始写稿。他的第一篇文章就是在《益世报》副刊发表的,题目是《新新年致旧新年书》。后来王芸生到中国北方木行打工,这是一家洋行,内部有阅报室,每天下班他即到此阅报。他还借钱去商务印书馆办的英文函授学校学习,并报名参加木行的英文打字班。经过刻苦自学,他对文史哲经知识均有一定掌握,又能独立处理英文文牍事务,并考取了打字员证书,成为木行的正式员工。

1925年,五卅运动爆发,在中国共产党领导下,天津工人群众积极响应。天津各洋行华工组织天津洋务华员工会,王芸生被推举为宣传部部长,主编工会会刊《民力报》,他因宣传爱国反帝而遭通缉,被迫离开天津。1926年,王芸生来到上海,先后加入国民党和共产党。①1927年春节,因母亲病重王回到天津,从而躲过四一二反革命政变。但是当时天津在直鲁联军占领之下,也在追捕共产党员,王芸生逃亡法租界,其二哥被抓捕,其母病重而去世。王芸生受此打击后决意脱离政治,终生从事新闻。1927年6月2日,王芸生还在《大公报》第一版刊登启事:"鄙人因感触时变,早已与一切政团不发生关系,谢绝政治

---

① 方汉奇等:《〈大公报〉百年史》,中国人民大学出版社,2004年,第288页。

活动,唯从事著述,谋以糊口,恐各方师友不察,有所误会,特此声明。"

同年,因英美军舰炮轰南京事件,王芸生在《华北新闻》上与《大公报》论战,并因屡次撰文评论《大公报》社评的观点而受到《大公报》主笔张季鸾的注意。1928年,王芸生任《商报》总编辑。1929年8月,张季鸾邀请王芸生来《大公报》当编辑。

1931年九一八事变后,《大公报》设立专栏刊登日本侵华史料,以唤醒国人救国。王芸生负责编辑甲午战争以来日本侵华史和中国对日耻辱史。从此,王芸生便开始了《六十年来中国与日本》的专栏写作。王芸生自此奔走于平津之间,往来于故宫博物院、平津各图书馆之间,广泛收集中日外交史料,遍访平津史学界学者、外交界前辈。1932年1月11日,《大公报》在第一张第三版显著位置,开始连载《六十年来中国与日本》。刊首标明"从同治十年中日始订条约到民国廿年九一八新日祸",并在每篇文前特别标明专栏宗旨:"前事不忘,后事之师! 国耻认明,国难可救!"16个字,铿然有声,爱国之情,跃然纸上。该专栏一直连载到1933年5月19日。《六十年来中国与日本》的连载在社会上引起强烈反响,为了满足社会需求,大公报社决定结集出版,到1934年共出版7卷本,此书成为王芸生的代表作。他因此一举成名,被国民政府外交部聘为条约委员。1934年八九月间,国民政府召开庐山会议,王芸生作为《大公报》记者前往采访,受到蒋介石、林森、汪精卫的接见。

1936年4月,王芸生被调到创办不久的《大公报》上海分馆,担任编辑部主任。1937年11月上海陷落,12月13日,日本占领军通知各中文报纸须送小样检查。14日,《大公报》上海版发表了王芸生撰写的两篇社评,一篇是《暂别上海读者》,说明停版原因;另一篇是《不投降论》,王芸生写道:"我们是报人,平生深怀文章报国之志,在平时,我们对国家无所赞襄,对同胞无所贡献,深感惭愧。到今天,我们所能自勉,兼为同胞勉者,唯有这三个字——不投降。"①《大公报》上海版随即停刊。王芸生辗转来到武汉,充实《大公报》武汉版的力量。1938年10月,《大公报》武汉版停刊,报馆西迁重庆,12月1日,《大公报》重庆版创刊出版,王芸生任总编辑。

1941年底,王芸生在《大公报》上撰写《拥护修明政治案》社评,抨击国民党政府官场腐败现象。1942年2月又发表《调整机构提高效率》等文章,抨击国民党政府冗事、冗官、冗衙门的弊端。后来又因揭露河南灾民的惨状,被勒令停刊三天。

1945年8月,国共两党重庆谈判,王芸生撰写社评《毛泽东先生来了!》:"毛泽东先生来了! 中国人听了高兴,世界人听了高兴,无疑问的,大家都认为这是中国的一件大喜事。"不久,总经理胡政之、总编辑王芸生及报馆的主要编辑、记者,在重庆李子坝建设新村大公报馆"季鸾堂",宴请中共代表团一行。宴会结束后,毛泽东即兴挥毫写下"为人民服务"五个大字,赠予《大公报》,对其寄予厚望。②

抗战胜利后,《大公报》沪馆成为总馆。1946年4月,王芸生到上海主持社评委员会工作。当时王芸生发表的一些政评文章,触到国民党的痛处,遭到国民党《中央日报》及文化掮客的围剿。1948年10月,中共地下组织派人与王芸生接触,并转达了毛泽东邀请王芸生参加新政协会议的口头邀请。11月8日,王芸生抵达香港,10日,《大公报》香港版发表王芸生撰写的《和平无望》《人心与大势》等社评,抨击蒋介石的内战政策,支持人民解放军把解放战争进行到底,以赢得真实而持久的和平。自此,王芸生带领《大公报》公开转向拥护共产党领导,反对国民党政权。③

1949年2月27日,王芸生与中国文化界知名人士柳亚子、叶圣陶、

①方汉奇等:《〈大公报〉百年史》,中国人民大学出版社,2004年,第233页。
②井振武:《"大公王"率部千里归故乡》,《天津政协》,2013年第7期。
③方汉奇等:《〈大公报〉百年史》,中国人民大学出版社,2004年,第288—289页。

郑振铎、马寅初、曹禺等人，乘坐"华中"轮从香港启程北上，3月18日到达刚解放的北平。他根据一路观感，写成了《我到解放区来》一文，刊登在4月10日由《大公报》天津版改名的天津《进步日报》上。5月7日，王芸生随解放军进驻上海。6月17日，王芸生撰写《大公报新生宣言》发表在《大公报》上，他表示："上海的解放，实际是国民党匪帮的反动政权彻头彻尾的灭亡，是全中国获得新生。在这重大的时刻，《大公报》也获得了新生。"

1949年9月，王芸生到北平出席了中国人民政治协商会议第一届全体会议，成为第一届全国政协委员。10月1日，王芸生还出席了开国大典。

在天津解放前夕，天津《大公报》在地下党的主持下进行改版，并由毛泽东改定名称为《进步日报》，1949年2月27日，新中国第一张民营报纸《进步日报》创刊。到1951年底，上海《大公报》发行量锐减，王芸生遂萌生把《大公报》搬回故乡天津的想法，于是他给毛泽东写了一封长信。1952年1月，毛泽东在中南海接见了王芸生。在听取了王芸生有关《大公报》希望搬家的汇报后，指示《大公报》北迁天津，与《进步日报》合并，仍叫《大公报》。

1953年1月1日，《大公报》正式在天津成功复刊，王芸生担任社长。1955年，《大公报》发行量达11万份。1956年9月30日，《大公报》迁往北京。

1957年后，王芸生不再过问报社事务，赋闲在家写些回忆《大公报》的文章。1963年，他在周恩来的提议下，对《六十年来中国与日本》一书进行修订，并续写第8卷。

新中国成立后，王芸生历任华东军政委员会委员、中华全国新闻工作者协会副主席、中日友好协会副会长，当选第一至第五届全国人大代表，任第二至第五届全国政协常委。他曾两次访问日本，为中日友好做了大量工作。其著作除《六十年来中国与日本》外，还有《芸生文存》《日本半月》《由统一到抗战》《劫后的上海》《台湾问题》和《台湾史话》等。

1980年5月30日,王芸生因病于北京逝世,终年79岁。

参考文献：

王芝琛:《一代报人王芸生》,长江文艺出版社,2004年。

王芸生编著:《六十年来中国与日本》,生活·读书·新知三联书店,2005年。

（周醉天　万鲁建）

王 占 元

王占元(1861—1934),字子春,山东馆陶人。王占元生于1861年2月20日(清咸丰十一年正月十二日),早年曾入淮军刘铭传部当兵。1890年王占元从天津武备学堂毕业后,入宋庆毅军,参加中日甲午战争。1895年,投入袁世凯在天津小站的新建陆军,做工程营队官。1902年,袁世凯将新军扩编为北洋常备军,王占元任步队管带,转年晋升统领。1910年升为记名总兵,转年又被授予陆军协都统衔。1911年参与镇压辛亥革命,1913年参与镇压二次革命。因他在1915年袁世凯称帝时积极拥护,被封为襄武上将军。同年,张锡銮被免去湖北将军一职,王占元接任。转年,将军一职改为督军,王占元以督军兼任省长,独揽湖北军政大权。1920年,王占元任两湖巡阅使,与陈光远、李纯合称"长江三督"。由于他在湖北的统治遭到民众反对,加之克扣军饷,1920年至1921年间湖北境内发生"倒王运动"。1921年6月1日,王占元镇压了恽代英等领导的武汉学生反帝爱国运动,制造"六一"惨案,王占元被免职后逃往天津。

1926年9月,王占元应五省联军总司令孙传芳邀请,出任训练总监,联络张作霖、张宗昌企图共同抗拒北伐军。11月北伐军击败孙传芳,王占元逃入天津租界。1928年4月,张作霖委任其为陆军检阅使,与内阁总理潘复一起到济南与张宗昌、孙传芳等商议军事。不久,奉军撤退出关,王占元返回天津,托庇于租界经营实业,先后在北京、天津、大连、保定购置大宗房地产。另外,他在纺织、面粉、盐业、金融、电力、煤矿等产业也有大宗投资。他在山东投资纱厂、煤矿;在直隶投资面粉厂、电力股份公司；在湖北等地投资银行等。他在金融方面的投资最大，投资对象包括中国银行、交通银行、金城银行和盐业银行等。此外，王占元还拥有东亚毛呢公司、庆丰面粉公司、三星面粉公司、华北制冰厂、敬记茶庄、乾祥厚茶庄的股份。①

王占元下野之后在天津广为置办产业，一时间，天津租界各条道路遍布王家的店铺和房产。王占元经历了军旅生活的残酷和人生的起伏之后，不再过问政治，专心经营产业。由于他经常腰间别着大串钥匙在各店铺之间走动，因此人送外号"各大马路巡阅使"②。

王占元也参与了不少慈善活动。1931年，他以王子春的名义任天津市救济水灾委员会干事、天津市慈善事业委员会委员。同时，他还是河北省各省水灾筹赈分会的会员。1933年的鲁西水灾，王占元与16名在津鲁籍人士向天津商会发函催捐，为家乡赈灾出了不少力。③

1934年9月14日，王占元病逝于天津，终年73岁。

参考文献：

朱汉国、杨群总主编，杨群本册主编：《中华民国史》第6册，四川人民出版社，2006年。

李盛平主编：《中国近现代人名大辞典》，中国国际广播出版社，1989年。

王新生、孙启泰主编：《中国军阀史词典》，国防大学出版社，1992年。

（丁翀尧）

---

①天津市档案馆、天津市和平区档案馆编：《天津五大道名人轶事》，天津人民出版社，2008年，第118页。

②牛一兵、王宏主编：《天津小洋楼：名人故居完全档案》第1卷，天津教育出版社，2011年，第204—207页。

③李正中主编：《近代中国天津名人故居》，天津人民出版社，2002年，第16页。

王　照

王照(1859—1933),字藜青,号小航,又号水东,天津宁河人。

王照幼年失怙,由叔父教授其天文、地理、兵法及中外掌故,塾师教以诗文,十一二岁即常因观星象彻夜不眠,乐此不疲。此后他广求时务书籍,凡教会、上海制造局同文馆所译印林乐知、傅兰雅诸人的译作,他大都搜集齐备,加以阅研。王照1891年考中举人,1894年考中进士,授翰林院庶吉士。他朝考那天,恰逢日本海军炮击大清高升军舰,引发了中日黄海大战,王照的两名族人死于这场海战。同年,王照满怀爱国之志,在家乡芦台办起宁河乡团,与驻守当地的清军直隶提督聂士成相互配合,为维护地方秩序、积极御敌做准备。

这时候,翁同龢向光绪帝报告天津、山海关一带军队蹂躏地方情形,光绪皇帝派直隶总督王文韶查看办理。王文韶察访宁河乡团,得悉王照纪律严明、办事公道,在当地口碑甚佳,对王照颇为赏识,回京复奏即让各州县仿办。1895年4月,王照交卸宁河乡团事务,进京应散馆试,朝廷授其礼部主事。直隶总督王文韶上书朝廷,奏称王照所练乡团,队伍严整、饷项分明,为沿海一带表率,要求派王照仍回宁河办乡团,王照奉旨还乡。

中日甲午战争后,朝野要求改革之风日炽,王照激情高涨。1897年9月,他在家乡芦台创办了一所当地最早的小学堂,为有清以来州县地方成立最早的学堂。同年冬,王照进京,邀约一部分有志于教育事业的同省京官在松筠庵开会,商议创办北京南横街小学堂,然后向总理衙门呈请立案,获得批准。1898年3月,"八旗奉直第一号小学堂"宣告成立,即后来的燕冀学校,再后来又改称南横街小学堂,是北京历史最悠久的学堂。

光绪皇帝主张实行新政,王照以礼部主事直接上书,光绪帝赏识王照"勇猛可嘉",超擢四品京堂候补,并赐三品顶戴。王照鼓励光绪帝力倡新学,变法失败后,王照与康有为、梁启超同为慈禧太后严拿之人。但因提前得知消息,王照等先后离京,至塘沽登上"大岛"号军舰避往日本,继续开展维新活动。王照认为,世界各国的文字都是本国人人通晓,因为其文字、语言相一致,拼音更是简便。而中国地域辽阔,各地口音相差很大,百里千里之外如同异域,因此妨害多端,误尽苍生。鉴于此,他立志创造以北京语音为标准、统一汉字发音字母的官话。

王照决心在中国造出一种普及教育的利器,那就是拼音新字。他潜心钻研,创编官话合声字母,到处宣传用合声字母拼写白话,申明语、言必归一,宜取北京话为标准。因为北至黑、西至陇、西南至滇、南至江、东至海,纵横万里约2亿人,皆与京话略同,其余桂、粤、闽、浙、吴、楚、晋与京音不同,而且也各不相通。因此,推广京话最为便利,可定京话为官话。

王照逃亡日本期间,继续研究中国文字改革。1900年他潜行归国,变易赵姓名世铭,自称赵举人,隐居天津,继续创编官话合声字母,即后来全国通行的注音符号。1901年《官话合声字母》初刻本在日本江户印行。

1903年,王照在北京秘密创设官话字母传导所(义塾),由门人王璞出面任教,自己则使用化名往来于京、津、保间暗中进行传播。1904年,他到步军统领衙门投案自首,下刑部狱。两个月后慈禧特赦党人,王照获释,他继续埋头于文字改革。1905年,他在保定创办拼音官话书报社,次年迁到北京,报社所编写的伦理、史地、自然科学等拼音官话书,发行量达6万部以上。除直隶以外,两江总督周馥、盛京将军赵尔巽均下令在省城设立简字学堂,王照倡建的官话字母迅速流传至13个行省。

辛亥革命期间,王照曾受江北都督府都督蒋雁行的派遣,到上海参加各省都督府代表联合会会议。辛亥革命后,王照寓居南京。1913年,王照任读音统一会副会长,后辞职潜心研究经学,主张教育救国。

王照晚年生活拮据却自甘清贫。1933年6月1日在北平病逝,终年74岁。

王照著有《水东集初编》《小航文存》4卷、《三体石经时代辨误》2卷、《表章先生正论》1卷、《方家园杂咏纪事》1卷等存世。

参考文献:

一士:《谈王小航》,《国闻报》,1933年第33期。

王小航:《水东集初编》,民国间刻本。

汤志钧:《戊戌变法人物传稿》,中华书局,1961年。

(甄光俊)

王郅隆

　　王郅隆(1867—1923)，字祝三，天津人，1867年生于天津。其父王鸣礼是粮商兼管运粮船的船帮把头。王郅隆年少时入天津一家粮店当学徒，嗣后转做粮食和木厂掮客，并开设元庆木号，经营木材生意。这时天主教徒柴田宠负责兴建天主教堂，王郅隆与柴田宠熟识，揽下此项生意，赚取不菲利润。

　　王郅隆后来的发展与倪嗣冲关系密切。二人相识于赌场，当时倪嗣冲将两万多军饷全部赌光，赌输军饷按律应治罪，而王郅隆的适时出现，不仅为其赢回全部军饷，而且还赚了不少，二人由此结为挚友。

　　1913年，倪嗣冲任安徽督军，他立即委任王郅隆为安武军后路局总办，常驻京津，为其采办军需供应。当时军阀混战，财政部无法按时拨发军饷，各省军饷均入不敷出，但王郅隆却有办法将军饷如数领出。为了替倪嗣冲聚敛私财，王郅隆每月领出军饷后，先存入银行，然后再分期寄到安徽。王郅隆对倪嗣冲始终忠心耿耿，不仅账目清楚，悉心掌管倪在皖搜刮的民脂民膏，而且还帮助倪嗣冲做黄金投资，倪嗣冲非常信任王郅隆。

　　王郅隆通过倪嗣冲的关系与段祺瑞手下干将徐树铮、段芝贵、曾毓隽等结党营私，先后任黑龙江、湖北、安徽等省盐务采运局总办，成为天津著名盐商。他还参与创办了天津华昌火柴公司、丹华火柴公司，组建天津长顺盐业公司，以及合办井陉正丰煤矿公司等，攫取巨利。

　　第一次世界大战期间，不少商人开始投资实业，创办工厂。王郅隆专程前往上海,向棉纱大王荣宗敬请教办厂经验,并说服倪嗣冲等人出资兴办纱厂。1915年,倪嗣冲投资100万元,与段祺瑞、徐树铮、曹汝霖、朱启钤等人组成董事会,创建天津裕元纱厂,王郅隆出任总经理。经农商部注册为裕元股份有限公司,股本200万元,纱锭2.5万枚、织机500台均经美商慎昌洋行购进。后经多次增资,1923年资本额达到556万元,纱锭机达7.5万枚,织布机1000台,成为当时天津资本最为雄厚、纱锭最多、获利最丰的大型纱厂。

1916年秋天,在徐树铮支持下,王郅隆收购《大公报》全部股权,并出任董事长,聘请胡政之为主笔兼经理,利用媒体为段祺瑞政府鼓吹。

1917年,王郅隆与倪嗣冲、周作民等人创办天津金城银行并出任该行董事长。同年11月王郅隆加入徐树铮、王揖唐等皖系政客在北京安福胡同组织的安福俱乐部,为常任干事兼会计课主任,次年8月任安福国会参议员。

1918年,段祺瑞第三次组织内阁,皖系势力控制了民国第二届国会。由于王郅隆为"安福系"筹措了大量活动经费,被称为安福系的"财神",当选为议员。倪嗣冲还竭力向段祺瑞推荐王郅隆任财政总长,但由于安福系内部多数人反对未果。王郅隆通过段祺瑞政府参战处开设荣庆米行,以采购军粮的名义将江浙大米北运天津,向日本出口,牟取暴利。1920年4月,王郅隆与徐树铮创办了天津边业银行并出任董事。到1920年,王郅隆已拥有资产四五百万银元,被视为"安福财阀"。

1920年7月,皖系在直皖战争中失败,王郅隆被指为"安福十大祸首"之一,遭到吴佩孚通缉。他逃到北京日本兵营避难,后潜回天津日租界。

1921年,王郅隆在安徽蚌埠独资创办东亚饭店。这座三层楼房高达15米,颇有气势。王郅隆在天津墙子河沿岸、意租界大马路各有一处房产,在北戴河海滨西经路有一幢别墅,称为"王家大楼"。

1923年春,因裕元纱厂扩大再生产,王郅隆赴日向大仓洋行洽谈借款,同时与日本军界、财界洽商,筹借军费,以作为皖系与直系作战之用。9月1日,借款事成将签字之时,日本发生关东大地震,王郅隆因地震死于横滨,终年56岁。

参考文献:

《大公报》,1924年9月2日。

杨师群:《中国新闻传播史》,北京大学出版社,2007年。

李新等主编:《中华民国史·人物传》第6卷,中华书局,2011年。

李凤池口述记录。

(张金声)

1464

王 钟 声

王钟声（1880—1911），本名王槐清，字熙普，艺名钟声，浙江上虞人，1880年出生在一个官僚家庭。1894年，王钟声到上海学习外文，1898年自费去德国留学，取得学位后，于1906年回国，不久加入孙中山创立的同盟会。

王钟声回国后，先做广西巡抚的幕僚，后任法政学堂监督、洋务局总办。1907年，他离开广西前往上海，组织剧团，学习演戏。王钟声出身名门望族，父亲和哥哥均在清政府做官。出身于这样家庭的"洋学生"竟要去学戏，自然引起一般人的非议，家里人更是反对。可是，王钟声置家庭和社会的压力于不顾，决心学戏。王钟声决心学戏并非偶然，甲午战争失败后，他对朝廷的腐败、国家的积弱忧心忡忡，留学欧洲8年，王钟声开始接受西方文化的影响，憎恨封建专制制度，产生了革命思想。他认为："中国要富强必须革命，革命要靠宣传。宣传的办法，一是办报，二是改良戏剧。"①他立志戏剧改革，就是要借助戏剧宣传革命。

为了扩大新生话剧的阵营，培养话剧人才，1907年，王钟声在上海创办了中国第一所戏剧学校——通鉴学校，并亲自担任校长。学校开设了国文、英文、算术、历史、舞蹈、戏剧等课程。王钟声挑选有表演天赋的学生，每天排演新戏，并向学生讲解演戏与革命的关系。当时，许

---

①翟厚良：《剧坛人杰，革命烈士——中国话剧创始人之一王钟声》，载赵矢元主编：《中国近代爱国者百人传》，黑龙江人民出版社，1985年，第423页。

多受传统观念影响的学生看不起演戏这一行,认为是低人一等的职业,有些人则害怕革命太危险而纷纷退学。两个多月后,学校被迫停办,但王钟声并没有因此而灰心,他将一些留下来的进步学生组织起来,在马相伯、汪笑侬等朋友的帮助下,成立了中国第一个话剧团体"春阳社"。

1907年11月,春阳社在上海公演第一出新戏《黑奴吁天录》。该剧以美国黑奴生活为题材,充满民族感情,鼓吹民族革命。而此时在革命党人的大力宣传下,全国各地反对清政府民族压迫、要求推翻清王朝统治的民族情绪十分强烈。《黑奴吁天录》的公演,引起观众的共鸣,获得很大成功,时称"改良新戏"或"文明新戏",是国内第一部正式演出的话剧。春阳社在上海公演此剧,标志着中国话剧的诞生。

王钟声还是一位出色的演员,他在《黑奴吁天录》中扮演女奴伊里莎,在《迦茵小传》里扮演女主角迦茵。无论扮演"长剑戎衣"的"勇夫健儿",还是扮演"柔声娇态"的"秀媛名姝",无不惟妙惟肖、生动传神,深受观众欢迎。他还擅长布景,能奏乐器。因而,不到一年时间,王钟声就成为中国剧坛闻名遐迩的明星。王钟声先后在上海、杭州等地演出。王钟声在上海演出期间,结识了北京著名艺人田际云。田际云也具有革命思想,两人志同道合,一见如故。1909年冬,田际云邀请王钟声北上演出。在田际云的精心安排下,王钟声的剧团与著名京剧演员杨小楼、尚和玉、梅兰芳等人在北京同台表演。杨小楼等人表演京剧折子戏,王钟声的剧团则演出文明新戏。

1908年,王钟声来到天津,结识了天津戏剧界知名人士、"移风乐会"的创始人刘子良,二人合办"大观新舞台文明戏院",号召演出文明戏,提倡移风易俗、改良戏剧,并订立《天津大观新舞台文明戏营业规则》,在津城独树一帜。王钟声以天津新舞台有限公司名义,在报纸上发表宣传戏剧改革的文章。1909年9月起,王钟声在大观新舞台组织了历时一个多月的新剧演出,剧目有《孽海花》《爱国血》等7部。由于题材新颖,富有爱国主义精神,演出深受天津观众欢迎。

1911年上半年,王钟声的剧团在荣吉街口下天仙戏院及南市同乐茶园,演出了新剧《热血》《鸣不平》《秋瑾》《黑奴吁天录》《徐锡麟》《官场现形记》等剧目,这些剧目讴歌为国捐躯的志士仁人,同情被压迫的劳苦大众,讽刺鱼肉人民的亲贵官僚,以新颖的方式宣传革命思想,在社会上产生了广泛的影响。

王钟声在北方演出话剧、宣传革命的活动,引起清政府的注意。1911年7月,清政府指称他是革命党,并诬蔑他"聚赌打架",将其拘捕押送回浙江原籍,"交地方官严加管束"。不久,武昌起义爆发,王钟声立刻投身革命斗争,他参加了上海的武装起义,被任为都督府参谋。上海起义成功后,王钟声准备利用其影响,发动天津武装起义。

1911年11月间,王钟声化装后率万铁柱、徐光华、朱光明三人来到天津,不料他下火车后,便被警察局的暗探跟踪。王钟声在天津奥租界移风乐会会长刘子良家中秘密召集同道,酝酿举事。直隶总督陈夔龙密令南段警察总办杨以德逮捕他。杨以德便于12月2日晚间,派员到刘子良家里把王钟声和刘子良等六人逮捕,还搜出都督印信和文件信函,等等。杨以德向陈夔龙请示如何处理,陈叫他交天津镇总兵张怀芝办理。张怀芝就把王钟声等押解到西门外疙瘩洼营中,由军法官开庭审讯。王钟声承认到津进行革命活动的事实,并且理直气壮地说:"九月初九日上谕,大开党禁,非据法律不得擅以嫌疑逮捕。我是革命党,你们把我怎么样?"军法官看他振振有辞,无法问下去,只得把原口供交给张怀芝。张怀芝与陈夔龙密商后,按行营拿获奸细律,将王钟声判处死刑。

12月3日下午,王钟声在天津西门外韩柳墅疙瘩洼刑场被杀害,时年31岁。后来,国内演文明新戏的后台,纷纷挂上王钟声的照片,以表示对这位为革命献身的新剧家的尊敬与怀念。

参考文献：

黄真、姚维斗、陈致宽：《辛亥革命北方英烈小传》，北京出版社，1984年。

丁日月主编：《辛亥百年图谱》，中国文史出版社，2012年。

梅兰芳：《戏剧界参加辛亥革命的几件事》，载全国政协文史委编：《辛亥革命回忆录》第1册，文史资料出版社，1981年。

（葛培林）

王 竹 林

王竹林(1855—1938),名贤宾,字竹林,以字行,号砚农子,河南获嘉人。因家境贫困,早年以做首饰店学徒为生,后投靠族人天津大盐商王贻孙经营的义德号做事。经过几年的历练,王竹林成为义德号经理。

1900年义和团运动期间,八国联军攻陷天津城,并在城内大肆抢掠财物,王竹林组织天津保卫局保护商家,因维持天津治安有功而被众商推举为长芦盐务纲总。由于这场浩劫及之后两年的都统衙门统治,繁华商业区成为瓦砾,官厅府库和银钱典当业遭受重创,爆发了以"银钱两荒"为标志的财政金融危机。

为稳定天津金融市场,1902年袁世凯成立天津商务局,王竹林被推选为商务局局董。但商务局内部各方势力相互掣肘,无法起到保商振商作用。在众商和天津府知府凌福彭的推动下,本着"脱去官场习气,各抒己见,务使官商联为一体"的宗旨,1903年成立天津商务公所,王竹林任董事。担任董事期间,王竹林与其他董事共同提出推缓新旧欠、倡行钱票、设立银行、厘卡规复旧章等挽救市面四大措施,对天津市面复兴起到了一定的作用,但未根本改变市面窒塞的状况。

为解救天津商务危局,并响应商部《劝办商会章程》,天津绸缎、洋布、钱粮等30多行61家行董上书商部和直隶总督,要求尽快成立商会。鉴于王竹林在稳定天津金融市场中的能力,1903年12月23日,清商部左参议王清穆致函王竹林,要求天津速联绅商,斟酌时宜,参照上海商会章程,克日举办报部。1904年11月16日,商部批准天津商务总会正式启用关防。王竹林任首任总理,宁世福等任协理。

1904年底,《中美会订限制来美华工保护寓美华人条款》期满,旅美华侨强烈要求废除条约,保护旅美华工权益。清政府迫于压力提出改约,但美国政府断然拒绝。1905年,全国各地掀起"抵制美货"运动。王竹林代表天津商界亲笔复函上海商会,表示各行董事皆愿遵照沪商条款抵制美货。随后,天津商会召集绸缎、洋货、竹木、杂货、烟草等各行业代表200多人召开工商界代表大会,王竹林宣读了《不售美货说帖》。会后各大商号带头贴出"本号不卖美国货"的告示,宁星普、王竹林等人则每天出入各大商号,一面检查一面宣传。1906年,王竹林与宁星普联合呈请直隶总督袁世凯申办商会劝工会,在天津首次举办"国货观摩展",只收土货,不收洋货,且展会商品"一律免税"。

1906年,王竹林联合天津十几位盐商组建坨里高线公司,向驻津外国银行借款300万两修建坨清高线。坨清高线自北京房山坨里至南窑清港沟,全长74里。1907年,高线全面贯通后,缓解了天津燃料供应困难,而且年可获利40多万两银。该高线在远东尚属首创。但是,盐商的贷款以直隶、河南两省六十三县专卖许可权作为抵押,直接危害了清政府的盐引政策和盐务权力,于是坨清高线被财政部收归国有,再加上对德华、道胜等外资银行的欠款本息高达900多万元,王竹林损失巨大。此外,王竹林还先后与盐商李宝恒投资兴建了华胜烛皂公司、北洋水火公司等。①

1906年7月,王竹林奉清廷农工商部命令,捐资筹建天津公立甲种商业学校。1908年12月26日,王竹林创刊了《天津商报》,该报是天津商务总会的机关报,馆址设在北马路商务总会内。该报以"收回言论之权"为宗旨,主要报道商务和市场消息,宣传兴办实业,为天津各

---

①徐永志、马丽霞:《清末民初直隶商会与城乡社会变迁》,《民族史研究》,2004年第1期。

报之先。王竹林与李子赫创办了两斋私塾,后严修创办新式学堂时,将两斋私塾与林墨青等创办的三斋私塾合并,创办了天津民立第一小学堂。

1907年12月,天津商界响应清政府禁烟号召,由王竹林和宁世福出面于永平屯花园创设戒烟善会,入会戒烟者服药调养,7日为度,一切饮食由会中筹备,不取分文。如私自逃走或复吸,则由保人赔补药资。经费筹措则由王竹林等督同各会董、各行董事及各善堂绅商,广为筹劝,以期源源接济而垂久远。1909年,戒毒者已达2535人。[1]

1908年,在立宪派的鼓吹和发动之下,十余省的绅商民众选派代表赴京请愿速开国会。1910年12月20日,商会总理王竹林和学界请愿同志会会长温世霖、直隶咨议局议长阎凤阁等组织天津各学堂学生近4000人,前往督署请愿,要求总督陈夔龙代奏"明年即开国会"。在国会请愿运动的同时,天津商务总会王竹林等人共同议决,发起了一场以筹还国债、防止列强监督中国财政为目的的"筹还国债运动",以筹还《马关条约》和《辛丑条约》两次赔款额为限,计划在3年内替朝廷还清,贫民认捐与否全凭自愿,富民则必须认摊平均数目。上述倡议得到了各省商会和绅民的热烈响应,不但绅商士夫积极踊跃,耕夫织妇、佣工婢仆、儿童孺子也纷纷解囊,一时民情之踊跃,民气之发舒,难得一见。

民国成立后,天津商会改选,王竹林虽有津埠众商联名推举,但民国政府以王竹林曾卷入天津名妓杨翠喜案,以及所营主要事业倒闭无基本资格为由,反对王竹林继任会长一职。1920年,王竹林任察哈尔省财政厅长,不久辞职。

1929年春,天津特别市政府创办市立图书馆,王竹林将南开杨家

---

①天津市档案馆等编:《天津商会档案汇编(1903—1911)》下册,天津人民出版社,1989年,第2173—2179页。

花园私宅出让,资助政府作为馆舍。王竹林晚年,善画花卉,尤喜画梅,亦善书法,热心传统武术的习练。1931年,天津天岚社正式出版了王竹林所著《易筋经意气功辞解》,书中阐述了功法沿革、具体练法及防治病机理,总结出"所谓以意行气,意到气到"的独特气功功法。

七七事变后,王竹林的人生轨迹发生了重大转折。他担任了伪天津市治安维持会委员、长芦盐务局局长、商会会长、天津物资对策委员会委员长、日华经济联络会会长等伪职。1937年8月,王竹林作为长芦盐务局代表与日商签订增加日资合同,并多次在公开场合吹捧"皇军"的"丰功伟绩"。1937年12月,伪中华民国临时政府成立伪中国联合准备银行,公布伪联银发行的钞票与法币等价流通,要求银行钱庄账目一律以伪联银券为本位币。作为天津商界元老,王竹林积推进伪联银券的流通,热心推行日本的侵华经济政策,使天津商界逐步成为日本侵略战争的"提款机"。

1938年12月26日晚9时,王竹林在法租界丰泽园大宴宾客,晚宴结束后,在饭店门口被抗日杀奸团击毙,终年83岁。

参考文献:

刘佛丁等编:《中华文化通志·制度文化典·工商制度志》,上海人民出版社,1998年。

徐永志、马丽霞:《清末民初直隶商会与城乡社会变迁》,《民族史研究》,2004年第1期。

(王 静)

卫禹平

卫禹平（1920—1988），本名潘祖训，天津人，原籍浙江绍兴，成长于天津一个著名的医生家庭。

卫禹平幼时在天津读小学。1935年开始到上海、长沙、武汉等地求学，1938年在汉口加入抗敌演剧二队、旅港剧人协会等团体，演出过《家破人亡》《马门教授》等话剧。1942年入上海音乐专科学校学习大提琴。1945年入上海苦干剧团、北京南北剧社任演员，演出过《甜姐儿》《钦差大臣》《魂归离恨天》等话剧。1947年后在上海国泰、"中电"二厂、昆仑、清华、文华等影业公司主演了《春归何处》《肠断天涯》《新闻怨》《大团圆》《母亲》《青山翠谷》《寒山寺钟声》等影片。他和白杨搭档在影片《新闻怨》中扮演男主角——一个拉大提琴的青年。

1949年11月，卫禹平进入上海电影制片厂担任演员。先后在《农家乐》《天罗地网》《沙漠里的战斗》《春满人间》《香飘万里》《金沙江畔》等影片中担任主要角色，他的表演自然松弛，显示出很高的艺术修养。

卫禹平语言好，声音洪亮，有力度，特别适合为苏联影片中的英雄人物配音。在上海电影制片厂工作期间，曾为《怒海雄风》《米丘林》《游侠传》《伟大的曙光》《伟大的公民》《钦差大臣》《乌克兰诗人舍甫琴科》《牛虻》《漂亮的朋友》《假情假意的人们》《生活的一课》《基辅姑娘》《第十二夜》《崩溃的城堡》《松川事件》《罗马之战》《军阀》等译制片配音。

1955年，卫禹平为苏联影片《牛虻》中的主人公亚瑟配音。他以其高亢激越、带有神经质颤栗的声音，成为上译厂为《牛虻》配音的不二人选,获得了高度的赞誉。1957年,卫禹平获文化部1949—1955年优秀影片奖个人一等奖。"文化大革命"时期,卫禹平为《罗马之战》中罗马城防官策特古斯配音。在法、意合拍的影片《警察局长的自白》中,他为警察局长配音。这个角色台词多,节奏快,为了找准口型,把握人物的情绪节奏,在他的剧本上可以看到每句台词前面、后面用音符记下的停顿、间歇等记号,通过声音把一个生动、丰满的艺术形象带给了广大观众。

1973年,卫禹平从上影厂调到上海电影译制片厂工作,任导演兼演员组组长。他执导的译制影片有《屏开雀选》《空谷芳草》《美凤夺鸾》《大独裁者》《舞台前后》《尼罗河上的惨案》《沉默的人》《基督山伯爵》《悲惨世界》《望乡》《吟公主》《生死恋》《华丽的家族》《橡树,十万火急》《政权·真理》《在那些年代里》等,还为《虎,虎,虎》《琼宫恨史》《美人计》《鹿苑长春》《蛇》《警察局长的自白》《拿破仑在奥斯特里茨战役》《悲惨世界》《孩子与小提琴》《游侠列传》等多部译制片配音。在影片《伟大的公民》中为沙霍夫配音,给人们留下了极深的印象。

卫禹平热心指导年轻人的译配工作,满腔热情地把年轻人推上工作一线,接受锻炼。丁建华、童自荣、乔榛、程晓桦等许多优秀的配音演员,都受到过卫禹平的热情帮助和指导。

1988年3月,卫禹平病逝于上海,终年68岁。

参考文献:

吴贻弓主编:《上海电影志》,上海社会科学院出版社,1999年。

(郝天石)

魏 德 迈

魏德迈(1897—1989)，全名阿尔伯特·科迪·魏德迈(Albert C. Wedemeyer)，1897年出生于美国内布拉斯加州的奥马哈城，美籍德国人。

魏德迈读高中时，第一次世界大战爆发，遂决心从军。1915年考入美国西点军校，1919年毕业后再入佐治亚州的本宁堡步兵学校学习，1920年晋升为中尉。1923年他被派往远东菲律宾服役，1929年以中尉军衔在驻津美军第十五步兵团服役。

魏德迈抵津不久，他不俗的军人风度及高超的射击本领就征服了全团。而在谈到中国时，他回忆起在天津任职"是很有教育意义的"，特别是在学习语言方面，"我们每周刻苦学习6天，才能在考试中取得令人满意的成绩"。这项汉语学习计划是马歇尔任第十五步兵团指挥官时制定的政策之一：军官必须学习汉语，一段时间后还必须通过考试，士兵则可以选择学习，不必通过考试。学习和训练之余，魏德迈与家人一起在天津附近游玩，与林语堂、顾维钧、清朝废帝溥仪等中国政商界人士均有交往，对中国风土人情了解渐深。这为他日后接替史迪威的职位，在二战中美关系的发展进程中发挥作用打下了重要基础。

1931年，魏德迈离津再度奉调至菲律宾，1934年回国进入堪萨斯州莱文沃思堡陆军指挥参谋学院受训，1935年升为陆军上尉。1936年至1938年，魏德迈进入专门培养高级参谋的德国陆军军事学院深造。1938年毕业前夕，他参加了德国举办的大演习，这给了他观摩研究德军作战战术的宝贵机会，对他日后制订作战计划，帮助盟军在欧洲大陆打败德军大有裨益。

1939年二战爆发后,魏德迈升任少校,并进入陆军组训部任职。1941年5月加入艾森豪威尔领导的战争计划办公室,开始为美国加入二战准备作战计划。二战中,魏德迈作为主要参加者制定的作战计划经修改后被采纳,这一计划的巅峰之作即后来的"诺曼底登陆"。

1941年12月7日"珍珠港事件"爆发后,美国向德国和日本宣战。1942年2月,魏德迈晋升为战时上校,7月获准将军衔,并作为马歇尔的代表参加盟军联合参谋长作战会议。1943年8月,美英首脑决定组建东南亚盟军司令部,由英国海军元帅蒙巴顿出任最高司令,魏德迈被擢升为少将衔,调任盟军东南亚司令部,在蒙巴顿手下任副总参谋长,两人合作甚佳。其间,魏德迈还曾奉命到中国,商讨中缅边境问题。

1944年10月27日,魏德迈在锡兰(今斯里兰卡)接到马歇尔电报,任命他接替因与蒋介石关系破裂而被调离的史迪威将军,担任中缅印战区美军司令和盟军中国战区最高司令蒋介石的参谋长。来到中国的魏德迈很快投入中国的抗战,并为中国人民不屈不挠的抗战精神所打动。在中缅印战区指挥期间,魏德迈努力推动国民政府在对日作战中发挥更为积极的作用。他帮助中国获得更多先进的运输机,扩大了驼峰航线的运输能力,并继续其前任史迪威的计划,训练装备国民党军队,使其更加现代化。他还督促中国加强对在中国执行空中任务的美国空军的后勤支援,其中包括执行轰炸日军基地和日本本土行动的美国第二十航空队,以及由陈纳德指挥的第十四航空队。

抗战结束后,作为美军驻远东的三位最高指挥官,魏德迈与麦克阿瑟、海军上将斯普鲁恩斯,于1945年12月7日向五角大楼建议,将国民党军队6个军运送到东北和华北,抢占地盘,为日后由美国驻华大使主持的国共之间的和谈增添了筹码。

1946年魏德迈回到美国,任陆军参谋部计划与作战部部长。1947

年7月至8月,魏德迈作为杜鲁门总统的特使,率领考察团再度来华,调查中国的政治、经济、社会和军事情况,以帮助确定美国的相关外交政策,此行的结果就是其著名的《魏德迈报告》。8月4日,魏德迈访问天津,拜会了市长杜建时,会见了华北工业协会理事长李烛尘、仁立公司经理朱继圣、南开大学校长张伯苓、塘沽新港工程局局长邢契莘、冀北电力公司天津分公司经理顾敦曾、海河工程局局长徐世大等。

1951年8月,他主动退出现役,但仍在1954年7月19日,根据美国国会通过的法案晋升为上将(四星)军衔。

1985年5月23日,里根总统授予他"总统自由勋章"。

1989年12月17日,魏德迈病逝于弗吉尼亚州贝尔沃堡市,终年92岁。

参考文献:

[美]阿尔弗雷德·考尼比斯:《扛龙旗的美国大兵:美国第十五步兵团1912—1938》,刘悦译,作家出版社,2011年。

Albert C.Wedemeyer,*Wedemeyer Reports！* New York,Henry Holt & Co.1958.

Herbert Feis,*The China Tangle:The American Effort in China from Pearl Harbor to the Marshall Mission*,Princeton,Princeton University Press,1953.

周利成:《1947年魏德迈考察平津纪实》,《北京档案史料》,2006年第3期。

（张　畅）

魏鹤龄

魏鹤龄(1907—1979),字季年,本名魏季燕,1907年1月14日(清光绪三十二年十二月一日)生于天津东郊赤土村。魏家世代务农,魏鹤龄祖父略通文化,除耕种土地外,还举办乡塾,义务教村里的孩子读书识字。

魏鹤龄的父亲魏春浦,为人诚实耿直,秉性倔强,在家排行老大,下有四个弟弟,因不喜欢读书,常常受到长辈的责罚,便到天津城独谋生计。经过多年奋斗,他与人合伙开办"万巨和"号货铺,自己当掌柜,成家立业。魏鹤龄出生后,就过继给了他的二叔。幼年时,魏鹤龄白天跟着父亲(即二叔)干农活,晚上跟着爷爷读书识字。

6岁时,生父把魏鹤龄接到天津,就读于紫竹林附近的一所教会小学。8岁时,父亲因打官司败诉,气病而逝,一家人生活没有着落。四叔把他和三哥接到北京,续读于北京高等师范学校(北京师范大学前身)附小。魏鹤龄中学毕业后,四叔因生计艰难,无力再供他上学,魏鹤龄凭借着学过的一点德文,跟当军医的五叔做了一名司药员。在医院里,他看不惯小兵受虐待,于是开小差回到天津,继续跟着父亲种田养鸭。为了拴住他的心,父亲想让他早些完婚成家。接受过新思想、新事物的魏鹤龄不能忍受家长的包办婚姻。20岁时被迫成婚后,夫妻不和,婆媳、父子矛盾不断,终于在父亲的斥责声中离家出走。

离家以后,魏鹤龄开始独自谋生,不到一年里,他挑过货郎担,当过油盐铺的伙计,在码头当过搬运工,深切体会到人生的艰辛。

1928年6月的一天,魏鹤龄见电线杆上贴着一张山东省立实验剧院的招生广告,除免费供给食宿外,每月给4块大洋的零用钱,学成后可成为话剧演员。思来想去,他觉得当演员比每天扛麻袋不知要强多少。于是,魏鹤龄抱着试试看的心理,赶到山东济南,他凭着自己中学毕业的文凭、健美的体魄、洪亮的嗓音,竟被录取了。

山东省立实验剧院是中国第一所正规的戏剧学府,院长赵太侔、教师吴瑞燕等人都是留学美国、法国的戏剧专家,教授表演的也都是国内戏剧界、电影界的知名前辈,如著名电影导演万籁天、著名演员丁子明等。其间,魏鹤龄参加了剧院师生组织的"晦鸣剧社",在话剧《太平天国》《大刀王三》《江南小景》中饰演不同的角色。由于剧社偏重演出实践,缺乏艺术理论的指导,在表演方法上过分追求外在东西,使得魏鹤龄的表演在外形动作上显得过分夸张,阻碍了他艺术水准的提高。比如他在话剧《太平天国》中饰演萧朝贵,演到"杀父"这场戏时,按照导演要求,他手提钢刀,动作又猛又快,使得跟他配戏的演员唯恐被误伤,几场戏下来,再也无人敢演,这个危险的角色。1931年,晦鸣剧社因故解散,魏鹤龄又回到了故乡天津的赤土村,等待机会,重返舞台。

九一八事变激发了魏鹤龄的爱国之心。1932年3月的一天,北平万金红十字会组织救护队,准备赴淞沪前线救护抗日伤员,他毅然报名,做了一名医务人员,之后前往上海。

1932年秋天,上海左翼文化运动蓬勃兴起,魏鹤龄遇到了在北平演出期间结识的好友刘郁民,经他介绍,魏鹤龄参加了集美歌舞剧社,主演了田汉的名剧《名优之死》《苏州夜话》等。不久,因剧社没有固定经费,加之话剧观众不是很多,无法继续维持下去,不得不宣布解散。其他人均回了原籍,只有魏鹤龄、舒秀文等六人留了下来。

田汉的弟弟田洪得知他们的境况后,愿意重组剧社在杭州发展话剧,并与哥哥田汉取得联系,田汉对此非常支持。为了壮大剧社实力,田汉派来优秀演员加盟,很快,"五月花剧社"在杭州成立。剧社由田洪代表田汉负责领导,地下党员刘保罗负责组织演出的具体事宜,陆续上演了《乱钟》《战友》《SOS》等剧。魏鹤龄在剧中先后饰演过流亡学生、工人、卖艺老人、农民等不同角色。时间不长,五月花剧社因上演进步戏而被国民党当局查封,魏鹤龄又回到上海,加入了田汉组织的春秋剧社。

1933年,在田汉的领导下,剧社聚集上海的剧人,举行了一次大型的公演活动,推出了《梅雨》《名优之死》等剧。在《名优之死》剧中,魏鹤龄饰演的刘振声,真实感人。特别是刘振声倒毙舞台这场戏,他完全把自己融入角色之中,以嫉恶如仇的肺腑之情高呼:"好玩艺儿是压不倒的!"演活了刘振声刚正不阿的形象和不为邪恶所压倒的一身正气,博得了观众和同行的赞誉。著名电影演员舒绣文回忆说:"我演的第一个多幕剧是田汉先生的《名优之死》……在戏里,他(指魏鹤龄)是我师傅,在戏剧艺术上,他也是我的开门师傅。"

春秋剧社除上演多幕大戏外,还排演独幕戏到大中学校宣传演出。国民党当局对此很恼火,采取捣乱、禁演、查封、逮捕等手段破坏演出。左翼剧联则采取"你查演我换戏,你查封我换地"的方针,针锋相对地与之周旋,但还是被迫停演了。后魏鹤龄又相继参加了戏剧协社、上海业余剧人协会、狮吼剧社等进步文化团体,演出了《回春之曲》《娜拉》《怒吼吧!中国》等剧。他在《怒吼吧!中国》中的成功表演,引起了电影界的注意,著名导演史东山认为他是个难得的好演员,从此,魏鹤龄迈入了电影艺术的大门。

魏鹤龄从影生涯的第一部影片,是1933年联星公司出品的《歧路》,虽然不是饰演主角,但他却初步显露出电影方面的才华。1933年7月,艺华影业公司成立,魏鹤龄、舒绣文、袁美云等人先后加入进来。在史东山编导的《人之初》中,魏鹤龄第一次在电影中饰演男主角,虽然角色的年龄跨度很大,从小一直演到老,但魏鹤龄很好地把握了人物的性格特征。

抗日战争全面爆发后，魏鹤龄加入了"抗日救亡演出队"，与郑君里、钱千里等人奔赴京沪铁路沿线进行抗日救国宣传。在演出话剧的同时，魏鹤龄还参加了史东山编导的电影《保卫我们的国土》的拍摄。1937年，根据电影运动新的需要，在中共地下组织领导下，袁牧之、魏鹤龄、赵丹等进步电影工作者回到明星电影公司，参加由袁牧之编导，赵丹、周璇、魏鹤龄等人主演的《马路天使》的拍摄。在影片中，魏鹤龄饰演报贩老王，他的表演才华在这部影片中充分展现出来。

1938年至1945年，魏鹤龄、白杨、赵丹、顾而已等一批进步电影工作者，加入了迁到重庆的中央电影摄影场和中国电影制片厂。其间，魏鹤龄参加了《中华儿女》《长空万里》《青年中国》等影片的拍摄，同时，他仍然活跃在话剧舞台上，在昆明参加孙瑜导演的电影《长空万里》拍摄时，他又以"中影剧团"的名义，演出话剧《塞上风云》《群魔乱舞》《故乡》等，还挤时间为昆明文化界及大学生业余剧团导演了《民族万岁》和《夜光杯》。

新中国成立前夕，魏鹤龄回到上海，参加了昆仑影片公司《乌鸦与麻雀》的拍摄，影片拍摄跨越了新中国成立前后两个时期。在影片中，魏鹤龄饰演一个诚实但又胆小的报馆校对员孔有文。该片获文化部1949—1955年优秀影片一等奖，他本人获个人一等金质奖章。

新中国成立后，魏鹤龄施展艺术才华的天地更为广阔，他先后在昆仑、大同、长江等影业公司和上海电影制片厂当演员，参加了《劳动花开》《淮上人家》《探亲记》《鲁班的传说》《燎原》等20多部影片的拍摄，《祝福》是其中最具代表性的影片。

1956年，北京电影制片厂决定把鲁迅的同名小说《祝福》搬上银幕，由夏衍改编，桑弧导演，魏鹤龄和白杨分别饰演剧中男女主人公贺老六和祥林嫂。头戴绍兴毡帽，粗手笨脚、憨厚老实的贺老六，代表了魏鹤龄电影表演艺术的最高成就。他凭借对角色的深刻理解和准确的内心体验，以语言化的造型和性格化的表演，深入、细致、充分地展示了人物内心情感的波澜,使观众可以窥见贺老六善良、纯朴、高尚的心灵。这是魏鹤龄几十年表演经验的结晶。

新中国成立后,魏鹤龄的主要工作是拍摄电影,但他对话剧舞台仍恋恋不舍。在1959年国庆十周年演出中,他主演了30年舞台生涯中的最后一部话剧《关汉卿》。田汉特地发来贺电表示祝贺:"你把关汉卿演活了!"从1929年的《名优之死》到1959年的《关汉卿》,田汉的名剧他几乎都演过,以演田汉的名剧始,又以演田汉的名剧终,《关汉卿》成为他一生中最重要的舞台创作。

1979年10月2日,魏鹤龄在上海病逝。1995年12月28日,首都纪念世界电影诞生100周年、中国电影诞生90周年大会上,魏鹤龄被追授"中国电影世纪奖"。

参考文献:

天津市政协文史委编:《近代天津十大影剧家》,天津人民出版社,2001年。

(杨秀玲)

魏 联 升

魏联升(1881—1922),乳名德宝,艺名小元元红,卫派河北梆子创始人之一,祖籍直隶大城县,出生于直隶安次县淘河村。

其时梆子大戏盛行,魏联升从小就爱听爱看,深受熏陶。1892年,永清县的永盛合梆子班到淘河村搭台唱戏,11岁的魏联升遂入班拜师父纪发(艺名十二红)学戏。他有一副好嗓子,又响亮,又脆生,唱出来的小调有滋有味。由于他先天视力欠佳,体质较弱,纪发认为魏联升不宜练武功,就专教他学习文老生行当。他在师父耳提面命下,艺业进步很快。

1898年,魏联升结束了科班学徒生活,正式出科。同年,他辞别了与他相伴六年、情同慈父的纪发老师,来到梆子名家荟萃、好角如云的天津卫,开始了独立搭班的演艺生涯。

魏联升先是搭入坐落在北门里大街的金声园戏班,工老生。他年纪轻,相貌英俊,扮出戏来格外漂亮,登上戏台不用开口,单凭那副俊俏模样就讨人喜欢。他在金声园连获成功,引起各地经励科①的兴趣。没过几个月,他就被请到营口献艺。返津后,他结识了正称雄于天津剧坛的前辈艺人小茶壶(吴永顺)和何达子(何景云)。这两位艺术家在唱功和演技方面都有相当深厚的造诣,是河北梆子发展过程中举足轻重的人物。魏联升同他们交往,观摩他们演出,还从他们那里"偷艺",使他眼界大开,见识骤增。1903年,22岁的魏联升打出了"元元

---

①旧时,戏园子、戏班子里负责约角、组班的人。

红"的牌子，与一位早已大红大紫于北京的梆子老生演员郭宝臣（艺名元元红）平分秋色，人称"小元元红"。

魏联升成名前后，天津是他主要的活动阵地。起初，他常与著名男旦演员小秃红（訾桐云）、小马五、黄福山合作，后来女演员兴起，与他经常合作者多是小香水、小荣福等人。演出场所有元升园、协盛园、东天仙、下天仙、广和楼等戏园。1908年，天津东天仙戏园以月包银1200块，约邀魏联升与著名皮黄演员李吉瑞并列头牌，合组戏班，从李吉瑞、魏联升的名字中分别抽出一个"吉"字与"升"字，联到一起，命名为吉升班。李吉瑞、魏联升联袂领班，实行皮黄、梆子"两下锅"。

1910年，北京双庆班到津演出于凤鸣茶园，营业不理想，凤鸣茶园特邀魏联升协助，使双庆班扭转了困难的局面。小秃红、程永龙、赵紫云、何翠宝、花想容等名演员在魏联升带动下也参加了这个戏班，班名改成凤鸣班，很快成为当时天津颇有声誉的大班之一。

魏联升不仅在天津、北京享名，在上海、奉天、哈尔滨等地影响也很广泛。1900年他在营口演出，当地报纸评介他"台上清歌一曲，四座为之击节"。一日演《鞭打芦花》，台下观众"有饮泣不能仰视者"。1907年，上海春桂园到津邀请他，开口就许诺月包银800块，这在女伶大兴之前的梆子界实属绝无仅有。他在上海受到极特殊的接待，观众的热情程度连他自己都感到惊异。"小元元红"及其所演的梆子戏，一时间成为沪上民众街谈巷议的话题。

根据当年的戏单统计，魏联升经常上演的剧目有40多出。他在《四郎探母》《南北合》《战北原》《芦花记》《杀庙》《南天门》《汾河湾》《斩子》《让成都》《桑园会》等剧目里的唱段，经百代、老晋隆、哥伦比亚、乌利文等唱片公司灌制成唱片。至今，这些唱片成为研究河北梆子声腔艺术发展历史的宝贵音像资料。

魏联升私生活不检点，不仅影响了他的演艺事业，最终也断送了他年轻的生命。

1907年他在上海春桂园演戏时,与名妓雪荫轩的风流韵事传到天津,天津城里一些有身份、有地位的人士借助于新闻报纸,要求当局限制魏联升登台演戏。1910年3月,《天津白话报》刊登公开信,谩骂在元升园演戏的"小元元红"为淫伶,呼吁"速将该优伶驱逐境外"。后因与盐商姚序东之妾海银桂私通,姚序东买通探访局,先将魏联升游街示众,后判罚苦役10年。后由江南提督张勋出面,将魏联升保释出监。

1913年2月,魏联升和挚友赵春甫与寻衅的刘二、苏元善两个无赖发生口角,进而发生械斗。天津地方检察厅堂讯,因刘二伤势严重,判处魏联升苦役20年。天津著名女演员何翠宝与魏联升同在吉升班时产生爱情,二人由好而婚,后又离异。但何翠宝侠肝义胆,她怜惜魏联升的艺术前程,毅然以6000元大洋标价,自卖身于山东伶界头面人物董茂卿,以卖身所得赎魏联升出监。魏联升愧悔莫及,无颜在津久居,当即偕眷去东北,并在那里赢得很高声誉。

几经挫折,魏联升遭受很大打击。他决心痛改前非,专心致志于河北梆子艺术,但嗜毒恶习导致其身体状况一日不如一日。1919年4月,天津大新舞台邀他公开演了一场《战北原》,显见技艺大不如前。1921年他再临津门,底气更为不足,唱声多以巧腔对付。对此,津人深感惋惜。

1922年夏秋之交,因哈尔滨名妓三荷花酷爱河北梆子,魏联升的戏更是非看不可,包占她的当地恶霸姚锡九醋意大发,雇佣两名刺客在新舞台戏院将魏联升刺杀,终年41岁。1948年哈尔滨解放,罪大恶极的姚锡九被人民政府镇压。

参考文献:

张伯驹:《红毹纪梦诗注》,香港中华书局,1978年。

《醒俗画报》,天津启文阅报社,1907年。

《天津白话报》,1910年3月。

(甄光俊)

魏寿昆

  魏寿昆(1907—2014),字镇雄,1907年9月出生于天津商人家庭。他因家境败落而发奋读书,1914年入私塾,1917年考入育德庵小学,后入天津铃铛阁官立中学读书。

  1923年,魏寿昆毕业于河北省立第一中学,后以优异成绩考入北洋大学,因成绩优秀而得到校方免交学费和住宿费的奖励。1929年毕业,获矿冶工程系工学学士学位。毕业后,在辽宁海城大岭滑石矿任助理工程师,半年后回母校北洋大学担任矿冶系助教。1930年秋考取了天津市公费留德生,次年就学于德国柏林工科大学材料工艺科学系化学专业;1932年转学德累斯顿工科大学化学系,先后完成了特许工程师论文与工学博士论文,1935年夏获工学博士学位。为了实现科学强国的理想,1935年他自费进入德国亚琛工科大学冶金系进修,主修冶金专业。学习期间他搜集大量冶金文献资料,积极参加冶金专业实习及专题科研。1936年,他放弃了德国丰厚薪资的工作机会,回到满目疮痍的祖国,在天津北洋工学院矿冶系任教授。

  1937年七七事变后,他随北洋工学院迁至陕西省西安市,后又迁到城固县。9月,北洋工学院、北平大学、北平师范大学3所国立大学和北平研究院在西安组成西安临时大学。当时他任北洋工学院矿冶系主任。由于师资奇缺,当时矿冶系4个年级仅有3位教师和2名助教,他承担了各年级多门课程的讲授任务。太原失陷以后,西安临时大学迁往陕南,改名为国立西北联合大学。1938年7月,教育部指令国立西北联大改组为国立西北大学、国立西北工学院、国立西北师范学院、国立西北农学院和国立西北医学院5所独立的国立大学。从1938年到1946年,他先后在西北工学院、西康技艺专科学校、贵州农工学院、重庆大学等校担任教授。在抗日后方的艰苦条件下,魏寿昆一直坚持教育和科研工作。在重庆大学任教期间,他兼任重庆矿冶研究所矿冶室和兵工署材料试验处冶金组主任,他结合四川、贵州、江西等省的资源特点,进行了多项当时急需的生产性科研课题的研究,在冶金领域取得了多项研究成果,在国内较早地引用化学热力学原理作为研究与控制冶金反应的理论基础,成为冶金学科、冶金物理化学学科的带头人。

1945年抗战胜利后,他回到天津,在北洋大学冶金系任教。1948年末,天津战役前夕,南京国民政府命令北洋大学南迁,魏寿昆在计划南迁名单之中,而魏寿昆十分厌恶国民党腐败政治,按照中共天津地下组织的安排,决定全家留在天津,拒绝南迁。

1949年至1952年,他先后担任北洋大学工学院院长、天津大学副教务长等职。1952年,高等院校进行院系调整,天津大学(原北洋大学)、唐山交通大学、华北大学工学院、西北工学院和山西大学等校的矿冶系合并,组建了北京钢铁学院,魏寿昆被任命为第一任教务长。

20世纪50年代,魏寿昆系统地开展热力学中有关活度理论的研究,运用热力学原理及活度理论解决了冶金生产工艺中出现的一系列问题。他的研究紧贴生产需要,直接为钢铁工业服务。20世纪七八十年代,他运用选择性氧化理论进行了多种工业实践,指导上钢三厂、上钢一厂、攀枝花钢铁公司和包头钢铁公司解决了工艺难题。他对有色金属冶炼工艺也提出了重要的指导性意见与建议,如为了金川有色金属公司的火法提镍,魏寿昆从理论上计算了镍锍中元素氧化的顺序,为卡尔多转炉保镍脱硫提出了理论依据,并成功地确定了合理的吹炼工艺,使镍的总回收率超过95%。70年代,魏寿昆在国内率先开拓固体电解质电池直接快速定氧技术的研究,该技术被誉为当时国际钢铁冶金三大发明之一。关于红土矿综合利用工艺流程的科研课题,魏寿昆提供了摇包脱铬的理论依据。该课题曾获冶金工业部1979年科技进步一等奖。其后,他的科研成果多次获得国家教委科技进步奖。

魏寿昆作为冶金学和冶金物理化学家、冶金教育家,中国冶金物理化学学科创始人之一,在冶金热力学理论及其应用中获得多项重大成果,执教几十载,培养了大批冶金与冶金物理化学专业人才。1980年当选为中国科学院院士。

魏寿昆是国内外知名学者,同时也是社会活动家。他先后担任北京市政协第一至第四届委员,第五至第七届常务委员会委员,九三学社第六、第七届中央常务委员,国家科委冶金学科组常务副组长。曾任中国自然科学名词审定委员会冶金学名词审定委员会主任,中国金属学会第一至第四届常务理事,中国金属学会冶金物理化学学会第一、第二届理事长,中国有色金属学会第一届常务理事。

魏寿昆于2014年6月30日在北京去世,终年107岁。

参考文献:

北洋大学-天津大学校史编辑室:《北洋大学-天津大学校史》(1),天津大学出版社,1990年。

李义丹、王杰主编:《文化记忆》,天津大学出版社,2011年。

李义丹、王杰主编:《实事求是 日新又新——天津大学文化研究》,高等教育出版社,2013年。

（王　杰）

魏 天 成

魏天成(1919—1998)，河南滑县人。13岁时在老家河南开封市三井街中原旅社的餐厅学做河南菜。1934年河南大旱，15岁的魏天成逃难到天津，进入南市有名的川菜馆"蜀通饭庄"，在当时津门著名厨师华士元手下学徒。

华士元绰号"华老四"，人称"川菜大王"，他的川菜绝活不仅享誉天津，而且驰名京冀沪。少年魏天成为人忠厚，待师真诚，从早到晚伺候师父饮食起居，跟随华士元到饭庄盯厨。他当学徒有一股韧劲，深知川菜关键要点在于"味"，"味"这种东西看不见摸不着，却隐藏于厨师技法之中。识味、懂味，洞悉味之缘由，便可掌握川菜的真谛。因此，魏天成每天抢下刷锅的差使，偷用舌尖尝锅底，刷得多了，尝得多了，品出了师父做菜的诀窍。华士元也有意传授，魏天成的厨艺日臻成熟。

日军侵占天津后不久，华士元失踪。魏天成悲伤过后，正式担纲顶替华师傅上灶，年仅20岁就被称为津门新的"川菜大王"。在日本侵略者的铁蹄下，民不聊生，百业凋敝，已成名厨的魏天成为了养家糊口，不得不四处奔波，辗转于各地大小饭馆餐厅掌勺炒菜。当年，魏天成被北京前门外的"政鸿餐馆"慕名聘去，专为梨园名人做佳肴，座上常客有谭富英、言慧珠、叶盛章、叶盛兰等京剧界名伶，无不赞美新"川菜大王"的高超厨艺。

抗日战争胜利后，毛泽东飞抵重庆参加国共谈判。国共两党及民主人士相互往来交流，很多宴请中都有魏天成做的菜。美国副总统华莱士、总统特使威尔逊在国民党政要的欢迎宴上尝过魏天成的手艺。正是在这些宴会上,魏天成给共产党的领导人也留下了深刻的印象。新中国成立后,毛泽东还曾向周恩来询问魏天成的下落。抗战胜利后,魏天成也有了施展自己高超厨艺的机会。1947年,他被聘为川苏天合居南菜馆的厨师。

新中国成立后,魏天成作为一代名厨有幸多次赴京参与国宴的配膳任务。印度总理尼赫鲁访华期间,周恩来在北京饭店设宴招待,由魏天成主厨。尼赫鲁对国宴上的菜品赞不绝口。魏天成还先后在1954年缅甸总理吴努访华、1956年印尼总统苏加诺访华、1963年周恩来在钓鱼台宴请西哈努克亲王等国宴担当主厨。由于成绩突出,魏天成自1956年开始连续三年被评为天津市劳动模范和先进工作者,1959年至1962年每年被评为天津市特等劳模,多次到北京参加全国群英会,受到国家领导人的接见。1958年,他光荣地加入中国共产党。

魏天成工作积极热情,兢兢业业,将平生所学所能毫无保留地奉献给社会,不论在天津玉华台饭庄当主厨,还是后来相继在天合居饭店和聚华楼饭庄任经理,他都全身心地投入为人民服务之中。在长期的烹饪实践中,他刻苦钻研,在继承中创新。他广采其他名厨的长处为己所用,精益求精,推陈出新,从而形成了自己独特的烹饪风格,以讲究配色、注重形态、操作细腻、干净利落著称。他所烹制的四川名菜,如小煎仔鸡、香糟鸡丝、宫保鸡丁、脆皮鱼、麻婆豆腐、干炒牛肉丝、鸡蓉蛋花汤等,不仅具有麻、辣、清、淡、细的特点,而且口味香醇,有独到之处。除了南菜技巧外,魏天成的津菜技巧也达到了炉火纯青的地步。

尽管如此,魏天成并没有故步自封,依然虚心好学,博采众长。天津烹饪界至今流传着一段他拜周家食堂安筱岩为师的佳话。安筱岩祖上曾在宫内御膳房供职。他擅烹江苏风味菜,是三江(闽江、浙江、江苏)菜高级名厨,当时为周家食堂的主厨。鼎鼎大名的魏师傅要拜安筱岩为师(魏天成是特一级厨师,安筱岩当时还不是特一级),惊动了天津烹饪界。安师傅思考再三,提出派自己的弟子同时向魏师傅拜师。拜师典礼十分隆重。魏天成恭恭敬敬向安筱岩行拜师礼,同时安筱岩的三位徒弟向魏天成鞠躬拜师学艺,举行的是双重拜师礼。

魏天成不仅为中国烹饪名厨大师,还是一位烹饪教育家,在20世纪60年代曾任和平区烹饪技术学校校长。80年代为天津市烹饪技术专科学校副校长、烹饪专业副教授。魏天成亲自撰写和编辑烹饪理论教材,指导学生实际操作,培养了一大批专业技术人才,可谓桃李满天下。魏天成培养高徒众多,驰名于国内外饮食界。他教授的徒弟中,有的是国际烹饪大师、天津烹饪大师,有的是世界餐饮联合会国际专家评委。魏天成继承和弘扬了中国餐饮文化,厨德、厨艺双馨,并在业内享有较高的声誉;他具有创新意识,对我国的南北大菜有着深入的研究和精湛的技能,擅长菜品开发;在培养创新人才方面成绩卓著,培养了一批优秀的厨师人才。他从事餐饮数十载,对中国烹饪技艺造诣高深,对华夏饮食文化的发展做出了突出贡献。

1991年,魏天成在天津市烹饪技术专科学校副校长任上退休。1998年因病去世,终年79岁。

参考文献:

本社编:《名馆名厨》,知识出版社,1992年。

林则普主编:《中国名厨大典》,青岛出版社,1997年。

(吕书怀)

魏 信 臣

魏信臣(1871—1935),名长忠,字信臣,以字行,天津人,原籍江苏。魏信臣出生于天津富商家庭,曾祖以木工起家,创"永盛"字号。至魏信臣的父亲时,"永盛"旗下已涉足木厂、烧锅、姜厂、杂货店等行业,同时还与他人合伙开设钱庄,家境堪称豪富。

魏信臣早年在盐商杨家的聚通恒钱庄当学徒,后在自家姜厂经营南北土产。1899年,日商横滨正金银行天津分行招聘买办,魏信臣经日本三井洋行职员介绍被雇用,从此走上了买办之路。因魏信臣在经营家族生意中积累了一定的商业经营经验,所以被正金银行津行聘为华账房掌柜。

义和团运动期间,魏信臣因在外国银行办事而被传至义和团坛内受审,所幸他虽为日本人做事,但无显著劣迹,很快被释放回家。但魏家与人合伙开设的裕盛成钱庄却遭到了八国联军的洗劫,贷款无法收回,损失惨重,除了将"永盛"各号及所有住宅抵押偿债外,尚欠十数万元巨额债务。魏信臣经由裕盛成放出的贷款给正金银行造成了一定的损失,而裕盛成的倒闭也直接影响到魏信臣能否继续担任买办。所幸天津商会会董宁星普等人为其担保,正金银行才鉴于其"忠诚"而准其分年偿还。

作为正金银行的华账房掌柜,魏信臣一面结交权贵招揽巨额存款,一面积极拓展银行业务。1903年,魏信臣先捐"监生"身份作为官场上的进身之阶,而后又递捐至"五品升衔双月选用銮舆卫经历"。他利用买办身份和官服花翎结识了众多王公贵族,像庆亲王载振,既不懂经商，又不会办企业，只能靠银行存款利息和变卖祖产维持奢华生活，魏信臣乘机拉到了这笔生意，他也因此得到了洋东的信任。之后，溥仪以"浩然堂"名义委托魏信臣将部分款项存至正金银行。军阀政客段芝贵、倪嗣冲、王郅隆、董士恩等也是魏信臣的主要客户。凭着这层关系，1915年，段芝贵督理奉天并节制吉林、黑龙江军务时，魏信臣得以推荐吴浩南任东三省官银号总办。

这个时期，魏信臣建议正金银行在估衣街开设分店，由吴浩南充任分店买办。该分店完全按照华人钱庄营业时间和习惯办理交易，极大地方便了客户和行方的业务往来，分店也因此赚取了巨额利润。魏信臣还创立了支票"竖番纸"，既便利了华账房与银号的业务往来，又减少了洋账房的麻烦。

1910年前后，英商平和洋行买办杜克臣联络各洋商买办创立了行商公所。1915年，魏信臣与杜克臣二人联合各头办在芦庄子建成"行商分所"，会员大都是富商，如天津商会会董宁星普、华义银行的赵聘臣、经营盐业的王致隆、井陉煤矿高星桥等，有50余人。

魏信臣将更多资金投入银钱业、工商业及房地产各领域，以积累更多的财富。在银钱业方面，魏信臣与洋行买办杜克臣先后成立了永康银号、裕津银行、志通银号及义丰成钱庄等。在工商业方面，魏信臣则投资过火柴公司、面粉公司及纱厂等，并担任各公司董事。在房地产方面，魏信臣与高星桥合资经营劝业场、义信房产公司，独资自建法租界楼房4所以供出租，以及宫北大街门面房5所、河北金家窑出租房多所，出租潘家楼农地8顷。魏信臣靠正金银行起家，因此他所投资的企业也多具有亲日特点。

1921年，天津民众团体开展抵制日货和不买卖"老头票"①运动，裕津银行仍私下买卖"老头票"，被爱国团体指为"破坏公约，贪图私

---

① 日本侵朝时期中国东北地区对从朝鲜流入的日本纸币的俗称。因其画面印有一老人像而得名。

利"。1925年五卅惨案发生后,全国各城市举行了多次罢工、罢课、罢市,以及抵制日货英货等示威游行活动,天津的工人、学生和市民更是掀起了不使用外国钞票运动。一时间,包括正金银行在内的多家外国银行遭到挤兑。正金银行因未做足准备,面临倒闭危险。魏信臣密托天津中国银行经理卞白眉临时接济几十万元现洋,才化解了正金银行的挤兑危机。

由于魏信臣在经营中账目公私不分,导致华账房账目混乱,出现了不少呆账。另外,他用人唯亲,华账房成员均为魏氏家族及其亲友,各亲信互相串通、上下勾连,利用职务之便各逞私图。1932年后,华账房常年亏累,最高时近百万元,魏信臣难以周转资金,财务上出现了严重危机。

1935年12月,魏信臣病逝于天津,终年64岁。

参考文献:

天津市政协文史委编:《天津文史资料选辑》第18辑,天津人民出版社,1982年。

文昊编:《民国的买办富豪》,中国文史出版社,2013年。

(王 静)

魏 元 光

　　魏元光(1894—1958),字明初,河南南乐人。1894年12月11日(清光绪二十年十一月十五日)出生在一个没落的官僚家庭,幼年在家乡读私塾,1911年6月考入设在天津的直隶高等工业学堂附设之中学实科就读。1914年7月,该中学实科并入天津南开中学,魏元光随班并入继续学习。

　　1915年7月,魏元光毕业后考入直隶公立工业专门学校应用化学正科学习,1918年6月以第一名成绩毕业,遂在直隶工业试验所化学工业课任技士,研究制革工艺。1920年,魏元光在直隶实业厅厅长严智怡资助下赴美留学,同时还在纽约州迦太基造纸公司纸浆与造纸研究实验室工作。1922年,获美国赛罗科斯大学理科硕士学位后,又在纽约州波茨坦姆城拉奎蒂河造纸公司纸浆与造纸研究实验室和纽约市舍瑞恩皮革公司从事研究工作两年。

　　1924年5月,魏元光回国受聘于母校——直隶公立工业专门学校任化学教员,同时兼任天津一大皮革公司总工程师。他认为中国非振兴工业不能复兴,欲振工业,非先训练人才不可,于是决心从事工业教育。1926年9月,该校校长杨育平调任察哈尔省教育厅厅长,举荐魏元光接任校长。是年他参加了黄炎培主办的"中华职业教育社",并成为该社的主要成员之一。

　　1926—1928年,该校校舍多次被军阀部队改作军营占用,或作为后方医院,住满了伤兵。魏元光几经交涉,始退还部分校舍,勉强复课。在此期间,河北省政府借行政改制之机,拟将该校撤销。魏元光与同人、校友奔走呼号,据理力争,保留了建制。但是此前的10年军阀混战,省府陆续拖欠办学常年经费,累计已达22个月之多,学校难以维持长久。为此,魏元光联合河北女师校长齐璧亭共同奔走,终于获准由河北省卷烟税中每月支付30万元,作为省属学校的教育基金,并成立了以魏元光、齐璧亭为主的教育基金会,负责此项基金的使用,使得省属学校得以全部生存下来。

1929年5月,经河北省政府批准,河北省立工业专门学校升格为河北省立工业学院,魏元光受聘为首任院长。该校分学院部与高级职业部,学院部设机电工程学系、应用化学工程学系及市政水利工程学系等3个系,高级职业部设制革科、机工科及染织科等3个科。魏元光把发展新工业、改良旧工业,作为工业教育的总目标。建院之初,便克服经费上的困难,以每月240元的高薪,诚聘王镜铭讲师开设"工业经济学"课程;同时还组织工业经济学会,由王镜铭任会长,利用假期,组织会员到工厂实地调查。魏元光努力探求独具特色的工业教育道路。魏元光任职期间,实行开放式办学,注重学校与社会结合,并主张手脑并用,造成实用技术人才。经院务会议认真研究,决定从1932年暑假后,开始将理论教学时数减少50学分的课时,用以加强实践教学,培养学生动手能力。1934年12月,南京教育部在南京举办"全国职业学校劳作成绩展览会",参观者达10余万人,该院代表河北省参展,河北省参展物品居全国第三位。

1935年,冀察政务委员会委员长宋哲元邀魏元光出任教育厅厅长或建设厅厅长,还令即将卸任的河北省教育厅厅长何鸿基动员魏元光接任,而魏元光矢志从教不从政,婉言谢绝。宋哲元为表彰他举办工业教育的成绩,奖励其3个月的薪金1260元。这笔奖金魏元光分文未取,全部献给学院作为奖学金基金,用于奖励学院部学生英文、高职部学生国文成绩与操行优秀者。

魏元光在多年从事工业教育的实践过程中,总结出"勤、慎、公、

1496

忠"校训,即"勤以治学,慎以立身,公以对人,忠以处事"。后又进一步解释为:"勤者,辛勤劳动,刻苦钻研;慎者,精心作业,精心操作;公者,大公无私,廉洁奉公;忠者,热爱祖国,敬业尽职。"这一校训成为该校育才之典式、校风之结晶。

魏元光治校,对学生要求很严,不准吸烟,不准酗酒,更不准嫖赌,甚至规劝学生不穿华贵衣服。他自己以身作则,穿国产衣料中山装,不吸烟喝酒,很少驻足娱乐场所。客人来访,他自掏腰包招待吃饭;凡需公款招待的,均由秘书(实际是院长助理)代为陪客。每月两次周末,邀请几位专家教授进行茶话会式的座谈,商讨治校方略,一切茶点费用,概由其薪资开支,各种费用耗其月薪420大洋之大半。1932年,工业学院在分院建起一栋附设客厅、浴室、餐室的教职员宿舍楼,共50余间(当时有教职员62人),全部分配给教师和一般职员。他自己在校外租住3间平房,家里只有自备的几件木制家具。该院唯一的一名女学生于滋潭,1934年毕业后赴美留学,魏元光资助路费200元。有的贫困学生借伙食费,他也慷慨解囊,而对学生学业则严格要求,不留情面。因魏元光主持河北省立工业学院成绩卓著,南京政府教育部于1936年在南京筹建国立中央工业职业学校(简称中央工校)时,聘他兼任筹备主任,常驻南京。

1937年卢沟桥事变爆发,魏元光未及返津安置家属,就全力组织刚刚组建起来的中央工校西迁。1937年11月,他率领中央工校师生百余人,西迁湖北宜昌,略做安顿,便借用当地一所师范学校的部分校舍组织上课。未及半年,因武汉失守,宜昌危急,魏元光又率领中央工校师生西迁四川万县,租借一所私立中学的校舍继续上课。1938年秋末,魏元光各方奔走,终于在重庆沙坪坝嘉陵江畔的石门坎购得土地200亩,作为中央工校的校址(即今重庆建筑大学)。在沙坪坝建校时,规划设计、经费、材料、聘请教师、购置教学设备,以及组织开学上课和安顿师生生活等,魏元光皆精心操持,累得脸颊消瘦,眼窝深陷,须长发乱。1943年,魏夫人谷照卿携幼子从天津辗转数千里到了重庆,见面时几乎都认不出来他。魏元光将妻儿安置在嘉陵江畔石崖上的两间抹着黄泥的竹笆库房,执意不肯搬入学校安排的楼房,在此度过三年寒暑。

1945年后,魏元光任重庆市政府教育规划委员会委员、中国职业教育学会会员、中国科学学会会员、中国工程学会会员等职。1948年,魏元光传略刊载于美国世界名人传略研究会《世界名人传略选》,他的业绩还载入英国剑桥国际传略中心编辑的《国际名人录》(1948年版)。1949年冬,重庆解放前夕,国民政府以开会为名,诱骗魏元光到广州,企图胁迫他去台湾。魏元光设法避开特务的监视,潜回重庆,保护学校,迎接解放。

重庆解放后,组织推荐魏元光到教育部工作。魏元光于1950年春由渝进京,路经平原省新乡,其幼年同学、时任平原省政府主席晁哲甫,极力挽留他在新乡组建平原省师范学院。家乡父老的盛情难却,魏元光未去北京,遂受聘平原师范学院筹备委员兼秘书长。在筹建平原师范学院时,魏元光负责基建工作,师范学院建成后,受聘为化学教授,兼任总务长。同时他还任平原省人民政府委员、平原省政治协商会议副主席、平原省科学普及协会副主席。

1958年,魏元光被错划为“右派”分子,是年10月不幸逝世,终年64岁。1979年,他按照政策获得平反,恢复了名誉。

参考文献:

王家琦:《魏元光(1894—1958)》,载潘强主编:《天津近现代著名教育家传略》,天津教育史研究会,1995年内部印行。

王家琦:《一生从事工业教育的魏元光》,载天津市政协文史委编:《近代天津十二大教育家》,天津人民出版社,1999年。

河北工业大学校友会、中央工校校友会编:《魏元光教育文选》,重庆大学出版社,1999年。

潘承孝:《怀念魏元光校长》,载陈德第主编:《百年回眸(1903—2003)》,黑龙江人民出版社,2004年。

石之章:《河北省立工业学院院长魏元光》,载陈德第主编:《代代风流(1903—2003)》,黑龙江人民出版社,2004年。

(张绍祖)

魏元泰

　　魏元泰（1872—1961），天津市人，1872年出生于一个贫寒之家，在家中三个儿子里最小。魏元泰的父亲魏长清曾学鞋行手艺，当过店员，做过小贩。魏元泰幼时上过私塾，几年后因家中生计困难而辍学。16岁时，经人介绍到北门里蒋记天福斋扎彩铺，拜师蒋韬学手艺。扎彩铺主要扎制丧葬冥器，春秋两季也制作出售风筝。魏元泰在这里学徒4年，学得一手好技艺。1892年，经其父张罗操办，20岁的魏元泰在东门里靠近鼓楼临街路南处，开了一爿小店，以父亲的名字为字号，称为"魏记长清斋扎彩铺"。魏元泰对风筝制作兴趣浓厚，他的店铺以风筝为主业，也制售扎彩、走马灯、太平鼓等物品，店首招幌挂的是"锣鼓燕"风筝，上有"魏记"二字。后来，魏元泰的风筝卖出了名声，人们称他"风筝魏"。

　　清末，天津的风筝爱好者对传统风筝进行改进，改用丝线捆扎骨架以增强度，用纸浆扣模制作风筝头部部件以增强立体感，用绫绢代替纸张糊面以提高档次，可以拆装折叠以便于保存和携带。对于天津风筝的这些工艺特色，魏元泰既继承又有所创新。他借鉴折扇扇骨打眼工艺，以钻孔串榫套加铜箍的方法，联结风筝骨架，使榫接处的抽开与组装更为简便牢固，经拆卸的风筝，可装入一尺见方的纸袋或纸盒里，在风筝制作史上自成一家。[1]

---

①顾道馨：《天津汉俗大观》，载顾道馨：《绿波集——顾道馨著述选粹》，天津古籍出版社，2013年，第88页。

魏元泰突破平板风筝的样式，创制了圆形立体结构，如宫灯造型的风筝，同时超越硬翅风筝单一形制，研制出绸面软翅风筝。他观察禽鸟昆虫的飞翔姿态及躯体部位比例关系，运用于风筝制作，重心位置合理，升力强，不摇摆。他借鉴民间剪纸的特点勾画图案，以写实为本，适当夸张，并吸收古代建筑彩绘的退晕法，巧用冷暖色调对比，艳丽而不失雅致，具有雅俗共赏的装饰效果。他富于想象力，举凡飞禽走兽、凤龙鱼虫、山水名胜、各类人物、宫灯八卦都作为风筝图案题材。他制作的"麻姑献寿"，造型为仙女骑凤，凤翼展开为风筝的两翅，舒展匀称而不乏鼓翼翔天的动感。他将福禄寿三星搬上风筝，用祥云图纹烘托出神仙人物的其乐陶陶。这些作品呈现出浓厚的民俗文化韵味。做工精细、拆装方便、放飞平稳、题材丰富、造型生动、彩绘精美，成为魏记风筝的基本特色，其不仅可以放飞，做室内壁挂也美观耐看。风筝尺寸各异，大者逾丈，小不盈尺，魏元泰都能做得形神兼备。

对于风筝放飞的特技，魏元泰也有多项创制。如围绕风筝线上下飞舞的"弦上飞"。如呈频频眨眼状的"活眼儿"。如"送饭"，大小两个风筝，先将大者放飞天空，再将小者由同一根牵线放飞，前去会合，取意孩子孝敬长辈。如"背负锣鼓"，在风筝上安装仿锣鼓部件，放飞时借助风力敲击，声若锣鼓点。如四个颜色各异的风筝，用一根线放飞，在空中缓缓地自动调换位置。

1914年，直隶全省征集巴拿马万国博览会展品，魏元泰的风筝应征入选，参加6月至7月在津举办的巴拿马赛会直隶出品展览会，获金奖。[1]1915年巴拿马万国博览会在美国旧金山举办，参展的天津"长清斋风筝"11件获得奖牌。[2]1917年岁末，经办参展事宜的赛会局向

①王翁如：《实业家严智怡》，载天津市政协文史委编：《天津文史资料选辑》第67辑，天津人民出版社，1995年，第118页。

②严智怡等编：《巴拿马赛会直隶观会丛编·预会志略》上卷，1921年编印，第39页。

获奖者颁发奖牌,并在《益世报》刊发得奖名单,长清斋风筝名列其中。[①]

魏元泰的钻研与经营,创造出魏记风筝的品牌效应。慈禧太后派人专程来津向魏元泰订做风筝。民国大总统黎元洪也曾来店购买魏元泰的风筝。20世纪20年代,可以装入信封的魏记绢制袖珍风筝,一度成为上流社会引领时尚的送礼佳品。[②]

早年间的长清斋扎彩铺,每逢腊月津人"忙年"之际,品种多样的走马灯便成为应时的制售品。在走马灯制作方面,除普通样式外,类似皮影的走马灯,堪称巧匠妙制。其中一款,利用燃烛使灯内空气流动,推动圆盘转动,圆盘上拴马尾,连着皮影般的呈像图形,从而呈现出灵动有趣的灯影画面。另有一款,用马尾牵连呈像图形人物、动物的头、身、四肢,以缓慢流出的细沙触动马尾,形成活动影像。这些做工精细的走马灯,内容多选自历史典故或戏出故事。[③]

1931年九一八事变后,魏元泰受天津东亚毛纺厂"抵羊牌"毛线商标的启发,扎制出一丈八尺高的抵羊风筝。风筝升空后,两羊相抵,每顶撞一下就有许多彩色纸片飘飞,纸片上写"抵羊"二字。"抵羊"寓意"抵洋",表达了抵制日货、抵抗东洋的时代之声。

新中国成立后,魏记风筝更为人们所重视。"风筝魏"的作品于1952年在全国工艺美术品展览会展出,次年被文化部陈列于中国历史博物馆,先后在1955年和1956年全国工艺美术展览会获奖,并在苏联、意大利、法国、澳大利亚、泰国等十几个国家展出。魏元泰制作了由五只和平鸽护卫红五角星的风筝,风筝尾部系着长长的飘带,上写"世界和平"四个大字。这件作品被天津市历史博物馆收藏。他特制的"四喜瓜蝶"和"子孙万代"绸制风筝,在欧亚十几个国家巡展,获得好

---

①《巴拿马赛会直隶出品在美之得奖单》,《益世报》,1917年12月14日。

②周骥良:《"风筝魏"和他的童心》,《今晚报》,1989年6月27日。

③从金镳:《"风筝魏"的走马灯》,《今晚报》,1993年3月6日。

评。1957年1月,魏元泰得到中央手工业管理局为奖励老艺人创新产品出国展览而颁发的奖金。1959年,中华人民共和国成立十周年庆典前夕,已是耄耋老人的魏元泰不惜精力,为国庆庆典赶制出一只长度超过5米的"彩龙"纸头布身风筝。

魏元泰于1952年成为中国美术家协会天津分会会员,曾任第一、第二届天津市政协委员,1957年7月参加全国工艺美术老艺人代表大会并入选主席团。1959年,中央新闻纪录电影制片厂拍摄的第37号《新闻简报》,拍摄了他在幸福的晚年扎制风筝的情景。

1961年5月14日,魏元泰病逝于天津,终年89岁。1984年,魏元泰被国家轻工业部确认为中国当代工艺美术名人。2008年,天津"风筝魏"制作技艺被列入第一批国家级非物质文化遗产扩展项目名录。

参考文献:

冯骥才、白庚胜主编:《中国民间文化杰出传承人·名录一》,民族出版社,2007年。

崔锦:《天津风筝》,载贾长华主编:《津门传家宝》,蓝天出版社,2007年。

刘炎臣:《"风筝魏"和他的后代》,载天津市政协文史委编:《天津文史资料选辑》第36辑,天津人民出版社,1986年。

(吴裕成)

魏 子 文

魏子文(1887—1961),字翰章,安徽芜湖人,生于1887年,因留有发辫,人称"魏小辫"。魏子文继承父业,从事红白事执事一行。

20世纪20年代初,两次直奉战争时,城里老户富有人家多迁往租界避难,官僚、买办富户多集中到租界居住,英、法、日、意租界日益繁荣,这里的婚丧礼俗业价格也随之昂贵。

1930年,魏子文在墙子河大同桥畔开设了"大事全"杠房,包办天津各界名人红白事。由于他善于联络、钻营,攀上了天津市市长萧振瀛,曾于1935年帮办天津皇会,发了一笔大财。而后他又在张庄大桥附近开设了"福寿全"杠房。1937年天津沦陷时,他又开设了"天津全"杠房。

以前的杠房服务范围较窄,并不做棺罩等租赁生意。魏子文经营的杠房,将白事所需的一切行当纳入业务范围,从买棺材、租赁白事所需要的器具,到延请僧、道、尼、军乐队等进行一条龙服务。事主雇用他办事,可以少花很多心思,省去很多麻烦。

在选择服务对象时,魏子文往往争取为富商大户办事。经他手布置的红白大事,花一样的钱却比别人办得好,深得事主满意。魏子文因此包揽了很多生意。他精明能干,待人客套,专跑公馆大户人家。他自备包车,大宅门如果出了白事,从倒头到出殡,他每天不离主家,给主家献计献策当参谋。

魏子文还舍得拿出钱来送厚礼,取得主家来宾的资格,并借此混入上流官商的圈子。湖北督军王占元家,江西督军陈光远家,正金银行魏信臣家,平和洋行杜克陈家,庆亲王载振家等,他都帮过忙。①

1935年,魏子文参加日本特务土肥原组织的以厉大森为会长的天津青帮普安协会。1937年七七事变后,魏子文凭借与日本人的关系,拉拢官僚、土豪、劣绅、津沽名人及地痞流氓,借机垄断了租界内的红白喜事。

天津沦陷后,魏子文任伪天津特别市政府特一区侦缉员、伪市政府防护团分队长,并与日本特务机关的中泽顾问和村部中佐关系密切。为给日军修筑张贵庄机场,他积极招募劳工,向各保强行摊派劳工费用,尽心效力日伪政府。

魏子文还利用宗教和慈善事务赚钱。他以行善为名,在平津一带强迫各界商人、绅士布施,却将其中不少钱财装入私囊。他是普安协会理事,也是河北省"同义救济会"会长。1939年天津发大水时,他以慈善团体名义,打捞水中棺材,以替掩埋为名把上好棺材留下,抛尸后将棺材收为己有,修饰一番后发卖。②还将死人的陪葬细软归为己有,通过权贵势力强买强卖。天津发大水前三天,北洋将领陈光远病故于天津。当过伪天津市市长的潘毓桂将魏子文店铺中的棺材介绍给陈家诸子,陈家惧怕潘毓桂,以高价购买了这口棺材。

在天津的青帮势力与日军的勾结中,魏子文扮演着重要角色。七七事变后不久,在日本人的支持下,青帮成立"天津内河航运公会",正副会长均由青帮大字辈头子担任,魏子文任科长。

1942年3月,中国内河航运公会的天津分会——天津安清道义总会成立。天津安清道义总会的幕后策划人是天津日本特务机关长雨宫巽,以青帮大字辈王慕沂为会长。天津安清道义总会利用遍布天津

①天津市河东区政协文史委编:《天津市河东区文史资料》第2辑,1989年内部印行,第213页。

②天津市地方志编修委员会编著:《天津通志·公安志》,天津人民出版社,2001年,第904页。

各个角落的帮派分子,千方百计地为日本宪兵队及"茂川机关"等单位搜集抗日地下人员的情报,并受这些机关之命,为日本军营提供慰安妇。

1945年底,魏子文与帮会头目长逊之等一起组织天津青年共济社,魏子文任理事。参加者行业比较复杂,有妓院、戏院、澡堂、饭馆的老板,以及一些地痞流氓,属于国民党特务外围组织。他们以军统天津站站长兼天津警备司令部稽查处处长陈仙洲为顾问,以求得庇护。

新中国成立后,天津的青红帮组织被摧毁,魏子文被判处徒刑后,于1961年病死,终年74岁。

参考文献：

天津市政协文史委编:《天津文史资料选辑》第65辑,天津人民出版社,1995年。

天津市红桥区政协文史委编:《红桥文史资料选辑》第2辑,2001年内部印行。

天津市地方志编修委员会编著:《天津通志·公安志》,天津人民出版社,2001年。

天津市西青区政协文史委编:《西青文史》第2册,2002年内部印行。

(魏淑赟)

温 世 霖

温世霖（1870—1934），原名温昱，字子英，又字支英，晚年号铁仙，生于1870年，天津宜兴埠人。清末秀才，天津水师学堂肄业，曾入直隶督署、天津道署及东征军为幕僚。

中日甲午战争后，温世霖痛恨清政府的腐败无能，积极参加戊戌变法运动。后又追随孙中山东渡日本，参加同盟会，寻求救国之路。回国后，一方面宣传教育救国思想，一方面投身立宪请愿运动中。

温世霖为了救国图强，主张妇女也有受教育的权利，但旧式私塾从来不收女生，要打破这世世代代延续下来的不合理制度，就要从自家做起。温世霖不顾族人的反对，支持母亲徐振肃在天津北郊宜兴埠老家开设了"温氏女子家塾"。1905年，温世霖全家搬至城里鼓楼东经司胡同居住。此时正值任学部侍郎的严修等人在津倡办新式教育，温世霖在严修的支持下，决定创办普育女子学堂，校址暂定在城内二道街荣家胡同内，温世霖亲任该校监督。已近七十高龄，为人正直、开明大度的温母徐振肃担任第一任校长，并亲自授课。她提出了"禁止妇女缠足蓄发"的口号，提倡妇女放足，剪盘头。这犹如在一潭死水中激起轩然大波，更增加了普育女子学堂办学的困难。由于官府阻挠、社会观望，第一期学生才招来了五六人，也大都是自家和亲朋好友的家属。但是温氏母子矢志不渝，办学之志愈坚。当时，天津刚刚开设了一批对民众进行社会教育的机构，有"天齐庙宣讲处""西马路宣讲处""地藏庵宣讲处""甘露寺宣讲处"。温世霖母子在校内组织了"妇女救国演说团"，每逢周日，由温母亲自带队，到鼓楼大街、西马路宣讲处和天齐庙宣讲处一带宣传演讲。女学生个个落落大方、慷慨陈词,历数近年国家之腐败、列强之豪夺、百姓之痛苦、妇女之压迫,句句入理,情真意切。围观者久久不肯离去,尤其是温老太太的演讲,更是感人至深。

普育女子学堂很快声名大振,生源猛增。到第二年春,学生已达50多人。二道街荣家胡同校舍已觉屋小院窄,便迁校于鼓楼东沈宅东院。这时学校已初具规模,办学的一切费用均出自温家。温世霖的元配夫人安桐君女士,是严修于1905年创办的"保姆讲习所"第一期毕业生,也是我国近代第一批幼教工作者。她的老师是从日本邀请来的大野铃子,同期毕业生有张伯苓之妹张祝春,严修之女严智娴及其堂妹、侄女、侄媳和刘清扬等。安桐君学习了西方先进的保育法、音乐、弹琴、体操、游戏、手工等课程,在普育女子学堂亲自授课。她每天上课时间长达7个小时,不辞劳苦,整日埋头于校务之中,被社会赞为"安夫人办学有校无家"。天津最早的女老师陆阐哉在该校教国文、算学、历史等课程,张祝春教音乐课。普育女子学堂的社会声望愈来愈高。

1907年3月23日,天津《醒俗画报》创刊,温世霖是创始人之一,后任总编辑,中国近代国画家刘奎龄为该报主要画稿人之一,温世霖同时还参与《人镜画报》《自由报》的发起工作。这期间正值立宪派的请愿活动走向高潮,支持立宪派、倾向革命派,是《醒俗画报》鲜明的政治立场。为了挽救清朝的覆亡,1908年8月,清政府不得不颁布《钦定宪法大纲》,规定预备立宪期为9年。1909年,清政府在各省设咨议局,温世霖参加了由直隶咨议局议员孙洪伊等设立的直隶自治研究总所、宪政讨论会、实业公会,被推为天津县议会议员,并投身于立宪派的一系列请愿活动中。为了配合立宪派,温世霖等人又创办了《公民话报》。从1910年开始,各地陆续掀起要求速开国会的请愿高潮。清政府为了挽救危局,不得不宣布立宪期由9年缩为5年,并声称"年限一经宣布,万不能再议更张",严令各省赴京请愿代表团"即日散归",这激起各地立宪派极大愤慨和强烈反对。

同年12月,赴京请愿的奉天请愿代表团路经天津时,温世霖等人召集天津大中学生及全国各省旅津学生两千余人开欢迎大会。会上,奉天学生慷慨激昂地指出东北面临危亡的形势,历数清政府之腐败,要求即开国会,大会一致推举普育女子学堂监督温世霖为全国学生界请愿同志会会长,会议决定向全国各界通电,呼吁支持。为响应进京请愿运动,天津学界举行大罢课。12月20日早晨,温世霖等人带领大中学各校罢课学生3800多人,于南门里广东会馆集合,前往总督衙门游行请愿,要求直隶总督陈夔龙代奏"立开国会"。此时,陈夔龙装病不敢出见,让布政使凌福彭出面解释,接受上书。当日,陈夔龙被迫上奏,清政府随即严旨:"不准再行联名要求渎奏。"陈夔龙得旨,连夜发出紧急告示,声称:"倘再聚众要求,则是借国会为名,意存扰累治安,要查拿严办,决不稍贷。"并派出军警严密监视学生,各校门前有军警站岗,星期日不准放假,不准外出访友。

为了反击清政府的镇压,1911年1月初,温世霖通电各省同时罢学。1月7日,直隶总督陈夔龙命巡警道去东门内经司胡同温宅秘密逮捕温世霖。温世霖自知不测,镇定自若,做好安排,向家人告别,慷慨前往。可是来人并没有把温世霖带往总督衙门,却直奔老龙头车站,说是请去北京谈话,火车开到丰台站,上来众多官兵,宣布温世霖为要犯,发配新疆伊犁充军。

温世霖被发配新疆,引起举国震惊。天津绅学各界公推张伯苓为全国学生界请愿同志会临时会长,共议挽救办法。张伯苓早年曾与温世霖同在宜兴埠温家私塾读书,两人结下了深厚友谊,如今温世霖蒙难,张伯苓毅然挺身而出,终日四处奔走,设法营救。南开学校代表马千里、邓宪尧、凌冰以及韩乃赓、陶骧等人,撰写了题为《天津大冤狱》一文,登在北京《国民公报》上。1911年1月30日,该报头版又刊出天津私立第一中学堂揭露陈夔龙迫害温世霖的文章。天津北洋师范学堂、天津农业学堂及天津县40名分议事会议员,也纷纷去咨议局质询,为温世霖声辩。湖南在津同志会筹款900多元送与温世霖作为沿途开销。

同盟会接到温世霖被捕发配新疆的消息,立即派人追至保定,除送去盘缠外,还安排好沿途接应事宜。一路上,温世霖把每天沿途的所见所闻所思均写入日记,著有《昆仑旅行日记》《新疆风俗考》等著作。在新疆期间,正值辛亥革命爆发,温世霖发表《民主社会之建设》等文章,继续反对封建统治,从而引起清政府更大恐慌,欲将其遣戍西藏,但因不久清王朝被推翻而未果。

温世霖发配新疆后,清政府随即宣布普育女子学堂收归官有,但遭到绅商学各界的坚决反对,清政府不得不做出让步,答应仍归士绅自办,经反复磋商,一致推举胡家祺出任校长。

1911年10月武昌起义推翻了清王朝。不久温世霖返回天津,继任普育女子学堂校长。辛亥革命后,温世霖十分活跃。1914年,袁世凯解散国会,温世霖潜逃山东参加反袁斗争。1916年6月袁世凯死去,温世霖才又回到天津,仍为众议院议员。1917年9月,孙中山任广州军政府大元帅,进行护法战争,温世霖去广州追随孙中山,任军政府参事。1923年,温世霖再次当选为国会议员。同年,曹锟贿选为大总统,温世霖因误投曹锟一票深以为耻,从此退出政坛,在家杜门谢客。

1934年12月24日,温世霖病逝,终年64岁。

参考文献:

天津市政协文史委编:天津史志丛刊(二)《天津近代人物录》,天津市地方史志编修委员会总编辑室,1987年内部印行。

张大民主编:《天津近代教育史》,天津人民出版社,1993年。

(刘文智)

温 世 珍

温世珍(1878—1951),字佩珊,直隶天津人。温世珍出生在一个官宦兼地主家庭。1899年,温世珍在北洋水师学堂毕业后留学英国,回国后被派往北洋舰队见习,因一次操作失误,留下腿疾,离开了北洋舰队。后经其兄温世源介绍,充任北洋大臣李鸿章的幕僚兼英文翻译,继任两江总督衙门洋务文案、江苏铁道总管等职。在李鸿章以钦差大臣身份与八国联军议和、签订《辛丑条约》时,温世珍受到李鸿章的赏识。1900年温世珍去河南办学,1904年调任广东洋务局从事外交活动,1909年又转任两江总督洋务局文案兼南洋劝业会参议。

1911年,温世珍加入同盟会,成为孙中山的随员之一,在南京临时政府南京卫戍司令部任职。孙中山北上后,他投靠浙江都督朱瑞保,充任浙江省交涉使。1915年他又投到江西督军李纯门下,任江西督军府外交顾问兼交涉员。1916年利用李纯转任江苏督军的机会,温世珍当上了南京交涉使兼金陵关监督。李纯倒台后,1921年,温进入北洋政府任外交部专员,奉派出席了华盛顿会议。1924年他到上海依附苏、皖、浙、闽、赣五省联军总司令孙传芳,任上海交涉使、沪海关道尹及江海关监督。1925年,段祺瑞以温世珍犯有贪污罪下令通缉法办,在外国人的掩护下,温世珍从上海码头乘船逃往欧洲,两年后在日本大森定居。

1927年,蒋介石带领国民革命军北伐时,温世珍从日本回国投奔蒋介石,他自称能够说服张作霖接受北伐条件,和平实现南北统一,骗取了蒋介石的信任。在北上途中,他遭到奉系军阀张宗昌的怀疑而被扣押,并欲以军法论处。温世珍以重金赎命,脱身后逃往哈尔滨,投靠其儿女亲家陈曲江。两人合资开办殖业公司,一面投资办煤矿,一面经营皮货,但因经营无方,以赔本告终。

1931年九一八事变前夕,温世珍加入了他曾在江苏任职时结识的白坚武(曾任吴佩孚秘书长)所在的团体,并参与他们的活动。该团体活动主要由日本特务土肥原贤二在幕后操纵。1931年6月,在土肥原贤二指挥下,由白坚武、何庭鎏、温世珍、陈曲江、李际春等人组织便衣队,在天津发动了便衣队暴乱。温世珍的手脚被打伤,日本居留民团将其送至大连休养。在大连期间,温世珍结识了北洋政府前任财政总长张弧。在张弧的介绍下,温世珍结识了土肥原贤二和其他日本军政人员,如柴山兼四郎、板垣征四郎、浅海喜久雄、谷荻那华雄等。七七事变前夕,土肥原贤二派温世珍到平津两地和冀东一带收集有关天津市政府、冀东伪政权及冀察政务委员会的情报。温世珍深得土肥原贤二的赏识,与天津日本驻屯军和领事馆均有所联系。

1937年7月30日天津沦陷后,在日军的主持和监视下,8月1日,伪天津治安维持会正式宣告成立,高凌霨任会长,温世珍任伪天津海关监督兼伪河北省银行监事。伪华北临时政府在北平成立后,12月17日,伪天津治安维持会解散,正式成立伪天津特别市公署,高凌霨出任伪天津市第一任市长,温世珍被派任伪津海关监督,他召集华北各口岸海关的外籍税务司开会,宣布成立“关税整理委员会”,修改关税条例,减免或降低了日本输入的70多种物资的进口税,为日后日货大量倾销华北沦陷区打开了方便之门。[①]

当温世珍得知日本陆军大臣板垣征四郎从伪满洲国调来华北主持军政事务时,他主动向板垣征四郎提出了若干建议,这些建议深得板垣征四郎的认可,被转给了华北方面军司令杉山元,而且多被采纳。

---

①周利成、王向峰编著:《旧天津的新生》,天津人民出版社,2009年,第24页。

1939 年 3 月 24 日，温世珍就任伪天津特别市市长。温世珍借口"经费不敷开支"，实行"裁员""减政"。[①]重新安排的人员除了温世珍本人的亲信外，必须是"三同会"（当时的三个亲日团体）分子。他任命自己的姐夫王荷舫（原开滦矿务局北方售煤处经理）为伪河北省银行行长，而温世珍兼任该行首席监事，二人掌握了全天津市财政金融的实权。1939 年 8 月，天津遭洪水灾害，极度缺粮。温世珍以救济粮荒为名，指派伪天津市商会刘静山、孙冰如、屈秀章等进口一批澳洲小麦，高价出售，温世珍、陈啸戡（伪秘书长）、蓝振德（伪社会局局长）等都获得巨额回扣。

1940 年后，日军在华北实行"军民分治"，建立"防共委员会"，温世珍担任伪天津市防共委员会分会会长。[②]他和各局、处长在报纸上发表反共专题文章，并分赴广播电台轮流播讲，大力宣传"中日亲善""大东亚圣战"和"反共压倒一切"。1941 年 3 月初至年底，日伪政权在天津实施了第一、二、三次治安强化运动，温世珍积极配合，制造白色恐怖。

1941 年 8 月间，温世珍以伪市公署名义发出通告，规定每月 1 日和 15 日为市民"自肃自励日"，随之开展"反共自肃自励"运动，举办自肃自励演讲会、报告会，推进"反共、灭共"的活动。温世珍配合日本人在天津成立了各式各样的统制机构，如米谷统制会、贸易统制会、皮革统制会、华北石油统制会等。温世珍秉承日本驻天津特务机关的旨意，制定了经济封锁物资禁运的实施方案，组织了大批人力，在市内各主要地段增设物资检查点、卡、站，层层把关。他还规定每月 8 日为"八达日"，意即"八纮一宇"的日子已经到来，在该日，所有饮食业概不准出售大米白面，一律以"文化米"（高粱米）代替。

①杨光祥：《典籍中的北辰》，天津古籍出版社，2007 年，第 779 页。
②春子：《温世珍其人其事》，载天津市北辰区政协文史委编：《天津北辰文史资料》第 6 辑，1998 年内部印行，第 54 页。

1942年，日伪政权连续发动了第四、第五次治安强化运动，对粮食和军需物资的掠夺更加彻底。夏秋之际，天津粮食极度紧张，温世珍、蓝振德与伪天津市粮食采运分社理事长斋藤茂一郎、顾问中山襄谋议，倡导天津市民食用"代用食粮"。把日军仓库积存多年、早已霉烂变质的小麦等杂粮，掺杂带有泥沙的糠麸、豆饼等磨制成所谓的"混合面"，配售给市民食用，不少人食用后身体浮肿。

　　为了给日军补充给养，伪市公署先后成立了征集钢铁物品委员会、收买废品委员会、支援圣战献金运动总会等机构，温世珍自任总会长。在成立大会上，温世珍命令办公室将所有的铜墨盒、钢笔架、铜镇尺和铜锁等铜器集中起来，以铝、瓷制品代替。同时把市署的大铁门、铁栅栏也拆下来，还把他家里的铜床、铜香炉、铜痰盂、铜盆等物一并献给了日军。他布置警察局指挥各分局、派出所，派保甲长挨门入户去征收。工厂商店的铜招牌、铁门窗也在征收之列，仅市商会及各同业公会负责征集的钢铁制品即达3500多吨。后来又扩大到锡、铅、铝、镍等金属物品。市民实在拿不出金属物品可献，被迫以"折价捐献"的变通办法，拿出现钱交给保甲长。在向日军"献机献金"时，温世珍以会长身份先拿出1000元捐献，同时下令木商制作"反共运动募捐箱"，分发到各处，号召人们自愿认献。他还规定伪公职人员每月薪金在50元以上者，一律按月薪额30%一次性扣缴，学校校长和教职员按月薪10%一次奉献，专科以上学生每人献金1元，中学生每人5角，小学生和幼儿园学童每人1角，市民每人至少1元，多者不限。

　　温世珍大力推行奴化教育，他责令伪教育局在全市范围内普及日语，开办日语学校，由日人亲自授课。一般学校也都增设日语课程，并升日伪旗帜。每遇日本神社祭日或重大节日，还要组织市民、学生举办以"中日亲善，共存共荣"为中心内容、以灌输奴化教育为主题的演讲会、游艺会及文艺活动。

　　温世珍在任期间，将天津有轨电车票价由6分提高到2角，使比商获利颇巨,温世珍个人获得回扣3万元。他还批准了自来水加价提案,由原来每千加仑1.2元提高为2.9元,得回扣6万元。而天津市民生活费在6年间增加了6倍多,以致民怨沸腾。[①]他组织"华北劳工协会",抓捕大批劳工运往中国东北、日本和南洋。

温世珍的行为得到驻华日军官员的"褒奖",但其利用职权行贿受贿,捞取诸多好处,也引起了一部分日本人的妒忌。1943年3月,天津日军特务机关长雨宫巽将温世珍大发财源的事,向华北方面军指挥官冈村宁次进行汇报,并建议把他撤职,由伪津海道尹王绪高继任。3月19日,温世珍不再担任伪天津特别市市长一职,调任伪华北政务委员会委员兼平津对华中、华南交易组合理事长,继续为日军侵华服务。

1945年8月日本投降,国民党政府接收天津后,以"惩治汉奸"的理由将温世珍抓捕入狱,但并没有定刑,后被保释出狱。1949年天津解放后,人民政府将温世珍逮捕归案。

1951年7月10日,温世珍被执行枪决,终年73岁。

参考文献:

天津市政协文史委编:天津史志丛刊(二)《天津近代人物录》,天津市地方史志编修委员会总编辑室,1987年内部印行。

郭凤岐编:《天津通志·大事记》,天津社会科学院出版社,1994年。

姚士馨主编:《八大奇案》,百花文艺出版社,1991年。

(赵云利)

---

① 郭凤岐编:《天津通志·大事记》,天津社会科学院出版社,1994年,第264页。

沃 卡 特

沃卡特(1888—1978)，全名古斯塔夫·罗伯特·沃卡特(Kirchhoff Robert Workater)，中文名华立慧，比利时人，1888年9月18日出生于比利时根特市。沃卡特的父亲是位木匠，从小耳濡目染，培养了他对建筑材料和技术细节的感性认识和艺术素养。

沃卡特后来进入根特的凡·赫尔韦格和德·维尔德建筑事务所(Van Herrewege & De Wilde)当学徒，其间通过夜校学习完成了根特皇家美术学院的建筑学课程和根特工业学校的工业设计课程，深受公司老板勒内·凡·赫尔韦格的器重。赫尔韦格是一位在当地颇具影响力的建筑师，出于对自己所钟爱的下属在事业发展方面的考虑，赫尔韦格鼓励沃卡特学习法文并到根特以外的地方发展自己的事业。

1909年，沃卡特到巴黎学习建筑制图课程，其间相继在布鲁塞尔和巴黎的一些著名建筑事务所实习。此时，这些建筑事务所正在探索利用钢筋混凝土材料进行建筑设计和建造，沃卡特也深受影响。沃卡特工作严谨认真，专业技术扎实，并精通荷兰语、法语和英语三种语言，这些品质和能力为沃卡特成为一名优秀的建筑师打下了良好的基础。

1914年4月，沃卡特应聘义品公司中国区的建筑师职务，5月26日，与义品公司在布鲁塞尔的总部签订合同，正式加入义品公司，并被派往中国天津分部。义品公司为比法合资的股份制公司，成立于1907年，中文名为义品放款银行或义品房地产公司，简称义品公司。公司总部设在比利时布鲁塞尔，总管理处设在法国巴黎，从事中国、新加坡、马来西亚等地的房地产业务，以房地产抵押贷款、房屋设计及建筑、房屋经营管理为主，兼营建材生产与运输、不动产保险等业务，同时还为电力、电灯等公司做融资。

1914年6月10日，沃卡特从比利时出发，经俄国西伯利亚大铁路，于20日抵达天津，以绘图员的身份入职义品公司工程部，在天津、北京从事建筑设计和施工监造工作。

1919年，沃卡特返回根特，与勒内·凡·赫尔韦格的女儿安德蕾·凡·赫尔韦格（Andree Van Herrewege）结婚。同年11月，沃卡特夫妇从根特出发，历经两个月的蜜月旅行后回到天津，居住在义品公司的职员公寓内。在这次旅行中，美国纽约的摩天大楼、旧金山和洛杉矶的现代别墅等建筑拓宽了沃卡特的视野，也影响了他后期的建筑设计实践。回到天津后，沃卡特在京津两地设计、监造了大量的建筑项目，其中包括天津华比银行大楼（1920年设计）、北京中法俱乐部（1920年建成）。

1921年3月，沃卡特的长子罗伯特出生。沃卡特于1922年2月辞去了义品公司的工作，携家人返回比利时。沃卡特在这段任期内的工作业绩获得了义品公司的高度评价。

沃卡特回到根特之后，重新加入凡·赫尔韦格和德·维尔德建筑事务所。后来受全球性经济危机影响，事务所的业务减少，沃卡特便辞职独立开业，但与义品公司一直保持着良好的关系。

1932年12月，沃卡特向义品公司提出入职申请，一年以后，沃卡特再次被义品公司聘用。1934年3月，沃卡特被任命为天津义品公司的首席建筑师。同年12月，沃卡特离开了比利时，又回到了中国。

九一八事变后，华北地区时局动荡，大型投资建设项目很少，沃卡特的主要工作是对义品公司旗下或第三方的房屋进行维护整修。新的建设项目主要有1936年建成的张叔诚住宅、1938年建成的英租界伦敦路48号住宅。沃卡特在这段时期的作品主要采用钢筋混凝土结构,立面偏向于现代主义设计手法,没有繁复的装饰,趋向简洁的几何形建筑造型。

1937年3月,卢沟桥事变前夕,沃卡特再次离津回国。

1945年抗日战争结束后,沃卡特为了处理义品公司的事务短暂回津。在此期间,他参与修整了被日军占领过的义品公司房屋,然后重新开展义品公司的房屋租赁业务。1946年6月,沃卡特完成了在天津的使命后返回比利时。

1947年1月,沃卡特被义品公司派往香港,作为香港分公司的总负责人。在港期间,沃卡特设计建造了太平山白加道62号住宅(1948年)、圣保罗修女教堂孤儿院(1950年)、玛丽诺教堂(1952年)、九龙草地滚球会场扩建(1952年)等项目。义品公司对于沃卡特在港期间的工作给予了很高的评价:"沃卡特先生一直都表现正直,他能力出众,职业素养高……这些都表明,他通过用心认真、执着和艺术的作品,而非投机取巧,获得了顾客的信任,为自己赢得了声誉。"

1954年6月,沃卡特回到比利时。1978年11月1日,沃卡特在布鲁塞尔去世,终年90岁。

参考文献:

G. Volckaert & G. Magnel. *L'église Franciscaine de Saint-Nicolas (Waes), Suivid' une Note sur L'ossature en Béton Armé.* La Technique des Travaux, 1928.

René Brion and Jean-Louis Moreau. *Inventaire des archives du Crédit Foncier d'Extrême-Orient et de sa filiale, la société Hypothécaire de Tanger: 1907–1991*, Online Inventory, Brussels: Association pour la Valorisation des Archives d'Entreprises, 2000.

Leung-kwok Prudence Lau. *Adaptive Modern and Speculative Urbanism: The Architecture of the Crédit Foncier d'Extrêmê-Orient (C. F.*

E. O.）in Hong Kong and China's Treaty Ports，*1907–1959*，PhD dissertation in architecture，The Chinese University of Hong Kong，Hong Kong，2013.

（杜小辉　宋昆）

吴蔼宸

　　吴蔼宸(1891—1965),原名世翔,福建闽侯人。出身富家,自幼喜好读书,4岁进私塾,8岁随父赴山东。1904年肄业于山东高等学堂。在学期间,与同班山东籍同学高亦吾一起组织"乐群"学会,参与反清斗争。省府镇压学潮,当局密令通缉"闹事者",高亦吾出逃奉天,吴蔼宸退学。

　　1910年,吴蔼宸考入京师大学堂工科采矿冶金专业。次年,辛亥革命爆发,他南下任南京临时政府交通部一等科员。1912年,仍回国立北京大学校①工科续读,1913年获工学学士学位。在校就读期间,曾前往河北省迁安县实地勘察。在该县的鹦鹉山发现钨矿,农商部公布为新矿种。由此,北京政府陆军部设局官办,聘他为矿师。毕业后,被派赴开滦矿务局、京西煤矿实习。不久,任通兴煤矿公司董事等职。1917年夏,农商部派他赴美国实地考察钨矿开采,历时一年多。次年回国时,购回全套选矿机器。

　　1919年,他作为中国第一代矿业工程师,就任黑龙江梧桐河金矿总经理。次年,又赴美国考察,订购挖金机器。1921年回国之后,改任黑龙江观都金矿局机器试验场场长。

　　吴蔼宸埋头钻研冶金专业技术十余年,有不少收获,但于1922年转入政界,先后任北京政府内务部秘书、直鲁豫巡阅使署秘书,后改任

---

　　①1912年5月,京师大学堂奉命更名为北京大学校,旋即冠"国立",是中国历史上第一所冠名"国立"的大学。

实业顾问兼河南地质调查所所长。1924年5月,他改调湖北江汉关,任监督兼外交部特派湖北交涉员,不久,兼汉口特区管理局第一任局长。

1928年,天津被定为特别市,吴蔼宸先后任天津河北省省长公署顾问兼天津造币厂坐办、市政府秘书长等职。其间著有《华北国际五大问题》,揭露政府官员营私舞弊丑事,轰动一时,涉讼经年。1929年冬,任天津整理海河委员会总务处副处长。[①]

1932年初,新疆陷入内乱。吴蔼宸奉令独任汉族代表,与回、维、哈、满、蒙各族代表紧急谈判,同时联合各团体,为和平奔走呼号。他首倡成立新疆慈善会,并被推举为临时主席。慈善会团结各民族精英,组织人力物力开设粥厂,救济难民,掩埋死尸,救护伤兵。城内居民不分民族和信仰,同仇敌忾,团结对敌,起到了稳定社会、凝聚人心、消除隔阂、解救民众的作用。

刚处理完民族纠纷,国民政府外交部就电令他为外交部驻新疆特派员,随同外交部长罗文干巡视塔城、伊犁,后到苏联西伯利亚。又奉命转赴苏联莫斯科,参加新(疆)苏(联)商务会议,归途中参观巴库油田等地。1934年返京述职,随后撰写了《新疆纪游》,他将在新疆的见闻、经历记述下来,反映了1932年、1933年之际,新疆特别是乌鲁木齐发生的重大历史事件。该书1935年由商务印书馆出版。

1936年初,吴蔼宸派任国民政府驻捷克布拉格总领事,适值苏联公布宪法,他撰写《苏联宪法研究》一书。翌年,改任国民政府驻苏联海参崴(符拉迪沃斯托克)总领事。这时,远东一带华侨多遭苏联逮捕、迫害,难民流离失所,他心急如焚,设法救助,让2000多名流离失所的侨民避居领事馆庭院,并与苏联当局交涉,急电国民政府外交部

---

① 天津市河北区政协、天津市内环开发公司编,张俊英主编:《造币总厂》,天津教育出版社,2010年,第412页。

及新疆当局,陈述侨情,使8000多名难侨分批返回新疆定居,受到侨民称誉。1938年春,吴蔼宸辞去国民政府驻海参崴总领事职务,赴英国伦敦大学研究国际公法、国际关系。他留英一年余,撰英文《新疆变乱记》一书。1939年9月第二次世界大战爆发后,他转赴香港,从事写作。1940年,《新疆变乱记》数次再版。1941年夏,他应中央大学邀请,向学生讲授中苏外交史。次年,派任外交部驻川康特派员,驻成都两年多。同时,兼任燕京大学、华西大学教授和中英文化协会成都分会会长等职。

1945年秋,吴蔼宸在抗战胜利后任平津特派员,1946年3月,出任国民政府外交部顾问。1948年初,会同有关人员赴汉口、北平、上海、天津、台湾等地,清理联合国房产、财产,历时数月。在台湾,他看到国民政府岌岌可危,大势已去,决意辞去外交部顾问职,携带家眷再赴英国伦敦,完成博士学位论文。

1950年7月,他被伦敦大学授予国际关系哲学博士。同年11月,著《中国与苏联》一书。1951年,英文版《峨眉山画记》完稿。除著书立说外,吴蔼宸还从事中英贸易活动,如联系北京工艺品至英国销售;与英国商人合作,为北京、天津进出口贸易公司、中国进出口公司牵线搭桥,沟通贸易。

1954年5月,周恩来总理率团到日内瓦参加国际会议,63岁的吴蔼宸专程飞往日内瓦,向周总理面陈自己的情况和志向。周总理与吴蔼宸一见如故,愉快地答复道:"吴先生,祖国欢迎您! 我回国就同您联系。"8月,吴蔼宸回国,他百感交集,作诗数首,其中有"伏地欲一吻"之句。

吴蔼宸回国后,先是担任伦敦吴萧公司驻北京代表。1956年9月辞职,应聘担任北京地质学院高级教授,专门为助教、讲师教授英文。1957年11月,兼任欧美同学会总干事。1958年5月,周恩来总理正式聘他为中央文史研究馆馆员。晚年编有《历代西域诗抄》,并自刊《求志庐诗》等。《历代西域诗抄》是新中国成立后新疆文献整理的拓荒之作,全书搜集了汉唐以来特别是有清一代的文人和官员吟诵新疆的诗作近千首,内容除抒情以外还多用竹枝词叙事,保存了有关西域治理的丰富的历史和民俗资料。

1965年8月25日,吴蔼宸在北京病故,终年74岁。

参考文献:

吴蔼宸:《边城蒙难记》,新疆人民出版社,2010年。

吴蔼宸编:《历代西域诗抄》,新疆人民出版社,2001年。

中央文史研究馆编:《中央文史研究馆馆员传略》,中华书局,2001年。

天津市河北区政协、天津市内环开发公司编,张俊英主编:《造币总厂》,天津教育出版社,2010年。

（张绍祖）

吴 长 纯

吴长纯(1855—1906),字静安,安徽庐江人。早年中武举,后投效其族兄淮军将领吴长庆部。

1884年,朝鲜爆发"甲申政变",清政府应朝鲜政府要求派兵镇压。吴长纯随吴长庆督师东征。在朝鲜期间,吴长纯奋勇争先,特别是在支援护卫王宫一役中,智勇兼备,表现突出。1888年,朝鲜出现游匪滋扰,吴长纯被调到仁川、龙山一带剿灭匪徒。他到后捕诛匪徒,弹压地面,平定了游匪的滋扰。

从朝鲜撤军后,吴长纯到旅顺筹办海防,承办修筑黄金山炮台。李鸿章在视察炮台修筑情况时,对其才能十分赞赏。1891年,吴长纯又被派到热河一带镇压金丹道教起义。1894年,中日甲午战争爆发,吴长纯协防旅顺,奉命驰援盖平战事。他率领增援部队,冲锋陷阵,经历大小战斗数十次,以寡敌众,表现十分英勇。

1895年,吴长纯开始在袁世凯麾下编练新军,任副将统带右翼,在编练新军时他全部用新法训练,号令严明,部伍整齐,装备精良。1899年,义和团运动开始兴起,吴长纯率部进行镇压,累功荐保至记名提督。

1901年11月,袁世凯继李鸿章署理直隶总督兼北洋大臣。1902年3月,袁世凯因天津镇总兵高元久病不能正常履职,而吴长纯才大心细、训练认真,于是奏请任命吴长纯署理天津镇总兵。吴长纯任职之际,清政府正与八国联军商讨归还天津问题,这时各国驻扎在天津的军队虎视眈眈,而周边地区盗匪不时出没侵扰。吴长纯相机而动,迅速清剿了匪患,确保天津城按时归还。

1903年,清政府在北京设立练兵处,袁世凯任会办大臣。吴长纯自愿出国考求兵法,并由袁世凯委派赴日本参观军队操练之法。回国后,吴长纯即在天津马厂编练常备军第二镇,任统制。1905年,山东改编陆军第五镇,又奉调前往办理,任统制。到山东后,选募新兵,裁并旧队。他的足迹遍布山东全境,最终选择济南、潍县、丈岭等地,建筑营房,使军营规模大增。但工程艰巨,经费不足,吴长纯为此殚精竭虑,最终劳累过深,一病不起。

1906年,吴长纯病逝,终年51岁。

吴长纯死后,袁世凯特上奏清政府为其优恤附祀,清政府批准吴长纯从祀于天津李鸿章专祠和山东登州吴长庆专祠。

参考文献:

李盛平主编:《中国近现代人名大辞典》,中国国际广播出版社,1989年。

来新夏:《北洋军阀史》(上下),东方出版中心,2011年。

《故提督吴长纯请优恤附祀折》,载骆宝善、刘路生主编:《袁世凯全集》第15卷,河南大学出版社,2013年。

（郭　辉）

吴 承 仕

　　吴承仕(1884—1939),字蚩斋、检斋、桥斋,号展成,又号济安,安徽歙县人。1884年,吴承仕出生于歙县昌溪乡沧山源村。17岁中秀才,18岁中举人,后参加举贡会考,获殿试一等第一名,被点为大理院主事。受业于章太炎门下,研究文字、音韵、训诂之学及经学。

　　国民革命时期,吴承仕历任北京师范大学中文系主任,中国大学国学系主任,兼北京大学、东北大学和民国大学教授。在文字、音韵、训诂方面重要的代表作为《经籍旧音辨证》(1924年),并创办《文史》《盍旦》《时代文化》等刊物。《时代文化》逐步发展为借古讽今、针砭时弊,激励人民爱国热情的进步刊物。

　　九一八事变后,蒋介石派蒋孝先带领宪兵三团驻防北平,以武力镇压进步学生运动,搜捕共产党人。在民族危机日益深重的历史关头,吴承仕进一步认清了国民党反动派背叛革命和人民的丑恶面目,对国民党的投降政策表示强烈反对。时任北京师范大学教授会主席的吴承仕,举行教授会全体会议,通电南京政府,要求抗日救国。与此同时,他密切关心进步青年的抗日救亡斗争,慷慨解囊,资助学生们出版进步书刊,并亲自撰写文章激励国人和进步青年。

　　1935年一二·九运动爆发,吴承仕先生虽已年过半百,却仍抱着满腔抗日救亡的热忱,与热血青年共同战斗。他积极支持北师大学生自治会的活动,不仅在精神上,还在物质上和经济上给以大力支持。学生们开会有时找不到会场,他出钱资助,在西单鸿春楼租房作为会场,把饭堂变为宣传抗日救国的课堂。他不顾年老体衰,和青年们一起步行到西山樱桃沟露营,在营会上发表演说,鼓励青年们的爱国热情。他参与发起北平文化界救国会,支援上海文化界著名人士马相伯先生组织抗日组织救国会,亲自征集签名,并把签名簿拿回家让母亲、妻子、子女和儿媳、孙子都签了名。在吴承仕的热情支持下,他的学生齐燕铭、管彤(张致祥)后来都成为中共北平地下组织的重要成员。

面对共产党领导的一二·九爱国运动,北平反动当局惶恐不安,用另组新学联、开除学生领袖、取消学籍等种种手段打击和破坏学生运动,使许多爱国青年失学。师大的反动教授杨立奎,与反动当局一起,操纵指挥"师大抗敌反共救国会",加紧对进步学生的迫害。吴承仕在报纸上连续发表文章,揭露杨立奎的丑行。他还委托自己的妻弟、时任国民政府铁道部副部长的张翰飞营救出被捕的学生及北平女师大校长。为了营救被开除和受迫害的学生,吴承仕在1936年暑假,倡议吸收进步学生返校。曾被清华大学开除的进步学生黄诚,就是在吴承仕主持阅卷时以"特别录取生"资格录取的。黄诚后来成为我党骨干,皖南事变时牺牲。许多曾在师大和中大求学的青年,如孙楷第、王重民、臧恺之、王志之、张致祥、王西彦、余修等均被录取,后来都成为党的优秀干部或知名学者。

在参加共产党领导的爱国运动过程中,吴承仕接触并接受了马克思主义,于1936年春加入中国共产党。1937年北平沦陷后,在中共地下组织的安排下,吴承仕化名汪少白,化装转移到天津,秘密从事抗日救亡运动。1938年初,日伪政府想通过邀请他出任北京师范大学校职收买他,遭到其严词拒绝。1939年8月天津水灾,他染患伤寒而不自知,后来病情严重,只好秘密潜回北平。9月11日,吴承仕身体不支,经友人帮助入协和医院治疗。由于延误时日过久,1939年9月21日,因抢救无效在北平逝世,终年55岁。

吴承仕著述宏富。他在文字、音韵、训诂方面重要的代表作为《经籍旧音辨证》。这是一部音义互证的训诂专著,更是一部经学研究的工具书。他在经学研究方面最突出的成就,是对古代名物制度的探索。他广采浩繁典籍资料作参证,深入探求中国历代典章制度的特点与规律,著名的代表作为《三礼名物》(中国大学讲义)。他晚年以历史唯物主义观点,研究经学和古代历史,是我国第一位用马克思主义观点研究经学的学者。

此外还著有《经学通论》《淮南旧注校理》《六书条例》《尚书三考》《国故概要》《小学要略》《男女阴释名》《尚书今古文说》《释这》《说祧》《公羊徐疏考》《经典释文撰述时代考》《语言文字之演进过程与社会意识形态》《从说文研究中所认识的货币形态及其他》《说文讲疏》《释车》《丧服变除表》《丧服要略》《文言与白话间的量和质》《从说文研究中所认识的交换形态之史的发展》《论古今文上章太炎先生书》《论语老彭考》《说文韵表》《读说文随笔》等专著和论文。

参考文献:

中共天津市委党史资料征集委员会编:《天津抗日英烈》,天津古籍出版社,1995年。

中共天津市委党史研究室:《中国共产党天津历史》第1卷,中共党史出版社,2005年。

(赵风俊)

吴重憙

　　吴重憙(1838—1918),字仲饴、仲怡、仲怿,号梦舸、寥舸、石莲,室名石莲庵(亦写作石莲閣)、石莲轩,别称石莲老人,[①]山东海丰人,生于1838年3月2日(清道光十八年二月初七日)。吴重憙出身书画世家,父亲吴式芬、岳父陈介祺,都是著名的藏书家。

　　吴重憙1862年中举人,授工部郎中。1875年擢河南陈州知府,任内以振兴文化教育为先务,修缮孔庙并建崇经义塾。1887年,郑州一带黄河决口,吴亲临现场督修堤坝,设粥厂救济灾民。因政绩显著、声誉颇佳,迁开封知府。后因审结全省重案有功,升江南江安粮道。1900年,擢福建按察使,后历任江宁布政使、直隶布政使、驻沪会办电政大臣、仓场侍郎等职。1906年,任江西巡抚,其间镇压了湘赣边界的萍醴浏起义,同年底擢邮传部右侍郎,次年转左侍郎。1908年后出任河南巡抚,赏戴花翎。1910年后任陆军部侍郎(坐衔)都察院副都御史(坐衔)。1912年清帝退位后,吴重憙解职并迁寓天津。

　　吴重憙与袁世凯关系密切,光绪初任陈州知府时,适逢袁世凯回乡创办"丽泽山房"和"勿欺山房"两个文社,与吴约为"诗酒友"。吴曾助袁以荫生进学读书,遂与袁结成师生之谊。袁世凯出掌北洋后,调吴任直隶布政使。袁母丧期间,吴护理直隶总督兼北洋大臣。袁世凯任中华民国大总统后,多次派人请吴出任官职,吴闭户不纳,最后仅以

---

　　①杨廷福、杨同甫:《清人室名别称字号索引》下册,上海古籍出版社,2001年,第967页。

公府顾问名义,每月致馈800元。

吴重憙寓津时住英租界,其藏书室称石莲庵。吴重憙酷嗜图书,解职之后闲适,乃大量购藏、鉴赏、整理各类典籍文献。在津又与章钰、缪荃孙等藏书、校勘大家交游往来,因此他对藏书、版本、金石的鉴别极为精到。所藏从宋元秘籍到明清善本数量很多,其中还包括吴骞、唐翰题等名家旧藏,其中见于著录的善本就有42种,其中抄本30种。石莲庵所藏以唐人写经《四分律》一卷最为著名。该卷本为书法"清四家"之一的王文治旧藏,后来辗转归藏吴重憙。吴先后请何绍基、张之洞、严长明、王懿荣、石景芬等名家题跋。吴氏本人也喜于书册题识,缕述源流本末,一得之见颇多。

吴重憙的藏书印有"重憙鉴赏""石莲閤所藏书""石莲閤""海丰吴重憙印""吴仲怿秘籍印""海丰吴氏藏书""石莲閤藏书印""曾为吴仲怿所得""仲怿""海丰吴氏""吴重憙藏印""石莲閤印""重憙""中崿""吴重憙""石莲""石莲经眼""海丰吴氏石莲庵"等。①

吴重憙编有《海丰吴氏藏书目》抄本1册,1899年完成,著录稀见图书1500种;又有《石莲閤藏书目》抄本12册,现藏于陕西师范大学图书馆。

吴氏晚年生活落魄,所藏逐渐散出。重憙诸子在其逝去后两三年内,也相继离世,以致石莲庵藏书很快星散。1923年,北京开明书局李象乾收得吴氏家藏日照许印林撰《攀古小庐手稿》及《攀古小庐杂著》等20多种。伦明《辛亥以来藏书纪事诗》咏海丰吴氏藏书云:"清华家世海丰吴,此日真看竭泽渔。山涧口家缫半夕,弃余仍是杂精粗。"吴氏藏书中,包括吴式芬校本《平津读碑记》、稿本《贞石待访录》等。

吴重憙还大量辑刻刊印文化典籍,其著者如《石莲庵刻山左人词十八种》,1891年刻本;《石莲庵汇刊九金人集》,光绪年间刻本,1906

①郑伟章:《文献家通考(清—现代)》,中华书局,1999年,第1083页。

年汇印成丛书;《豫医双璧》,1909年排印本;《石莲庵汇刻九金人集》155卷,吴重憙辑,1894年至1906年刻本。石莲庵所藏清初严启隆著《春秋传注》抄本,也在吴重憙努力下刊刻传世。此外,他还刻印了《大清释例通考》等。

在津期间,吴重憙系统整理了吴氏明清两朝五百多年间的文章、诗词、奏议等,辑刻为《海丰吴氏诗存》4卷、《海丰吴氏文存》4卷、《海丰吴氏世德录》5卷、《海丰吴氏试艺》,被称为海丰吴氏家族的"小四库全书",为国家馆藏名典。

吴重憙的著述主要有《石莲闇诗》《石莲杂著》《晦明轩稿》《金石汇目》等。另与友人羲州李葆恂合撰有《津步联吟集》。吴重憙的词作,李葆恂评为"激楚语必出之以和雅,衰飒语必出之以沈雄","迥非寒瘦词人所能跂及已",可见颇具特色。

1918年7月29日,吴重憙卒于天津,终年80岁。[①]去世后,棺椁运回海丰吴氏祖茔安葬。

参考文献:

丁宝潭、于长銮编:《金石学家吴式芬》,中国文史出版社,2005年。

郑伟章:《文献家通考(清—现代)》,中华书局,1999年。

韩来英:《山东海丰(无棣)吴氏石莲庵藏书刻书考略》,《山东图书馆学刊》,2009年第4期。

徐友春主编:《民国人物大辞典》(增订版),河北人民出版社,2007年。

（杜　鱼）

[①]关于吴氏卒年有不同说法,此据《那桐日记》所载。参见新华出版社2006年版《那桐日记》第877页。那桐在津住所,位于今南京路友谊宾馆址(现存新华路那桐旧居为其附楼),与吴重憙家住得很近,且二人来往密切,所述当可征信。

吴 调 卿

　　吴调卿(1850—1928),名懋鼎,又名荫伯,以字行,安徽婺源(今属江西省)人。吴调卿出身于一个殷实的笔墨商人家庭,9岁时为避战火,随家人逃难到苏州,先是在一家笔店当学徒,后经老师介绍到上海,给外轮当跑舱、干杂活。吴调卿17岁时进入上海英商汇丰银行,开始接触洋行业务,利用业余时间自学英文。1871年,吴调卿升任该行副买办,1880年,被派到天津创办天津分行,1881年,任天津汇丰银行第一任买办,定居天津。

　　吴调卿就任时,正值直隶总督兼北洋大臣李鸿章驻节天津。凭借安徽老乡的身份,吴调卿与李鸿章结识并为其所赏识。1880年,天津汇丰银行正式对外营业。吴调卿利用与李鸿章、袁世凯等人的特殊关系,为汇丰银行获得对华巨额贷款。1880年至1927年的48年间,吴调卿提供贷款达78笔,累计3384亿银两。由于清政府的贷款是用关税和盐作担保,于是平均每年有1.57亿银两的关税和盐税通过汇丰银行汇集和转拨,汇丰银行此项年利就达银元200万元以上。同时,汇丰广开储蓄客源,增加国内汇款、华侨汇款和国际汇兑等汇兑业务,极大地降低了外商的金融周转成本。1883年驻津英国总领事报告称:"汇丰银行在这个港口有一个营业鼎盛的分行,使得天津洋行在金融周转方面得以享受和上海洋行同样的便利,能够直接进口,节省了上海转运的费用,从而得以较低的价格把货物运到天津。"[①]此外,汇丰银行天

----

　　①天津市政协文史委编:《近代天津十大买办》,天津人民出版社,2001年,第61页。

津分行还获得了纸币发行权,从而使汇丰银行业务进入了华北内地。

1894年,在李鸿章的保举之下,吴调卿出任中国铁路公司总办。1896年,中国铁路公司与北洋官铁路局合并,成立津榆铁路局,委任吴调卿为总办。吴调卿奏请朝廷"专设学堂,招额生80名,以洋、汉文正副教习各一人,分班教授,三年学满,量才器使"。这所学校就是山海关北洋铁路官学堂,即现西南交通大学前身。1896年11月,北洋铁路官学堂建立,吴调卿以津榆铁路局总办身份兼任第一任总办。受命之后,他认真规划校址,积极筹办建校工作。他利用原北洋官办铁路局的办公地点作为校舍,该建筑坐北朝南,砖瓦结构,建造对称整齐。大门门楣上悬一横匾,镌刻"北洋山海关"五个小字和"铁路学堂"四个大字。同时,吴调卿还制定《铁路学堂章程》20条作为建校章程。1896年11月20日,津榆铁路局在上海《申报》上刊登的招生启事写道:"铁路学堂延聘教习,专授造桥、造路工程各事。考选良家子弟,不拘何处,年在二十岁左右,读过中西书籍,文理通顺者四十名,为头二班学生,月给赡银。如有愿学者,取其家属甘结及同乡绅士保结,于十月二十日以前来局报名,听后择期考验。入堂试习三个月后,再定留堂肄业。三年学满,果能有成,即派赴工程当差,优给月薪,并聘请奏奖,以示鼓励。"该学堂设置中文、算学、物理、力学、制图、测量、机械、铁路工程、体操等课程。1900年3月,17名学生完成了规定课程,被授予毕业证书,成为中国历史上第一批土木工程科毕业生。1900年9月,八国联军侵占榆关,铁路学堂校舍被俄军侵占,学校工作被迫中辍。

1898年,光绪帝决意维新变法,振兴清廷。吴调卿与端方、徐建寅一起被任命为京师农工商总局督理。他与端方具名连上七折,提出经济改革的具体建议。在1898年9月8日的奏折中言:"农工商三大端,泰西各国类统以部,兹则总摄一局,节目纷繁,事体重大必须通盘擘划,博采众言,求西法之变通,植富强之基本。"他们顺承光绪帝的旨意,从农业入手,提出以训农为通商惠工之本。他们成立农业中学堂,创办京畿农学总会,开办农学官报,引进先进的农具,开办农业植物研究院和农业实验场,聘请外国农艺师来华讲学。1898年9月9日,吴调卿还会同端方上奏筹办丝茶情形折,就挽回积习、永保利权提出三点建议:(1)确立蚕丝、茶叶产品的知名品牌,对盗人牌号者,一经查出,严予惩治,并将货物充公;(2)加强市场控制,违犯章程者,秉公议罚;(3)政府组织投资,以官设银行、商集公司为重要,有公司则通力合作,获利均沾,有银行则资本不敷,官为接济。变法维新失败后,吴调卿避居东交民巷汇丰银行驻京办事处,受到英国公使馆的保护,后被免去官职,从此告别官场,在天津专心从事工商实业。

在洋行的工作阅历,造就了吴调卿敏锐的眼光和灵活的经营头脑,1900年前他就在天津创办了新式企业。19世纪末,火柴逐步进入中国家庭,因使用便捷被中国人称为"洋火"或"自来火",每年进口量逐步增加,1890年进口额达134万两白银,成为中国一大漏卮。吴调卿看准了这个具有发展潜力的大市场。早在1887年8月15日,他就与杨宗濂等创办了天津自来火(火柴)公司,开启了天津火柴业的历史。该公司位于紫竹林外的贺家口,面临海河背靠海大道,雇工2400余人,占地面积64亩。公司成立之初便高举爱国旗帜以"抵洋产而保利源"为口号,宣称公司全部为华资,意在与洋货展开竞争。同时,公司为提高生产技术聘请德国人李曼为总管,但对其职责进行了严格界定,他只负责督准工匠诸务,支用银两等不允其介入。另外一些外国技师除了完成培养技术人员的指标外,若添购物件,应开账呈告董事,由董事账房购买呈验,方准付款,按月例报销。倘洋匠自行擅购,则此费用公司不予给付。公司开业后由于经营不善,非但未能获利,反遭弹劾,被指唯利是图,官府其身而市侩其行。1891年自来火公司不慎起火,造成重大损失。吴调卿并未因连遭打击而灰心丧气,不久又集股4.5万两白银,同时还获得经营15年火柴生产的专利权。但他的专利权不仅遭到外国商人的反对,而且德国驻华公使和驻津总领事也出面干预,后在李鸿章的支持下,才保住了在直隶生产15年的利权。

1887年,吴调卿与英、俄商人合办华北贸易公司,1888年与英、美、德、法商人合办天津汽灯公司,1897年在天津创办毛纺织厂。1898年,在英租界广东道独资创办天津织绒厂,资本25万两白银,机器皆购自英国。该厂产品主要有毛呢、毛毯等,面市后受到中外人士的欢迎。织绒厂被誉为当时天津的第一个现代化工厂。1899年,他与德商兴隆洋行合资开设了一家打包公司。1900年,租界内的外国人为避义和团而将数百名儿童安置在该公司内,清军获悉后,准备炮击该公司。吴调卿得知后将儿童全部转移,因此获得英国女王授予的"维多利亚勋章"。1902年,他被袁世凯任命为天津商务局总办,1903年创办天津硝皮厂,1905年创办天津电灯公司、自来水公司,等等。1912年,他与英人合办"门头沟通兴煤矿公司",资木100万两白银。

吴调卿亦官亦商,又是买办,故此聚财颇丰。在他任买办期间,平均每年收入高达三四十万银两,再加上其投资的工商业收入,十分富有。吴家不足20人,但雇佣的厨师、花匠、司机以及仆役达到了五六十人,奢华生活可见一斑。吴调卿的子女全部送入教会学校,接受西式教育。吴家在英租界达文波路的一处房产,占地几十亩,中间建筑一栋大楼,周围的众多配房,有商会、马号、裁缝铺、理发店、鸽子楼,还有很多房间对外出租。英租界香港路的吴家大院,无论是设计还是布局都效仿西方建筑。院子中间是一栋带屋顶花园的主楼,临街有四栋三层的小洋楼,主楼的底层可以放电影、举行舞会。院内有网球场和花园,周末常有亲戚朋友来聚会打球。

吴调卿也资助社会文教和慈善事业。1907年,为救济安徽水灾,吴调卿参与天津商会创办公益善会,在李公祠放映电影,演出新戏7日,募集资金。

1928年,吴调卿病逝于天津,终年78岁。

参考文献:

文昊编:《我所知道的买办富豪》,中国文史出版社,2006年。

天津市政协文史委编:《近代天津十大买办》,天津人民出版社,2001年。

吴焕之:《天津汇丰银行买办吴调卿》,载天津市政协文史委编:《天津的洋行与买办》,天津人民出版社,1987年。

天津市河西区政协文史委编:《河西文史资料选辑》第5辑,中国文史出版社,2004年。

（王　静）

吴 鼎 昌

吴鼎昌(1884—1950),字达诠,别号前溪,祖籍浙江吴兴。1884年4月,吴鼎昌生于四川绥定一个世代师爷家庭。

1896年吴鼎昌入成都尊经书院读书,后考中秀才。1903年官费留学日本。1905年加入中国同盟会。1906年6月考入东京高等商业学校,与胡霖、谈荔孙等为同学,并结识了张季鸾。1910年6月毕业回国,9月在北京参加留学生考试得授商科进士,次年春,经廷试授翰林院检讨,到北京法政学堂任教习。后经其族伯、山西藩台吴匡涛向东三省总督锡良荐举,任东三省总督署度支、交涉两司顾问,中日合办本溪湖矿务局总办。同年8月,任大清银行总务科长,旋即调任大清银行江西分行总办。

辛亥革命爆发后,吴鼎昌来到上海,参与上海大清银行清理处事务。1912年1月,南京临时政府应大清银行上海分行商股股东的要求,改组成立中国银行,委任吴鼎昌为中国银行正监督。吴鼎昌上任后,制定《中国银行条例》,推行改革计划。袁世凯接任临时大总统后,中国银行总行迁往北京,其正监督职位未变。后因与接任财政总长的周学熙意见不合,吴鼎昌辞去中国银行的职务。吴鼎昌辞职后,适值工商部召开第一次临时工商会议,被推举为副议长,同时兼任工商部顾问、总统府财政委员。

1914年1月,吴鼎昌经梁启超荐举任天津造币厂监督。按照《国币条例》对新币单位、种类、重量、成色的规定,又收买墨西哥银洋1800多万元,作为新币的铸本,铸造出以袁世凯头像为标志的新银元,俗称

"袁大头"。后又铸造银、铜辅币,逐渐在京兆、直隶、山东、河南等地流通。银元和辅币的发行流通,对中国的币制统一起了一定的作用。

1915年2月,吴鼎昌因拥戴袁世凯称帝,获四等文虎勋章,授上大夫衔,12月任袁登基大典筹备处办事员,受到袁的笼络。次年3月,袁世凯被迫取消帝制后,他被任命为农商部次长,未就,再任造币厂总裁。袁世凯死后,吴鼎昌利用与徐树铮的关系投靠段祺瑞,6月再任中国银行总裁,7月任国务院参事,从此成为皖系理财大员。

1917年5月,周作民等在天津创办金城银行,吴鼎昌作为发起人之一,任银行董事。同年7月,盐业银行总经理张镇芳因资助张勋复辟被捕,吴鼎昌进入盐业银行清查复辟用款,不久被财政总长梁启超任命为盐业银行总经理。

1918年3月,经徐树铮推荐,吴鼎昌任财政部次长兼天津造币厂厂长,被派往美国考察财政。1919年2月至5月,旨在解决南北和战纠纷的"和平会议"在上海举行,吴鼎昌参与密议,成为北方总代表朱启钤的智囊,曾奉段祺瑞密令约见孙中山,要求孙中山改变护法立场。1920年10月,段祺瑞在直皖战争中失败,吴鼎昌被直系势力列为祸首之一被撵出"政坛"。

吴鼎昌在政治上失势后,潜心专营盐业银行。盐业银行开办时,原拟股本500万元,其中官股200万元,私股300万元。但在北京开业时股本仅有64万元,实际股款并未交齐。吴鼎昌上任后即规定,凡认股股东,必须年终前交齐,否则由新股东加入,每年银行增资25%,还拉来交通银行、金城银行和中南银行做股东。1921年,吴鼎昌决定盐业银行的资本由原来的500万元增加至1000万元,每年50万元,分10年收足,把盐务署官股全部抛出,盐业银行完全成为商股银行。

吴鼎昌在任盐业银行总经理期间,采取一系列措施追求银行利润。第一,向北京政府借、垫款。据不完全统计,截至1925年底,盐业银行向北京政府借、垫各种款项达8项之多,有据可查款项约140多万元,平均月息高达一分四厘。第二,做外国债券生意。1926年,广州国民政府誓师北伐,宣布关税自主,当时仅善后大借款为外国银行承购,且以关、盐两税为担保,按期由汇丰银行发放利息。吴鼎昌担心南方国民政府不承认北京历届政府和帝国主义列强签订的不平等条约,影响买卖外国债券的生意,特派《大公报》记者徐铸成以采访为名,到广州刺探国民政府的态度,如果国民政府承认旧公债,即以"母病愈即出院"的暗语发电。吴鼎昌收到此暗语后,即大量购买善后借款债券,之后该债券一直上涨,盐业银行和吴氏本人因此发了一笔大财。第三,向工业、商业放贷。仅北京分行对北京电灯公司放贷12年间总数达400万元,月息一分二厘,以致该公司每年的利润所剩无几。第四,擅处文物。辛亥革命后,清室曾将一批文物押在汇丰银行,1919年后部分转到盐业银行。由于清室无力赎回,致使这批皇室珍宝部分为吴鼎昌等廉价"收买",部分金器被拆散熔化,部分则被倒卖国外,最后只剩下一套金编钟。

由于北京政局动荡,银行界多次发生挤兑和停兑,钞票信用甚低,吴鼎昌把目光投向发行钞票。当时中国、交通两银行和华侨投资兴办的中南银行享有钞票发行权。吴鼎昌出国考察回来后,倡议效仿美国联合发行货币的做法,联合中南银行总经理胡笔江、大陆银行总经理谈荔孙和金城银行总经理周作民,在上海组织"四行联合事务所""四行准备库"。 1923年1月,四行储蓄会成立,吴鼎昌任主任,历史上的"北四行"集团就此形成。"北四行"及其储蓄会以北方数省为营业中心,发行钞票,主要吸收军阀官僚的存款,投资北京政府的公债、库券,为北京政府解决财政困难,同时获取高额利润,位居北方银行业之首,吴鼎昌成为金融界屈指可数的巨头。

由于现金准备充足,四行准备库所发行的中南钞券享有信誉,发行额逐年增加,在1922—1932年的11年间,中南钞券发行总额仅次于中国银行、交通银行,名列全国重要银行第三位。北四行的业务蒸蒸日上,外汇也逐渐增多,存款达1000多万元。吴鼎昌一方面认为金价必涨,因而重视外汇资产,同时基于对国内政局动荡引发租界房地产增值的判断,主张银行资金投向房地产。于是,北四行于1931—1934年耗资500万元,建成一幢比肩外滩沙逊大厦的上海国际大饭店,部分作为四行储蓄会的营业部,大部分用于出租,供开办涉外高级旅馆、饭店之用,时为东亚第一楼。

吴鼎昌还投资报纸。最初他资助胡霖创办《国闻周报》,并以"前溪"为笔名在刊物发表财经方面的文章。1925年9月,吴鼎昌出资5万元由胡霖出面盘购了天津《大公报》,另组"大公报新记公司",由吴鼎昌任董事长兼社长。1926年9月1日,《大公报》重刊发行,同年《国闻周报》由上海迁到天津刊行,吴鼎昌兼任国闻周报社和国闻通讯社社长。《大公报》接办后不到一年,发行量由原来不足2000份增至6000多份。1936年4月增设上海版,资本由原来的5万元增至50万元。

1926年11月,吴鼎昌通过张群引荐,在南昌与蒋介石相识。1932年5月,吴鼎昌在上海策动全国商会联合会、上海市商会、银行公会、钱业公会等团体,发起支持蒋介石"安内对外"的行动。蒋介石在庐山牯岭多次召见吴鼎昌,相与密谈,任命吴鼎昌为国防设计委员会委员。1935年10月,吴鼎昌配合蒋介石的对日绥靖政策,召集平、津、汉、沪等地工商金融界首脑人物,组织赴日经济考察团,自任团长,前往日本进行所谓"中日经济提携"活动,与日本大财阀组成"中日贸易协会"。12月,蒋介石在南京成立"名流内阁",任吴鼎昌为实业部长,吴鼎昌辞去大公报社社长,前往南京就职,但仍保留大公报社董事长的职务。

其后,吴鼎昌先后任国民政府财政委员会委员、国民经济建设运动总委员会委员、全国钢铁厂监察委员会主任委员、农本局理事长、中国国货联合营业公司董事长。他担任国民政府实业部长后,以实业部的名义创建了中国茶叶公司、中国造纸公司等官僚企业。1937年12月,吴鼎昌调任贵州省政府主席,创办贵州实业公司,积极发展贵州经济,成效显著。

1945年1月,吴鼎昌调往重庆担任国民政府文官长,成为蒋介石身边的幕僚。1945年8月日本无条件投降后,吴鼎昌向蒋介石建言,邀请中共领袖毛泽东到重庆举行国共谈判。1948年5月改任总统府秘书长。1948年新华社发布43名战犯名单,吴鼎昌名列其中。1949年1月离职赴香港。

1950年8月22日,吴鼎昌在香港病逝,终年66岁。著有《赣宁战祸之原因》《中国新经济政策》《花溪闲笔》等。

参考文献:

中国银行总行、中国第二历史档案馆编:《中国银行行史资料汇编》,档案出版社,1991年。

《中国银行行史》编辑委员会编:《中国银行行史》,中国金融出版社,1995年。

中国人民银行总行参事室编:《中华民国货币史资料》,上海人民出版社,1986年。

黑广菊、曹健主编:《盐业银行档案史料选编》,天津人民出版社,2012年。

张伯驹等:《北四行资料》,载天津市政协文史委编:《天津文史资料选辑》第13辑,天津人民出版社,1981年。

徐矛等主编:《中国十银行家》,上海人民出版社,1997年。

(黑映月)

吴 光 新

吴光新(1881—1939)，字自堂，又作植堂、志堂，安徽合肥人，段祺瑞妻弟。虽然吴光新的姐姐吴氏很早就去世了，但段祺瑞对吴光新十分照顾且刻意栽培。

早年，吴光新入随营学堂学习。1903年6月，吴光新被保送到日本陆军士官学校炮兵科第三期学习，1904年11月毕业回国，任北洋陆军第三镇第三标炮兵营管带。1908年，入保定陆军行营军官学堂正规班第一期学习。1910年先后任第十三混成协炮兵标统、第三镇第五协协统。1911年10月武昌起义爆发后，吴光新任第二军参议官，跟随段祺瑞前往湖北武汉镇压革命起义。他两次签名于段祺瑞领衔发表的逼迫清帝退位的"立定共和政体"通电。

袁世凯出任临时大总统后，吴光新出任总统府咨议官，后任北洋陆军第三师第五旅旅长。1912年11月，他被授予陆军少将军衔，后出任北洋政府驻安徽省陆军旅长。1913年9月，他跟随曹锟入川与护国军作战，因率部攻克纳溪、江安等地，被袁世凯授予陆军中将军衔。1915年袁世凯推行帝制，他随段祺瑞一起辞职。次年，袁世凯死后，吴光新公开打出拥护段祺瑞的旗号，与徐树铮等人在国务院召开拥段会议，致电冯国璋、张勋、张作霖和倪嗣冲等人，要求他们通电拥段。1917年4月，北洋政府任命吴光新为中央陆军第二十师师长，驻扎宜昌。为了抢占湖南，进而对南方用兵，9月，段祺瑞特命吴光新为岳州北军总司令并加授陆军上将衔，率第二十师进入湖南，驻防岳阳。

1917年护法战争结束后，段祺瑞任命吴光新为长江上游总司令兼四川查办使,率领北洋军入川,企图将四川纳入北洋军阀的势力范围,但遭到失败。不久,北京政府同意吴光新辞去四川查办使,专任长江上游总司令,率部退出四川,改驻湖北宜昌。

1920年7月,直皖战争爆发之后,两湖巡阅使王占元响应曹锟与吴佩孚要求,将吴光新骗到武昌并加以扣押,吴光新部被王占元解除武装。[①]1921年8月16日,吴光新的部下刘文明(当时任湖北督军署少将参议)带人进入湖北陆军监狱,把吴光新化装成伙夫,脱险北归,所部被陆续改编。

1922年第一次直奉战争结束后,直系军阀独霸北京政府。为了对付直系,奉系张作霖、皖系段祺瑞与孙中山三方联合起来,结成三角联盟,共同反对直系军阀。吴光新与曾毓隽等作为段祺瑞的心腹和代理人经常奔走于京津及沈阳之间。1924年9月,第二次直奉战争打响,吴光新担任奉军第六军军长,率军参战。不久,冯玉祥发动北京政变,曹锟被囚,段祺瑞出任北京政府临时执政,吴光新担任新内阁的陆军总长。段祺瑞执政府成立之后,吴就任陆军总长兼陆军训练总监,但此时北京政府实权掌握在张作霖与冯玉祥手中,吴光新除了奉办正常的公事外,并没有什么作为。

1924年12月7日下午,孙中山在天津接见了吴光新。吴光新此次是奉段祺瑞的使命,由京赴津,到张园看望慰问孙中山病状,希望孙中山身体早日康复,能到北京共商国是。孙中山在北京逝世之后,吴光新与陆军部次长贾德耀等随段祺瑞到中山灵柩前宣读祭文。

1926年4月9日,冯玉祥的国民军驱逐了段祺瑞,吴光新也被迫与段祺瑞一起回到天津,从此脱离政治,过着隐居的生活。

1933年,吴光新应南京国民政府的邀请,跟随段祺瑞南下,出任国

①张学继:《吴光新》,载李新等主编:《中华民国史·人物传》第6卷,中华书局,2011年,第3912页。

民政府军事委员会北平分会委员。1937年7月全民族抗战开始后他移居香港。1939年11月25日,吴光新在香港病逝,终年58岁。

参考文献:

邓汉祥:《吴光新在长江上游的兴败的订正》,载全国政协文史委编:《文史资料选辑》第51—53辑,中国文史出版社,2000年。

张学继:《吴光新》,载李新等主编:《中华民国史·人物传》第6卷,中华书局,2011年。

何柱国:《孙、段、张联合推倒曹、吴的经过》,载全国政协文史委编:《文史资料选辑》第51辑,中华书局,1964年。

（王建明）

吴家驹

吴家驹(1878—1964),字子昂,湖南湘潭人。1878年4月5日(光绪四年三月初三日),吴家驹出生于湘潭县土桥鹿鸣村。1898年考入县学。1902年官费派赴日本留学,入东京明治大学政学科学习。

1908年,吴家驹毕业后回国,在天津北洋法政专门学校任教。同年10月,学部发布归国留学生考试结果,吴家驹等45人名列优等。1911年4月,他与时任北洋法政学堂监督的李榘、教务长籍忠寅等多位老师合作创办了法政讲习所,这是一个成人法政知识补习机构,开设夜班,每日授课3小时,6个月为一期,主要课程为宪法、行政法、民法、刑法、财政学和国际法。同年7月,他到北京的尚志学会任教。该会是一个从事新思想、新学说宣传和推广的机构,初期主要活动是法学教育,以"发达政治教育,促进社会事业"为主旨。

1911年底,吴家驹卸职回湖南。1913年1月任北京法政专门学校及明德大学讲师,同时就任京师高等检察厅首席检察官。1914年9月任贵州高等审判厅厅长。1916年8月任北京国立法政专门学校校长。1918年12月任河南高等检察厅厅长。1920年11月任黑龙江高等审判厅厅长。1925年1月任京师高等检察厅厅长。1928年1月辞职闲居。1930年12月任河北定县实验县长。次年10月被河北省政府聘为单行规章编审委员会主任委员。

1932年2月,吴家驹返回天津,担任河北省立法商学院(前身为北洋法政专门学校)院长、法律系主任,兼河北省教育厅诉愿案件审议会顾问。吴家驹执掌法商学院后,吸收西方法学教育思想,对学院的课程设置等进行改革,改变了以往过于注重应用教育和文体活动的偏向,注重激发师生的学术兴趣,开设了更多的基础课。吴家驹的课程设置主要突出了专业课的基础性、比较性和时代性。在法律系不仅恢复讲授罗马法,而且增加了监狱学、劳工法、诉讼实务、外国法、刑事政策等课程。政治系开设了比较政府、新闻学、社会进化史等课程。1933年9月,针对日本帝国主义对华侵略日深,北方政治形势趋于复杂的局面,又加设了"日俄政治研究"课,"'九·一八'在我国近代史上画下涂抹不掉的创痕,所以对于东北的研究成为一种单独的科目,大学部便已特设一种'日俄政治研究'的专科"①。

吴家驹认为,提高学院的教学水平,必须大力充实师资队伍,他从北平等地新聘了大批名师来校任教。法商学院聚集了当时国内尤其是北方在金融、商业、法律教育方面的一流教师。吴家驹的治校思想主要从改造人心、注重科学两层着眼,在训育方面务求实际,极力引导学生养成善良、高尚品格。吴家驹从拓宽学生的视野、提高学生的兴趣着手,逐步提高师生的学术水平,这是其治校的主要着力点。仅1933年下半年这一学期,学院就先后邀请北京大学法学院院长周炳琳、北大教授陶希圣、朝阳大学教授王漱苹等名师来学院讲演,深受同学们的欢迎。不仅本校学生来听讲演,周围的一些学校,如省立师范、扶轮中学的同学们不下千余人都来旁听,在青年学生中影响很大。

1933年下半年,吴家驹把扶助学生社团列为学院的重点工作。经济系同学组织成立经济学会,主要活动是举办讲座、讨论会和出版会刊,其是学院后期最重要的学术社团。法学系的同学成立法学励进会,主要活动是组织模拟法庭、案例讨论、学术研究及社会调查。

吴家驹大力支持学生的爱国民主运动,对于中共地下组织在校活动也着意加以保护。1932年10月,学院学生成立自治会。1933年,为

---

① 《法商学院新气象》,《益世报》,1933年9月7日。

了支援中国军队在长城沿线的抗战,全校师生捐款,购买了钢盔等物品,学院组织慰问代表团,派学生代表到前线慰问抗战将士。

1934年,吴家驹辞职寓居北平。1946年3月起,从事律师业务。

1951年12月,吴家驹被聘为中央文史研究馆馆员。

1964年10月20日,吴家驹在北京病故,终年86岁。

参考文献:

中央文史研究馆编:《中央文史研究馆馆员传略》,中华书局,2001年。

王晓天、王国宇主编:《湖南古今人物辞典》,湖南人民出版社,2013年。

刘国有:《法学大家吴家驹在天津》,《天津档案》,2013年第3期。

（郭嘉宁）

吴 景 濂

吴景濂(1873—1944),字莲伯,号述唐,别署晦庐,晚年又自称抱冰老人。辽宁兴城人。吴家世代务农,兼营商业,家道殷实。父吴大祥,母张氏,生二男一女,吴景濂居长。

吴景濂9岁进入私塾接受启蒙教育,年纪稍长,跟随当地名儒学习经史。1894年中秀才,翌年乡试未中。1898年得中乡试第六名副榜,后在家乡开馆布学,研授新学。1902年,吴景濂考入京师大学堂师范馆,四年后以最优等毕业,学部奏请奖给举人出身,并授候补内阁中书,加五品衔。后留学日本。

1907年3月,吴景濂回到家乡奉天,任奉天师范学堂监督。他建议在各县中抽取部分亩捐做学款,受到奉天提学使张筱圃、东三省总督徐世昌的赞赏。是年冬,奉天选举教育总会会长,吴景濂当选。吴景濂决定在该会内设立宪政讲习所,培养地方自治人员,所有课程及管理章程,均由吴氏编定。①

1908年,日本强行修筑安奉铁路,全国舆论一片哗然。吴景濂在教育界集会上挺身而出,痛言日本人的狼子野心,并发动学生展开抵制日货等活动。同年,他又在教育总会内设立宪政讲习所,鼓吹立宪,声望日隆。1909年春,清政府为缓和国内矛盾,推行所谓的"预备立宪",各省成立咨议局,吴景濂顺利当选为奉天咨议局议长,从此走上

①张淑娟:《吴景濂与民国政治(1916—1923)》,复旦大学2007年博士研究生毕业论文,第110页。

从政道路。

1911年10月10日武昌起义爆发,各省纷纷响应。吴景濂借机联合奉天各界组织急进会,被选为会长,力谋响应。不久,他与革命党人蓝天蔚密议奉天独立,事被泄露后遭追杀。11月,吴景濂经大连赴上海,再到南京,与孙中山会晤。同月29日,作为东北的唯一代表参加选举,选举孙中山为临时大总统。1912年1月南京临时参议院成立,吴景濂当选为参议员,同时,受蔡锷支持,组建统一共和党。

1912年4月,临时政府迁往北京,参议院重选议长、副议长。5月1日,吴景濂被选为临时参议院议长。在他的主持下,临时参议院议决议案230多件,通过法律55部,为民国立法奠定了基础。8月25日,统一共和党与同盟会等联合组成国民党,吴景濂被选为理事。

1913年4月,第一届国会正式开会,采取参、众两院制,吴景濂当选为众议院议员,并被国民党推选为众议院议长候选人。但袁世凯不愿国民党人当众议院议长,吴遂落选。10月,袁世凯就任大总统后,吴被聘为总统府顾问。1915年8月间杨度等组织"筹安会",为袁世凯称帝大力鼓噪,曾请吴加入,被吴拒绝。1916年3月,袁世凯被迫取消帝制后,吴当时住在天津,发表《劝告袁前总统去国书》,反对袁继任总统,袁十分恼火,当即下令予以通缉。吴潜往大连,联合东北革命党人发起"三省公民讨袁协会",促袁尽快下台。6月,袁世凯死后,吴景濂回北京参加国会复会。1917年5月,吴景濂当选众议院议长。张勋复辟后,吴与在天津的65名国会议员一起通电讨伐复辟。同年7月,吴景濂南下,赴粤参加护法运动,参加国会非常会议,仍被选为众议院议长,组织选举孙中山为大元帅,建立护法军政府,吴被聘为军政府高等顾问。然而在军政府改组、非常国会选举总统等问题上与孙中山发生严重分歧,影响了护法进程。

1922年,吴景濂回北京出任众议院议长。1923年9月至10月,吴景濂支持曹锟竞选,涉嫌贿赂作弊,被称为"猪仔国会",威信一落千丈。曹锟当选大总统后，背弃让吴担任国务总理的承诺，吴景濂气愤之余悄然离开北京到天津寓居。

1924年10月第二次直奉战争直军战败，张作霖进驻北京，吴景濂曾三次潜回北京，想通过表弟王承斌的关系投靠奉系。不料张作霖对王、吴采取不理睬的态度，王承斌的起家部队第二十三师也在天津附近被李景林部奉军缴械，王承斌也被迫下野，吴景濂暂时打消了复出的念头。11月底，段祺瑞就任临时执政后，要以贿选罪通缉吴景濂，无奈之下，吴景濂只好出洋到日本观望时局。不久又从日本长崎潜回上海，经汉口到保定，试探吴佩孚动静，见吴部下也在反对国会，大为失望，只好又回到天津隐居。以后几次试图与段祺瑞、孙中山、张作霖等人联络，共同对付直系，期望借此复出，但均未成功，从此离开政界。寓居天津后，吴景濂每日闭门读书，皈依佛法，研究密宗，聊以自慰。

1931年九一八事变后，日本高级军官曾多次请吴景濂回东北主持政务，他拒不复出。1933年，吴景濂参加天津耀华中学董事会，任该校管理委员近10年之久。1937年七七事变后，平津沦陷，日本侵略者又请吴景濂充当华北领袖主持政务，也遭到了吴的婉拒。1938年春，伪满洲国内阁总理大臣张景惠派其心腹敦请吴景濂在天津组织所谓中日满"三国合作机构"，亦遭拒绝。1939年，第二次世界大战爆发，敌伪政权再次邀请吴景濂"出山合作"，仍遭到拒绝。1941年，日本发动太平洋战争，派兵进占英租界。日军强迫界内居民"献金劳军"，又暗示名流带头支持"圣战"，邀请吴景濂参加"献金"大会，吴托病未出席。

1944年，吴景濂在天津病逝，终年71岁。

参考文献：

李新等主编：《中华民国史·人物传》第6卷，中华书局，2011年。

（郭以正）

吴 新 田

吴新田(1886—1945),字莒荪,安徽合肥人。1902年12月,吴新田入保定北洋陆军参谋学堂,毕业后任北洋陆军第三镇哨官。1906年5月入保定西关的陆军行营军官学堂,为第一期学员。[1]民国建立后该校迁到北京更名为陆军大学,吴被追认为陆大第一期毕业生。1908年2月毕业后,历任督队官、营管带、团长等职。[2]

1914年9月4日,吴新田被授予陆军少将军衔。后在皖系湖南督军张敬尧部陆军第七师任旅长。1916年3月9日,在与滇军朱德的纳溪之战期间,被授予陆军中将军衔。1918年11月任湖南岳阳镇守使,并兼任湖南陆军暂编第二师师长。1920年直皖战争中张敬尧失败下野,吴新田受命代理第七师师长。

直皖战争后直系主政,调吴新田部入陕。1920年10月7日吴正式任陆军第七师师长。11月,又被任命为陕南边防军总司令,率部攻克汉中,遂任陕西军务帮办,并短时兼任陕南镇守使。后在老河口和洛阳设办事处,与陕督刘镇华、陇南孔繁锦、川北刘存厚、鄂北张仲三等往来呼应,形成陕、甘、川、鄂交界区域的军事联盟。从此吴部驻扎陕南达7年之久。

1922年8月28日,被北京政府授予"将军府藩威将军"称号。1923年3月14日晋加上将军衔,任陕边援川讨逆军总指挥。1925年5月1

---

①郑志廷、张秋山等编著:《保定陆军学堂暨军官学校史略》,人民出版社,2005年,第177页。

②陈予欢编:《陆军大学将帅录》,广州出版社,2009年,第370页。

日,被段祺瑞政府任命为督办陕西军务善后事宜。7月,与国民军二军李虎臣部战于西安,15日在灞桥溃败退守陕南,西撤途中遭到国民军杨虎城部截击,大量辎重被截,损失惨重。1926年春,被任命为陕南护军使。1927年初,北伐几近成功,吴接受冯玉祥改编,任国民军联军第十六路总司令。1928年春改称国民革命军第二集团军第十六军,辖三个师另两个旅,吴任军长。1928年10月,冯玉祥调吴新田部移驻河南信阳,而令嫡系张维玺部进驻陕南。后吴部仅一小部分改编为两个旅,大部分被缴械遣散,吴本人也被免职,改任国民革命军第四集团军高等顾问。吴并未赴顾问虚职,而是于1929年初回到天津闲居。后任国民政府军事参议院参议。1936年5月30日,被南京国民政府授予陆军中将军衔。

1926年初,吴新田全家从济南迁到天津租界,暂住于三井洋行楼上。后来从英国人手上购得马场道的两座花园楼房,即马场道360号和366号。

吴新田为人仁厚,对乡亲故旧多有照顾。每日在公馆就餐者,除吴家30多人外,还有投奔来的乡亲、故旧、佣人及其家属,共有八九十人之多。吴新田同胞兄弟姐妹7人及其子女都团聚一处,房产共享。吴家在合肥、济南和天津所置产业,都用忠恕堂或其四弟吴新治(字聿修)的名义,如拉萨道原恕德里200多间房屋原都是吴家的房产。吴新田过世前一直没有分家,家中大事由其做主,一般具体事务由其四弟吴新治处理。

吴新田于1929年下野后一直寓居天津,不再参与军界、政界事务,仅与原北洋同窗、同乡及同僚有些来往。

日本占领天津时期,吴的安徽同乡王揖唐、张敬尧以及军界旧友齐燮元、杜锡钧等相继投靠日本人,但吴拒绝同流合污。日本说客多次来吴家游说,均由其四弟吴新治出面应付,吴新田始终未与日本人见面。吴新田坚持不接受伪职,保持了民族气节。

1945年2月16日,吴新田因突发脑溢血逝世,终年59岁。

参考文献:

中国第二历史档案馆编:《北洋政府公报》,上海书店出版社,1988年。

陈予欢编:《陆军大学将帅录》,广州出版社,2009年。

陈予欢编:《保定军校将帅录》,广州出版社,2006年。

《合肥吴氏宗谱》,1918年刊。

（张　翔）

吴 玉 如

　　吴玉如(1898—1982),字家琭,1898年5月31日(光绪二十四年四月十二日)生于南京。其父吴彝年,安徽泾县人,其母顾氏,为清末著名诗人顾云之女。吴玉如自幼酷嗜书法,到十二三岁时,小楷、行书已具有相当功力。

　　1907年,吴玉如9岁时随父来到天津,1912年进入天津新学书院学习,第二年转入天津南开中学学习,与周恩来同班。在学期间,吴玉如品学兼优,是南开学生中的一个奇才。吴玉如谙熟古文,因此深受严范孙、张伯苓二位先生的赏识。1914年,南开中学在张伯苓办学方针指引下,成立了敬业乐群会,吴玉如任演说部部长,周恩来为智育部部长。

　　1915年,吴玉如考入北京大学预科班,后转入朝阳大学,不久因父亲病故而辍学,后随父亲的朋友傅强赴吉林谋生。1917年,傅强调任北京审判厅厅长,将其托付给黑龙江省铁路交涉总局总办马忠骏。吴玉如深得马忠骏的赏识,曾担任马忠骏的秘书、交涉总局总务科科长、中东铁路局理事会秘书等职。

　　1929年中东铁路事件发生后,南京政府委派东三省铁路公司理事长兼督办莫德惠,以中国首席代表身份赴苏联莫斯科进行了历时一年多的中苏谈判,吴玉如随行。在莫斯科,生活极其清苦寂寞,吴玉如以书法消遣,现存草书《离骚》《乐毅论》,小楷《黄庭经》,即为那时所书,并创作了大量诗词。

　　1933年,吴玉如回到天津。1936年,接受张伯苓的聘请,到南开大学商学院任国文教师兼经济研究所秘书。南开大学校训"允公允能、日新月异",就由吴玉如手书。此外吴玉如还多次为南开大学题字,如"范孙楼""伯苓楼"均为吴玉如所题写。1962年,他为张伯苓夫妇合衬写碑文并书。

七七事变爆发后,南开大学奉教育部之命与清华、北大南徙合组西南联合大学,吴玉如未能随校南迁。1938年,吴玉如准备奔赴西南联大任教,途经重庆时拜谒张伯苓,被张伯苓挽留任参政会秘书,与周恩来在重庆重逢。1939年8月天津遭遇严重水灾,因家中母老子幼,他向张伯苓提出辞职回到天津。

返津后,吴玉如深居简出,在天津志达中学任高三国文教师。1942年秋,吴玉如在天津永安饭店举办为期两周的书法展,展品共约300余件。吴玉如的书法经几十年磨炼钻研,融合诸家风格,取唐、宋、元、清各朝名家之长,而又以"二王"(羲之、献之)为依归,形成了端丽秀劲、遒健豪放、空灵飘逸的独特书风。吴玉如隶、楷、行、草、篆无不精能,其小楷,放大后可作为大字帖临摹,可见功力精湛。他的行书、草书,在四体书法中造诣最高,集历代名家之长,书法名家启功、赵朴初等均给予了很高评价。

抗战胜利后,吴玉如还受聘于天津达仁学院、天津工商学院,任国文教师。在天津工商学院,他还担任中文系主任一职,直到1949年天津解放。吴玉如在文学、文字学、声韵学、训诂学等方面的造诣很深,学生桃李满天下。吴玉如还是松滨诗社的重要成员,当时诗界文坛耆宿如陈浏、成多禄、钟广生、张朝墉等均为松滨诗社成员,每月都有雅集,依韵赋诗,相互唱和。

新中国成立后,吴玉如曾参与1958年版《辞源》的编纂,并完成了《清史稿》《宋诗纪事》《杜文澜辑古谣谚》等大量古籍的点校工作。"文化大革命"期间,吴玉如被打成"反动学术权威"。周恩来总理知悉后指示天津市委:说他"权威"可以,"反动"谈不上,要求立即解决他的生活和工作问题。在周总理的关心和保护下,他被安排在天津市图书馆和文史馆工作。1976年1月8日,周恩来总理去世,吴玉如闻讯后老泪纵横,痛心不已,随即写了悼文《哭翔宇①六十四首》,其中第一首:"十五同窗事眼前,百年到此哭谁边。终身相业清无我,尽瘁生灵百可传。"

吴玉如历任天津市政协委员、中国书法家协会名誉理事、天津市文联委员、天津市文史馆馆员,天津市图书馆特别顾问。

吴玉如多次在国内和日本举办个人书法展览会,受到国内外专家的推重赞赏。他有《吴玉如书法集》《吴玉如行书千字文》《迂叟自书诗稿》《吴玉如诗文辑存》《吴玉如册页》《吴玉如自书诗稿》《迂叟魏书千字文》《魏碑千字文》等数部作品传世。

1982年8月8日,吴玉如在津病逝,终年84岁。

参考文献:

韩嘉祥:《吴玉如年表》,《中国书画》,2003年第8期。

韩嘉祥、田正宪:《生为华夏人应重己文字——缅怀吴玉如先生》,《书画世界》,2017年第5期。

(杨秀玲)

---

①周恩来字翔宇,他在南开学校上学时用此名。

吴 毓 麟

　　吴毓麟(1871—1944),字秋舫,回族,河北沧州人,祖籍安徽歙县。他出生于一个以运鱼贩鱼为生的贫苦家庭。1886年,吴毓麟考入天津北洋水师学堂。由于他性格坚毅,吃苦耐劳,成绩优异,不断得到擢升。1891年4月于天津水师学堂管轮班毕业后,被选派赴德国留学深造。在德期间,吴在浮尔底船厂学习造船和机械专业知识。

　　回国后,吴毓麟历任候补知府、邮传部帮办、京东河道督办、交通部参事、海军中校视察等职。1913年2月,任海军大沽造船所第一任所长。为解决生产任务不足和经费困难,他会同直隶行政公署筹建直隶省内河行轮董事局,开展津、保、蓟的内河航运业务。在他任内,造船所职工由200余人发展到1600余人,共修理舰船200余艘,建造舰船21艘,其中包括为海军建造的"海鹤""海燕"等浅水炮艇。从1917年开始,他主持兴建大沽造船所1号、2号、3号炮厂,扩建厂房,添设机器设备,大量制造枪炮,使大沽造船所成为当时中国北方修造舰船和制造枪炮的重要军事工厂。为培养修造舰船的人才,他于1920年在大沽造船所创办大沽海军管轮学校,亲自兼任校长。他在大沽造船所克服种种困难,使该所修造舰艇的生产规模和技术设备都进入鼎盛时期,为中国舰艇工业的发展做出了一定贡献。

　　1922年前后,吴毓麟出任津浦铁路局局长。他经常穿便服下车厢,一面观察车站秩序、铁路人员工作情况,一面同乘客闲谈,侧面了解工作人员的作风和品德。通过这些实际考察所得,对当时弊病丛生的铁路局面加以整顿。1923年1月,吴出任北洋政府交通总长。同年

5月,山东临城发生大劫车案,1000多名匪徒绑架了火车上200余名乘客,其中有约40名是外国人。案发之后,震惊中外,各国公使扬言要"军事共管中国",还要求褫夺曹锟、吴佩孚的职务。由于事态严重,北洋政府惶惶不可终日。得知案件情况后,吴毓麟亲自前往与劫车匪首孙美瑶谈判,后来达成协议,被劫持者全部释放,北洋政府除向相关国家正式道歉外,还赔偿了巨款。

1924年10月,由于政局的变动和其他原因,吴毓麟辞去职务,寓居天津租界。吴毓麟在津期间,张自忠还曾聘其为顾问。他热心公益,1939年天津大水时,吴毓麟积极联络各方力量,派出五条小船,每日在市内巡驶,来往渡人,船上还备有粮食,救济贫苦家庭的妇女儿童。日本占领天津后,冈村宁次、王克敏等人曾多次登门劝说吴毓麟"出山",吴以老来多病为由,坚决表示不能任职。

1944年秋,吴毓麟在天津逝世,终年73岁。

参考文献:

吴淑芳:《我的父亲吴毓麟二三事》,载天津市政协文史委编:《天津文史资料选辑》第61辑,天津人民出版社,1994年。

《吴毓麟》,载石健主编:《中国近代舰艇工业史料集》,上海人民出版社,1994年。

韶华:《交通总长吴毓麟宅邸》,载天津市河西区政协文史委编:《河西文史资料选辑》第5辑《海河河西史话》,中国文史出版社,2004年。

(欧阳康)

吴 云 心

吴云心(1906—1989),原名堉威,字吉如,又取意陶渊明诗句"云无心以出岫"而别署云心。祖籍浙江嘉兴。吴云心的曾祖吴晓驯,号鸳湖外史,是清咸丰、同治年间的画家,擅长山水花卉,在江南颇有名声。祖父以衙署幕友为业,父亲亦熟习文牍,受聘于海宁查家,徙任直隶故城、威县、宝坻等地。1906年12月29日(清光绪三十二年十一月十四日)吴云心生于直隶威县,1920年随全家移居天津。

吴云心14岁考入天津南开中学,先后受业于罗常培、范文澜、赵永澄、戴秉衡、郑恩诚诸多良师。课堂教育外,家教也很严格。他喜爱骈体文和古诗词,广泛涉猎经学古籍,对训诂、音韵也感兴趣,这对他后来从事写作大有帮助。其父思想上受"康梁变法"的影响,倾向维新,经常阅读诸如《盛世危言》一类的新观念著作,对吴云心的思想产生一定的影响。

当年吴家住在南开,独居一小院,有房6间。1924年吴云心的父亲去世后,一家人生活窘困,为节省开支,不得不压缩住房,全家挤在潮湿的两间南房里。尚在中学读书的吴云心,从此肩负起母亲和两个弟弟、一个妹妹全家五口人的生活重担。他利用课余时间在私塾里教课,虽收入微薄,对家庭生活总算有所补益。吴云心青少年时代经受的磨难,成为他日后写作小说的生活源泉。

1925年,吴云心结束了校园生活。同年6月,上海商务印书馆出版的《妇女杂志》面向社会征文,刚从南开中学毕业的吴云心,写了一篇题为《论祭祖》的文章应征,被顺利采用。这增强了他写作的信心。

吴云心的笔墨生涯就这样开始了。

1926年,吴云心进入奉系军阀主办的《东方时报》任英文校对,上夜班时,他利用白天的空闲时间从事写作,不光写小说、杂文,有时也翻译外国童话故事,投寄报刊发表。这一年,他创作了第一篇短篇小说《冲喜》,发表于《东方时报》中文版副刊《东方朔》,谴责了愚昧的封建陋习。1928年张作霖被日本人炸死,《东方时报》随之停刊,吴云心被著名报人吴秋尘引荐到《商报》当记者。他因为写了许多出色的新闻报道而为同行所瞩目。未久,他又被《益世报》聘为记者,进入全国知名的大报,这对于吴云心的报人生涯是一次重要的机遇。

1928年他进入《益世报》后,更多的时间是写杂文,多在自己主持的《语林》上发表。他在编报、写杂文之余,还挤出时间写短篇小说,先后发表了《他们的事情》《二哥外传》《灰色的早晨》《陋巷》《鄂都》《逝水》等多篇。他以杂文、小说批判社会政治,为防备敌人暗算,他发表作品多使用笔名做掩护,笔名也不断变换,据不完全统计,他曾经使用过的笔名诸如甲乙木、一木、易牧、慕一、一航、愧堂、鲁迟、萧仲纳等,多达百余个。天津新闻界把他与《商报》的吴秋尘、《庸报》的吴微哂并称为"报界三吴",他们都是编副刊的高手。

吴云心在《益世报》初任记者,继做编辑,先后负责编发外埠消息、本市新闻及要闻各版。1934年初,主编副刊《语林》版的马彦祥离开天津,《语林》版由吴云心接手编辑。他广泛联系北方各地的撰稿人,其中不乏知名作家,吴云心积极为他们提供抒发爱国情怀的园地,为北平一批青年作家开辟《生活文化》专版,还为青岛作家开辟《益世小品》专版,王统照、老舍、臧克家、洪深、宋春舫、王亚平、孟超等知名作家,都经常在《语林》发表文章。天津左翼作家王余杞在《语林》发表的长篇连载《海河汩汩流》,以当时天津的"海河浮尸"疑案为背景,揭露日军杀害中国人民的罪行。1936年6月,天津进步青年黄白莹、邵冠祥、简戎、曹镇华等人组织文艺团体海风社,在《语林》发表过许多激愤如火的诗篇,为动员人民奋起抗日而呐喊。吴云心到海风社组稿,还在《语林》发表评论文章为他们擂鼓助威。

20世纪30年代,在中华民族面临生死存亡的关键时刻,吴云心继创作昆曲剧本《钟馗》之后,又应当时著名导演蔡冰白之约,编写剧本《苏武牧羊》,颂扬西汉苏武出使匈奴,被囚禁在北海牧羊19年,坚贞不屈、心系祖国的故事。这个剧本即将公演之际,为日伪当局察觉,勒令禁演。不久,吴云心又为稽古社戏班编写京剧《月宫宝盒》,描写古代阿拉伯王子复国的故事。此剧演出后曾轰动一时。

1937年天津沦陷初期,《益世报》凭借坐落在意租界的有利条件,仍坚持每日出报,报道各地抗日消息,但只能在意、英、法租界内销售。日本特务机关对《益世报》的抗日立场早就怀恨在心,遂将报社经理生宝堂及其秘书师潜叔秘密劫持后杀害。《益世报》于同年9月被迫停刊。

抗战时期,吴云心化名萧仲纳,出版了三部中长篇小说,即《阴山背后》《大侠别传》《狐狸精》。他用游戏笔墨讥讽社会现实,鞭挞丑恶。《阴山背后》描写生活在鬼域世界里的一群鬼魅人物,尔虞我诈,荒淫无耻,鬼话连篇,丑态百出,是影射现实社会的文学作品。《大侠别传》写了一个 堂·吉诃德式的莽汉,惹是生非,干出许多蠢事,可恼又可怜。伪新闻检查机关以"宣传迷信"为由,勒令书店、报摊禁止销售。

这时期,吴云心还结合政治形势撰写了许多剧评。他往往以评论戏剧做由头,借题发挥,抒发内心的爱国情怀,用以激发国人的抗日热情。吴云心自幼受到家庭熏陶,勤于翰墨,1944年、1945年两次举办画展。吴云心还擅长讽刺漫画,人们能在早年出版的报刊上一睹他的讽刺漫画作品。

1945年初,吴云心结识了中共北方局城工委的李克简、中共冀热边委城工部的潘应人,他们谈抗战形势,谈国家前途,谈文学艺术,吴深受启迪。当知道他们是从事秘密工作的共产党员时,敬慕之心油然而生。抗战胜利后,《益世报》在天津复刊。吴云心在其副刊《语林》上发表中篇小说《推背图》,揭露国民党"劫收"后奸宄不法、民不聊生的黑暗,连载中途就被当局停载。1946年4月,总编辑刘豁轩将吴云心召回,让他再度主编副刊《语林》。此时的吴云心已接受了共产党政治思想影响,政治上逐渐倾向于共产党。他充分利用《益世报》副刊《语林》这块阵地,积极组织作者撰写贴近政治、抨击腐败、表达人民群众心声的杂文,成为热血青年抒发爱国激情之地,深受广大读者喜爱。吴云心也一如既往,把一篇篇"匕首"风格的杂文通过《语林》向国民党当局掷去。在国民党大搞"戡乱"的时期,吴云心主编的《语林》把现实社会描写得暗无天日、民不堪命、风雨如晦,以此呼唤光明。这引起报社当局不满,两年后吴云心被迫离开了《益世报》。1948年11月,吴云心经李克简介绍,秘密加入了中国共产党。

1949年1月15日,天津解放。吴云心被人民政府委任为电话局秘书,成立工会时,被选为委员。1949年7月,吴云心作为天津文化界代表之一,参加中华全国文学艺术工作者大会,参与筹建天津市文学工作者协会,并当选为委员。天津市文学艺术工作者联合会成立后,他当选为委员兼编辑委员会副主任委员。同年9月,又被市人民政府聘为各界人民代表会议代表。

1950年6月,天津市人民政府新闻出版处成立,吴云心任秘书主任。1952年新闻出版处撤销,他被调到天津工人日报社,历任总编室主任、副总编辑、总编辑,并担任中共天津市总工会委员、报社党组负责人。

1959年,吴云心被错划为"右派",调到文化局戏曲研究室做研究工作。1962年平反后,被任命为研究室副主任。此后几年间,他编写了《剑胆雄心》《女梁山》《太白出峡》《参丈夫》《叶公好龙》《拜蛙焚宫》《夜巡》等京昆剧本18部。1964年,天津京剧团搬演的昆曲折子戏《夜巡》，获得观众好评。周恩来总理观看了这出戏，并接见了演出人员。

1966年"文化大革命"开始后，吴云心被关进"牛棚"，反复批斗。1968年10月，被下放到干校劳动改造。1970年4月，全家人迁到西郊张窝公社当农民。1973年底获准返回市区。

1976年，"文化大革命"结束。吴云心先后写出京剧《红灯女儿》《清明雨》与《郝摇旗》，供剧团排演。其中现代戏《清明雨》一剧，以"天安门事件"为背景，写出人民群众反对"四人帮"的英勇悲壮斗争，上演后社会反响强烈。特别值得提出的是，当时"天安门事件"尚未平反。

1979年7月，天津市文化局戏曲研究室恢复建制，任命吴云心为副主任。1987年被评定为研究员。在此期间，他创作了京剧《怀鹪记》，描写魏徵犯颜直谏和唐太宗纳谏从善的故事，获全市新剧目会演优秀剧目奖。他撰写的长篇论文《戏曲程式及其他》，系统探讨戏曲艺术规律，颇具卓识。

吴云心晚年在《天津日报》《今晚报》分别开辟专栏《藤窗剩墨》和《不可雕斋随笔》，大量发表散文、随笔、杂文、诗词曲赋，以及追述早年天津文坛、报界人物、往事的回忆录，为地方史志研究提供了珍贵的第一手资料。

吴云心一生研习绘画，崇尚古代文人画的传统风格，晚年画风日臻成熟。他曾撰写题为《泛论中国绘画艺术与知识分子的生活》的长篇论文，阐述文人画的特殊魅力及诗、书、画三者的关系。1987年8月，81岁的吴云心在天津市美术展览馆举办个人画展，展出山水画作品120幅，受到文化界、书画界以及艺术爱好者的推许。

1989年5月10日，吴云心逝世。生前任中国剧协会员、天津剧协理事、天津美学学会名誉理事、天津新闻学会顾问、天津市政府咨询委员会委员。

吴云心的杂文、散文、论文、小说、剧本、诗词曲赋、回忆录等，收入

《吴云心文集》。

参考文献：

《吴云心文集》,天津古籍出版社,1991年。

（杨大辛　甄光俊）

喜 彩 莲

喜彩莲(1916—1997),本名张素云,又名张菡香,祖籍山东。1916年,喜彩莲出生在山东掖县后坡村。父亲张泰和是个农民,后到安东(今辽宁丹东)经商。母亲张桂芬是北京人,京剧演员,工须生。

喜彩莲从小在安东益民小学读书,在她幼年时代,母亲张桂芬已不再登台演出。父亲后因经商亏本,致使家境困窘。喜彩莲姐妹自幼爱好评戏,看完戏回到家,常以床做舞台,摹仿演员的表演。因家里生活困境,15岁的喜彩莲放弃学业,要求学评戏,以补贴家用。

喜彩莲第一位开蒙老师是莲花落老艺人吴寿朋,艺名小元宝。吴寿朋一生培养了两位好徒弟,就是喜彩春、喜彩莲姐妹。喜彩莲性情活泼,面目清秀,姿容姣好,聪敏善记,学艺进步极快,青衣花旦一学就会。加上她嗓音清脆、吐字干净,学艺时间不长便登台露演,安东广兴戏园是她演艺生涯迈出的第一步。之后,小有名气的她,在老师的带领下,先后赴奉天、大连一带巡回演出,由此声誉鹊起,成为一名极有前途的年轻女演员。那时的她还不能挑大梁,主要是陪大姐彩春唱,演戏主要以大姐为主。大姐15岁时,随师父李金顺到哈尔滨,参加了李金顺的元顺戏社。李金顺结婚离开舞台后,19岁的彩春担任元顺戏社主演。大姐结婚后,18岁的喜彩莲又接班戏社,继任主演。不久,她将剧团改名"莲剧团",有了自己的剧团,她开始到关内闯码头。不过三五年的时间,莲剧团已经驰名南北,她本人成为一代红伶。

1934年,喜彩莲带领莲剧团首次来天津,在法租界天祥商场楼上的大观园戏院演出。喜彩莲演的这些戏,戏中情节与辞藻,再无荒谬和矜褒之处,扮相清新靓丽。加上喜彩莲年轻,扮相俊美,嗓音清脆,表演自然,故而备受天津观众赞誉。论功底和戏目,喜彩莲自知比不过前辈艺人,于是她就向新编戏发展,每到一处都不忘吸收其他艺术门类的精华。在滦县演出,她曾向滦州皮影戏学了《二度梅》《天花雨》,并将其改编为评戏。她向京剧学戏,使评戏逐渐趋向京剧的大方、高雅。由于她致力于新戏创作,终于在评剧界争得一席地位,成为早期评剧的名旦之一。

九一八事变后,许多评戏艺人转入关内。1935年以后,白玉霜、芙蓉花、爱莲君等人先后奔往上海。1936年,喜彩莲也率团南下上海。当时的上海,恩派亚大戏院是白玉霜主演,新世界是芙蓉花主演,喜彩莲剧团就占据大新游乐园,形成"三足鼎立"的局面。评剧这一新兴剧种在大上海闹得十分火热,甚至出现同一剧种互相对峙、竞相飙戏的现象。由于大家都擅长传统戏,名角荟萃必然戏难演,所以开始竞相争演新戏。这一时期是评剧在上海发展最快、最火的一个阶段,两年多时间,陆续上演了几十出新编戏,大大丰富了评戏的剧目。

1937年初,喜彩莲进入恩派亚继续演出,因艺术上还不太成熟,故成绩不如白玉霜。但是在上海,她最大的收获是得到著名戏剧家欧阳予倩的赏识,因为她的表演雅而不俗,欧阳先生赠予她《人面桃花》一剧。该剧搬上舞台后,喜彩莲却一直未敢请大师看戏。欧阳予倩却不请自到,偕夫人两次到剧场看喜彩莲的表演,亲自给予指导,并邀请她到家中做客,当着众多京剧名家之面,收喜彩莲为徒。他语重心长地说:"评剧是一朵鲜花,需要我们大家为它浇水施肥……"欧阳予倩还抽出时间为喜彩莲重排了《人面桃花》。大师的帮助和教诲使喜彩莲受益匪浅,这出戏后来成为她的代表作之一。在上海,她还结交了许多京剧界朋友,她向他们虚心求教,丰富了演出剧目,提升了演技水平。京剧演员金素琴以《斩经堂》剧本相赠,被她搬上评剧舞台。

从上海回到北方,喜彩莲的表演艺术水平又上升了一个新台阶。

到了北平,她在广和楼演出。此园是中华戏曲专科学校的大本营,戏校学生经常在此演出。师生们观看她的演出,她也经常去戏曲学校观摩学习,戏校教师帮她排演了《孔雀东南飞》《花田八错》等戏。陈墨香先生还给她排演了《十三妹》,富连成社的许盛奎指导她排演了《坐楼杀惜》《凤还巢》等戏。喜彩莲将京剧表演的柔、韵、圆,与评剧表演的粗犷、豪放、朴实相融合,一洗过去学界鄙视评剧"俗"和"土"的看法。

1940年是喜彩莲艺术上的极盛时期。是年夏天,莲剧团回到天津,在北洋大戏院演出,海报上冠以"时代艺人"称号。喜彩莲与当时的"电影明星、评剧皇后"白玉霜,红遍津门的"评戏女皇"刘翠霞,鼎足而立。这一时期,由于她不断革新上进,艺术逐渐趋向成熟。在北洋三个月的演出中,她基本上以新编剧目为主,如《潘金莲》《孟丽君》《人面桃花》《杨乃武与小白菜》《尤三姐》《卓文君》等戏,均是她的优势。三个月的档期中,演出新编戏32出,传统戏11出。莲剧团上演新编戏《人面桃花》《孔雀东南飞》,很受戏迷热捧。喜彩莲的演出雅而脱俗,不仅提高了评剧的艺术水平和演出格调,还促使评剧艺术的美符合时代要求,适应大众审美需求。喜彩莲在天津打下良好的基础后,从此每年至少来津演出一期,一般一期为三个月。1941年春,莲剧团再次来津出演华北戏院,成绩极佳。转年再临天津出演北洋时,刘翠霞已经病故,白玉霜病危。竞争对手没有了,喜彩莲于此年在报纸和戏单上刊出"久负盛名评戏坤伶首席"的招牌。1943年,莲剧团又莅临津城,扩大演出范围,在光明、天宝、群英等戏院巡回演出。此时莲剧团的阵容也不断扩大,王万良、小喜彩莲、张朵云、喜彩兰、喜彩君等陆续加盟。1944年至1946年,莲剧团每年都要来津演出一到两次。

喜彩莲的艺术特点是嗓音高亢、明亮,表演细腻、准确。她追崇艺术品位,尽量摒弃低级庸俗的东西,不去迎合某些小市民观众的口味,这也是她艺术品质的可贵之处。譬如她在演传统剧目《玉堂春》一剧时,她重点演《起解》《会审》两折,其他则是一带而过。另外,喜彩莲在艺术上的创新是与她强烈的事业心分不开的。她不仅在演出剧目上大胆创新,在唱腔上也勇于革新、勇于借鉴。她向京韵大鼓、河北梆子、京剧、皮影等姊妹艺术学习,把其精华之处糅合到自己的唱腔中来,增强了自己演唱的艺术表现力,提高了评剧唱腔的品格。她常说:"我革新并没有革到评剧以外去,让观众还都承认我是评剧。"这的确是她革新成功之路。

观众既喜欢她早期演出的《人面桃花》《孔雀东南飞》《十三妹》《卓文君》等移植剧目和新编剧目,也喜欢看她在新中国成立后创作的"陈快腿""能不够"、革命母亲及付桂香等鲜活的现代人物形象。尤其是她在《野火春风斗古城》一剧中塑造的革命老妈妈杨大娘。其中"探监"一段唱,突出表现了杨母对党忠诚不二、为革命勇于献身的革命精神。在《南海长城》中,她扮演了另外一位在敌人面前凛然无畏的革命老妈妈,在"护旗"一段唱腔中,充分发挥了高音的特点,唱得刚劲洪亮、粗犷豪迈,力度很强但又潇洒自如,很好地再现了钟阿婆正义凛然的英勇气概。《小借年》中的农村少女爱姐,是喜彩莲在49岁时塑造的一个人物,年龄上有跨度,但她的"唱"和"做"依然活泼俏丽,充分展示了喜彩莲的风格和韵味。她在《袁天成革命》和《向阳商店》中分别塑造了两个落后的人物——能不够和付桂香,尤以付桂香的塑造为观众留下了极深刻的印象。在"好可惜的一双手"这段唱腔中,她以影调为基础,发挥喜派半说半唱的特点,把一个旧社会遗留下来的渣滓、没落阶级的人物,塑造得真实可信、活灵活现,显示了极其深厚的演唱功力。喜彩莲与魏荣元合作将京剧《赤桑镇》改编为评剧《包公赔情》,完善了评剧的行当,丰富了评剧花脸和老旦的唱腔,这出戏成为评剧经典剧目而得以流传至今。

新中国成立后,喜彩莲回到北京,与小白玉霜等评剧艺人成立了新中华评剧工作团,之后与其他剧团合并为中国评剧院。喜彩莲不仅是位资深艺高的艺术家,而且还是一位辛勤耕耘、培养评剧接班人的戏曲教育家。喜彩莲晚年在中国评剧院从事教学工作,成绩卓著。她连任中国评剧院三届学员班的班主任,为评剧艺术培养了一批又一批优秀演员。

1997年,喜彩莲在北京逝世,终年81岁。

参考文献:

天津市文化局戏剧研究室编,李英斌、孙伟编著:《戏剧研究资料6·评戏在天津(戏曲史料)》,1982年内部印行。

(杨秀玲)

喜 彩 苓

喜彩苓(1926—2005)，女，原名赵淑贞，别名赵苓，天津人，祖籍河北省南皮县。其父赵玉福是河北梆子老艺人，喜彩苓自幼跟从父亲学艺，8岁随全家到东北，靠唱"野台子戏"为生，《王少安赶船》中的小孩便是她登台的第一个角色，自此喜彩苓开启了演艺生涯。

童年时代的喜彩苓青衣、花旦、老旦、老生样样精通，发展全面，戏路活，又因为东北有些地方是京戏与评剧合演，故而喜彩苓也演过京戏。喜彩苓13岁时，跟评剧老艺人朱进财学戏，同时学习花旦和小生，因其天资聪慧，极受老师喜欢，后又随评剧老艺人闫桂学习《花为媒》《哭井》等戏。喜彩苓在苦练基本功的同时，也在"偷戏"中增长技艺，通过自己默默地学习和仔细观察，学会了许多剧目，演技也大有长进。

喜彩苓17岁时，在安东演出，受到评剧演员爱令君、京剧演员吕慧君、郑斌如及评剧老艺人王金香很深的影响，特别是王金香的表演对喜彩苓的影响最大。甚至新中国成立后，喜彩苓在《情探》中扮演敫桂英，在《白蛇传》中扮演白素贞等角色时，仍无不带有王金香潜移默化的影响。为了不断提高自己的表演技艺和演唱技巧，喜彩苓时常向京韵大鼓、铁片大鼓、八角鼓的老艺人求教，从曲艺中汲取营养，提高演唱水平。

1947年秋，喜彩苓随全家回到天津，在南市丹桂戏院演出，但回津后的演出并不顺利，直至1949年天津解放后，她才获得了艺术上的新生。为了庆祝天津解放，喜彩苓赶排了多部具有革命内容的新戏，如

《九件衣》《逼上梁山》等。

1950年初,喜彩苓应邀来到了哈尔滨,随后参加了哈尔滨市评剧团,从此她正式成为一名剧团的演员,并担任主要演员。她的姐姐喜彩云和妹妹喜彩燕也扮演主要配角,父亲赵玉福打梆子,哥哥赵景林拉二胡。此外,喜彩苓还与刘小楼、碧月珠、李子巍、筱达子等长期合作演出,先后主演了《小女婿》《枪毙鲍永伦》《小二黑结婚》《气贯长虹》等现代戏,也演出了《白蛇传》《情探》《人面桃花》《柳毅传书》《屈原》《赚文娟》等新编历史剧与传统剧目,其所塑造的各种性格的妇女形象,获得了极大的成功,颇受观众青睐。喜彩苓到哈尔滨以后,深受党和政府各级领导的关怀和重视,她不仅担任了哈尔滨评剧团副团长,还当选了省、市的妇女代表、人民代表、政协委员,全国社会主义建设积极分子等。

1956年,喜彩苓随剧团参加了中国人民赴朝鲜慰问团,为中国人民志愿军和朝鲜人民进行慰问演出。在演出的间歇,喜彩苓聆听了许多战斗英雄生动感人的报告,英雄们的动人事迹和革命英雄主义的高贵品质,在其心中打下了深刻的烙印。

1956年3月,喜彩苓光荣地加入了中国共产党,同年荣获全国劳动模范称号,11月喜彩苓与剧团作曲凡今航喜结连理。1957年,喜彩苓受中央人民政府委托,带领剧团,以"中国哈尔滨评剧团"的名义赴越南访问演出两月有余,其间演出了《白蛇传》《人面桃花》等剧目。

1959年春节期间,喜彩苓又随东北三省人民慰问团赴福建前线进行慰问演出。通过慰问演出,她不仅在艺术上得到了锻炼,在精神上也得到了更大的升华。她表示:过去演出现代戏往往只停留在演"戏"上,没有演出活生生的人物,自从福建回来以后,再演现代的英雄人物,她觉得在精神和感情方面得到了多方面的提升,自己在表演上更加真实自然。

1960年到1966年上半年,喜彩苓又演出了《党的女儿》《山乡风

1571

云》《平凡的岗位》等现代戏,其中一些唱腔被中国唱片社录制成唱片。

1973年,喜彩苓参加了《海南岛女兵》的唱腔设计,并开始教授赵三凤等青年演员。1975年,她参加了《迎风飞燕》《抽水机旁》等剧目的唱腔设计,并教授杨丽娟、夏洪姝等青年演员,同年她还导演了《海港》选场,设计《送货路上》唱腔。1976年春,喜彩苓成为学员班的教师,为评剧事业培养接班人。在她的悉心栽培下,林晓杰、侯君辉等7名青年学员在表演和艺术素养方面获得极大的提高。1978—1979年,喜彩苓又先后排演了《祥林嫂》《白蛇传》等剧目。20世纪80年代后,喜彩苓把全部工作的重心转移到评剧的教学上,多次获得优秀教师奖,她所教授的学生也多次获得表演奖项,受到各方好评。

喜彩苓的代表剧目较多,其中最为出众的当属《白蛇传》,它是喜彩苓一生中演出场次最多、演出时间最长、影响最大的一出戏。在《白蛇传》创作排演过程中,喜彩苓并没有故步自封,而是不断创新,在唱腔中吸收了其他剧种的板式,深受好评。不仅如此,在《柳毅传书》唱腔中,喜彩苓又吸收了吕剧、越剧、河北梆子、河南豫剧等剧种的音调,同评剧唱腔的传统风格有机地统一起来,进行表演创新,从而达到更好的表演效果。喜彩苓非常重视戏曲艺术中唱、念、做、舞的相互结合,将抒情而细腻的演唱与含蓄而深沉的表演协调统一,从而形成了细腻含蓄、深沉凝重的艺术风格。她的演唱声情并茂、淳朴感人,字正腔圆、以字带腔,中音丰满、低音浑厚,板头灵活、节奏鲜明,以叙事和抒情相结合的唱腔见长。

喜彩苓于2005年病逝,终年79岁。

参考文献:

北京语言学院《中国艺术家辞典》编委会编:《中国艺术家辞典·现

代》第1分册,湖南人民出版社,1981年。

周宝华主编:《南皮县文史资料》第1辑,河北省南皮县政协文史委,1989年内部印行。

(杨秀玲)

夏 德 元

　　夏德元(1902—1941)，天津蓟州人。1902年出生于蓟州宋家营王官屯一个贫农家庭。8岁起，全家节衣缩食供他上了6年私塾，后因家庭经济拮据而辍学。

　　1917年，夏德元在奉军当兵，后到冯玉祥部任骑兵连连长。他目睹军阀混战、百姓流离失所，心中愤愤不平，1928年寻机逃回家中。为了糊口，夏德元打过短工，后来被聘为蓟县二区第六甲民团队长。民团虽然是地主武装，但其成员大部分是穷苦人。

　　夏德元返回家乡后，与村里的小学教师、共产党员徐智甫来往日益增多，关系越来越密切，经常在一起谈论国家大事。在徐智甫的引导下，夏德元逐渐懂得了许多革命道理，接受了革命思想。1937年七七事变后，蓟县县委在冀热边特委的领导下，开始进行抗日武装起义的准备工作，在全县各地相继建立了抗日救国会的组织，通过各种社会关系对民团上层人士开展统一战线工作，争取他们投入抗日斗争。在二区救国会负责人徐智甫、刘力生的影响下，夏德元明确表示愿意抗日救国。他利用各种方式，在民团内部进行宣传鼓动，使许多民团成员逐渐萌发了抗日救国的愿望。

　　1938年6月中旬，八路军第四纵队攻克兴隆，转战将军关、靠山集一带，蓟县敌伪政权急忙调民团赴长城各隘口堵截。夏德元和九甲民团队长赵合奉命率民团300余人向北进发，行至龙虎寺时，突然接到马伸桥伪公安分局局长、汉奸王树森的紧急命令，要求夏、赵二人速返马伸桥开会，并要民团原地待命。夏德元料定其中必有阴谋，与赵合、徐智甫等共商对策后,于6月20日带领民团返回马伸桥,当场击毙王树森及日方华北矿业公司经理铃木隆方等3个日本人,集合民团队伍,宣布起义抗日。

马伸桥起义引起敌人极大震动,扬言要血洗马伸桥。为保存抗日力量,夏德元按照蓟县县委的指示,率队转移到二区南部山区,化整为零,分散潜伏,等待大部队的到来。同时,我中共地下组织也相继在丰润县四户村举行暴动,成立了红军游击队。

1938年7月中旬,冀东抗日武装暴动爆发,夏德元任蓟县抗日联军第十六总队副队长。他和其他负责人一起指挥大王庄战斗,消灭30多名日伪军,缴获大量枪支弹药。十六总队首战告捷,声威大振。中共中央和北方局对冀东抗日武装暴动给予高度评价,特意致电冀热边特委并转抗日联军指出:"我们相信这一支在抗战中新进、生长、壮大的生力军,定能在冀东各党派各领袖的合作与正确的领导下继续胜利,创造冀热边新的抗日根据地,长期坚持抗战,给日寇的野蛮统治以更沉重的打击,收复冀东。望你们继续巩固团结,集中注意力打破敌人对你们的进攻,扩大和巩固部队,武装和组织民众,建立冀东抗日政权,肃清汉奸,扩大和巩固你们的胜利,为驱逐日寇,建立独立、自由、幸福的新中国而奋斗到底。"

随后,夏德元随军撤至平西整训学习,1939年6月加入中国共产党。同年9月,夏德元返回冀东,任蓟(县)遵(化)兴(隆)游击支队队长,和政委王少奇一起参加盘山抗日根据地的创建工作。当月中旬,他们与坚持在冀东开展游击战争的队伍会师,镇压了盘山北部山区的刘德彪、蔡老五等几个土匪头目,收编了土匪队伍。同时,他还率部队在三百户村多次设置埋伏,利用地形之利消灭大量敌人。1940年8月,夏德元率队在三百户村,对经常骚扰本地区的伪军特务打了一个漂亮的伏击战,消灭敌人20余名,缴获十几支长短枪和十余辆自行车。从此,这一地区逐步成为抗日基本区,伪军、汉奸不敢轻易来犯。

夏德元带领队伍通过一系列的抗日行动,提高了广大群众的抗日积极性,为开辟盘山抗日根据地创造了非常有利的条件。

1941年,夏德元奉命去晋察冀抗大二分校学习,毕业后,于1942年初随护送部队由平西经平原返回冀东。当部队行至赤城40里长嵯山一带时,被日伪军四面包围。在突围战斗中,夏德元不幸中弹牺牲,年仅40岁。

参考文献:

中共天津市委党史研究室:《中国共产党天津历史》第1卷,中共党史出版社,2005年。

中共天津市委党史资料征集委员会编:《天津抗日英烈》,天津古籍出版社,1995年。

(李占浦)

夏 景 如

夏景如(1893—1974),名心斋,字景如,以字行,山东寿光人,生于1893年8月29日(光绪十九年七月十八日),其母曾任天津北洋女师范学堂庶务。夏景如毕业于北洋女师范学堂及暨南大学堂。辛亥革命时,即与同学崔震华等倡导革命。1909年至1914年,参与创建青岛圣方济各会天主教女子学校(青岛圣功中小学前身),并担任教员、校长。

其时,天津为解决租界幼年女子入学问题而筹建圣功学校,她被邀为创办人,协同筹划。1914年6月28日圣功学校成立。这是一所天主教女子学校。校舍3间,招收小学学生70名,编低、中、高3个班。初推英实夫的夫人夏怀清担任校长。1915年,夏怀清校长因家务繁忙辞职,校董事会推举夏景如继任校长。

1915年秋,夏景如决定迁校于海大道美以美会旧址。1916年,她又决定迁校于法租界26号路。1917年高小第一届学生毕业。夏校长在小学内附设师范班,系旧制5年毕业。1921年秋,课程设置与各项设备均已完善,上报直隶教育厅核准立案。1929年,因国家规定师范学校由政府办理,私人和社会团体不得再设立师范学校。于是,她在英租界黄家花园威灵顿道租校舍,改师范班为中学部,重新向天津特别市教育局呈报立案。中学部定名为"天津特别市私立圣功女子中学校",有学生80人,编为高中两班、初中一班。小学仍在法租界26号路。1930年6月,高中学生第一届毕业。1933年,夏景如决定在法租界26号路校址内增筑楼房,扩大教室。新楼既成,中学部迁回,高中实行单轨制,初中实行双轨制,中学共9个班。小学部则迁往法租界35号路。①1937年扩建了35号路校舍,高中文理分科,理科班迁入35号路校舍。

夏景如古汉语知识渊博,喜好古典诗词,尤其喜爱郑板桥的诗画,在其客厅挂有郑板桥诗画。她擅长讲《论语》《孟子》,讲起来津津有味。上课时,夏景如经常在过道巡视,透过小窗口观察老师讲课与学生听课的情况,发现教师教学上有不认真之处立即批评,进而申斥;发现学生上课不注意听讲,下课立即找来训斥。当时在“圣功”教书的老师都是小心翼翼,学生则更怕校长。夏景如对工勤要求也很严,校舍打扫得不干净要罚站。她对别人要求严格,对自己要求更严格,处处以身作则、为人师表。她虽是缠足,每天清晨都要去检查晨操。夏景如对师生要求很严,但同时又很关心,特别是对该校毕业留校的老师。抗战前,她曾两次利用假期在北平颐和园租房子,组织教师携带家属分批分期去休假,每人半个月。有的老师父母病故时,夏景如亲自带领学生去吊唁。年轻女教师订婚或结婚,她常以证婚人身份出席。

1937年7月30日,南开、女师遭日军轰炸,天津沦陷。夏景如在圣功女中开办特班(也叫分校),②招收河北省立女师学院附中、南开女中等失学女生240名。夏景如在抗战时任中央文教协进会委员,与沈兼士、英千里等从事教育界地下抗战宣传工作。

1939年,夏景如委托修女文克彬(德国籍,修女院院长)代理中学校长,自己专办小学,并兼教国文。为了解决校舍拥挤问题,夏景如和校董事会多方募捐。1941年12月7日,四层新校舍(今新华中学圣功楼)在特别一区马场道陶园落成启用。圣功女中迁至新校舍,

①②李仲武:《圣功校史略》,载张之鑫主编:《新华中学校史资料汇编》(1),吉林文史出版社,2009年,第2页。

有学生 586 名。[①]

1941 年，夏景如在六区另设小学部，俗称"小圣功"，有 6 个班 200 多名学生。后又在法租界 26 号路校舍增设幼稚园 1 个班，新招幼儿 20 多名，后发展到 60 多名。

抗战胜利后，1945 年 9 月，董事会又推举夏景如为校长。夏景如提议组织了圣功中小学新的校董会，原天津市教育局局长邓庆澜任代理董事长。夏景如还兼任天津仁爱高级护士职业学校董事长、天津志生高级助产职业学校董事、天津法汉中学董事及北平培根学校、济南黎明学校、开封静宜女中校董等。

夏景如十分注重师资水平和教学质量。20 世纪 40 年代，"圣功"学生在天津市中学语文、数学竞赛中多次夺魁。抗战胜利后，教育部训令嘉奖圣功女中。1947 年秋，天津市教育局表扬全市优秀教师，圣功女中夏景如等 6 人中选，名列各校第一。夏景如还将自己购买的所有图书都捐给学校。

1948 年 1 月，夏景如当选为国民政府第一届立法会委员。1949 年，夏景如赴台湾，继续从事女子中学教育。

1974 年 7 月 7 日，夏景如在台北去世，终年 81 岁。

参考文献：

张之鑫主编：《新华中学校史资料汇编》(1)，吉林文史出版社，2009 年。

张绍祖：《近代著名女教育家夏景如》，载中共天津市河西区委宣传部、天津市河西区档案馆编：《天津河西历史文化名人传略》，线装书局，2013 年。

张绍祖：《天津近代女教育家夏景如》，载刘开基主编：《天津河西老学校》，中国文史出版社，2008 年。

（张绍祖）

---

① 张绍祖：《早年的圣功女学》，《今晚报·副刊》，2014 年 5 月 1 日。

鲜灵霞

鲜灵霞(1920—1993),原名郑淑云,河北文安人。她幼年家境贫困,全家人靠其父扛活为生。1923年,3岁的小淑云和二姐随其母逃荒到天津,其母给人缝补衣服,二姐当童工,一家人勉强度日。

小淑云经常到邻近的戏院里"蹭戏",和员工、演员混得很熟,一来二去学会一些跑龙套的初步技能,有时还会上妆救场。小淑云12岁那年,她家又搬到南市荣吉大街,那附近有更多戏院。小淑云经常出入其间观看碧莲花、周紫霞、陈凤娥、王月仙、林风霞等评剧艺人演出,并且学会一些评剧唱腔,掌握了一些唱念的基本要领。有一天,聚华戏院贴出《小老妈开嗙》的戏报,一位配角演员因病不能上场,小淑云意外获得上场顶替的机会,演得很圆满。戏院朱老板发觉这个丫头具有唱戏的潜质,决定把她留下来做演员,并取艺名"鲜灵霞"。

鲜灵霞学戏之初,是给当时著名的评剧演员李银顺、碧莲花、花玉兰唱娃娃生和丫鬟、彩女,鲜灵霞在台上将老演员的唱念台词、一招一式都记在心里。1934年,鲜灵霞相继拜了评剧老艺人刘宝山、刘兆祥为师,还跟小生翁雁楼学习武功。刘兆祥15岁学戏,工生行,舞台经验丰富,能演戏,能教戏,还能编剧本。他教戏时对徒弟要求特别严格。鲜灵霞在他的培养下学戏肯吃苦,得师父无私传授,一个月内学会了《马寡妇开店》和《王少安赶船》两出戏。经过学腔、练声和吊嗓,锻炼出刚健挺拔、久唱不哑的好嗓子。

鲜灵霞"下海"当演员始于南市聚华戏院。先从演"帽儿戏"(开场第一出,垫戏)开始,起步之初并没有在观众中造成多大影响,真正成为一名广受群众欢迎的专业评剧演员,是她跟师父学会《井台会》之后。《井台会》是根据明代无名氏创作的33折传奇剧本《刘智远》中《汲水》一折改编的。过去只是正戏前面的一出"帽儿戏"。鲜灵霞学会之后,师父安排她在聚华戏院露演。适值数九寒冬,她按照师父讲述的剧情,做着种种表现李三娘冰天雪地到井台上挑水的艰苦动作,感情投入地唱出剧中人凄凉悲惨的不幸遭遇,赢得了观众的阵阵掌声。鲜灵霞演《井台会》一炮打响。于是她懂得了演戏必须塑造真实的人物形象,观众才能受感染。其后,她和师父精益求精,反复加工锤炼《井台会》,使这出"帽儿戏"一跃而升为"压轴戏"。

进入20世纪40年代,鲜灵霞的艺术水平直线上升,很快坐上了聚华戏班头牌主演的宝座,所演《井台会》《杜十娘》《桃花庵》等戏,在天津家喻户晓。1938年,18岁的鲜灵霞与教她武功的翁雁楼相爱,婚后有了身孕,戏班老板以影响唱戏为借口,将他们赶出戏班。鲜灵霞生育后没出满月就练功吊嗓,不久即登台演出身段、表演、唱腔繁重的《真假牡丹》。有一次在唐山演出期间,鲜灵霞的母亲突然去世。鲜灵霞刚料理完母亲后事,戏院老板就来约她登台唱戏。那时唱戏的艺人为了生存,只能把孝字藏在心里,强忍悲痛到园子里演出。这天的戏码是《五女哭坟》,鲜灵霞扮演戏中的大姐。在"哭坟"一场中,她把失母之痛融化在人物身上,唱得声调悲惨凄楚,感情真切,观众深受感动,纷纷往台上抛物捐款,资助她缓解生活的困难。

随后鲜灵霞又经历了幼子意外死亡、被丈夫抛弃的遭遇。经历种种打击,使得鲜灵霞病魔缠身。但为了一家人的生活,她仍然坚持在天津国民、升平、新中央、燕乐、北洋、乐乐等戏院巡演,还曾到过张家口、青岛以及北平等地演出。那个时代,年轻的戏曲演员无论在哪儿,都是地痞流氓、官僚军阀追逐、凌辱的目标。有姿色、有名气的鲜灵霞更是首当其冲:在北平,她掉进伪警察局的"陷阱",吃了官司遭通缉;在张家口,她遭到宪兵的殴打;在青岛,她因拒绝赴恶少宴请,受到砸毁"头面"的报复。

天津解放后,鲜灵霞带头成立了进步评剧团,出任团长兼领衔主演。1953年,进步评剧团改为民营公助,1958年并入国营天津评剧院,鲜灵霞被任命为副院长。

鲜灵霞成名于20世纪的三四十年代,而艺术上真正达到炉火纯青的境界,是在新中国成立后。1954年,天津市举办第一届戏曲观摩演出大会,鲜灵霞以何迟、陈元宁重新改写的新《杜十娘》报名参演。导演吴同宾指导她按照剧情需要,发挥自己潜在的能力,她一改名段"闻听此言大吃一惊"的高腔唱法,而采用如泣如诉的低沉声腔起唱,然后由弱转强,先收后放,把杜十娘的一腔悲愤宣泄得淋漓尽致。她用情感、音乐重新塑造杜十娘形象,得到观众首肯,并荣获本届汇演演员一等奖。

新社会良好的从艺环境,激发了鲜灵霞的创作热情。1958年,为纪念元代戏剧家关汉卿700周年诞辰,她主演根据元杂剧改编的《包公三勘蝴蝶梦》。她在这出戏里新创的嘎调、多字"搭调"、"大悲调"等板式,新颖流畅,情感丰富,将评剧的演唱艺术又向前推进了一步。长春电影制片厂导演蔡振亚看了演出,发现了该剧的艺术价值及其现实意义,立即着手将其搬上银幕,1960年在全国放映。

过去,评剧没有以老旦为主角的剧目,也没有成套唱腔。1964年,鲜灵霞尝试主演了以老旦为主角的《夫人城》,扮演英勇善战的韩老夫人。她和音乐工作者合作,将评剧旦角与小生的唱腔融为一体,吸收京剧老旦"衰音"的演唱技巧,创造出曲调明快、苍劲奔放、简洁大方的老旦新腔,为评剧老旦行当注入了新的生机。鲜灵霞在剧目、表演、唱腔等方面,根据个人条件进行发挥创造,每排一出戏,都要反复修改,充实唱段内容,把握人物性格。在唱工方面,她继承前辈名家李金顺坚实粗犷的大口落子和刘翠霞宽厚朴实的唱法,大段"慢板"唱得绘声绘色,唱"快板"嘴皮子干净利落,速度快,喷口有力讨俏。她唱高腔高调,嗓音清亮激越,铿锵有力,富有感人的表现力,咬字、气口有独到之处。

鲜灵霞在党的"双百"方针的指引下和新文艺工作者的帮助下,艺术水平不断提高,在演唱实践中逐渐形成独特风格,业内人士誉之为"鲜派"。"鲜派"在全国享有很高的声誉。许多演员尤其天津的青年评剧演员都争相仿效。

五六十年代,鲜灵霞进入演艺人生的巅峰阶段,党和人民给了她很多荣誉。1954年春季的一天,毛主席来到天津,在干部俱乐部接见戏剧界代表,其中就有鲜灵霞。1955年秋天,周恩来总理来津检查工作,指名要看鲜灵霞演《杜十娘》。看完戏,总理握着鲜灵霞的手说:"谢谢你,演得很好。以后有机会再看你演《井台会》。"1956年,鲜灵霞随天津评剧团赴朝鲜执行中朝文化协定签订的任务,在平壤、开城、文山等城市演出她的拿手戏《杜十娘》和《井台会》,将优秀的中国戏曲传播到异国的舞台上。1957年,鲜灵霞被天津市文化局和文艺工会评为先进工作者,1960年4月出席天津市文教系统群英大会。她曾当选为天津市第一至第三届人大代表,并任天津市第一至第三届政协委员。

"文化大革命"期间,鲜灵霞遭受迫害。"文化大革命"结束后,鲜灵霞仍热情关心评剧新人的成长。马淑华、李秀云、崔连润等新一代评剧艺术家,出演《杜十娘》《包公三勘蝴蝶梦》《回杯记》等"鲜派"名剧,都曾得到鲜灵霞亲授。

1993年8月1日,鲜灵霞因病去世,终年73岁。

参考文献:

赵德明:《鲜灵霞艺术人生》,中国戏剧出版社,2009年。

息国玲著,崔双环编:《评坛春秋广播纪行》,百花文艺出版社,2011年。

天津市政协文史委编:《近代天津十大戏曲家》,天津人民出版社,2014年。

（甄光俊）

1584

萧采瑜

萧采瑜(1903—1978),字美西,别号美洗,山东胶南人。1903年7月出生于胶南县一个贫苦农民家里。6岁时就读于村中小学校。10岁时参加全县初级小学生会考,名列全县榜首。因家庭经济困难,其父不得不让萧采瑜辍学,学校老师深感痛惜,亲自到家做工作。在学校资助下,他才顺利小学毕业。

数年后,萧采瑜考入山东济南第一师范学校,1925年从该校毕业时已年满22岁,同年考入北京师范大学预科,两年后转入该校英语系。由于缺乏经济来源,不得不在求学期间兼做中学教员和担任家庭教师,以维持生活和补贴家用。1931年毕业,获学士学位,在北京和山东的中学任英语教员。

萧采瑜酷爱自然科学,1933年回到北京师范大学,在生物系用一年半的时间修完四年基础和专业课程。1935年萧采瑜应邀担任新成立的济南乡村师范学校校长。翌年9月,他进入美国俄勒冈州立大学农学院学习,主攻昆虫学,1938年获农学硕士学位。当年转入美国艾奥瓦州立大学动物与昆虫学系,攻读博士学位,在著名的盲蝽科昆虫分类学家耐特教授的指导下从事半翅目昆虫(盲蝽科)的分类研究,并以《中国盲蝽科昆虫分类》论文于1941年获理学博士学位。

萧采瑜准备回国时,太平洋战争爆发,他只好在俄勒冈州立农大、美国国会图书馆、美国农业部、博物院等部门从事教学科研工作,为美国昆虫学会会员。1943年,萧采瑜转至华盛顿美国国家自然博物馆和美海军部医务局,作为昆虫学研究员从事太平洋地区传病昆虫区系和流行病的调查研究工作。

1946年冬,应南开大学张伯苓校长聘请,萧采瑜与夫人綦秀蕙一起回国。綦秀蕙是山东省利津县人,比萧采瑜小3岁,1938年9月—1940年7月在美国艾奥瓦州立大学读书并获得硕士学位,主攻植物学专业。回国后,萧采瑜在南开大学担任生物系主任,綦秀蕙也在该校生物系工作。

在重建生物系的工作中,面临着经费严重不足和人员短缺的困难。萧采瑜开设动物学、昆虫学等课程,他献出了从国外带回的十几台显微镜,自己动手制作动植物标本,建立实验室,亲自进行实验教学。

萧采瑜潜心于昆虫分类学的研究工作。有时为确定一种昆虫的分类属性,需要花费很长的时间,需要查阅许多国内外相关资料。因为工作的需要,他先后掌握了英、德、日、俄、法、拉丁等6种专业外文,还与10多个国家的昆虫学专家、学者建立了联系,彼此交换论文和文献资料。

萧采瑜注重抓生物系的建设。他制订了生物系的详细发展规划,并积极推进教学与科研相结合的动物生理学、植物生理学、水生生物学、昆虫学等专门化,组织师生员工自制实验设备,采集动植物标本制作成可收藏的标本,并积极扩建教学科研的实验室和标本陈列室,还安排师生积极开展与实践相结合的教学实习与生产实习。

新中国成立后,萧采瑜先后担任天津市中苏友好协会秘书长、天津市生物学会理事长、中国昆虫学会理事、天津市昆虫学会理事长,并当选河北省人民代表,任河北省政协委员,当选天津市第一至第四届人大代表。他从1952年8月至1978年6月,长期兼任天津自然博物馆馆长。1958年,中共河北省委特批准他成为中国共产党党员。

50年代中期,为了解决危害我国棉花的盲蝽问题,萧采瑜着重收集和研究我国各棉区的盲蝽材料,先后写出《中国盲蝽科分属检索表》

《我国北部常见苜蓿盲蝽属种类初记(半翅目,盲蝽科)》和《中国棉田盲蝽记述》(与孟祥玲合作)等3篇论文,为我国棉花盲蝽的防治提供了科学依据。与此同时,萧采瑜利用中国科学院的标本收藏,以及当时中苏生物考察队采自我国西南边疆的大批标本,从盲蝽科昆虫又扩展到在经济上有重要意义而且比较常见的缘蝽科昆虫的研究,陆续发表该科分类学论文12篇,建立了数个新属,发现了一批新种,并且提出了若干学术上的新见解。随后萧采瑜陆续拓宽开展了姬蝽科、红蝽科、大红蝽科、扁蝽科、跷蝽科等类群的分类研究工作,尤其是在解决疑难的姬蝽科分类等问题上,取得了显著的成绩。

60年代中期,萧采瑜又开始了猎蝽科的分类研究。由他带领的南开大学生物系昆虫教研室,已收集了从全国各地采集来的半翅目标本数万个。从事半翅目各科研究的人员梯队也已具有相当的规模,并连续培养数届昆虫学专业本科生及研究生,在国内形成了以萧采瑜为学科带头人的半翅目昆虫的研究中心,这也是该校生物系不同于其他兄弟院校办学的特色所在。南开大学昆虫学研究室为国家目录基础科学——昆虫分类学特殊学科点的建设和人才培养所做出的贡献,与萧采瑜为之奋斗一生所打下的基础分不开。

1973年,在广州召开的"全国动物志会议"上,决定由萧采瑜主编《中国蝽类昆虫鉴定手册》,于1977年完成了该书的第一分册《半翅目异翅亚目》,于1981年出版第二分册。萧采瑜先生的两本力作,获教育部科技进步一等奖。

萧采瑜一生先后在美国和中国的生物学杂志上发表有关中国半翅目昆虫分类研究论文70余篇,发现了400多个新种,填补了大量空白,成为中国半翅目昆虫研究领域的重要开拓者和奠基人之一。并先后与30多个国家的50多位同行进行过资料和标本的交换,为外国鉴定了大量的蝽类昆虫标本。

1978年6月27日,萧采瑜病逝,终年75岁。

参考文献:

曾涤:《昆虫分类学和生物学家萧采瑜》,载王文俊主编:《南开人物志》,南开大学出版社,1994年。

杨竹舫:《著名昆虫生物学家萧采瑜》,载天津市政协文史委编:《近代天津十二大自然科学家》,天津人民出版社,2011年。

（张绍祖）

萧 公 权

萧公权(1897—1981),原名笃平,自号迹园,笔名君衡,江西泰和人。萧公权幼年就读于私塾,精读中国传统典籍,国学基础坚实。1915年入上海中国基督教青年会中学学习。1918年考入清华学校高等科,五四运动中参与创办《民钟日报》。

1920年,萧公权自清华大学毕业,后赴美留学,就读于密苏里大学和康奈尔大学。留美求学6年,在密苏里大学师从乔治·霍兰·萨拜因(George,H,Sabine)学习政治哲学,后又到康奈尔大学,受业于弗兰克·梯利教授(Frank Thilly),以《政治多元论:当代政治理论研究》一文获博士学位。该文于其毕业次年便由伦敦圣保禄书局出版,并被收入"国际心理学哲学及科学方法丛书"。此书广受佳评,如该书所批判对象之一的拉斯基就撰写书评,称赞此书"才力与魅力兼具,是过去五年出版的政治学著作中的罕见佳作"①,可见萧公权在西方政治哲学上的造诣之深。他在学成回国途中便有志于中国政治思想史的研究,他说:"我今后要利用留美所受的一点训练,多得的一点知识,去从长研究中国文化。我在美国曾研究西洋政治思想,我回国后的主要工作当是中国政治思想的研究。"②

1926年,萧公权回国赴天津受聘于南开大学。当时国内有关中国政治思想史的成书论著虽有梁启超的《先秦政治思想史》等,但中国政

①吴韵曦:《拉基与民国思想界》,载山东大学当代社会主义研究所主办:《当代世界社会主义问题》,2012年第2期。

②萧公权:《问学谏往录》,中国人民大学出版社,2014年,第44页。

治思想史作为新兴科目并没有得到学界的完全认同。萧公权发现"近世欧美学者辄轻视中国政治思想……或谓中国无政治思想,或谓其浅陋零碎不足观"[1],甚至一些中国同行学者也说"中国几无政治思想可言"[2]。这种西方学者的相薄和部分中国学者的相轻姿态,构成了萧公权研究中国政治思想的背景。对此,萧公权认为中国不仅有政治思想,且其具有不可否认的价值。他认为西方学者对中国的文字学术、典章制度难有切身之体会,且西方政治学者讲究知识系统与纯理论,而中国传统学术则偏重实时致用,难以产生超越时空的创说,这种本于"致用"的中国传统学术使得中国政治思想属于政术范围者多,属于政理范围者少。这也构成了中国政治思想有别于西方政治思想最显著的特点,即"重实际而不尚玄理"[3]。萧公权在南开大学任教的3年中,先后教授"政治学概论""比较政府""法理学""西洋政治思想""中国政治思想""社会演化论"等课程。南开大学是他有关中国政治思想研究与教学的起始之地。

自1929年起,萧公权先后执教于沈阳东北大学、北京燕京大学以及清华大学。1932年,正当萧公权在清华大学为准备中国政治思想史课程编辑《中国政治思想史参考资料辑要》时,社会上出版了不少以"中国政治思想史"命名的专著,但这些著作在萧公权看来多是"臆说曲解"的书。因此,萧公权编辑《中国政治思想史参考资料辑要》,根据理论价值来选定自先秦至清末诸家著述,作为后来研究中国政治思想史的基础材料。

1937年全民族抗战爆发,萧公权举家漂泊于西南,先后任教于成都四川大学、光华大学等校。其间曾乡居二年,完成《中国政治思想史》。萧著《中国政治思想史》共有5编,共涉及上自文献可证之晚周,

---

[1]萧公权:《中国政治思想史》,中国人民大学出版社,2014年,第559页。
[2]钱端升:《政治学》,《清华周刊》,1925年第17期。
[3]萧公权:《中国政治思想史》,中国人民大学出版社,2014年,第37页。

下迄辛亥革命期间的60余位思想家及相关政治思想的精要,就政治学观点进行分类证引,加以综合和分析,夹叙夹议,文字贯通,极有系统。该书被国民政府教育部审定为"部定大学用书"。

在萧公权看来,中国政论变化虽比不上欧洲那般剧烈,但也有显著的变化,并且有迹可循,而西方的上古、中古及近代的分期法也不适合于中国政治思想史的研究,他认为中国政治思想史应该有其自身的演变发展特色。故此,他根据思想演变之大势将中国政治思想史分为四大段落:(一)创造时期,自孔子降生至秦始皇统一为时约300年;(二)因袭时期,自秦汉至宋元为时约1600年;(三)转变时期,自明初至清末为时约500年;(四)成熟时期,自三民主义之成立以迄于今。这种分法依据的主要是中国政治理论资料,来确认政治思想自身内在的演变,展现的是一个有机而动态的发展变化过程,体现出中国政治思想的发展史。

1948年,萧公权当选民国政府第一届中央研究院院士。1949年底赴美出任西雅图华盛顿大学教授,1968年循例退休。1981年11月4日,逝世于美国西雅图寓所,终年84岁。

萧公权著述有《政治多元论》《宪政与民主》《中国政治思想史》《中国乡村》(英文)、《问学谏往录》《康有为变法与大同思想研究》(英文)。其著述由其弟子汪荣祖辑成《萧公权全集》,计9册。

参考文献:

萧公权:《政治制度与政治思想》,《东北大学周刊》,1930年第101期。

陈安仁:《中国政治思想史大纲》,商务印书馆,1932年。

萧公权:《迹园文录》,中国人民大学出版社,2014年。

(王　进)

萧　乾

　　萧乾(1910—1999),原名萧秉乾、萧炳乾,北京人。萧乾出生于北京东直门内北小街一个蒙古族家庭。他的父亲在他出生之前的一个多月去世,作为遗腹子的萧乾跟随寡母寄居在三叔家生活。生活虽然窘迫,但是母亲很重视他的教育,6岁时,母亲就把他送到私塾读书。由于家境贫寒,10岁时,萧乾插班到崇实小学三年级半工半读。后跳班升入初中,16岁初中毕业,考进北新书局,成为一名练习生。后因他鼓动两个徒弟一起为改善待遇而"罢工",被书局开除。于是他又返回母校崇实中学读高中。

　　1926年,萧乾经人介绍秘密加入共产主义青年团,并在学校公开组织"少年互助团"。后来有人告密,萧乾被捕。后经家人向崇实中学的美国校长哀求,才得以释放。1928年北伐军进驻北京,形势发生变化。萧乾被推选为学生会主席兼校刊主编。1928年,距离高中毕业只有半年的时候,萧乾却由于参加学生运动被学校开除。他离开北平到汕头,化名萧若萍在角石一家教会学校当了国语教员。他在这里爱上了一名女学生,饱尝了爱情的甜蜜和苦涩。他唯一的长篇小说《梦之谷》就是根据这段经历写成的。1929年6月,萧乾返回北平进入燕京大学国文专修班。这一年,萧乾旁听了来自清华大学的客座教授杨振声的现代文学课,并在杨振声的鼓励下开始文学创作。此外萧乾还去旁听了英文系包贵司教授的英国小说课,收获也很大。萧乾在燕大勤工俭学的工作之一就是教外国人学中文。这期间,他结识了美国青年威廉·阿兰,并合作办了一份名为《中国剪报》(*China in Brief*)的刊物。

萧乾负责介绍当代中国文学的部分,他选译了鲁迅、茅盾、郭沫若、闻一多、郁达夫等人的作品片段,并为沈从文出了一个专辑。

1930年,萧乾在同学杨刚的介绍下进入辅仁大学英文系读书,并给系主任当助理,在系主任的鼓励下为英文的《辅仁学报》翻译现代中国文学作品,并开始在《大公报·文艺》及《水星》等报刊发表一系列短篇小说。1933年,萧乾转入燕京大学新闻系读书,在这里结识斯诺夫妇,他和杨刚帮助斯诺把沈从文、巴金等13位作家的作品译成英文,经斯诺润色定稿并收在现代中国短篇小说选《活的中国》中。同年,他结识了当时住在燕京大学的巴金。在燕大的这几年是萧乾在文学创作和翻译上不断长进的阶段。他一生写过28篇短篇小说,其中大部分是在未名湖畔写成的。

1935年6月中旬,萧乾刚从燕京大学毕业,就接受《大公报》社长胡政之的邀约来到天津工作。萧乾的工作是编报纸《小公园》,兼发包括《文艺》在内的其他副刊。自从萧乾接手《小公园》之后,这一版就由茶余酒后的小品,成为新文艺园地。之后他又在刊物上开辟书评专栏,同时又开辟"文艺新闻"栏目。于是这一年的《小公园》就变得颇为热闹,既有以严文井为代表的多位北方新秀的文章,又刊登了南方知名作家叶圣陶、巴金、冰心等人的近作。1936年秋,萧乾全面负责沪、津两地的《大公报·文艺》。这期间,萧乾还兼任旅行记者,去过国内许多地方,借此了解中国社会的状况。

九一八事变之后,萧乾离开报社,跟随杨振声和沈从文经由武汉、湘西到达昆明。不久之后,胡政之社长给萧乾写信,应读者要求《文艺》复刊,要求萧乾遥编。1938年8月,他又要求萧乾远赴香港,编香港版《大公报·文艺》。1939年9月,萧乾应伦敦大学东方学院之邀去英国教授中文。此行得到胡政之社长的支持,报馆替他垫付了旅费,不过萧乾需用旅行通讯抵偿。

1940年,萧乾应邀赴伯明翰为公谊会举办的为期3个月的速成班教课,其学员是公谊会为了支援中国抗战培养的救护工作者。1941年太平洋战争爆发之后,英国广播公司约请一些驻伦敦的盟国记者用各自的母语向本国听众广播。广播的内容为欧战局势以及英国为战争所做的努力,萧乾应邀参加了这项工作,每周二向重庆方面广播。后来远东组组长还邀请萧乾对美国及印度做过文学方面的专题广播。1942年夏,萧乾辞去东方学院的教职,进入剑桥大学皇家学院成为一名研究生。萧乾在剑桥的导师是乔治·瑞蓝兹,主要研究的方向是英国心理派小说。

1944年6月,萧乾毅然放弃了即将取得的硕士学位离开了剑桥,担任《大公报》驻英特派员兼战地记者。他在伦敦市中心的舰队街为《大公报》开设了办事处,用于向重庆拍发电报和邮寄通讯。1945年3月,萧乾随美军第7军向莱茵河进发;5月又赶到美国旧金山采访联合国成立大会;7月初又奔回德国采访波茨坦会议;10月上旬,第三次赴德国采访对纳粹战犯的审判,踏访了巴伐利亚州的美、法占领区,并根据这次采访的见闻和感受完成了长篇特写《南德的暮秋》。这段时间他还写了《银风筝下的伦敦》《矛盾交响曲》等描写欧洲人民反法西斯斗争的通讯报告。以后据此段人生经历写成一部报告文学集《人生采访》。

1946年5月,萧乾回国,参加上海、香港两地的《大公报》工作,并兼任复旦大学英文系和新闻系教授。他在《大公报》的主要工作是写国际性社评。1947年2月,萧乾根据自己1945年的访美见闻和感受完成了特写《美国散记》。1948年,萧乾还秘密参加了香港地下党的对外宣传刊物——英文版《中国文摘》(China Digest)的编译工作。

新中国成立之初,萧乾参加了国际新闻局的筹备工作,先后在《人民中国》《译文》《文艺报》、人民文学出版社任职。1950年赴湖南采访土改运动,并赶写了长篇特写《土地回家》(How the Tilles Win Back Their Land)连载于英文版《人民中国》上,后被陆续翻译成日、法、德、波、印尼等11种文字出版。1955年之后,萧乾开始翻译世界名著。1956年是萧乾翻译高产的一年,他翻译了《莎士比亚戏剧故事集》《好兵帅克》《大伟人江奈生·魏尔德传》等。正当萧乾的翻译生涯渐入佳境之时,1957年6月,萧乾被打成"右派分子",下放到唐山农场劳动,直至1961年回到北京。1963年,萧乾经由人民文学出版社出版了译著《里柯克小品选》。

"文化大革命"时期,萧乾遭受迫害,所藏图书、研究资料及文稿全部遗失。1978年,萧乾开始着手翻译易卜生诗剧《培尔·金特》。1979年,作家协会为萧乾平反。同年4月编选《萧乾散文特写选》,并写长篇文学回忆录《未带地图的旅人》作为代序。5月,萧乾开始着手编辑《杨刚文集》。1980年,萧乾又发表一篇文学回忆录《一本褪色的相册》。1982年,萧乾发表散文《挚友、益友和畏友巴金》,其后又一篇长篇文学回忆录《在洋山洋水面前》发表。

改革开放后,萧乾的翻译实践活动迎来了新的发展机遇和高潮。此时已是译著等身的萧乾将翻译工作重点放在了提升中国翻译理论水平和培养翻译人才上。为此,萧乾撰写了大量专题文章,如《文学翻译琐议》《漫谈文学翻译》《我的副业是沟通土洋》等。1990年8月,萧乾与夫人文洁若女士合作翻译了英国著名作家乔伊斯的代表作《尤利西斯》,历时4年。

萧乾曾任全国政协第五至第九届委员,第七、第八届常委;中国民主同盟中央参议委员会副主任,第五、第六届常委;中央文史研究馆馆长,中国作家协会理事、顾问,中国翻译工作者协会名誉理事等职。

1999年2月11日,萧乾逝世,终年89岁。

参考文献:

王嘉良:《萧乾研究述评》,《中国现代文学研究丛刊》,1997年第3期。

萧乾:《萧乾回忆录》,中国工人出版社,2005年。

李娟:《萧乾的翻译成就与思想概述》,《兰台世界》,2013年第4期。

萧乾:《文章皆岁月》,重庆出版社,2015年。

（冯智强）

萧 心 泉

　　萧心泉(1892—1965),原名庆源,字心泉,以字行。号曼公、漫公,晚年署老泉,别署近水楼主、寄萍馆主,斋名寄萍馆、耕云馆、近水楼,直隶武清人。萧心泉的父亲在天津开办了一家规模不大的旅店,全家遂随父移居天津市区。萧心泉在兄弟姐妹中排行第二,故在其印文中自称"雍阳萧二"。其幼年在陈咀镇读过两年私塾,迷上了临碑写帖。随父进城后,一边读私塾,一边协助家里经营旅店,晚卜则临写旅舍内张挂的名人字画,加上在迎来送往客人中偶有父亲在书画界的朋友,使之无意中受到许多点拨,对书画兴趣日趋浓厚。

　　1901年,萧心泉9岁时,父亲病逝。萧心泉在忙家务之余,开始专心攻习书画,他经常去文美斋等南纸局观赏书画,对张兆祥、马家桐等人的作品崇拜之至。民国初建,新学盛行,西式学堂会所发展起来,萧心泉为了寻找生活出路,于1917年经亲友介绍,在天津东南角入单级师范练习所读书,三年始得毕业。先是在城厢单级小学任教,1924年经师友举荐,在直隶省公署任书记缮写工作。由于工作踏实认真,书写精谨迅达,备受长官赞扬,其间,隶草等各体书法皆有长进,并有机会游历大明湖、千佛山、趵突泉等风景名胜。

　　1925年至1927年间,在徐世昌、金城、周肇祥、吴昌硕、陆文郁、惠孝同、刘子久等书画家引领下,京津书画界活跃空前,书画展览及交流活动日渐增多,湖社旬刊、月刊及珂罗版书画印刷也时时可见,这使萧心泉习书练画的兴趣更加浓厚。1928年6月20日,南京国民政府改直隶省为河北省,对旧有直隶省公署人员进行改组选用,萧心泉由此不在官府任职而专注于书画领域。他多次赴北平观赏故宫藏画,对宋元明清等历代名画反复揣摩与临写,并赴琉璃厂各店铺观赏书画且搜购画谱、字帖,为全身心投入书画事业做了必要准备。

　　1929年春,37岁的萧心泉参加了陆文郁、陈恭甫共同在天津广智馆后楼开办的"城西画会",开始了正规的花鸟画训练。萧心泉比陆文郁仅小5岁,但对陆文郁的尊重胜似父辈,这种父子般的师生情谊保持了一生。应该说,陆文郁是萧心泉真正步入书画殿堂和成为艺术名家的关键人物。"城西画会"的另一位恩师陈恭甫,对萧心泉的指教和帮助也很多。陈恭甫名彝,字恭甫,世居天津,与陆文郁同师张兆祥,擅画花卉,尤嗜画菊,在民国年间天津画坛,其画名与陆文郁并称"陆陈"或"陈陆"。萧心泉得其画菊的立意与技法甚多。

　　30年代,萧心泉成为职业书画家,其艺术风格逐渐形成。其花鸟画早年临写《芥子园画传》,青少年时期学习张兆祥、陆文郁、陈恭甫诸师,中年时期专心研究历代花鸟画家黄筌、徐熙、郑思肖、林良、沈周、吕纪、陈淳、陆治、恽格、邹小山、郑板桥、陈遒、吴昌硕、陈师曾、陈半丁等名家画作,同时研习名碑法帖,苦练书法,使书法入画法,融百家之法于一身,边师古人,边师造化,在勤奋创作中激活心源。他十分注重作品的文化内涵,稍有时间即读圣贤之书,对《千家诗》《唐诗三百首》《古文观止》等书背诵如流,对"三苏"诗文更是由衷喜爱。平日将即兴诗作记于纸上,以供创作时题写或与诗画朋友赠答。据其侄萧锡钺回忆,萧心泉曾在民国年间参加登瀛楼举办的重阳吟诗活动,并有手抄的个人诗集。在其花卉画《墨菊》题诗云:"清风留我到斜阳,半日从容尽日忙。不是花中偏爱菊,迟开都为让群芳。"其《冬梅秋菊图》题云:"花开四季各争妍,禀赋分明亦自然。今在一图齐画出,秋冬春夏任君看。"其《八哥菊花图》题云:"烟锁寒屯奈若何,无香队里自婆娑。怪他杜甫题诗少,怜尔西施愁绪多。春睡方酣妃子醉,风流不减美人螺。我今一见呼名友,画在屏中对酒歌。"其宁静淡泊之意不言而喻。

在恩师陆文郁推荐下,萧心泉在天津文美斋等南纸局和书画店挂了笔单,开始了售画授徒的艺术生涯。1930年,其作品《兰花》参加比利时布鲁塞尔国际博览大展,荣获绘画铜奖。这是萧心泉1929年从城西画会结业后的重大收获。同年,严智开从日、美、法留学归来,在市长崔文征支持下,创立了天津市美术馆,集艺术收藏、展览陈列、培养人才、创办刊物为一体。1934年,严智开调任北平国立艺专校长,刘子久自北平湖社回津任天津市美术馆秘书兼国画导师,萧心泉应聘为刘子久国画班教花鸟,兼教书法和诗文。同时协助刘子久创办天津国画研究会,其人品、画品和艺术活动的组织能力得到广泛认可和诸多书画前辈称赞。

40年代,萧心泉一直居住在河北大街三条石一带,画室名为耕云馆,以示清心寡欲之意。除在天津市美术馆教花鸟画外,还在自家办了个"萧心泉学馆",对学生进行诗文书画的综合教育。他因材施教,学生缺什么知识和能力,他就帮助或指导其尽快补足或提高。因宅院居住有限,每次招生有限,仅每周授课两三次而已,时人以"文艺私塾"视之。如有机会,他喜欢偕弟子们参观画展或到户外写生。这一时期,因商家客户和亲朋好友需求,萧心泉创作颇丰。1943年作《仿郑板桥墨兰》,1944年作《梅花天竺》,1946年作《花鸟二屏》《松树凌霄》《墨笔垂兰》等,均清雅俊逸,刚柔相济,生动自然,活色生香,别具一格。在萧心泉大量的花鸟画创作中,以花卉题材居多。常见的有牡丹、芍药、月季、蔷薇、梅、兰、竹、菊等。此时,萧心泉已与津门书画大家刘奎龄、刘子久、陆文郁、刘芷清合称"津门画界五老",并在国内外享有声誉了。[1]

新中国成立后,年近六旬的萧心泉迎来了自己的艺术春天,其书

---

①邢捷:《津门盛开"萧菊花"——天津著名花鸟画家萧心泉生平与艺术》,载天津市文史研究馆编著:《津门画坛掇英——天津市文史研究馆画家艺评》,2008年内部印行,第69、77页。

画创作进入鼎盛时期。担任天津市文史研究馆馆员、中国美术家协会会员、艺林书画社社长兼导师。1953年，他以爱党爱民之情歌颂崭新时代，精心创作《八百长春图》，入选首届全国国画展览，运至北京北海公园展出。其花鸟画《竞秀争艳》入选新中国第一届美展。[①]1954年，在恩师陆文郁推荐下，他与刘子久、陈邦怀等18位名家一起，被黄敬市长聘为天津市文史研究馆馆员。同年，天津市美术家协会创立，他与刘奎龄、刘子久、陆文郁等人成为首批会员。除自己创作《挑战严霜》《老来少》等花卉作品外，从1954年至1959年，他与刘奎龄、刘子久、陆文郁、吴奇珊等人多次合作，如与刘奎龄、刘子久合绘《菊石麻雀》，与刘奎龄、刘子久、陆文郁、吴奇珊、王新铭、陈初、刘寿萱、唐轶林、郑廷玺、穆潜合作的《大好河山》，与陆文郁、刘寿萱合作大幅中堂《和平胜利图》等。1960年以后他手臂时常酸痛，挥写大画渐感艰难，平日画些小幅，或写些书法。1963年为参加天津与四川文史馆书画联展，创作《凌霄松树》，算是较为大幅的作品了。1964年，日本书法代表团来津，73岁的萧心泉随同王襄馆长参加了市政府举办的欢迎笔会。从1953年至1964年，萧心泉一直在家里主办艺林书画社，边创作书画作品，边课徒授业。他在教授学生国画的同时，还教授书法，为学生讲授唐诗宋词或《古文观止》，有时还把书画作品送给心爱的弟子。

1965年盛夏之后，萧心泉卧病不起，自知时日无多，回味平生，俯仰无愧，常吟所作《墨兰图》题句："笔作生涯砚作田，际滋盛世即神仙。兴来画幅幽兰影，助我生机乐大年。"这一年深秋，萧心泉病逝于天津市河北区真理道自家宅中，终年73岁。

---

① 阎篆业：《纪念津派国画家萧心泉先生》，载天津市文史研究馆编著：《津门画坛掇英——天津市文史研究馆画家艺评》，2008年内部印行，第79页。

参考文献：

天津市政协文史委编：天津史志丛刊(二)《天津近代人物录》，天津市地方史志编修委员会总编辑室，1987年内部印行。

王振德：《试论"津派国画"》，载北京市文史研究馆、天津市文史研究馆编：《京津画派大家谈》，2005年内部印行。

（王峻立　王振德）

萧振瀛

萧振瀛(1890—1947),字仙阁,祖籍山东省文登县。1890年5月2日(清光绪十六年三月十四日)出生于吉林扶余县四马架村。1912年考入吉林省法政专门学校,1916年毕业后入吉林省督军署孙烈臣部任军法官,历任营长、参谋、团长。1920年,任吉林省田赋管理局局长,因主持开垦荒地而受到当局表彰。1922年被选为参议院议员。1924年,萧振瀛离开东北,应绥远都统李鸣钟邀请,任绥远都统府咨议兼临河县县长,主持开发黄河后套。1925年,任绥远省包(头)临(河)道尹,并兼任五原县县长。1926年调任宋哲元西北军北路军军法处处长。1927年,受冯玉祥委托赴苏联谈判,回国后任西安市市长兼第四方面军军法处处长。时冯玉祥实行"反共清党",抓捕3000余青年,交萧振瀛处理。经过审理,萧振瀛认为他们均系爱国青年,一时行动过激而已,遂陆续将他们全部无罪释放。

1930年,中原大战爆发,张学良率东北军入关支持蒋介石,冯、阎溃败,宋哲元等西北军各部退入山西。为了挽救西北军,萧振瀛北上奉天求见张学良,恳求收编,返回太原劝阻欲归隐的宋哲元,邀西北军各部长官张自忠、冯治安、赵登禹、李文田、何基沣、张维藩在运城召开会议,决定收编各部为一军。萧振瀛只身前往南京,说服蒋介石同意将西北军余部编为二十九军。萧振瀛又到天津说服张学良,张同意收编,并任命宋哲元为军长,张自忠、冯治安为师长,萧振瀛为军事参议官。

1931年东北沦陷后,萧振瀛指派其妹夫柳青庭(柳树堂)协助黑龙江省离职营长李海青,在家乡组织义勇军,与日军血战于松嫩平原。二十九军将士群情激愤,宋哲元通电请缨抗战,萧振瀛在电文中特加"宁为战死鬼,不做亡国奴"字句。

1933年2月,日军进攻热河,萧振瀛代表二十九军请为前锋在喜峰口迎敌,并将作战计划报蒋介石批准。时热河守军自溃,日军得以抢占喜峰口长城高地,居高临下,负责进攻的赵登禹部伤亡惨重。众将领召开会议,制定了"请民众向导,迂回敌后奇袭"的作战方案,得到蒋介石和宋哲元批准。遂兵分三路,以赵登禹、童泽光、王有章各率部由山民向导,趁黑夜绕小路至敌后,奇袭敌军高地成功,并顶住敌人疯狂反扑,歼敌5000余众。日军转而进攻罗文峪,被二十九军刘汝明部击溃。喜峰口之战取得了长城抗战的首次胜利,举国振奋。

1935年5月,天津日租界发生亲日的《国权报》社长胡恩溥和《振报》社长白逾桓被暗杀的事件,史称"河北事件"。在日方威逼下,国民党政府命在天津履职的河北省主席于学忠辞职,时任二十九军军代表的萧振瀛力挺于学忠,他说:"此辈汉奸只知有日本,今日纵至决裂,也不辞职,二十九军誓为后盾!"[1]

1935年6月5日,4名日本人在察哈尔省张北县南门,因不服二十九军赵登禹部士兵检查而被扣押,史称"张北事件"。日方即以此为借口,向中国政府抗议并施压。萧振瀛应召向负责对日交涉的北平政务整理委员会委员长黄郛说明情况:"日人入察境,以无护照见扣,此正告我国之主权也。"黄郛认为这样做影响中日关系,"中央早拟调二十九军剿匪(剿共),宋哲元离察,此均为中央之决策,统希遵行"。萧振瀛回答道:"余为二十九军军代表,可以请即转报,二十九军全体将士将本喜峰口杀敌之志,决不会听一切卖国乱命。救国到底。"[2]后来萧振瀛又到四川面见蒋介石,奉蒋命北返,协助秦德纯解决"张北事件"。

---

[1][2]萧振瀛:《华北危局纪实》,中国国际广播出版社,1989年,第39、40页。

经反复交涉,以中方妥协告终,宋哲元被免去察哈尔省主席职务,秦德纯代之,并与土肥原签署《秦土协定》。11月6日,萧振瀛被中央政府任命为察哈尔省主席。12月12日,萧振瀛由察哈尔省主席改任天津市市长,兼任冀察政务委员会经济委员会主任委员。

1936年1月15日,萧振瀛在宴请天津新闻界人士时,更坚定地指出:"冀察既为国家领土,吾人又适在斯负责,自当任怨任劳,拼力支持,抱定武官不怕死,文官不要钱,至前途一切利钝非所问也。"

在天津市市长和冀察政务委员会经济委员会主任委员任上,萧振瀛主要做了四方面的工作,一是拒绝日本修筑沧石铁路及合作成立天津市电力公司的要求,对其所谓的经济提携、合作,皆以合作必须平等为前提,凡违背这一原则的,萧振瀛一概予以抵制;二是在天津全境免捐税74项,以缓解民众之疾苦;三是恢复举办天津市历史悠久之皇会,以带动整个华北商业发展;四是疏浚河道,兴修农业水利设施。他按照"以口号对口号,以苦撑抢时间"的原则,周旋对日关系。

冀察政务委员会多次发表声明强调:"津石路、龙烟矿事在可能范围内,当合法进行,但必须以中央意旨及民众利益为限度。"土肥原贤二并不罢休,在与宋哲元、萧振瀛的谈判中依然威逼所谓"经济合作"。萧振瀛强硬指出:"此非经济合作,乃经济侵略,当然不可。"土肥原贤二拔出手枪,萧振瀛亦同时拔出手枪,呵斥道:"汝欲决斗耶? 可出室外决,不死不休,如何?"土肥原贤二感叹道:"萧振瀛胆大如牛。"[1]1936年5月28日,天津学生举行反日示威游行,得到了萧振瀛的允许和支持,他还亲自到街头演讲,支持学生的爱国行动。

1936年3月21日,由天津商会主席纪华、银行业同业会主席钟锷、银钱业公会主席王凤鸣会同租界华商公会主席张浙洲具呈举办皇会。他们指出:"自来举行皇会,原以繁荣市面、振兴工商业为主旨……庶

---

①王昭全:《萧振瀛将军传》,《方志研究》,1993年第5期。

使各行营业乘此机会得以活动,市面恢复生机。"市长萧振瀛很快答复,并在批示中说:"既为繁荣市面,应予照准。"

1936年6月4日,萧振瀛辞去天津市市长职务,8月获准解职。他先到北平西山寓所休整,后去南京,参与了西安事变的解决,并赴欧洲考察。七七事变后被点名招回国参加抗战,任第一战区上将参议,穿梭于各战区之间。1938年冬,萧振瀛随中央政府由武汉撤退至重庆,于1940年辞职。1942年开始经商,先后任四川大同银行董事长、四川合江大明酒精公司董事长。萧振瀛办东北松花江中学,收留500余名东北流亡学生;创办东北儿童教养院,收养500余名儿童。抗日战争胜利后,萧振瀛回到北平,居住在东城西堂子胡同13号。1945年因脑栓塞而半身不遂,1947年5月8日病逝于北平,享年57岁。

参考文献:

王振中:《我所知道的萧振瀛》,载天津市政协文史委编:《天津文史资料选辑》第29辑,天津人民出版社,1985年。

侯心平、王慰农:《萧振瀛对二十九军的分化活动》,载天津市政协文史委编:《天津文史资料选辑》第29辑,天津人民出版社,1985年。

李田林:《记战前华北风云人物萧振瀛》,载天津市政协文史委编:《天津文史资料选辑》第45辑,天津人民出版社,1988年。

萧英华:《抗日爱国将军萧振瀛》,载天津市和平区政协文史委编:《天津和平文史资料选辑》第5辑,1995年内部印行。

(周醉天 万鲁建)

小 达 子

　　小达子（1885—1962），河北梆子、京剧演员，本名李桂春，原籍河北省霸县。少年时代因家境贫寒，小达子随父亲沿河拉纤，还在一家豆腐房里当童工。他自幼喜欢唱梆子，嗓音天赋出众。其父病故后家庭生活无着，13岁时入永清县永盛和梆子科班学演老生，兼习武功，与河北梆子演员魏联升同为"十二红"（纪发）的徒弟。出科前即随同魏师兄到天津演开场戏，艺名"小达子"[①]。小达子所演剧目和声腔，深受师兄魏联升的影响。但是，小达子初到天津，对京剧一窍不通，虽得魏师兄提携，也未能搭入"梆黄两下锅"的名班，只能在梆子戏班充任一般角色，收入微薄，与其母在红桥外搭一窝棚艰难度日。在困苦的生活条件下，小达子更加勤奋刻苦地学戏练功，希冀有朝一日成为名角，改变命运。

　　1907年，魏联升应邀赴奉天、营口演戏，提携小达子应工文武老生，小达子在三出戏里扮演三个不同行当的角色，而且有躺在台上耍大枪花的技巧表演，施展了他多面的艺术才华，从此声名鹊起。1908年，魏联升偕小达子等一行返回天津。

　　其时，京津戏曲舞台上盛行梆子、二黄两下锅，梆子、京戏都能唱的演员才吃得开。后经魏联升介绍，小达子结识了在天津、北京、上海都红极一时的演员李吉瑞，于是常到下天仙戏园看由李吉瑞、魏联升

　　[①]彼时的梆子界有位声誉很高的老生演员，艺名达子红。李桂春嗓音洪亮，有人称他"小达子"，他遂以此为艺名。

领衔主演的吉升班演出。当时的戏班里流传有"宁给二亩地,不教一出戏""宁给二两金,不传一句真"这样的行俗。小达子好学上进,而且是个有心人,他每次去看李吉瑞演戏,都从李吉瑞那里"偷艺"。他把李吉瑞在台上一招一式的表演看在眼里记在心上,然后到郊外沙土地上穿起厚底靴,练习踢腿、搬腿、跑圆场、耍刀花,寒暑不辍。天长日久,他脚下功夫练得非常扎实,手上功夫也很出色,暗中还学会不少二黄剧目。李吉瑞也并不保守,时常主动点拨小达子。他认为小达子嗓音高亢洪亮,有深厚的梆子唱功基础,又具有扎实的武功,最适合学演京剧武生黄(月山)派。于是指导他学演《恶虎村》,并安排他在吉升班试验演出。小达子虽然身材矮小,面貌也不出众,但他扮出戏来威武英俊,台风很足,身段帅美,表演利落,试验演出一炮打响。

此后,李吉瑞、李永利(李万春之父)又指导他学演了《独木关》《骆马湖》等 批黄派剧目,在天津演出后声誉日隆。小达子搭入梆黄同台的东天仙班,既演梆子,也演二黄,既工文戏,也工武戏。几年间,小达子在天津已经成为京梆兼擅、文武昆乱不挡的演员。

1919年以前,小达子的演戏活动主要是在天津,偶尔到上海、北京,均属短期献艺,演毕即回。剧目以梆子为主,京剧为辅。1914年,应北京中和园邀请,他第一次进京,协助梆子演员小香水及其父赵永才演出(赵永才与小达子系师兄弟)。首场他演京剧《骆马湖》,次日与小香水合演梆子《南天门》,一生一旦,配合默契,备受北京观众欢迎。中和园再三挽留,又续演一期,营业相当兴旺。1918年12月,小达子再次应中和园之邀进京,与小翠芬、刘兰香、孟子云、金玉霞、孙荣彩等一批女艺人合作演出,剧目有《算粮登殿》《蝴蝶杯》《彩楼记》《美人计》,同时还有京剧《二进宫》《鸿鸾禧》等。

1919年,小达子应黄金荣邀请在上海文明大舞台,与贾璧云合作梆子剧目《阴阳河》《九件衣》《红梅阁》《蝴蝶杯》等,被当地观众所接受,同时也得到梨园同行认可。他戏路宽,会戏多,除武生、老生行当外,还时常串演花脸、彩旦等行当。1921年前后,能容纳3000多观众的上海大新舞台落成,特邀小达子与郝寿臣、荣丽娟、安舒元合作演出,时人称"四头牌大联合"。

1922年,小达子在上海大舞台戏院住班,除演出《九更天》《文王百子》《莲花湖》《八蜡庙》《溪皇庄》《刺巴杰》《独木关》等旧剧外,他还带头尝试机关布景戏《宏碧缘》,扮演骆宏勋。他重新设计了装饰玻璃彩珠的新式戏衣,脚上穿的花色彩靴也别具一格,台上使用新式砌末①,真刀真枪,人腾影飞,火炽热烈,为开创京剧舞台新路做出积极的贡献。此后不久,他排演了由陈俊卿编导的连台本戏《狸猫换太子》。在这部戏里,前几出小达子扮演陈琳,以老生行当应工,他声腔师法孙菊仙,声高嗓阔,独具特色;后边改演包公,归属净行,他做戏火炽,神情表现淋漓尽致,被上海观众誉为"活包公"。他始创包公戴五绺髯口,为后来同行所效法,沿传至今。

1930年,他与高雪樵、小奎官等人合作,在上海天蟾舞台率先推出新戏《大红袍》,成一时之盛。他在上海常演的剧目有《镇国公高廷赞》《姜子牙卖面》《凤凰山救驾》等京剧新戏。权贵、富豪人家举办堂会,也常请小达子串演几出梆子戏,剧目多为《回荆州》《玉虎坠》《蝴蝶杯》等文戏,贾璧云、毛韵珂等梆子演员为之配戏。

为了京剧艺术的传承,小达子倾注了大量心血,把自己的子女培养成优秀的京剧人才。除长子李宝琛与戏曲无关外,次子李少春、三子李幼春、女儿李宝荣,经他严厉督学,后来均成为优秀的京剧演员。尤其是李少春,文武兼备。

1948年,小达子回乡省亲,应家乡人民要求出面创办桂春小科班,从家乡招收学员55名,由霍承俊、朱子泉任教习。次年,将小科班迁到天津学堂街达子楼,聘请娄廷玉主教,并邀李永利、傅德威、李金声、

---

①戏曲舞台上大小用具及简单布景装置的统称。

郭景春、宋德珠、李少春等名家随时前去指导。后组建为燕声京剧团。

新中国成立后,被聘为中国戏曲学校名誉教授,曾与郝寿臣合作在怀仁堂为国家领导人演出《逍遥津》,受到毛泽东主席的称赞。1954年,天津市举行第一届戏曲观摩演出大会,小达子在河北梆子《蝴蝶杯·打子》一折扮演田云山,与银达子(王庆林)并列最高荣誉奖。1955年,河北省戏曲学校成立,小达子被任命为校长。1959年,河北省河北梆子剧院在天津建立,荀慧生、小达子同时被省政府任命为正、副院长。1961年7月23日,中国剧协河北分会与天津分会共同邀请小达子、贾桂兰等河北梆子艺术家,在天津中国大戏院联合演出老本《蝴蝶杯》,组织省、市戏剧界内部观摩,然后就传统剧目的继承和改造展开讨论,时年76岁的小达子扮演《打子》一折的田云山,此次演出是这位京梆兼擅的老艺术家最后一次粉墨登场。

1962年5月4日,小达子在北京东交民巷寓所逝世,终年77岁。

参考文献:

周剑云主编:《鞠部丛刊》,上海交通图书馆,1918年。

河北梆子剧种史编写组编:《河北梆子剧种史料辑》,1960年内部油印本。

(甄光俊)

小 德 张

　　小德张(1876—1957),原名张祥斋,字云亭,在清宫太监里排辈兰字,序号张兰德,慈禧太后赐名"恒泰",宫号小德张。天津静海县吕官屯人。

　　小德张幼年丧父,家境十分贫穷,无钱读书,跟寡母唐氏和哥哥相依为命。1891年入宫当太监,顶替病死的太监"德子",人称其为"小德子",因为姓张,故名"小德张",并以此闻名。1892年,他被派入宫内南府升平署戏班学京剧武小生,技艺精湛。曾与京剧名家杨小朵合演《破洪州》,他扮演薛丁山。加之他相貌俊美,机智过人,工于心计,善于逢迎慈禧太后、光绪皇帝和隆裕太后,因此颇得宠幸,不断得到提升。1895年,他从太后宫的普通小太监,逐步升任为敬事房打寝宫更、御前近侍、御前首领兼南府戏班总提调等。1898年戊戌变法失败后,光绪皇帝被囚居在瀛台,每天三餐由小德张送去。每次送去前慈禧都要检查,并要求送一些中下等菜肴,小德张则中途调换一些光绪喜欢吃的饭菜。1898年被提升为后宫太监回事。

　　1900年庚子事变时,他因伴驾有功,受到慈禧的提拔,破格升任为御膳房掌案,地位仅次于大太监李莲英。1908年11月,光绪、慈禧相继去世,小德张被提升为长春宫四司八大处总管,其住所随即迁入原大总管李莲英住的西板院。由于自感文化水平低,他经常找时间到南书房请翰林院学士给他讲解《通鉴集览》《十三经集览》等书。每天早晨起床后,除了练习武术,他还练习写大字,所以后来能为隆裕太后代笔。

宣统元年,小德张当上清廷太后宫大总管,王公贵族、朝廷大臣晋见隆裕太后,必须得到小德张的首肯,因此权倾一时。重建光绪陵墓、颁布皇帝退位诏书等宫中大事,隆裕也都按照小德张的意愿传旨。张勋、马福祥、冯国璋等人都是他的换帖兄弟,载涛、袁世凯等人也与他交情深厚。

辛亥革命爆发后,隆裕太后召开御前会议,商讨如何对策,王公大臣、满汉官员也都意见不一。袁世凯找到小德张,许以巨额贿赂,让他劝诱隆裕太后接受现实,退位保命。溥仪退位后,小德张继续留在紫禁城,侍奉主政的隆裕太后,但时常受到袁世凯手下官吏的侵扰。1913年隆裕太后去世,小德张离开紫禁城,回到故乡吕官屯,并在静海置田十多顷,出租放佃。不久他便到天津英租界当了寓公。

小德张来天津后,最先居住在日租界芙蓉街和秋山街交口处的一座小楼内。不久,他在英租界买下一所楼房,并将母亲唐氏从老家静海接来一起居住。

1923年,小德张迁往今重庆道55号。这处住宅建于1922年,由小德张亲自设计、督建,是当时英租界华人楼房之冠。占地面积4327平方米,建筑面积5922平方米,为砖木结构二层内天井围合式建筑。整体建筑结合了中国传统文化意向,适应西式生活,是非常典型的西风东渐式建筑。1926年,庆亲王载振看中此楼,与小德张商议,以北马路浮房十多所和郑州道空地十多亩作为交换,购得此楼。

此外,小德张在天津还有多处房产。他在北京也拥有大量财产,开有当铺、绸缎庄等,还担任致中银行常务董事,南苑有稻田50顷,西苑万寿山对面还有座山场。据估计其财产约有2000万元。

小德张1957年4月19日去世,终年81岁。

参考文献:

张仲忱:《一个太监的经历——回忆我的祖父"小德张"》,载天津市政协文史委编:《天津文史资料选辑》第16辑,天津人民出版社,1981年。

夏琴西:《清太监"小德张"居津佚闻》,载天津市政协文史委编:《天津文史资料选辑》第16辑,天津人民出版社,1981年。

武德巍:《末代权监小德张琐闻》,载天津市静海县政协文史委编:《静海文史资料》第2辑,1989年内部印行。

（万鲁建）

小 兰 英

小兰英(1878—1954),原名姚佩兰,小兰英是她的艺名。祖籍直隶省香河县,出生于贫苦人家,久居天津城内,幼年生活穷困,后迁居北京。

1884年,6岁的小兰英经其舅父介绍,加入天津宁家坤班科班,跟随正、副班主宁宝山及小红梅(即杨红梅)学艺。宁家坤班为早期梆子坤班,在宁宝山的带领下,光绪年间长期在天津演出,在演出中培养出不少有才艺的女伶,其中就包括小兰英、宁小楼等女演员。当时,宁宝山夫妇无亲生儿女,为人又很正直,于是便收小兰英为干女儿。小兰英虽然出身贫寒,但非常有灵气,极其聪慧,宁宝山夫妇十分喜欢,对小兰英倍加爱护。小兰英从小就很聪明,虽不演戏,但她认真看,认真听,很快许多戏都会唱了。按照坤班惯例,习艺不分行当,故小兰英开蒙虽为正工老生,但除旦角及红生戏外,无论老生、小生、武生,甚至铜锤及架子花脸,无不擅长。尤其难得的是,小兰英演老生无"雌音",演花脸有"炸音"。出科后小兰英即以坤角老生在津挑班演出,行踪遍及津、京、沪、汉、鲁、豫以及东北等地,影响广泛。

1900年以后,河北梆子女演员大批涌现,其中著名的就有小兰英。小兰英的戏路以宽博著称,并以中期宗汪(汪笑侬)派时为最佳阶段,曾受到汪笑侬的悉心指教,拿手剧目为《哭祖庙》《受禅台》《打严嵩》等。小兰英还曾与杨小楼合演《连环套》(饰窦尔墩),与李吉瑞合演《巴骆和》,与盖叫天合演《八蜡庙》等,蜚声天津舞台,备受观众欢迎。

民国初年,小兰英与清末著名梆子演员姚长海(艺名一斗金)结婚,组成"夫妻班"。在小兰英的悉心培养下,两个女儿都非常刻苦用功,长女姚玉兰,工青衣花衫、正工老生等,在上海红极一时,后嫁杜某,晚年独居香港;次女姚玉英亦工京剧,花脸、丑、小生兼工,但却早早去世。姚玉兰12岁就正式登台演出。14岁时到烟台演出,妹妹姚玉英也学成出师,两人同时演出《虹霓关》,一人唱王伯党,一人唱东方氏,到二本两姐妹又互换角色,分别饰演丫鬟和东方氏。姚玉兰还能演关公,当时坤伶能演红生戏的极少,她则每唱必红。姚玉英曾和母亲、姐姐合演《群英会》带《华容道》,小兰英前饰鲁肃后饰曹操,姚玉英前饰周瑜后饰周仓,姚玉兰能演关公,一时被传为佳话。

小兰英夫妇曾组夫妻班远去新加坡及南洋群岛献艺,颇有影响。后因众多变故——儿子病死,两个女儿一死一嫁,遂解散戏班。为求得精神的解脱,小兰英曾两度出家为尼,信佛修行以后,法号为"兰了缘",因在家修行,又称"兰大居士"。她也曾劝说丈夫姚长海遁入佛门,姚长海不肯,加上其他一些原因,最后导致了夫妻感情的破裂。

新中国成立后,小兰英一改往日的悲情,开始热心公益事业。抗美援朝战争爆发后,1951年7月,她以"兰大居士"的名义参加义演,为志愿军捐献枪支大炮,此次演出受到了政府和人民的高度评价。

1953年,小兰英从上海回到北京后,人民政府把她安排到中国戏曲研究院工作。在党的文艺方针的感召下,小兰英于北京组建了"新声京剧团",重登舞台。同年,北京戏曲界组织为抗美援朝合作义演《龙凤呈祥》,她与梅兰芳(饰孙尚香)、盖叫天(饰赵云)等名角合作,饰演刘备,声誉不减当年。

1954年,小兰英因病逝世,终年76岁。

参考文献:

张聊公:《听歌想影录》,天津书局,1941年。

吴同宾、周亚勋主编:《京剧知识词典》,天津人民出版社,

1990年。

中国戏曲志编辑委员会、《中国戏曲志·辽宁卷》编辑委员会编：《中国戏曲志·辽宁卷》，中国ISBN中心，1994年。

中国戏曲志编辑委员会编：《中国戏曲志·天津卷》，文化艺术出版社，1990年。

王光武：《小兰英轶闻》，《团结与民主》，2002年第10期。

（齐　悦）

小 香 水

　　小香水(1894? —1945),河北梆子女演员,本名李佩云,直隶宝坻县人,约生于1894年。她幼年丧父,母亲薄氏改嫁梆子艺人赵永才。赵永才坐科于永清县永盛和科班,学演旦角,兼能其他行当,与后来成为卫派梆子代表人物的魏联升(小元元红)曾经同科学艺。

　　李佩云随母到赵家后,即跟随继父习艺,以学演青衣为主,小生、老生兼学。几年后,李佩云以小香水为艺名,在天津初登舞台,成为天津戏曲舞台上出现较早的女演员之一。1908年,赵永才偕小香水和小香水的妹妹小香如,到奉天搭班唱戏,初隶会仙园,后隶庆丰、天仙等园。当时奉天的观众对天津来的女角格外看重,小香水姐妹也备受青睐。小香如应工旦行,小香水则生、旦兼工。她与小福仙合演《大登殿》扮薛平贵,《拾万金》扮刘全;与小双凤合演《南天门》,扮演曹福;与小香如合演《牧羊卷》,扮演朱春登。她所扮演的这些老生角色,报纸载文称"在关外可推独步"。她扮演旦角,也受到当时人们的称赞。

　　1909年,小香水、小香如姐妹跟从赵永才返回天津,加入南市丹桂茶园的凤舞台班。小香水从奉天载誉而归,重现天津舞台,声誉日盛一日。她施展了生、旦兼工的才能,与小香如合演时扮老生,与小达子(李桂春)合演时则扮青衣。小达子当时在天津早已享有很高的声誉,艺术水平和他不相称的演员,戏园子老板绝不会安排他们合作。小香水与小达子合演的《南天门》《汾河湾》等对儿戏,老板非常满意。1911年,小香水姐妹二人一道改搭东天仙戏园之吉升班。该班由著名皮黄演员李吉瑞、梆子演员魏联升合作挑班,是梆、黄"两下锅"班,在京津两地很有影响。由于赵永才与魏联升是师兄弟,小香水得到了魏联升的提携。她在与这位名家配戏的过程中,艺术方面多获指教,这是她在梆子界很快成名的重要原因。

小香水应工青衣正在走红的时候,不幸因为生天花,脸上留下浅白麻子,这无疑对女演员是一个沉重打击。但她没有气馁,决定把应工青衣为主改为以老生为主,魏联升也劝她青衣行当不要放弃,希望继续合演。小香水正式拜魏联升为师,一面陪魏合演青衣,一面随魏学习老生行当的唱功、演技。在魏联升的指教下,她的老生演技提高很快。后来青衣演员金钢钻崛起,小香水遂以专工老生与金钢钻合作。她在《蝴蝶杯》《三娘教子》《走雪山》等戏里所扮演的老生角色,同她扮演的青衣一样,颇受梆子观众欢迎。在很长一段时间里,小香水与金钢钻这两位女伶中的佼佼者,配合默契,如鱼如水。后来,她们一位获得"梆子大王"之称,一位享有"秦腔泰斗"之誉,名噪大江南北多年。

小香水演唱老生腔较青衣腔更胜一筹,其演唱技巧既承续了魏联升刚劲豪放的特点,又融会了何达子低回委婉的风格,还根据自己的嗓音条件加以发挥、变化,逐渐演变成一种独具特色的分支流派,为女性演员扮演老生开辟了新路,她也成为影响最大的河北梆子老生行当演员之一。

1912年开始,小香水等首开河北梆子女演员在京都登台演戏的先河。小香水以精湛的演技和清亮的歌唱,征服了北京观众,被誉为"青衣四杰"之一。1914年,她应上海天声园邀请赴沪演出,适值梅兰芳在上海丹桂茶园演出,沪上报刊称之为"梆黄竞雄"。小香水离沪返津后许久,仍有人在报上著文,慨叹"小香水走后,天声园也绝响"。

1916年,小香水与马天红结伴在张家口演出,轰动塞外。后来,转赴宣化献艺时,由于驻防当地的军人到戏园子寻衅捣乱,小香水等艺人仓皇回津。当地群众没有看到小香水的演出,十分遗憾,有人在戏报上奋笔痛骂那些军人。

1918年，小香水应聘在天津大新舞台任头牌主演期间，已经落户哈尔滨的魏联升几次应邀回津演出，大都由小香水扮演青衣与之搭档。魏联升离津后，她则仍扮演老生。1919年，小香水特邀女演员孙桂秋合演根据法国名著改编的时装新戏《新茶花》。这出戏按观众的欣赏习惯做了中国化的改造，故事发生地改在中国，剧中人使用中国人名姓。小香水在剧中扮演男主角少美，孙桂秋扮演女主角马克，演出后在天津再次掀起高潮。

1922年秋，小香水在天津升平园领衔演出，期满后偕赵紫云同赴奉天，演出大获成功。安东庆升茶园差人到奉天，以高薪邀聘。小香水在安东演出相当轰动，原定10月底返津，因当地各界再三挽留，到年底才离开。

小香水在东北城乡名噪一时，当地一军阀欲仗势强娶其为妾。小香水假意允婚，以筹备妆奁为借口拖延婚期，后趁人不备逃回关内。此后许久不敢到东北演戏。直到这个军阀倒台后，她才于1927年再赴关外。1931年九一八事变后，东北时局大乱，小香水偕赵紫云离开东北，重返她的成名地——天津。

30年代，河北梆子在天津日渐衰落。小香水以自己在天津剧坛的影响，联合金钢钻、赵紫云、小爱茹、小菊处、云笑天、小瑞芳、葛文娟等梆子名角，巡回演出于上光明、新明、天宝、新天仙、新中央、北洋、大观园等戏院。1936年，她们在新明大戏院连演两个月，上座踊跃，始终不衰，使河北梆子在天津一度出现复兴景象。进入40年代，河北梆子在天津的境遇更加严峻，梆子戏班逐年减少，在天津从事专业演出的艺人已寥寥无几。1941年3月，小香水抱病与金钢钻联袂登台，出演于天津新中央戏院，上座情况不佳，人心涣散，连戏装也拼凑不齐，班子不久也散了。

小香水的一生，虽然艺术成就显赫，命运却不幸之极。她两度婚嫁,两度遭遗弃。进入中年,她嗜毒成癖,无法自拔,导致百病缠身。1945年,她色衰艺退,穷困潦倒,委身于天津新天仙戏园后台一间低矮潮湿的屋子,重病在身。每次开戏前,老板派人为她扎一针吗啡,然后勉强在台上把戏演完。同年夏天,小香水已病入膏肓,实在难以继续演戏,戏院老板无情地把她解雇。她走投无路,不久去世,终年51岁。

参考文献:

邹苇澄:《戏墨·戏品·戏谭》,纽约寒山艺苑,1979年。

河北梆子剧种史编写组编:《河北梆子剧种史料辑》,1960年内部油印本。

(甄光俊)

谢　添

　　谢添(1914—2003),原名谢洪坤,曾用名谢俊,天津人,祖籍广东番禺。1914年6月18日谢添生于天津马家口菜市街。父亲谢商霆年轻时就到天津谋生,是京津铁路机务段的铁路员工。父亲读过两年私塾,为人乐观,喜欢手工活,下班回到家,经常拿起锯和刨子干一些木匠活,还喜欢雕刻、画画、吹笛子,琴棋书画、竹雕篆刻无所不能。父亲的多才多艺及幽默风趣,尤其是对广东音乐的酷爱,深深感染了谢添,他经常用父亲的笛子、箫和旧二胡轮番吹奏。

　　1915年,在津广东籍商人发起筹建"广东音乐会"。该会经常在闽粤会馆和广东会馆内活动,使广东音乐在天津市民中产生了广泛影响。小谢添常常跟着父亲和哥哥到广东会馆参加"广东音乐会"演出,他能熟练地用二胡拉出《雨打芭蕉》《小桃红》等名曲。小谢添还喜欢趴在桌前看父亲画画,时不时也拿起笔在画上添添乱,慢慢地也就练出了一点画画的功夫。父亲喜欢京戏,小谢添经常跟着父亲去戏园听戏,有幸目睹了京剧艺术大师梅兰芳、周信芳的表演。

　　谢添接触电影是从4岁开始,他的母亲沈玲是一位通情达理的家庭妇女,不识几个大字,但最爱看电影。一有新片上映,她就带着谢添奔向电影院,鲜活灵动的银幕,常常带给谢添无限的遐想和吸引力。不满5岁的他,对电影有一种特殊的心灵感应,当他哭闹时,母亲只要说带他去看"贾波林"(当时天津人将"卓别林"译作"贾波林"),他立刻便安静下来。谢添迷恋卓别林的电影,经常吵着让母亲带他去看"贾波林",有一次竟然连看4场。这对于一个有6口人的铁路员工家庭来说,是一笔不小的额外开支。慈爱温良的母亲为了使小儿子高兴,又不使家庭生活受影响,她一方面精打细算地过日子,一方面在外面揽些私活,给菜市场和腊味店加工肠衣,双手长期浸泡在碱水里又红又肿,积攒下一个个的铜子既能补贴家用,又能满足儿子看电影的要求。

小谢添不光是看戏看电影,回家后也学着表演。看卓别林,学卓别林,演卓别林,是他最喜欢的事。有时吃完晚饭,他都不忘在全家人面前学一番卓别林,逗得全家人开怀大笑。有时还吸引邻居前来驻足观看,大家给他取了个外号叫"小卓别林"。除了喜欢卓别林的电影,谢添还对范朋克主演的电影非常感兴趣,尤其范朋克在《月亮宝盒》中出色的演技,高超的武打动作,加上简单的电影特技,让谢添看得如痴如醉。随着年龄的增长,谢添已是十六七岁的青少年了,他由专看喜剧电影开始转向主旋律电影。

谢添登台是从中学时代演戏开始的。当时他就读十大津英文商务专修学校。30年代前后,天津的校园戏剧开展得红红火火,出现了不少业余话剧团体。1934年,谢添与鲁韧、张客等好友在津组织了鹦鹉剧社和喇叭剧社,上演田汉、曹禺等人的剧作。他先后参加了《颤栗》《江南小景》《女店主》《雷雨》等话剧演出,在《雷雨》中曾饰演过周朴园、周萍、周冲、鲁大海、鲁贵等5个角色。在《颤栗》中饰演犯人,在《江南小景》中演弟弟,在《女店主》中演警察局长。他还租了当时津城享誉盛名的春和戏院与新新影院演过几出话剧。无论在演出、舞台布景还是音乐方面均展现出他的艺术才华。后来,鹦鹉剧社和喇叭剧社由于经济来源匮乏,无力维持生计而解散。但这段舞台演出经历让谢添对话剧艺术有了初步尝试和体验。唐槐秋率领中国旅行剧团多次来津演出,也带来一些好剧目、好演员,使谢添更加深了对现代话剧艺术的重新认识,同时他还结识了该团演员陶金、白杨、唐若青、赵慧深等人。

在谢添的电影生涯中,沈浮是他最终走上银幕的引导者。谢添除了喜欢看电影,还喜欢写电影评论。30年代,天津出版的《国强报》,由资深导演沈浮担任该报副刊《鲜货摊》的编辑,该副刊版面活跃,文字庄谐并重,经常刊载影剧评论,很受读者欢迎。谢添不仅是《鲜货摊》的忠实读者,还是忠实撰稿人,由此他与沈浮相识相知。他们都有一个共同的爱好就是喜欢卓别林,而且看过所有卓别林的电影,一谈到卓别林,两人就来了兴趣,从此成了终生挚友。在谢添眼里,沈浮就是一位艺术修养很深的师长,在他后来从影的经历中,沈浮又一次次地给了他帮助,成为他在事业上最重要的引导者。

1935年,谢添从英文商务专修学校毕业后,靠自己的画画技能考进了一家广告公司。不久沈浮让他到上海谋生,谢添于1935年底离津赴沪,他先加入狮吼剧社,参加了《名优之死》《群鬼》《贫非罪》等话剧的演出,并担任主角。1936年,谢添初登银幕,在明星影业公司拍摄了《马路天使》《夜会》《清明时节》《生死同心》等影片,并主演了《母亲的秘密》《梦里乾坤》等影片。

1937年淞沪抗战后,谢添在沈浮的介绍下加入上海影人旅行剧团赴四川、重庆等地。1939年,他在西北电影制片厂担任演员,参加拍摄了影片《风雪太行山》,并在沈浮编导的话剧《重庆二十四小时》《小人物狂想曲》《金玉满堂》中担任重要角色。抗战胜利后,他与沈浮一起回到北平,在"中电"三厂合作拍过《圣城记》《追》两部影片,沈是导演,谢是主角。新中国成立后,谢添进入北京电影制片厂,先后在《新儿女英雄传》《六号门》《林家铺子》《无穷的潜力》等多部影片中饰演过不少性格迥异的角色。1958年,在影片《林家铺子》中,谢添成功地塑造了林老板这个既是被压迫、被剥削者,又是压迫、剥削者的旧社会小商人的艺术形象。谢添一生饰演的银幕人物无数,他能准确地把握每一位特定人物的复杂心态,并使每个人物的形象都独具风采。

谢添导演的影片有十余部,其中《小铃铛》《甜蜜的事业》《茶馆》《七品芝麻官》等相继获奖。1982年,谢添成功将老舍的名著《茶馆》搬上了银幕,1983年获第三届中国电影金鸡奖特别奖和文化部1982年优秀影片特别奖。1989年,谢添导演的电视连续剧《那五》获中国电影制片厂优秀电视剧一等奖。

2003年12月13日,谢添在北京逝世,终年89岁。

参考文献:

天津市地方志编修委员会办公室、天津市广播电视电影局、天津广播电视电影集团编著:《天津通志·广播电视电影志》,天津社会科学院出版社,2004年。

任大星主编:《中国天津电影史话》,中国文史出版社,2005年。

（杨秀玲）

新 翠 霞

新翠霞(1920—2004),本名李禹芳,生于天津。幼年时非常喜爱著名评剧演员刘翠霞的演唱,13岁便拜其门下学习刘派评剧艺术。李禹芳天资聪慧,刘翠霞很喜爱这个嗓音条件和自己相像的小姑娘,给她起了一个艺名叫小翠霞。

小翠霞机灵聪慧,刻苦努力,在刘翠霞的带领下,30年代后期,小翠霞开始崭露头角,随即走红天津剧坛。小翠霞经常给刘翠霞配戏,演《绣鞋记》时,师父演张糖,小翠霞就演张秋莲。演《花为媒》时,师父演张五可,小翠霞就演李月娥。师徒二人的对唱精彩,有的唱段二人的演唱听起来简直难以辨别,这样的演出受到观众的极大欢迎。在向刘翠霞学艺的4年里,小翠霞演出了传统戏《珍珠塔》《金鱼仙子》、时装戏《空谷兰》《杨三姐告状》等。在表演中小翠霞深得刘翠霞的真传,调门和演唱技巧逐渐成熟,观众称赞她"青出于蓝而胜于蓝"。17岁以后的小翠霞开始独立演出,改名为新翠霞。

新翠霞善演花旦,在声腔艺术和换气技巧方面颇有自己的独到之处。 新翠霞的用气、发声灵活协调,演唱音质厚重,刚柔相济,朴实、奔放。在她的唱腔里,经常使用颤音。她把颤音运用到刘派拿手的搭调里,即所谓"喉腔大颤"。她演唱时以丹田气为主,善于运用腹腔、胸腔、头腔、后脑腔等部位的腔体共鸣,演唱起来气力十分充沛,精彩感人。如《牛郎织女》中织女被迫返回天庭,夫妻离别一段,一波三折,三起三落,奔放淋漓,尽情抒发了人物满腔的悲愤之情,字字腔腔敲击着观众的心,颇具艺术感染力,成为新翠霞演唱技巧的代表唱段。

1949年2月,天津正风剧社成立。新翠霞拒绝了其他班社的高薪邀请,参加了正风剧社。她以饱满的热情、认真的态度,积极投入新剧目的排练,先后主演了《妇女代表》《爱情》《张士珍》《牛郎织女》《相思树》《小忽雷》等多部现代戏与新编历史戏,都给观众留下了极为深刻的印象。

《刘胡兰》是新翠霞的代表剧目。新翠霞在《刘胡兰》一剧中运用了很多创新的成分,剧中云周西村的群众送子弟兵上前线,刘胡兰留在后方工作的唱段,新翠霞大胆地吸收了山西民歌的曲调,运用节拍自由的散板唱出了"一道道水来,一道道山……"接着以高亢激昂的音调,略显缓慢地节奏唱出"青山绿水紧相连……"当唱到"放心吧,别挂牵"时,顶着板唱,听着热情奔放,十分感人。

1953年,在正风剧社的基础上成立了天津市评剧团,剧团成立后排演的第一个剧目就是《妇女代表》,由新翠霞、六岁红、羊兰芬、莲小君担当主演,首演于黄河戏院。新翠霞在剧中扮演的张桂荣,形象鲜明,大公无私地维护集体利益。新翠霞演技纯熟、气息饱满、节奏铿锵,表演感人至深。1954年,新翠霞还参加了天津市首届戏剧汇演,她因在《妇女代表》中的表现,荣获演员一等奖。由她主演的《牛郎织女》于1956年赴朝鲜演出,引起极大轰动,受到广泛好评。

1958年11月,由天津市评剧团、进步评剧团、民艺评剧团合并组建天津评剧院,新翠霞任二团主演。新翠霞积极探索评剧唱腔的创新,她认为评剧老腔不够丰富,但也不能全剧句句是新腔,她把唱段根据情况分成三部分,开始——老腔,中间——新腔,结尾——老腔,这样既不脱离传统,唱腔也有所变化。[1]新翠霞对唱腔的创新受到业界的普遍赞同,同时也推动了评剧唱腔的改革与发展。

1963年,新翠霞调往郑州市评剧团担任主演,支援地方戏曲发展。

---

[1]新翠霞:《我对创新腔的看法》,《天津日报》,1961年6月11日。

1976年后，新翠霞难忘故土，时常带着郑州市评剧团来天津演出。退休后回到天津居住，她和六岁红、莲小君、筱玉芳、羊兰芬等曾被邀重上舞台，演出了《刘胡兰》选场和《妇女代表》。2001年，重病在身的新翠霞在轮椅上与观众见面，受到观众的热烈欢迎。

2004年9月，新翠霞在天津去世，终年84岁。

参考文献：

胡沙：《评剧简史》，中国戏剧出版社，1982年。

天津人民广播电台戏曲组：《评剧名家演唱艺术》，中国广播电视出版社，1988年。

张平、文华：《评剧明星》，春风文艺出版社，1985年。

天津市评剧院艺术室编：《评剧唱腔选》，百花文艺出版社，1960年。

王林：《评戏在天津发展简史》，天津人民出版社，1991年。

（齐　悦）

熊 炳 琦

　　熊炳琦(1884—1959),字润丞,山东济宁人,1884年2月5日(清光绪十年正月初九日)出生于济宁市熊家街。[1]

　　熊炳琦自幼聪明,勤奋好学。1905年清廷废除科举,熊炳琦辍学到兖州城里学徒。1905年熊炳琦在保定入伍。因才貌出众,熊炳琦很快被提拔为司书生,后被保送到保定陆军军官学堂深造。毕业后,任冯国璋禁卫军二等参谋。[2]1911年武昌起义后,随冯国璋赴前线镇压辛亥革命,任第一军司令部机要参谋官,获得冯的信任。1913年7月,升任直隶都督府参谋。12月,冯国璋任江苏都督,熊炳琦随任江苏督署军务科长,授陆军少将。后冯国璋任大总统,熊炳琦随之进京,任总统府侍从武官兼参谋长。1918年,冯国璋辞职,熊炳琦转任陆军大校长,不久,晋升中将。1919年11月,辞去陆大校长一职,第二年转投曹锟。[3]

　　1922年9月,曹锟任命熊炳琦为山东省省长。1923年8月,黎元洪辞去大总统职务,国务院备文催促国会选举大总统,熊炳琦被曹锟急召入京,通过舆论和金钱手段助曹锟贿选。同年10月5日,曹锟贿选当上大总统。1924年3月,吴佩孚向曹锟政府弹劾熊炳琦卖官鬻爵。同年9月,冯玉祥倒戈,回师北京,曹锟被囚禁于延庆楼,北京政权垮台,熊炳琦随之被免职。1926年6月3日,奉直联合讨伐冯玉祥,应吴

---

①时鉴总编:《孔孟之乡名人名胜名产》,山东大学出版社,1996年,第695—698页。

②③王俯民编著:《民国军人志》,中国广播电视出版社,1992年,第577页。

佩孚之邀,熊炳琦复出。在此期间,代表吴佩孚参加由孙传芳发起召开的段祺瑞、吴佩孚、孙传芳三方联合会议,共同抵御国民革命军。随着北伐军节节北进,吴佩孚的势力崩溃。1927年,冯玉祥重新任职,熊炳琦又被赶下台。从此,熊炳琦无心政事,开始经营实业,在天津投资经营天津利中酸厂,长期担任利中酸厂的董事会董监。[①]他还投资了东亚毛呢厂,任董事长。1937年天津沦陷后,熊炳琦拒任伪职。

新中国成立后,熊炳琦三次当选天津市人民代表,曾担任天津市民革副主委。

熊炳琦的军事手稿《武汉战纪》极具史料价值。全书详细记录了清朝新式军队——北洋六镇开赴武汉镇压辛亥革命的历史,为现存唯一一部由清军参战高官记录镇压武汉辛亥革命全过程的内部手稿。

熊炳琦于1959年1月在天津病逝,终年75岁。

参考文献:

时鉴总编:《孔孟之乡名人名胜名产》,山东大学出版社,1996年。

王俯民编著:《民国军人志》,中国广播电视出版社,1992年。

王志民主编:《山东重要历史人物》第5卷,山东人民出版社,2009年。

(张雅男)

[①]王志民主编:《山东重要历史人物》第5卷,山东人民出版社,2009年,第79—84页。

熊 希 龄

熊希龄（1870—1937），字秉三，号明志阁主人，署双清居士，湖南湘西人。1870年7月23日（清同治九年六月二十五日），熊希龄出生于湖南湘西凤凰县一个三代从军的军人家庭。

熊希龄自幼接受严格的家教，6岁入私塾，因为禀赋出众，勤奋过人，熊希龄在少年时代便有"湖南神童"的美誉。7岁时随父亲回到沅州府芷江县熊公馆的祖父身边，殷实的家庭环境为他求学奠定了基础。1884年，经过多年的私塾苦读，年仅14岁的熊希龄考中秀才，后入芷江县的秀水书院继续学习。

1888年，江苏宝山人朱其懿担任沅州知府。朱其懿就职后，了解到沅州学风不振，数十年来乡会试榜久未中人，于是决意从振兴本地教育着手。在他的努力下，1889年沅水校经堂正式落成开学，该校是一所具有改革精神的新型书院，一反当时盛行的科举教育模式，而以"实学课士"为宗旨。所谓"实学"，即以经史为治学之根本，此外，对辞章、舆地、农政、河渠、兵谋兼而习之。为造就有用人才，朱其懿延揽通经名宿为主讲，师资雄厚，熊希龄立即投考到该校就学。正是在这里，熊希龄眼界大开，逐渐有了经国济世的抱负。后在沅州府接连两次考试成绩优异，受到沅州知府朱其懿的重视。1891年3月，熊希龄被保送到长沙湘水校经堂攻读，同年秋应乡试中举人。1892年4月入京参加进士考试，会试得中。1894年5月殿试中进士，授翰林院庶吉士。

1894年7月，中日甲午战争爆发，清军在对日战场上一败涂地，1895年清政府签订丧权辱国的《马关条约》。这一惨痛的失败，让熊希龄从信赖清政府的迷梦中惊醒,并很快转入了要求改革政治的阵营。

1896年,熊希龄上书洋务派首领、湖广总督张之洞,强烈要求变法维新,本人随后也投笔从戎,被张之洞委为两湖营务处总办。熊希龄深刻认识到清朝军队的各种积弊,撰写了《军制篇》,强烈要求改革军制,以增强清军的战斗力。但熊希龄的建议如泥牛入海,他不得不等待新的时机。而此时,熊希龄的家乡湖南在巡抚陈宝箴的支持下已然展开了轰轰烈烈的维新运动,熊希龄于是回到湖南帮助陈宝箴办理新政。1897年,在陈宝箴的支持下,他与岳麓书院山长蒋德钧等在长沙创办时务学堂,并担任总理。与谭嗣同、唐才常等创设南学会,创办《湘报》,以推动变法维新。

1898年,戊戌变法失败,熊希龄遭革职并交地方官严加管束。1902年5月,朱其懿任常德知府,创办西路师范讲习所,邀请熊希龄任讲席,复出于教育界。1903年秋,赵尔巽继任湖南巡抚,对熊希龄倍加提携。赵尔巽升任东三省总督后,任熊希龄为屯垦局总办。清廷派五大臣出洋考察宪政时,熊希龄经赵尔巽推荐出任参赞,回国后任东三省农工商局总办、奉天盐法道、东三省财政监理官等职,当时有理财能手之称。在立宪运动中,熊希龄往来于清政府大员袁世凯、端方、赵尔巽和立宪派首领梁启超等人之间,冀图以立宪消弭革命。

1911年10月辛亥革命爆发后,12月熊希龄由奉赴沪,拥护共和并加入中华民国联合会。1912年4月,任唐绍仪内阁财政总长,同年7月辞职,旋任热河都统,次年被举为进步党名誉理事。袁世凯镇压二次革命后拉拢进步党人组阁,任命熊希龄为国务总理兼财政总长。1914年2月熊希龄被迫辞职,旋即被袁世凯委为全国煤油矿督办。1917年2月,熊希龄决意隐退,住在天津英租界。

熊希龄退出政坛后,仍然忧心国事,眷念桑梓。1917年夏末秋初,河北境内大雨连绵,山洪暴涨,京畿一带顿成泽国,受灾县达103个,灾民超过600万人。彼时,熊希龄在天津的寓所也被河水吞没。熊希龄目睹灾民的惨状,立刻奔赴北京,向中国银行公会求助,得到捐款万余元,交给了京师警察厅购买粮食,运到天津赈灾。同时,他又向政府提出赈灾的建议,极力主张筹款,赈济灾区所有饥民。大总统冯国璋命财政部拨款30万元交熊希龄赶办急赈,而严寒将至,仅取暖用的赈衣一项,就需支出数百万。熊希龄决定广集民间资力,以补官款不足。1917年10月8日,他利用自己在社会上的影响力,向全国各省发出请赈通电,希望全国各地诸君子"胞与为怀,本其己饥己溺之心,为披发缨冠之救"。熊希龄以身作则,先捐现洋500元,又命家中女眷缝纫棉衣100套,捐给难民。同时,熊希龄还联合梁启超等人共同发起水灾游艺助赈会,"征集物品、出售彩票,以所得票资尽数充赈",并凭借个人声望,向外国洋行借款数百万元,作为救济专款。此外,他发电请求唐山、开滦等矿务局捐赠煤炭5000吨,并要求北洋政府为赈灾提供诸多便利。为了统一放赈,熊希龄还组织成立了联合小赈机构——京畿水灾筹赈联合会,自任督办,尽力办理赈务和河工,拯救了无数生命。

1918年4月,河北水患已平。熊希龄考虑建一所永久性的机构,用于收养这些无家可归的孩子,遂在清行宫香山静宜园创建香山慈幼院。熊希龄在办理香山慈幼院的过程中,形成了一种慈善教育思想,即慈善观与教育观相结合的思想。香山慈幼院从1919年破土动工建设到1920年正式开园,一直到1949年结束,共办了30年,先后培养学生6000多人,大部分都成为国家和社会的有用人才。

1922年4月,直奉大战爆发,军阀混战连绵,熊希龄决定组建一个永久性的慈善机构,用于应对无休止的天灾人祸。1922年10月28日,熊希龄等中外人士联合发起成立以"促进世界和平、救济灾患"为宗旨的慈善救济机构——世界红卍字会在北京成立。1925年,熊希龄被推举为会长,直到他去世,连任三届,历时12年之久。任职期间,熊希龄组织救护队奔赴战地,救济灾民,埋葬遗骸,收容妇孺,成绩甚优。同时,他还多次亲手草拟函电,劝告交战的各方军阀停战议和。平常年份,世界红卍字会开办残废院、育婴堂、盲哑院、卍字医院、平民工作所、平民贷济处、冬季粥厂,等等。1928年南京国民政府成立后,仍准许世界红卍字会继续立案,并任命熊希龄为赈款委员。1931年,熊希龄著《十六省救济水灾意见书》,对于救济的办法、措施、步骤等做了十分详尽的论述。

熊希龄的爱国热忱更值得称道。1925年五卅运动中,他在北京发起组织"沪案失业同胞救恤会",并参加集会游行,追悼死难同胞。1931年九一八事变后,他动员家人和香山慈幼院的师生投身抗日救国活动,同时与朱庆澜等组织中华民国国难救济会、上海湖南人国难救济会,并呼吁张学良、冯玉祥等将领坚决抗日,积极为抗日救亡奔走。上海一·二八淞沪抗战时,他致电蒋光鼐、蔡廷锴等支持抗日,在上海组织"卫国阵亡将士遗族抚恤会",并赴京敦促国民党政要抗日,还将自己的全部家产捐给社会慈善事业,在平、津、湘三地举办12项慈善事业。热河长城抗战时,熊希龄亲临前线慰问,组织救护队救死扶伤。1937年八一三淞沪战起,熊希龄主张长期抗战,他在上海与红十字会合力设立伤兵医院和难民收容所,收容伤兵,救济难民。平沪沦陷后,他赴香港为难民、伤兵募捐。

1937年12月,熊希龄病逝于香港,终年67岁。

熊希龄著有《香山集》两卷存世。

参考文献:

李新等主编:《中华民国史·人物传》第7卷,中华书局,2011年。

周庆年:《一个人为人民做好事人民是不会忘记他的——记民国大慈善家熊希龄二三事》,《前进论坛(健康中华)》,2007年第3期。

(柏艺莹)

徐 根 元

　　徐根元(？—1945)，河北饶阳人。他原为冀中根据地八地委干部，1944年9月，由冀中根据地八地委城工部派遣来到天津从事敌占区城市工作，任务是宣传抗日战争的大好形势和党的方针政策，组织群众开展抗日斗争，同时不断向根据地提供敌人的军事情报。

　　徐根元接受党的派遣后，于1944年9月随同李悦农、洛涛、高东田等人，通过党的地下交通线来到天津静海管铺头村。当时中共津南工作委员会刚刚成立，徐根元来到后被分配在津南工委第六工作组工作。第六工作组活动的范围在西郊梨园头、李七庄一带。经过深入工作，他了解到王兰庄早在抗战前就建有党的支部，并有10名经过考验立场坚定的早期老党员，只是后来由于形势的变化，他们与上级党组织失去了联系。经过深入考察和上级批准，徐根元第六工作组同这个支部建立了组织关系。从此王兰庄党支部成为徐根元进行活动的依托和堡垒。

　　徐根元在群众中站稳脚跟后，便向周围村庄的敌伪工作人员及其家属深入开展政治工作，宣讲抗日战争形势，指出日本侵略者即将被赶出中国，告诫他们不要死心塌地为敌人做事。同时向他们讲明党的政策：只要表面敷衍敌人，内心向我，大部不抓，一个不杀，立功授奖。在徐根元政治工作的推动下，绝大部分敌伪工作人员转到抗日立场上来，为抗日活动顺利开展创造了有利条件。如徐根元每到一村进行抗日宣传，都通过伪保甲长召开群众会做掩护。在王姑娘庄、大倪庄、梨园头等村挖掘地道，也通过伪保甲长组织群众公开进行，待地道挖成后再由党员和骨干群众改道和开洞口。这样就逐渐以王兰庄为中心，在周围各村建立起抗日民主政权；距王兰庄较远的村，也建立起由党组织控制的"两面"政权，为西郊抗日斗争的深入开展奠定了坚实基础。

抢夺敌人物资，破坏敌人殖民统治和军需供应，是对敌斗争的重要内容。当时敌人在长泰强占良田，设立大合农场，他们强迫当地农民种稻，收获的稻谷全部供应敌人军用，中国人不准食用。1944年，在稻子收割季节，为解决群众吃米问题和支援根据地抗日战争，徐根元准备组织群众抢割大合农场稻谷。这个想法向上级汇报后得到领导批准，但向群众动员时，少数群众思想有顾虑，一怕被敌人抓住，二怕敌人报复。为了顺利进行这场斗争，徐根元同农民一起去农场干活，了解地形，侦察敌情，然后制订了确有把握的斗争计划，率领各村党员、骨干群众200多人，提着磨快的镰刀，扛着扁担和绳子，于一天深夜悄悄潜入稻地。徐根元指派几人放哨，然后一声令下，200多人铆足了劲，割的割，捆的捆，扛的扛，挑的挑，3个小时左右的时间，将20亩稻谷抢割精光，胜利返回村庄。这次首战告捷，极大地鼓舞了群众斗志。抢割的稻谷碾成稻米后，分给农民一部分，剩余部分通过内线换成枪支弹药，运送到根据地。

经过初战的胜利，群众劲头更足了，也有了斗争经验。随后在徐根元组织领导下，又打了几场漂亮仗。一次在徐根元组织领导下，王兰庄周围几个村的群众配合武工队，抢了唐口奶牛场40多头奶牛和一批物资。还有一次在武工队配合下，徐根元组织领导王兰庄周围十几个村的群众，抢割了广发、德盛窑场附近敌人近千亩稻地。敌人企图用机枪向群众扫射，但被武工队火力压制，群众在武工队的掩护下胜利返回。

1945年8月15日，日本宣布无条件投降。然而蒋介石却企图独吞抗战胜利果实，命令日军坚守原来阵地，等待国民党军受降。1945年

8月下旬的一天,徐根元正在王兰庄召开干部会议,侦察员跑来报告,广发、德盛窑场的日军正在向外抢运物资。徐根元当即与梨园头武工队联系,决定组织群众夺回敌人抢运的物资。在武工队配合下,徐根元率领王兰庄周围各村群众乘船前往堵截,敌人开枪企图顽抗,被我武工队猛烈火力压了下去,敌人见势不妙,仓皇向李七庄逃窜。被截获的物资有稻米、奶牛、猪和羊等,徐根元组织群众将物资装上船,自己坐在船尾护航。船行至中途,突遭潜伏敌人狙击。当敌人向船上群众开枪射击时,徐根元毅然用自己的身躯挡住敌人的子弹,献出了年轻的生命。

徐根元牺牲后,西郊人民极为悲痛,群众将他的遗体安葬在西郊土地上。

参考文献:

中共天津市委党史资料征集委员会编:《天津抗日英烈》,天津古籍出版社,1995年。

(林　琳)

徐 克 达

徐克达(1882—1962),字指升,天津人。徐克达生于1882年,其父徐鹤亭从事盐务工作,在徐克达尚未出生时因病去世。徐克达从小家境贫寒,靠母亲为别人做针线活度日。

徐克达8岁入私塾学习,攻读四书五经,16岁时考取贡生,后在严修创办的天津县师范讲习所继续求学,1906年毕业。是年,天津公立中等商业学堂创建,他被推荐到该学堂任国文兼书法教员,并兼任监学。徐克达对古文、古诗词有研究,还写一笔好字。他讲授国文课十分生动,感染力极强。

1914年春,该校改为天津公立甲种商业学校(简称"甲商"),校址在东马路。1916年,该校监督李子赫因病出缺,由徐克达接任校长。徐克达任校长后,"每日黎明趋校,傍晚不归"①。

徐克达的办学宗旨是为社会培养中级商业管理人才。为了实现培养目标,他聘用曾留学日本的刘光笏、谢宝清、刘隽选等人先后任教务主任。在徐克达的支持下,继任代理教务主任的高文彬创办了学生实习银行、实习商店,出版《商职月刊》,设计了一整套关于国际贸易需用的单据表格、来往函件等,对学生实习帮助很大。

徐克达千方百计聘用高水平的师资,二三十年代,"甲商"有四大顶梁柱——周康民、张启元、韩瑞芝、王炳书。徐克达还邀请知名学校

---

① 徐维瑾:《从甲商到育才高商》,天津(私立)育才高级商科职业学校校友会编辑委员会编:《育才校友》创刊号,1947年5月。

优秀教师来校兼课。到了四五十年代,"甲商"更是人才济济。

徐克达在该校开设英文课的基础上,还要讲授英文尺牍(后改为英文通信)、英文商业会话、英文习字(此为该校所有,有英文字帖,由学校北侧的永兴洋纸行发售)、英文打字,会计学课程属于专业课程,也是从基础课程学起。还开设了统计学、新经济学原理(政治经济学)、汇兑学和货币银行学。该校课程设置讲究科学性、连续性和系统性,形成有机的整体。徐克达勇于接受新事物,对于使用新式簿记起到了推动作用。在徐克达的支持下,"甲商"教师韩瑞芝设计出一套改良中式账簿的方法,对学生经过一段指导培训后,逐步由旧账过渡为新式簿记,学生们参加社会工作后,不少单位采用了这种新式簿记。

徐克达好书法,临写欧体,与天津著名书法家华世奎、李学曾等为世交。学校一、二年级开设习字课,他亲自任教。他教课时对学生要求非常严格,文房四宝必须带齐,还必须带钢尺、仿圈,要求学生握笔姿势必须正确。他要求学生在校5年期间都要练习写字。徐克达还经常带领学生观摩著名书法家写字。

徐克达非常注重将理论与实践相结合。他在亲自担任国文课教学中,特别注重学生对语文知识的运用,加强各种商业应用文的练习。为了给学生提供史多的实践机会,学校成立了商品研究室。为配合商品学教学,学校开设了商品陈列室,还建立了实习银行、实习商店。该校开设了中、英文打字课,学生打字熟练,又会修理打字机,实际工作能力很强。由于徐克达坚持通才教育,注重理论联系实际,使学生获得了实际所需要的知识和技能,所以"甲商"的毕业生以适应性强而闻名,深受社会各界的欢迎。

徐克达勤俭办校,把所有的经费用于学校的建设,添置教学设备,聘请高水平的管理人员和师资,自己却粗茶淡饭。1930年,他千方百计集资,将东马路校舍盖成一栋两层楼房。

抗战期间,办学异常艰难,招生人数越来越少,但学生越砥越精。

书籍缺乏,就用讲义补充;后来纸张也缺乏,学生就以手抄笔录来代替刻印的讲义。徐克达与日伪教育局周旋,他选讲文天祥的《正气歌》等教材,教育学生要保持民族气节。他还利用朝会、周会对学生进行反奴化教育。

徐克达对学生要求严格,同时又十分关心。他最注重学生的德育。每日清晨,他都站在一进校门的小院里,面带笑容注视着走进校门的学生,哪个学生在穿戴、头饰、行为上有不检点的地方,他一眼就能发现,马上叫过来教育几句。徐克达对品学兼优的学生格外喜爱,为前三名学生减免学费,有的毕业后还留校任教。他曾经说过:"我之对待诸生,亦就不以学生的地位看待;实在超于这种地位,而作为我家的子弟一样看待。同学们在我的心念之中,亦就成为一种极大的力量。"[①]

抗战胜利后,徐克达满心希望能把学校搞得更好,但是国民党政府极其腐败,物价飞涨,许多教师被迫离开学校,他也从希望变成了失望。

新中国成立后,学校先后改名为天津育才财经学校、育才普通中学,1952年改为天津市立第三十六中学。1952年,徐克达离职,其任该校校长达40年。1953年,徐克达被聘为天津文史馆馆员。

1962年1月,徐克达因病逝,终年80岁。

参考文献:

潘强主编:《天津近现代著名教育家传略》,天津教育史研究会,1995年内部印行。

天津市政协文史委编:《近代天津十二大教育家》,天津人民出版社,1999年。

(张绍祖)

---

①徐指升:《我和学校的关系》,载天津公立商科职业学校编:《商职月刊》第3卷第2期,1936年。

徐 世 昌

　　徐世昌(1855—1939),字卜五,别号菊人、弢斋、东海,又号水竹村人,原籍天津,出生于河南汲县一个官宦世家。徐世昌的曾祖徐廉锷进士及第,官至知县。祖父徐思穆,官至河南中河通判。父亲徐嘉贤,17岁从军参加镇压太平军,因军功受赏为候补县主簿,25岁病故,徐世昌时年7岁,下有5岁幼弟名世光,二人依靠寡母,贫寒度日。徐世昌幼年母教甚严,靠典当延师教子,并亲自督课。

　　1871年,徐世昌开始课人兼自学,因善书小楷,先后在沁阳、太康、淮宁诸县署任文书或家馆教师。1879年在淮宁县认识袁世凯,结为异姓兄弟。

　　1882年,在袁世凯的资助下,徐世昌、徐世光兄弟赴应天府参加光绪壬午科乡试,双双考中举人。1886年春闱,兄弟俩再次进京参加会试,徐世昌中进士,授翰林院庶吉士,1889年授编修。

　　1895年12月,清廷任命袁世凯在天津小站编练新建陆军。1897年,袁世凯向清廷奏请徐世昌为新建陆军营务处参赞,他从此成为袁世凯的得力智囊。

　　徐世昌是翰林出身,故受到将领尊重,皆称之为师。徐自学军事及英语,参考外国军事资料,先后编写了《新建陆军兵略存录》及《操法详晰图说》13册,制定了中西结合的军制、法典、军规、条令及战略战术原则,以统筹全军训练及教育。

　　1900年,八国联军占据京津,徐世昌随慈禧太后、光绪帝逃至西安。后又得张之洞、袁世凯的保荐,徐世昌受到重用,相继涉足清廷政务、财务、军务、学务。当时列强不允许天津城内驻扎中国军队,徐世昌协助直隶总督袁世凯创建了中国最早的巡警制度,对维持社会治安发挥了积极作用。1903 年,清政府设立商部,任命徐世昌为商部左丞兼管政务处、财务处,协助袁世凯在天津推行"北洋新政"。如 1907年,徐世昌与严修、卢靖等人谋划,在天津成立第一家官办图书馆——直隶图书馆,并捐赠大量图书。1909 年,在徐世昌的支持下,中国第一个地理学会在天津成立,并创刊《地学杂志》。

1904 年,徐世昌署兵部左侍郎。次年初以兵部侍郎兼会办练兵事宜,同时授军机大臣,督办政务大臣,9 月调任巡警部尚书。1907 年 4月,清廷将东北改设行省,徐重贿庆亲王奕劻,并通过袁世凯举荐,得为"东三省总督兼管东三省将军事务",权势在东三省各省督抚之上。

1908 年 11 月,溥仪继位,摄政王载沣当权。次年 1 月,袁世凯被罢官,徐因与袁关系密切也受到牵连,但他施展官场手腕,通过向亲贵行贿等手段取得了载沣信任。2 月,清廷内召徐世昌任邮传部尚书兼津浦铁路大臣。1909 年 8 月,徐复任军机大臣,旋授体仁阁大学士。1911 年 5 月,清廷裁军机处,改设"皇族内阁",奕劻为总理大臣,徐为协理大臣。1911 年辛亥革命爆发,徐力主起用袁世凯镇压革命。1912年袁世凯继任中华民国临时大总统后,徐世昌一度退出政坛,隐居青岛观望政局变化。

1914 年 5 月,徐世昌接受袁世凯的邀请,出任北京政府国务卿。1915 年,袁世凯公开推行帝制,徐世昌于 10 月提出辞职,退居河南辉县水竹村。1916 年 3 月,袁世凯被迫取消帝制,再次起用徐为国务卿。袁世凯死后,徐世昌又回到水竹村,自称"水竹村人""退耕老人",等待时机。11 月,徐世昌以北洋元老的身份应邀到京,调解大总统黎元洪和国务总理段祺瑞之间的权力斗争,事后返回天津。1917 年 7 月,张勋复辟,以"上谕"方式敦请徐世昌入京。徐世昌闻知,两次电劝张勋离军引退,谴责张勋是鲁莽分裂行为,为国家之祸首。

1918年10月,直皖两系矛盾激化,安福国会选举徐世昌为中华民国大总统。第一次世界大战结束后,国际社会"劝告"中国南北政府"停战议和",方能出席巴黎和会。徐世昌抓住机会,提倡"偃武修文",1919年2月召开"南北议和"会议,但因各系势力争斗,一无所成。5月,五四运动爆发,身为大总统的徐世昌一方面劝学生赶快回校,一方面命令军政人员不许动武,罢免曹汝霖、陆宗舆、章宗祥职务,拒绝补签订和约及中日直接交涉山东问题,缓和全国舆论。1919年10月,徐世昌下令举行秋冬祭孔,支持张凤台等人创办"四存学会",发行《四存月刊》,撰写《锼斋述学》等文章,主张尊孔读经,反对新文化运动。

徐世昌在大总统任上及卸任后,支持严修创办南开大学,并捐出1.67万余元。张伯苓校长承诺,凡徐家后人入南开毋庸考试,而徐家后人从未享此殊荣。1920年,徐世昌批准中国第一家民营研究机构"黄海化学工业研究社"成立。

1922年6月,在吴佩孚、曹锟等人逼迫下,徐世昌辞去大总统职务,回到天津居住,先是住在意租界其堂弟徐世章家中,后迁入英租界新居。在息影政坛的十数年间,徐世昌不问政事,或著书立说,或写字绘画。徐世昌曾以大总统令增补《新元史》为第二十五史,辑印《水竹村人诗集》12卷,1924年刊行《归云楼题画诗》6卷,1933年刊行《拣珠录》76卷。徐诗内容宏阔,时间跨度大,悠优而闲适,简洁而清远。此外徐世昌喜刻书,设有徐东海编书处,刊刻的主要有柯劭忞主编的《新元史》257卷等图书数十种。

徐世昌自幼年学画,所画山水、松竹等造诣甚高,但一般不轻易送人。徐世昌晚年作画只为自娱,且每画必题诗,工整缜密。徐世昌的书法刚健不失俊逸,端庄不失洒脱。1934年,徐世昌八十大寿。早在前一年,他就亲笔写了几百副对联准备赠送来宾。及至其寿诞之日,每位祝寿者皆以能得到其书联为荣。1935年,他应天津水西庄遗址保管委员会之请欣然题写"水西庄"横幅。另外,他还题写过"正兴德""成兴茶庄""德昌公""直隶书局"等匾额,诸多名店以悬挂徐世昌的书法为荣。1926年,徐世昌将其书法作品汇集成《水竹村人临帖》3册、《石门山临图帖》1册,刊印发行。

徐世昌晚年在政治上比较清醒,对那些找上门来的政客总是巧妙回避。西安事变后,他对家人说:中国只有抗战才能救亡。七七事变后,徐世昌对日本方面的动态十分警觉,并开始闭门谢客。1938年,日本板垣师团长及土肥原贤二特地拜见徐世昌,请其出任华北伪政权职,遭到徐世昌的严辞拒绝。日本人又派徐世昌门人金梁等人前来游说,徐世昌怒斥金梁,拒不出山。

1939年6月5日,徐世昌病逝于天津,终年84岁。

徐世昌写有《韬养斋日记》,起自1885年2月15日,终于1939年5月19日,累计54年,全稿约150万字,后整理成《徐世昌日记》(24卷),于2015年由北京出版社出版。

参考文献:

何虎生主编:《民国总统家世》,甘肃文化出版社,1999年。

李新等主编:《中华民国史·人物传》,中华书局,2011年。

国家清史编纂委员会编:《徐世昌日记》,北京出版社,2015年。

王振良主编:《三津谭往2013》,天津古籍出版社,2015年。

(张金声)

徐世襄

徐世襄（1886—1941），字君彦，号朴园，天津人。徐世襄是民国大总统徐世昌的堂弟，在各个兄弟中颇受徐世昌赏识，关系比较亲密。

徐世襄幼年丧父，随母亲定居河南辉县，10余岁时迁居北京，先后就读于五城学堂及译学馆。1905年，载泽等五大臣出国考察宪政，徐世襄作为随员同去欧洲。后获官费留学英国伦敦大学，攻读法律，之后又到德国柏林大学及波恩大学深造，获法学硕士学位。1912年回国后，经徐世昌推荐，任袁世凯总统府秘书，后又任统率办事处秘书。1918—1925年，历任哈尔滨税务局局长、张家口烟酒局局长、山东海关监督等职。1925年自青岛卸任后一直居住于北京。徐世襄早年居住在北京地安门西大街153号。这是一座五进院落，占地面积颇广，从地安门西大街到铜铁厂胡同，皆为其前后院。

徐世襄是著名收藏家，收藏有许多珍贵文物，其中最著名的两件当属明顾从义摹刻石鼓文砚和赵飞燕玉印。明顾从义摹刻石鼓文砚，现藏天津博物馆，为镇馆之宝，也是国内古代砚林之珍品。其原为明朝宫中之物，后赏赐顾从义，顾氏在砚上摹刻石鼓文。石鼓文砚仿石鼓而刻，厚10厘米，直径18.5厘米，砚盒用紫檀木制成，做工精细，盒周围有清代学者程瑶田的长跋《石鼓砚记》和孙效曾的题诗。砚底有清道光二十一年（1841）朱善旂跋语。石鼓文是中国最早的石刻文字，顾从义摹刻的这方石鼓文砚，对研究石鼓文的内容、字行排列、复原石鼓文的顺序等均具有重要历史价值，目前想看到宋代石鼓文，只有借助这方砚。

石鼓文砚与天津的渊源与徐世襄有关。1935年,徐世襄得知石鼓文砚在北京李氏手中,决心求购。经过一年多努力,翌年终于花重金购得。徐世襄在得到此砚后写了一篇题记刻在砚盒上。新中国成立后,徐氏后人将石鼓文砚捐献给天津市艺术博物馆。

徐世襄的另一个著名藏品是汉代赵飞燕玉印。印面刻有"婕妤妾赵"四字,被历代收藏家视为瑰宝。该印先后由宋代王晋卿、元代顾阿英、明代宰相严嵩和几位著名收藏家收藏过,到清代时又几经辗转,后被徐世襄花重金购得。徐世襄视为瑰宝,不肯轻易示人。新中国成立后,徐世襄的夫人孟老太太将40余方汉印卖给了故宫博物院,经鉴定确实都是汉印,赵飞燕玉印由北京故宫博物院收藏。

1941年,徐世襄逝世于北京,终年55岁。

参考文献:

萧乾主编,姚以恩、刘华庭编选:《新笔记大观》,上海书店出版社,1996年。

白鹤群:《老北京的居住》,北京燕山出版社,1999年。

李宗山:《石器史话》,社会科学文献出版社,2012年。

王爱国:《读玉随笔——探寻古玉中的历史与文化》,江苏美术出版社,2012年。

章用秀:《天津书法三百年》,天津人民美术出版社,2013年。

(张雅男)

徐 世 章

徐世章(1889—1954),字端甫,又字叔子,号濠园,天津人,民国总统徐世昌之堂弟,出生于1889年11月2日(清光绪十五年十月初十日)。早年就读于京师大学堂译学馆,后留学比利时列日大学经济管理系,获学士学位。历任津浦铁路局局长、北洋政府交通部次长、交通银行副总裁、中国国际运输局局长等职。1922年随着徐世昌的下台而去职,寓居天津。

寓居天津后,徐世章不再参与政治,而是致力于实业、教育和收藏。他善于理财,极富经营理念,见天津地势颇佳,"预见到随着经济的发展,人们对土地及房屋的需求会日益殷切,并且房地产为不动产,不会或较少受当时政治、经济、局势动荡的影响,遂把一部分精力和经济力量投到房地产事业中"[①]。他投资建造的房屋同时具备三个特点:一是多在繁华地带且交通便利之地;二是式样独特新颖,质量一流;三是可以满足不同层次用户的需求。他经营的房产多在今睦南道、大理道、马场道、成都道、泰安道及小白楼等处,如河北路上的香港别墅、天和医院办公楼和天津人民美术出版社旁的西式平房等均为他的房产。在施工方面,他对建筑材料更是精心筛选,如外墙用红色缸砖,门窗地板均选用进口菲律宾木。对于房屋结构,他说:"坡顶房不仅美观,而且隔温,冬暖夏凉,所以,我们很少盖平顶房。"[②]为适应公务员、公司职员等社会中层人士的需求,在今成都道的安乐里、永寿里、兰州道的安

---

①②徐绪玲:《记先父徐世章先生二三事》,载天津市政协文史委编:《天津文史资料选辑》第72辑,天津人民出版社,1996年,第84、85页。

宁里等处，他还建造了一些中档住宅。而今泰安道上的景明大楼、小白楼的安乐大楼和云南路上的聚英大楼，则是为满足机关、公司办公用房所建，以方便、实用、美观见长。近一百年过去了，徐世章投资建造的多处建筑至今仍在正常使用。

徐世章先后担任天津铁路学校名誉校董，任天津工商学院、法汉中学、扶轮中学、崇化学会、介寿中学、天和医院、德美医院董事长，天津图书馆董事，东亚、仁立毛纺厂，中孚银行，华新纱厂等多个民族企业董事。天津工商学院本是法国教会所办，二战期间，由于欧洲捐款及经费来源断绝，教会打算停办，裁减员工，遭到师生反对，于是校友会发起募捐。徐世章慷慨解囊，并出任该校董事长。在他的感召下，燕京大学的侯仁之、齐思和、翁独健，南开大学的袁贤能、胡继瑗、张华伦等知名教授学者，齐聚天津工商学院，使该校一时名师云集，声名鹊起，成为当时津门最具吸引力的高等学府之一。徐世章是耀华中学的创建人之一，任董事长时正值天津沦陷，学校经费十分困难。校长陈晋卿多次到徐家协商经费问题，徐世章除自己多次捐款外，还帮助出主意、想办法，使学校度过了这段最艰难的日子。1938年6月27日，耀华学校校长赵天麟被日本特务刺杀后，徐世章呈文国民政府，请求对因公殉命的赵天麟从优褒扬，抚恤家属。

徐世章一生博雅好古，致力于文物收藏，古砚、古玉、碑帖、玺印、书画、善本图书等均在其收藏之列。他收藏的古砚，上至唐宋，以明清两代为主，质地精良，造型俊秀，有陶、瓦、砖、泥、铜、铁、石、瓷、玉、木等品种，名目繁多，风格各异，且多名家题识、名家收藏、名工雕刻。而端石中的清花、蕉叶白、火捺、够鸲眼，歙石中的金星歙，澄泥中的朱砂澄泥等更为稀世之宝。这些古砚有的是文物商送货上门的，有的是他通过朋友介绍从名人后裔手中获得的，而更多的还是他不辞辛苦，往来奔波于全国各地古玩市场淘换来的。所以，每件古砚背后都有一段故事，都凝聚着他的心血和精力。为了搜集文物，徐世章不吝重金。

他购买金大定红陶小砚时,因其为世人罕见的金代遗物,故而几乎用了与之同重的黄金购得。从其撰写的《藏砚手记》中可以得知,从1934年到1937年这4年间,仅用于购砚的款项就达4万余元。

徐世章嗜古如命,从其对砚的悉心呵护也可略见一斑。他所收藏的古砚多是双层豪华装潢,内盒为紫檀木,外盒为楠木、红木或黄杨木。从1934年起,他开始将古砚整理成系列,着手编纂砚谱。为此,从北京请来素有"中国第一拓手"之称的周希丁及其助手傅大卣,为其藏品做拓片。周希丁的拓片技艺匠心独运,不但能尽善尽美地还原石眼、颜色,还能拓出丰富生动的立体感。费时7年,砚谱拓出来后,由擅草书的徐世昌和擅篆书的徐世襄,或他本人作序、题跋,详记藏品名称、形制、尺寸、质料、图案、铭文,考订旧有藏主身世、流传过程,记述收藏经过,装订成册,名曰《濠园砚谱》。徐世章好砚如痴如醉,曾名其书室为"宝砚室",还刻了许多闲章以表心境,如"濠园宝比过明珠骏马""如此至宝存岂多""所宝惟砚""闲人以砚为忙事"等。在《藏砚手记》中他写道:"吾人收集古人之砚,不独以砚材之极美、刻工之精细,而在充分表现其人之心灵、意境、节操、哲理、情绪、诗意等,形之于砚。"这正是徐世章藏砚的主旨所在。

徐世章所藏的古玉,上始新石器时代,下至明清,自成系统,代代相续,极具中国古玉的代表性,具有极高的历史和艺术价值。以商周时期的藏品尤为珍贵,其中西周的燕形玉佩,战国英玉双龙双离佩、青玉谷纹龙形佩,色彩斑斓,光彩夺目,堪称绝世之珍。红山文化青玉兽面形佩,造型奇奥,碾琢圆润,工艺独特,是红山文化玉器中难得的典型佳作。红山文化青玉鹰攫人面佩,"上部琢成一侧首高冠展翅雄鹰,利爪攫持人首,造型精致绝妙,透雕和剔地阳纹并用,展现了古人高超的工艺技巧"[1]。

---

①徐春苓:《徐世章与藏玉》,《中国文化遗产》,2005年第2期。

徐世章收藏的书画、碑帖、铜器、印章、古琴等,虽没有古砚、古玉数量多,但也都是难得的珍品。有清代傅山、傅眉父子画册,设色山水小景十六开,是傅氏父子经典力作;清代黄鼎的《万里长江图》是古代画家所作同一题材最长的画卷;宋拓《西楼苏帖》集宋代苏轼楷书、草书、行书之大成,是宋人书、宋人刻、宋代拓之孤本;而战国山字纹铜镜、汉马形金饰、汉虎羊纹金环饰等也都出自名家之手。

徐世章学养博深,精于鉴赏,不只是单纯的好古与收藏,而且更注重挖掘藏品的文化内涵和学术价值:其一,重视发掘藏品的源地及传世后的流传经历,将藏品的出土地点、时间和历史、艺术特色,记录于囊盒中,以备查考;其二,注重科学研究及其记录,对藏品的时代、文化内涵、定名和评价等,均对照典籍考证确凿。而他搜集的大量相关资料,如铭者、收藏者的墨迹、印章、墨、条幅、著作等。极大地充实了文物流传经历及准确性,同时也为后来的研究工作者提供了方便。

徐世章不仅是我国著名的收藏家,也是一位民族文化的保护者。面对旧中国深受外侮、内乱之扰,大批民族文化遗产外流的现实,他痛心疾首,尽自己最大努力,以毕生精力收藏并保护了一批重要文物。这些国宝也曾引起洋人的垂涎,国民党统治时期,美国某大财团出价数百万美元收购他的文物,被其断然拒绝。当解放战争的炮声在天津城上空隆隆响起时,城内一片混乱,达官贵人、富商豪贾,纷纷携金银细软南逃。这时又有人劝他携文物去美国,享受高级华人的生活,他却说,中国古代文化遗产绝不能从我手中流散到国外!

新中国成立后,徐世章积极投身祖国的建设事业,为支持抗美援朝,他卖房捐献1.5万元购买飞机大炮。为支援国家经济建设,认购2.5万元10年期公债,成为当时全市私人认购公债数额最高者之一。

1953年冬,身染重病的徐世章,想给自己的收藏寻求一个最理想的归宿。他对子女说:"我毕生精力致力于收藏文物,几十年呕心沥血,终于将它们由分散变为集中。如果传给你们,势必又由集中变为分散。我考虑再三,只有捐献给国家,才更易于保管,供全社会、全民共赏。希望我死后,将捐献之文物开辟一个陈列室进行陈列,供大家欣赏,这也是我对社会的一点贡献。"①此后,他与时任天津市副市长的好友周叔弢多次商议捐献之事,得到了周叔弢的支持与鼓励。

1954年,徐世章病逝,终年65岁。他捐献文物的义举得到了家人的理解与支持,夫人杨立贤与子女通过周叔弢正式转达徐世章的遗愿。天津市文化局于同年7月、12月,先后两次接收捐献古砚、古玉、字画拓片、金石、书帖、印章等2649件。这些珍贵文物现收藏于天津博物馆。

参考文献:

徐春苓:《徐世章与藏玉》,《中国文化遗产》,2005年第2期。

陈自虽:《濠园文物多琼瑶》,载天津市政协文史委编:《天津文史资料选辑》第74辑,天津人民出版社,1997年。

白莉蓉:《精品荟萃,流芳千古——记天津图书馆藏徐世章捐赠古籍本书》,《图书馆工作与研究》,2007年第6期。

(周利成)

①蔡鸿茹:《徐世章藏玉藏砚甲天下》,载天津市政协文史委编:《近代天津十大收藏家》,天津人民出版社,2007年,第157页。

徐 永 昌

徐永昌(1887—1959),字次宸,山西崞县人,出生于该县沿沟村的贫寒农家。徐永昌在粗通文墨的父亲指导下读书识字,打下了良好的旧学基础。

1906年,徐永昌列名毅军军籍,业余自学文化。1908年,入读武卫左军随营总堂,发愤苦读,"人一己百,人十己千"。他最喜欢战术、代数、三角、历史四课,考试每每名列第一。毕业时授副军校(中尉),见习后派在武卫左军左路前营任副哨长,辛亥革命时驻守北京。不久进入陆军部所设将校讲习所学习,1913年冬学习期满。

1914年,徐永昌考入陆军大学,其间参与倒袁运动。1916年陆军大学第四期毕业,其后随孙岳入直系部队。1917年冬,孙岳在廊坊创办直隶军官教育团,邀请徐永昌任教官主持教学工作。1920年7月,孙岳组成直隶保卫团,徐永昌任营长。不久孙岳任直隶第十五混成旅旅长,徐永昌先后任该旅参谋长、第二团团长。1924年调任该旅第一团团长驻河北定县。1924年10月北京政变时,徐永昌升任国民军第三军第一混成旅旅长,驻保定。1925年8月,徐永昌升任第一师师长兼陕西警备司令。孙岳于12月任直隶督办兼省长,徐永昌率部驻盐山、沧州。1926年1月,直鲁联军反攻国民军,徐永昌代理第三军军长职,率第三军入晋,被阎锡山以客军名义留驻汾阳、榆次一带。1927年,徐永昌率部改投山西军阀阎锡山并参与北伐。1930年中原大战期间,徐永昌在劝阻阎锡山不能奏效之余,接受了指挥陇海线军事的任务。在战事未起之时,他对形势做了一个总体分析,结论是如果张学良出兵相助则有可能胜,反之则必败。为此,徐永昌抱定"受命而来,全师而归"的想法,由于事先在精神上和物质上都做了必要准备,因此全军顺利地撤回山西。徐永昌事后曾不无得意地说:"我常觉得此次撤兵,是生平一件不得已的快事,因想战而胜,轮不到我们在前,撤兵则无人争后,我可以从容指挥,如意而行。①随后徐永昌相继出任绥远省、河北省政府主席。

徐永昌任河北省政府主席期间,认为行政应注意社会实际事业,如井、林、路、渠等。他设法向平津银行界借钱打井,大兴水利,有效缓解了水旱蝗等农业灾害,提高了农业收成,解决了人口增加带来的吃水困难,在百姓中留下了较好的口碑。

1930年5月,中原大战爆发,徐永昌任阎锡山部第一路前敌副总指挥兼陇海路总指挥。9月,任晋绥警备总司令部司令。1931年1月,任第三十三军军长、山西省政府副主席。1931年6月,任国民政府委员,其部改为第二十三军,任军长。1931年8月,徐永昌代理山西省政府主席。此时,阎锡山以探父疾为名由大连飞回山西大同,抵达次日,径返五台河边村。阎锡山归来事先并未通报,全国上下反响强烈,张学良尤为不安,力主阎锡山离晋,蒋介石政府在张学良的坚持下也明确表示,阎锡山非离开山西不可。徐永昌竭力为阎锡山担保,认为阎锡山归来可保晋绥两省与北方之安定。及至九一八事变爆发,张学良因丢失东北而成为众矢之的,自顾不暇,阎锡山的去留问题遂不了了之。

1932年1月,徐永昌任北平政务委员会常务委员及山西省清乡督办。8月任军事委员会北平分会委员。1934年7月,徐永昌受蒋介石电召,至江西反共前线视察,后献策组织参谋团入陕指挥反共军事并监督省政,为蒋所采纳。此时华北抗战局势严峻,他拟就对日外交和

① 雒春普:《三晋有材:阎锡山幕府》,岳麓书社,2001年,第141页。

军事方面的意见向蒋进言,得到蒋的赏识。1935年4月,授陆军二级上将,11月当选为国民党第五届中央监察委员。1936年5月,在阎锡山的暗示下,徐永昌辞去第二十三军军长职务,以就医为名离晋前往南京。

1937年,徐永昌赴南京任国民政府军事委员会办公厅主任,七七事变后被任命为委员长保定行营主任,负责指挥第一战区作战任务。1938年2月,回南京任军令部部长。抗战期间,徐永昌始终担任军委会军令部长,主管作战,与军政部长何应钦、军训部长白崇禧、政治部长陈诚并称为军委会四大巨头。徐永昌于1943年获授青天白日勋章。1945年5月,任国民党第六届中央监察委员会委员。日军投降时,代表中华民国政府在日本东京湾美舰密苏里号参加盟军受降仪式。签字后他说:"今天是要大家反省的一天! 今天每一个在这里有代表的国家,也可同样回想一下过去。假如他的良心告诉他有过错误,他就应当勇敢地承认过错而忏悔!"①

1946年6月,徐永昌任陆军大学校长。1948年当选为行宪国民大会代表,同年12月,任国防部部长。1949年1月,北平和平解放时机日趋成熟,徐永昌以蒋介石私人代表身份飞抵北平面见傅作义,要傅作义南撤青岛,遭到拒绝。7月,飞往绥远约见省政府主席董其武等人,劝其将主力西撤,联合马鸿逵、马步芳负隅顽抗,遭拒绝。8月,傅作义前往包头促成绥远和平起义。9月,徐永昌奉蒋之命前往包头游说,又遭傅作义拒绝。1949年春,率陆军大学师生随国民党政府逃往台北。1952年任"总统府"资政,10月晋升为陆军一级上将军衔。1954年11月,兼任"光复大陆设计研究委员会"副主任委员。1959年7月,徐永昌在台北市寓所内去世,终年72岁。

1959年9月26日台湾发布对其褒扬令,28日举行公祭。蒋介石

---

① 刘波、卢兴顺:《国民党二级上将花名册》,中国文史出版社,2013年,第149页。

颁赐"怆怀良辅"挽额。阎锡山送的挽联上写着:"事人忠而律己严,率部次桐封,旧帅盖棺方易帜;造诣深则所见远,扬威在国际,大猷登舰受降书。"

参考文献：

徐永昌:《徐永昌回忆录》,团结出版社,2014年。

（欧阳康）

徐 智 甫

　　徐智甫(1907—1940)，原名徐睿，字智甫，以字行，天津蓟县人。1907年6月7日(清光绪三十三年四月二十七日)生于蓟县周官屯一个农民家庭。自幼勤奋好学，成绩优异，童年在县城第一高级小学就读，1926年考入设在通县的河北省立师范学校上学。上学期间，在革命思想影响下，经常阅读进步书刊，秘密学习和钻研李大钊等人的文章，接触了马克思主义，追求革命真理，和同窗好友王少奇、卜荣久等人在校内组织进步活动。

　　1931年九一八事变爆发后，徐智甫参加党领导的反帝大同盟组织，积极投入抗日救亡运动，同王少奇、卜荣久等人两次赴香河县渠口、刘宋等村镇，向群众公开进行抗日救亡宣传。1932年，设在保定的河北省立第二师范学校的师生开展大规模抗日护校运动，徐智甫等通县师范师生组织罢课声援，包围了前来搜查的警车，质问当局的行径。同年，徐智甫加入中国共产党。

　　1932年，徐智甫从师范学校毕业后，到香河县高小任教，后又到香河县师范学校教书。任教期间，他经常对学生进行抗日救国的爱国主义教育，并把自己大部分工资捐献给抗日救国事业。他同王少奇、卜荣久等同窗好友保持密切的书信联系，互通信息，互相鼓励。1935年一二·九运动爆发后，他积极组织南下扩大宣传团赴河北省农村进行抗日宣传。同年冬天，他回到家乡，以教书为掩护，进行抗日救亡宣传，引导学生和群众积极加入抗日救国的行列。1937年七七事变后，徐智甫与陈富轩一起在二区淋沿河一带建立抗日救国会分会，组织群众参加抗日救亡活动,争取团结一批开明士绅和民团骨干分子加入抗日斗争行列,使抗日救国会分会迅速发展成为一个拥有1000多人的群众性抗日组织,为发动蓟县抗日武装大暴动做了极其重要的准备工作。

1938年6月,由于徐智甫的及时通报,二区第六甲和第九甲民团团长夏德元、赵合二人带领民团队伍起义,制造了震惊敌人的马伸桥事件,拉开了蓟县抗日武装大暴动的序幕。7月14日,在邦均打响冀东西部抗日暴动第一枪后,徐智甫同李子光、陈富轩等人在二区组织暴动,组建冀东抗日联军第16总队,徐智甫任政治部副主任,同其他暴动队伍配合八路军主力,一举攻克蓟县县城,建立抗日县政权。8月,徐智甫等人率领16总队进入蓟县、遵化一带打游击,扩充队伍,至9月下旬,队伍发展成为一支拥有三个大队、一个特务总队,共1500多人的抗日武装队伍。他重视部队练兵的同时,大力开展政治教育工作,着力提高部队的政治素质,增强战斗力,受到群众和上级领导的好评,成为冀东西部抗联部队的一面旗帜。

冀东抗日武装大暴动胜利后,徐智甫随部队到达平西根据地。1939年9月任昌(平)延(庆)联合县第一任县委书记,以"后七村"(即铁炉子、沙塘沟、慈母川、井儿沟、里长沟、霹破石、黄家沟)为中心,向十三陵地区和龙关、赤城方向延伸,发展党的组织,建立区、村政权,开辟了平北抗日根据地。1940年5月,组织昌(平)延(庆)游击队,粉碎敌人"扫荡",保卫根据地的抗日政权。

1940年8月28日清晨,徐智甫与县长胡瑛等人在黄土梁村研究工作时被敌人包围,突围负伤后,饮弹自尽,年仅33岁,后被敌人割下头颅示众。

为纪念革命先烈,新中国成立后,中共延庆县委和县政府在他曾经战斗过的二河道村西侧山坡上,为徐智甫、胡瑛、程永忠三位烈士竖立了一座纪念碑,供人们凭吊和缅怀。在北京龙庆峡竖立的"平北抗日战争烈士纪念碑"上,还专门铭刻了徐智甫烈士生前的光辉业绩,称誉他为"革命烈士中的杰出代表"。

参考文献:

中共天津市委党史资料征集委员会编:《天津抗日英烈》,天津古籍出版社,1995年。

（曹冬梅）

许 季 上

许季上(1891—1953),名丹,字季上,以字行,浙江钱塘人。许季上自幼聪慧,过目成诵。14岁丧父,后入上海复旦公学修习哲学,19岁以第一名成绩毕业,受聘为南京高等师范学校讲师。后至北京政府教育部任教育部主事、视学、通俗教育研究会编审员等职,并在北京大学兼课,讲授印度哲学。

许季上信奉佛教,早年曾从清季佛教界巨擘杨仁山学习,其后又礼天台宗大师谛闲为弟子,通晓英、法、德、俄、日文及印度古梵文,对佛教的禅、净、密、律等各宗都有很深造诣。1920年,许季上代表中国佛教界出席世界佛教会议,与印度等多国研究者交流学习,丰富了当时的佛学研究内容。

1921年,在北方实业家周学熙的长子周志辅的介绍下,许季上到天津启新洋灰公司任职,与同出杨仁山门下的佛教界名流徐文蔚(字蔚如,号藏一,浙江海盐人)相识。徐文蔚业余时间致力于弘扬佛教,先后创设佛经流通处、天津刻经处,并与翟弗青、张伯麟、盛南台、施少甫等共同创设天津佛教功德林及莲社。许季上佛学造诣深厚,为徐所重用,除参与以上诸事宜外,徐还派其负责金陵、扬州、北京及天津四个刻经处的选刊、校阅、定版等工作。佛教功德林在建设初期设有佛学讲堂,许季上与徐文蔚等轮流讲课。他治学态度严谨,对待后进热情。天津佛教界中很多好学之士都曾及门听受经义。他讲学旁征博引,滔滔不绝,对所征引的典籍章句,大都能指出某页的具体出处,记忆力惊人。

许季上致力于弘扬佛学经典。他反复校定翻印唐代道宣法师的《净心诫观法》，将佛教重要典籍《大乘起信论》译成英文出版流通，方便佛教西传。并曾亲自东渡日本，访求到在国内久已失传的律宗和密宗的某些经卷，在天津重新刻印，如《宗门十规论》一卷（南唐释文益撰），在中土久佚，是从日本《续藏》中录出，于1925年天津刻经处刊印，它对研究中国佛教史颇有裨益。①

许季上坚持传统的雕版印刷工艺，这在出版史上颇具特色。1922年到1936年，天津刻经处共刻印佛经约40种，均为雕版线装，书后附刻"识语"，写明施财刊经者姓名、缘何刻经之心愿，以及所刻经的字数与刻资数目等。从这批刻经的"识语"中，可窥民国时期天津的某些风尚和社会心态。

许季上和徐文蔚等乐善好施，乐于助人。抗日战争期间，天津战事正烈时，二位居士眼见一些妇孺流离道路，恻然心痛，曾协同天津其他居士共同筹办了妇孺临时救济院。

许季上还与鲁迅结下了深厚的友谊。1912年民国政府成立后，鲁迅和许季上都在教育部任职，二人来往密切。他们经常一起去书肆选购佛经，互相借阅和赠送藏书，就佛学问题深入讨论。许季上对佛典很熟，他多次把书赠予鲁迅，其中有《金刚经论》《十八空百广百论合刻》《集古今佛道论衡》《广弘明集》《劝发菩提文》《金刚经嘉祥义疏》《等不等管观杂录》等。②1914年7月，鲁迅为祝贺母亲寿诞，向南京金陵刻经处捐款刻印100册《百喻经》，特委托许季上代办。③

1917年，许季上患伤寒，病得很重，鲁迅曾多次探望。《鲁迅日记》

①涂宗涛：《苹楼夕照集》，三晋出版社，2010年，第236—237页。
②人民文学编辑部选编：《21世纪年度散文选·2010散文》，人民文学出版社，2011年，第76—77页。
③胡光凡：《美的领悟与思考：胡光凡文坛耕耘60年自选集》下册，湖南大学出版社，2013年，第806页。

记载了鲁迅探病的情形近20次,可见二人情谊之深。不久,许季上夫人染病去世,鲁迅又亲自吊唁,对其一家人甚为同情。在给友人的信中,鲁迅叹道:"诸友中大底如恒。惟季上于十月初病伤寒,迄今未能出动;其女亦病,已愈,其夫人亦病,于年杪逝去,可谓不幸也矣。"[①]

鲁迅去世后,许季上作诗《哭周豫才兄》志哀:"惊闻重译传穷死,坐看中原失此人。两纪交情成逝水,一生襟抱向谁陈。于今欲杀缘无罪,异世当知仰大仁。岂独延陵能挂剑,相期姑射出尘埃。"

新中国成立后,天津设立文史馆,许季上受聘为天津文史馆馆员。1953年春,许季上在天津去世,终年62岁。

参考文献:

金沛霖主编:《北京文化史资料选集·首都图书馆馆史》,北京市文化局首都图书馆,1995年内部印行。

李卉编:《许寿裳讲鲁迅》,新华出版社,2005年。

(张雅男)

[①]人民文学编辑部选编:《21世纪年度散文选·2010散文》,人民文学出版社,2011年,第78页。

严　复

　　严复(1854—1921),名传初,又名宗光,字又陵,后改名复,字几道,福建侯官人,生于中医世家。

　　严复7岁进私塾,14岁考入福州船政学堂学习驾驶。1871年自福州船政学堂毕业,为该学堂第一届毕业生,先后在"建威""扬武"两舰实习5年。1877年3月派赴英国学习海军,不久转入格林威治皇家海军学院。学习期间,受到中国第一位驻外公使郭嵩焘赏识。1879年6月,严复毕业回国,任福州船政学堂教习。

　　1880年严复来津,帮助李鸿章筹办天津北洋水师学堂并任洋文总教习,分管驾驶班教学业务,参与招生、选聘外国教习等工作。他建议学堂开设了管轮专业,增设了鱼雷课程。严复多次受到朝廷的表彰。1884年,李鸿章为天津水师学堂请奖,严复以游击补用,并赏加副将衔。9月,被李鸿章派任水师营务处官员,参与北洋水师建设。1889年报捐同知衔,以知府选用,派为北洋水师学堂会办。1892年10月,因办理海军得力,经李鸿章保奏,严复成为道员,不久升为北洋水师学堂总办。

　　1885年至1893年,严复多次参加福建和北京的科考,结果都名落孙山,他将救亡图存的希望寄托于开启民智的事业,一度打算南下投靠湖广总督张之洞。甲午战争中北洋水师全军覆没的消息传来,严复痛定思痛,写了大量的政论文章。1895年,他在天津《直报》上连续发表了《论世变之亟》《原强》《辟韩》《原强续篇》《救亡决论》等文章,反思甲午战争的失败,从理论上对变法维新的迫切性进行了阐述和论证,振聋发聩,他由此成为全国瞩目的人物。

严复在北洋水师学堂任职多年,培养了众多人才,如黎元洪、王劭廉、张伯苓等。严复的教育思想强调实践和体育锻炼,他引进样船用以练习帆缆、驾驶等操作技术,开设体操、跨栏等体育课程锻炼学生体魄。严复任职北洋水师学堂期间,1896年7月奉直隶总督兼北洋大臣王文韶之命,创办天津俄文馆,任总教习,亲自拟定课程、聘请教师,管理一切教务。

中日甲午战争后,康有为等资产阶级改良派提出"救亡图存"的口号,发起维新变法运动。1897年,严复与夏曾佑、王修植等在天津创办《国闻报》,成为北方宣传维新派言论的重要阵地。严复撰写了20多篇社论,这些社论抨击了帝国主义的侵略和国内顽固守旧分子,积极鼓吹维新变法,使《国闻报》执北方舆论之牛耳,与上海的《时务报》南北呼应,成为维新派的重要舆论阵地。在此期间,严复与袁世凯结识并受到赏识。

严复在天津翻译了《天演论》《原富》等10多部西学名著,内容涉及经济学、哲学、政治学、社会学、法学、伦理学等许多方面。在这些译著中,多附有严复所加的按语,反映了严复的革新主张和社会理想。他是学贯中西的翻译家,他提出的"信、达、雅"的翻译原则和标准,对后世影响极大。

百日维新期间,由于维新派的推荐,光绪皇帝召严复入京觐见,奏对三刻钟之久。但严复的《拟上皇帝万言书》还没有送到光绪帝手里就发生了戊戌政变,光绪帝被囚,变法失败,《国闻报》也遭查封。

严复在天津寓居20多年,曾称"吾系卅年老天津"。1900年八国联军入侵天津,严复从北洋水师学堂离职,避居上海。1901年回津任开平矿务局总办,但矿务局的实际控制权在英人一方。1902年,严复离开开平矿务局。

1902年以后,严复担任过京师大学堂编译书局总办、上海复旦公学校长、安庆高等师范学堂校长、清廷学部各辞馆总纂等职,被清政府赐予文科进士出身。他做了大量西学翻译工作。清末新政期间,严复翻译出版了《法意》,介绍法国启蒙思想家孟德斯鸠"三权分立"的政治理论,为清末立宪运动提供理论支持。

辛亥革命后,严复受到袁世凯重用,1912年被正式任命为京师大学堂总监督。同年5月,京师大学堂改名为北京大学,严复成为北京大学历史上第一位校长。严复一贯主张渐进改革,寄希望于袁世凯挽救中国,支持袁世凯独揽大权,出任参政院参政,进而参加鼓吹帝制、协助袁世凯复辟的筹安会。1915年,袁世凯以支持自己称帝为条件接受日本提出的灭亡中国的"二十一条",令严复对袁世凯极度失望。12月,袁世凯宣布称帝,严复谢绝袁世凯的任何邀请,从此远离政治,专注于著书立说。

1921年10月27日,严复病逝于福州故里,终年67岁。著作有《严几道诗文抄》等。著译编为《侯官严氏丛刻》《严译名著丛刊》。

参考文献:

王栻主编:《严复集》,中华书局,1986年。

苏中立、涂光久主编:《百年严复——严复研究资料精选》,福建人民出版社,2011年。

董小燕:《严复思想研究》,浙江大学出版社,2006年。

李新等主编:《中华民国史·人物传》第7卷,中华书局,2011年。

（刘文智　孔威）

严 克 宽

严克宽(1830—1880),字仁波,天津人,国子监生,官至候选员外郎。[①]严克宽的父亲严家瑞,字宇香,少年时帮助盐商经营盐务,在直隶省安平、祁州、博野、肃宁等县有很好的信誉。后来,严家瑞开始自办销盐引,引地为顺天府三河县,成为天津盐商。严克宽少时师从查果庵学习,两次参加县里的童子试,未能取得功名。后因父亲年老体弱,家事繁杂,他便放弃科考,帮助父亲业盐经商。

1852年,23岁的严克宽开始独立经营家族盐产,一年之中往来于天津、三河两地,与三河当地盐店店主及伙计同至村镇销盐,每逢集市日期,他亲自张罗售盐事务,秉持"秤务公平,禁掺杂货"的经商原则。咸丰年间,严家成为殷实的天津盐商。

19世纪60年代,长芦纲总杨春浓因为身体等原因,屡次请辞,数任盐运使多次邀严克宽担任纲总,但严克宽坚辞不就。直至1870—1871年间,盐运使祝垲以道义敦迫,严克宽才同意接替杨春浓,被任命为长芦纲总,负责协调盐商之间、盐商与政府之间的各种事务。严克宽在担任长芦纲总的10年间,处事公正,对同行不偏不倚,对官府也能够平和应对,遇事不避劳怨。

严克宽热心慈善事业。1870年,天津教案爆发,全城一片恐慌。严克宽担任堂董的天津育婴堂距天主教仁慈堂仅一里有余,育婴堂的奶妈十分害怕。严克宽发现街道上矛戈林立,居民家家谋求自卫,他

[①]高凌雯纂:《天津县新志》卷21人物"严克宽传",1931年刻本。

全然不顾个人安危,只身来到育婴堂,紧张有序地安顿育婴堂的人员,使得育婴堂在这次教案中得以保全。

严克宽热心参加慈善赈济等社会活动,各级官员知道他的秉性,地方上每有兴废都与其商议。1873年夏秋之交,霪雨连绵,天津很多地方被水淹泡,因收养的婴孩日益增多,育婴堂经费捉襟见肘,严克宽当即助钱1600吊。[①]光绪初年,晋豫大饥,波及京津地区,大批饥民来津乞讨。天津各级官员筹款设立了数处粥厂,委任专人负责,其中一处设在城西芥园,由严克宽协助管理。每天天不亮,严克宽便赴粥厂料理事务,事必躬亲,深夜才回家。因灾民众多,且都聚集在临时搭建的窝棚里居住,一旦失火则灾民性命难保。于是,严克宽提出"分棚防火"的建议。当时,城南厉坛寺粥厂发生火灾,一两千饥民遇难,而芥园粥厂自成立至解散,未发生过任何险情,众人叹服严克宽的见识。随后连年饥馑,严克宽每每自掏腰包捐助资金,并"广延戚友以集事,复厚集廪饩,藉以赡其身家"[②]。

1876年,严克宽开始主持天津的保赤堂牛痘局。牛痘局设在城内鼓楼东南,每年春开冬闭。严克宽身体力行,天不亮"即往督视"。负责为幼童接种牛痘者多是心灵手巧的青年,严克宽每月公布种成的统计数字,以考核这些青年人工作的优劣,促使他们施种技艺越练越精,几乎万无一失。于是牛痘局名声在外,盛极一时。

1877年2月,小站周盛传军屡有营兵溃逃,居民纷纷到天津城内躲避。天津县知县萧世本率城内守营登上南城防守。严克宽与长芦盐商姚濬源奔走官署,商量对策。事后共议加固壕墙,[③]对天津的地方治安和社会稳定发挥了积极作用。

　　①王守恂:《天津政俗沿革记》卷12"善举",1938年刻本。
　　②《天津县新志》卷21人物"严克宽传",1931年刻本。
　　③卞僧慧:《严范孙先生的家世和早岁》,载卞僧慧:《天津史志研究文集》,天津古籍出版社,2011年,第188页。

1876年至1878年，天津水旱灾害频发。1879年，天津士绅李世珍倡议筹建备济社，李世珍捐银5000两，严克宽、杨俊元、黄世熙、杨云章、李士铭等盐商和社会名流各捐银1000两。备济社由李世珍、严克宽等总董各项事务，其宗旨是提前购买粮谷存储，待歉收之年接济难民，平稳市面。后因荒年买粮较为容易，又将备济社的存款发商生息，可以年年有所增值。随后，备济社又与筹赈局筹商，向省内外华商海船贩粮来津者每石收取捐银五厘，海船回返再装载其他货物，也按照装粮数目抽取捐银，再将这些捐银归并备济社生息，以备荒歉。每到冬令时节提出绅捐、船捐、息款三成，以济贫穷无告之民，其余七成留为荒年助赈之用。①

　　严克宽的善举，常常多于其他绅商，甚至连续四五年承办赈灾事务。严氏亲友闲居在家者，都被严克宽招来帮助赈灾，"供其餐宿，厚其廪饩"，数十人的花费全用自家资产，从不开支公款，花费每年都在津钱力缗以上。为了调查灾情和灾民，严克宽还组织亲友往四乡清查户口，并鼓励两个儿子严振、严修随往，让这些富贵子弟"知贫民苦况"，哪怕耽误数十日的私塾之课，严克宽也"不以为嫌"。1879年冬，严克宽已经卧病在床，地方官员仍然让他负责天津赈济之事，严克宽在床上安排亲友分头去各乡镇查灾、放赈。某人告诉严克宽，他去的地方与严家的地产相邻，所以放赈时多给了一些。严克宽听后，勃然大怒，告知"以公款示私惠，吾不为也"，责令该人改减其数，并用自己的钱补足公家赈济之款。②严克宽还修缮书院，禀请书塾。建于1875年的天津会文书院，因学习者日众，教室不敷使用，严克宽等人购置和拆建民房作为书院教室，且在院内种植花木，设藏书室，书院建筑规模不断扩大。他还禀请在此设立总塾，使之成为光绪年间天津所存五处

①王守恂：《天津政俗沿革记》卷12"善举"，1938年刻本。
②严修：《严氏两世事略》，1915年自印本，第4—5页。

总塾之一,其教育善举深得人心。

严克宽注重修身律己,每日晨起必朗诵儒学经典两小时。中年以后,每天坚持写日记,记自己身过、口过、心过以自讼。45岁丧偶后,不再娶妻纳妾,教子严而有法。作为商人,他十分尊重文人,经常参与文人的活动。自己也撰写了《论学书》1卷、《事余小草》1卷。[1]《论学书》汇集他与文人论学的言论,其大旨在"内明心性,外见事功",非空谈名理者可比,立意在于平生以寡过为期,而好义行仁终身不倦,殆所谓"不负所学者也"。《事余小草》是严克宽的诗文集,集前有杨光仪序。严克宽自言:"一生身心交瘁,皆期实济于世,初无意为诗,偶有讴吟不过抒写性情之作。"

1880年4月,严克宽病逝于天津,终年50岁。

参考文献:

严修:《严氏两世事略》,1915年自印本,天津社会科学院图书馆藏书。

傅璇琮主编:《宁波通史·清代卷》,宁波出版社,2009年。

(高　鹏)

---

[1]《天津县新志》卷21人物"严克宽传",1931年刻本。

严 信 厚

　　严信厚（1828—1906）[①]，字筱舫，浙江慈溪人。早年就读私塾，适逢太平天国运动，因而弃儒经商，在宁波鼓楼前恒业钱铺做学徒。1855年至杭州，在胡雪岩开设的信源银楼任文书，深得胡雪岩器重。严信厚爱好书画，"鉴藏书画，类多精品"，他经常临摹名家书法，尤其擅长画芦雁，曾手绘芦雁团扇赠给胡雪岩，胡雪岩非常高兴，赞其"品格高雅，非市侩比也"[②]。

　　胡雪岩将严信厚推荐给时任直隶总督李鸿章。严信厚受胡雪岩委派到天津谒见李鸿章，并输献军饷10万两，于是由贡生入李鸿章幕。严信厚办事干练，深得李鸿章赏识，李鸿章曾在奏折中称赞其"年富才明"。李鸿章亲保严信厚为候补道，加封知府衔，后任河南盐务督销。1885年，李鸿章派严信厚署长芦盐务帮办，1886年一度摄理长芦盐运分司职务。

　　严信厚经商足迹遍布大江南北，在上海、天津、宁波等地皆有大量实业，但他的发迹之地是天津。严信厚获得了李鸿章的信任以及各种照顾，并在胡雪岩的资金支持下，不断拓展在天津的各项业务。在天津，严信厚同时经营金店、盐业、银号和绸缎庄等多个行业。1881年，严信厚在天津估衣街开设了物华楼金店，经营金银珠宝首饰，为宁波

　　[①]关于严信厚的生卒年代，存在多种说法。根据1921年出版的《上海总商会月报》第1卷第1期及1922年出版的《上海总商会月报》第2卷第3期所载丁翁撰《严信厚传》，严信厚生卒年当为1828—1906年，国家清史编纂委员会也采纳此说。

　　[②]丁翁：《严信厚传》，《上海总商会月报》，1922年第2卷第3期。

人在天津开设金店之首,打破了金店由天津本地商人垄断的局面,形成了南帮(宁波)与北帮(天津)激烈竞争的格局。1860年在上海、1883年在天津创建老九章绸缎店。凭借自身职务优势,严信厚联络盐商,取得引岸,于1886年在天津设立了同德盐店,开始经营盐业,积累了巨额财富。他凭借在上海开设源丰润票号的经验,在天津设立了分号,并设立新泰银号,经营国内汇兑业务,是南派票号的代表。当时天津市面的货币非常混乱,各地使用的银两成色存在较大差异,影响了金融秩序的稳定,汇兑行市任凭票号操纵,加上各地交通不畅,票号出汇票后,持票人往往要等很久才能兑现。华俄道胜银行于1896年在天津设立分行,严信厚在道胜银行支持下,从汉口至北京、天津一带开设源丰润汇兑庄多处,形成了一个道胜银行控制下的汇兑网。严信厚充分利用源丰润票号的网络优势,在江南各省及京津地区经营国内汇兑和拆放业务,并吸收官府存款,业务不断扩大。在经营传统钱庄时,严信厚敏锐地察觉出旧式钱庄、票号与新式银行之间存在的巨大差距。他顺应潮流,以自有票号为资本,积极参与创立新式银行。1897年,在盛宣怀力助下,严信厚发起创建我国近代第一家华资银行——中国通商银行,严信厚出任总经理、总董。

经商之余,严信厚热心社会慈善公益事业,先后在顺天、直隶、山东等地赈灾达数十次。1883年,严信厚对修筑唐津铁路以及后来的宁波铁路都有大量的捐输。1885年,严信厚等人在天津北门内户部街共同发起建立了浙江会馆,为天津宁波商人联络感情、交流商情提供了场所。1900年义和团运动爆发,严信厚等人在《申报》上发布公启,宣布成立济急善局,募集善款用以救助难民,用银达50多万两。

严信厚在天津任职、经商期间,曾得到直隶总督荣禄的保奏,贡呈慈禧太后银10万两,得以觐见慈禧。1902年,清廷派其在直隶当差候补,时任直隶总督袁世凯曾委其办理天津商务公所事务,未就。后去上海,于1902年创立我国近代第一个商会组织——上海商业会议公所,并被委任为首任总理,1904年,该公所改为上海商务总会,严信厚又任商务总会首任总理。商会设立后,在维护华商利益方面发挥了重要作用。

1905年4月,上海商会会长曾少卿发起组织华兴保险公司,严信厚作为发起人之一,出任该公司总董。华兴公司设在上海外滩7号,主营火险、汽车险业务,在天津的业务由老慎记代理。华兴保险公司是近代中国最早的华商保险公司之一。

严信厚晚年又回到天津居住。1906年6月30日,严信厚在天津寓所病逝,终年78岁。后归葬宁波镇海九龙湖。

参考文献:

丁翁:《严信厚传》,《上海总商会月报》,1922年第2卷第3期。

陈伯熙:《上海轶事大观》,上海书店出版社,2000年。

天津市政协文史委编:天津史志丛刊(二)《天津近代人物录》,天津市地方史志编修委员会总编辑室,1987年内部印行。

（高　　鹏）

严　修

严修（1860—1929），字范孙，号梦扶，天津人，1860年生于直隶三河。严家世代经商，以盐业致富，其父严克宽曾任长芦纲总多年。严修自幼饱读诗书，5岁入私塾，读四书五经，13岁入府学，读儒家书籍，学习数学等学科。[1]严修1883年中进士，后授翰林院编修，不久补国史馆协修，1889年充会典馆详校官。

1894年，严修出任贵州学政，正值清廷甲午战败之时，全国上下要求维新变法之声日亟，严修亦感到教育须学习西方，注重实务。他将贵阳南书院改为经世学堂，以示其对教育经世致用功能的重视，并于1897年9月向清廷奏请开设经济特科，提出凡于内政、外交、算学、译学、格致、测绘等方面学有专长者，经推荐保送，不问身份、资历，均可参加考试，择优录用，等同于"正途出身"。此《奏请设经济特科折》被梁启超称为戊戌维新"变化之原点"[2]。1902年8月清廷开经济特科，严修的这一建议才见诸实施。

1898年，严修任满回京，由于其开经济特科的主张引起保守派徐桐的反对，被免去翰林院的职务，保留编修空衔，他遂于9月间携眷回津。

回津后，严修热心于乡里兴学，立志创办新式教育。1898年11月，他聘请北洋水师学堂毕业的张伯苓在自己的寓所设家馆，教其子

---

[1]严如平、宗志文主编：《民国人物传》第9卷，中华书局，1997年，第401页。
[2]司霖霞、梁茂林：《严修与天津南开私立学校的设立》，《贵州社会科学》，2012年第11期。

侄与亲友子弟,教学内容为英语、算术、理化知识以及体育游戏,此被认为是天津新式教育的发端。严氏家馆被称为"严馆"。

1900年庚子之乱后,清廷推行新政,明确要求文教官员须赴日本考察后方能履职。1902年秋,严修亲送严智崇、严智怡二子赴日留学,他借机参观了日本各类学校,详细考察了其教育制度和设施。回国后,严修与林墨青等在文庙东北隅创立私立第一小学,这是天津第一所民立小学。严修又与林墨青联合邑绅卞、张两家筹设民立第二两等小学,天津知府凌福彭、知县唐则璃也约请严修出面办学,又主持创办了官立小学三处。①同年,严修在自己家中开设严氏女塾,聘请日本人教授日语、音乐、工艺等课程,并亲撰《放足歌》提倡放足。1905年,严氏女塾改为严氏女学,正式开设英文、日文、数学、物理、化学、史地等课程。《大公报》称严氏女学为"女学振兴之起点"②。

严修在津办学的事迹引起了直隶总督袁世凯的重视,二人于1898年在天津小站练兵时相识,相互颇有好感。1904年,袁世凯恳请严修出任直隶学务处督办,掌管全省学政,严修提出再次东渡日本考察教育的要求,袁世凯遂公费资助严修二度访日,张伯苓随行。在日期间,严修主要考察了东京高师附小等学校的教学及幼稚园建设。在回国船上,严修向张伯苓提出要"于津城办民立中学一处,以作中学之模范"③的想法。1904年10月17日,严修在严氏家馆的基础上,创办了私立中学堂——敬业中学堂。1906年,乡绅郑菊如将津城西南"南开洼"十余亩空地捐赠给敬业中学堂作新校址,严修与王益孙、徐世昌、卢木斋等人共捐银2.6万两建筑新校舍,翌年校舍建成,敬业中学堂迁至新址,改称南开中学堂。最初学校每月经费200两白银,由严修与王

---

①②司霖霞、梁茂林:《严修与天津南开私立学校的设立》,《贵州社会科学》,2012年第11期。

③杨志行、纪文郁、李信:《严修的教育思想与南开中学早期办学特色》,《天津教育》,1990年第10期。

益孙共同负担。后天津客籍学堂、长芦中学堂等相继并入南开中学堂。严修还是天津幼儿教育的开拓者,1905年,严修参照日本的成例,在私宅内创办严氏蒙养院和保姆养成所,从日本聘请教师教授保育、音乐、游戏等专业课程。这是中国近代最早的私立幼儿园和培养幼儿教师的学校。

严修任直隶学务处督办期间,对全省的教育进行了大刀阔斧的改革,于天津陆续设立官立小学多处,筹设了工艺学堂,并专为贫寒子弟开设了9所半日学堂,并热心支持王蕴山在津城各小学推行拼音字母教学。吴稚晖在《三十五年之音符运动》一文中称:"第一位实行宣传官话字母的,是天津严修。"①严修先后创设保定师范学堂、科学馆、研究馆,在各州县设劝学所,规划每府设立中学一所、师范一所,陆续选派百余人赴日留学。他还筹设宣讲所,创办《学务报》,编写中小学教科书,推行于直隶全省。严修在直隶境内创设小学、女学、中学、专业学校、教育研究所,编辑出版杂志,效仿日本创建教育及其体系制度。

1905年12月5日,清廷设学部,以荣庆调补学部尚书,熙瑛补授学部左侍郎,严修以三品京堂候补,署理学部右侍郎。熙瑛死后,严修迁左侍郎,总摄全国教育行政。严修认识到废科举是"兴学根本之图"②,他电请张之洞、袁世凯联衔奏请停止科举。清廷准奏,于1906年废除了历时一千三百多年的科举制度。1908年,光绪帝和慈禧太后先后离世,袁世凯遭摄政王载沣等人排挤,于1909年1月黜回河南原籍,严修为其不平,上书替袁辩护,并亲送袁世凯至卢沟桥。严修因此被视为袁世凯的死党,受到皇室中人的刁难。同年10月,张之洞病故,严修顿觉学部已不可留,遂托病请辞,于1910年4月返津,再无意于官场。

1912年2月,清帝退位,袁世凯被参议院推选为中华民国临时大

---

① 张晓唯:《"南开校父"严范孙》,《读书》,2005年第11期。
② 司霖霞、梁茂林:《严修在辛亥革命前教育转型中的实践活动》,《生活教育》,2012年第2期(下)。

总统,袁世凯以直隶总督、国史馆总裁、教育总长等要职多次请严修出山,严修均未接受。

　　严修退出官场后,更加热心于教育事业,他萌发了创办大学的想法。1915年,严修与张伯苓先后参观了国内一些著名大学和高等教育机构,为筹建南开大学做准备。翌年,二人开办了南开学校的专门部和高等师范班,但因师资匮乏,经费短缺,高等师范班只办了一届。1918年,严修携范源廉、孙凤藻赴美与张伯苓会合,考察美国教育。他们参观了西雅图、芝加哥的高等院校和勃提摩复式小学、中学,访问了华盛顿的参议院、教育局,深入了解各处办学情况。他们广泛接触留美中国学生,为南开大学物色教师。①1919年初,严修偕张伯苓四处奔波,并派孙凤藻遍访各省军政长官及教育当局请求襄助。1919年9月25日,私立南开大学开学,周恩来等96人成为南开大学首届学生。至此,严氏高等教育、中等教育、少年教育和幼儿教育的教育体系形成。严修在南开大学设立"范孙奖学金",资助优秀学生,周恩来赴法国求学,就受益于这一奖学金。

　　严修酷爱藏书,喜爱捐书以供众览。他藏书近10万卷,藏书室名为"蟫香馆",其藏书加盖"蟫香馆藏书"印。清光绪末年,严修向天津教育品陈列馆图书室捐书1342种,并编有图书目录。1907年,严修将平生所藏1200余部计5万余卷图书全数捐赠给直隶图书馆(今天津图书馆),并带动张鸣岐、袁树勋等一批南北名宦捐书若干,直隶督署调拨旧藏1万余卷,直隶提学使傅增湘筹集巨款购书12万余卷,从而奠定了直隶图书馆的藏书基础。1924年,严修敦促其亲家卢木斋捐资,建造南开大学图书馆,自己将"二十四史"及"九通"等数十种藏书,捐赠该馆。

　　严修一生留下大量诗文、日记、杂记、函札等手稿。主要有《严范

---

　　①司霖霞、梁茂林:《严修与天津南开私立学校的设立》,《贵州社会科学》,2012年第11期。

孙先生自定年谱》《严范孙先生丛脞》《严范孙杂著》《严范孙先生手札》《严范孙先生信草》《严范孙先生函稿》《严氏家信原稿》《严氏家书》《严修自撰联语》《说文类钞》《孙子家语校勘记》《杂录》《寿诗挽联底稿》等。[①]在严修众多手稿中,日记手稿最为珍贵。严修日记手稿为线装,共74册,记事时间上起1876年,下迄1929年,长达五十余年,内容包括严修的学习生活、功名仕进、公务处理、游历见闻、读书札记、办学思想与实践等,涉及李鸿章、张之洞、张伯苓等众多人物。该日记对研究严修的生平、思想以及中国近代教育史、南开校史,具有重要的史料价值。严修的后人将其手稿等大部著作捐赠天津图书馆。

1921年,严修在病中发起天津"城南诗社",联合士绅名流及文人唱和诗词,即兴抒怀。1927年,又组织崇化学会,成立讲习科,分义理、训诂、掌故等科目,招收学员系统学习古代典籍,定期讲授经义,按期命题作文。

1929年3月15日,严修病故于天津,终年69岁。

参考文献:

严如平、宗志文主编:《中华民国史资料丛稿·民国人物传》第9卷,中华书局,1997年。

刘民山:《严修与近代中国教育》,《历史教学》,1994年第12期。

《严修日记》编辑委员会编:《严修日记》,南开大学出版社,2001年。

梁吉生:《近代教育的先驱者严范孙》,载天津市政协文史委编:《近代天津十二大教育家》,天津人民出版社,1999年。

（张雅男）

[①]季秋华:《严修和他的蟫香馆捐书》,《图书馆工作与研究》,2003年第1期。

严 智 开

　　严智开(1894—1942),字季聪,生于天津,是严修的第五个儿子。自幼在严家自办的蒙养院受到很好的教育,少年时在严修开办的私立南开学校读书,是南开早期的学生之一。1911年去日本留学,开始学习音乐。1912年后考入日本东京美术学校,学习油画。1915年,与同学江新、陈抱一等人发起成立"中华美术协会"并举行画展。1917年3月自东京美术学校西洋画科毕业,其后再次获得该校研究生资格。第二年,其父严修为他申请到官费赴美留学的名额,远赴美国哥伦比亚大学师范学院美术系学习,成绩优异。1919年又考取法国国立高等美术学校学习西洋画。

　　1923年,严智开回国,受聘为北京美术专门学校教师。1925年该校改名北京国立艺专后,严智开任图画系主任。1925年3月12日,孙中山先生在北京病逝,经李石曾建议,治丧处请严智开为逝者翻制一石膏面模,以为今后留存逝者遗容和塑像之根据。严智开受命后,当即制出石膏"面模"。1929年南京中山陵建成后,墓室中的孙中山先生睡卧像和祭堂内石雕像的遗容,即是根据此"面模"制作的。①

　　1929年,天津市政府采纳了严智开的建议,在天津筹备建立美术馆,并委派严智开筹备建馆。严智开于1930年赴日考察后,制订了天津美术馆的各项计划。1930年10月,中国第一座公立美术馆在天津中山公园内成立,严智开任首任馆长。严智开为天津美术馆制订了四

---

①《孙中山先生逝后逸闻》,《今晚报》,2005年3月12日。

大目标:1.保存美术物品;2.供民众研究与参考;3.造就艺术人才;4.促进工业美术化即促进工商事业发展。美术馆在短时期内通过捐赠、寄陈、摹写等方式汇集了5000件藏品。美术馆除基本陈列外,每月举办各种不同类型的临时展览,不收门票。美术馆还举办了绘画班、雕塑班、建筑班、摄影班、工艺美术班及各种研究会。

原北京国立艺专在1928年改称北平大学艺术学院。1933年,严智开奉命将艺术学院改建为国立北平艺专,该校于1934年9月开学,严智开任校长。他在校期间设立了绘画科,设中、西两组;雕塑科,设塑造、雕塑两组;图工科,设图案、工艺两组。外设金工、木工、漆工、景泰蓝、图案实习、照相制版、印刷织染、陶瓷实习、艺术师范等。专业设置体现了严智开吸收日本实用美术学制和美术教育的理念。这种理念在学校里引起争论,结果严智开于1936年辞职回津,继续经营天津美术馆。1937年日本占领天津后,天津美术馆搬到文昌宫。

1942年,严智开逝世,终年48岁。

参考文献:

天津市政协文史委编:天津史志丛刊(二)《天津近代人物录》,天津市地方史志编修委员会总编辑室,1987年内部印行。

(陈　克)

严 智 怡

严智怡(1882—1935),字持约,一字慈约,天津人,著名教育家严修次子。

严智怡早期接受中西并重的家庭教育。幼时,在家塾从陶仲明、赵幼梅诸先生读书,并从张伯苓先生习英文、数学、格致。稍长从日本人大野、岩村两氏学日文,同时担任东文学社翻译助教。这期间,严智怡还在父亲指导下,创办严氏保姆养成所,他亲自策划课程设置、设备购置,锻炼了他的组织能力,早期家庭教育对严智怡的发展产生了积极作用。

1902年,严智怡与兄长智崇随父赴日考察。1903年,严智怡赴日留学,考入东京高等工业学校应用化学科。严智怡学习勤勉,才智出众,1907年毕业时获优等奖,成为中国学生在日本文部省直辖学校得奖者第一人。为了学以致用,他又在日本制革、造纸、瓦斯等工厂实习两年。

1909年,严智怡学成回国,创办天津造胰公司,并任厂长。他事必躬亲,尽心兴办实业。次年,被劝工陈列所聘为南洋劝业会出品审查员。

民国肇始,严智怡在北马路创办天津中华书局,任总理。旋即被任命为直隶实业司工商科长。他亲自改组劝工陈列所为直隶商品陈列所并兼所长。在接办商品陈列所后,严智怡组织了直隶省实业大调查,委派黄洁尘、陆辛农、华学涑、俞品三等27人,历时4个月将全省分10区、共150余县进行调查,并撰写出调查报告《直隶省商品陈列所第一次实业调查记》,详细记述了直隶省各区实业情况,包括物产、人民生活状况、货币交易现状、商业交通机关及实业机关等资料。[1]在此基础上,他推举了许多产品参加日本大阪的大正博览会。1914年,美国为纪念巴拿马运河开通,决定举行博览会,严智怡以直隶出品协会事务局局长的身份,征集全省物产参会,特别是大力推介天津特色产品和手工艺品"泥人张"彩塑、"风筝魏"风筝。为了遴选赴美参会的展品,他组织直隶全省在天津公园[2]召开了为期1个月的展览会。

1915年,严智怡作为直隶省代表出席巴拿马世界博览会。他在美国考察了东西各城市实业、教育、博物馆、书业等,并组织编写了《巴拿马赛会直隶观会丛编》,详细记述参会情况。他留意和搜集民族学实物材料,归国时"携印第安人用品及风俗影版多种,计划创办一所博物院来展览,是我国博物馆历史上第一个究心民族文物的博物馆人"[3]。

回国后,他出任农商部工商司司长,积极倡议筹建天津博物院。适值直隶巡按使公署教育科主任李金藻,会同各学校及天津劝学所,亦发起创办天津博物院,遂协力进行,定名天津博物院,委托直隶商品陈列所代为筹备。1916年4月,又在直隶商品陈列所内设立筹备处,进行展品搜集和整理,通过两年的艰苦经营,共搜集自然物品1400多件、古物2300多件。在此期间,他还主持创办直隶省妇女职业传习所,提倡妇女职业;创办天津美术会,提倡地方书画等。

1917年,严智怡出任直隶省实业厅长。他推行农商会、恳谈会,亲自到各县巡视,并举行手工品展览会、第一至第三次实业观摩会、全省劝业会议等集会;筹设农林讲习所等培训机构;设立诸多农事试验场,

①王翁如:《实业家严智怡》,载天津市政协文史委编:《天津文史资料选辑》第67辑,天津人民出版社,1995年,第117—120页。
②也称河北公园,今天津中山公园。
③宋伯胤:《博物馆人丛语:宋伯胤博物馆学论著选》,陕西人民出版社,2002年,第238页。

以改良棉种、发展渔业;创办《实业月报》《实业来复报》等刊,介绍实业知识。严智怡任实业厅厅长期间,对推动实业做了大量开创性和卓有成效的工作。

1918年6月,天津博物院成立预展会在天津公园召开,会期两月,观众踊跃。1922年9月,天津博物院召集第一次全体董事会,公推严智怡为院长,他成为我国近代博物馆事业开拓人之一。1923年2月25日,天津博物院正式开幕,与法国巴黎博物院、英国皇家博物院交换图书。[①]1924年以后,院址常年被军队驻扎,"屋宇器用,悉被摧毁",经费也常年积欠,终于因入不敷出,业务停顿。在此期间,天津广智馆成立,严智怡被聘为该馆董事,后被推为董事长,他四处奔走,筹集经费、开展业务,为该馆持续发展尽心尽力。

1922年,严智怡曾短暂出任龙烟铁矿理事,因坚持龙烟铁矿由中国开采,不同意借用外资而去职。1926年任农商部商标局局长,次年去职。1928年北伐成功,河北省政府重组,严智怡被任命为河北省政府委员兼教育厅厅长,后离职。

此后,严智怡以河北省政府委员身份,专心于恢复天津博物院事业。随着北伐结束,各路驻军陆续撤出博物院。1930年7月,天津博物院召集第二次全体董事会,公推严智怡为院长。1931年他主持发行《河北第一博物院半月刊》,后改名《河北博物院画报》,共出版141期。这是全国较早的文博系列专门刊物,分为自然和历史两部分,涉及动植物、化石、民俗、文物、字画、古文字、围棋、周易等内容,少量涉及野外调查、古建筑介绍等。还不定期加出专号,如《埃及古文字专号》《中国古文字研究专号》,等等。该刊具有很强的专业性和学术性,也为后人留下了宝贵的资料。其中《天津芥园水西庄专号》,首次发出拯救水

---

① 宋伯胤:《博物馆人丛语:宋伯胤博物馆学论著选》,陕西人民出版社,2002年,第238页。

西庄的呼吁。他发起组织天津水西庄遗址保管委员会,搜集文物、恢复古迹,做了很多实际工作。

严智怡热心教育事业,除任河北省教育厅长等公职外,从1920年始,他先后任天津私立南开大学、北平私立朝阳学院、保定私立民生中学、天津私立第二小学等各校董事,对于教育始终倾力而为。

晚年,严智怡向国民党中央提议在全国推行祭孔。他热心慈善,曾在1933年被推举为天津特别市市立贫民救济院董事长,为慈善事业奔走呼号。1935年3月,严智怡去世,终年53岁。

参考文献:

王翁如:《实业家严智怡》,载天津市政协文史委编:《天津文史资料选辑》第67辑,天津人民出版社,1995年。

张宗芳:《前河北省政府委员严公褒扬纪实》,《河北月刊》,1936年第6期。

(徐燕卿)

言 敦 源

言敦源(1869—1932),初字养田,更字仲远,江苏常熟人。祖父良珍,署理浙江鄞县知县。父家驹,字应千,号琴吾,历知直隶新河、井陉县,酷嗜藏书,遇孤本秘籍,必辗转借阅抄录,著有《桤叟诗存》1卷,《鸥影词钞》6卷。母汪韵梅,浙江钱塘人,亦雅擅诗词,有《梅花馆集》2卷。言敦源自幼聪颖灵慧,常常手不释卷,10岁即能诵九经,稍长"益发奋为学,事亲服劳罔懈"①。

1888年至1897年,言敦源先后六次参加顺天乡试而不中,乃绝意于科举,转求实用之学。初入淮军李鸿章幕下,后经李鸿章荐举给袁世凯,遂于1895年入袁幕,任新建陆军督练处文案,与执掌参谋处之徐世昌往来甚多。言敦源对陆军兵略和训练操法多所发明,1899年,言与段祺瑞参加《训练操法详图说》纂校,渐为袁、徐所倚重。1899年,袁世凯任山东巡抚,言敦源随赴山东。1901年,袁迁任直隶总督,又随袁还津。1902年,言敦源任北洋常备军兵备处提调,翌年升任总办,成为北洋系重要参谋人才。1905年河间秋操,言以提调有方,得"督率将士,简练有方,深堪嘉许,大改旧观"的褒谕。其后调署镇守大名、顺德、广平等处地方练兵官兼练军统领。1909年,以丁父忧屏居天津时,直隶总督陈夔龙以言才华孚众,任命其为保定军械局总办,不久调任热河练兵统领。1911年,言调任德州制造局总办,同年以二品衔任直

<hr>

① 言穆名编著:《南方夫子——江苏常熟言偃及其后代事略纪实》,2005年自印本,第9页。

隶巡警道,擢长芦盐运使。1912年,袁世凯就任中华民国大总统,言于10月出任内务部次长,1913年5月代理内务部总长。同年7月,熊希龄重新组阁,言敦源借机称病请辞,举家定居天津。

在津寓居期间,言敦源与亲家周学熙一起,投资倡办工商和金融企业。他在开滦矿务公司、启新洋灰公司、耀华玻璃公司、中国实业银行、华新纺织公司都有巨额投资。1912年6月,周学熙在津设立开滦矿务总局。1913年,言敦源代周主持开滦矿务局,并一度出任督办。1919年,周学熙等人成立中国实业银行,言敦源为常务董事,并一度代理董事长。1915年,周学熙再次出任财政总长,言敦源鼎力助其创办华新纺织有限公司,并在青岛、唐山、卫辉先后建立三个分厂。1926年,言敦源任启新洋灰公司总理时,直隶督办褚玉璞突然提出撤股,限期归款500万元。言敦源主动登门劝说褚,晓以利害,谕以大义,褚遂不再提退股之事。言敦源因持业有方,得到周学熙的高度评价,称"仲远精明过人,我受其助非小"。

言敦源在津还致力于慈善和教育事业。1921年,江苏遭遇严重水灾,乡人成立辛酉江苏救灾联合会,公推言敦源为筹款代表,取得极佳效果。天津南开女中和耀华学校筹办过程中,言敦源皆慷慨解囊相助。1926年10月20日,张伯苓在《致言仲远函》中称:"敝女中此次所成新校由何而能有今日? 实自先生捐款提倡始。则即谓今日在校之女学生皆受先生之厦庇亦无不可。"[1]言敦源资助筹办耀华学校的记载,现仍嵌于耀华中学礼堂壁上。言敦源晚年还捐资修缮常熟故乡宗祠,并经常周济亲朋好友。他资助戊戌变法维新派人物徐致靖的后人2000银元和8000元启新公司股票以抚孤寡,在津门被人们称颂一时。

言敦源承继家学,诗文功底深厚。他曾协助整理袁世凯《养寿园奏议》。晚年寓居天津时,时时以吟诗、作画、写字自娱,与严修、赵元

---

① 梁吉生、张兰普编:《张伯苓私档全宗》,中国档案出版社,2009年,第87页。

礼、徐世昌、李叔同、翁之憙等唱和往还。其诗文主要结集有《喁于馆诗草》《南行纪事诗》《炕庄诗文存》等,后其子言雍陶又整理有《炕庄文存》《炕庄诗存》,并在香港刊印行世。

1932年7月6日,言敦源在天津病逝,后归葬江苏省常熟市张桥镇欧阳村言氏祖茔。

参考文献:

言穆名编著:《南方夫子——江苏常熟言偃及其后代事略纪实》,2005年自印本。

沈云龙:《北洋"小诸葛"言敦源》,《传记文学》,1975年第26卷第4期。

张绍祖:《北洋儒商言敦源》,《天津政协公报》,2008年第3期。

(杜　鱼)

阎家琦

    阎家琦（1895—1961），字经韬，直隶临榆人。阎家琦家境贫寒，青少年时期在大连、青岛、安徽等地谋生，从事过多种职业，当过小学教员、巡捕、士兵、翻译等。1916年，阎家琦在青岛充当宪兵队巡捕。1924年，任安东道尹公署科员，官费保送至日本东京警官学校学习。回国后，任辽宁省警察厅督察长、沈阳商埠地区警察局局长等职。1930年后，任天津市警察局督察员，迁居天津。1931年任天津河北金家窑派出所所长。1932年调任南市警察派出六所所长，兼警察教育所主任，结交日本领事馆官员及宪兵队等人员，深得日本人赏识。次年升任天津市警察局第一分局局长。①

    1935年11月13日，施剑翘在天津南马路居士林佛堂中枪杀了曾任江浙五省联军总司令的孙传芳。接报后，阎家琦一面向市局报告，一面率领警员迅速赶赴案发现场。

    查看完案发现场，阎家琦顺手接过警长从院子里随手捡起的数张传单。这份千余字的《告国人书》，讲述了案件的由来：开枪女施剑翘，是军人施从滨之女，在十年前的军阀相争中，施从滨被孙传芳所杀，并暴尸示众，其行径令人发指，施剑翘立志报仇，十年不晚。②

    读完这份《告国人书》，阎家琦对这桩命案的来龙去脉已经基本清

---

①天津市档案馆、天津市河北区档案馆主编：《旧天津意奥租界故事》，天津人民出版社，2011年，第47页。

②庄建平主编：《政治·阴谋·暗杀——民国政坛内幕》，团结出版社，1991年，第232页。

楚。阎家琦乘车匆忙赶回局里,提审犯人。由于施剑翘自首,案情并不复杂,阎家琦认为此案影响重大,很快将案卷全部移交天津地方法院审理。

1937年7月29日天津沦陷,阎家琦率各分局长向日军投降。8月,伪天津市治安维持会成立,阎家琦任伪警察局督察长。1938年,阎家琦被派赴日本考察警政。

日本占领天津后,天津商会会长王竹林参加了伪天津市地方治安维持会,兼任伪天津市物资对策委员会委员长。1938年12月27日傍晚,公开投敌的天津商会会长王竹林,在众人簇拥下走出位于法租界的丰泽园饭庄,隐藏在暗处的3名男青年,对准王竹林连开数枪,王当即倒毙在饭庄门前。

伪国民临时政府行政委员会委员长王克敏要求限期破案。伪天津市市长潘毓桂向法国总领事提出严重抗议,要求限期缉凶。另饬令伪天津市警察局,限期10日内破案。然而案发10天后,侦破毫无进展,警察局局长辞职,督察长阎家琦代理局长。①

阎家琦督促侦缉队全力侦破此案。1939年4月28日,阎家琦率领警察协同日本宪兵队突然闯入英、法租界进行搜查,并从英租界求志里和法租界天增里逮捕了3名青年,声称这3人就是刺杀王竹林的凶手。先将他们拘押在天津日本宪兵队总部,两周后,3名青年被日军秘密处决。5月22日,阎家琦接受《益世报》记者采访,称刺杀王竹林之3名凶犯均被处决,他们均系本市素无正业之纨绔少年。轰动一时的"刺杀王竹林案"就此了结。

在日本占领天津期间,阎家琦不仅参与"治安强化运动",协助日本当局实行法西斯统治,参与"献金""献铜献铁"运动,帮助日军大肆

---

①周利成编著:《档案揭秘:近现代大案实录》,百花文艺出版社,2000年,第170页。

掠夺物资、搜刮钱财,他还参与贩卖毒品等罪恶活动,充当混混儿、黑帮的保护伞。阎家琦还协助日军大肆抓劳工,以火车或轮船运至东北和日本,仅为修建张贵庄飞机场,伪天津市警察局共计抓送劳工1929名。1944年1月,阎家琦以《三十二年度回顾与前瞻》为题在《大天津》月刊上撰文,为日本发动的侵略战争摇旗呐喊。

抗战胜利后,1946年7月12日,阎家琦在沈阳被捕。次年5月,河北高等法院一分院以历任敌伪要职及献铜征夫等罪行,审理阎家琦汉奸案,1948年12月将其释放。新中国成立后,阎家琦于1952年6月在青岛被捕,押解至天津,由人民法院审理判刑。1961年,阎家琦去世,终年66岁。

参考文献:

天津市地方志编修委员会编著:《天津通志·公安志》,天津人民出版社,2001年。

庄建平主编:《政治·阴谋·暗杀——民国政坛内幕》,团结出版社,1991年。

天津市档案馆、天津市河北区档案馆主编:《旧天津意奥租界故事》,天津人民出版社,2011年。

天津市地方志编修委员会办公室、天津图书馆编:《〈益世报〉天津资料点校汇编》(1),天津社会科学院出版社,1999年。

(郭登浩)

阎 子 亨

阎子亨（1892—1973），名书通，字子亨，以字行，出生于天津。阎子亨幼时就读于城隍庙小学，1908—1912年就读于南开中学。1913—1914年任天津药王庙小学校、河东小学校副司事、教员，天津邮务局试用邮务员。1914年，由直隶省教育厅公派赴香港大学学习。

1914—1918年，阎子亨在香港大学土木工程专业学习，随后在美国学习，[1]奠定了他从事建筑设计的专业基础。1918年毕业后回到天津，先后担任直隶河务局防汛委员、测量员，绥远实业处技士兼绥远警察厅技正，陆军部建筑科办事，直隶省公署课长，天津电话局出纳员兼科长等职。1925年3月，阎子亨参与创办了亨大建筑公司，任经理兼工程师，这是中国近代创办较早的本土建筑事务所之一。

主持亨大建筑公司是阎子亨建筑设计生涯的起步阶段，主要承揽了北洋政要蔡成勋投资开发建设的英租界信义里（1926年）、四宜里（1926年）、四宜仓库（1926年），以及位于河北的蔡成勋自宅"蔡家花园"（1926年），还有1927年设计的德旺里等项目。1928年9月，亨大建筑公司解体。[2]同年10月，阎子亨创建了独立经营的中国工程司，达到了他事业发展的第一个高峰。

中国工程司所承接的设计项目，以私人投资的住宅项目为主，单体建筑规模比较小，项目大多在英租界内，业主皆为本地华资。这些

---

①曹铁娃、曹铁铮、王一建：《介绍最新发现的一批建筑史资料》，《图书情报工作》，2008年增刊（2）。

②天津市档案馆藏档案，J210-1-822、823、824。

项目有自用的独院别墅式住宅、租售的里弄式住宅(独户联排公寓)和出租的公寓式住宅三种类型。主要有隆顺榕药庄经理卞俶成的住宅(20世纪30年代)、元隆绸布庄经理孙仲凯的住宅(1933年);银行家胡仲文投资建设的永定里里弄式住宅(1934年)、阎子亨投资建设的福中里(1935—1936年)等;公寓式住宅有德泰公司胡寿田投资建设的寿德大楼(1933年设计,1934—1935年)、许大纯投资建设的茂根大楼(1936—1937年)等。学校建筑主要有南开中学范孙楼(1930年)、天津市立师范学校(1930年)。医疗机构建筑有外科医生沈鸿翔办公处(1935年)、眼科专家田大文创建的华北防盲医院(1935年)、丁懋英创立的天津女医院新址(1936年)。阎子亨还于1931年参与了京塘公路第二座钢筋混凝土大桥——引河桥的设计工作。

1937年7月7日卢沟桥事变爆发,日本发动全面侵华战争,天津沦陷。中国工程司迁至英租界福发道。这时有产者大多搬进英法租界避难,对住宅的需求激增,促进了租界房屋建筑的兴盛。而此时,欧美籍建筑师、工程师相继回国,建设项目主要由本土建筑师承担。阎子亨的事业发展达到第二个高峰。这一时期,中国工程司的设计项目仍以住宅为主,主要有国民党军统要人王天木住宅(1937年),公寓式住宅聚英大楼(1937年)等。此外,中国工程司还设计了久安商业银行大楼(1941年)等。1941年12月7日太平洋战争爆发,中国工程司的业务陷于停顿。

1945年10月,阎子亨任天津市政府工务局局长,1946年12月离职,1947年3月复办中国工程司,主要承担平津敌伪房地产的测量调查、绘图及初步估价等工作。

1949年1月天津解放,建筑业进入了一个新的历史时期。1950年5月,中国工程司由私人事务所转变为国营单位,组成天津建筑合作社。阎子亨任总工程师,主持合作社的业务。1952年6月,天津对建筑业进行社会主义改造,天津建筑合作社并入天津市建筑设计公司。

阎子亨在经营建筑事务所的同时,还在多所大学兼职授课。先后执教于河北省立工业学院市政水利系、北洋大学土木工程系、天津工商学院建筑工程系,曾任工商学院建筑工程系主任。阎子亨将自己丰富的工程实践经验与课堂教学紧密结合在一起,注重对学生实践能力的要求与引领,在教学过程中使同学们收获颇丰,深受学生的好评。1958—1962年,阎子亨还担任了天津市建筑工程学院院长一职。

新中国成立后,城市建设更需要具有专业知识的管理人才,阎子亨被充实到建设管理岗位。1950年,天津市人民政府成立园林广场处,阎子亨出任园林广场处处长。这期间,他"领导设计了人民公园、水上公园的初步建设并计划了修养区的花园"①。

1950—1955年,阎子亨还先后担任天津市人民政府建设委员会计划处处长、总工程师和规划处处长。1955年起担任天津市建筑工程局副局长,主持了天津市人民体育馆等工程的建设工作。1958年,阎子亨担任河北省建筑工程厅副厅长兼总工程师,主持审核、批准了河北宾馆、河北省大礼堂等项目。

阎子亨以其丰富的实践经验和管理才能,积极投入学术组织的创建与活动。1936年1月,阎子亨加入中国建筑师学会。1949年6月,天津市工程技术界人士在宁园礼堂庆祝天津解放后首届工程师节,同时发起筹备组织天津市工程师学会,阎子亨被选举为筹备委员。9月4日,天津市工程师学会成立,阎子亨当选为理事。1953年5月始,阎子亨还担任了天津市建筑学会第一至第四届理事长,1954年起历任中国建筑学会第一至第四届常务理事。

阎子亨历任天津市第一至第四届人民委员会组成人员、河北省人民代表、河北省人民委员会委员、河北省人民委员会常委、河北省政协常委等职。

---

①阎子亨的《工作人员登记表》,阎洗公提供。

1973年12月10日,阎子亨病逝于天津,终年81岁。

参考文献:

赵今声:《香港大学的河北省籍同学》,载刘蜀永主编:《一枝一叶总关情》,香港大学出版社,1993年。

赖德霖主编:《近代哲匠录——中国近代重要建筑师、建筑事务所名录》,中国水利水电出版社、知识产权出版社,2006年。

曹铁娃、曹铁铮、王一建:《介绍最新发现的一批建筑史资料》,《图书情报工作》,2008年增刊(2)。

宋昆、赵春婷:《建筑名家阎子亨与中国工程司》,《中国建筑文化遗产》,2012年第7期。

(宋昆　赵春婷)

颜 惠 庆

颜惠庆(1877—1950),字骏人,上海人。1877年4月2日(清光绪三年二月十九日)出生于上海虹口一个传教士家庭,在兄妹六人中排行第四。颜家祖籍山东,清道光初年其祖父为躲避战乱,从厦门举家定居上海王家码头,以木棉行为生。颜惠庆父亲颜永京,1861年毕业于美国俄亥俄州甘比尔镇凯尼恩学院,后获该院硕士学位。颜惠庆母亲戚氏曾就读于美国教会开办的女塾,是颜惠庆的英语启蒙老师。

颜惠庆早年就读于上海中英学堂,后入同文书院,1895年赴美就读于圣公会中学,后入弗吉尼亚大学学习,获文学学士学位。回国后执教于上海圣约翰大学。上海《南方报》特辟英文版一版,聘他为英文编辑,每日撰写一篇时事短评。商务印书馆特邀颜惠庆担任兼职编辑,主编英汉大辞典。颜与数十名助手经过两年努力,终成上下两卷共3000多页的《英华人辞典》,由严复作序,商务印书馆出版。此后,颜惠庆又编译了《编译捷径》《英汉成语词林》《经济学课本》等书,颇受欢迎。

1906年10月,颜惠庆进京参加清政府举办的"考验游学毕业生"的会试,名列第二,赐授进士出身,遂任职学部。不久辞官回上海,继续执教。直到1907年冬,伍廷芳聘请颜惠庆担任中国驻美国公使馆二等参赞,颜赴美任职,正式弃文从政,开始职业外交官生涯。1909年,颜奉命回京,任外务部新闻处正六品主事,执掌外事新闻,负责接待驻京外国记者,并协助发刊英文《北京日报》。一年后,参加清政府为留学生举行的殿试,授翰林院检讨,升任外务部参议,同时兼任清华学堂总办。

1912年，颜惠庆出任北洋政府外交部次长。1913年，出任中华民国驻德国、瑞典、丹麦三国公使。一战结束后，颜惠庆以中国代表团顾问身份出席巴黎和会。1920年，靳云鹏组阁，颜受命署理北京政府外交总长，其后，三次出任此职，数次兼、代、署理国务总理。1926年，在奉系军阀逼迫下，颜惠庆辞去国务总理兼外交总长职务，携家眷退居天津。

在天津颜惠庆曾担任天津大陆银行、大陆商业公司、启新洋灰公司、开滦煤矿、庆丰面粉厂、中原贸易公司、平汉铁路、盐业银行、协和贸易公司、中国银行和天津电车公司等多家企业的董事或董事长，凭借其在政治上的声望，对这些企业的发展起到一定的推动作用。

在慈善和文教领域，颜惠庆曾先后当选华洋义赈会会长，中国红十字会第六、第七届会长，主持编写了《中国红十字会二十周年纪念册》，被上海圣约翰大学、北平燕京大学和清华大学聘为校董乃至董事会主席。天津许多文化机构都邀请他担任董事、主席或顾问。

在张伯苓的影响下，颜惠庆凭借自己在政府的地位，为南开大学争取到了北洋政府的财政援助。1928年1月，在张伯苓的邀请下，颜惠庆正式出任南开校董，参与到南开大学的建设中，并在范源濂逝世后，任南开校董会主席。自此，颜惠庆与校董会一起，不遗余力地为南开的建设到处筹措经费。他曾亲自拜访开滦煤矿董事会，谈资助南开问题；也出席为章瑞庭举行的宴会，说服章为南开捐献巨款。

1931年九一八事变后，颜惠庆临危受命，出任中央政治会议特种外交委员会委员。1933年1月31日，颜惠庆被国民政府正式委任为驻苏联大使。6月，颜惠庆回国休假，日本人高木前去拜访，邀请颜参加根据《塘沽协定》建立的华北自治政府，被颜惠庆断然拒绝。①1935年

---

① 《颜惠庆日记》第2卷，上海市档案馆译，中国档案出版社，1996年，第811—817页。

2月,颜惠庆协同京剧大师梅兰芳、电影明星胡蝶等文艺界人士再度访苏。1936年6月20日,颜惠庆正式向国民政府递交辞职信,从此结束职业外交家生涯,回到天津继续其实业与慈善活动。

1937年,颜惠庆在南开大学讲授"外交实践与惯例"课程,引起轰动,5月28日《京津泰晤士报》对此进行了详细报道。1937年7月30日,南开大学遭日军轰炸,木斋图书馆被炸毁,颜惠庆很是痛心。[①]从北洋政府时代开始,颜惠庆就对南开学校的发展贡献颇多,从劝募南开发展基金、为南开规划发展方向,到亲自为学生授课、捐赠藏书和期刊,南开系列学校的发展有颜惠庆的功劳。

全民族抗战爆发后,颜惠庆举家南迁上海,在八一三淞沪抗战期间主持上海的难民救济与伤兵救护工作。1938年1月,当选为国际反侵略大会中国分会名誉主席团成员。6月,当选为国民政府第一届国民参政会参政员。8月,颜惠庆以中国首席代表的公开身份离沪赴美,出席于美国维多利亚港举行的第六届太平洋国交讨论会,在会上谴责日军暴行。会后,继续留美协助胡适拓展对美外交。

1940年3月15日,颜惠庆返抵香港,香港沦陷后遭日军软禁,后被押返上海,但他拒不与汪伪政权合作,直至抗战胜利才获自由。1949年2月,颜惠庆受代总统李宗仁委托,赴北平与中国共产党商谈和平事宜,受到毛泽东和周恩来接见。

新中国成立后,颜惠庆任第一届全国政协委员,后又担任中苏友好协会会长、中央人民政府政务院委员、华东军政委员会副主席、中央人民政府政治法律委员会委员等职务。

1950年5月24日,颜惠庆病逝于上海,终年73岁,毛泽东和周恩

---

①《颜惠庆自传——一位民国元老的历史记忆》,吴建雍等译,商务印书馆,2003年,第298页。

来特电其家属致唁。①

参考文献:

杨颖奇主编:《民国政治要员百人传》,南京出版社,2014年。

刘国新、贺耀敏、刘晓等主编:《中华人民共和国史长编》第7卷,天津人民出版社,2010年。

天津市人民政府编著:《天津历史风貌建筑》,天津大学出版社,2010年。

(张雅男)

---

① 《颜惠庆自传——一位民国元老的历史记忆》,吴建雍等译,商务印书馆,2003年,第4页。

杨豹灵

杨豹灵(1887—1966),江苏金山人。1896年入上海中西书院学习,1901年入东吴大学。1907年,两江总督端方选派出国留学生,杨豹灵经过考试被选中,10月赴美国,先入康奈尔大学,1909年入普渡大学,获得土木工程学士学位。1911年,杨豹灵回国,在归国途中结识孙中山。[①]辛亥革命爆发后,他担任湖北都督府路政司司长兼外交司交涉科科长。1912年,协助张謇建设导淮工程,任勘测员。1913年进入湖南高等工业学校任土木工程科主任。

1914年,杨豹灵进入北洋政府全国水利局任技正,任职后所做的主要工作,就是在全国各地进行野外调查,对当时全国的水利情况进行分析研究,而京津地区是其调查的重点地区。1916年10月7日永定河漫溢决口,杨豹灵奉派前往勘估决口修复工程。

1917年夏,海河流域发生特大洪水,天津因地处海河下游,受灾尤其严重。杨豹灵奉派前往天津实地勘察,写出详细的调查报告。当时人们多认为天津水灾是南运河水横溢所致,杨豹灵否定了这种说法。他指出,天津水患的根源在于潮白河、永定河、大清河、子牙河、南运河五条河汇集于海河入海,而问题最严重的是永定河。因为永定河泥沙太多,导致海河日渐淤塞,一遇降雨过多,必然导致整个水系的漫溢决口。他给出的建议是为永定、潮白两河另开新河道作为入海通道。这

---

① 《杨豹灵致孙中山函(1912)》,载桑兵主编:《各方致孙中山函电汇编》第2卷,社会科学文献出版社,2012年,第377页。

个建议得到了全国水利局总裁李国珍的赞同,并上报给国务院、内务部、农商部等部门。1917年9月1日,杨豹灵被任命为全国水利局第四科科长。

海河流域发生的特大洪水造成了巨大的损失,民众对于整治海河流域各河道的要求十分迫切。鉴于此,北洋政府决定筹组管理海河流域各河水利水文的专门机构。1918年3月27日,顺直水利委员会在天津正式成立,以熊希龄为会长,杨豹灵等6人被推选为委员。同年4月设立流量测量处,杨豹灵为主管处长。在杨豹灵的主持下,流量测量处在各河设置了13处量水站,后逐渐增加至44处。

为了解决京直地区已有地形图不能满足根治水患要求的问题,杨豹灵引入三角法对京直地区河道及其附近地面进行测量,最终绘制成当时中国最为精确的水利地图。这些地图以及对流量、雨量的测量,为此后京直地区的水利建设做了必要的资料准备。① 这些工作实践让杨豹灵很快成为全国水利局的骨干人才之一,为局长李国珍所倚重,经常被派往全国各地进行水利勘测。比如1921年7月27日,全国水利局总裁李国珍派杨豹灵等查勘鲁豫黄河一带泛滥情形。

1921年12月26日,由内务部、外交部、财务部、农商部、交通部、税务处共同设置的扬子江水道讨论委员会正式成立。1922年元月,该会设置了扬子江技术委员会,隶属于扬子江水道讨论委员会,杨豹灵被任命为委员。1928年10月8日,天津市整理海河委员会正式成立,这是天津市整理海河工程的管理机构,负责海河流域工程的测量、地质调查及河道、船闸等工程的监督、检查及实施,杨豹灵担任委员及咨询工程师。1929年夏,海河流域遭遇洪水,永定河决口,杨豹灵赴河堤指导抢堵工程。为彻底根治海河水患,整理海河委员会于8月2日设

---

① 徐建平:《顺直水利委员会与京直水环境》,载戴建兵主编:《环境史研究》第2辑,天津古籍出版社,2014年,第111—120页。

立了工程委员会,专司一切整理工程计划事项,杨豹灵任执行委员。8月27日,杨豹灵在代表海河工程委员会发表关于海河整理之谈话中提出,堵住永定河之决口最为急要,而治理永定河根本之法在于为其另开入海河道。他还批判海河工程局拖欠工程款导致水灾严重。[①]

1930年,杨豹灵任整理海河委员会工程委员会委员长。2月,海河整顿工程开工,由杨豹灵主持。这项工程包括修筑白河堤坝、永定河堤坝、新开沟渠等13项,计划总投资364万元。到1933年10月工程完工,取得了明显的效果,海河淤塞的情况得到了很大的改善。1933年12月,整理海河委员会被撤销。1934年1月,海河善后工程处成立,负责整理海河未完之放淤及导引清水回归海河工程,杨豹灵任顾问,并从11月6日起兼任总工程师。[②]

1935年7月4日,杨豹灵被任命为天津市工务局局长,年底辞去该职。他任天津市工务局局长虽然不过5个多月,但颇有成绩。上任伊始即提出了一份天津市建设计划,卸任时已完成了大马路、海光寺马路、吉林路铺路工作,并建设完工了已耗时数年、几经停工的客运码头"大连码头"。在市政卫生方面,新建了30处公共厕所。

1945年10月29日,杨豹灵被任命为天津市政府外事处处长。当时天津市政府从外国人手中接管海河工程局,杨豹灵于10月30日被任命为代理海河工程局局长,负责接收事宜。杨豹灵借特一区海河工程局后院余屋组织外事处,即日开始办公。杨豹灵担任外事处处长后,首先面临的一个急务就是办理集中管理日侨。日本投降之初,天津还没有成立管理日侨的专门机构,对日侨的管理主要由外事处和警察局负责。当时天津遣送回日本的日侨有4.8万余人,还有8.4万余人滞留天津,散居于各处。这些日侨当时由盟军司令部控制,杨豹灵的

①《益世报》,1929年8月27日。
②《内政部指令》,天津市档案馆藏档案,J104-1-54。

主要任务是向盟军接洽集中日侨的办法,直到1946年1月天津市政府成立日侨管理处。①1946年10月,杨豹灵南下上海送子女赴美留学,因船期延误而滞留,遂辞去天津市政府外事处处长、海河工程局局长职务。

杨豹灵广泛参与社会事务。1922年10月华北区扶轮社天津分会创立,杨豹灵为副会长。他自1928年起定居天津意租界,曾任意租界董事会华人咨议,并任中美工程师协会会长、中国工程师学会天津分会会长等社会职务。1946年5月,杨豹灵任复校的天津私立特一中学董事长。

杨豹灵在各部门任职之余还兴办实业。1921年,他与美国人一起组织成立了大昌实业公司,专门从美国进口铁路材料及工矿器材。这个公司在美国注册,总公司设立于上海,在天津、南京、北京、青岛、沈阳设分公司,获利丰厚。日本全面侵华后,大昌实业公司在各地的分公司相继停业,1942年上海总公司被日本人强占。抗战胜利后,杨豹灵着手恢复大昌实业公司,将总公司设于美国华盛顿,国内于上海、天津、香港三地设代理店。天津代理店设立于1946年,由杨豹灵亲自担任经理。

1949年天津解放后,杨豹灵留在了天津,经营大昌实业公司。但由于国外各厂家售货条件与国内进口公司所定条款有出入,所以公司基本上只以出售旧存货物延续其业务。1950年12月,美国对华实施禁运,大昌实业公司在美国的存款被冻结,遂逐渐停业。1950年底,大昌实业公司归人民政府管制。

1966年,杨豹灵病逝于天津,终年79岁。

杨豹灵著有《海河问题之研究》《南运河述略》等水利专著存世。

---

①《天津市政府外事处呈文》,天津市档案馆藏档案,J2-2-8。

参考文献：

刘国铭主编:《中国国民党百年人物全书》(下),团结出版社,2005年。

《海河志》编纂委员会编:《海河志》第4卷,中国水利水电出版社,2001年。

《益世报》,1929—1935年。

（吉朋辉）

杨 承 烈

杨承烈(1842—1908),字藕舲,天津人。1842年,杨承烈出生于天津,其父杨家麟为顺义县训导,杨承烈自幼跟随父亲在衙署读书,聪颖好学的杨承烈对演算之术有一种特殊的爱好。年末及20即补县学诸生,先后6次参加乡试,均未考中,心灰意冷之下,杨承烈遂绝意仕途,不再参加科举考试。其父死后,杨家更为贫穷,生活无着,顺义士子感念其父亲的恩德,多方筹集资金,为杨承烈捐得典史的官职。而性情耿直的杨承烈,却能清贫自守,宁愿当塾师,以微薄的收入维持生计。

西方数学知识自清康熙年间传入中国以后,我国古代数学研究进入一个全新的发展阶段,中西方知识得以融会贯通。特别是1860年天津被辟为通商口岸以后,西方文化随之输入,西方的文化、先进技术开始在天津传播,天津的地域文化中呈现出中西杂糅、相互借鉴的全方位发展的新格局。天津不仅成为传播近代西方文化的场所,而且形成了具有一定规模的,知识新颖、思想活跃的新知识群体。在这样的文化氛围中,杨承烈的数学研究取得很大进展。

杨承烈潜心钻研《九章算术》,积一生之心力,博览苦思,深有造诣,成为天津人研究算学之先导。杨承烈尤其喜爱天文历法的推步之学,他遍读中外古今数学名著,尝夜登高台观测星度,每遇日食、月食时,就预为测算,对交食的分秒、体亏的方位等,列出算草,以之示人,事后验证大体无差,说明他的预报推算已达到较高的水平。1874年,清廷明诏以算学取士,青年士子有志于算学研究者,皆来杨承烈门下求学,天津近代著名教育家李金藻即为杨承烈得意门生之一。

杨承烈积一生之心力，博览苦思，成为清末著名的数学大家。他在长期的研究中发现，元代数学家朱世杰《四元玉鉴》所列《古法七乘方图》，与近代数学家华蘅芳《行素轩算稿》中的《开方古义》均有不足之处。他参照华蘅芳的研究方法，吸收西方数学研究中的新理念、新方法，以兼容并蓄的气魄，探索其究竟，补其欠缺，以尽应用之捷便，于1897年秋写成《开方粹》一卷，被后人誉为极富开创性和实用性的填补古代算学之缺的著作。《开方粹》与《开方古义》相比较，其数表更加完备，兼及天元术（中国古代数学列方程的方法）诸乘方、代数各次式、方积求边、直积带纵减纵各式进位完商之妙，更为简捷明了。

1908年春，杨承烈抱憾去世，终年66岁。他去世后不久，《开方粹》一书的石印本即出版，但流传甚少。1943年，其弟子李金藻为弘扬师门之学，令其外孙女婿杨宇澄出资，仿照原书铅印出版《开方粹》一书。李金藻亲自为铅印本题写封面，影印杨承烈半身遗像，内有李金藻的序及杨承烈的自识各一篇，后附李金藻、杨宇澄的跋各一篇。

参考文献：

章用秀：《天津文化及其思想精华》，《天津行政学院学报》，2004年第4期。

陈宗胜、陈根来主编：《引领全球的声音：2008天津夏季达沃斯论坛参考报告》，天津人民出版社，2009年。

顾道馨：《绿波集——顾道馨著述选粹》，天津古籍出版社，2013年。

（郭登浩）

杨 大 章

杨大章(1909—1944),本名杨世瑛,又名章棣。1909年生于天津一个教员家庭。其父在一所业余补习学校任教员,思想开明,虽家境贫寒,仍竭力供杨大章读书,希望他将来成为对国家和社会有用的人。在父亲的熏陶下,杨大章自幼勤奋好学,追求进步。

1923年,杨大章以优异成绩考入南开中学。南开中学有着光荣的革命传统,学生思想活跃,进步力量较强。杨大章很快接受了革命理论,积极参加校内反帝反封建的斗争。他思想进步,为人正直,成绩优秀,团结群众,深得同学的赞誉和拥戴。

1928年,杨大章中学毕业。因家庭经济困难无力继续升学,他于同年考入天津北宁铁路车僮(列车服务员)训练班,并于结业后被分配到天津站行李房任管理员,不久被调到辽宁绥中县做站务工作。1931年九一八事变爆发,杨大章弃职回津,回到天津站继续做行李房管理员,积极寻求抗日救国出路。他利用在列车上工作的便利,广泛结交进步人士。杨大章在北平结识了共产党员杨思忠和黄树则,在杨、黄二人帮助下,他积极投入党领导的抗日救亡斗争。他立场坚定,沉着果敢,无私无畏,经杨、黄二人介绍,于1931年加入中国共产党。

入党后,杨大章以铁路职工身份为掩护,秘密从事党的地下工作。1936年,他被调往山海关—天津—郑州段做铁路联系工作。在中共北宁路党组织负责人李颉伯、吴德等领导下,他在北宁铁路沿线各车站秘密开展组建抗日救国会的工作。

为组织和领导北宁铁路职工的抗日斗争,1938年初北宁铁路党委成立,杨大章任首届党委书记兼组织委员。他在铁路职工中大力发展抗日救国会的组织,主编《铁救》刊物,秘密开展抗日救国宣传,团结了一大批爱国志士。在"铁路抗日救国会"(简称"铁救")的宣传和发动下,许多"铁救"会员积极投入党领导的抗日斗争,加入了中国共产党,使铁路党组织不断发展壮大。杨大章在大力组织铁路职工秘密开展抗日救国斗争的同时,利用铁路工作的便利条件,积极开展配合抗日根据地斗争的工作。搜集敌人铁路运输情报,准确掌握敌人军用物资和军队调遣的去向及铁路沿线敌人的军事部署,并及时向根据地提供军事情报,使我军能够准确地打击敌人。在敌人的严密封锁下,他顺利地完成为根据地采购运送物资、转发文件和经费、护送根据地干部通过铁路等任务,多次受到根据地领导的表扬。

1939年4月,按照党的指示,杨大章与妻子阎国珍(中共党员,当时天津"女同学会"负责人)赴平西根据地工作,先在冀热察区党委党校学习。同年7月,杨大章任平西专署民政科科长。此时恰逢平西遭受水灾,他到任后即投入紧张的救灾工作,昼夜奋战,甚至不顾个人安危,一次次冲入急流,抢救被困灾民。

1940年,杨大章兼任平西专署秘书主任。不久调任昌宛县县长。平西是党在晋察冀最早建立的抗日根据地,斗争形势十分严峻。日本帝国主义实行"三光"政策,密布据点堡垒,屠杀抗日军民,企图消灭平西抗日根据地。昌宛是平西抗日根据地的战略要地,杨大章率领全县军民,多次粉碎敌人的"扫荡",使平西抗日根据地巍然屹立在敌后。在敌人控制的地区,他紧依靠群众,采取灵活的策略,建立两面政权,坚持开展抗日斗争。尽管敌人控制严密,根据地仍能很好地保证抗日部队军粮和物资供给,根据地的武装斗争和政权建设不断出现新局面,为此杨大章获得"模范县长"称号。

1943年,中共冀东地委和晋察冀边区十三专员公署撤销,中共冀热边特委和冀热边行署建立,下设五个地委和专署,杨大章被任命为第一地区专署专员,负责在所辖冀东西部四个联合县——蓟遵兴、平三蓟、承兴密、丰滦密开展党的工作。这四个联合县曾遭敌人多次"扫荡",基层政权和党组织遭到严重破坏。上任后,杨大章建立规范的生活、工作和学习制度,制定工作汇报、请示和巡视等规定,印发边区政府发布的各项政策和法令,并带头严格执行,将专署打造成有严格组织纪律、有坚强战斗力的领导机构。他发出专署关于改造和建设村政权的指示信,要求各地清除立场不坚定分子,保证干部队伍的纯洁性,同时根据各地具体情况,提出了改造和建设村政权的具体措施。不到10个月的时间,整个地区改造和建设村政权的任务全面完成,有力地巩固和加强了根据地政权建设。

1944年5月,为推进地方党组织的整顿工作,杨大章和冀东军分区十三团副政委廖峰,带领县委和县政府机关干部、各区主要负责人及专署警卫连共200多人到团山子开会。19日拂晓,队伍在爨岭庙被敌人包围。在烧毁文件、指挥部分干部突围成功后,杨大章不幸中弹,英勇牺牲,年仅35岁。

此次战斗中牺牲的共有100多名同志,杨大章等烈士的遗体被当地干部群众埋葬在爨岭庙西南山坡上。新中国成立后,蓟县人民政府在该地建立了爨岭庙烈士陵园,将烈士们的遗骨移葬在陵园内,供后人凭吊和缅怀。

参考文献:

中共天津市委党史资料征集委员会编:《天津抗日英烈》,天津古籍出版社,1995年。

(曹冬梅)

杨 光 仪

杨光仪(1822—1900),字香吟、杏农,晚号庸叟,天津人,祖籍浙江金华义乌。1822年,杨光仪出生于天津的一个书香门第之家。明朝,杨氏先辈随戚继光北上镇守蓟州,后世定居天津静海木厂庄。杨光仪曾祖父杨世安于清乾隆初年办理长芦盐务,杨家业盐致富,遂由木厂庄定居天津东门里。到杨光仪父辈时,家道中落。

杨光仪幼年从父读书,20岁为县学生,30岁中举人,选补河间府东光县教谕拣选知县,"因母老辞不赴任"①。其后,杨光仪先后11次参加科举考试,均未考中,心灰意冷之下遂绝意仕途,在天津设塾授徒。他应诗人梅成栋之邀,出任其创办的天津辅仁学院的讲习、山长,讲学之外并总领院务。

杨光仪主讲辅仁学院几十年,天津"凡为操觚之士,莫不在门弟子之列","南北名流及当时显宦,往往闻名先施造门请谒,相与讲道论艺,欢若平生"。②其门下多出类拔萃之人。1883年,画家吴昌硕(当时名为吴俊,字仓石)乘船由海道来津,拜访62岁的天津耆宿杨光仪,两人一见如故,相谈甚欢,过从甚为融洽,并相互赠诗留念。

杨光仪热心于家乡的文化教育事业,在主讲辅仁学院期间,不仅不收取学院的一文费用,而且每当学院经费不足、难以为继时,杨光仪总是自己捐款补给书院,以维持书院的正常运转。在杨光仪的学生

---

① 上辛口乡地方志编修委员会编:《上辛口乡志》,天津社会科学院出版社,1997年,第103页。

② 卞僧慧:《天津史志研究文集》,天津古籍出版社,2011年,第43页。

中,很多人后来成为知名人物,如严修、华瑞安、王守恂等人。

杨光仪写下了许多脍炙人口的诗篇。他的诗篇多以当时的现实社会为题材,充满了批判现实主义精神,他还以第二次鸦片战争为背景,创作了一批愤世之作。《河楼题壁》一诗记叙了三次大沽之战前后的社会现实,对清政府仓促应战、妥协投降的行径表示了不满和嘲讽:"络绎艨艟频入冠,仓皇将帅又登场……却喜有人能缓敌,军前几度馈牛羊。"他在《赘言》一诗中赞颂了在大沽抗战中浴血奋战、英勇献身的爱国将士:"战苦神弥旺,刀头带血扪,垒边飞劫火,天上返忠魂。"①

杨光仪还创作了一批诗歌,表达了对家乡的热爱,其中最著名的是《木厂庄夜归》:"回首长堤落日圆,一鞭归去暗前川。惊狐仄岸冲人过,栖鸟荒林抱叶眠。大野星光垂到地,远林灯火闪连天。无端涌出沧溟月,咫尺蓬壶思渺然。"这是他歌颂家乡木厂的诗篇,也表达了诗人从家乡返回天津城中的感受。杨光仪的诗篇多以近代社会为题材,充满了诗人的赤子之情,特别是他的《河楼题壁》《赘言》《乐将军挽歌》诸作,感怀悲时,怜民忧国,传诵一时。

杨光仪晚年在天津与梅宝璐、于士祜、孟继坤等人诗酒酬唱,组织"九老会""消寒社"等诗社,使天津诗坛盛极一时。杨光仪著有《碧琅玕馆诗钞》4卷、《碧琅玕馆诗续钞》4卷、《晚晴轩》8卷、《留有余斋》8卷、《耄学斋晬语》《消寒集》《津门诗钞》《津门诗续钞》等。《碧琅玕馆诗钞》为其代表作品。杨光仪的诗,托兴寄怀,讽时感事,多有为而发,是近代天津享有盛名的诗人。

1900年,杨光仪因病去世,终年78岁。

---

① 来新夏主编:《天津历史与文化》,天津大学出版社,2013年,第178页。

参考文献：

天津市西青区政协文史资料研究委员会编：《西青文史》第6册，1993年内部印行。

刘尚恒：《二馀斋文集》，天津古籍出版社，2013年。

（郭登浩）

杨 慕 兰

杨慕兰（1903—1986），名景晖，别署近云馆主。1903年2月7日（清光绪二十九年正月初十日），杨慕兰生于江苏无锡，后定居天津。

杨家为无锡名门望族，以一脉书香传世，历代官宦贵显，近代更是家声煊赫。杨慕兰的父亲杨寿枏，是清末民初显赫一时的政商人物。杨寿枏生育子女六人，杨慕兰排行第二。她从小在家读私塾、学国画、练刺绣。4岁时，常随同伯父、大姐去戏院和堂会听戏，逐渐对戏曲产生浓厚的兴趣，回家后就模仿学唱。几年后开始跟堂兄一起切磋技艺，哥哥拉京胡，她唱戏，这为她日后票戏、登台打下了基础。

8岁时，杨慕兰随全家从北京搬到天津。父亲与周学熙关系莫逆，1924年，杨慕兰21岁时，由父母做主，嫁给了周学熙的四公子周志厚。杨慕兰嗜好京剧，婚后将兴趣寄情于西皮二黄。她的第一位授戏老师是位姓戴的盲人，学的第一出戏是《女起解》，后广求名师，博采众长。她先后求教于律佩芳、郭际湘（艺名"老水仙花"）、阎岚秋、姜妙香、魏莲芳等人，向他们学习青衣、花衫，陆续学了《红线盗盒》《霸王别姬》《廉锦枫》《二进宫》《武家坡》《骂殿》《坐宫》《会审》《春秋配》及整出的《大保国》等青衣传统戏。杨慕兰还向姜妙香、徐斌寿、包丹庭三位先生学小生戏。包先生给她说《雅观楼》，姜先生给她说《白门楼》《群英会》《罗成叫关》。她还向阎岚秋、朱桂芳学刀马旦戏。阎岚秋艺名"九阵风"，他演武旦戏以"媚"出彩，以"俏"取胜。他继承父业，遵守绳墨，杨慕兰从他身上学到了不少东西。她还经常到王瑶卿先生家拜访求教。

杨慕兰第一次登台是在1931年九一八事变之后,全国上下抗日热情高涨。当时北平新闻界人士在北京哈尔飞戏院举办"抗战献机"义务戏汇演,被邀请人员中非新闻界人士只有杨慕兰一人。那天,大轴戏是徐凌霄的《审头刺汤》,压轴戏是杨慕兰的《贺后骂殿》。这是杨慕兰首次粉墨登场,公开亮相。因怕家人知道,戏单和海报上均用"近云馆主"名字。她首次露演便一炮打响,获得满堂彩,也让人们记住了"近云馆主"的名字。杨慕兰第二次登台票戏是在北平的开明戏院,也是演义务戏。这次戏码是与女票友雍竹君合演《玉堂春》,她演上半场《起解》,雍演下半场《会审》。有了这两场义演,杨慕兰胆子越来越大,心越来越宽。她不知疲倦地潜心研究中华民族传统戏曲艺术,并将毕生心血用在钻研京剧表演艺术上。

杨慕兰在北平、天津均有房产,学戏、唱戏都很方便,更多时候她住在北平。七七事变后,她从北平回到天津居住,首次在津登台是在明星戏院(新中国成立后更名和平影院),也是参加义务戏演出,这次她演大轴戏《玉堂春》。

杨慕兰演技不断提高,在平津地区小有名气。她不仅与别人同台合演,还自己组班单演。在当时的时代背景下,一个票友,特别是一个女票友,敢于自己组班,独挑大梁,可以说独一无二,而且所有演出所需戏装、台帐、椅帔、桌幔等,都是她出钱购置。为使演出生色,她常常邀请名角助演,壮大声势。她曾和金少山联袂演出《霸王别姬》,与朱桂芳合演《廉锦枫》,与姜妙香合演《玉堂春》等。仅《十三妹》,她就与郝寿臣、侯喜瑞、姜妙香分别合作过。

不光是与名伶合作演戏,杨慕兰与京剧名伶的关系也甚密,这种半师半友的情谊,对双方切磋剧艺,极为相得。她因喜欢梅兰芳的戏,与梅兰芳关系非同一般。梅来天津演出,必上门拜访于她。梅兰芳每次莅津,杨慕兰必热情招待,包场包戏,积极捧场。据说"杨慕兰"的名字也是因梅而得。她演梅的戏,可以说达到出神入化、以假乱真的地步。有一次,她特意赶到上海更新舞台,看梅兰芳和金少山上演的《霸王别姬》。不凑巧,那天梅先生的嗓子出现问题,当晚不能演唱。梅兰芳一见她来了,好不欢喜。因为梅先生深知,只有她能代替自己演出。于是,本打算看梅演戏的她,却装扮成主角,代替梅先生上台演出,成为梨园界的一段佳话。

杨慕兰不光喜欢看梅兰芳的戏,还潜心研究梅派艺术,经常给梅兰芳提出一些好的建议。一次,梅兰芳在天津中国大戏院演出昆曲《奇双会》,梅先生饰演李桂枝,俞振飞饰演赵宠,姜妙香饰演李保童。三个角色服装均为红色,天台上正面悬挂的"守旧"也是红色。看似满台鲜艳,但给观众感觉有些"顺色"。散戏后,杨慕兰便向梅先生提出自己的看法,梅兰芳觉得她提的很有道理,接受了她的意见,等再演这出戏时,便换了一件白地绣花"守旧"。这一换,不仅突出了三个主要人物的形象,还增强了舞台效果。

杨慕兰还非常喜欢尚小云的戏,与尚交情深厚。因她是大户人家,房多屋阔,尚小云来津演出,常常住在她家。尚小云亲自授予她三出看家戏:《战金山》《昭君出塞》《失子惊疯》。其中最难的是《失子惊疯》,尚小云饰演的胡氏,因失子而惊疯,而且不是假疯,是"真"疯,更不是"装"疯。这样的功底,让杨慕兰学来,确实得下一番苦功。尽管如此苦练,杨慕兰仍然觉得没有达到尚先生所要求的地步,自知心有余而力不足,故此,该剧她始终没有演过。杨慕兰后来谈起此事,仍觉得辜负了当年尚小云竭诚相授的一番盛情。

杨慕兰与荀慧生先生相识较早,凡是荀先生排演新戏,杨慕兰总要去看。演完了戏,有时几位老友还相约去起士林吃夜宵。荀慧生个人私事从不对她隐瞒,遇到难事也愿意找她帮忙解决。荀先生曾先后赠杨慕兰四十余部剧本,可惜于"文化大革命"中散失。"文化大革命"后,有关部门给已然故去的荀慧生落实了政策,杨慕兰在弟子的陪同下,专程赴京拜访荀慧生的爱人张慧君。

杨慕兰经常提携后人,热心资助演员,且不惜重金。北平昆曲社在天津新中央戏院演出,卖不上座,最后连每天戏份钱都开不出来,社员马祥麟找到杨慕兰,请她搭桌帮忙,杨慕兰为剧社销票并参与演出,帮他们渡过难关。她曾给童芷苓说戏,教她怎么演好《玉堂春》。孙元喜先生演戏,都请杨慕兰"摘毛",哪个字念得瘪,哪个字唱得不好,她都能一一指出。

杨慕兰在今天津市和平区徐州道上曾有一座旧宅,为广集人才,1942年,她与袁青云在该住宅创办了"云吟国剧社",她亲任社长,还特聘天津著名票友刘叔度任名誉社长,袁先生和高海澄先生负责剧务。该剧社为京剧培养了不少新秀,成为京剧人才荟萃的一个基地。云吟国剧社成立后,剧务活动频繁且有章可循。每晚5点到7点,是说戏时间,星期天响排一次,戏码是之前商定好的。剧社对社员要求很严,不是科班却类似科班。在剧社存在的24年里,培养了不少京剧人才,有为荀慧生打鼓的刘耀曾,给张学津操琴的王鹤云,中国京剧院弦师周世麟,观众熟悉的女花脸齐啸云,云南京剧院的青衣王小盈,天津艺术职业学院知名教师孟宪蓉、葛小林,等等。

1966年,云吟国剧社解散,杨慕兰的戏曲梦也戛然而止,她几十年来积存的戏曲文物、史料和自置的行头也不知去向。80年代,晚年的她又重新开始戏曲的研究工作,她在自己的住所成立了一个昆曲研究小组,专门发掘传统剧目。本地和外地的中青年演员和京剧爱好者时不时登门求教,她都热情接待,竭诚相告。

1986年12月25日,杨慕兰安详地离开了人世,终年83岁。

参考文献:

杨慕兰:《回忆我的戏剧生活》,载天津市政协文史委编:《天津文史资料选辑》第48辑,天津人民出版社,1989年。

周慰曾:《近云馆主传略》,《天津文史》,2004年第4期,内部印行。

黄殿祺:《女票翘楚杨慕兰》,载天津市政协文史委编:《近代天津京昆名票》,天津人民出版社,2015年。

(杨秀玲)

杨 宁 史

杨宁史(1886—?)(W. Jannings),1886年出生于瑞士阿尔本,中学毕业后在德国汉堡一家公司任职,入德国籍。1908年,杨宁史在德国禅臣洋行供职,1911年奉派来华,3年后升任经理,为总公司主要股东之一,其股份占全公司的1/3。30年代后,杨宁史成为德国禅臣洋行在华唯一代理人,并兼任天津物华进出口公司、上海洪记进出口公司顾问。

杨宁史是个中国通,不但能讲流利的中文,而且酷爱中国文化,喜爱收藏研究中国文物古董,他尤爱收藏古代铜器。杨宁史还热衷于旅行,中国的很多城市、名山大川都留下了他的足迹。

1932年3月,阎锡山任山西太原绥靖公署主任,制订了《山西省政府十年建设计划方案》,全面开展经济建设。善于经营的杨宁史来到了太原,结识了阎锡山。杨宁史曾派德国专家为阎锡山建立西北炼钢厂,并为其代购同蒲铁路材料、火车头、机器等,因而二人成为朋友。七七事变前,杨宁史几乎垄断了太原重工业器材的所有进口业务。

七七事变之前,阎锡山为西北炼钢厂向杨宁史订购了一批德国进口机器,并且预付了大笔货款。杨宁史回到天津接收这批物资,但货物从德国运至天津时,全民族抗战爆发,天津沦陷。天津日伪政权几次派人到禅臣洋行仓库没收这批物资,杨宁史均以该物资虽为中国订购但尚未付款为由加以拒绝,保全了这批物资。

天津沦陷期间,禅臣洋行与日军一八二〇部队合作,从事大规模的军火生意,包收数量巨大的紫铜、钢铁,以充日军军需之用,并聘请日本人原田、齐藤二人担任公司顾问。因而,日伪时期禅臣洋行在津声名显赫,生意兴隆,居同行业之首。

抗战胜利后,杨宁史指使副经理罗希堵将禅臣洋行资金转移到瑞士,并将伪蒙疆政府在该行订购的大量机枪、迫击炮、炮弹等军火,献纳给了国民党陆军第九十四军军长牟廷芳,向国民政府邀功买好。但杨宁史等在津德侨仍被告知不得离开天津,等候有关方面审查。特别是当听说国民政府将查封德侨产业、遣送德侨回国时,杨宁史极为焦虑。1945年11月,行政院院长兼外交部长宋子文到北平视察时,获知杨宁史收藏国宝的消息,专程来到天津与杨宁史商议献纳事宜。经过3个多小时的谈话后,杨宁史答应将收藏的241件古代铜器献纳给国立北平故宫博物院。他承认这些藏品原本就属于中国,理应归还中国政府。国立北平故宫博物院辟景仁宫专室陈列,拟订室名为"杨宁史献呈铜器陈列室",并写明这些文物的搜集、收藏、献呈经过。

1946年1月21日,在天津警方的"护送"下,杨宁史携带铜器来到北平,并将其暂存于北平瑞典百利洋行内。22日,教育部平津区特派员沈兼士,国内文物鉴定专家于思泊、邓以蛰,国民政府行政院院长临时驻平办公处专门委员曾昭六、董洗凡,教育部清理战时文物损失委员会平津区副代表王世襄,故宫博物院总务处秘书赵儒珍等,在故宫绛雪轩查验并进行了接收。杨宁史的这批文物计有"宴乐渔猎纹战国壶""商饕餮纹大钺"及鼎、卣、爵等珍贵文物,共计241件。

1946年3月9日,天津市警察局奉令调查杨宁史在敌伪时期资敌罪行,并且将禅臣洋行查封。杨宁史遂带领洋行主要负责人及部分德侨逃往太原投奔阎锡山,被阎锡山聘为第二战区司令部技术顾问,同年又在阎锡山经营的西北实业公司下的同记贸易公司任经理。1948年,他转到北平担任同记洋行北平分公司经理。①12月2日,杨宁史来

①天津市档案馆藏档案,J10-2-59。

津察看同记洋行天津分公司业务。1949年天津解放后,同记天津分公司被军管会接管,杨宁史本人也被天津市人民政府限制了行动自由。

1954年6月16日,天津市人民政府将杨宁史驱逐出境。在他准备乘轮船回德国时,海关检查人员在他的行李中发现夹带有珍贵文物、考古书籍等共计326件。经天津市文物局专家鉴定,这些均为中国的珍贵文物。海关经与市外事处、文化局研究,依照《海关法》及《禁止珍贵文物图书出口暂行办法》,决定将这批文物全部没收。另有两套考古书籍、58张考古照片,1946年献纳的241件文物照片,以及国立北平故宫博物院为其开具的收据和刊载这一消息的有关报纸等,海关拍照后予以放行。①

参考文献:

周利成、王勇则编著:《外国人在旧天津》,天津人民出版社,2007年。

(周利成)

---

① 天津市档案馆藏档案,X58-C-1498。

杨 瑞 符

杨瑞符(1902—1940),号节卿,天津静海人。杨瑞符15岁进津当徒工,1921年入伍,在吴佩孚部队任排长。1929年,杨瑞符随部编入国民革命军第八十八师二六二旅五二四团,先后任排长、连长、营长,后晋升为团长。

1937年8月13日,日军大举进攻上海,淞沪抗战爆发。10月下旬,杨瑞符奉命率一营400余名官兵驻守闸北,掩护数十万中国军队撤退。

10月26日晚,杨瑞符选定四行仓库为扼守据点,牵制日军。四行仓库是位于上海闸北区苏州河西岸的一座混凝土建筑,在新垃圾桥(今西藏北路桥)西北沿,是"北四行"即金城、中南、大陆、盐业四家银行共同出资建设的仓库,也是该地区最高的建筑。四行仓库的位置及建筑结构对守军相当有利。27日拂晓,全营官兵用仓库内的粮食包构成工事,并将楼内电灯全部破坏以便隐蔽,焚烧周围房屋,准备战斗。当日,多架日机飞抵四行仓库上空。四行仓库临近公共租界,日本此时尚不愿意同欧美开战,怕炮弹落入公共租界内,因此不敢用海军炮火和轰炸机投弹。杨瑞符深知日军的顾虑,于楼顶架起高射机枪,逼迫日机不敢低飞。上午7时,日军第三师团开至上海北站,午后1时开至四行仓库附近。约10名日军接近防御工事进行侦察,很快被击毙。之后不久,一个中队的日军从西侧发动进攻,大约70名日军进入仓库西南墙根中国军队火力死角,中国守军爬上楼顶向其发射迫击炮弹、投掷手榴弹,炸死日军7名,伤约二三十名。在第一波攻击失败后,日军向储有燃料及木材的仓库西区放火。下午5时大火被扑灭。同时日军在闸北进行抢掠纵火。日军在西侧发动另一次主攻,占领了交通银行大楼,并在四行仓库北面部署加农炮进行攻击。加农炮对四行仓库厚重的墙壁无法造成致命伤害,而在交通银行大楼内的日军又很容易被占领制高点的中国守军压制住。两小时后日军放弃进攻,但切断了四行仓库的供电及供水。杨瑞符令士兵将所有污水、便尿妥为保存,以备急用。晚上,分批召见士兵,鼓舞杀敌报国情绪,并命每人写下遗书,以慰家人。

28日,杨瑞符率孤军抗日的消息很快传遍上海,中外各界人士设法送来食物、药品、被服等慰问品和慰问信。何香凝女士亦致专函嘉慰。上海童子军服务团的女学生杨惠敏只身渡河,为孤军敬献国旗一面。29日晨,日本侵略军见国旗升上四行仓库楼顶,恼羞成怒,多次用飞机轰炸,均被高射机枪击退。中午,日军以坦克开道,数百名步兵尾随强攻四行仓库。当晚,日军妄图用掘土机、大炮、坦克摧毁四行仓库,均被杨瑞符率部击退。30日黎明,日军炮兵、步兵、空军一起出动,围攻四行仓库。激战时,平均每秒发射炮弹一枚,炮声震耳欲聋,四行仓库周围一片火海。杨瑞符率官兵坚守阵地,拼死抵抗。30日的战斗整整持续了一天,中国守军摧毁了日军数辆装甲车。

战斗进行时,大批上海市民和公共租界中的西方人士在苏州河对岸的安全地带围观,甚至有记者团跟随拍照,将战斗过程现场"直播"给西方世界。全世界都在目睹残暴的侵略者用枪炮残杀几百人的守军,目睹中国的战士在自己的国土上拼死抵抗。最后,西方人士"出于人道主义原因",要求双方停止战斗。此时参加淞沪战役的中国军队绝大部分已经撤离并重新部署,战斗本身也已经引起了西方世界的注意,杨瑞符部队所奉使命已经完成。

10月31日,蒋介石下令中国守军撤离四行仓库。午夜,杨瑞符带领剩余的300多名中国军人分小队分批通过新垃圾桥撤入公共租界。

日军又卑鄙食言,在西藏路口架设大功率探照灯、四挺重机枪,对撤退的孤军进行火力压迫,部队全部暴露在日军的弹雨下,杨瑞符左腿不幸被子弹击中。到凌晨2时,所有守军完成撤退。之后,蒋介石将所有参加保卫战的军人晋升一级,并授予杨瑞符青天白日勋章。

1939年5月,杨瑞符奉命携妻儿及负伤的内弟到重庆合川铜梁洞二仙观养伤。养伤期间,合川社会各界纷纷前往拜望这位抗日英雄。

1940年初,杨瑞符枪伤化脓复发,经送重庆抢救无效,病故于医院,年仅38岁。

参考文献:

天津市地方志编修委员会办公室编著:《抗日烽火在天津》,天津人民出版社,2005年。

王凯捷:《天津抗战》,天津人民出版社,2005年。

中共天津市委党史研究室编著:《津沽大地的抗日壮歌》,天津古籍出版社,2005年。

（刘轶男）

杨 十 三

杨十三(1889—1939),原名彦伦,字灿如,又名裕民。因他在堂兄弟中排行十三,故名杨十三。他于1889年出生在河北省迁安县一个世代书香门第的家庭。他自幼聪明好学,幼年进私塾读书。读完私塾后,父亲原决定将他送进天津条件优越的学校读书,但他执意到天津直隶高等工业专门学堂附属工厂当徒工。两年后,他考入直隶高等工业专门学堂,后来转入南开中学读书。

1916年,杨十三在天津直隶省工业试验所化学工业课任技士。面对满目疮痍、军阀混战的中国,他试图工业救国并身体力行。经调查研究,他认为芦苇适合作为造纸原料,经试验首创芦苇制浆造纸新技术,为我国开拓造纸工业新原料、新工艺做出了贡献。

1919年五四运动爆发,杨十三在天津积极参加游行示威活动。他的侄子杨秀峰,是痛打卖国贼曹汝霖的北京学生代表之一,为此遭到通缉。杨十三不顾个人安危,秘密进京,将杨秀峰接回天津养伤。五四运动中,杨十三如饥似渴地阅读李大钊编辑的《新青年》杂志中介绍马克思主义的文章,开展革命宣传活动。为实现工业救国理想,1920年,他毅然放弃直隶省工业试验所化学工业课课长职务,赴美半工半读,学习造纸专业,留学期间他考察了美国的各大造纸厂。1923年,杨十三学成回国,以其渊博的知识致力于家乡造纸工业的改革,在三里河帮助李显庭建立显记纸厂。投产以后,产品质优价廉,畅销国内外。此时杨十三已是名噪一时的造纸专家,任河北省工业学院教授兼斋务科主任。

1924年春,为唤起民众,他和侄子杨秀峰利用假期回到家乡,在本村的二圣庙举办农民讲习班,秘密向农民介绍南方农民运动的发展情况和国内外时事,揭露政府腐败和人民苦难的根源,以唤起农民的觉醒,反抗黑暗统治。在父亲的支持下,他用家中全部积蓄开办了当地第一所女子学校——立三私立平民女子学校。全部学生不论贫富、不限年龄,一律免收学费。除了自己的女儿和侄女们,他还到附近各村逐家逐户动员农家的女子入学读书。经过不懈努力,立三女校迎来首批30多名学生,在当地开创了农家女子求学之风。

1927年,奉系军阀张作霖占据北京时期,为解除冀东7州县农民"无地有租"之苦,他不畏强暴,奔走呼吁,起草了向张作霖要求豁免不合理地租的"上书"。经过多年抗争,冀东农民负担的不合理地租终获减免。

杨十三任河北省工业学院教授期间,结识了在天津读书的洪麟阁、连以农,他非常赞赏二人利用课余时间办"千字课"班,义务给地毯厂工人看病的做法,并因此成为朋友。后来杨十三以工业学院的名义聘请洪麟阁、连以农到学院任斋务科科员兼教师,对他们的工作生活做了妥善安排。为解决平民学生生活困难的问题,他与洪麟阁、连以农一道创办了轮流帮厨、专供平民学生用膳的简易食堂"穷膳团"。

1931年九一八事变后,东北沦陷。杨十三认为:"御侮复仇,非讲求武备不为功。"在他的倡导下,河北省工业学院特别注重军训、体育、国术。1933年日军入侵华北,向长城冷口、喜峰口、古北口等地进攻,爱国军民展开了著名的长城抗战。杨十三领导学生支持声援二十九军长城抗战,并鼓励在北平读大学医学专业的大女儿杨效昭参加二十九军抗日救护队,奔赴抗日前线。

1935年一二·九运动中,杨十三在工业学院组织学生参加游行示威,并以教授身份走在队伍最前列,支持声援北平学生。1937年卢沟桥事变爆发,日军随后占领平津。日军飞机在天津投下炸弹,河北省工业学院顿成火海，校舍和附近的民居成为废墟，海河两岸聚集着大批无家可归的难民。目睹这一切，杨十三悲愤至极，毅然投入抗日救国的洪流。他参加了华北人民抗日自卫委员会并任委员。杨十三不但拿出全部家产支持抗日，同时动员亲朋好友"有钱出钱，有力出力"，共同抗日。他还带领杨效贤、杨效昭、杨效棠等子侄和学院教职员、学生组成"工字团"，亲赴前线开展抗日活动。

1938年春季，杨十三受中共河北省委领导的华北人民抗日自卫委员会的委派，到冀东组织抗日武装暴动。他住在遵化县地北头村洪麟阁家，与李楚离、洪麟阁共同筹划暴动前的准备工作。在中共冀热边特委召开的田家湾子军事会议上，杨十三被任命为第三路军政治主任。

6月，八路军第四纵队为策应冀东武装暴动，从平西向冀东挺进，在沙峪和日军激战时，参谋长李钟奇负重伤。杨十三得知这一情况后，派其堂侄杨效贤秘密护送李钟奇到天津自己家中治疗。为保证安全，杨十三请了好友名医黎宗尧、池石卿在马大夫医院为李钟奇秘密进行治疗。手术后出院，李钟奇仍在杨十三家中疗养，由杨的夫人司湘云煎药做饭，由其次女杨效莲陪同到医院换药检查，历时一个多月。李钟奇痊愈后，重返冀东抗日前线，继续指挥部队同敌人浴血战斗。

冀东暴动原定时间是7月16日，由于汉奸告密，起义消息暴露，杨十三、洪麟阁遂将起义时间提前到7月9日。随后杨十三、洪麟阁在李楚离的帮助下，率所部千余人配合挺进冀东的八路军第四纵队作战，一举攻克玉田县城，活捉日本侵略者驻玉田顾问石本。在玉田县城，杨十三主持召开各界人士座谈会，号召人们"团结抗日，有人出人，有钱出钱"。在杨十三充满激情的演讲中，群众抗日情绪不断高涨。冀东抗日联军第三路军很快发展到5000余人。联军所到之处，势如破竹，先后攻克丰润、玉田等县的沙流河、鸦鸿桥、亮甲店等重镇。

当时抗联战士多是刚刚放下锄头拿起武器的农民，不会打仗，更不懂得"三大纪律八项注意"。为提高抗联战士的政治素质和军事素质,杨十三抓紧进行抗联队伍政治思想建设,选派50余名干部到第四纵队司令部受训,使这支农民武装队伍的政治素质和战斗力得到提高。

1938年10月,冀东抗日联军奉命西撤。撤退途中遭日军袭击,洪麟阁壮烈牺牲,杨十三冒着枪林弹雨奋力突围。途中胃病发作,被迫暂回天津就医。在天津养病时,有人说杨十三参加冀东暴动失败是"秀才造反,三年不成",为此他挥笔写下"秀才抗日,坚持成功",以示他抗战到底的决心。

1938年11月,杨十三胃病稍愈,便率领长女杨效昭等人离津去找部队。1939年6月,杨十三经过艰苦跋涉,终于辗转来到太行山八路军总部。总部为杨十三召开了欢迎会,朱德总司令、彭德怀副总司令接见了杨十三,并同他进行亲切交谈。杨十三把鹿钟麟送给他的500块银元委托八路军代表转交新华日报社用于办报。

1939年夏,日本侵略者兵分9路向八路军总部驻地大举进攻,杨十三随总部转移。残酷的战争环境和紧张的戎马生活,使他胃病复发,又适逢盛夏酷暑、阴雨连绵,得不到很好的休息和治疗,导致病情日益恶化。在敌情万分紧张的情况下,朱德、彭德怀和左权等每日都要探望杨十三。7月21日,杨十三随部队在太行山与日军作战转移时,因病情加重去世,终年50岁。临终前他留下了这样的遗言:"抗日的意志不能消沉,中国若没有共产党、八路军,日本鬼子是打不出去的。告诉在延安学习的那几个人(指子女们),好好学习工作。"

八路军总部在山西省襄垣县为杨十三召开追悼大会,由朱德总司令主持,彭德怀副总司令致悼词。毛泽东给杨十三送了题为《悼念冀东抗日英雄杨十三》的挽联:"国家在风雨飘摇之中,对我辈特增担荷;燕赵多慷慨悲歌之士,于先生犹见典型。"

新中国成立后,杨十三的遗骨被移葬于邯郸晋冀鲁豫烈士陵园。

参考文献:

中共天津市委党史资料征集委员会编:《天津抗日英烈》,天津古籍出版社,1995年。

(杨　颖)

杨石先

杨石先(1897—1985),名绍曾,号石先,蒙古族,祖籍安徽怀宁。1897年1月8日(清光绪二十二年十二月初六日),杨石先出生于杭州一个没落官僚家庭。1903年杨石先随父离开杭州,到了济南。1908年又随家迁到天津,考入天津民立第二小学堂。1910年考入刚刚成立的清华留美预备学校。经过8年的寒窗苦读,终以优异成绩完成了清华的学业。

1918年夏,杨石先赴美留学,被分配至纽约州康奈尔大学学习农科,后转入应用化学科。1921年,杨石先取得应用化学学士学位后,进入研究院。1923年,当他只差一年读完博士学位时,得知由于父亲失业,家境变迁,全家生计无着,他只好接受导师的建议,用未完成的博士论文取得硕士学位,起程回国,进入南开大学任教。

在南开大学,杨石先与邱宗岳教授通力合作,担负全校化学课的教学,深得校方信任和学生爱戴。杨石先不仅非常重视基础理论的教学,而且很早就注意对学生操作能力的培养。他常常告诫学生,只在读书方面下功夫而忽视实验是不行的,因为任何理论和假设都必须通过实验来验证,真正的知识是从实验中获得的。为此他亲自从国外购买仪器,不断完善实验设备,并经常到实验室指导学生做实验。在南开大学任教期间,杨石先编撰了《无机化学》《有机化学》讲义,其中《有机化学》是当时清华大学、北京大学和南开大学最早使用的教材。

1929年,他得到学校资助,再次赴美深造。张伯苓校长对他说:"你是南开享受教师学术休假的第一个人。"他在耶鲁大学任研究员,进行杂环化合物合成的研究工作,因成绩出色被推选为美国科学研究工作者荣誉学会会员。1931年,他在获得化学博士学位后,取道欧洲,访问了许多著名学府。在德国,他谢绝了诺贝尔化学奖1927年得主维兰德的挽留,于九一八事变前两日回国,继续在南开大学执教。

1937年7月天津沦陷,此时张伯苓校长尚在南京,学校由杨石先和黄钰生主持工作。为了保护在校人员的安全,经研究决定,100多名师生和工友立即离开学校,家眷搬往英租界,图书和设备也有计划地运出。7月29日,日军轰炸并进占南开大学,掠夺和摧毁了大部分图书仪器。杨石先和黄钰生在确认剩余的人安全撤离后,也先后撤离了学校。杨石先离开学校时,除身上一套单衣和一架照相机外,其他财物已荡然无存。

1937年9月,南京政府令北京大学、清华大学和南开大学迁往湖南长沙,合组为国立长沙临时大学。到长沙后,杨石先立即投入组建临时大学的工作。11月1日,临时大学正式开学,杨石先担任了化学系主任。随着上海和南京的沦陷,长沙也遭到了日军的连续轰炸,临时大学被迫再次迁移,新校址选在云南昆明。杨石先与北京大学经济学教授秦瓒、清华大学建筑学教授王明之,分别代表三校并文理工三科,先行去昆明安排相关事宜。

西南联大时期,杨石先被推选为理学院化学系和师范学院理化系主任,1943年任教务长。当时因为张伯苓校长常驻重庆,他和黄钰生便共同代理南开大学在联大的事务。在西南联大,杨石先办事公道,以身作则。当时理学院在昆明城北门外,工学院在城西南迤西会馆,两院间往来无交通工具,许多教授不愿到工学院上课,杨石先带头去上课,别人也不再推诿。

1945年,抗战胜利前夕,杨石先受南开大学派遣赴美考察教育,在印第安纳大学做访问教授,从事一种中国植物抗疟要素化学性能的研究工作。由于工作出色,他被推选为美国"化学荣誉学会"会员。1947

年,当他准备回国之际,该校研究院院长挽留他。杨石先说:"我们国家更需要人,我要把知识奉献给祖国。"回国后,他一直任南开大学教务长,1948年代理校长职务。

1949年1月天津解放。9月,他作为教育界的代表出席了第一届中国人民政治协商会议。10月1日,他参加了中华人民共和国开国大典。在天安门城楼,周恩来总理把他介绍给毛主席。新中国成立后,杨石先担任了南开大学校委会主席,后任副校长。1954年9月,周总理在中南海西花厅单独接见了他,他向总理汇报了工作。总理指出:"你是科学院学部委员、化学组组长,应把力量集中在科研工作上。我国科研队伍很小,力量很薄弱,应尽可能地加强这方面工作。"[①]

杨石先主持学校工作期间,遵照周总理指示,把自己的主要精力放在科研上。通过长期观察,他发现国际上农药研究有从无机农药、植物性农药向有机农药过渡的趋势,于是他首先在我国倡导并实践有机农药化学研究,开始合成一系列新植物激素。1956年,他从磷酸酯类结构的改变会带来生理作用的变化这个特点出发,着手研究当时在国内尚属空白的有机磷化学。这一年,他参加了我国十二年科学远景规划会议,任综合组组长,会上作了《化学科学与国民经济的关系》的报告。会后,根据国家科学远景规划需要,杨石先开始从事农药及元素有机化学研究工作。同年当选中国化学会第十八届理事会理事长。1957年4月29日任南开大学校长。

1958年8月13日,毛泽东主席到南开大学视察了杨石先和师生们办起的"敌百虫""马拉硫磷"两个农药车间。这一年他兼任中国科学院河北分院院长。1960年3月21日,他光荣地加入中国共产党。1962年,他在参加我国第二次科学技术发展规划和全国农业规划会议后,

---

①杨耆荀:《回忆父亲杨石先教授》,载天津市政协文史委编:《天津文史资料选辑》第41辑,天津人民出版社,1987年,第47页。

受周总理委托,创建了我国高校第一个化学研究机构——南开大学元素有机化学研究所,并兼任所长。杨石先以他在有机化学、无机化学、药物化学和园艺学等方面渊博的学识,带领科研人员经过数以百计的实验,研制出磷32、磷47、火锈一号和除草剂一号等4种农药,并获得了国家级科研奖项。

70年代初,我国水稻产区发生白叶枯病造成大幅度减产。为了攻克白叶枯病,杨石先带领助手们在实验室坚持研究工作。经过一年多的奋战,做了近百个合成物,试验了十几条路线,终于研制出了防治该病的新农药——叶枯净。1977年8月初,邓小平复职后,召集30位全国著名的科学家、教育家开座谈会,研究如何把教育、科研搞上去,杨石先在会上提出了多项切实可行的建议。

1979年,杨石先被重新任命为南开大学校长。为了办好南开大学,他全身心投入工作,每天从不午休,连续工作十几个小时。他在任职期间,反复思考的是教师队伍的建设问题。他感到,当时学校一个突出问题是缺乏成熟的中青年教师。为此他要求老教师要承担起培养年轻教师的任务,同时遴选优秀毕业生充实教师队伍,还派遣师生出国学习,并从国外引进人才。

杨石先除担任过南开大学校长一职外,还是第一至第五届全国人大代表、第五届全国政协常委、中国科协副主席、天津市科协主席、中国化学会理事长。1980年,他响应党中央的号召,率先提出辞去校长职务的请求,在全国高校中产生了很大影响。1981年,中央接受了他的请求,特授予他为南开大学名誉校长。

1985年2月19日,杨石先病逝于天津,终年88岁。

参考文献:

《杨石先自传》,载天津市政协文史委编:《天津文史资料选辑》第41辑,天津人民出版社,1987年。

王文俊:《著名化学家和教育家杨石先》,载王文俊主编:《南开人物志》,南开大学出版社,1994年。

杨志武:《著名化学家杨石先》,载天津市政协文史委编:《近代天津十二大自然科学家》,天津人民出版社,2011年。

（张绍祖）

杨 士 骧

　　杨士骧(1860—1909),字萍石,号莲府(莲甫),安徽泗州人。其祖杨殿邦,字翰屏,曾任通政使司通政副使、詹事府詹事、内阁学士、礼部右侍郎、仓场侍郎、漕运总督等职。其父杨鸿弼,因足有残疾未仕。

　　杨士骧于1886年(清光绪十二年)考取丙戌科二甲第22名进士,选为翰林院庶吉士,授编修。历任直隶通永道、直隶按察使、江西布政使、直隶布政使、山东巡抚。杨士骧巡抚山东期间,妥善处理了"胶州湾事件"和"曹州教案",严法规治黄河,使山东数年之间无水患。1907年9月20日,因在山东的出色表现,杨士骧得到在紫禁城内骑马的殊荣。1907年9月5日,杨士骧署理直隶总督兼北洋大臣,1908年7月23日实授。

　　杨士骧署理直隶总督兼北洋大臣之后,当务之急就是治理水患和赈济灾民。1907年7月29日,永定河南岸出现两处决口。次日,北岸又出现决口,武清、宝坻、天津、宁河等地大面积受灾。杨士骧上任伊始,即着手治理水患,他一面奏请清政府拨帑款46万余两,一面增加治河力量,于1907年10月加派陆军第二镇、第四镇工程队前赴协同挑挖,令务须昼夜趱办及早合龙。经过夜以继日的抢修,大坝终于11月9日合龙。

　　其后,杨士骧平息了铜元危机,并着手解决布商债务风潮,接办了滦州煤矿。清末铜价飞涨,民间毁钱为铜,导致各地出现钱荒。为此,广东于1900年试铸铜元。铜元是一种名义货币,实值在货币面值以下。1902年,天津开始铸造铜元,不仅北洋银元局和户部天津银钱总厂所铸造的铜元数量庞大,而且外省官铸和民间、外洋私铸之铜元亦源源涌入,以致市面铜元剧增,价值迅速下跌。1907年上半年,1元银洋可兑换120枚铜元,至年底,竟升至可兑换171枚铜元,[①]而上海、烟台、北戴河、秦皇岛、唐山等地1元银洋可兑换112枚铜元,这些地区的很多人得知天津情况后,纷纷携带银洋来津兑换铜元以获暴利。以致百物腾贵,几无底止。

为整顿铜元市场,杨士骧于1907年12月8日上奏朝廷,建议采取严厉措施,"凡遇大批铜元运入北洋暨直隶辖境者,即行勒令运回。如不听从,全数扣留充公",并建议"度支部速行详定通用章程以整圜法而维市面"。[②]为迅速平息铜元危机,杨士骧鼓励本省铸造的铜元外销,听其自然,不必拦阻。

1908年2月23日,清廷上谕:"著杨士骧妥筹整顿,务使钱价一律平均,以苏民困。"[③]杨士骧令直隶布政使、津海关道、天津府、天津县、天津南段巡警总局派员取缔天津华界中的钱摊,以杜绝私铸、私贩铜元的现象。他还函告英、德、比、奥、日等国驻津领事查禁各国租界内的钱摊,严查铁路、水路私运铜元现象。经过一段时间的治理,1元银洋已跌至可兑换120余枚铜元,天津的金融市场恢复平稳。

1906年,天津的进出口贸易达到1.13亿两,其中洋布的进口占较大比例。由于对天津的贸易情况过于乐观,从事洋布进口的中国商人大量进口洋布,各家洋行不顾购买者的信用状况纷纷赊销,中国商人积欠外商的债务越来越多,1908年4月,"亏欠各洋商货价,约在一千

①天津市档案馆等编:《天津商会档案汇编(1903—1911)》上册,天津人民出版社,1989年,第413、706页。

②《铜元纷杂请筹办法折》(光绪三十三年十一月初四),载杨士骧:《杨文敬公奏议》,文听阁图书有限公司,2010年,第317—322页。

③《清实录·德宗实录》(8),卷586(光绪三十四年正月),中华书局,1987年,第750页。

五百万左右"①,根本无力偿还,最终酿成布商债务风潮。为尽快解决布商债务问题,天津商务总会筹划借外债以解困境。但杨士骧认为:"借洋款无论商用、官用与自有财权关系颇大,易滋流弊。且以官借之款了商欠之债,虽仅取诸赢利,此端亦不可开。"②鉴于杨士骧的强硬态度,中国布商借款无望,一筹莫展,直至杨士骧去世,该风潮也未平息。

滦州煤矿的创办源于开平煤矿被英人骗占。为收回开平矿权,直隶总督兼北洋大臣袁世凯,于1907年6月5日成立北洋滦州煤矿有限公司。杨士骧接任直隶总督兼北洋大臣后,继续筹备滦州煤矿采煤事宜,并将该公司更名为北洋滦州官矿有限公司。1908年5月8日,杨士骧批准北洋滦州官矿有限公司在天津设立办公处,并委任前署直隶臬司周学熙为总理,直隶补用道孙多森为协理。

不久,滦州煤矿正式投产。8月28日,杨士骧奏报滦州煤矿筹办经过及出煤情况:"滦州煤矿煤层极旺,煤质极佳,实为中国稀有之矿产","现在出煤已极畅旺,远近争购",并提出酌借官款由京奉铁路添筑岔道以便运输的建议。③

此外,杨士骧还在减免税收、路桥建设、兴办学堂、筹办咨议局、筹办地方自治等方面也有所建树。

1909年6月27日,杨士骧死于任上。清廷赠太子太保衔,谥义敬。杨士骧有《杨文敬公奏议》存世。

①天津市档案馆等编:《天津商会档案汇编(1903—1911)》下册,天津人民出版社,1989年,第1688页。
②《天津商会禀遵饬核议津埠各布商亏欠各洋商货款办法文并批》,载国家图书馆藏历史档案文献丛刊《北洋公牍类纂续编·卷14·交涉二》第6册,全国图书馆文献缩微复制中心,2004年,第2908—2909页。
③《筹办滦州煤矿并议收回开平局产折》(光绪三十四年八月初二),载杨士骧:《杨文敬公奏议》,文听阁图书有限公司,2010年,第404页。

参考文献：

赵尔巽等编:《清史稿》,中华书局,1977年。

杨士骧:《杨文敬公奏议》,文听阁图书有限公司,2010年。

甘厚慈辑:《北洋公牍类纂正续编》,天津古籍出版社,2012年。

（涂小元）

杨 天 受

　　杨天受(1899—1994),宁波余姚人,后随家人迁居天津。杨天受的祖父杨培之早年从事教育工作,考中举人后曾出任过甘肃道尹,定居天津后继续从事教育工作。杨天受的父亲杨侗是清朝末年的举人,后奉派日本留学。杨天受幼时,祖父和父母就开始为其讲授四书五经等传统文化典籍和西方文化的新学,为他了解中国传统文化的精髓和西方的科学文化奠定了基础。1906年,杨天受进入天津模范小学读书。1912年,他以优异成绩被南开中学录取。1916年,考入清华大学,1920年取得了官费留学美国的资格。杨天受先在美国劳伦斯大学经济系学习,于1921年转入哥伦比亚大学读研究生,获得政治经济学硕士学位。1924年,杨天受谢绝了导师的挽留,回到了中国。

　　杨天受回国时正值第二次直奉战争期间,冯玉祥发动"北京政变",政局为冯玉祥等人掌控。经友人推荐,杨天受先在北京政府国务院任秘书,后升任北京政府税务总署委员兼内务部和京兆尹公署秘书。杨天受所服务的这三个部门均由京兆尹薛笃弼所掌管。薛笃弼是冯玉祥的亲信,杨天受在任职期间恪尽职守,运用所学知识开展实际工作,尤其是他对解决财经问题的一些建议,引起了薛笃弼的重视,认为他是不可多得的财经人才。1925年,冯玉祥专任西北边防督办之后,把督办公署设在张家口,所属部队亦称为西北军。为从根本上解决军饷问题,实现开发西北的宏愿,冯玉祥决计创办西北银行。薛笃弼着手筹建西北银行,并推荐杨天受出任西北银行协理,负责筹建事宜。1925年,杨天受来到张家口,正式着手西北银行的创建工作。因工作出色,杨天受深得冯玉祥的赏识,冯玉祥甚至将其视为西北军的财经"智囊"。

1926年8月16日,张家口西北银行总行宣布暂停营业,杨天受离开了西北银行,他凭借薛笃弼的关系,先后任南京国民政府内政部科长、总务处处长、卫生部总务司司长兼统计司司长等职务。1930年,杨天受赴上海,先后出任上海邮政储金汇业总局总务处副处长、处长和保险处长,翌年改任南京禁烟委员会总务处处长。1931年,杨天受回到天津,受大陆银行谈丹崖和许汉卿的聘请,先任天津大陆银行副经理,后任北京大陆银行副经理。自此,杨天受正式步入银行界,开始了职业银行家的生涯。

1935年,南京国民政府决定成立冀察政务委员会,由宋哲元担任冀察政务委员会委员长兼河北省政府主席。为了保证河北省军政等经费开支,维护市面金融稳定,宋哲元上任伊始即着手治理财政。经过慎重考虑,宋哲元决定起用杨天受。此时杨天受正在北京大陆银行任职,接到宋哲元聘他为河北省银行总经理的邀请后,便辞去了北京大陆银行副经理的职务,赴河北省银行履约,同时还被聘为冀察政务委员会委员。

河北省银行总行设在天津,杨天受莅任之后,着手采取了一系列的治理措施。他摒弃"籍贯"观念和"一朝天子一朝臣"的做法,任人唯贤,选择优秀专业管理人员,安定了人心,为河北省银行发展储备了人力资源。为了充实运营资金,杨天受从扩展省钞流通领域着手,发挥省内各分行机构的各自优势,使省钞的流通领域逐渐遍及全省各地。此外河北省银行还有保证准备资金两三千万元,使省行的调剂资金相当充足,从而提高了河北省银行在存户中的信誉。由于曾经担任过大陆银行副经理一职,杨天受不仅与北四行关系融洽,而且与上海、中孚、东莱、浙江兴业、北洋保商等银行的交往同样十分密切。由于杨天受精通业务,办事公正,和蔼可亲,深得同行的尊敬,河北省银行业务的发展也得益于此。为了及时获得国际金融信息和科技信息,掌握世界工业发展情况,杨天受经常与天津欧美同学会的成员在一起切磋交流,探讨银行和工业发展的最新动态。他还时刻关注伦敦国际白银市场、纽约股票市场、道琼斯指数和伦敦国际羊毛局、国际化工学会的行情和动态。这些努力为他应对变幻的局势,及时采取有效措施起到了比较积极的作用。杨天受在河北省银行总经理的两年任期中,由于实施了一系列推动地方经济发展、保护和扶持农工商利益的措施,使河北省银行声誉日隆。

全民族抗战爆发后,河北省银行总行的业务被困在天津法租界。为了稳定省内金融局势,减少因为战乱所造成的损失,杨天受采取了三项应急措施:公布账务,避免发生挤兑风潮;防止在天津的日本人以及敌伪政权强行提款,不还欠款;通告各分支行、办事处,将库存省钞切角销毁,防止日军利用省钞接济军饷。

天津沦陷后,杨天受了结了在河北省银行的各项事务,居家不出。伪政府邀请杨大受出面组织伪"中国联合准备银行",并许以高官厚禄。杨天受坚决不与日伪政权合作,离津到香港,又取道去上海,接受金城银行总经理周作民的邀请,出任上海金城银行信托部副主任。1940年春,因夫人安淑筠身染重病,4个子女尚幼,家计难以为继,杨天受向金城银行总经理周作民递交辞呈,连夜赶回天津。后杨天受担任了中国农工银行天津分行经理。这时,开滦矿务局的董事陈达有在天津组织久安信托公司,也聘请杨天受担任该公司总经理。

抗战胜利后,天津金融市场波动,市面银根奇紧,市场停滞,银行、银号周转不灵,收放款困难。银钱两业为维持市面,联合组织"融资委员会",杨天受出任融资委员会主任委员。南京国民政府接收大员一到天津,便力邀杨天受出山。杨天受不以为然,谢绝受命,他只在河北省银行挂了个董事的名衔,既不就任,也不领薪,仍在中国农工银行天津分行任经理。杜建时来天津接任天津市市长时,曾亲笔给杨天受写信,聘请他出任天津商会会长。杨天受以身体欠佳、难负此任为由婉言谢绝。然而杜建时并没有轻易放弃,又向杨天受发出了请他担任市政府顾问的邀请,被再次谢绝。1946年,杨天受被选为天津商会常务理事之一。1947年初,杨天受等27人被选派为天津证券交易所筹备委员会委员,着手筹划组织天津证券交易所。5月18日,天津证券交易所股份有限公司正式召开创立会,杨天受为理事之一。

1949年天津解放后,天津市军管会邀请杨天受协助军管会办理接收及整顿天津金融业的工作。杨天受接受了这项工作,充分发挥自己与天津原银行界人士关系良好的优势,协助军管会接管中国银行天津分行、中央银行和交通银行,并帮助其改组为人民银行,为军管会顺利接管金融机构、稳定天津金融市场做出了贡献。1951年,杨天受被选为天津银行业同业公会主任委员。与此同时,中国人民银行总行发来邀请,聘请他担任该行总稽核之职。但是杨天受根据国家纺织工业之急需,接受了天津工商界元老们的建议,出任天津东亚毛呢纺织公司总经理一职,从此由金融界转入实业界。

杨天受曾当选第五至第七届全国人大代表,任第四届全国政协委员;曾任天津市政协第六至第八届副主席,当选天津市第九至第十二届人大代表;曾任中国民主建国会中央委员会常委等职。

1994年,杨天受逝世,终年95岁。

参考文献:

秦国生、胡治安主编:《中国民主党派历史、政纲、人物》,山东人民出版社,1990年。

宁波市政协文史委编:《宁波帮在天津》,中国文史出版社,2006年。

蔡鸿源、徐友春主编:《民国会社党派大辞典》,黄山书社,2012年。

(高　鹏)

杨 文 恺

杨文恺（1883—1965），字建章，直隶永清人，清末秀才。1902年，杨文恺在武卫右军炮队统领部当伙夫，由于为人机灵，深得炮队统领段祺瑞的赏识，并在段祺瑞的推荐下进入北洋陆军练官营当学兵，毕业后转入保定速成武备学堂就读。1904年，保定速成武备学堂选拔杨文恺等40名学生赴日本留学，他先后就读于日本振武学堂和日本士官学校。

1909年3月，杨文恺毕业回国，在直隶都督府担任军务课长，后在湖北南湖的陆军第三中学堂担任日文教官。1914年8月，杨文恺担任江苏上将军署顾问。1915年，杨文恺调任湖北督署军务课课长兼营产局局长，以后又担任汉阳兵工厂总办，成为湖北督军王占元的主要幕僚，经常代表王占元奔走于北京与长江各省之间。[①]

王占元下野后，杨文恺转投孙传芳，由于杨文恺与孙传芳在保定武备学堂、日本士官学校有二度同学之情，毕业后十几年的政治生涯里，两人又共同效力于军阀王占元，杨文恺遂成为孙传芳的首席军师。他经常代表孙传芳奔走于各军阀之间，为孙传芳的部队筹措军饷、军需。1925年，孙传芳成立浙、闽、苏、皖、赣五省联军，自任总司令，任命杨文恺为五省联军总司令部总参议。

1926年3月，段祺瑞任命杨文恺为农商总长。身为农商总长的杨

[①]祖边之：《农林总长杨文恺宅邸》，载李正中主编：《近代中国天津名人故居》，天津人民出版社，2009年，第204页。

文恺仍然是孙传芳的重要谋士,兢兢业业地辅佐孙传芳。孙传芳下野后,担任过北洋政府三届内阁农商总长的杨文恺无意官场,1927年6月17日去职。自此长期居住在天津租界,做起了寓公。

居住在天津的杨文恺并非远离政治。1928年6月,北伐军占领天津时,他的旧友陈调元奉蒋介石之命来天津收容招纳孙传芳旧部,在杨文恺家与退到天津的军阀师长、旅长们晤谈,商讨收编事宜。1935年,陈调元任南京军事参议院院长,"何梅协定"签订后,陈调元到华北做宣抚工作,向北平绥靖主任宋哲元传达蒋介石应付日本的策略。杨文恺闻讯,特意从天津赶到北平,看望陈调元,并陪同陈调元参加在西苑大操场举行的授旗仪式。

1937年7月,日本占领天津以后,日伪政权几次派人敦请杨文恺出山,力邀他到日伪政权任职,但无论是威逼还是利诱,杨文恺始终不为所动,拒不出任伪职。

杨文恺对子女管束很严,孩子们平时可以说普通话,但与杨文恺夫妇讲话时,必须说家乡盐山话,他本人更是一生乡音未改。农民出身的杨文恺非常节俭,对粮食特别珍惜,虽然很疼爱孙男孙女,但不允许孩子们把米粒掉在桌子上,碗里更不许剩饭。在他的严格要求与督促下,孩子们从小就养成了节俭的习惯。他非常重视对子女的教育,对妻子刘文慧敬重有加。

1964年,杨文恺被聘为天津文史馆馆员。作为北洋时期政局重要的参与者和亲历者,杨文恺把自己经历过的那些事一一写下来,尽自己的努力去还原这段历史。他写的《孙传芳的一生》,是最早记述孙传芳生平的文章,写得客观、全面、真实,提供了许多鲜为人知的资料。大部分资料如《我所知道的陈调元》《我在汉阳兵工厂与曹吴的关系》《我的学生时代》《王永泉生平事迹点滴》等,都是他在古稀之年以后完成的。

1965年,杨文恺逝世,终年82岁。

参考文献:

李正中主编:《近代中国天津名人故居》,天津人民出版社,2009年。

钱进、韩文宁:《孙传芳幕府与幕僚》,浙江文艺出版社,2011年。

天津市档案馆、天津市和平区档案馆编:《天津五大道名人轶事》,天津人民出版社,2008年。

张道镕等:《民国十大幕僚》,内蒙古人民出版社,1998年。

（郭登浩）

杨宪益

杨宪益(1915—2009),祖籍安徽泗州。1915年1月10日出生于天津。父亲杨毓璋早年留学日本,曾任天津中国银行行长。

杨宪益少时家境殷实,幼读私塾,熟读"四书五经",阅读了大量古代笔记小说及明清通俗传奇和长篇小说,后来又阅读了大量胡适、周作人和鲁迅等人的著作,对中国现代文学作品十分痴迷。12岁时进入天津英国教会学校——天津新学书院学习,开始接受世界文学的熏陶,饱读西方诗歌、散文、小说等文学作品,同时萌发了对文学翻译的极大兴趣。

1934年,杨宪益参加了燕京大学入学考试,因成绩优秀,学校破例让他跳一级,入学就从二年级读起。此时,杨宪益中学时期的英籍老师郎曼提出带他去英国伦敦学习。在伦敦,郎曼为杨宪益聘请了专门的希腊文老师。在两年时间里,他刻苦学习希腊文和拉丁文。1936年,杨宪益以优异成绩考入牛津大学莫顿学院,开始攻读希腊罗马文学、中古法国文学及英国文学,并利用课余时间四处游学,足迹遍及欧洲、地中海、北非等地。

1940年,杨宪益获得牛津大学文学硕士学位。此时他收到了两封邀请信,一封来自哈佛大学,邀请其担任中文助教,同时可以继续学习古希腊文和拉丁文;另一封来自国内的西南联大,经由沈从文和吴宓推荐,聘任其为希腊文和拉丁文教师。杨宪益婉言谢绝了哈佛大学的聘请,携手在牛津大学取得中国文学荣誉学士学位的妻子戴乃迭,踏上了归国的旅途。

归国后的杨宪益夫妇奔波于中国西南的各个城市之间,先后在中央大学、贵州师范学院等校工作。1943年,杨宪益的朋友卢冀野参政员推荐杨宪益夫妇到梁实秋领导的国立编译馆工作。杨宪益夫妇欣然允诺。鉴于当时的国立编译馆中能将中文翻译成外文的人才奇缺,梁实秋希望杨宪益能去组建和领导一个部门,专门从事将中国经典翻译成英文的工作。当时杨宪益选择了《资治通鉴》进行翻译,虽然由于战争原因,《资治通鉴》的英文译稿不幸丢失,没有出版,但这却是中国学者主动向西方介绍文化典籍最初的努力,也标志着他们职业翻译生涯的开始。

这一时期,夫妇俩既从事汉译英的翻译工作,也从事英译汉的翻译。杨宪益陆续翻译了陶渊明、温庭筠、李贺等人的诗,其中大部分在20世纪七八十年代出版。另外,杨宪益也没有忽视中国现代文学作品,他翻译了艾青的诗、郭沫若和阳翰笙的戏剧,以及苗族的创世诗和戏剧简史等。

1951年编译馆被撤销。1953年杨宪益应邀举家迁京,为即将在京召开的亚太地区和平大会工作,杨氏夫妇联手翻译了宋庆龄的讲话选集。不久夫妇俩被调入中央对外宣传处担任英文部专家。1955年,外文出版局成立,杨氏夫妇被调入外文出版局下属的《中国文学》杂志社工作。1957年,杨宪益任《中国文学》(英文版)杂志的副主编。"文化大革命"期间,杨宪益和戴乃迭遭受折磨和迫害。

杨宪益夫妇合译的中译英作品多达百余种,被誉为"译界泰斗"。夫妇俩翻译的中国古典文学涉及诗歌、散文、小说、寓言等题材,如《唐宋诗文选》《中国古代寓言选》《宋明平话选》《汉魏六朝小说选》等。最为人称道的是,他们在20世纪60年代初开始翻译的《红楼梦》,最终于1974年完成并由外文出版社分3卷出版,可谓译坛"绝唱",被认为是迄今最达意的英文译本,在国内外获得广泛好评。

杨宪益夫妇翻译的中国现代文学作品主要以解放区文学作品为

主,最令其满意的译作是《鲁迅作品选》(1—4卷)。在戴乃迭的帮助下,杨宪益还翻译了赵树理的《李家庄的变迁》《三里湾》、冯雪峰的《雪峰寓言》、张天翼的《宝葫芦的秘密》、郭沫若的话剧《屈原》、梁斌的《红旗谱》等,以及中国古典文论及文学史,包括冯沅君、陆侃如合著的《中国文学简史》,刘勰的文论专著《文心雕龙》(节选),鲁迅的《中国小说史略》等;中国传统戏曲方面,有元关汉卿的《关汉卿杂剧选》、明洪升的《长生殿》、京剧《打渔杀家》《白蛇传》、川剧《柳荫记》《临江亭》《拉郎配》、昆曲《十五贯》、评剧《秦香莲》、晋剧《打金枝》、闽剧《炼印》、粤剧《搜书院》等;中国现代戏曲方面,有歌剧《赤壁战鼓》《刘三姐》、样板戏《红灯记》《沙家浜》《智取威虎山》《海港》等。

同时杨宪益也将一些西方经典译介给中国读者,翻译了古拉丁文作品维吉尔的《牧歌》、普劳图斯的古罗马喜剧《凶宅》,以及古希腊文作品阿里斯托芬的《鸟》《和平》和《古希腊抒情诗选》。另外,他还翻译了英国戏剧大师萧伯纳的《卖花女》《圣女贞德》和《恺撒和克莉奥佩特拉》。

作为学识渊博和眼界开阔的中国学者,杨宪益夫妇的译著促进了中西方文学的交流,推动中国文化走向了世界,在国内外都享有很高的声誉。杨宪益除了任《中国文学》杂志副主编,还被中国社会科学院聘为高级研究员,负责外国文学研究所希腊、拉丁文学的研究,担任多卷本《中国大百科全书》古希腊、拉丁文学分部的主编,还是中国作协名誉顾问和中国文联委员,以及中国笔会、外文文学会、《中国大百科全书》编委会、红楼梦学会等众多文化学术团体的主要成员。

1985年4月,杨宪益任第六届全国政协委员。1985年5月加入中国共产党。1993年,香港大学授予杨宪益名誉文学博士学位。2002年,中国翻译协会授予杨宪益"资深翻译家"称号,2009年授予其"翻译文化终身成就奖"。

2009年11月23日,杨宪益在北京病逝,终年94岁。

参考文献:

邹霆:《永远的求索——杨宪益传》,华东师范大学出版社,2001年。

杨宪益:《漏船载酒忆当年》,薛鸿时译,北京十月文艺出版社,2001年。

李伶伶、王一心:《五味人生:杨宪益传》,北方文艺出版社,2015年。

杨苡、赵蘅编著:《逝者如斯:杨宪益画传》,北方文艺出版社,2015年。

(冯智强)

杨 肖 彭

杨肖彭(1906—1987),河北霸州人。1906年1月28日(清光绪三十二年正月初四日),杨肖彭出生在文安县胜芳镇。7岁时,家里请了一位杨姓老师教他念"四书五经"。1919年五四运动爆发后,受新思潮的影响,杨肖彭在父亲的安排下转学胜芳公立高小。

1923年秋,杨肖彭慕名来到天津投考南开中学,并顺利考入南开中学初中。从初中一年级到高中三年级的6年中,杨肖彭一直住校。1929年春,南开中学组织了一个北平旅游参观团,第一次去北平的杨肖彭随团参观了燕京大学、清华大学、香山慈幼院,这次参观中燕京大学给杨肖彭留下了极深的印象。南开中学毕业时他本可以不经考试直接升入南开大学,但他却报考了燕京大学。在燕京大学,他最初进入新闻学系,因课本全是英文,觉得不适合,一年后转入社会工作学系学习。

1933年,杨肖彭从燕京大学毕业,学院给他发了一张"职业证书",介绍他到北京《晨报》工作。他于当年加入了北京基督教青年会,担任训练干事。同时他进入燕京大学研究院继续深造。

1934年夏,杨肖彭受聘到天津基督教青年会工作,担任少年部主任干事和青年会总干事陈锡三的英文秘书。他举家迁至天津,最初住在费家大院,因喜欢南开学校,一年后搬到南开小学旁同仁里俞蔼青院里。在青年会工作中,杨肖彭以"对青少年进行德、智、体、群多方面发展教育"为方针,开展了内容丰富、形式多样的活动。他成立了由小学生和初中生参加的四育养成团,经常在东马路青年会大楼内的游艺室和体育馆开展文娱、体育活动。每项活动都力求新颖别致,讲求效果。他感到天津是个工商业城市,而一般人科学知识贫乏,于是他在青年会大楼楼顶举办中秋赏月会,邀请桂逢伯讲月亮,从神话故事讲到科学知识,使与会的人感觉别开生面,兴致盎然。

1935—1936年,天津基督教青年会总干事陈锡三出国,青年会的事多由杨肖彭负责,他举办了学术讲演周,邀请蒋梦麟、熊佛西、陈同哲等名人演讲,由张伯苓主持。1935年是天津青年会创办的第四十个年头,杨肖彭编辑出版《天津青年会四十年纪念册》。他还先后在烟台和威海举办了两次天津青年会少年夏令营活动。

1936年冬,傅作义部队在绥远一带和日军作战,杨肖彭与北平、太原的青年会一起参加抗战慰问工作,他们为部队放映了《秋瑾》等进步影片,还播放了《义勇军进行曲》《大路歌》《打回老家去》等唱片。杨肖彭把拍摄的照片投寄到美国,发表在《生活杂志》上。同年,杨肖彭代表青年会总干事加入基督教青年会的附属组织联青社,正式成为天津联青社社员。联青社主要由热心于青年会服务工作的学者和企业家组成,旨在更好地开展对外友好交流,支持和帮助基督教青年会的发展,使青年会进一步发挥其服务社会的功能。

1937年七七事变后,天津很快沦陷,天津联青社的例会迁到旧法租界新华大楼银行俱乐部举行,在杨肖彭的领导下,联青社的各种活动照常进行。服务工作除原来在沈王庄和鼓楼西两地开办的一处诊疗所及两所儿童义务学校外,又在西头慈惠寺与西广开怡兴里开办了两所义校。从1937年到1941年,杨肖彭先后在巴黎道青年会办英语补习班,在东马路青年会办网球补习班。

1941年夏天,天津联青社在英租界马场道西湖饭店举行例会,杨肖彭邀请燕京大学校医郭德隆演讲,内容是肺结核病对青年人的危害以及预防的重要性和方法。演讲引起了仁立公司总经理朱继圣的强烈反响,其长女当时在耀华中学读书,因患肺结核未及时发现和治疗而夭亡,他十分痛心。演讲结束后,朱继圣当即提出愿为防治肺结核病效力。杨肖彭写信给燕京大学校务长司徒雷登,约请郭德隆给青年会会员检查肺病。很快又成立了防痨委员会,随后逐渐扩大规模,到1942年时成立了天津市结核病院。

1945年日本投降后,天津联青社恢复活动。杨肖彭在进行青年会工作的同时,还参加了接收敌伪产业委员会工作。他全力支援南开复校工作,积极与多位有助于复校工作的人士接洽,并派人帮忙招生。1946年张伯苓诞辰72周年时,杨肖彭在天津青年会为其祝寿,并举行"庆祝南开复校募捐成功大会",募得5亿元法币。1947—1948年,杨肖彭出国进修,先后访问了美国的华盛顿、纽约、波士顿及其他一些中小城市,多次参加那里联青社的聚会和活动。归国后接替出国参观的郭德隆任天津结核病院代理院长。

1950年,周恩来总理接见全国宗教界人士代表,杨肖彭作为天津代表参加。周总理指出,马列主义是无神论,基督教只能在教会内办,不能到马路上去,否则会引起不信教的人反对,主张由中国人自己办青年会,反对帝国主义控制宗教。杨肖彭与全国各地40位基督教人士积极响应,联合签名发表了《基督教革新宣言书》,倡导基督教自治、自养和自传。

1958年,杨肖彭将东马路青年会所上交天津市青年联合会,改为天津市青年科学技术宫。1960年,天津青年会停止活动,杨肖彭开始从事天津青年会会史的撰写工作。"文化大革命"期间,他参加劳教,为西开教堂整理过图书。1981年,天津青年会恢复活动,杨肖彭重新担任总干事,之后陆续兼任天津青联副主席、基督教三自爱国会名誉主席、市人大常委等职。

1987年8月,杨肖彭因病在天津逝世,终年81岁。

参考文献:

杨肖彭:《天津结核病院的创建经过》,载天津市政协文史委编:《天津文史资料选辑》第38辑,天津人民出版社,1987年。

杨肖彭:《八十岁回忆录》,载天津市政协文史委编:《天津文史资料选辑》第90辑,天津人民出版社,2001年。

天津中华基督教青年会编:《天津中华基督教青年会与近代天津文明》,天津人民出版社,2005年。

(赵云利)

杨 秀 峰

　　杨秀峰(1897—1983),原名碧峰,字秀林,1897年2月27日出生于直隶省迁安县杨团堡村的一户书香门第。1902年,杨秀峰入私塾,随后进村初级小学和县立高小读书。1911年,杨秀峰在迁安县立高小毕业后,考入直隶第三师范学堂。1915年,杨秀峰因积极参加反对袁世凯复辟帝制的进步活动,被开除学籍。1916年夏,他来到北京,考入国立北京高等师范学校,在预科学习一年,次年升入本科史地部。1917年,他辍学一年,返乡执教于迁安县师范讲习所,筹集学习费用,以减轻家庭负担。

　　1919年五四运动中,杨秀峰被推选为北京高等师范学校的学生代表,负责学生游行示威的组织工作。5月4日当天,杨秀峰和同学们首先到达天安门前,下午4时多进入赵家楼曹汝霖住宅,从曹宅中搜出章宗祥将其痛打,并火烧赵家楼。军警赶来曹宅灭火,当场逮捕北京大学学生许德珩等30多人。杨秀峰参加北京学生联合会,营救被捕同学。杨秀峰还以北京学联代表的身份来到天津,深入河北工学院等高等院校报告北京学生爱国示威情况。5月中旬,天津10多所中等以上学校的学生万余人罢课,以声援北京学生的爱国运动。

　　1921年,杨秀峰从北京高等师范学校毕业,到江西省立鄱阳中学任教。执教期间,他利用假期同在天津河北工学院任教授的叔父杨十三一起回到家乡,举办农民讲习班,宣传三民主义,评说国际形势,宣传新思想,倡导新文化。农民讲习班持续了3年,办了6期。1925年春,杨秀峰任通州省立第六女子师范学校历史、地理教员,通过鲜活的教学激发学生们的爱国热情。1928年,杨秀峰到河北省教育厅任第三科科长,同年12月辞职。1929年秋,经河北省教育厅保荐官费留学,杨秀峰赴法国巴黎大学社会学院学习。1929年9月3日,杨秀峰由上海乘船赴法。到法国后,他阅读进步书刊,接触进步同学,参加了由法共中国语言组组织的社会科学研究会,大量阅读马列主义著作。1930年3月,杨秀峰在法国加入中国共产党,参加领导了留法学生和华侨的反帝组织东方反帝同盟,任党团书记,创办了《工人》等秘密革命刊物,翻印了中国共产党旅欧支部和中国共产主义青年团旅欧总支部的机关报《赤光》,积极进行反帝爱国宣传活动。1931年九一八事变爆发,在法国华侨和留学生中激起了强烈反响。杨秀峰参加领导了留法学生和华侨抗议日本帝国主义侵华的集会游行,向驻法日本大使馆和中国大使馆示威,被法国当局拘捕。1932年2月取保释放后,杨秀峰被法国当局驱逐出境,一度暂住比利时,随后由法共党中央转送莫斯科。1932年3月,在共产国际的协助下,杨秀峰到苏联莫斯科列宁学院学习。学习期间,他和林铁为维护党的团结,同王明的错误路线进行了斗争,被遣送到乌拉尔山加里宁铁矿做电工8个月。1934年2月,受共产国际派遣,杨秀峰经柏林、伦敦回国工作。1934年4月,杨秀峰与孙文淑结婚。1934年5月,二人东渡日本。

1934年10月,杨秀峰从日本回国,由中共中央北方局特科系统阮慕韩领导,对外他以左派教授的身份出现,主要在文化教育界上层开展统战工作。1934年,杨秀峰受聘中国大学任教,同时还在北平师范大学、东北大学等校兼课,以教授的公开身份从事革命活动。他把课堂作为阵地,讲授法俄革命史、社会主义思想史、中国近世史等10多门课程,从不同角度向青年学生讲授辩证唯物主义和历史唯物主义,用马克思主义观点分析当时的国内外形势和中国日益严重的民族危机,宣传中共的抗日救国主张,指出青年运动的正确方向。他的这些革命活动,对平津学生掀起一二·九运动起了启蒙和推动作用。

1935年,北平学生发动一二·九运动,杨秀峰在天津组织青年学生响应,领导了天津的"一二·一八"大游行,他自始至终走在队伍的前列,对游行的口号、路线及应避免的行为都做了细致指导。他与黄松龄等组织华北劳动者协会,发表支持学生爱国运动的宣言,呼吁发扬北平学生英勇斗争的精神,武装起来,以民众的武装力量驱逐日本帝国主义出境,赢得青年学生的爱戴与尊敬,被称为"红色教授"。他的爱国行为引起了国民党当局的注意。为此,他被北平师范大学解聘,并多次遭到国民党反动军警的通缉追捕,但在中共地下党和爱国进步人士的掩护下都化险为夷。

这个时期,根据中共中央北方局的指示,杨秀峰在北平、天津文化教育界从事抗日民族统一战线工作,领导文化教育界的上层人士开展抗日救亡活动。1936年1月,杨秀峰和许德珩、张申府等知名人士共同发起组织了北平文化界救国会,并成为主要领导人之一。他们采取多种形式,团结有名望的大学教授和爱国民主人士,组织集会和撰写文章,宣传中共的抗日民族统一战线政策,揭露国民党对敌妥协投降的面目。1937年2月,杨秀峰参加发起、组织和领导华北各界救国会,任党团书记。

七七事变后,杨秀峰领导华北各界救国会发动群众捐助沙袋,帮助二十九军构筑工事,看护伤员,慰问前方将士。不久,根据党中央和北方局的指示,杨秀峰毅然放弃大学教授的优越生活,投笔从戎,将两岁的独生子托付给亲友,携夫人孙文淑,带领和组织平津等地进步学生,经天津、青岛、郑州、石家庄到太原,深入太行山区农村,建立抗日武装,开辟了冀西抗日根据地。1940年5月,杨秀峰所部正式编为八路军一二九师十一旅,成为太行山根据地的主力部队之一。

1938年8月,冀南行政公署成立,杨秀峰任行署主任。他坚持抗日民族统一战线中的独立自主原则,同国民党顽固势力进行坚决的反摩擦斗争。1940年4月11日,中共中央北方局在黎城召开了太行、太岳、冀南地区高级干部会议,决定成立冀南太行太岳行政联合办事处,逐步筹建晋冀鲁豫边区政府。8月1日,冀南太行太岳行政联合办事处在黎城西井正式成立,杨秀峰任主任。在杨秀峰的领导下,联合办事处还邀请全区军民代表、士绅名流、各党派及无党派代表人物,组成行政会议,行使全区最高民意机关的职权,至此,晋冀豫根据地正式形成。

1941年7月7日,晋冀豫边区临时参议会大会在辽县桐峪镇隆重开幕,大会选举杨秀峰为边区政府主席,薄一波、戎伍胜为副主席。此时,边区扩大到鲁西,西起同蒲路,东到津浦路,南临黄河,北抵石太、石德路,设6个专区和1个太行直辖区,包括39个县,面积2.5万多平方千米,成为坚持华北敌后抗战的重要依托。

1943年9月,杨秀峰赴延安参加整风学习。1945年4月,杨秀峰被选为中共七大代表。会后,杨秀峰参加解放区人民代表会议筹备工作,并任筹备委员会秘书长。8月,中共中央北方局撤销,成立晋冀鲁豫中央局,杨秀峰任常委。

抗日战争胜利后,杨秀峰从延安返回太行山区。杨秀峰等遵照中共中央指示,向边区政府委员会提出在本边区创办高等学校培养急需的建设人才的意见。经边委讨论,决定创办新华大学,后定名为北方大学。1948年5月,中共晋冀鲁豫中央局与晋察冀中央局合并,建立华北局,杨秀峰任委员。八九月间,华北人民政府成立,杨秀峰被选为副主席、党组书记,并兼任华北人民监察院院长,协助董必武主持华北人民政府日常政务,为支援全国解放及迎接中央人民政府的建立,进行了卓有成效的工作,聂荣臻称杨秀峰是"政权工作专家"。

1949年8月至1952年11月,杨秀峰历任河北省政府主席、党组书记,中共河北省委常委。在此期间,他为"土改""镇反""三反""五反",医治战争创伤,战胜自然灾害,恢复和发展工农业生产做了大量工作,对河北省的革命和建设做出了重要贡献。1949年下半年,河北省遭受特大水灾,杨秀峰深入灾区,察看灾情,慰问灾民,发动和组织群众生产自救。由于他的艰苦工作和周密安排,灾区没有饿死一个人,受到周恩来总理的称赞,毛泽东也称赞杨秀峰是"救灾专家"。1950年,河北省灾情刚刚缓解,杨秀峰又奉党中央和毛泽东的指示,到皖北救灾。

1951年10月,天津专署一位副专员向河北省委组织部揭发了刘青山、张子善的违法乱纪行为。11月下旬,中共河北省委召开第三次代表会议,贯彻落实中央和华北局关于开展增产节约运动、反对贪污浪费、和官僚主义斗争的部署。与会代表集中检举揭发了刘、张的贪污罪行。根据华北局意见,省政府决定以杨秀峰等6人组成刘青山、张子善贪污案调查处理委员会,杨秀峰任主任。河北省委于12月14日向华北局提出处理意见,处刘、张以死刑。12月20日,华北局经研究后向中央提出对刘、张的处理意见。党中央和毛泽东决定,同意河北省委的意见,对大贪污犯刘青山、张子善处以死刑,立即执行。

1952年11月15日,根据政务院总理周恩来的提议,中央人民政府委员会第十九次会议通过决议,成立高等教育部。杨秀峰任副部长,同时任中共高等教育部党组书记。1954年9月29日,毛泽东主席根据第一届人大一次会议的决定,任命杨秀峰为高等教育部部长。1956年9月,杨秀峰出席了中共八大,被选为中央委员。1957年12月,杨秀峰担任国务院第二办公室副主任。1958年2月11日,高等教育部和教育部合并成教育部,毛泽东主席任命杨秀峰为教育部部长,兼任中共教育部党组书记。1965年1月,在全国人大三届一次会议上杨秀峰当选为中华人民共和国最高法院院长,任党组书记。杨秀峰到最高法院工作后,用了很大力量抓调解工作。"文化大革命"开始后,杨秀峰坚决维持政法战线的正常工作秩序,遭到林彪、"四人帮"的残酷迫害,身心受到极大摧残。

1976年粉碎"四人帮"以后,杨秀峰当选为第五届全国人大常委会委员。1979年2月,任第五届全国人大常委会法制委员会副主任。

1980年9月,在第五届全国政协第三次会议上,他当选为第五届全国政协副主席及宪法修改委员会委员。

杨秀峰晚年主要从事国家社会主义法制的恢复和建设工作,主持和参加了许多重要法律、法令的起草和制定,如《中华人民共和国刑法》《中华人民共和国刑事诉讼法》等重要法律,对法制建设和法学研究工作提出了许多具有建设性的意见和建议。

1981年,杨秀峰任中国法学会筹备委员会主任,参与和领导了中国法学会的筹备工作。1982年9月,杨秀峰出席中共十二大。会议期间,杨秀峰给胡耀邦写信,再三请求准许他辞去全国政协副主席职务,不要把他列入中央顾问委员会候选人名单,希望按制度离休。他的信得到中央批准,印发代表大会,受到与会代表的一致称赞。党的十二大主席团给他写了致敬信,对他在长期革命和建设工作中对党和国家做出的重大贡献,表示衷心的敬意。

1983年11月10日,杨秀峰在北京病逝,终年86岁。

参考文献:

中共党史人物研究会编:《中共党史人物传》第68卷,中共党史出版社,2000年。

麻星甫:《"红色教授"杨秀峰》,《北京党史》,2010年第5期。

（周　巍）

杨 以 德

　　杨以德（1873—1944），字敬林，天津人，祖籍山东。杨以德出身于天津一个没落的盐商家庭，幼年家庭贫困。1902年，他经人介绍在天津老龙头火车站做检票员。当时袁世凯在天津试办警察，创办了天津巡警总局，杨以德成为侦探处的一名侦探员，因得到袁世凯赏识，1905年5月，杨以德被提拔为天津南段巡警总局帮办，创办天津探访局并任总办。同年，北京发生了刺杀出洋考察五大臣事件，袁世凯由天津南段巡警局挑选千余名警察，设立京榆铁路巡警总局，杨以德任总稽查。1908年，杨以德兼任京津电报电话线路督察。1911年，清政府撤销巡警总局，改设巡警道。杨以德从1912年1月起担任直隶巡警道。

　　杨以德由袁世凯一手提拔而起，因此成为袁世凯的亲信。1912年初，袁世凯为达到在北京就任大总统的目的，在京津两地发动兵变。2月2日晚，杨以德将全城岗警撤走，兵匪在天津肆意抢烧，未见警察出动。3日黎明，杨以德带领武装警察上街巡查弹压，抓获在大街上携带财物者260多人，并分批处决数十人。4月，杨以德以强化天津保安力量为名创练警察游缉队。1913年2月，袁世凯签发《划一现行地方警察官厅组织令》，撤销直隶巡警道，改设天津警察厅，杨以德任厅长。

　　1914年10月，北洋政府发布"关于建立各州县保安警察队"的指令，杨以德将原有的差遣队、马巡队及游缉队合并，创立了天津保安警察，又称"保安队"，有400余人，被赋予维持社会治安和处置突发事件等多重功能。1915年11月，北洋政府设立直隶全省警务处，掌管全省警务，杨以德兼任处长。12月12日，袁世凯宣布复辟帝制，杨以德全力拥护,23日被封为三等男爵。袁世凯死后,杨以德仍任原职。

1917年,第一次世界大战进入后期,3月14日,北洋政府宣布与德国断交,并收回天津、汉口的德租界。3月16日,杨以德率警察300人进入德租界,接管了德租界的行政管理权和收税权,然后赴德国兵营宣布解除德国武装,封存了德军武器弹药,升起了中华民国国旗。德租界改设为天津特别区,由天津特别临时管理局管理,杨以德任局长。4月2日,直隶省长朱家宝因德租界收回,秩序未定,指定天津为警备地域,杨以德被任命为天津警备司令官。①

6月,张勋密谋复辟,杨以德随直隶省长朱家宝支持复辟。6月1日,朱家宝宣布直隶与中央脱离关系。6月4日起,天津宣布戒严,杨以德被任命为戒严司令官,主持维持治安、查禁弹药、保护金融及造币、炼铜厂等事宜。7月1日,张勋宣告复辟,杨以德下令天津市商民悬挂龙旗,并加强对邮电部门的管制,禁止拍发反对复辟的电报。3日,段祺瑞在马厂组织讨逆军司令部,命令讨逆军向北京进军。杨以德于5日反戈支持讨逆,逼迫朱家宝下台,并下令天津商民悬挂中华民国五色旗。张勋复辟失败后,杨以德仍留任直隶全省警务处处长兼天津警察厅厅长。

1917年8月14日,中国政府对德、奥宣战,成为协约国的一员,并宣布收回奥租界。当日下午,杨以德带领警备队及巡警前往奥租界,将行政事务及各种捐税从奥国领事舜贝德手中收回,并封存了奥国军营里的武器弹药,命原有巡捕一律换着中国巡警制服,并添驻了警察厅保安队及各区预备队150人。奥国租界被设为天津特别第二区。②

1919年五四运动爆发,天津学生积极响应,成立了学生联合会、天津各界联合会。8月底,天津赴京请愿代表刘清扬、马骏等先后遭到逮

---

①②天津市档案馆、南开大学分校档案系编:《天津租界档案选编》,天津人民出版社,1992年,第181、467页。

捕,激起了天津各界的强烈反应,掀起了更大规模的请愿浪潮。杨以德对此次运动采取了坚决镇压的政策。28日,杨以德令东区警察署署长周阶萧带领警察将天津各界联合会强行解散,发布严禁集会、结社的布告。29日,天津成立了学生界演说团,于下午开始在各马路发表演说,杨以德出动大批警察,将参与演说的学生李恭允等10余人逮捕。30日,杨以德派出保安警察预备队在车站加班弹压,阻止请愿人员赴京。9月初,杨以德下令取缔了"救国十人团",并查禁了《天津学生联合会报》等进步刊物。

10月10日,天津各界在南开学校操场召开共和纪念会,有学生、商民等数万人到场。会上发布了"双十节宣言",随后进行示威游行。杨以德出动大批保安队及武装警察荷枪实弹武力阻止,打伤游行学生数十人。惨案发生后,天津各界强烈谴责杨以德。10月11日,天津各校召开校长会议,一致决议要求省长曹锐撤换杨以德,推举了孙子文、王梦臣面见省长。22日,天津市民、学生万余人向省长公署要求撤换杨以德,但最终并无结果。

1922年10月23日,英国控制的开滦煤矿公司五矿工人因长期遭受残酷剥削,掀起了大罢工运动。英方赴天津向杨以德求助。24日,杨以德派出300名警察及保安队前往协助镇压罢工。10月26日,唐山矿的工人上街游行,遭到保安队开枪射击,造成6人死亡、57人受伤的惨案。罢工委员会向全国发出第二次宣言,罢工规模进一步扩大。11月1日,杨以德带领200名保安队员亲赴唐山,发表了措词强硬的讲话。4日,杨以德令保安队逮捕工人8名,武力占据了五矿总工会、工人俱乐部,并掠去大量财物。杨以德的武力镇压引起了工人更为强烈的反抗,并且受到了国会及舆论界的猛烈抨击,数十名国会议员向政府提出质问,要求处置杨以德,由此形成了全国性的"讨杨"活动。杨以德不敢再有所举动,于11月12日带领保安队撤回天津。

杨以德为求自保,一直周旋于各派军阀首脑之间寻求靠山。1922

年第一次直奉战争中,杨以德投靠曹锟、吴佩孚,徐世昌下台后,他奉曹、吴之命送黎元洪赴京就任大总统。1923年曹锟贿选总统成功,黎元洪拒绝交出大总统印信。杨以德和直隶省长王承斌奉曹锟之命,在杨村车站截住黎元洪专车,胁迫他将印信交给了曹锟。1924年底,曹、吴在第二次直奉战争中兵败,张作霖率军入关,段祺瑞再任执政,杨以德又转投张、段,不但保留了原职,还从12月3日起兼代直隶省长。1925年7月,杨以德保举自己的亲信出任天津县长,与时任天津县长的张仁乐发生冲突,而张仁乐的侄子是张作霖的参谋长,杨以德因此得罪了奉系军阀。在张作霖的干预下,杨以德于7月16日被免去了本兼各职,他的政治生涯至此结束。

杨以德在任职期间参与过一些慈善公益事业。1910年底,他创办了社会团体"天津体育社"并担任社长。1915年4月,杨以德鉴于贫民子弟入学困难,捐资500元开办了具有慈善性质的贫民半日学社。1925年杨以德去职时,这所学校已开办了60多所分校,遍及天津。[①]1917年,天津发生水灾,杨以德组织了急赈会对灾民进行救济。1924年9月,天津再遭水患,杨以德组织天津各房产公司召开赈灾会议,议定凡有房产者按月租所入9/10捐出。杨以德率先捐出了500元。[②]

杨以德发迹后置办了大量房产,并进行其他投资,如与宁星普等人成立了新四公司经营房地产,积累了大量的财富。他被解职后寓居天津,过着富足的寓公生活。1937年日本占领天津后,欲拉拢他出来任职,但由于他此时已身患疾病便作罢。

1944年,杨以德病逝于天津,终年71岁。

---

①任云兰:《民国时期天津慈善组织变迁论略》,载《民国研究》第15辑,社会科学文献出版社,2009年。

②天津市档案馆藏档案,H28-2-2199。

参考文献:

天津市地方志编修委员会编著:《天津通志·公安志》,天津人民出版社,2001年。

夏琴西:《杨以德轶闻》,载天津市南开区政协文史委编:《天津老城忆旧》,天津人民出版社,1997年。

天津市历史博物馆、南开大学历史系《五四运动在天津》编辑组编:《五四运动在天津——历史资料选辑》,天津人民出版社,1979年。

中共唐山市委党史研究室编印:《唐山革命史资料汇编·开滦史料专辑》,1984年。

(吉朋辉)

杨 亦 周

杨亦周(1900—1969),原名景濂,河北行唐人。1900年10月9日(清光绪二十六年闰八月十六日),杨亦周出生于行唐县柏扒村。父亲是清末秀才,在本村设馆教书,杨亦周7岁时,进入家塾从父读书。1919年秋,杨亦周以优异成绩考入北京大学政治系。1920年秋,他在参加反对北京大学不合理考试制度的斗争中,与教务长发生冲突,被勒令退学。1921年暑期,杨亦周考入天津直隶公立法政专门学校主修法律,后改学商科。

1925年暑期,杨亦周毕业后,留校任商科教员。1926年7月,杨亦周加入国民党,被国民党北京特区执行部任命为天津市党部委员兼直隶省党部秘书。

杨亦周对蒋介石勾结帝国主义和军阀,残酷镇压革命的举动非常不满,时常发表反蒋言论,积极参加天津国民党人士的反蒋活动。1929年7月,国民党中央常务委员会发布决议,解散国民党天津特别市执行委员会,并给予杨亦周等7名执委以撤职处分,参加反蒋活动的国民党人受到种种迫害,杨亦周从天津乘船渡海,逃亡日本。

1930年春季,杨亦周考入日本明治大学政治经济学部,潜心研读政治经济学,他在思想上受到日本研究马克思主义的经济学家河上肇的影响,开始倾向马克思主义。

1933年夏,杨亦周在日本明治大学毕业后,得到河北省公费资助,到英国伦敦政治经济学院继续深造,研究经济学和经济思想史。在伦敦,杨亦周遇到当时正在英国从事英共中国语言组工作的中共党员杨秀峰,经常就国际国内形势以及研究学术、从事革命斗争等彼此关心的问题交换意见。杨秀峰的精辟论点,使杨亦周的思想豁然开朗,不久他即加入留英学生的反帝同盟,与中共党员于斌等一起,在中国留学生中宣传抗日救国,批判国民党的卖国投降主义,同国民党控制的中国留学生伦敦学生会进行针锋相对的斗争。

1934年4月,杨亦周赴苏联考察,同时参加"五一"国际劳动节的纪念活动。在莫斯科他听到加里宁和莫洛托夫的报告,参观了学校、工厂和社会福利设施。后来又到基辅、哈尔科夫、敖德萨等地进行考察。历时两个月的苏联之行,杨亦周大受教益,认识到"苏联建设社会主义之成功,乃科学社会主义之成功"。

1934年9月,杨亦周回国任河北省立法商学院经济学系主任、教授,主讲经济学和经济史,他以马克思主义的观点讲授这些课程,深受学生欢迎,不久任学院秘书兼商学系主任、教授。1935年夏,杨亦周暂代院长职务,不久升任院长。中共中央北方局特别行动科通过杨秀峰等人与他建立工作关系,中共有些工作需要他做,或有些同志需要他掩护时,他无不热心帮助。在这一时期一些共产党员都是通过杨亦周派进该院任教的。他们在杨亦周的掩护下,以教授、讲师的身份在校内外文化界和教育界上层知识分子中开展工作,并通过讲课和组织各种学会向青年学生传播马列主义,宣传中国共产党抗日救国主张,揭露蒋介石、国民党的不抵抗主义,发动学生进行抗日救亡运动。

1936年7月,应西北农林专科学校校长之邀,杨亦周担任该校秘书长兼农经系主任、教授,主讲政治经济学和农业经济。1939年冬,杨亦周担任农本局驻西安办事处主任。他拨给陕西水利局一大笔贷款,积极支持开凿和整修渭惠、梅惠等灌渠。他还在农村兴办了几十个合作社金库和仓库,收购和运销棉花,支持了西北纱厂的生产。

1941年,杨亦周担任金城银行财团创办的陕甘实业公司经理,从而走上民族工商业的道路。至抗战胜利时,陕甘实业公司的资产比原投资增长10余倍,为金城银行积累了大量资财。杨亦周在金融界和实业界名声大振,蜚声西北。

1945年11月,杨亦周回到天津。最初以救济分署工作为主,后来就任中纺天津分公司经理。杨亦周上任时,各棉纺厂困难很多,最使他头疼的是工人罢工问题。为缓和工人的对立情绪,使生产正常进行,杨亦周提出"内求团结,外谋和谐,稳定地发展生产"的方针。他采取了一系列具体措施,对内实行福利政策,陆续调整职工工资,增加奖金,设立职工子弟学校、幼儿园,扩大哺乳室和医务所,建造了一部分职工宿舍;同时加强企业管理,严格规章制度,增加生产安全设施。对外积极开展社交活动,同市党部、市政府、警备司令部、社会局等机构的头面人物都拉上了关系,按月供给他们一定数量的平价布匹,谋求他们不干涉或少干涉中纺公司内部事务。

1948年,正是人民解放战争进行战略决战的前夕,中共地下组织利用杨亦周在政界和实业界的地位,对国民党当权者进行分化瓦解工作。杨亦周在保护工厂设备、财产及稳定工程技术人员思想等方面做了大量工作。从1948年下半年起,他有计划地提高棉布、棉纱的库存量。中纺公司库存的这批纱布,对天津解放初期平抑物价、稳定市场、保障人民生活起了很大作用。

1949年1月天津解放后,杨亦周迅速把公司财产移交给人民政府。市军管会任命他继续担任公司经理。1950年10月,天津中纺公司改组为中央人民政府纺织工业部华北纺织管理局,杨亦周任副局长兼业务处处长。他在该局任职期间,对华北纺织工业恢复发展及民主改革做了很多建设性的工作。

1949年9月,天津市召开各界代表会议,杨亦周应邀出席会议,后被选为市人民代表、市政府委员,任市政协委员及副主席、全国政协委员等。1954年,杨亦周担任天津市副市长兼市纺织工业局局长。1958年,天津划归河北省管辖后,杨亦周调任河北省副省长,分管文教、卫生工作。1950年春,中国国民党革命委员会中央动员杨亦周参加民革组织,被民革中央指定为天津民革分部负责人。他主持民革工作期间,在发展爱国统一战线,贯彻中国共产党的政策,加强社会主义政权建设等方面,做了大量的工作,在民主党派中具有很高的威望和很大的影响。

"文化大革命"开始后,杨亦周受到迫害。1969年12月,杨亦周病逝,终年69岁。1978年,杨亦周的冤案得以平反昭雪,10月18日,天津市政协在烈士陵园为杨亦周举行骨灰安放仪式。

参考文献:

天津市政协文史委编:《天津文史资料选辑》第42辑,天津人民出版社,1988年。

行唐县地方志编纂委员会编:《行唐县志》,中国对外翻译出版公司,1998年。

刘国铭主编:《中国国民党百年人物全书》上,团结出版社,2005年。

(郭嘉宁)

杨再鑫

杨再鑫（1921—2001），曾用名杨世钟，祖籍天津。杨再鑫家境贫寒，幼时弃学，12岁时经人介绍，到天津著名餐馆什锦斋饭庄学徒，师从天津名厨杨增福。

3年学徒生涯，杨再鑫在严师的培养下，掌握了天津菜的基本技法。1936年，杨再鑫学徒期满，进入慧罗春饭庄。在这里，他遇到了津门名厨崔文德。崔文德出自天津"八大成"之一的聚庆成饭庄，厨艺精湛，菜路颇宽，善于烹制满汉全席、南北大菜，传统津菜更是其看家绝活。杨再鑫尊师重友、聪明好学的精神打动了崔文德，崔文德主动收杨再鑫为徒，成为自己的得意弟子。徒弟尊师好学，师父倾力授艺。杨再鑫随师学艺6年，得其真传，深得津菜之精髓，厨艺猛进。他掌握了多种高档原料的烹制方法和津菜的各种技法，同时学习了满汉全席、燕翅席等高档宴席的设计与烹制。他的技艺日臻成熟，为日后成为一代津菜大师奠定了基础。

为了更深入了解津菜的根基和风味，1942年至1945年间，杨再鑫分别在同和居、保阳楼和凤鸣楼等几家小饭庄工作。这些饭庄的菜品小而全，更接地气，许多大饭庄不卖的小炒、家常便饭应有尽有。这些小饭庄不仅卖散座，还包办酒席，出外台子。杨再鑫在这里积累了丰富的经验，了解了更多的民风民俗和津门百姓喜好的美食，使自己的菜路更加宽泛。晚年杨再鑫回忆起在这些小饭馆的经历时说："不要小看小饭馆的菜，它更能体现天津菜的本真和天津人的食俗。"此时的杨再鑫已是一名身怀绝技又熟知民间小炒的青年厨师了。

1945年，杨再鑫在师父崔文德的推荐下来到了著名津菜馆——中和楼饭庄，这里地处津城闹市区，靠近水旱码头，游人如织、商贾云集，地理位置得天独厚。中和楼人才济济，名菜荟萃。杨再鑫的到来给这家津门名店增加了活力。杨再鑫凭借自己多年积累的经验和高超的厨艺，为这里的美食家、老食客奉献出一道道美味佳肴，高中低档应有尽有，满足了不同阶层的食客，众多美食家慕名而来，使中和楼门庭若市，名盛一时。杨再鑫的事业也迎来了高峰，奠定了津菜名师的地位。

　　1950年6月，朝鲜战争爆发。杨再鑫作为一名优秀青年厨师，响应"抗美援朝，保家卫国"的号召，报名参军。1952年，他受组织委派奔赴朝鲜战场，被安排在中国人民志愿军司令部为首长司厨。杨再鑫的厨艺得到首长的好评。在朝期间，他还多次为赴朝慰问的艺术家烹制菜肴，并根据梅兰芳、常香玉的饮食喜好烹制美食。他多次在庆功会上为战士们献出自己的拿手好菜。这是杨再鑫一生中最值得骄傲的一段时光。1956年回国后，杨再鑫任中和楼副经理。1965年，杨再鑫任西站饭馆副经理。

　　1982年，年过花甲的杨再鑫率17名优秀厨师组成代表团，东渡日本执行劳务技术合同，在东京开设天一坊饭庄，为日本人民奉献了一道道天津美食，日本东京各大报刊、电视台纷纷采访报道，使津菜在日本飘香，也使津菜在真正意义上走出了国门。日本各界人士、餐饮同行，以及到日本考察的同行纷纷到"天一坊"品尝天津菜或取经。日本前首相及社会名流西园寺公一先生、中内功先生等日本知名人士，多次到餐馆宴请，西园寺公一先生还为饭庄题写了"味压中华街，誉满东京都"的赞语。在日期间，他还接待了赴日献艺的京剧大师梅葆玖先生。杨再鑫在异国他乡为梅葆玖先生烹制美食的故事一时传为美谈。

　　1986年，杨再鑫载誉而归，他不顾年事已高，为筹建恢复津门老字号"天一坊"日夜操劳。天一坊饭庄开业后，杨再鑫任副经理兼厨师长。他不辞劳苦，为弘扬津菜传统，始终坚持在烹饪一线，为青年厨师传授技艺,答疑解惑,把平生所学传给下一代。杨再鑫还被聘为天津烹饪大学讲师、天津市津菜研究顾问,1992年退休后依然为传承津菜不遗余力。杨再鑫于1963年被评为一级厨师,80年代初被评为特二级厨师,是天津饮食公司唯一的特二级厨师,曾任天津历届厨师大赛评委。

杨再鑫一生烹饪经历丰富,他博采众长,融会贯通,形成了火候精准,调味细腻,菜品丰润饱满、古朴大气的烹饪风格。杨再鑫善于总结天津菜特点,规范天津菜标准,极大地丰富和发展了津菜,提高了津菜的知名度,培养了许多优秀厨师,给津菜留下了许多宝贵的财富。

2001年,杨再鑫逝世,终年80岁。

参考文献:

傅立民、贺名仑主编:《中国商业文化大辞典》,中国发展出版社,1994年。

张林主编:《国际交谊与中华美食》,湖北人民出版社,2004年。

（吴玉书）

杨 宗 濂

杨宗濂(1832—1906),字艺芳,晚号潜斋主人,江苏无锡人。其父杨延俊,清道光丁未科(1847)进士,字吁尊,号菊仙,曾任山东肥城等县知县。杨宗濂出生于1832年3月25日(清道光十二年二月二十四日),他幼承家学。咸丰乙卯科(1855)顺天乡试中试,报捐员外郎,分户部行走。

1860年夏,太平军攻克无锡城,杨宗濂以户部陕西司额外行走员外郎的身份在原籍组织江常五邑团练,在与江阴接界的河塘桥镇设团练局。杨宗濂所率领的团练在张泾桥、鸭城桥、祝塘镇等地与太平军作战多次取胜,此后杨宗濂又在陡山设团练局。后清军金陵大营、丹阳、常州相继失守,杨宗濂率团勇退守江阴。太平军攻克常熟后,其所部团练在甘露镇被华翼纶部围歼,杨宗濂携家眷避走上海。

1861年,曾国藩率湘军攻占安庆后,杨宗濂赴皖,照料军粮及雇备轮船各事宜,均极周妥。曾国藩对杨宗濂较器重,称其"宅心诚悫,勇于赴事,他日必能任重致远,惟性伉直而少机变,人世恐多凿枘"[1],并留杨宗濂佐戎幕。1862年初,李鸿章率淮军驻扎上海,杨宗濂携弟杨宗瀚投至其麾下,杨宗濂则改编旧部团练为"濂字营",自行筹捐口粮,加入淮军序列,协同攻打太平军。杨宗濂亲自率兵与太平军作战数十次,取得显赫战绩,并随刘铭传转战各地。

1864年5月,淮军合攻常州,杨宗濂率部攻打西门,士卒在河上架

---

①贾熟村:《对杨宗濂家族的考察》,《平顶山学院学报》,2008年第6期。

起浮桥,杨宗濂策马先登,不料马匹受惊,杨宗濂堕马坠河,"跃起,易骑再进,挥兵肉搏",与淮军将领王东华、张桂芳等爬城而入,杨宗濂生擒太平军守将护王陈坤书,随后俘获佐王黄和锦及所部六七万人。李鸿章奏请褒奖杨宗濂,拟以知府分发补用,仍留杨宗濂在军中听用。太平军失守江南后,杨宗濂奉命总办常州、镇江二郡营田事近两年,招收客户,开垦荒地数十万顷。

1866年,李鸿章北上督师围剿捻军,改派杨宗濂负责总管诸军营务处,杨宗濂遂由淮军部将而变为李鸿章的幕僚。1870年初,随李鸿章西征入陕。天津教案发生后,杨宗濂随李鸿章赴直隶筹办洋务。1871年,杨宗濂以军功擢升湖北荆宜施道员,加布政使衔,赏戴花翎。1875年7月,任湖北新关税务简用道,筦榷新关竹木税务。1881年,杨宗濂遭弹劾去职。

1884年马尾海战后,神机营将军善庆邀杨宗濂进京筹练武备。1885年,李鸿章奏请清廷命杨宗濂留北洋总理营务。后李鸿章在天津"仿照西法"创设北洋武备学堂,又委杨宗濂主管学堂事务。杨宗濂总办学堂期间,"异常奋勉","一切章程一手厘订"。杨宗濂还详采兵法,编成《学堂课程》8卷,此书当时为各武备学堂的范本。1889年,德国总教习黎熙德因与杨宗濂相处不睦,进而辞职,引发纠纷。杨宗濂也请假省亲南归,离开学堂达数月,至1890年9月正式离职。

1886年冬,杨宗濂化名"杨鼎祺",与汇丰银行职员吴懋鼎、德国人穆麟德凑集资本银1万余两,合伙创办了天津自来火公司。杨宗濂请德国人李曼代为购置机器,另雇洋匠从事技术工作。旋因穆麟德抽走了股本,杨宗濂、吴懋鼎又约请淮军将领周盛波合股,凑成资本银1.8万两。经过几年的艰苦经营,天津自来火公司生产出品质优良的火柴。1891年5月21日,工厂失火焚毁。

1890年6月,李鸿章因杨宗濂老成干练、办事实心,奏请清廷令其接署直隶通永道。正值畿辅地区遇水患,杨宗濂捐俸募款赈灾,并参与治理水利,亲历水患各地绘图估工,修治了潮白河、青龙河、蓟运河、北运河、通惠河、永清河等河流,疏浚沟渠,种植树木,以作防护之用,并开垦了数万顷土地。

1894年11月,张之洞署理两江总督,电请杨宗濂之弟杨宗瀚赴宁相商。杨宗瀚提出"请于无锡创设机器纱厂,以开风气",张之洞当即表示赞许。经与杨宗濂筹商后,决定杨宗濂、杨宗瀚兄弟自行投资8万两,其表兄弟刘鹤笙、刘叔培出资4万两,另行招股12万两,订购英国纺纱机器,于无锡东门外兴隆桥购地建立业勤纱厂,这是清末最早的商办纱厂之一,也是无锡第一家新式机器纺纱企业。

1897年,杨宗濂重新被清廷起用,简授山西河东盐法道,管理河南、山西、陕西三省盐务。1898年,因杨宗濂办饷有功,加一品顶戴。山西巡抚胡聘生敬重其人,令其署山西按察使,10月擢任山西布政使。胡聘生创办"新政"期间,看重杨宗濂熟悉洋务,委其办理"新政",操练新军。所设武备学堂、商务局、纺织厂及晋中榨油厂、晋升火柴厂等,皆以杨宗濂为督办。1899年8月,胡聘生保举杨宗濂迁授从三品长芦盐运使。

1900年,为抵抗八国联军,杨宗濂督率芦勇4营登城守卫天津,被飞弹炸伤左腿。天津城被攻陷后,杨宗濂坚持巷战,右腿又被枪击中。后又随李鸿章进京,参与议和。旋奉命驻扎保定,督办粮台事务。1902年,北洋大臣袁世凯奏荐杨宗濂以三品京堂候补督办顺直机器纺织局,管理顺天、直隶纺织事务。1904年,杨宗濂以病乞休南归,回无锡赋闲家居。

1906年8月6日,杨宗濂病逝,终年74岁。

参考文献:

中国社会科学院近代史研究所中华民国史研究室编:《中华民国史资料丛稿·人物传记》第19辑,中华书局,1984年。

江苏省地方志编纂委员会编:《江苏省志·人物志》,凤凰出版社,2008年。

顾廷龙、戴逸主编:《李鸿章全集》,安徽教育出版社,2008年。

王彦威辑,王亮编,李育民等点校整理:《清季外交史料》,湖南师范大学出版社,2015年。

（王　冬）

姚 学 源

姚学源(1843—1914)，字斛泉，号十瓶斋主，天津人，祖籍浙江。姚学源系天津八大家之一姚家姚承丰的次子。姚学源天资聪颖，好学不倦，且能过目成诵。他从其生父姚承丰读书，成绩甚佳。但考取秀才后，几经乡试未能中举。1866年，因生父姚承丰病故丁忧，亦需接手经营祖产恩裕泰盐店，所以姚学源决心放弃学业，一心经营盐务。

恢复京盐公柜是姚学源在经营盐业方面最大的功绩。为整顿京引恶性竞销的状况，1869年由姚学源出面，召集大小京引商人20余家，共同商讨对策，众商认为唯一良策就是恢复京盐公柜的统销。众商公举姚学源具禀呈文，向时任长芦盐运使的觉罗成孚申请恢复京盐公柜。终于在1872年经户部核准，下发了批准京盐公柜恢复营业的谕帖。

京盐公柜的恢复，需要大量资金来运转，京引众商仍推姚学源向官府贷款。时任直隶总督兼北洋大臣的李鸿章得知姚学源的为人及背景，很快批准贷出官款15万吊，由京引众商具结担保，承借承还；并任命姚学源为京盐公柜"总催"，京引商人王源涛为"帮办"，统筹一切。为保障销售渠道的畅通，京盐公柜先在通州张家湾租借场地，作为盐包水路运京的落码存放之地；复在必经之路的广渠门(沙窝门)设京引局(俗称"门局子")，由京引局按包提取一定的规费，作为总催往来京津的车马办公费用。京盐公柜恢复后，很快恢复了北京盐斤销售的市场秩序，并还清了官款，且余利丰厚。因恢复京盐公柜及经营顺利，全系姚学源之功，公柜盈余自应归姚学源所有。从此，京盐公柜便成为姚学源的个人私产。

1876年，如山接任长芦盐运使，他到任不久，见姚学源精明强干，财力雄厚，京引和外引俱备，且在朝中有表兄李鸿藻的依托，因而请姚学源出任长芦纲总，协原纲总杨春农、朱节安等共同主持长芦通纲事务。至1900年，姚学源身兼京引总催和长芦纲总17年。1894年，姚家除原有的恩裕泰和外引永清县外，代办的有王复茂、锦源瑞，租办的有京引公裕茂、查庆余及外引徐水县。为方便资金周转，姚学源在京盐公柜和盐务津店吸收了多笔存款。姚家还在针市街设有隆泰钱铺，经营各省汇兑，小额存放款及银钱兑换的业务。一直到八国联军侵占天津时，隆泰钱铺方才收市。

长芦盐的销售区域包括直隶全省及河南北部，共180余县。姚学源担任京盐公柜总催和长芦纲总期间，姚家达到鼎盛时期，开始进入天津"八大家"之列，人称"鼓楼东姚家"。

1899年，姚学源鉴于京盐公柜经营的困难，将公柜租与新任长芦纲总李宝恒，租期10年，遇有重大事项（如对外借款）需征得姚学源同意，但原有债务仍由姚学源承担，公柜津店的办公地点亦由姚家迁至李家。1905年，李宝恒私自向华俄道胜银行借款15万两挪作他用，违反了双方协议，京盐公柜由姚学源收回，所借款项由李宝恒个人偿还。翌年，京盐公柜更名恩成公柜，改为官督商办，直隶总督袁世凯谕令大清银行借款15万两维持营业，分15年偿还，利息照章支付，银行派员监督账目，同时指令姚学源推荐的查慕周、王少莲为京引商人代表，协助办理一切事宜。姚学源经过几次打击，精力不支，不久患上中风，遂辞去长芦纲总的职务，京引总催及一切家务由次子姚彤诰承担。但姚彤诰于1913年病故，使姚学源再经丧子之痛，繁荣40年的"姚店"时期宣告结束。

姚学源热心公益，曾率众盐商捐资地方教育，此外也号召修复壕墙。

姚学源一生交际广泛,又喜应酬,交拜宴饮,不绝于日。姚学源尚喜作诗,与同里刘仁圃等结成九九消寒会;喜集楹联,喜书法,常为人书写扇面;喜礼佛,常去紫竹林、河北大王庙拜祭,并为紫竹林捐塑了一尊佛像的金身。

1914年,姚学源于天津去世,终年71岁。

参考文献:

罗澍伟编著:《天津的名门世家》,天津古籍出版社,2004年。

(王社庄)

姚 依 林

姚依林(1917—1994),安徽贵池人,曾用名姚克广、许志庸。

1917年9月6日,姚依林出生于香港,幼年丧父,随母亲在江苏、浙江、上海生活。他在青少年时期就向往真理,追求进步。在上海读高中时,他阅读进步书籍,开始接触马克思主义。14岁时积极投身抗日救亡运动。1931年九一八事变后,姚依林从上海光华大学附属中学考入清华大学。此间,他在中共地下组织的影响下,加入党的外围组织——中华民族武装自卫委员会。1935年11月,姚依林加入中国共产党,先后担任北平学联秘书长、党团书记,从此走上了为争取民族独立、人民解放和国家富强、人民幸福而奋斗的道路。

姚依林是一二·九运动的主要领导人之一,为推动抗日救亡运动新高潮的到来做出重要贡献。1935年后,随着日本帝国主义向华北发动新的侵略,国民党当局不断妥协退让。为挽救民族危亡,12月9日,在中共北平临时工委的领导下,在姚依林等同志的具体组织和直接指挥下,数千名北平爱国学生涌上街头,举行声势浩大的抗议活动。12月10日起,全市各校学生宣布实行总罢课,姚依林等人为此付出了极大的精力。国民党当局迫于强大压力,被迫宣布冀察政务委员会延期成立。随后,姚依林参与组织学生南下宣传,到工农民众中去,揭露日本帝国主义企图吞并中国的阴谋,宣传中国共产党的抗日救亡主张。

为贯彻党的抗日民族统一战线策略和方针,1936年二三月间,刘少奇奉党中央派遣来到天津,主持中共中央北方局工作。其间,为加强北方局力量,中央决定北方局重组并与河北省委分设,由此天津市委领导成员也相应做出调整。5月,姚依林被派到天津,负责编辑市委机关刊物《世界》,同时参与《长城》杂志(后改名为《国防》《中国人》《人民之友》等)的编辑工作。1936年11月至1937年7月,姚依林任天津市委宣传部部长,此间,他深入广大工农和学生中间,宣传党的抗日民族统一战线方针,宣传抗日救国的道理,在广大民众中产生了极大的反响。

西安事变发生后,为深入贯彻执行党的抗日民族统一战线方针,按照北方局的指示,姚依林分别与民先队、学联负责人李哲人、杜文敏、王绥昌谈话,要求立即在民先队和学联中传达学习党的方针政策。通过学习,使党的停止内战、一致抗日的主张更加深入人心。1937年2月,在北方局的领导下,中华民族解放先锋队(民先队)在北平召开第一次全国代表大会,天津民先队派出代表出席了大会。大会结束后,为贯彻大会精神,在李铁夫、姚依林等人的直接领导下,天津民先队充分发挥团结带领爱国青年学生投身抗日救亡运动的重要作用,从而使天津的抗日救亡运动不断深入发展。

1937年全民族抗战爆发后,在日本侵略军占领平津并进攻华北的严峻形势下,按照党的洛川会议精神,中共中央北方局领导华北各级党组织迅速将工作重心由城市转向农村,转移到发动群众、组织群众开展抗日游击战争的轨道上。为此,北方局指示河北省委:"党在平津的组织转入长期的秘密工作,应利用一切合法的可能保存与积聚力量,以等待和准备将来反攻时期收复平津。目前的主要任务是援助平津附近乡村中的游击战争,城市工作服从乡村工作,干部人员除必须留在平津者外,应退到乡村组织游击队。"[①]为此,根据北方局指示,河北省委在天津建立了新的领导机关,马辉之任省委书记,姚依林任省委宣传部部长兼天津市委书记。同时在西安道福顺里12号建立了天

---

① 《刘少奇选集》上卷,人民出版社,1981年,第254页。

津市委秘密机关。自此,姚依林领导中共天津地下组织开展了一系列艰苦卓绝的抗日斗争。

卢沟桥事变后,面对严峻的形势,中共河北省委按照党中央的指示,制定了"隐蔽组织,蓄积力量,等待时机,里应外合"的工作方针。决定利用外国租界的有利条件开展抗日斗争。当年,设在天津英法租界的党的地下组织,主要有华北各界救国联合会、中华民族解放先锋队天津队部、河北省委机关刊物《火线》编辑部、华北联络局、苏联驻津领事馆领导的情报组、河北省委交通站等。因此,姚依林在领导这些秘密组织、团结各界群众、开展抗日救国宣传等方面,做了大量卓有成效的工作,为抗战初期党在天津斗争策略的转变发挥了重要作用。

当时,转移抗日力量,支援敌后战场,成为天津市委承担的重要任务之一。平津沦陷后,平津各大专院校纷纷南迁,一些上层爱国人士也准备离开天津南下,特别是许多民先队队员和进步青年积极响应党的号召,准备奔赴抗口前线。1937年8月中旬平津铁路通车后,北平等地的党员、民先队队员和爱国学生陆续到达天津,进入英法租界,打算从海路转移。此时,需要从天津转移的党员和进步青年学生达数千人,其中包括北平等地的大批党员和民先队队员、知名人士,以及在津的党员和民先队骨干等。根据北方局和河北省委的指示,为完成好转移抗日力量的任务,姚依林做了大量艰苦细致的准备工作。他号召大家有钱的出钱,没有钱的出力,实在没有办法的就去募捐。同时,他还指示市委从党费中拿出几百元资助转移工作。为安排好接待工作,姚依林领导天津市委通过各方面关系租借了开滦煤矿堆栈、太古洋行和怡和洋行仓库等地,以便把从北平及其他地方来津的民先队队员和进步青年安顿下来。姚依林还指示市委在市内建立了多处联络站,还在英租界泰来饭店租赁房屋,作为转移人员的中转站。为组织好转移,姚依林与先后来到天津组织撤离工作的北平学委负责人蒋南翔、李昌等一起研究、落实迅速转移疏散这些党的骨干的有效办法。姚依林指定从北平来到天津的华北各界救国会负责人杨秀峰及平津民先队负责人等具体负责此项工作。其间,姚依林又同刚从延安返津的市委组织部部长李启华一起,有条不紊地组织指挥了抗日力量由天津的疏散转移。在姚依林的周密安排下,经过近两个月紧张而有计划的工作,至10月份,平津等地的许多党员、民先队队员和爱国学生,通过各种途径,先后撤离天津。姚依林作为直接领导者和组织者,为保存和积聚抗日力量,支援全国抗战和创建敌后抗日根据地,作出了重要贡献。

由于平津沦陷和大批党员、民先队队员奉命撤离,留下来的民先队队员在与组织失去联系的情况下亟须帮助和引导。姚依林根据严峻的斗争形势和任务,决定尽快恢复中华民族解放先锋队,把这支经受过锻炼和考验的队伍紧紧凝聚在党的周围。为此,姚依林找来地下学生区委书记程宏毅等研究决定,首先组建起天津民先队中共支部,然后分头组织、联系主要分散在市区各学校中的民先队队员;指定以原天津民先队队委、共产党员张淑贞为首,和由北平来津的民先队基层负责人组成党支部,具体领导天津民先队的恢复和整顿工作。1937年8月初,党支部在姚依林的主持下召开会议,决定选拔天津民先队一部分领导成员和骨干分子,重新建立民先队天津地方队部,以利于建立民先队各级组织,开展工作。姚依林号召全体民先队员要积极开展工作,密切联系周围群众,特别是要在青年学生和市民中积极发展组织,开展抗日宣传工作。会议还决定编印队刊《灯塔》。《灯塔》的创办,自始至终都是在姚依林的具体关心指导下进行的。每篇社论和重要文章都由姚依林亲自审定,从而给天津的爱国青年指明了前进的方向。

为更好地开展抗日斗争,在姚依林的提议下,中共河北省委将华北各界抗日救国联合会改组为华北人民抗日自卫委员会(简称"自卫会")。从而形成了在党的领导下,由共产党员、国民党爱国人士和其他进步民主人士组成的抗日民族统一战线组织。民先队在姚依林的指示下,作为集体会员,参加了华北人民抗日自卫委员会。此后,他们参加"自卫会"召开的有关会议,多次接受任务,为冀中、冀东、冀南抗日根据地募集寒衣、药品、捐款和收集日军情报等。同时,姚依林等还创办了《新闻报》(后改名为《时代周刊》),并负责撰写和编辑稿件。由于报道的消息迅速、真实,而且内容丰富、号召力强,因此产生了很大的社会影响。此外,在姚依林直接领导下,在英租界秘密创办了《抗日小报》。不久,在姚依林的主持下,又出版了党的刊物《风雨同舟》,宣传了党的抗日政策,推动了天津各界群众抗日救亡活动的开展。

发动冀东抗日暴动是实现党中央开辟冀东根据地战略决策的重要举措。为此,中共河北省委和天津市委从思想上、组织上、物质上进行了紧张而充分的准备工作。姚依林指导天津市委充分利用租界隐蔽和物资畅通的便利条件,向冀东运送了大批物资。同时,派出一批干部到冀东协助工作。为确保通信联络畅通,购置了多部电台送到冀东。其间,姚依林还通过国民党"桂系"官员刘绍襄的关系,利用刘设在天津家中的电台,建立了同北方局保持联系的通道。特别是在姚依林的策划和领导下,经王士光(王光杰)等人的努力,在天津英租界伊甸园建立了秘密电台,派女子师范学院学生王新(化名黄蕙)和王士光(化名吴厚和)组成"家庭",在白色恐怖统治下坚持党的通信联络工作。姚依林亲自找他们谈话,布置任务。他还亲自编定电台的呼号和密码,坚持每天阅发电报。在姚依林的领导下,他们出色地完成了与党中央、北方局的联络任务,使党的指示及时地传达到河北省委和天津市委,指导了冀津地区的抗日斗争。

1939年7月起,姚依林调任中共中央晋察冀分局、中央局秘书长等职。其间,他创造性地贯彻党中央的指示,参与根据地党的建设、政权建设等各项建设的决策和政策制定,卓有成效地开展各方面工作,为渡过难关,坚持敌后抗战发挥了重要作用。

解放战争时期,姚依林先后担任晋察冀边区行政委员会工商处副处长、工业局局长、财经办事处副主任,华北联合行政委员会工商厅厅长,华北人民政府工商部部长等职。他遵循"发展经济、保障供给"的财经工作总方针,为华北解放区的经济发展和保证解放战争的胜利推进,尽心竭力,成绩卓著。1948年上半年,他主持召开华北财经会议,组织晋察冀和晋冀鲁豫两区物资交流,解决了边区的物资交流问题。

新中国成立后,姚依林长期担任国务院财贸部门的领导工作,先后任贸易部副部长、党组副书记,商业部副部长、党组副书记,中央财贸工作部副部长,国务院财贸办公室副主任,商业部部长、党组书记,中央财经领导小组成员,中央财贸政治部主任,国务院财贸党委副书记等职务。姚依林作为主管国家财贸工作的中央领导同志的主要助手之一,参与了研究、制定和具体组织实施国家若干重大经济政策。60年代初,他坚决贯彻执行中央提出的"调整、巩固、充实、提高"的方针,积极参与国民经济的调整工作,把主要精力用于稳定市场、安排人民生活。他对当时财政经济的困难状况进行认真的研究,提出国民经济调整阶段物价政策的设想,得到了周恩来总理的肯定。"文化大革命"开始后,姚依林遭受严重迫害,他坚持原则,进行顽强斗争。1973年11月,他担任对外贸易部第一副部长期间,与外贸部其他领导同志一起,顶着压力,为开辟出口货源、引进国外先进技术和设备、恢复和发展对外贸易做出了很大努力。在1975年邓小平主持党和国家日常工作期间,他坚决贯彻全面整顿的方针。1977年3月,姚依林先后担任国务院财贸领导小组组长,商业部部长、党组书记等职务,带领干部群众认真纠正"左"的错误,落实干部政策,平反冤假错案。他以极大的热情支持并投入真理标准问题的讨论,坚决反对"两个凡是"的错误思潮。

党的十一届三中全会以后,姚依林任中共中央副秘书长兼中共中央办公厅主任。为贯彻执行党的十一届三中全会精神,实现历史性的伟大转折,做出了积极的贡献。1979年3月,他任国务院财政经济委员会秘书长等职务期间,协助主要负责同志坚决纠正此前一段时间经济工作中的失误,认真清理过去长期存在的"左"倾错误影响,恢复党的实事求是、一切从实际出发的优良传统,在调整国民经济方面做了大量工作。1979年7月,在全国人大五届二次会议上,姚依林被任命为国务院副总理,分管经济工作。此后,他还兼任了国家计划委员会主任、党组书记,中央财经领导小组副组长等职务。他主持编制和组织实施了国民经济和社会发展第六、第七个五年计划,主持编制了第八个五年计划。为此,他强调计划要从国力可能出发,建设规模必须与国力相适应。他多次强调在发展社会主义市场经济过程中,政府部门要从观念上、工作上转变职能,在加强宏观调控、搞好协调和服务上下功夫。他还积极参与了外贸改革与发展、建立经济特区、开放沿海城市和沿海地带的决策实施工作。

在党的十三届一中全会上,姚依林当选为中央政治局常委。他坚定不移地贯彻党的以经济建设为中心、坚持四项基本原则、坚持改革开放的基本路线,为加强和改善党的领导,为维护国家的社会政治稳定,为深化改革、扩大开放、促进国民经济发展做出了重大贡献。

姚依林在中共八届二次会议上被增补为中央候补委员;他是中共第十届中央候补委员;第十一届中央委员、中央书记处书记;第十二届中央委员、中央书记处书记,中央政治局候补委员、委员;第十三届中央委员,政治局委员、常委。他还是第一届全国人大代表,第三届全国政协常委,第四届全国政协委员。

在党的十四大和第八届全国人大第一次会议后,姚依林不再担任党和国家领导职务。1994年12月11日,姚依林在北京逝世,终年77岁。

参考文献:

李克强:《在纪念姚依林同志诞辰100周年座谈会上的讲话》

（2017年9月6日），《人民日报》第2版，2017年9月7日。

曲青山：《在纪念姚依林同志诞辰100周年座谈会上的发言》（2017年9月6日），《人民日报》第8版，2017年9月7日。

中共天津市委党史研究室：《中国共产党天津历史》第1卷，中共党史出版社，2005年。

姚锦编著：《姚依林百夕谈》，中国商业出版社，1998年。

（王凯捷）

叶 兰 舫

叶兰舫(1864—1937),名登榜,字兰舫,以字行,浙江金华人。叶兰舫出生在一个贫寒的读书人家。为解决生计问题,叶兰舫的父亲弃儒从商,带着长子叶春农和次子叶兰舫迁居天津,父子三人来往于天津和沧州之间,靠贩卖草帽缠为生。

1876年,叶兰舫经人介绍,到天津大盐商张锦文的钱庄做学徒。叶兰舫最初做的是干杂活的小伙计,因聪明好学,逐渐得到钱庄掌柜的器重,不久升任大伙计。在工作中,叶兰舫接触到很多天津银钱业的头面人物,经过历练,对银钱业的经营逐渐谙熟。22岁时,年轻的叶兰舫便成为钱庄的领东掌柜。不久,24岁的叶兰舫积累了足够的资金,开办了"和盛益"银号,在天津银钱业中开始独当一面。

1910年,为清理天津商人积欠洋商款项,维持天津华洋商务,德国人冯·巴贝与叶兰舫等中国商人合作,筹集白银4000万两,创办北洋保商银行,巴贝为德方经理,叶为华方经理。银行除经营存放款业务外,还有货币发行权。第一次世界大战中德国战败,冯·巴贝撤资回国,将有关账目等全部交给叶兰舫,北洋保商银行由此成为华商独资经营的私营银行。1918年,叶兰舫当选天津总商会会长。

1919年五四运动爆发,5月7日,天津总商会致电巴黎和会中国专使,要求收回青岛主权,以保领土。5月12日,天津学、商、教、绅各界代表200多人筹备公民大会,讨论争回青岛权益办法,会上叶兰舫被推举为商界干事。5月28日,叶兰舫主持天津总商会召开茶话会,研究提倡国货办法,并于6月2日发布关于提倡国货的布告。6月7日,叶兰舫召集天津总商会全体商董开会,讨论罢市问题,支援学生罢课斗争。8日,天津学生在街上集会演讲后,全体赴北马路天津总商会,求见会长叶兰舫和副会长卞月庭。学生代表慷慨陈词:"中国危亡,间不容发,倘再因循,将无法挽救。"[1]在学生爱国行动的感召下,叶兰舫和卞月庭慨然允诺10日罢市。9日,总商会召集各行业会董600多人开会,叶兰舫报告开会宗旨,要求北洋政府严惩国贼,保护学生。天津学生代表谌志笃、马骏等参加旁听。

10日,天津总商会发布布告,宣布罢市,并电请北洋政府惩办曹汝霖、章宗祥、陆宗舆等卖国贼。10日下午,天津总商会开会继续坚持罢市,并急电北洋政府,再次强烈要求"以明令惩免曹、陆、章及保护学生,以谢国人而救目前"[2]。6月18日下午,天津各界在天津总商会召开大会,成立天津各界联合会,统一组织领导天津的反帝爱国斗争。在整个五四运动期间,叶兰舫作为总商会会长,积极推动和支持了学生爱国运动的开展。

五四运动结束后,叶兰舫虽然经公选仍得连任总商会会长的职务,但他认为自己"精神魄力俱不足担任时局,况以后进行事业必须有救国保种手段,不克胜任",坚决辞去了职务。9月,卞荫昌被选为会长。

从40岁开始,叶兰舫又开始投资实业和盐务。他购买了塘沽引地,成立了同和津店,供应河北省正定、灵寿、磁县、平山等地的食盐。他又投资福源造酒股份有限公司,经营直沽酒、五加皮和冬菜等。这些商品除行销国内各地,还远销南洋。同时,叶兰舫还是天津钱业公会会长、天津启泰金店的铺东、天津劝业场的股东。

1937年,叶兰舫在天津去世,终年73岁。

---

①民建天津市委会、天津市工商联文史委编:《天津工商史料丛刊》第1辑,1983年内部印行,第26页。

②来新夏主编:《天津历史与文化》,天津大学出版社,2013年,第10页。

参考文献:

杜鱼:《叶兰舫与北洋保商银行》,《今晚报》,2008年9月5日。

刘志强、张利民主编:《天津史研究论文选辑》,天津古籍出版社,2009年。

中国社会科学院近代史研究所《近代史资料》编译室主编:《五四爱国运动》(上),知识产权出版社,2013年。

(张慕洋)

叶企孙

  叶企孙(1898—1977),原名叶鸿眷,字企孙,上海人。叶企孙少年时代便立志以西方科学谋求利国利民。1918年,叶企孙从清华学校毕业,入美国芝加哥大学物理系深造,后转入哈佛大学攻读实验物理学博士学位。

  叶企孙在布里奇曼等名师指导下,取得了令国际科学界瞩目的成绩。他在物理学上的重要研究成果有两个:一是合著专业论文《用射线方法重新测定普朗克常数》,即用 X 射线精确地测定普朗克常数 h,得出当时用 X 射线测定 h 值最高的精确度;二是著有论文《流体静压力对铁、钴、镍磁导率的影响》,开创性地研究了流体静压力对铁磁性金属的磁导率的影响,这是 20 世纪 20 年代在物质铁磁性方面的一项重要研究成果。

  1924年,叶企孙学成回国,执教于东南大学。1925年,清华学校创立大学部,他接受清华之聘就任物理学副教授,次年升教授,并创建清华物理系并出任系主任。1929年,清华大学理学院成立,叶企孙出任院长,并被推选为决定学校大政的 7 位评议员之一。1926—1937年,他千方百计为清华延揽名师,先后聘来了一批年轻有为的科学家和知名学者。他主张重质而不重量的办学方针,培养出一批高质量的科学人才。其间,叶企孙曾任中国物理学会第一、第二届副会长,1936年起任会长。

  七七事变爆发后,平津相继沦陷,清华大学奉命南迁,与北大、南开组成西南联合大学。1937年8月,叶企孙因病滞留天津,在英租界戈登道天津清华同学会主持清华天津临时办事处,协调清华师生南下和照管清华在津财产等工作。1938年3月前后,叶企孙的高足、清华物理系助教熊大缜前往冀中抗日根据地投身抗战。在中共地下组织的安排下,熊大缜先后担任冀中军区修械所工程师、军区印刷所所长。后由冀中军区司令员吕正操任命担任军区供给部部长。由于冀中军区技术人才和物资匮乏,熊大缜向老师叶企孙求援。叶企孙先后动员一批技术骨干到熊大缜处工作。叶企孙除拿出自己全部积蓄,还四处募集资金,为冀中军区购买了大量化学原料、炸药、医药等重要的军用物资。在叶企孙的帮助下,熊大缜领导的技术研究社成功研制出烈性炸药、地雷、雷管和短波通信工具,配合部队有力地打击了侵华日军,为创建冀中抗日根据地做出了重要贡献。

天津有一家宝华油漆厂,是清华大学留美同学杨锦魁开设,叶企孙安排林枫等人以此为据点,秘密研制烈性炸药,分批运往冀中军区。1938年9月,叶企孙接到梅贻琦来信,通知他前往昆明西南联人任教。此时他为冀中筹借的资金已经用罄,在天津的活动也受到日本特务干扰,随时有被捕的可能。10月5日,叶企孙离开天津,取道香港赴昆明,重新回到西南联大,在抗战的艰难岁月里教书育人。1941—1943年,他赴重庆任中央研究院总干事,直接负责处理全院的行政事务,是当时中国科学界实际上的领导,其间创办综合性学术期刊《学术汇刊》,汇总国内外学者的最新研究成果,介绍学科发展的现状和历史以及科学家生平。1945年,叶企孙出任西南联大理学院院长,还曾主持西南联大的校务。

1949年初,北平和平解放。5月,叶企孙出任清华大学校务委员会主席。9月,参加第一届全国政协会议,任全国政协委员。1952年10月,在全国高校院系调整时,叶企孙随清华物理系一起调到北京大学。1955年,中国科学院成立,叶企孙当选学部委员,并任中科院数理化学部常委。叶企孙曾当选第一至第三届全国人大代表。"文化大革命"期间,叶企孙受到冲击,1987年得到平反昭雪。

叶企孙终生践行"科学救国"的理想,培养出一大批杰出的科技人才,均成为各个领域的领军人物。获得"两弹一星功勋奖章"的科学家中有半数以上是叶企孙的学生。叶企孙的一生不求名利,唯有奉献。他富有远见,为近代中国的科学大厦奠基,创造了中国教育史上的奇迹,被后人尊为"大师的大师"。有《用射线方法重新测定普朗克常数》《流体静压力对铁、钴、镍磁导率的影响》《初等物理实验》等著述存世。

1977年1月13日,叶企孙病逝于北京,终年79岁。

参考文献:

顾良飞、李珍主编:《君子——清华名师谈育人》,清华大学出版社,2015年。

陈岱孙:《回忆叶企孙先生》,载陈岱孙著,刘昀编:《往事偶记》,商务印书馆,2016年。

(陶　丽)

叶 星 海

叶星海(1870—1929),名炳奎,字星海,以字行,浙江镇海人。叶星海早年因家境贫寒失学习贾,但他不以窘迫堕其志,闲暇时便到私塾请业学习。叶星海勤奋好学,经过一段时间的学习,便能够通文辞、善翰札。后经人介绍,叶星海进入轮船招商局任书记一职,之后进入上海美隆洋行。

1887年,叶星海跟随德国商人吉伯特到天津创办兴隆洋行,并担任买办。吉伯特极为重视开拓国际市场,加之叶星海在上海洋行工作时建立的关系网,天津兴隆洋行的皮货、羊毛、羊绒出口业务发展迅速,叶星海本人也开阔了眼界,积累了经验和财富,并入股兴隆洋行。随着洋行业务的发展,洋行又增设了兴隆货栈,主营代客销售羊毛、羊绒、皮张等物。兴隆货栈的开设,不仅拓展了洋行与内地客商的交往,而且对出口货物的行情更加了如指掌,业务也随之增加,对此叶星海功不可没。

第一次世界大战爆发后,德商吉伯特回国,吉伯特临行前委托天津人高少洲代管兴隆财产,高少洲以洋东兼买办的身份自居,与叶星海发生了矛盾。1923年,叶星海辞去兴隆洋行买办一职。由于叶星海对业务精通,特别是对行市准确的判断能力及其诚信为本的经营理念,为洋商所敬服。所以,天津法商永兴洋行慕名聘请叶星海兼任买办,并破例免除其保证金。

叶星海除出口羊毛、羊绒、皮张等货品外,还积极开拓肠衣、核桃仁等天津土特产品的出口市场,增加了山货、油脂、油料、绒毛、棉花、草帽缏等出口货物,永兴洋行的业务不断扩展。为了适应不断增长的出口业务需求,永兴增设保险部、代理轮船部,把进出口部拆分成进口和出口两部,以最大程度地发挥叶星海在经营出口业务方面的才能。

叶星海凭着进出口贸易经验,利用第一次世界大战期间英商无暇自顾的时机,与严蕉铭等人合伙买下了英商兴茂公司下属的机器打包厂。由于英租界当局不许在租界内开设动力设备工厂,且公司相关的海关放行、银行兑付信用等手续均须经洋行签证才能免于限制,因此,叶星海成立了天津第一家华资打包公司。

1918年,叶星海与李祖才(叶星海侄子)、曹汝霖、陆宗舆等人共同组织成立了第一家华资对外贸易公司——利济贸易公司,股本金20万银元,叶星海任董事长,李祖才任经理,经营羊毛、皮张、蛋黄白、核桃仁、花生仁等土货。此后叶星海与李祖绅、李祖才兄弟和上海巨商虞洽卿合伙成立了北京利济贸易公司,叶星海出任董事长,下设进口、出口两部。因为叶星海与纽约羊毛商詹姆斯交情甚好,所以,利济贸易公司得以订立长期代理合同,经营大宗羊毛进出口生意。公司成立初期业务活跃,不久因受欧战结束的影响,逐渐萧条。

叶星海在天津以实力雄厚、外庄多、号召力大而著称,被称为天津宁波帮买办的前辈巨擘,凭借着雄厚的经济实力,在洋行买办群体中具有较强的号召力,在社会上有一定的影响力。这为他投身社会慈善事业提供了条件。

支持办学是叶星海的善举之一。叶星海曾创办了浙江公学,其前身是始建于1908年的浙江旅津公学,开天津租界华人创学之滥觞。该校主要收入来源为学生学杂等费及诸校董的认捐及临时捐助,其中叶星海历年都有捐助,每次高达200银元。津门商界同人赞誉叶星海为商业道德的楷模。

叶星海还积极筹谋公益慈善事业,服务桑梓。1903年,叶星海等人大力扩建浙江义园,并长期担任董事一职。1907年,江皖一带发生严重水灾,饿殍遍野、瘟疫流行、民不聊生,叶星海积极捐善款救灾,带动在津宁波人纷纷伸出援助之手,加入到赈济江北水灾灾民的行列。

叶星海对津门百姓也尽力救助。1911年,天津鼠疫流行,发病111人,全部死亡。为了防止鼠疫扩散,叶星海代表浙江旅津绅商,将浙江医院捐作临时防疫医院。

早期天津商会各届会董都是天津籍人,为了旅津客帮的利益,1909年8月,江浙闽粤四省旅津商界成立北洋商学公会,叶星海曾任商学公会会长。商学公会为商界仲裁机关。叶星海任会长期间,以维持商律、商规为己任,正直不苟,为商界同人排忧解难,成全甚众。

1929年,叶星海因病去世,终年59岁。

参考文献:

全国政协文史委编:《文史资料存稿选编》第22辑《经济》(下册),中国文史出版社,2002年。

宁波市政协文史委编:《宁波帮在天津》,中国文史出版社,2006年。

张守广:《宁波商帮史》,宁波出版社,2012年。

(王　静)

殷宏章

殷宏章(1908—1992),山东兖州人,祖籍贵州贵阳,1908年10月1日出生于兖州府滋阳县,时其父殷有济任滋阳县知县。

1915年,殷宏章进入天津直指庵小学就读。1922年夏,殷宏章小学毕业后考入南开中学就读,但只读了一年就退了学。殷有济在家中聘请了两位教师教授其国文、英语及数学等课程。

1924年,殷宏章考入南开大学预科。1925年,他由预科转入理学院正科,开始学习数学、化学,后对植物学产生兴趣。其时正值李继侗教授到南开大学任教,开设植物生理课,当时殷宏章是他唯一的学生。上课时,他在老师办公桌前对座听讲,下午做实验,对植物生理学越来越有兴趣,遂决定了自己一生的专业——植物生理学。在南开大学求学时,他与李继侗老师一起发现了光照突然改变时,光合作用速度会发生瞬间变化,然后稳定到恒速的现象。这一发现发表在英国的《植物学年鉴》上。这个发现的意义当时并没有被认识,30年后他们被认为是发现光化学反应系统的两位先驱。

1929年,殷宏章从南开大学生物系毕业,获学士学位,留校任教5年。其间的1933年至1934年,他到清华大学研究院进修。

1935年,殷宏章考取清华大学公费留美资格,赴美国加州大学理工学院学习3年。他先跟随植物生长素的发现者温特教授学习,后又在生物物理研究室及由系主任摩尔根主持的生物遗传学研究室做生长素和遗传学方面的研究。当时植物生长素刚刚被发现不久,他较早开展了关于生长素与叶片运动关系的研究。两年后,殷宏章获得博士学位,但距规定的留学期限尚有一年多的时间。为了掌握更多的知识,殷宏章买了张环美旅行的火车票,于1937年冬从洛杉矶出发,历时两个多月,先后参观了几十座城市,走访了十几所大学及研究所,访问了许多知名教授,获益匪浅。

1938年春,殷宏章接到北京大学的聘书,决定暑假按期回国。当时日军已侵占北平,并占领了南京、上海。尽管殷宏章的导师劝他留在美国工作,但他毅然搭乘一条小货轮,经南太平洋到达香港,搭乘海轮到越南海防,转乘法国修建的窄轨火车到达昆明,任教于西南联合大学(由北京大学、清华大学、南开大学联合组成)。他在西南联大负责教授植物生理学,同时还在汤佩松主持的清华大学农业研究所植物生理学组兼任研究员,开展生长素应用、生物化学合成、植物生长素测定等研究工作。

1944年,殷宏章作为中国第一批交流学者受邀到英国剑桥大学圣约翰学院工作一年。在剑桥大学期间,殷宏章主要开展了磷酸化酶的研究工作。他建立了一种组织化学方法,利用这种方法证明了在高等和低等的植物细胞质体中都存在着磷酸化酶,并根据磷酸化酶的分布与淀粉形成的部位、磷酸化酶的活力与淀粉积累的速度方面的研究,肯定了磷酸化酶在淀粉形成中的作用。随后他又对禾谷类好粒中糖类的转化进行了系统的研究,证明了好粒成熟过程中及好粒发芽时,糖类的转化有不同的途径,淀粉的合成与分解不是同一反应的双向进行等创新性研究工作。

1945年,殷宏章听到日本无条件投降的消息欣喜万分,决定尽快结束工作回国。殷宏章回到昆明后不久,便于1946年随北京大学回到北平复校,受聘为北京大学生物系教授。1948年,年仅40岁的殷宏章当选为中央研究院第一批院士,而且是其中最年轻的一位。

抗日战争胜利后,中国植物生理学创始人罗宗洛教授奉命去台湾接收日本人所办的台湾大学,但他不能久留。因此,邀殷宏章前去台大代他授课。殷宏章与许多学者一起出色地完成了教学任务,于1948年四五月间结束台大工作返回北平。

1948年,殷宏章在北京大学任教时接到联合国教科文组织李约瑟教授的聘请。当时国民党统治腐败,物价飞涨、民不聊生,殷宏章虽在几处兼课,全家仍难以糊口。他考虑再三,遂决定应聘,任联合国教科文组织南亚科学合作馆科学官员,协助该地区国家开展科研工作及合作交流事务。

1949年10月,新中国成立,殷宏章十分兴奋,于1951年秋辞去联合国的工作,携全家回国,他决心以自己的特长为新中国服务。回国后,殷宏章接到了北京大学的聘书,但工作需要他到上海协助罗宗洛筹建植物生理室,殷宏章立即起程前往上海。1953年,植物生理室从实验生物研究所划出,成立植物生理研究所。1954年,殷宏章出任副所长,后任所长。在他的长期努力下,植物生理研究所于60年代建造了国内唯一的大型人工气候室,成为开展植物发育、环境和空间生物学领域研究不可缺少的试验平台。

50年代后期,殷宏章把大量精力投入植物光合作用的研究。他领导的小组对水稻开花后籽粒中物质的研究,为农业生产措施提供了理论指导。从1959年始,殷宏章从事植物光合作用机理方面的研究,组织了国内第一个光合作用研究室,几年内就形成了一支具有一定规模的高水平研究队伍。1961年,在殷宏章的领导下,研究室从实验上系统证明了光合磷酸化反应是整个光合作用反应的一个组成部分,为国际首创。1962年,他在世界上首先发现了在光合磷酸化过程中形成一种高能中间态,成为光合磷酸化机理建立的重要实验依据,得到了国际学界的高度评价,获得1982年国家自然科学二等奖。

60年代,殷宏章积极推动化学和物理研究部门开展光合作用机制的研究,并做了许多组织工作。一些高等学校和研究所,如中国科学院生物物理研究所、长春应用化学研究所、大连化学物理研究所、北京大学等都将光合作用研究列入计划,这与殷宏章的努力是分不开的。70年代,植物生理研究所先后开辟了分子遗传、细胞生理、生物固氮、环境保护等新学科,他都以极大的热情给予支持,并努力推动这些学科的研究跻身世界行列。以后他又推动植物体内物质运转和信息传递研究工作的深入开展,并与北京农业大学合作,在植物生理研究所成立了专题研究组。

1955年,殷宏章当选为第一批中国科学院学部委员。他曾任中国植物生理学会第二、第三届代理事长、理事长,《植物生理学报》和《植物生理学通讯》主编,第三届全国人大代表,第五、第六届全国政协委员。1978年殷宏章在全国科学大会上被评为先进工作者,1988年获美国加州理工学院"杰出校友奖",1989年获中国科学院"荣誉奖"。

1992年11月,殷宏章病逝于上海,终年84岁。

参考文献:

谈家桢主编:《中国现代生物学家传》第1卷,湖南科学技术出版社,1985年。

卢嘉锡主编,《科学家传记大辞典》编辑组编辑:《中国现代科学家传记》第3集,科学出版社,1992年。

汪前进、黄艳红主编:《中国科学院人物传》第1卷,科学出版社,2010年。

殷蔚然:《殷氏家记(增补本)》,2010年,自印本。

张衡主编:《民国科教精英百人传》(民国名人传记丛书),南京出版社,2013年。

(高　鹏)

殷 森 德

　　殷森德（1829—1904），全名约翰·殷森德（John Innocent），1829年10月出生于英国谢菲尔德的一个圣道会牧师家庭。1861年4月来到天津。

　　殷森德的传教生涯始自为驻在天津的英国军队主持礼拜活动，他也尝试着到天津繁华的街道和庙会上向一般居民布道，"殷森德在开辟这块处女地的过程中，所使用的另外一个令人钦佩的方法，就是带着《圣经》的经文和宗教小册子出去散步，到处分发这些东西，一有机会就与人交谈。中国人很自由，而且也很愿意同陌生人交谈，这与英国人沉默寡言的性格截然不同，这也使得殷森德的工作可以比较容易地进行"[1]。他还在人口稠密的城厢地区租用或购买房屋，建立礼拜堂，殷森德在给教会的报告中说："我租的这套房中有一个大房间在这条街上比较显眼，这使我能够在这个大房间中再打开一扇直接面向这条街的大门。利用这扇门，我们可以把这间房展示出来，因为所有经过这里的人都可以看到里面在做什么。今天，我把这间房献给上帝，正式在此公开传播福音。"[2]

　　此时，协助殷森德传教的还有一个本地教徒，据考证他是天津人中的第一个传教士。这个人叫胡恩第，出生在海河岸边的葛沽村。胡恩第很小离家，曾在上海担任外国人的中文教员，同时在上海领洗入

---

　　[1][2]G. T. Candlin：*John Innocent：A Story of Mission Work in North China*（《殷森德：华北传教记》），United Methodist Publishing House，1909，p. 102。

教。他从殷森德的第一期学道班毕业后,便担任了殷森德的助理传道人。

殷森德最早用来做教堂的房子坐落在北仓,但它只是设立在殷森德住宅中的一个房间。1862年4月7日,他们在鼓楼北大街上租了一处房子做教堂,5月9日正式对外开放。1864年又开设了两所礼拜堂,一所在小神庙附近,另一所在靠近总督衙门的浮桥附近。1865年,他们还在南斜街上开办了一所教堂。1866年,圣道堂在东门外天后宫北面购得土地建立教堂,这就是历史上有名的宫北教堂,是当时基督教在天津最大的一座礼拜堂。由于宫北教堂地处天津繁华的商业区,"每逢布道时,都能吸引不少普通居民,连一些清朝的地方官吏和熟读四书五经的饱学之士对此也很感兴趣。当时正值开埠不久,很多洋行也设在这里。在这里建立教堂,不但能吸引中国民众,而且也受到外国商人的欢迎。这一带逐渐成为圣道堂的活动中心"①。

1861年,殷森德创办了第一所教会学校,招收了10或12名男学生,学校于同年7月22日正式开学。1862年4月24日,殷森德夫人开办了一所女童学校。到1866年,圣道堂已经有4座教堂、2所日校、1所男生寄宿学校、1所女生寄宿学校和1所小型的盲人学校,有24名正式学生和7名试读生。自从宫北教堂开办以来,天津教区人员数量就呈现出稳步增长的趋势,到1878年已达到86人,此外还有9个候补牧师。

1863年初,殷森德从英国驻津领事吉布逊的手中承租了英租界19.9英亩的土地。不久,他便雇佣民夫在这块土地的南端建造了一处简易的英式印度风情的平房,作为货栈、旅馆、饭店之用,专门招待外侨,这就是利顺德饭店的雏形。后来,经过数次的改扩建,利顺德饭店成为英租界的标志性建筑。

1870年天津教案发生期间,宫北教堂遭到破坏,后进行了整修。

---

①于学蕴、刘琳编著:《天津老教堂》,天津人民出版社,2005年,第87页。

义和团运动爆发后,宫北教堂再次被焚毁。不久,圣道堂将宫北教堂的基址售出,在东马路购地兴建教堂、学校和传教士住宅,楼房高大,礼堂宽阔。因为地点适宜,来往行人众多,教堂兴旺,学校发展,遂成为圣道堂在天津新的活动中心。

殷森德不仅在天津城区传教,还经常到附近地区传教。1873年他在大沽设立教会,1879年在静海唐官屯建立教堂,加上其间在东大沽、北塘、芦台、泊头等地借房或租房设立的会堂,圣道堂形成了天津支会。

殷森德曾到内地去做传教旅行,先后到过保定、济南、太原、任丘,甚至内蒙古。如1862年,他进入山东乐陵一带进行传教活动。次年,再次进入乐陵,买地建教堂、医院和学校。1866年,第三次进入乐陵传教,经过一系列努力,圣道堂的势力渗透到乐陵、阳信、海丰、惠民、庆云、商河、无棣、宁津等地,形成了乐陵支会。到1880年,圣道堂在华北"拥有58所礼拜堂,1091名教徒,228名慕教友,11所学校,到1901年增加到217所礼拜堂,2398名教徒,1276名慕教友和大约40所学校"[1]。

1897年3月,殷森德偕妻子和女儿离开天津返回英国。1904年,他因肺炎病逝,终年75岁。

参考文献:

于学蕴、刘琳编著:《天津老教堂》,天津人民出版社,2005年。

G.T.Candlin: *John Innocent: A Story of Mission Work in North China*(《殷森德:华北传教记》),United Methodist Publishing House,1909。

李新建、濮文起主编:《天津宗教史》,天津人民出版社,2013年。

（任吉东）

---

①[英]雷穆森(O. D. Rasmussen):《天津租界史〈插图本〉》,许逸凡、赵地译,刘海岩校订,天津人民出版社,2009年,第216页。

殷 秀 岑

殷秀岑(1911—1979)，本名殷顺甫，天津人。殷秀岑少时就读于天津教会学校，非常喜欢表演，经常参加学校组织的文艺活动，为他后来从事电影表演奠定了基础。

1930年，"联华影业公司"在北平设立"联华演员养成所"，并进行了首届招生，19岁的殷秀岑凭着他奇胖的特殊身材及表演才能，幸运地成为"联华"的一名学员。在那里，除了老师讲课、言传身教外，每周一、三、五，公司还组织他们进行影片观摩。

学习期满后，他被分到联华公司北平分厂任演员，并很快投入该厂的处女作无声电影《故宫新怨》的拍摄中，这也是他从影的处女作。他在影片中扮演的是一个滑稽角色，从此他就与"笑"结缘，开始了电影喜剧的创作演出生涯。

不久，该厂解散，他被调到联华影业公司上海一厂工作，在这里拍摄的第一部电影是《三个摩登女性》。殷秀岑的表演效果极佳，让他更增加了演电影的信心。

1931年，在中国共产党的领导下，中国左翼作家联盟、"电影、音乐小组"以及其他左翼团体创立，电影滑稽片摆脱了一些低级、庸俗的东西，逐步走上健康发展的轨道。殷秀岑正是在这个时期走上影坛。在短短的6年中，他参加了多部抨击现实生活、同情广大劳动人民疾苦的进步影片的拍摄。如在《天作之合》中，他饰演的角色揭示了工人失业这一社会问题。他参演的《迷途的羔羊》，真实地反映了20世纪30年代中国流浪儿童的悲惨生活。《联华交响曲》由8个短故事片组成,殷秀岑主演了其中的《三人行》与《小五义》。在《三人行》中他饰演一个刑满释放之人,该片运用了喜剧手法,辛辣地揭露了旧社会欲做好人而不能的黑暗现实。在《小五义》中,殷秀岑演的是有5个孩子的父亲"老李"。这是一部寓言式的故事片,曲折地反映了"只有打败侵略者,才能获得民族解放"的思想。

1934年殷秀岑开始与韩兰根合作,相继拍摄了《酒色才气》《无愁君子》《联华交响曲》《天作之合》等喜剧片。由于他俩一胖一瘦的身材形成强烈的反差,犹如同时代的美国好莱坞滑稽影星劳莱、哈苔,给人以滑稽感,因此在三四十年代的影坛上格外引人注目。他们二人的搭档一直延续到殷秀岑息影。

1937年11月至1941年12月上海"孤岛"时期,殷秀岑在新华、中华、中联、华影等影片公司任演员。他参演的《木兰从军》,1939年2月17日上海《大晚报》给予了充分肯定。影片《武则天》在一定程度上宣传了爱国主义思想,殷秀岑也都加盟其中,为"抗日救国"的宣传贡献自己微薄的力量。

这一时期,殷秀岑在1938年先后在新华等影片公司参加拍摄《乞丐千金》《儿女英雄传》《中国三剑客》等影片,1942年后又在中联、华影参加拍摄《万紫千红》等影片,1943年夏天拍摄了恐怖片《寒山夜雨》。

1945年,制片公司缩减拍片,殷秀岑全年中只在上海华光影片公司和香港永华影片公司参加拍摄了影片《山河泪》《九死一生》。为了改变生活处境,殷秀岑联合韩兰根、关宏达、仓隐秋等同人成立了"旅行剧团",先后到苏州、扬州等地演出,由于当地人非常喜欢滑稽剧,因此他们所到之处大受观众的欢迎。华北剧艺公司瞅准这个机会,力邀殷秀岑等到北平、天津演出,但由于他们所演的剧目情节平淡,票价又高,上座率每况愈下,最后只好仓促收场,返回上海。这次失败,让殷秀岑获得了铭心刻骨的教训:宣传力度再大,名气再高,不从实际出发、不从观众出发、不从文化内涵出发,翻车覆舟的结果是必定无疑的。

1950年6月,殷秀岑组织创办了"大喜剧话剧团",后改为"金鸡话剧团",并任该团团长,专门从事喜剧表演,在汉口、长沙一带演出,受到观众的欢迎。1951年7月,殷秀岑又带领该团从长沙到广西,在那里,金鸡话剧团的全体成员参加到革命队伍里,他的这一举动受到了党和人民政府的重视,得到了较高的评价。此后,殷秀岑历任中共广西宜山地委文工团副团长、宜山地区文化馆艺术指导和文化训练教员等职,对活跃和提高当地文化艺术生活起了积极作用。他还曾组织文工团参加土地改革试点的宣传活动,演出《白毛女》和一些反映土改运动的节目,受到政府和群众的好评。

1952年以后,他先被调到中央军委总政评剧团,后又调到中国评剧团,在那里,他与著名评剧演员新凤霞等一起参加了评剧《刘巧儿》的演出。这是他有生以来第一次演评剧,他虚心地向内行求教,终于使刘巧儿的父亲这个"老财迷"的形象,活灵活现地呈现在评剧舞台上。

殷秀岑把电影艺术视为生命,他很想重返影坛。1954年他终于被调入长春电影制片厂,出演了多部戏曲艺术片、喜剧片、儿童片等,在银幕上沉寂数载后,他第一次在新中国的银幕上亮相时,百感交集。

1957年,长影演员剧团演出话剧《方珍珠》,殷秀岑在其中扮演了李将军,他的出场受到广大观众热烈的欢迎。之后又被长春话剧团邀请与韩兰根一起合演讽刺话剧《升官图》,在其中饰演省长。

1956年至1957年,殷秀岑参加了吕班导演的两部讽刺喜剧的拍摄。1956年,一直向往着搞喜剧创作的吕班再次与殷秀岑合作,拍摄完成了讽刺喜剧《不拘小节的人》。虽然他的镜头不是很多,但观众对此片的热烈反响,给了他们继续合作的信心。1957年,吕班拿着新编讽刺喜剧《没有完成的喜剧》的脚本与殷秀岑、韩兰根商量,结果是一拍即合。该部电影笑料丛生,可以说是一部既切中时弊又逗人发笑的片子。这是吕班导演的最后一部电影,也是殷秀岑出演的最后一部电影。殷秀岑一生出演电影近50部。他的表演生动,引人发笑。他是中国影坛不可多得的奇才,为喜剧电影的繁荣做出了自己的贡献。

1979年3月3日,殷秀岑因病去世,终年68岁。

参考文献:

程季华主编:《中国电影发展史》,中国电影出版社,1980年。

陆弘石、舒晓鸣:《中国电影史》,文化艺术出版社,1998年。

中国电影家协会电影史研究部编:《中国电影家列传》,中国电影出版社,1982年。

(齐会英)

银 达 子

银达子(1895—1959),本名王汉森,字庆林。1895年9月14日(清光绪二十一年七月二十六日)出生,天津西郊大孙庄人。其父王永兴在天津一家粮店当伙计,家里的活计由其母操劳。银达子7岁进学堂读书,9岁时家乡遇上了旱灾,王永兴把妻儿接到天津城里,在南门附近的太平庄住了下来。

晚清时候,河北梆子大戏在天津特别兴旺,一些穷人家把孩子送到戏班学戏,学成之后生活便很快好转起来。王永兴动了这个心思。正巧,他的邻居王振邦在德美戏园里当茶炉⊥,经王振邦介绍,银达子到河东石墙外八间房的刘玉琦戏班,拜了梆子名演员达子红为师,学演老生,从此走上演戏的人生之路。

早年间的河北梆子腔调高亢,尤其老生行当,唱腔旋律慷慨激昂,没有一副得天独厚的好嗓子,很难吃这碗饭。银达子似乎命中注定就是一块唱戏的料,论天赋,他不光嗓音高亢嘹亮,而且学起戏来悟性也高,师父一点就透。遗憾的是,别人家孩子学戏都是从五六岁开始,有童子功底,或者是艺人子弟学戏,门里出身,家学渊源厚实。银达子则不然,他12岁学戏,既没有家学,又没练过童子功。他对自身的优长劣短心知肚明,从学戏开始就刻意扬嗓音高亢之所长,避武功缺乏之所短,武戏不学,专在唱功戏上下功夫。

旧时代的戏班,为了节省开支,队伍一般都很精悍,艺人们要有一专多能的本事。即便成了角儿,遇到需要救场补台的时候,说上就上,行话称之为"钻锅"。银达子从学戏之初就牢记师父达子红对他的教诲:"钻锅"不光是考验艺人的本事,而且也是艺人应有的艺德。所以,他从学戏之初就自觉多看别人的演出,不管是不是自己所学的行当,包括老旦、彩旦、丑角的戏,他都认真观看,仔细揣摩。在他看来,会的玩艺儿越多越好。果然,银达子出师后搭班演戏,一旦遇到人手不足的时候,什么活儿他都能顶替,说上就上,从不犯难。

银达子学戏不到一年,就开始登台演出。他的嗓音又脆又甜,唱出的腔调委婉流畅,大受观众欢迎。有人夸他的嗓音很像砰然作响的银铃,又因他师父叫达子红,于是给他起了个雅号:银达子。一来二去,"银达子"在剧坛的声望一天比一天高,人们都知道唱梆子的银达子,很少有人叫得出他的姓名。

1912年,银达子正式出师,开始独立搭班唱戏。跟他搭档的青衣演员季金亭,是北京著名科班三乐社教出来的艺徒,与尚小云、荀慧生是同科师兄弟。他在京东各县作艺时既唱老生,也唱青衣,跟银达子合作,他应工青衣,两人配合得极为默契,并且拜了把子。银达子和季金亭走遍京东各县,远及东北的一些城乡,在那里唱出了名。1922年,他们一起回到天津,银达子在南市落户,季金亭在老城里石桥胡同买了房。作艺地点主要是在南市、郭庄子等处的戏园子,还经常到德州、济南、营口、安东和冀中一带城乡巡回演出。

银达子出师时,河北梆子舞台上大兴女艺人扮演老生行当,声腔高亢激越,而且越拔越高,男性演员纵然嗓音再高也无法与女艺人同腔同调。但男声所特有的雄浑、挺健、宽厚之美,却是女声所难以企及的。银达子在艰难的形势下,积极尝试男性演员声腔改革。在同台演出中,他发现京剧非常讲究吐字、发声,特别是名演员,或念或唱,字正腔圆,从不倒字,一般都能把声音直送到戏院的后排。而梆子演员由于长年在农村野台子演唱,形成大喊大叫的格调,只追求音大声洪,不大讲究演唱的韵味。他虚心向京剧演员学习,立志按照城市剧场里观众的欣赏趣味对梆子的唱腔进行改造,扭转河北梆子男声被动的局面。

　　银达子与享有"鼓王"美誉的京韵大鼓艺术家刘宝全私交密切,刘宝全直言不讳地对他说:"凭嗓子吃饭的艺人,要顺着自己的嗓音装腔编曲。不顾个人的嗓音条件一味地学别人,那是傻子,唱到死也唱不出名堂来。"银达子从这番话中获得了启发,他经常去听曲艺,被白云鹏、刘宝全的京韵大鼓和常澍田的单弦迷住了,认为他们在吐字发音上确有独到的绝活。银达子学会了《探晴雯》《游武庙》《风雨归舟》等几段京韵大鼓和单弦,潜心研究曲艺发音、吐字、运腔的规律与妙诀,并运用到梆子的唱腔、道白中,终于创造出一种以中低音为主要行腔音区、唱白相间的演唱风格。其特点是:真假声并用,凡走高处,多以假声替代,具有婉转、纤巧的阴柔之美;一般情况下,则以本工嗓走平腔、低调,于沉郁中显示奔放;高低音共济互补,寓刚于柔又浑然一体;在发声、吐字方面,讲究韵律,喷扬有力;每句拖腔的尾部结束音,也能做到神满气足,因此产生出宽厚、深沉的艺术效果。

　　1937年天津沦陷前后,社会动荡,市面萧条,戏曲演出非常不景气。特别是天津的戏台上,京剧好角众多,新兴的评戏以女艺人为号召,在激烈的演出市场竞争中异军突起,河北梆子在天津陷于举步维艰的困境。20世纪40年代,艺人星散,班社寥寥,河北梆子几乎绝迹于戏曲舞台,银达子四处奔走,竟然找不到一家唱梆子的戏院。后来,有些商号邀请他到电台清唱做广告,每次播完音从电台出来,经常有一些爱好梆子的戏迷守候在门前,就为亲眼目睹银达子的芳容。南市口中华茶园的经理魏学瀛见天津有这么多爱好梆子的观众,便要求银达子组班到他的戏园去唱。在极度艰难的形势下,银达子把残存在天津的一些梆子艺人组织到一起,成立中华茶园梆子戏班,这是当时唯一能够进入正式戏院演出的梆子戏班。先后有银达子、金钢钻、韩俊卿、金宝环、柳香玉等人担任主演。戏园每天以什样杂耍开场,最后一出是梆子戏。

那时,安分守己的艺人、演出规规矩矩的戏,剧场就是不卖座。中华茶园梆子戏班的艺人们收入极其微薄。为了生存,有人提议上演一些淫词荡曲、格调低下的"叫座戏"去迎合观众的口味。深明大义的银达子愤愤地说:"当妓女是明买明卖,愿者上钩;咱们是艺人,教唆看客学坏,那叫缺德。"韩俊卿也说:"越是不上座,越要演好戏,凭邪门歪道赚来的钱,花着也不光彩。"由于他们的抵制,中华茶园的这个梆子班,从来没有演过伤风败俗的剧目。

1948年4月9日曾经红遍大江南北的"梆子大王"金钢钻,一出《捡柴》尚未演完,因心力衰竭躺倒在中华茶园舞台上,抢救无效于次日凌晨逝世,一代名伶死后竟然凑不出购置棺木的钱。银达子身为领班,面对这凄惨景象潸然泪下。他安排金钢钻的亲传弟子柳香玉于当天在中华茶园上演《烧骨记》,银达子反串丑角店家。当演到媳妇的公婆双双病死于店内,无力葬埋时,突然将戏停住,银达子跪在台口,面向观众一字一泪地诉说金钢钻的惨死经过,向台下观众为她募化棺木。观众感动得纷纷落泪,争相往台上抛掷钱钞。银达子用这笔捐款买来棺木发送了金钢钻。

银达子认识到,必须改革河北梆子的声腔,才能改变梆子艺人的命运。银达子的声腔改革,遇到的第一道难关是同行的冷嘲热讽。有人说银达子年岁大了,嗓子不济了,为了自己唱着舒服才创造新腔。银达子听说后笑了笑说:"谁唱戏不都讲究留有余地吗!有十分劲还要藏着一二分,让人听着不揪心,难道力竭声嘶才美吗?"为他伴奏的琴师和笛师这一关也很难通过。他们认为降低调门,旋律里中低音多高腔少,破坏了"燕赵悲歌"的传统特色。操主弦板胡的乐师说:"改腔调,你唱着舒服、痛快了,观众能接受吗?若是把你从场上哄(倒彩)下来,以后你怎么吃戏饭?"听了这番话,银达子心里真有点打鼓,但又一想,改革总得冒点风险,为了给梆子老生唱腔闯出一条路,就得知难而进。

银达子决心冲破传统习惯的束缚,一再要求乐队在以他为主的戏里试唱自己新创的腔,乐师们勉强同意让他试一试。一出用新腔调演唱的《战北原》,他使出了浑身解数,在婉转悠扬上做文章,字字唱得真切,尤其诸葛亮所唱"若不服你二次再来诈降"那句煞尾拉腔,凭借一股丹田气息,发挥了男声的雄健之美,这前所未闻的别样旋律,深深地吸引了观众。一出戏唱罢,台下掌声四起。

天津的戏曲观众向来有喜新求异的传统,银达子改革梆子唱法获得了他们的首肯,有人在《中南报》上著文,把这种风格的唱法赞为"达子腔"。有的梆子爱好者,私下里也学着哼上一两段。

1949年1月天津解放,挣扎在饥饿线上的河北梆子艺人们,首先成立了由银达子领导的复兴剧社,仅过半个月就恢复了演出。此后,在大张旗鼓推行"改人、改戏、改制"的戏曲改革运动中,银达子几十年呕心沥血开河北梆子一代先河的"达子腔",得到更为广阔的施展天地。特别是"达子腔"有女性演员难以企及之巧,从而受到众多男性老生演员的欢迎。"达子腔"被戏迷群众公认为继何达子、小元元红之后梆子老生的新流派。银达子演唱的《打金枝》《战北原》《琵琶词》等唱段,独具异彩,经中国唱片社灌制成唱片,很快便在戏迷中流传开来。中央及天津、河北等地人民广播电台所保存的银达子的多出演唱录音,成为后学们借鉴、习唱的典范。各地河北梆子舞台上,男性老生演员唱的几乎全是"达子腔"。

1953年冬,天津河北梆子剧团刚刚宣告成立,便接到参加中国人民各界慰问团赴朝鲜慰问志愿军的任务,银达子带头申请参加。文化局负责同志不打算让这位年届花甲的老艺术家赴朝。银达子争辩说:"慰问志愿军,我这主演不参加,对得起亲人们吗?"银达子终于被批准和大家一道,冒着隆冬严寒跨过鸭绿江,圆满完成了历时两个多月的慰问志愿军的演出任务。

1954年,银达子、韩俊卿双双当选为天津市人大代表,他们在会上联名递交了关于建立戏曲学校的建议,被市政府采纳。1956年天津戏校开学后,银达子在繁忙的演出之余,经常到戏校检查专业教学,还为戏校代培学生。

1955年,天津河北梆子剧团在上海天蟾戏院演出新编古装戏《画皮》。有一次天降大雨,剧场通知剧团这场戏停演。银达子当即表示不能停演,因为台下已坐有稀疏的观众。他坚持认为,冒着大雨来看戏的人,都是河北梆子的知音,哪怕只有一位也得演,不能让人家白来。剧场经理被银达子对观众的真诚感动了。次日的《解放日报》刊出的消息报道称:"虽然在台下看戏的仅有几十人,演员们依旧使出浑身解数,把戏演得格外精彩。"

银达子身为剧团里的头牌主演,却从不计较主角、配角的名分。只要演出需要,不论大小角色他都主动承担。他于1959年加入中国共产党。同年11月8日,银达子在北京出席"全国工交财贸文教系统群英会"时,突发脑溢血逝世,终年64岁。

参考文献:
原天津市文化局存银达子档案。

（甄光俊）

雍剑秋

雍剑秋（1875—1948），名涛，字剑秋，以字行，祖籍江苏高邮。雍剑秋出身书香门第、官宦人家，母亲王氏也出身官宦人家。由于父母失睦，母亲王氏独自带着8岁长子雍剑秋和7岁次子雍沛（仲嘉）离开家乡，移居上海。

雍剑秋在上海接受教育，15岁时学习英文，后入香港英国教会学堂，不久考入新加坡大学并学成毕业。1900年庚子事变爆发，天津沦陷。在张之洞、刘坤一的"东南互保"倡议下，上海道台余联沅与盛宣怀组织了一个以救济北方为主旨的慈善团体，雍剑秋因擅长英语和德语成为随团翻译。雍剑秋的天津、北京之行，结识了天津海关税务司德璀琳、矿商汉纳根、都统衙门文案美国人丁嘉立等一些位高权重的洋人，与京城的王公贵族建立了密切的联系。当时八国联军进入北京城抢掠，雍剑秋凭借着娴熟的德语同侵略军统帅瓦德西取得联系，并获得一份手令作为交涉之用，而这份手令成为王公贵族的护身符。王公大臣争相与他交友，而他也借机打通了与清朝上层人物李鸿章、袁世凯等交往的渠道。北方之行让雍剑秋决心离开上海，于是他携眷来到北方发展。

初到天津的雍剑秋并不如意，靠着典当夫人陪嫁的首饰和字画维持生活。就在他举步维艰的时候，山西巡抚丁宝铨因与英国一家采煤公司发生纠纷无法解决而想到了雍剑秋。雍剑秋来到山西后，发现这家采煤公司的经理竟是老相识。于是雍剑秋从中调解，最终以丁宝铨付给该经理10万两养老金而平息。丁宝铨对雍剑秋不胜感激，甚至与他结拜为兄弟,并付给雍剑秋敬仪银5000两,雍剑秋也从采煤公司经理那里赚取了5万两,雍剑秋用其中两万两捐了一个直隶省候补道的官衔,并在丰台站任站长,但不久即辞职。1911年,通过顾公毅(时任大清银行总监督)的关系,雍剑秋任天津造币厂副厂长。不久雍剑秋邂逅了德国军官包尔德,由包尔德作保,雍剑秋成为德国礼和洋行的一名买办。

礼和洋行主要出售德国著名的克虏伯兵工厂的军火和其他军用器材,作为礼和洋行买办,雍剑秋通过个人关系,先后为洋行做了几笔大买卖。比如清政府成立禁卫军所需的枪支弹药和装备,阎锡山购买德国艾哈德兵工厂制造的军火,等等。阎锡山还专门在天津租界设常驻机关与礼和洋行做生意。雍剑秋为克虏伯兵工厂打开了销路,但是他为了做成上述几笔买卖,典进了一所五进大宅院用于接待满汉显贵,此时德国捷成洋行也找到了雍剑秋。

捷成洋行是一家代理艾哈德兵工厂(与克虏伯兵工厂是竞争关系)的德国洋行,该洋行经理纳尔德希望借助雍剑秋的人脉打开中国销路,而雍剑秋也因礼和洋行佣金回扣低又不肯多花交际运动费感到不满。于是二人一拍即合,雍剑秋转入捷成洋行。同时雍剑秋还提出了三个条件:一是交际费要高;二是货物价格要比国际水平低一些,最低限度要比礼和洋行的低;三是要有放长线钓大鱼的心态,无论交际成功与否,洋行都要认账。由于捷成洋行支持雍剑秋的放手经营,雍剑秋向袁世凯创办的北洋新军捐献武器,如德国艾哈德兵工厂所产步枪16000支、德式大炮30门及自来得手枪等一批军火。袁世凯接纳后,特意下令陆军总长段祺瑞对雍剑秋的军火经营予以特殊关照。后在段祺瑞的关照下,捷成洋行几乎垄断了各省地方部队的军火供应。

袁世凯死后,雍剑秋因与袁世凯交往过密而遭到当局通缉,最后因查无证据而不了了之。之后雍剑秋又因私建庙产案被拘役。出狱后,雍剑秋移居天津。这时恰逢第一次世界大战结束,战后一些德国洋行谋求复业但无资本,德义洋行也是如此。因为包尔德的关系,雍剑秋允诺投资20万两白银,重大生意还可用他的银行存款作保,但条件是年终利润分红一半。就这样,雍剑秋成了德义洋行的东家,德国人反成为资方代理人。雍剑秋实现了从洋行代理人向洋行老板的转变,每年从德义洋行分红约10万元。

1918年,雍剑秋移居天津后,主要以经营房地产和从事社会慈善活动为主。雍剑秋在租界共购买了地皮100多亩,主要用于修建学校和基督教堂等,有些则修建房屋和楼房用于出租。他在天津有房屋600多间,在北戴河有3处别墅,还在联逢山东侧购买了茔地,修建了雍家坟。

初到天津时,雍剑秋在英租界马场道上修建了西湖饭店,内部装修极尽欧化,成为租界高等华人和达官显要的交际场所。西湖饭店还以室内舞场而闻名津城。整个舞场的硬件设施精良,为当时天津第一个弹簧地板舞场。整个大厅可容坐客700人,乐队也是专门从海外聘请而来的。舞场一开业就受到社会名流的青睐,日接待宾客达千人。

雍剑秋对天津的公益事业也支持有加。他捐助广仁堂,成为其董事长。雍剑秋信奉基督教,他专门捐地皮用于修建教堂和学校,比如他曾为天津圣经学校捐钱捐地,后来圣经学校扩建新校舍,并改名为神学院。由于捐资,他还任中西女学、汇文中学等教会学校的董事长。他还主持修建了一所基督教堂。此外,雍剑秋也为教会医院、圣经会和伦敦会捐出过巨款,也因此当选为伦敦会天津马大夫医院的常务董事。抗战时期,北平协和医院等英美机构均被日人查封接管,雍剑秋将西湖饭店改为天和医院,接收了不少协和医院曾经留美的医生。

1918年至1937年,雍剑秋的慈善捐款数额在天津常居首位,因而连续当选为天津慈善联合会常务委员。抗日战争时期,雍剑秋倡议成立了"基督教协助会",他捐创基金补助中国基督教牧师的生活费;成立恤嫠会救济孤孀寡妇,每人每月给予生活费10元、面粉两袋;为救济陕灾,亲自前往北戴河劝募兜售皮毛奖券。

1948年,雍剑秋在天津病逝,终年73岁。

参考文献:

山西省史志研究院编:《山西通志》第28卷《对外贸易志》,中华书局,1999年。

李明伟:《清末民初中国城市社会阶层研究(1897—1927)》,社会科学文献出版社,2005年。

潘君祥、顾柏荣:《买办史话》,社会科学文献出版社,2011年。

全国政协文史委编:《文史资料选辑》合订本第18卷,中国文史出版社,2011年。

侯宜杰:《袁世凯全传》,群众出版社,2013年。

（王　静）

于 方 舟

  于方舟(1900—1927),本名兰渚,又名芳洲,天津宁河人。1900年
9月15日(清光绪二十六年八月二十二日),出生于宁河县俵口村一个
普通农民家庭。其父于际刚具有反帝爱国的思想,对幼年于方舟影响
很大。于方舟聪颖好学,6岁开始入本村私塾,13岁入俵口小学堂乙
班就读。1917年秋,于方舟考入天津直隶第一中学。受俄国十月革命
的影响,他先后以"于兰渚""芳洲"为笔名,为《进修》等刊物撰写文章,
揭露帝国主义侵略中国的罪行。他取名"方舟",愿作"渡人之舟",立
志救国救民。其《方舟歌》写道:"努力壮尔神,努力执尔舵,战胜眼前
魔,何愁沧海阔?"[①]抒发了于方舟的远大抱负。

  1919年五四运动爆发,于方舟被推选为直隶一中学生救国团团
长,并代表直隶一中出席天津学生联合会成立大会,被选为天津学生
联合会评议会委员和天津各界联合会的学生代表。此间,他率直隶一
中爱国学生参加了天津15所中等以上学校的罢课斗争,并组织进步
学生成立讲演队,到东门里、东北角等繁华地区宣讲,揭露日本帝国主
义企图灭亡中国的罪行,号召"提倡国货,抵制日货"。于方舟在街头
演讲时被警察逮捕,被关押半个月出狱后仍继续开展爱国宣传活动。
为加强爱国运动的舆论声势,于方舟领导下的直隶一中学生救国团创
办了《醒》报,在《本报宣言》中呼吁国人:中国已经到了"千钧一发,危

---

  ①于方舟:《方舟歌》,载宁河县地方史志编修委员会编著:《宁河县志》第30卷,
天津社会科学院出版社,1991年,第783页。

险达到极点的时候","眼巴巴金城汤池、神州大陆要变成了腥膻的世界,黄裔帝胄要变成了牛马人氏,四万万黄种同胞都是危巢累卵、城火池鱼的人了"。但在这危急时刻,北洋军阀政府却"卖国的卖国,争权的争权,一定要将我们四万万的好同胞","必弄到万劫不复的地位"。于方舟还在《醒》报第一号上发表演说词,号召爱国民众不能听任日本帝国主义的侵略,"不可还在睡梦,快醒醒振作救国的精神"①。

随着斗争形势的不断发展,为进一步加强组织领导,在周恩来等人创办觉悟社的影响下,于方舟等人也建立了革命运动团体新生社,并创办了具有社会主义色彩的《新生》刊物。随后,在李大钊的指导下,两个革命团体互相配合,在团结进步青年和传播真理等方面发挥了一定的作用。

1920年1月,天津发生了魁发成洋货庄勾结日本人殴打中国检查员事件,引起社会各界强烈义愤。为抗议日本人的野蛮行径,天津学联与各界联合会派出代表赴省公署请愿,要求严惩肇事者。省公署竟拘捕20余名代表。1月29日,周恩来率爱国学生数千人前往省公署请愿,要求省长曹锐维护国家主权,惩办肇事者,并提出恢复各界联合会和学生联合会、释放被捕代表等六项要求。省公署竟出动军警镇压,致50余人受伤,于方舟与周恩来等4名代表被捕入狱。在狱中,于方舟与周恩来等人开展了绝食斗争。在被省政府当局移送地方检察厅后,于方舟等人争取到了学习的机会。他们不仅订阅了报纸,还成立了"读书会",于方舟还开了一张购书清单,委托友人代为购买。与此同时,他与周恩来组织难友们学习英文、历史、数学、中文等科学文化知识,积极研究社会问题,并交流学习体会,探讨问题,把监狱变成了课堂。检察厅在1920年7月公开开庭审理,在法庭上,于方舟与周恩

----

① 于方舟:《发聋振聩》,转引自窦爱芝、刘玉芝编著:《于方舟传》,天津人民出版社,1994年,第16页。

来等人同检察厅进行了坚决的斗争。最后,检察厅以"聚众骚扰罪"判处他和周恩来等四人有期徒刑4个月,以非法监禁的日数与刑期相抵的办法,在7月17日宣布期满释放。

于方舟被释放后,直隶一中开除了他的学籍,于方舟回到了家乡宁河县俵口村。他深入广大农民群众中宣传革命道理,了解贫苦农民的生活状况,并针对农民长期赋税过重的情况,组织农民开展抗税斗争。当时,宁河县议会议长刘瑞五,提出将地质较差的土地,每亩增加二钱六厘的附加税。于方舟以宁河县"旅津学生同乡会"的名义,带领贫苦农民到县政府请愿,在广大群众的强大压力下,县政府只好同意免征附加税,斗争取得了胜利。

经过五四运动的实践与考验,于方舟开始逐步接受马克思主义。1921年7月,中国共产党成立后,在李大钊等人指导下,于方舟着手创建中共地方组织,并成为中共天津地方执行委员会的主要领导者,为革命运动在天津的开展做出了重要贡献。

1921至1922年,于方舟等人参加了由李大钊直接领导的北京大学马克思学说研究会。此后,于方舟于1922年秋考入南开大学文科。他广泛接触进步青年学生,宣传马克思主义。1923年,经李大钊介绍,于方舟加入中国共产党。

1924年1月,国民党第一次全国代表大会在广州召开,于方舟等人作为北方代表参加了会议,并当选为国民党中央候补执行委员。随后,按照李大钊的指示,于方舟等人秘密返回天津,开始筹建中共天津地方组织和国民党地方组织的工作,并于同年2月底成立了国民党直隶省党部和天津市党部。按照党的指示,共产党员和青年团员以个人名义加入国民党,于方舟、江浩、李锡九等人担任了国民党省市党部的主要领导。与此同时,于方舟等人也在秘密开展组建中共天津地方组织的工作。

1924年3月9日,在天津高等工业专门学校召开中国社会主义青年团天津地方执行委员会成立大会。于方舟等5人当选执行委员；4月16日，团地委决定于方舟任委员长，下辖6个支部，至当年6月，团员已发展到65人。[①]天津团组织的建立与发展，为中共天津地委的创建奠定了基础。

1924年9月，在津的全体共产党员在法租界24号路普爱里34号，召开中共天津地方执行委员会成立大会。会议讨论并确定了党在天津工作的基本方针和行动纲领，于方舟当选为中共天津地方执行委员会委员长。

1924年10月，直系将领冯玉祥在北京发动政变，同时邀请孙中山北上共商"国家大计"。孙中山接受了邀请，并于11月10日发表了《北上宣言》。中共天津地委按照党中央的指示精神，开展了声势浩大的迎接孙中山北上、呼吁召开国民会议的运动。24日，天津地委召开会议，专门讨论迎接孙中山北上有关事宜。会议推举于方舟为欢迎孙中山筹备会书记，并负责起草文稿、制作传单等工作。12月1日至2日，在于方舟主持下，国民党天津市党部召开全体党员大会，讨论通过了《上孙中山意见书》，提出了废除一切不平等条约和苛捐杂税等八项要求。4日，孙中山偕夫人宋庆龄抵津，于方舟动员和组织近万人到法租界美昌码头迎接，于方舟等各界代表登船欢迎。下午，于方舟等人前往孙中山下榻的日租界张园商议讲演和会见群众等事宜。当晚，天津各界为孙中山举行欢迎茶会。8日，于方舟、江浩等天津各界代表晋见孙中山，孙中山抱病会见各位代表并发表谈话。孙中山在津活动的消息引起英租界当局的恐慌，他们派人搜查了义庆里国民党省党部，并传讯于方舟等人。为此，天津地委向英国工部局提出严正抗议。31日，孙中山抱病启程赴京，于方舟等各界代表200余人到车站送行。

---

① 中共天津市委党史研究室：《中国共产党天津历史》第1卷，中共党史出版社，2005年，第66页。

为继续开展国民会议运动,1924年12月,天津国民会议促成会先后召开两次会议,于方舟提议:召开成立大会后,应向各省发表宣言和通电,各省国民会议促成会应组织一个联合机关。这一提议得到与会者的一致赞同,会议还选举于方舟、江浩、邓颖超等人为大会文件起草委员。1925年1月,天津各界人民国民会议促成会成立,于方舟任宣传科主任,为抵制段祺瑞策划的善后会议,中国共产党和国民党左派于1925年3月1日在北京召开国民会议促成会全国代表大会。于方舟等人作为天津代表出席了会议。

　　为推动革命运动的开展,于方舟带领中共天津地委先后作出了关于开展工人运动、农民运动、学生运动和妇女运动的一系列决议。其中,工人运动成为党的中心工作。为此,于方舟派出一批党员深入工人比较集中的小刘庄、郑庄子等地创办平民学校,通过访贫问苦等方式,启发工人觉悟,宣传革命思想,培养工人骨干,发展党团员,为建立工会做好准备。1925年1月,中国共产党第四次全国代表大会在上海召开,按照大会决议,中共天津地委进一步加强了对工人运动的领导。其间,党先后在宝成、裕元、北洋、恒源、华新等纱厂建立了工会组织,在此基础上,成立了天津纺织总工会。同时,还在铁路、印刷、码头、地毯、油漆等行业成立了工会组织,并着手进行发展党员和建立党组织的工作。此外,青年运动和妇女运动也得到发展。当时,于方舟领导地委先后成立了反帝运动大同盟、非基督教大同盟、妇女联合会等群众组织,1925年在纪念五一国际劳动节大会上,于方舟作了演讲,为今后一个时期革命运动的发展指出了方向。

　　1925年五卅惨案发生后,于方舟及时指示天津地委,广泛发动各阶层群众声援上海工人的爱国斗争。5月31日,中共天津地委召开紧急会议,决定发动工人、学生,联络其他团体,"唤醒市民,一致行动"。六七月间,天津各界群众在地委领导下,举行了多次几十万人参加的集会和示威游行。这一时期,于方舟以反帝大同盟代表的名义出席了多次集会活动。1925年8月4日,天津20多个工会联合会成立了天津总工会,于方舟到会并讲话,鼓励工人团结一致,将斗争进行到底。此间,于方舟还直接领导发动了天津电车工人的罢工斗争。为加强宣传鼓动工作,他与赵世炎、李季达共同创办了《工人小报》。6月上旬,中共北京区委为加强天津地委的力量,决定派李季达到天津,任中共天津地委书记,于方舟改任组织部部长。随后,于方舟与李季达等人密切配合,相继发动了印刷、海员、码头、纺织等各业工人大罢工,将爱国运动推向高潮。但工人运动遭到奉系军阀李景林的镇压。8月11日,反动军警开枪射杀游行工人,当场造成十余人死亡,数十人受伤,400多人被捕。为营救被捕同志,于方舟受地委委托多次给狱中同志写信,鼓励他们振奋精神,并向他们通报国内外政治形势,同时还把一些书报、衣服等日用品送进监狱。在社会各界的大力声援下,军阀当局被迫释放了全部在押同志。

1925年11月,冯玉祥率国民军进逼天津。为策应国民军反奉作战,天津地委发动工人组成别动队,参加国民军攻占天津的战斗。12月25日,于方舟将此前被李景林关押的15名同志营救出狱,并赠送每人一枚"革命先锋"纪念章。

1926年1月,中共天津地委进行改组,李季达继续担任书记,同时指定于方舟、江浩负责国民运动。随着天津革命运动的深入开展,于方舟参与组织发动了反击国民党右派活动的斗争,以及抗议帝国主义炮击大沽口等斗争。奉系军阀重占天津后,革命运动转入低潮。按照党的指示,于方舟到宁河暂避。

大革命失败后,按照党的八七会议精神,顺直省委在天津建立,于方舟任省委委员兼组织部部长。1927年10月,根据顺直省委指示,于方舟赴河北玉田组织农民暴动。11月7日,于方舟率暴动队伍由遵化赴玉田途中遭敌人伏击被捕,于1927年12月30日英勇就义,年仅27岁。

参考文献：

中共天津市委党史研究室：《中国共产党天津历史》，中共党史出版社，2005年。

中共天津市委党史资料征集委员会编：《战斗在天津的共产党人》，天津人民出版社，1991年。

窦爱芝、刘玉芝编著：《于方舟传》，天津人民出版社，1994年。

（王凯捷）

于 学 忠

　　于学忠（1890—1964），字孝侯，山东蓬莱县人，1890年11月16日（清光绪十六年十月初八日）生于旅顺。其父于文孚曾任毅军帮统，与米振标、张作霖等同为毅军创始人宋庆部下。

　　于学忠少年随父在军营中生活，1904年肄业于毅军所办随营学堂。1908年考入通州速成随营学堂步兵科，与徐永昌同学，1911年毕业，后历任排长、连长。1914年，米振标任热河林西镇守使，调于学忠任使署中校副官长。1918年8月，于学忠调任直系吴佩孚部十八混成旅炮兵营营长（旅长赵荣华系于学忠表兄），驻在襄阳。1921年，由于在战斗中表现出色，被吴佩孚提拔为团长。1923年，旅长赵荣华因违抗军令被撤职，于学忠被任命为旅长。1925年，吴佩孚委任于学忠为第二十六师师长，授予将军府将军衔。1926年，吴佩孚任命于学忠为第八军军长，辖第二十五、二十六两个师。同年，又任第九军军长兼荆襄总司令。1927年5月，吴佩孚的十四省联军被北伐军打败，吴佩孚孤身退入四川，于学忠拒绝了蒋介石给予的川、鄂、豫、陕四省总司令的委任，毅然返回蓬莱故里。

　　于学忠下野后，其属下部队不情愿被冯玉祥改编，第二十五师师长马廷福、第二十六师师长杨殿云和第七师师长刘乃昌暗中联合，借调防之机将部队移驻安徽蒙城，并派人力请于学忠出山统率。于学忠决定携部队投奔东北军，经与张作霖谈判，于学忠被任命为镇威军第二十军军长，受张学良领导。

　　1928年6月，张作霖退回东北，途中被炸死于皇姑屯。张学良继掌东北军政,任命于学忠为临绥驻军司令,属下原第七、二十五、二十六师被缩编为第二一三、二一七两个旅,驻扎于山海关、绥中一带。

1928年12月29日,张学良宣布易帜,归属南京国民政府。1930年1月,于学忠在中东铁路事件后被授予青天白日勋章,并晋升上将军衔。1930年,冯玉祥、阎锡山与蒋介石在中原混战。9月,张学良通电拥护中央,派于学忠率兵进关,占领北平、天津,入关部队被编为两个军,于学忠为第一军军长兼平津卫戍司令,驻扎北平,王树常为第二军军长兼河北省主席,驻扎天津。

1931年5月,国民党内部反蒋势力成立广州政府,石友三部6个师6万余兵力接受广州政府的任命,出兵进攻张学良,欲取华北。张学良继续调东北军入关,编成两个集团军,于学忠任第一集团军司令,负责平汉线作战,于学忠主动放弃石家庄,诱石部深入后一举将其击溃。

九一八事变后,张学良被迫下野出国,并将东北军指挥权交给于学忠,对其极为信任。

1932年9月,于学忠任河北省政府主席,1933年长城抗战,于学忠任华北军第一军团总指挥兼第五十一军军长,辖第一一三、一一四、一一八师,驻扎天津、塘沽、大沽、马厂、杨柳青一带,他在大沽构筑工事,防止日军在塘沽登陆。5月,于学忠兼任行政院驻北平政务整理委员会委员,6月兼任天津市市长。

根据国民政府与日本签订的《塘沽协定》,长城以南冀东地区的治安维持,由中国警察机关任之。于学忠从第五十一军抽调干部,购买枪械,委任张庆余为冀东特警第一纵队长、张砚田为特警第二纵队长,到非战区驻扎,后改编为保安队。

1934年,日军以天津租界为依托,收买汉奸、流氓组织"便衣队"扰乱津市治安,被保安队击溃。而日军特务机关长土肥原贤二和驻屯军武官柴山亲自会见于学忠,游说其参与"华北独立",当时的亲日分子张志潭、齐燮元、王克敏、王揖唐、潘复等人在日本人的授意下,也频频造访于学忠，表达日本的拉拢之意，都被于学忠严词拒绝，他说："我身为国家封疆大吏，守土有责"，并让他们转告日本人："我于某兵来将挡，水来土掩，让我出卖祖宗，那是痴心妄想!"①

1934年，日军又在天津海光寺日本驻屯军司令部周围桥梁下埋设地雷，并铺设铁丝网、麻袋等工事，在北宁铁路附近也加紧备战活动。日本特务机关指使日军士兵骑着马在租界以外横冲直撞，肆意欺辱中国百姓。日军士兵还居然在河北省政府门前小便，抢夺站岗士兵的枪支，公然挑衅，制造事端。于学忠多次向天津的日本驻屯军司令部提出抗议。日本特务暗中收买第五十一军被撤职的团长曲子才及其同伙，展开了针对于学忠的暗杀行动。而此时，于学忠已经意识到身处危险之中，所以他处处设防，始终没有让日本特务得逞。但周旋日久，他终于忍无可忍，向天津的日本驻屯军发出严厉警告："如果日军不停止挑衅及阴谋刺杀等一切险恶行动，即向日租界开炮!"于学忠的警告使日军的挑衅行为有所收敛，但是日军却向国民政府施加压力，提出要撤换于学忠职务。国民政府军事委员会北平分会代理委员长何应钦给于学忠打电话，责令于学忠自请长假。于学忠回答说："我叫外国人逼迫自请长假，我感觉太丢人，你撤我职吧!"②

1935年，日本为策动华北分离，先后制造了两次"张北事件"。在中日交涉中，日本向中方提出了五项要求，其中第五项为罢免河北省主席于学忠。蒋介石当时在追剿中国工农红军，决定对日妥协。5月30日，他致电黄郛："河北省市党部责令其停止活动，于学忠迁保定，若仍不能缓和，当再令他调。"③次日，蒋介石又下令河北省政府于三五日

①于允科：《爱国将领于学忠在华北》，《文史杂志》，2008年第5期。
②牟中珩：《回忆于学忠将军》，载天津市政协文史委编：《天津文史资料选辑》第52辑，天津人民出版社，1990年，第11页。
③秦孝仪主编：《中华民国重要史料初编——对日抗战时期绪编》（1），台湾"中央文物供应社"，1981年，第673页。

内迁保定。6月4日,日方会见何应钦,进一步要求于学忠、张廷谔必须免职,从天津撤走国民党河北省党部。国民政府于4日免去张廷谔的天津市市长之职,以王克敏接替。6日免去于学忠河北省政府主席职,调任川陕甘边区"剿匪"总司令,同时任命商震为河北省政府主席。时任察哈尔省主席的萧振瀛以个人名义通电全国,指责行政院免去于学忠之职,足"使世界侧目,国人寒心。今后中国官吏将只知有日本矣!"[①]

1935年冬,于学忠率第五十一军进驻甘肃。蒋介石命令第五十一军赴岷山和腊子口阻击北上的红军,于学忠按兵不动。1936年1月25日,毛泽东、周恩来、朱德联名发表《致东北军全体将士书》,受到东北军广大官兵的拥护。其后,中共方面与东北军、西北军多次会谈,就双方互不侵犯、互相帮助、各守原防,以及联合抗日等问题达成一致,建立起中共领导的红军与东北军、西北军的联合抗日民族统一战线。

西安事变和平解决后,张学良将东北军交由于学忠统率。1937年2月25日,于学忠与杨虎城在国民党五届三中全会上重提西安事变时的八项主张。4月,于学忠被任命为江苏绥靖公署主任。全民族抗战爆发后,任第三集团军(后改任第五集团军)总司令。

1938年,于学忠率部参加台儿庄战役和徐州会战,屡立战功,多次受到国民政府军事委员会的嘉奖。1938年夏,于学忠率部参加武汉会战,后开进大别山打游击。1939年3月,于学忠被任命为苏鲁战区总司令,奉命率第五十一、五十七军开进鲁南地区开展游击战,并统辖江苏的第八十九军。1941年秋,于学忠任山东省主席,1942年5月,兼任鲁南游击总指挥。于学忠部第五十一、五十七军与中国共产党领导的八路军关系融洽,官兵互有往来,八路军山东纵队也归属战区总司令部指挥。

---

① 萧振瀛:《华北危局纪实》,中国国际广播出版社,1989年,第25页。

于学忠与八路军友善的合作,成为国民党投降派的障碍,于是他们对于学忠实施暗杀,失败后向蒋介石诬陷于学忠,使蒋介石下令于学忠率部撤离山东。1943年9月,在八路军罗荣桓部的配合下,于学忠率部撤抵安徽阜阳。在阜阳,于学忠部召开了追悼鲁南抗战阵亡烈士大会。

1943年底,苏鲁战区被撤销,于学忠被调任军事参议院副院长,从此失去兵权。1947年,蒋介石调于学忠去山东与解放军作战,被于学忠拒绝。1949年,蒋介石逼迫于学忠去台湾,他借故避居重庆乡下。

重庆解放后,周恩来总理派人将于学忠一家接到北京。此后于学忠当选第一至第三届全国人大代表,任国防委员会委员、全国政协委员、民革中央委员等。

1964年,于学忠因病在北京去世,终年74岁。

参考文献:

萧振瀛《华北危局纪实》,中国国际广播出版社,1989年。

牟中珩:《回忆于学忠将军》,载天津市政协文史委编:《天津文史资料选辑》第52辑,天津人民出版社,1990年。

于允科:《爱国将领于学忠在华北》,《文史杂志》,2008年第5期。

李新等主编:《中华民国史·人物传》第7卷,中华书局,2011年。

(周醉天　万鲁建)

俞 人 凤

俞人凤(1872—?),字文仲,又字翙梧,天津人。1888年入北洋武备学堂铁路工程科学习,毕业后与同届学友多被分配至关内外铁路公司参与铁路勘测、修筑工作,得到了英国工程师金达的指导,经过长期的实践,成为中国首批铁路工程技术人员。

1905年10月,京张铁路开工,詹天佑从关内外铁路、江苏等铁路局延请留美工程师邝孙谋、颜德庆,调集已有十余年铁路工作经历的北洋武备学堂铁路工程科毕业生俞人凤等及山海关铁路学堂学员多人,共同参与修建京张铁路的技术工作。他们与詹天佑密切配合,成为京张铁路修建工程中的骨干技术人才,其中柳村至南口段即是由邝孙谋、俞人凤、柴俊畴等人负责修筑。詹天佑非常认可俞人凤等人的工作能力,在施工中与他们结下了深厚的友谊,俞人凤等人也逐渐成长为当时国有铁路和各省商办铁路修筑的业务骨干。在邝孙谋调任广东商办粤汉铁路总工程师后,俞人凤还接任了南口段的工程师。1907年7月底,数日连降大雨,位于清河和沙河之间的北沙河桥墩受雨水冲刷,情况非常危急,俞人凤组织人员通过用片石填充的办法临时解决难题,一时传为美谈。而京张线上的居庸关拱桥,其勘测、设计、施工也是出自俞人凤、颜德庆之手,运营70余年桥况仍然良好。

1908年10月,清廷决定缓修张家口至库伦的铁路,邮传部尚书徐世昌随即奏请派时任京张铁路副工程司、分省试用同知的俞人凤等开始勘测由张家口到归绥(即归化、绥远)的线路。俞人凤初测线路共有3条,但均要经过险峻之处,无法被完全采用。随后詹天佑又派京张铁路副总工程司陈西林等会同参加初勘的俞人凤等人详细复勘,多次比较并确定了论证方案。方案确定后,俞人凤又与陈西林开始了张家口到天镇段的详细勘测。

1912年民国建立后,交通总长朱启钤于9月11日呈请袁世凯,任命俞人凤、罗国瑞等人为交通部技正。10月,交通部路政司司长叶恭绰为统一各路名称,呈请设立审定铁路名词会,俞人凤参与其中。11月,俞人凤出任京张、张绥铁路车务主管。1913年11月,俞人凤被授予五等文虎勋章。1914年,在大同至丰镇段施工中升任正工程司。9月,审定铁路名词会编辑出版《华、德、英、法铁路词典》,要求各路局"一律通行",使铁路管理工作逐步形成全国统一的模式。

1915年7月14日,京汉铁路管理局局长关赓麟、车务处处长唐士清被解职,俞人凤任京汉铁路管理局局长兼车务处处长。1916年7月20日,京汉铁路焦庄站发生重大事故,一辆货车与一辆运兵车在车站会车时因车站误发信号而导致两车相撞,死伤多人,多辆机车、货车受损。事故发生后,经交通部文官普通惩戒委员会调查,确认局长俞人凤失职,予以降等处分。尽管被处分,但俞人凤对工作依旧尽心尽力,在雨季来临前做好部署,要求工程师、监工在雨后迅速到各路段详细勘察,如有冲毁需尽早修复,若不能及时修复则通告总局及沿线各站停止售票,同时还要在当地报纸上及时登报告知民众停运消息。

1917年7月25日,交通部令俞人凤兼任北京铁路管理学校(北京交通大学前身)校长,该校为原交通传习所改组而成,原有学生颇多。当年岁末,俞人凤决定在铁路管理学校内新设英文高等科,招收学生60名,增聘教员10余名,专授铁路管理课程,设有铁路工程、测量、铁路应用及电报、会计、国文、英文、日文、俄文等课程,大多用英文教授,学制3年。1918年录取58人,郑振铎在列。1917年7月26日,教育总长傅增湘上报,俞人凤等人办理交通人才成就良多,故循例表彰,拟为其颁发教育部二等奖章。

1917年8月2日,交通部再次任命俞人凤为交通部技正。10月,交通部筹设铁路技术委员会,选交通部内及各路局技术专家和中外铁路专家共同参与。11月,任命交通部技监詹天佑为会长,沈琪任副会长,俞人凤任总干事。1919年初,北洋政府派詹天佑参加协约国监管远东铁路会议,并担任协约国"联合监管远东铁路委员会"技术委员,詹天佑专门要求俞人凤、颜德庆共同前往,足见詹天佑对俞人凤颇为信赖。2月初,交通部任命俞人凤为津浦铁路管理局副局长,同月兼任津浦铁路管理局总工程司。4月,津浦铁路管理局开展焚毁烟土活动,许多社会名流均受邀出席。1919年詹天佑去世后,6月18日,交通部任命沈琪为铁路技术委员会会长,俞人凤为副会长。该会制定了铁路建设中的各类规则、规范10余种,如《国有铁路建筑标准及规则》《国有铁路桥梁规范书》等,后均由交通部公布施行,成为我国铁路建设中统一技术标准的重要范本。10月,中华工程师学会在北京召开年会,会上推举沈琪为会长,俞人凤、华南丰为副会长。

1920年直皖战争结束后,7月31日,交通部任命俞人凤为京汉铁路管理局局长。俞人凤上任后,积极解决铁路上的各种问题,如通过支配车辆并派专人负责车辆调拨等办法,成功疏通了京汉铁路南段积压的货品。10月,俞人凤为发展长辛店机务处试验室功能,通知各路局再有采购材料需要检验品质优劣者,均要委托机务处代为承办。1921年1月,交通部指派俞人凤等人为铁路卫生联合会会员,2月担任全国铁路线路审查会会员。7月,俞人凤被免去京汉铁路管理局局长职务,11月任交通部赈灾委员会会员。1922年3月被授予二等文虎章。

1922年4月,俞人凤被派署东省铁路公司会办(中方副理事长),12月6日又被授予二等大绥嘉禾章。1924年春,李宝诗、李宝谦等人募股成立了门斋铁路公司,邀俞人凤出任总经理兼总工程司,李宝谦任经理,李宪周任副经理。门斋铁路于1924年5月1日采取包工形式开工,1927年7月1日通车至板桥,这是民国时期北京地区第一条商办铁路。

1926年12月,滦州矿务公司召开股东特别大会,决定成立一个专为筹划办理收回开平煤矿事宜的"筹备收回开平矿产事务处",并讨论通过了组织章程7条,公举俞人凤等7人为理事,还请农商部、直隶省政府、直隶省议会各派员参加,共同筹备。

1933年,俞人凤出任北平私立铁路学院校长。俞人凤任校长后,更加注重向铁路管理的方向发展,取消了工程科,将铁路管理本科分为"车务""财务""材料"三门,该校因办学水平高获得铁道部的特别津贴。1939年5月,俞人凤等创立弘毅铁路职业学校,教职员12人,首届学生52人,其毕业后分布到全国各路局。

参考文献:

交通部交通史编纂委员会、铁道部交通史编纂委员会编:《交通史·路政编》,1935、1936年。

天津市地方志编修委员会办公室、天津图书馆编:《〈益世报〉天津资料点校汇编》(2),天津社会科学院出版社,1999年。

（王　冬）

裕　禄

　　裕禄(约1844—1900),字寿山,喜塔腊氏,满洲正白旗人。其父崇纶(字荷卿),曾任直隶永定河道、云南按察使、广东布政使、湖北巡抚等职。

　　裕禄于咸丰末年由监生报捐刑部笔帖式,秩满后升为主事,后累迁至员外郎、郎中。1867年升任直隶热河兵备道。1868年升任安徽按察使,后升任安徽布政使。1874年升任安徽巡抚,1885年升任署理湖广总督,不久兼署湖北巡抚。1889年,因忤旨①降为盛京将军,1895年改任福州将军,1896年兼福建船政大臣。1898年授军机大臣、礼部尚书兼总理各国事务衙门大臣,后改任直隶总督兼北洋大臣、北洋军务帮办。

　　1898年10月25日,直隶威县的"梅花拳"拳师赵三多(又名赵洛珠),在山东冠县率众攻打教堂和传教士,并打出"顺清灭洋"旗号。赵三多将"梅花拳"改名为"义和拳"。义和团运动兴起。

　　10月29日,裕禄在得知赵三多率领义和拳在山东冠县和直隶威县一带活动的消息后,立即命令大名镇总兵吴殿元等前往弹压,使这场反洋教斗争很快被镇压。不久,赵三多领导的起义被强制解散后,直隶广平的拳民姚洛奇又举起反洋教大旗,在直隶广平、威县和山东冠县一带四处进攻教堂和教民。裕禄命令大名道万培因:"迅饬派出

---

　　①赵尔巽等编:《清史稿》,中华书局,1977年,第12755页。

马步各队","跟踪兜拿匪犯,以期速获,勿任远飚"。①姚洛奇后被冠县知县曹俱捕获杀害。

袁世凯署理山东巡抚后,大力镇压山东义和团,迫使残余团民逃往直隶东南部,义和团运动在直隶迅速发展起来。裕禄迅速调派记名提督、直隶淮军右翼分统梅东益前往景州、蠡县、献县、交河、阜城等地围剿和强行解散义和团。之后又增派候补道张莲芬、武卫前军马队统领邢长春协助梅东益共同镇压。

1900年2月19日,清廷发布上谕,要求直隶、山东两省严禁义和团。裕禄又增派兵力,强硬镇压,至同年3月,直隶东南部地区的义和团运动陷入低潮。为防止义和团再起,裕禄上奏清廷,要求严行禁止百姓设场练拳,"如有私立会名,设场习拳情事,即行随时查禁,不准稍涉疏懈"②。清政府欲借义和团对抗外国势力,遂于5月1日发布上谕,命令直隶、山东两省以境内义和团民为主要兵源,筹办私团官练。裕禄奏称:"此等教拳匪徒,经地方官获案讯验,并无真实本领","似此无知愚氓其技既无可取,而其教习之人又皆匪类,用为团练,未必能奉公守法。而公正有为之绅士,亦断不肯出为倡导","私团而官练之,行之似非所宜"。③但清廷要求裕禄"仍遵前旨,分别办理",且被要求严格限制派遣军队镇压义和团民。

由于清廷改变了政策,义和团运动迅速席卷整个直隶,北京、天津亦出现了义和团民。他们抗官军、拆铁路、砍电杆、焚车站、杀洋人、烧教堂。裕禄派武卫前军以保护铁路之名进驻高碑店,并拟调直隶提督聂士成、浙江提督马玉昆率军兵分三路进剿。清廷发布上谕,要求裕

①林学瑊编:《直东剿匪电存》,载北京大学历史系中国近现代史教研室编:《义和团运动史料丛编》第2辑,中华书局,1964年,第29、33页。

②《直隶总督裕禄片》(光绪二十六年三月初十日),载故宫博物院明清档案部编:《义和团档案史料》上册,中华书局,1959年,第73页。

③《直隶总督裕禄折》(光绪二十六年四月十九日),载故宫博物院明清档案部编:《义和团档案史料》上册,中华书局,1959年,第90—92页。

禄"务当通饬各州县亲历各乡,谆切劝导,不可操切从事。至带兵员弁,亦当严行申诫,毋得轻伤民命,启衅邀功"①。裕禄遂对天津的义和团将"围剿"改为"抚用",并"开武库,尽出其兵械与之"②。

1900年6月10日,八国联军侵华战争正式爆发。17日,八国联军进攻大沽口炮台。裕禄命令聂士成和天津镇总兵罗荣光"严加防备,竭力扼守"。面对八国联军的侵略,裕禄遵循清廷"急招义勇,固结民心,帮助官兵节节防护抵御"的谕旨,对天津的义和团民及其首领张德成、曹福田等人均以礼相待。

天津保卫战开始后,裕禄决心"一鼓作气,使洋兵巢穴尽覆,以壮我军之威,而夺彼族之气"③。天津沦陷后,裕禄率部退守杨村。8月6日,八国联军进攻杨村,清军混乱不堪,"无以战守",裕禄"口呼智穷力竭,辜负国恩"④,用手枪自杀身亡,后被清廷夺职。

裕禄有《裕寿皇折奏》存世。

参考文献:

赵尔巽等编:《清史稿》,中华书局,1977年。

北京大学历史系中国近现代史教研室编:《义和团运动史料丛编》第二辑,中华书局,1964年。

故宫博物院明清档案部编:《义和团档案史料》上册,中华书局,1959年。

(涂小元)

---

①《军机处寄大学士荣禄等上谕》,载故宫博物院明清档案部编:《义和团档案史料》上册,中华书局,1959年,第116页。

②刘春堂:《畿南济变纪略》,载中国社会科学院近代史研究所《近代史资料》编辑组编:近代史资料专刊《义和团史料》上册,中国社会科学出版社,1982年,第328页。

③《直隶总督裕禄折》(光绪二十六年五月二十四日),载故宫博物院明清档案部编:《义和团档案史料》上册,中华书局,1959年,第158页。

④《四川提督宋庆等折》(光绪二十六年七月十三日),载故宫博物院明清档案部编:《义和团档案史料》上册,中华书局,1959年,第453页。

袁 克 定

袁克定（1878—1958），字云台、员台，河南项城人，袁世凯嫡长子。自幼跟随父亲在山东、直隶各地任所，少年时代即接受良好的中西教育。

1901年袁世凯任直隶总督兼北洋大臣，为袁克定纳粟为候选道。1905年袁克定入盛京将军赵尔巽幕，参军事。1907年4月，任农工商部右参议，1908年8月署左参议。1910年10月，任农工商部右丞。1911年5月，任邮传部丞参。[①]1912年5月，任开滦矿务总局督办，后兼董事长。同年任北京政府外交部顾问。

1913年，袁克定坠马将足胫摔折，9月赴德国治疗腿伤。此行最重要的目的是了解德国对华外交立场，促成帝制早日实现。临行前北洋派重要人物段芝贵、江朝宗等到车站送行，采用总统仪仗执事，威严隆重。袁克定回国后，向袁世凯提出两条建议：一是召王士珍进京，接段祺瑞主持军事；二是设立陆海军大元帅统率办事处，为全国最高军事机构，由总统掌管。这两项建议与袁世凯的想法不谋而合。

1913年5月，陆海军大元帅统率办事处成立。统率办事处主任蒋方震向袁世凯陈说："以北洋军队暮气太重，思另行编练，作为模范，建议在统率办事处之下，设立模范师筹备处。先练两师，中级军官用留学生，下级参用军官生及速成生，盖以变历来重用速成生摒除留学生之宗旨。"[②]袁世凯决定先成立京师模范团，然后逐步发展为模范师或

①徐友春主编：《民国人物大辞典》，河北人民出版社，1991年，第650页。
②袁家宾：《我的大伯父袁克定》（上），《纵横》，1995年第1期。

军,委任王士珍、袁克定、张敬尧、陈光远为筹备员。1914年10月,模范团正式成立,袁世凯任第一期模范团团长。1915年4月,袁克定任第二期模范团团长。

1914年8月,第一次世界大战爆发,英、德、俄等国深陷欧洲战场无力东顾,日本看到了宰割中国的大好机会。日本政界认为欧洲大战是天佑日本国运,应趁机确立日本对东洋的利权。同年9月,日本借英日同盟之名,向德国宣战,出兵占领胶济铁路及青岛。之后,中国就日本撤出山东问题与日本展开外交谈判,但日本非但没有撤出之意,反而希望利用战争的有利机会向中国提出更多权益要求。1915年1月18日,日本驻华公使日置益违背外交惯例,越过外交部直接向袁世凯递交"二十一条"密约,旨在将中国变为日本附庸国。其中第五号最为严重,妄图完全剥夺中国政府管理自己事务的实权,被国人视为"亡国灭种"的条款。在日本的胁迫之下,中日双方于5月25日签订了屈辱的《民四条约》。

1915年春,在与日本外交交涉的同时,袁世凯亦在英、日等国的支持下,积极准备改行帝制。复辟帝制势必需要日本的承认与支持,于是,袁世凯对日本政府的态度极为留意,他每日必读日本政府在华的主要舆论工具《顺天时报》。此时,袁克定为了争当皇储,坚定袁世凯复辟帝制的决心,集结了一批文人,每天仿造《顺天时报》呈送袁世凯,报中只收录赞成帝制的文章,同时严格控制真正的《顺天时报》流入中南海。袁克定又让美国法学博士古德诺撰写鼓吹君主制的文章《共和与君主论》,发表在北京《亚细亚日报》上,散布"中国人知识程度太低,无研究政治之能力,只适合于君主制"的谬论。另外,由杨度呈进袁世凯,制造舆论。1915年8月14日,杨度、刘师培、严复等人以"研究共和政治得失"为名,联合发起成立筹安会,公开进行复辟帝制的活动。随后,乞丐请愿团、妓女请愿团、全国请愿联合会等纷纷出笼,制造"民意",在全国范围内掀起了声势浩大的复辟逆潮,其背后的总策划就是袁克定。①然而,帝制复辟后,袁克定的皇储资格并未明确。

1915年12月12日,袁世凯接受帝制,宣布1916年元旦登基,改中华民国为中华帝国。袁世凯帝制自为的行径激起了国人的强烈反对。1915年12月25日,护国战争爆发。随后,北洋集团分崩离析,列强也撤回了对袁氏的支持。袁世凯众叛亲离,被迫于1916年3月22日宣布取消帝制。

1916年6月6日,袁世凯病逝,洪宪帝制旋起旋灭。28日,袁克定携母于氏寓居天津。袁克定同其妻妾等居住在旧德租界威尔逊路,并任天津英商开滦煤矿名义督办,坐领丰厚的月薪。1917年,其母于氏病逝津门。袁克定将其母灵柩运回河南彰德,与袁世凯合葬。袁克定为了袁氏子弟的教育,来津后设立家馆两处,聘请方地山和孟以铭为师,教授袁氏子弟经史、诗赋等功课。

1935年,袁克定举家迁居北京地安门外宝钞胡同。他的文玩珍品大部运到北平东皇城根14号宅内,少部留存天津。1936年,日本策动华北五省自治。王揖唐等人在《庸报》刊登声明,鼓吹"华北自治",并将领衔人署名为"袁克定"。②袁克定得知后,立即在报上发表声明,郑重表示与此事无关。

1937年,袁克定再迁颐和园清华轩别墅,家境日渐败落,以典当为生。华北沦陷后,曹汝霖劝袁克定把河南彰德洹上村花园卖给日本人,袁克定坚决不同意。日本人对袁克定许以高官厚禄,让其出任华北伪政权要职,借以网罗袁世凯的北洋旧部。袁克定虽然经济拮据,境遇艰难,仍推说自己年迈多病,婉辞拒绝。

1948年,袁克定寄居表弟张伯驹(张镇芳长子)家中,生活费用由张伯驹承担。1949年,北平和平解放后,中央文史馆馆长章士钊(曾任

①赵映林:《一心想当皇太子的袁克定》,《民国春秋》,1994年第1期。
②王雷:《袁世凯的长子袁克定其人其事》,《炎黄春秋》,1994年第10期。

北洋政府教育总长)知悉后,经北京市政府同意将袁克定安排在文史馆中,以馆员名义领取月薪60元,靠政府的照顾维持生活。

袁克定的尊卑、嫡庶观念很重,非常讲究日常礼仪。他注重穿着,无论寒暑,即使独处,也衣裤齐整。他写书信使用特制的烫金菊花信纸信封,字句系以章草或狂草,且其中含有典故颇多。袁克定擅长篆隶书法和绘画,但很少赠人。

1958年,袁克定病逝于张伯驹家中,终年80岁。

参考文献:

徐友春主编:《民国人物大辞典》,河北人民出版社,1991年。

袁家宾:《我的大伯父袁克定》(上),《纵横》,1995年第1期。

袁家宾:《我的大伯父袁克定》(下),《纵横》,1995年第2期。

赵映林:《一心想当皇太子的袁克定》,《民国春秋》,1994年第1期。

王雷:《袁世凯的长子袁克定其人其事》,《炎黄春秋》,1994年第10期。

(张甜甜)

袁 克 桓

袁克桓(1898—1956),字巽安,后改名心武,河南项城人,袁世凯第六子。袁克桓出生于天津,母亲杨氏是袁世凯的五姨太。当时袁世凯任直隶按察使,专管小站练兵。后来袁世凯奉旨"回籍养疴",全家搬到了河南安阳的洹上村。袁世凯对子女的教育,仍沿用旧式家馆的方式。武昌起义爆发后,袁世凯将全家人分批迁回天津,并将几个儿子的教育托付于严修。袁世凯捐资于英国人赫立德创办的天津新学书院,将几个儿子送入新学书院读书。书院董事们均为社会贤达,如顾维钧、林语堂、张伯苓等。袁世凯当选中华民国大总统后,将15岁的袁克桓和克权、克齐一起送到英国学习军事。袁克桓回国后在北海静心斋总统府教育专馆男馆继续读书。

1916年袁克桓18岁时,袁世凯去世,他分家得现款银元8万元、黄金40两,以及开滦煤矿、启新洋灰公司、江南水泥厂、耀华玻璃公司、盐业银行、华新纱厂、天津造胰公司等股票,总面值约7万余元。

袁克桓在母亲杨氏的帮助下,将分得的钱财大都投向了实业。鉴于袁世凯生前与周学熙的关系,并且袁克桓当时也是启新公司的大股东,有权决定企业的命运,所以他向周学熙要求参与企业管理。1927年启新公司改选董事会时,袁克桓成为董事。1930年,袁克桓担任公司协理。

几年后,袁克桓对启新公司的经营管理了如指掌,加上他善于管理,1933年升任启新公司总理。袁克桓任公司总理期间,在湖北创建了华新水泥厂,在南京创建了江南水泥厂和江南辰溪水泥厂,在北平创建了北平琉璃河水泥厂。此外,袁克桓还在上海、唐山、河南卫辉参与创办纱厂。其中江南水泥厂是启新洋灰公司的子公司,1935年5月袁克桓作为主任常务理事,主持向丹麦史密斯公司、德商禅臣洋行、英国怡和洋行购买旋窑、电器设备和开山机械。1937年江南水泥厂厂房竣工,设备安装完毕试机时,适逢日军逼近南京,工厂被迫停止试机,并将部分设备拆除隐蔽。在南京保卫战中,江南水泥厂所在的栖霞山地区是南京的外围阵地,工厂收留了不少败退的中国军人和各地逃难人民。

在经营启新公司的同时,袁克桓还担任开滦煤矿公司的常务董事。起初,公司内部事务都是由担任总经理的英国人说了算。袁克桓提议,既然公司是合营,那么中英双方都得有人负责,要设中、英两位总经理。

袁克桓从1933年到1945年任启新公司总经理,公司的大量业务都在沦陷区进行,从而落下了"战时资敌"的嫌疑。启新公司当时与日本人的关系确实也比较密切。1939年,启新公司在北平八面槽设办事处,副处长就是伪华北交通株式会社的参事。日本华北开发公司曾将启新列为所属单位之一。

抗战胜利后,袁克桓辞去在启新公司的一切职务,担任江南水泥公司的董事长和上海耀华玻璃公司董事长。

新中国成立后,鉴于袁克桓是知名的实业家,人民政府考虑请他出来工作,但被其推辞。

1956年9月,袁克桓因病在天津去世,终年58岁。

参考文献:

周岩:《民国第一家庭:袁世凯家族》,文化艺术出版社,2012年。

文昊编:《我所知道的资本家族》,中国文史出版社,2006年。

王碧蓉:《百年袁家:袁世凯及杨氏夫人后裔百年家族史》,广西师范大学出版社,2013年。

项城市政协编:《百年家族:项城袁氏家族资料汇辑》,河南大学出版社,2012年。

（张慕洋）

袁 克 文

袁克文(1890—1931),字豹岑、抱存,号寒云,袁世凯次子,祖籍河南项城。1890年生于朝鲜汉城。生母金氏为朝鲜人,袁世凯的三姨太。袁克文出生后即被袁世凯过继给大姨太沈氏为子。

袁克文少年时代聪颖过人,有过目成诵的天赋,深得袁世凯宠爱。袁世凯经常忙中偷闲,亲自指导袁克文读书习字,还请来方地山、沈宾古等名士教他文章诗赋。袁克文得益于名师指教,后来在诗词楹联、琴棋书画、文物鉴赏等诸多方面无所不精,并跻身民初"四大公子"行列。

袁克文在戏曲实践与研究方面的精深造诣,是他享名于世的原因之一。袁世凯一生嗜好戏曲,对袁克文的一生产生了重要影响。起初,袁克文经常跟从父亲,到处看戏听唱,耳濡目染,培养了他对戏曲的感情。袁克文以重金先后从常州请来昆曲名师赵子敬(逸叟),从姑苏的全福班请来老艺人沈锡卿(金戈),跟他们学演昆曲。后来袁克文巡演于南北各地的《回营》《打围》等剧目,都是跟这二位名家学习的。他不仅学习唱念做表,而且与两位老师精研宫调声律,使他年纪尚轻便成为既有实践经验又有理论修养的昆曲名家。

1916年,袁克文离京来到天津后,对学戏更加痴迷。他不惜破费钱财延聘名师大家,跟他们一字一腔、一招一式地学习演技,或研究每出戏的剧情戏理。他把苏州昆剧传习所的沈传芷请到天津,学习小生行当的歌唱和表演;还请来江苏颇有名气的昆曲耆宿恽澜荪,对自己进行指教。后来,由于受嗓音条件所限,他自知在唱工方面难以胜任,转而在做工上下功夫,特别是把许多精力用在钻研丑角上。他拜名丑郭春山为师,学了不少真本事。几年间,他一边学戏,一边涉足票房,粉墨登场,天津、上海、南京、南通、济南等许多城市的票房,都曾留下他票戏的身影。

袁克文能戏极多,单是昆曲就达百余出。他演唱昆曲,不光擅丑角,而且能演小生、老生,如《金山寺》里的许仙、《小宴》里的唐明皇、《千忠戮》里的建文帝,他都表演得惟妙惟肖。时戏曲评论家凌霄汉阁主(徐凌霄)在《京报》上撰文,对袁克文演戏给予很高的评价。20世纪20年代,天津有名的业余昆曲组织同咏社,袁克文与童曼秋、叶庸方等曲友同为该社的中坚。

袁克文不仅演唱昆曲,还在报刊上发表研习昆曲的文章。现存民国初年出版的杂志《游戏世界》,刊有《寒云说曲》,就是他演唱昆曲的经验总结。同时,他还公开发表了不少对南北度曲之士的艺术评论。他对同学同好公开褒扬,而且发自内心,独具见地,这在同行相轻、同好相妒的年代很得人心。

袁克文在北方长大,而学演的却是南昆,在语音、发声等方面确实有一定的难度。他为此经常赴上海、苏州、无锡,向当地师友问艺,一起切磋琢磨,还向他们请教身段动作。他求学虚心,曲友们肯于帮助他,名家们肯于教授他。

袁克文不单精于昆曲,演京剧也大得时誉,尤其是扮演方巾丑,不仅为票界所推崇,专业的戏曲艺人也自愧弗如。他演《群英会》里的蒋干、《审头刺汤》里的汤勤,书卷气十足,酸儒之态别有情趣。《晶报》品评他所演的《审头刺汤》:"汤勤虽然裱过千幅画,难敌寒云胸中万卷书。"多次与袁克文同台演出的欧阳予倩,在他所著《自我演戏以来》一书中,对袁克文的演唱也大加褒奖。

袁克文在戏曲界广交朋友,与许多戏曲艺术家保持半师半友的关系。梅兰芳曾约他合演《洛神》。他与名演员赵桐珊(艺名芙蓉草)过从甚密,他的诗句"桐柏秋吟,芙蓉夏醉,珊瑚冬艳,草木春芳",将赵桐珊的学名、艺名尽都包括其中。1927年,袁克文在上海演《审头刺汤》,京剧新秀王玉蓉陪他扮演剧中的雪艳娘。翌年,年轻演员章遏云经名票王庚生介绍,在天津天升戏院与袁合演《玉堂春》。后来,王玉蓉、章遏云都成了著名演员。袁克文与大名鼎鼎的汪笑侬有金兰之谊,1918年汪在上海病逝,远在天津的袁克文闻讯后嚎啕痛哭,并急就悼笑侬诗二首。

荀慧生1921年到上海演出,袁克文看后喜不自胜,与荀相约合演《审头刺汤》。袁克文与俞振飞也是相当要好的朋友。1927年冬,上海天马剧艺会在夏令配克电影院举办彩唱,袁克文邀请俞振飞合演《群英会》,袁扮蒋干,俞扮周瑜,二人相互辉映,演出异常成功。

袁克文少年时代即受教于名儒方地山,文章诗赋和楹联书法颇有名气。他的书艺宗法颜体,在学颜的基础上多有出新。他写字时往往不在桌面上,而是令侍者双手提住纸的首尾,他悬空挥毫,笔力刚健却不污损纸面。他的蝇头小楷风格隽秀,功力过人。天津、上海等地一些画报社,慕其书法而请他书写报头。1931年创刊于天津的《中华画报》,每周戏剧特刊的刊头即袁克文所书。他还为多人写过小说题签。后来,袁克文家道衰落,继承的家财挥霍一空,他又将所藏珍品文物变卖。他常以卖字度日,各界人士向他求字者不少,他却常常收了润笔费但不能及时交字,惹得人们怨言颇多。

袁克文受方地山的影响,在收藏古籍、钱币等方面也造诣深厚。他收藏有宋版古书百种,其藏书楼名为"后百宋一廛"。后其收藏的宋版书增至二百部,于是改其书楼名为"丽宋书藏"。1931年袁克文死后不久,藏书家周叔弢斥资出版影印《寒云手写所藏宋本提要二十九种》,集中体现了袁克文对古籍(尤其是宋版本)研究的成就。袁克文喜好收藏古钱币,不惜重金到处征求,还曾派人远赴荷兰搜罗世界各地的金币。只要发现新品种,想方设法也要谋求到手。他说:"千里市骏骨而骏至,不挥千金,厩中焉得有千里马哉?"他将所收集到的珍稀钱币逐一拓样记录,潜心研究,最终写出专著《泉简》,但因财力衰竭未能出版问世。

袁克文收藏兴趣广泛,而且独具慧眼。他于1926年开始收藏邮票,经天津邮商张维廉的介绍,以1000银元的价格购得福州、汉口"临时中立"时的正式发行票12种,引起了他对收藏珍邮的兴趣。他每遇珍品邮票,不吝重价竞购。家道衰落后,他对所爱之物无力购置,无奈之下,他公开声明:凡有人向他求赠书画时,不必给付现金,只要有邮票奇品、北京种极小狮子哈巴狗、古泉、金银货币、英文书报及明信片等物相交换即可。由此可以看出袁克文对收藏的广泛爱好。

20世纪20年代,上海《晶报》邀约袁克文在该报开辟专栏。他有时写散文,有时写诗词,还写过武侠和侦探小说。这些文学作品流露出他的真实思想,反映了他的世界观。他所写野史连载《辛丙秘苑》,无论是叙事抑或忆人,内容多为世所未闻,特别受读者欢迎。

袁世凯称帝,袁克文并不支持。1915年秋,袁克文作《分明》诗一首,表达不赞成袁世凯称帝的心声。袁世凯称帝遭到全国人民的一致声讨,袁克文远走上海,并参加了青帮组织,寻求庇护。由于他身份特殊,被列入青帮较高辈分。后来,他在上海和天津独开香堂,广收徒弟,各色人物出入他的宅第。

袁克文嗜毒成癖,酒瘾更凶,1927年时已百病缠身。1931年3月22日,他在天津逝世,时年41岁。

参考文献:

袁克文:《辛丙秘苑》,上海书店出版社,2000年。

郑逸梅:《掌故小札》,巴蜀书社,1988年。

江上行:《京剧票友》,古吴轩出版社,1994年。

《北洋画报》,1926—1935年。

(甄光俊)

袁 世 凯

袁世凯(1859—1916),字慰庭,别号容庵,河南项城人,生于1859年9月16日(清咸丰九年八月二十日)。袁世凯祖父袁树三在兄弟四人中排行老大,曾任陈留训导。叔祖父袁甲三为清军将领,在与捻军作战中立有战功,多次受到清廷嘉奖,赏顶戴花翎,穿黄马褂,被任命督办安徽、河南、江苏三省军务,官至漕运总督。父亲袁保中是地方士绅,在家乡办团练。叔父袁保庆在袁甲三军中带兵,官至道员。从叔父袁保恒历任户部、吏部、刑部侍郎。袁世凯自幼过继给袁保庆为嗣子。

1866年,袁世凯随嗣父袁保庆到济南开始读书。1868年,袁保庆署理江南盐巡道,举家迁江宁。袁保庆为袁世凯请了一位文武双全的举人作为家庭教师。1873年暴发霍乱,袁保庆不幸染疾身亡,袁世凯与嗣母扶柩返乡。1874年,袁保恒将15岁的袁世凯带到北京教养,并请举人周文溥教其诗词,进士张星柄教其书法,举人谢廷萱教其写作。1876年,袁世凯回籍乡试落第,10月,娶妻于氏。1877年随袁保恒在河南办理赈灾事务,获得好评。1878年,袁保恒染瘟疫病故,袁世凯返回项城,移住陈州,与当时正在陈州授馆的徐世昌结交。1879年秋,袁世凯再次乡试不中,遂弃文从武。

1881年秋,袁世凯接到嗣父生前好友吴长庆的来信,即到山东登州入淮军吴长庆部,任营务处会办。

1882年8月,朝鲜发生"壬午政变"。清政府命吴长庆率部6个营入朝平叛,袁世凯随吴军开赴朝鲜,负责前敌营务处。入朝途中,袁世凯临时受命为部队先锋,他整顿军纪,克服困难,先于日军到达汉城(今首尔)。随后袁世凯设计抓捕李罡应,将叛乱平定。吴长庆以袁世凯"治军严肃,调度有方,争先攻剿,尤为奋勇"[①]上报请奖。经直隶总督兼北洋大臣李鸿章奏准,清政府奖叙袁世凯五品同知衔。此后,袁世凯为朝鲜国王训练"新建亲军",镇压"开化党",支持"事大党",受到清廷奖励,得到直隶总督李鸿章的赏识。

1884年,吴长庆率3营兵力回国,留3营兵力驻守汉城,由记名提督吴兆有统带,袁世凯奉命总理庆军营务处,会办朝鲜防务。1885年10月28日,李鸿章保荐袁世凯为三品道员,"驻扎朝鲜总理交涉通商事务"的全权代表。[②]1892年8月,以海关道记名简放。1893年补授浙江温处道员,仍留朝鲜。甲午战争爆发前夕,7月19日,袁世凯化装成平民逃走,7月22日抵达天津。甲午战争爆发,袁世凯奉旨前往辽东前线协助周馥转运粮械,后随清军败退至关内。1895年春,袁世凯回天津销差。

甲午战争失败后,清政府有意编练新军。因袁世凯在朝鲜时期表现突出,有"知兵"之名,李鸿章等大臣乃于1895年举荐袁世凯负责督练新军,光绪皇帝和慈禧太后命袁世凯接替胡燏棻练兵。1895年12月16日,袁世凯到小站接管定武军[③],又招募新兵2000多人,使全军达到7000人,并改称新建陆军。他设督练处,自任督练官,下设参谋、督操、执法处,以及粮饷、军械、转运、军医各局和教习处,负责军事训练、运输、军械、辎重、军法、研究西方军事理论、编写教材等工作。同时,袁世凯制定各种规章制度,广招人才,开设步兵、炮兵、工程兵和随营军事学堂。袁世凯仿效德国和日本建制,营制分左右两翼,每翼有步、

---

①沈祖宪、吴闿生编纂:《容庵弟子记》,台湾文海出版社,1913年,第7页。
②李鸿章著,吴汝纶编:《李文忠公全书》卷55,1905年版,第7页。
③定武军是由长芦盐运使胡燏棻支持在天津小站编练的一支使用新式枪炮的军队,共10营,分步兵、枪兵、骑兵、工兵,共计4750人。

炮、马、工程、辎重各兵种。教官多由德国人担任,操练西式操法,使用德国武器。袁世凯的小站练兵基本上摒弃了八旗、绿营和湘军、淮军的旧制,培养了一批近代军事人才,加快了旧军队的淘汰速度,对中国军队的近代化产生了重要影响。徐世昌、段祺瑞、冯国璋、王士珍、姜桂题、段芝贵、陈光远、王占元、张怀芝、陆建章、雷震春、曹锟、张勋、倪嗣冲、孟恩远等,都是从小站练兵起步,日后都成为军政要人。1897年,因练兵有功,袁世凯晋升为直隶按察使,仍专营练兵事宜。

1898年6月11日,光绪皇帝颁布"明定国是"诏书,戊戌变法开始,维新派与保守派之间展开了激烈的斗争。9月16日,光绪皇帝召见袁世凯,晋升其为侍郎,专办练兵事务。18日,袁世凯进宫谢恩,当晚,谭嗣同来到袁世凯寓居的法华寺,请求出兵"围园捕后",袁世凯不答应。谭又请求在天津阅兵时诛杀荣禄,袁世凯不得已答应说:"若皇上到我营帐命令于我,则杀荣禄如杀一狗耳。"9月20日清晨,袁世凯进宫请训告别,于下午3点到达天津,与前来迎接的文武官员茶话酒宴,与徐世昌谈话后于晚间到总督衙门,将谭嗣同等维新派的计划告密于荣禄。次日凌晨,慈禧太后宣布临朝训政,罢斥康有为等维新派,幽禁光绪皇帝于中南海瀛台,戊戌变法遂告失败,史称"戊戌政变"。①

1898年12月,新建陆军改名武卫右军,为荣禄控制下的武卫军五军之一。袁世凯于1899年6月被提升为工部右侍郎,仍专管练兵。12月6日,袁世凯署理山东巡抚,率领武卫右军前往山东,1900年3月实授山东巡抚。当时义和团运动已于山东兴起,袁世凯颁行《禁止义和拳匪告示》,对义和团严加"剿击"。后清政府利用义和团进攻北京使馆区和教堂,并于6月21日向八国宣战。八国联军进攻天津、北京,清廷令袁世凯派兵火速进京驰援,袁世凯虚与委蛇,实际加入了刘坤一、

---

① 关于袁世凯告密与慈禧发动"戊戌政变"之间的因果关系,很多学者持不同观点,但对于袁世凯向荣禄告密一节,不存在争议。

张之洞策划的"东南互保"运动,与八国联军达成停战协议。八国联军占领北京后,荣禄的前后左中四支武卫军几乎全部崩溃,唯有袁世凯掌握的武卫右军完整保留下来,并得到扩充,成为当时北方最大的一支武装力量。

1900年底,袁世凯致电张之洞、刘坤一,建议推行"新政",他写道:"议和将成,赔款甚巨,此后愈贫愈弱,势难自立,如蹈常习故,直无办法。宜请旨内外臣工各陈富强之策以备采施。"①他与张、刘联合行动,连续上奏。1901年1月,慈禧宣布筹办"新政",袁世凯即上奏提出治国十条,即慎号令、教官吏、崇实学、增实科、开民智、重游历、定使例、辨名实、裕度支、修武备,以"求富""求强",并在山东开始推行新政,包括整饬杂税厘捐、设立银元局,开办课吏馆、校士馆,创办商务总会和大学堂。1901年11月7日,李鸿章在北京去世。经李鸿章生前举荐和荣禄、奕劻等朝廷重臣的推荐,袁世凯晋升为署理直隶总督兼北洋大臣,从此位列各省督抚之首。28日加太子少保衔。1902年6月9日,实授直隶总督兼北洋大臣,同时还兼任政务处参预政务大臣、练兵大臣。袁世凯在保定创设北洋军政司(后改为北洋督练公所),自兼督办,下辖兵备、参谋、教练三处,以刘永庆、段祺瑞、冯国璋分任总办,开始编练北洋常备军。1907年调任军机大臣、外务部尚书。

1901年《辛丑条约》签订后,清政府命袁世凯与八国联军都统衙门谈判接收天津事宜,相关决议规定天津城20华里以内不准清朝驻军。1902年,袁世凯着手建立警察制度,5月,袁世凯仿照都统衙门的警察制度,在日本顾问的帮助下,聘请日本教官,在保定先期开办了警察培训。8月15日,袁世凯带领1500名警察,从都统衙门手中接管天津,将原海军公所改为总督衙门,开始了以天津为重心的直隶新政。1905年,朝廷派五大臣出国考察西方政治,革命党人吴樾携炸弹在北京火

---

① 许同莘编:《张文襄公电稿》,第44卷第17页、第50卷第12页,1928年刊印。

车站制造爆炸事件,以阻止五大臣出国考察,袁世凯派出天津警察200名到北京协助侦破案件,并向清政府建议设立巡警部,警察制度从天津推向全国。

按照与都统衙门的约定,袁世凯保留了都统衙门中的卫生局。新的卫生局办理的第一项公务,就是在天津城内外修建了27个公共厕所。另外,袁世凯保留了外商电灯与电车的建造合同,使天津成为近代中国最早拥有电车的城市之一。因天津火车站在俄国租界内,中国官员进出车站十分不便,袁世凯决定在租界外修建新车站;同时,在新车站和总督衙门之间修建了可与租界马路媲美的大经路,并对大经路两侧地区进行市政规划,建设了河北新市区,建造西式商店和房屋,将许多政府机关迁到河北,并鼓励和支持在这里建设学校和工厂。

1902年8月,袁世凯鉴于天津市面商业凋敝、流动资金匮乏、债务纠纷不断,委派汇丰银行买办吴懋鼎、道胜银行买办王宗堂设立官办商务局。于1903年3月,由有影响的商家公举人选,创办民办的商务公所。1904年春,又依商部公布之奏定商会章程,经各业商人公举,改组为天津商务总会。该会以"保商振商"为宗旨,在振兴商务、兴办实业、处理中外商务纠纷、平息重大金融风潮,以及商业调查、查禁鸦片、改良社会风俗等方面发挥了作用。

1902年,袁世凯在保定成立直隶农务局,委派黄璟为总办并到日本考察。1903年,在保定和天津小站建立两个农学试验场,培育良种。在保定建农务学堂,学研蚕桑、糖酒,在小站开办烟草公司,仿制卷烟。①

1902年,袁世凯在保定设立直隶学校司,推动兴办新式学堂。到天津以后,为筹措办学经费,带头捐款,为热心办学者颁发荣誉证书,

---

①曲振明:《机制卷烟:中国民族资本股份制第一家》,载郭长久主编:《天津烟草百年》,百花文艺出版社,2001年,第15页。

饬令废庙兴学,派员出国考察教育等。到1906年,直隶各种各类各级学堂总数、在学人数等,均在全国前三名之内。[①]在兴办学堂的过程中,科举制度成为新式教育的极大阻碍。1905年8月,袁世凯采纳严修、卢木斋的主张,联络张之洞、赵尔巽等督抚联合上奏,请停科举,经清廷下诏准奏,科举制度被废除。

1903年,袁世凯在天津成立直隶工艺总局,任命周学熙为总办,作为全省官办实业的领导机构。该局直接创办了高等工业学堂、劝工陈列所、教育品制造所,以及劝业铁工厂、种植园、官立造纸厂、考工厂、招考工业、工商劝业展览会等。考工厂设有工商演说会,以白话演说工商要理、物理化学、商务理财等,每月两次,免费入场。还设有工商研究所,就新理法、新物品、新制品等问答讨论,并结集出版。袁世凯通过该局提倡、组织、推动直隶工商实业发展,传播先进科学技术知识,培养了大量技术人员和产业工人,促使大批工商企业相继兴建。

1903年12月,清廷设立练兵处,庆亲王奕劻为总理练兵大臣,袁世凯为会办大臣,掌握练兵处实权。至1905年,北洋六镇编练成军,每镇12,500多人,除第一镇系满洲贵族铁良统率的旗兵外,其余五镇都在袁世凯的控制之下。后来的北洋阀重要将领几乎都是小站练兵时期的嫡系军官。1905年10月末,袁世凯在河间府举行河间秋操,这是中国历史上首次大规模的现代化军事演习。1906年又举行了彰德秋操。

1905年,袁世凯联合张之洞、周馥上奏朝廷请行立宪,7月16日,慈禧颁发上谕,"力图变法、锐意振兴",并派载泽等五大臣出国考察西方政治,袁世凯资助经费10万两。1906年,五大臣出访归来,袁世凯应诏进京面奏慈禧,奏请改革官制,组织责任内阁。9月,清廷发布上

---

①清学部编制:《光绪三十三年教育统计图表》,转引自侯宜杰:《袁世凯传》,百花文艺出版社,2002年,第111页。

谕,仿行宪政,宣布进行中央和地方官制改革,命袁世凯参与编制官制改革方案。袁世凯提出了以废除军机处、建立责任内阁为中心的官制改革方案,遭到保守派的极力反对。11月,清廷正式公布了新的中央官制,没有采用责任内阁制,仍然保留了旧的内阁和军机处。

1906年,袁世凯创立天津府自治局和地方自治研究所,组织学界、商界和绅士成立天津县自治期成会,研究和制定自治章程,筹办天津县议事会。并于1907年8月18日,在天津举行了中国近代第一次地方代议机构选举,选出天津县议事会正副议长及30名议员,成为当时全国地方自治的样板。同时制定了审判规则,在天津属地试行。1907年3月,中国近代第一个法院——天津地方审判厅诞生。还设立检察厅,负责提起公诉;建立罪犯习艺所和游民习艺所,创立近代监狱制度;建立司法教育学堂,培养新式司法人员。

1908年,光绪皇帝、慈禧太后相继去世,宣统帝继位,载沣为摄政王。载沣痛恨袁世凯在戊戌政变中告密,欲杀袁世凯,由于杨度、奕劻、张之洞等人反对,载沣遂下旨削去袁世凯官职,令其"回籍养疴"。次年1月,袁世凯回到河南彰德洹上村隐居生活。

武昌起义爆发后,清廷任命袁世凯为湖广总督,命其统领北洋军镇压辛亥革命,袁世凯借口推脱。10月27日,清廷任命袁为钦差大臣,节制所有参战、增援部队和长江水师。11月1日,清廷任命袁世凯为内阁总理大臣。袁世凯即由彰德抵达湖北孝感前线,从革命军手中夺回汉口,然后回京,于16日组成责任内阁。袁世凯凭借武力优势,多次写信、派人与湖北军政府进行谈判,终于在12月1日签署停战协议。革命党人承诺,如果清帝退位和宣布共和,则推选袁世凯为总统,袁世凯遂开始逼迫清帝退位。1912年1月1日,中华民国临时政府在南京成立,孙中山被推选为临时大总统。经袁世凯及段祺瑞、赵秉钧等北洋军警威逼,2月12日清帝下诏,宣布退位。3月10日,袁世凯在北京就任中华民国临时大总统。

1912年8月，袁世凯邀请孙中山、黄兴在北京共商国是,任命孙中山督办铁路,黄兴负责南京留守处。12月,举行了参众两院的选举,国民党获得胜利,成为第一大党。1913年3月20日,国民党代理理事长宋教仁应袁世凯邀请进京组阁,在上海火车站遭暗杀,两天后去世。国民党发动二次革命,但很快被袁世凯镇压。1913年4月,袁世凯以"善后"为名,向英、法、德、日、俄五国银行团借款2500万英镑,充作军费,镇压反袁势力。自此,袁世凯封建复辟的野心日益膨胀且付诸行动。1913年10月,国会进行总统选举,袁世凯当选为正式大总统。11月,袁世凯查获国民党议员与二次革命要员的往来电报,以互相勾结、对抗中央为由,下令解散国民党、追缴国民党议员证书、查封国民党本部、勒令国民党议员及家属离京。1914年5月,袁世凯废除辛亥革命的重要成果《临时约法》,公布《中华民国约法》,改责任内阁制为总统制,扫除了帝制复辟的最大障碍。同时,他还连续发布遵孔读经的命令和条例,通令全国恢复祭孔。

1915年1月,日本趁第一次世界大战之际并以支持袁世凯做皇帝为交换条件,向袁世凯秘密提出独霸中国的"二十一条"。袁世凯政府在日本武力威胁和利诱之下,5月9日接受了除第五号内容以外的全部要求,史称这一天为全国"国耻日"。5月25日在北京签署条约,严重损害了国家主权。

在袁的默许下,国内一些政治势力开始鼓吹在中国实行君主立宪制。全国劝进呼声一片,众多将军签名公开表态支持改变政体。12月11日,参政院召开各省代表会议,全票赞成改国体为君主立宪,改袁总统为袁皇帝。12月12日,袁世凯称帝,13日,袁世凯在中南海接受百官朝贺,下令以1916年1月1日为洪宪元年元旦。蔡锷等在云南首先发动护国讨袁战争,贵州、广西、浙江等省接连响应。1915年12月25日,蔡锷、唐继尧、李烈钧等宣布云南独立,组织中华民国护国军,护国战争开始。3月20日,冯国璋与江西将军李纯等五大将军联名致电袁世凯,请速行取消帝制,22日袁世凯发布申令,宣布取消帝制,废除洪宪纪元,恢复中华民国纪元。6月6日,袁世凯因病去世,终年57岁。袁世凯著有《圭塘唱和集》《洹邨逸兴》。

参考文献:

袁世凯著,骆宝善点评:《骆宝善点评袁世凯函牍》,岳麓书社,2005年。

天津图书馆、天津社科院历史研究所编,廖一中、罗真容整理:《袁世凯奏议》,天津古籍出版社,1987年。

倪瑞英等译:《都统衙门——天津临时政府会议纪要》,天津社会科学院出版社,2004年。

（周醉天）

袁贤能

袁贤能(1898—1983),别号问不、问朴、问卜,浙江天台人,出身于中产家庭。袁贤能念过私塾、小学堂,有扎实的古文基础,中学期间学习了现代科学基础知识和英语。他于天台中学校毕业后考进上海文生氏英语专科学校,后转学杭州,入之江大学预科。为节省开支,加快学习节奏,他来到赤城山"中洞"自学,过起"腌菜铜罐饭"的清贫生活。他苦读两年,学业大长,一部英文字典,从A部至Z部,竟能倒背如流。

两年后,他再一次来到上海,准备报考复旦大学经济系插班生。经过考核,袁贤能已经达到大学二年级的水平,校长李登辉教授同意他插入经济系三年级。袁贤能喜出望外,从此如鱼得水,学习更加勤勉。他的求异思维特别发达,李登辉校长不但不以为他轻狂,反而当众表扬他独立思考的精神,认为袁贤能这样的人才难得,还赠给他一个"问不"的别号,他于是成了复旦校园里的新闻人物。

1921年,袁贤能从复旦大学毕业,获得学士学位。李登辉校长以当年自己大学毕业时的学士衣和学士帽相赠。袁贤能将这一殊荣看作老一辈学者对自己最大的鼓励和鞭策。是年他考入燕京大学经济研究所,一年后获得硕士学位。1922年袁贤能远渡重洋,入美国纽约大学博士班深造。由于家庭经济条件有限,所寄钱钞远远不够日常开销,他就半工半读,节衣缩食付学费。

1927年,袁贤能获得博士学位。随即回国,到母校复旦大学担任讲师并兼训育主任,接着执教于南开大学,襄助何廉教授创建南开经济研究所。1930年至1931年,袁贤能任中央大学无锡推广部副教授兼民教系主任,以后又回到南开大学,任教授兼经济研究所导师。

1937年7月,全民族抗战爆发,南开大学奉命南迁。袁贤能应聘为燕京大学教授。不久北平沦陷,燕京大学被日军封闭。他和部分爱国师生因有反日言行,遭到日本宪兵的逮捕。出狱后,袁贤能回到天津,在天津市战区教育督导员张卓然、教育部专员徐治的支持下,与北洋大学未撤退的教授黄邦桢商议创办天津达仁经济学院,收容不愿接受敌伪高等教育又不能到后方升学的青年学生。经商讨决定,下设会计、商业管理、银行三系;附设达仁经济研究所,袁贤能任所长学院。在英租界海大道租了几间平房,因陋就简开学上课。袁贤能任院长,黄邦桢任总务主任。袁、黄兼教主要科目,还请几位兼课教师教授国文、英文课等。学校除酌收学费外,主要靠私人捐助,并向重庆教育部备案请求经费。

1938年底,陈立夫派张卓然来津,秘密组织"天津教育促进会",袁贤能担任理事。该组织的使命是联络不与敌伪合作的天津教育界人士一致对外。袁贤能的社会声誉卓著,日本人多次"请"他出任伪职来装点门面,都遭到拒绝,便恼羞成怒,将他关押起来,威逼利诱。1944年4月,天津教育界一些和张卓然有联系的人,被日军逮捕审讯,袁贤能第三次入狱。日军对他用尽酷刑,但是他宁死不屈,大义凛然。后经门生故旧多方设法营救,袁贤能被保释外治。

抗战胜利后,袁贤能重返南开大学执教,目击达官贵人以"接收大员"的名义,巧取豪夺,发"国难财"的种种丑恶现象,他痛心疾首,拍案而起,投书北平、天津报章,给予揭露、抨击。

1949年天津解放,解放军接管南开大学时,袁贤能出面接待。新中国成立之初,袁贤能担任南开大学经济学院院长,主持全面工作。1950年袁贤能辞职南下,1951年任上海财经学院和杭州之江大学教授,1954年北上任北京对外贸易学院教授,直到退休。

袁贤能著有《经济学》《经济思想史导言》《柏拉图的经济思想》《亚

里士多德的经济思想》《亚当·斯密前的经济思想史》,并在杂志发表多篇重要论文。他精通英语、德语,翻译了托马斯·孟《英国得自对外贸易的财富》(署名"袁南宇")、约翰·勃雷《对劳动的迫害及其救治方案》等著作,还与他人合译马尔萨斯《人口原理》(署名"南宇、子箕、惟贤",南宇即袁贤能,子箕是丁洪范,惟贤即宗惟贤),并留有尚未出版的《中古时期经济思想》手稿。袁贤能还擅长美术欣赏、评论,对哲学也有研究。

1983年2月9日,袁贤能病逝,终年85岁。

参考文献:

张卓然:《天津沦陷后我在教育界的抗日活动》,载天津市政协文史委编:《天津文史资料选辑》第39辑,天津人民出版社,1987年。

邵华:《天津近代教育家、经济学家袁贤能》,载刘开基主编:《天津河西老学校》,中国文史出版社,2008年。

张建虹:《近代爱国教育家袁贤能》,载中共天津市河西区委宣传部、天津市河西区档案馆编:《天津河西历史文化名人传略》,线装书局,2013年。

（张绍祖）

约翰·赫赛

约翰·赫赛(1914—1993),英文名 John Hersey,美国人,1914 年 6 月 17 日出生于天津。其父罗斯科·赫赛,中文名叫韩慕儒,是美国传教士,1914—1925 年,在天津基督教青年会任总干事,其母格雷丝也是一名传教士。其父母都曾在南开中学兼教英语,当时周恩来正在南开中学就读,格雷丝就是他的英语教师。

约翰·赫赛小时候常与中国小朋友一起玩,当时他的中国话说得比美国话好。他在天津美国学校读小学,和他最要好的同学是后来成为著名记者的爱泼斯坦,他们成了真正的"可们儿",又一起在天津英国文法学校就读。1923 年,约翰 9 岁的时候,爱泼斯坦被汽车撞伤,左腿骨折,在家养伤时,约翰一有空就到爱泼斯坦家陪伴。

1925 年,他同父母一起返回美国纽约市。1936 年,约翰·赫赛毕业于耶鲁大学并获得硕士学位,后曾当过司机、管家、秘书、编辑和记者,1942 年开始了他的写作生涯。1939 年、1946 年他作为《时代周刊》记者两度访华。约翰·赫赛是最早践行"新新闻"写作手法的记者,对美国的新闻报道产生了很大的影响。他的主要作品有《广岛》《阿达诺之钟》(1945 年获普利策奖)等。从 1965 年起,约翰·赫赛任教于耶鲁大学,长期讲授写作课程。

约翰·赫赛一生写了 20 多本书,中国始终是他写之不尽的源泉。他的两部名著都是以中国为背景的。《一块卵石》(1956 年),以散文诗的形式,描写了旧中国长江两岸人民的苦难生活,是对他在中国童年生活的一种折射;长篇小说《召唤》(1985 年),以一位美国传教士在中国传教为背景,显然其中既有他父亲的缩影,也有他童年的印迹。

1981年,约翰·赫赛来我国进行友好访问。10月11日来天津,在历时两周的访问中,他先后会见了天津市副市长王光英和梁斌、袁静、鲁藜、周骥良等知名作家,以及宗教界人士,参观了工厂、博物馆和教堂,访问了他童年时代的旧居和学校,看望了他父母的生前好友。他还独自漫步大街小巷,对天津人民的生活进行了深入细致的考察。

约翰·赫赛得知天津基督教青年会已经正式恢复活动,便与该会总干事杨肖彭会晤,走访了张伯苓、王化清(治平)和陈芝琴的后裔。《天津日报》记者采访他,他用英语同记者交谈,但不时地插进一些他认为很有把握的汉语单词和短句,以表达他对中国的友好感情。当记者拟将"可爱的天津——我的第二故乡"作为采访文章标题征求他的意见时,他兴奋地说:"好极了! 我要求你把'第二故乡'改为'第一故乡',因为我出生于天津,我像天津人那样热爱天津!"

1981年深秋,约翰·赫赛回到美国。从1982年5月10日起,《纽约人》杂志连续4期刊载约翰·赫赛的长篇系列报道《故乡之行》,在国际上引起了广泛反响。他一开头就写道:"这座小楼就是我的家,我在这儿度过了11年,往事如烟,尽在思念中,中国是我的故乡。"他满怀深情地回忆儿时在天津的生活,言语间充满了怀念和留恋。

1993年,约翰·赫赛病逝于美国,终年79岁。

参考文献:

周骥良:《出生在天津的美国著名作家》,北方网,http://www.enorth.com.cn,2001年10月3日。

秦颖:《出生在天津的美国著名作家约翰·赫赛》,载天津市和平区政协编:《和平区名人纪事》,2004年内部印行。

(张绍祖)

1854

载　振

　　载振(1876—1947),姓爱新觉罗,字育周,清末宗室重臣庆亲王奕劻的长子,满洲镶蓝旗。奕劻因受到慈禧太后的青睐,先后担任总理各国事务衙门大臣、军机大臣、内阁总理大臣等要职,爵位也一路攀升,1894年加封庆亲王,1898年又得到了"世袭罔替"的殊荣,显赫一时。作为奕劻的长子,载振从小养尊处优,身份显赫。1889年,14岁的载振就被赏给头品顶戴,1894年又晋封二等镇国将军。

　　1902年初,英国国王爱德华七世举行加冕礼。由于奕劻掌管总理各国事务衙门,与列强关系较为融洽,慈禧太后特任命载振为清朝赴英国致贺英王加冕专使出使英国,并赏加贝子衔。这次出访不单纯向英王致贺加冕,而是一次横跨亚、欧、美,历时近半年的考察之旅。从1902年4月11日到9月24日,载振一行先后访问了英国、比利时、法国、美国、日本,"行途八万里,为时十七旬",广泛考察了各国的政治、法律、教育、商务制度,"恢扩见闻,增长学识",①为此后的仕途发展积累了丰厚的资本。回国后,载振出版了《英轺日记》一书,对出访期间的见闻做了详细的记载。

　　游历西方各国归来后的载振,深得慈禧太后的赏识,先后担任了镶蓝旗汉军都统、御前大臣等职务。1901年,清政府实施"新政",于1903年9月7日成立商部,不到30岁的载振出任商部尚书。1906年10月,商部改为农工商部,载振仍为尚书。

---

　　①载振:《英轺日记》,上海文明译书局,1903年,第1页。

1903年4月,载振受命与袁世凯、伍廷芳一起编定商律,12月起草完毕上奏,后定名为《钦定大清商律》,这是清政府仿照西法制定的第一部新法,也是中国历史上第一部独立的商事法律。商部成立后,在载振的领导下推行保商、奖商政策,在各地成立商会组织管理商业和商人,创办学校、报纸加强商业教育,以官职和商勋鼓励投资,一定程度上促进了中国工商业的发展。

1907年5月,御史赵启霖上《劾署抚段芝贵及庆亲王父子折》,揭发载振赴吉林督办学务途经天津时,接受天津南段警察局总办段芝贵花巨资购买的歌妓杨翠喜,段芝贵还从天津商会王竹林处借出10万两白银,送给奕劻作为寿礼。作为回报,段芝贵得到了署理黑龙江巡抚的职位。

案发后,5月7日,段芝贵被撤去布政使衔及署理黑龙江巡抚职位,慈禧太后复派醇亲王载沣、大学士孙家鼐到天津调查此案。御史赵启霖因"任意污蔑"而被革职。就在同日,慈禧太后批准了载振的辞职请求,"准其开去御前大臣、领侍卫内大臣、农工商部尚书等缺及一切差使"①。轰动一时的"杨翠喜案"不了了之。此后,载振只在1909年、1911年两次作为专使出访日、英,再没有担任实职。

1912年清王朝覆灭后,载振随父亲奕劻偕眷迁居天津,分住于德租界和英租界,后又迁回北京庆王府居住,凭借《优待清室条件》,过着悠闲富足的生活。1917年奕劻病故,中华民国大总统黎元洪根据《优待清室条件·关于清皇族待遇之条件》中"王公世爵概仍其旧"的条款下令:"清宗室庆亲王奕劻因病出缺,所遗之爵,本大总统依待遇清皇族条件第一项,以伊长子载振承袭罔替。"②载振由此成为最后一代庆

①赵启霖著,易孟醇校注:《赵启霖集》,湖南人民出版社,2012年,第24页。
②爱新觉罗·溥铨:《我父庆亲王载振事略》,载天津市政协文史委编:《天津文史资料选辑》第44辑,天津人民出版社,1988年,第204页。

亲王。

1924年，溥仪被驱逐出宫，移居天津。载振也带领全家迁居天津，在英租界购置了一座大楼作为宅邸。这座楼房由清末大太监小德张于1922年建成。载振从此在这座宅邸中做起了寓公，此宝邸也因此被称为"庆王府"。

移居天津以后，载振远离政治、深居简出，其经济来源主要是积累的财富以及继承奕劻的遗产。1928年，高星桥在天津法租界投资筹建商场，在建设的过程中，因花费过巨，资金不足，托人找到载振，劝其投资。在高的劝说下，载振投入30万元，成为商场的第二大股东，并为商场取名"劝业场"，取"劝吾同胞，业精于勤，商务发展，场益增新"之意。劝业场于1928年底开业后，即成为天津最为兴旺、最负盛名的商业中心。

为管理劝业场，载振和高星桥联合成立了新业公司。但劝业场的业务经营主要由高星桥负责，载振并不参与其中，公司每月向庆王府报送四柱账册。在高星桥的经营下，劝业场吸引了大量商家入驻，还开设了天华景戏院、天宫影院、天外天屋顶游艺场、交通旅馆、龙泉澡堂等，生意兴隆，庆王府分得了可观的利润。

依靠原有的财富以及从劝业场获得的利润，载振和其家人仍过着锦衣玉食的生活。府中有男女仆人共一百余人，设有成衣处、汽车房、回事处、传达处、大厨房等，分司载振一家人的饮食起居。载振嗜好京剧，尤其喜欢尚小云、谭富英的表演，每次有名角来天津演出，他都要偕家人到戏院观看。他与诸多名角都有交往，尚小云、李少春等来津演出，都会到庆王府拜会他。除此之外，载振几乎不与外界交往，并且不准其子弟随意与外界尤其是军政界接触，甚至子弟的教育都是在府内的家塾中进行的。

日伪统治期间，劝业场营业渐趋衰落，再加上后期伪联币贬值，银行存款大打折扣，庆王府经济状况每况愈下，以至于依靠变卖古玩珠宝维持开支。

载振于1947年12月31日病逝,终年71岁。

参考文献:

爱新觉罗·溥铨:《我父庆亲王载振事略》,载天津市政协文史委编:《天津文史资料选辑》第44辑,天津人民出版社,1988年。

罗明、潘振平主编:《清代人物传稿》下编第9卷,辽宁人民出版社,1993年。

（吉朋辉）

臧 启 芳

　　臧启芳(1894—1961),字哲先,又字哲轩,号蛰轩,辽宁盖县人。臧启芳祖父臧际庆、父亲臧国昌、兄臧启明,三世经商。他8岁起开始随兄入私塾读书。1905年入日本小学学习,后学校改名熊岳公立两等小学堂。1908年毕业,又考入奉天省立两级师范学堂附设中学,因学习成绩优异,免除学费,并每月供给膳杂费。1910年冬,日本人强行改筑安奉铁路,臧启芳在沈阳曾参与组织宣传队,抵制日货。

　　1911年,武昌起义爆发,臧启芳剪发响应。1912年秋,闻听南京建有民国大学,臧启芳取道大连由上海转抵南京应试,并被录取。1913年,臧启芳探知宋教仁在北京创立民国大学,于是转入该校商业预科。1915年暑假,臧启芳返乡与王淑清结婚。

　　1916年,臧启芳兼任中国大学(前称民国大学)附中英文教员。1919年5月4日,五四运动爆发,同学们推举臧启芳为校游行活动主席,游行队伍经东交民巷至铁狮子胡同,捣毁了曹汝霖住宅。同年10月,北京政府举行文官高等考试,臧启芳以优异成绩被录取,分派到财政部烟酒事务所实习。后赴美国留学,初入加州大学研究院,研究经济学、财政学。1920年夏,他开始翻译韩纳《经济思想史》,并于同年秋转学到伊利诺伊大学,专攻经济学。随陶锐教授研究市政,译成奥格的《美国市政府》一书。1923年,与孙国封、丁滋圃等先后相遇,相交甚欢,于是草就《东北大学计划书》。同年回国后,晋谒奉天省省长兼东北大学校长王永江,虽被邀请留省任职,但未答应,后被中国大学校长王正廷聘为该校经济学系教授,并在华北大学兼课。1925年春,臧启芳被商务印书馆编辑所所长王云五任命为奉天分馆经理,兼理吉林、黑龙江两省支馆业务。1926年,又接受东北大学的邀请,兼任东北大学教授。1928年,王永江病故,时任奉天省省长刘尚青兼任东北大学校长,将学校扩充为文、理、工、法四个学院,臧启芳任法学院院长。皇姑屯事件后,张学良兼任东北大学校长,臧启芳调任东北特别区行政长官公署机要秘书,由此从学界转入政界。

1930年9月,东北军入关,臧启芳出任天津市政府社会局局长。10月,转任天津市市长。在任市长期间,正值比利时将天津比利时租界归还中国,臧启芳于1931年1月任接收专员,于1月15日出席在天津比利时租界工部局举行的交收典礼。当日天津全市悬挂旗帜庆贺。臧启芳于1931年3月底卸任,由张学铭任市长。卸任后,臧启芳调任东北行政长官公署地亩管理局局长。

1932年1月,臧启芳被国民政府聘为国难会议委员。1934年,被江苏省政府主席陈果夫委派为盐城第四区行政督察专员。1936年6月,又改任无锡第二区行政督察专员,9月兼保安司令。西安事变后,臧启芳出任已经迁到北平的东北大学代理校长,在他的领导下,学校又迁往开封,暂借河南大学为校舍,先与分设在西安的工学院同时复课。后又转赴四川三台校本部,奉令将学校改为国立,臧启芳并于1939年7月出任国立东北大学校长。9月,任三民主义青年团中央监察会监察。1943年2月,任三民主义青年团第一届中央监察会监察。1946年夏,率领东北大学在沈阳复校。11月,当选为制宪国民大会代表。1947年10月,辞去东北大学校长职务。1948年,就任财政部顾问、教育部教育委员会委员兼中央大学教授。

1949年,臧启芳随蒋介石政府去了台湾,任台湾编译馆编译委员。1961年2月28日,臧启芳在台湾病逝,终年67岁。

臧启芳有《经济学》《蛰轩词草》等著作行世。

参考文献:

周邦道:《近代教育先进传略初集》,中国文化大学出版部,
1981年。

徐友春主编:《民国人物大辞典》,河北人民出版社,1991年。

天津市档案馆、南开大学分校档案系编:《天津租界档案选编》,天
津人民出版社,1992年。

天津市地方志编修委员会办公室、天津图书馆编:《〈益世报〉天津
资料点校汇编》(2),天津社会科学院出版社,1999年。

(郭　辉)

曾 延 毅

曾延毅(1892—1964),字仲宣,湖北黄冈人。1915年,曾延毅入保定军官学校第五期炮科学习,与傅作义为同校同学(傅为步兵科学员)。1918年毕业。

第一次世界大战期间,北洋政府于1917年8月对德宣战。段祺瑞于12月就任参战督办,编练参战军。1919年曾延毅入参战军军官教导团深造,后任参战军第1师第1团炮兵连长。1920年任山西督军公署少校参谋,不久即调至傅作义所在部队任职。1924年至1926年,曾延毅历任营长、团长、旅长。

1927年,曾延毅随傅作义参加了涿州守城。1928年6月,晋军进入平津,傅作义任天津警备司令,曾延毅任天津市公安局局长。1930年10月,晋军撤离天津,傅作义被任命为第七军军长(后改为第三十五军),曾延毅任中将副军长。1931年,傅任绥远省主席,曾延毅任军事处处长。九一八事变后,日军进攻长城各口,傅部奋起抗战。在1936年绥远抗战中,曾延毅与傅作义一起率部挫败日伪进犯绥远的阴谋,并于11月23日一举攻克察西重镇百灵庙。此后,傅作义部调往山西作战,曾延毅任太原城防司令,但在1937年11月太原保卫战期间,临阵脱逃。后任晋西南隰州警备司令。1938年,曾延毅因伤病返天津治疗,从此脱离军职。抗日战争期间,曾延毅一直在津治疗、休养,始终拒绝与日本人合作。

抗战胜利后,曾延毅目睹国民党政治之腐败,婉言拒绝了对其出任军职之邀,亦不参与当时的政治活动,对民主进步活动则抱同情的态度。曾延毅之女曾常宁、子曾亚宁均在耀华学校读书,并积极投入进步学生运动,先后成为共产党员和"民青"成员,对此,曾延毅一直持默许态度。1945年9月,中共耀华学校地下党支部建立,经研究决定由党员教师刘子安做曾延毅的工作。此后,中共地下党分析了曾延毅的政治态度,同时也考虑到当时的一些当权人物(如警察局长李汉元等人)多是曾延毅的老部下、老熟人,对他都很尊重,决定将一些革命团体组织的活动地点迁至曾延毅宅。所有这些活动,大多得到了曾延毅的默许。

曾延毅不仅同情进步活动,还亲自做了许多有益于革命的工作。1946年6月,国民党反动当局在市内逮捕进步师生,当时一些中共耀华学校地下组织的同志因住在曾宅,得以顺利地撤回解放区。1947年5月,天津进步学生开展"反饥饿、反内战、反迫害"运动,曾延毅为《耀华中学反饥饿、反内战行动委员会同学联络网》亲笔题写了封面标题。1948年8月,国民党反动派大肆逮捕进步学生,曾延毅不仅支持儿子曾亚宁去解放区,而且还亲自出面保释被捕的同学。

1948年3月,曾延毅之女、在南开大学读书的地下党员曾常宁去解放区接受任务。中共中央华北局城工部刘仁部长指示,要她做好曾延毅的工作,再通过曾延毅去做傅作义的工作,并派城工部负责敌工工作的王甦来津与曾延毅直接联系。王甦表明了自己的共产党员身份,谈了战争形势和党的政策,给曾延毅留下深刻的印象。曾延毅也有进步倾向。后来,曾延毅还向王甦介绍了他和傅作义的老师刘后同的情况。曾延毅表示可以去做刘后同的工作,通过刘再去做傅作义的工作。从此,曾延毅经常去找刘后同,并在争取傅作义调转枪口问题上取得共识。此后,刘后同积极说服和影响傅作义起义,直至北平和平解放。

1948年9月,城工部指示,要求除抓紧做傅作义的工作之外,还要通过曾延毅在军政界的社会关系去掌握天津敌军的情况。1948年12

月,天津解放前夕,中共天津地下组织领导人经曾常宁介绍与曾延毅见了面。曾延毅还配合曾常宁取得了塘沽城防图的有关信息。

新中国成立后,曾延毅曾任天津市政协委员。1964年,曾延毅因病逝世,终年72岁。

参考文献:

曾常宁:《回忆解放前我做父亲曾延毅的工作》,载中共天津市委党史资料征集委员会编:《天津解放纪实》,中共党史出版社,1988年。

王甦:《解放前夕做曾延毅、刘后同工作的回忆》,载中共天津市委党史资料征集委员会编:《天津解放纪实》,中共党史出版社,1988年。

郭长龄:《地下党活动阵地——常德道1号曾延毅寓所》,载李正中主编:《近代中国天津名人故居》,天津人民出版社,2009年。

(欧阳康)

曾 毓 隽

　　曾毓隽(1875—1967),字云霈,本名以烺,福建闽侯人。曾毓隽家世代业儒,父亲曾宗诚为清光绪年间举人,在马尾船政局掌管文牍。曾毓隽自幼熟读经史,16岁考中秀才。1894年,曾毓隽在全省考试中考取拔贡。1895年,曾毓隽的父母相继去世,家道中落,当时弟妹四人尚年幼,生计困难,曾毓隽遂北上京师,笔耕糊口。1897年,回到福州在闽海关任职。1898年山西、陕西灾荒,清政府发起赈灾,曾毓隽将祖产田亩出售,用所得钱款捐得官职。从1902年开始,曾毓隽历署文安、大城、良乡、宛平、肥乡各县知县,因修皇陵有功,加知府衔。在办理北京正阳门工程竣工后,曾毓隽升任道员。

　　1906年,清政府设立邮传部,主管海陆运输及邮电事宜,下设五路铁道局,辖京奉、京汉、津浦、京绥及陇海各线,曾毓隽调入该局,开始跻身交通界。不久,曾毓隽结识了江北提督段祺瑞,曾的才干被段祺瑞所赏识。宣统年间,曾毓隽已经成为段祺瑞部下的重要人物。1911年武昌起义后,南北议和,段祺瑞等北洋军将领联名敦促清帝退位,曾毓隽亦列名其中。

　　民国成立后,段祺瑞任陆军总长,曾毓隽任陆军部秘书。曾在天津东郊军粮城买荒地种稻,并在北京开设古欢阁书画店。袁世凯病逝后,黎元洪继任大总统,段祺瑞出任国务总理兼陆军总长,曾毓隽回到陆军部任原职。1916年受段祺瑞指使在北京安福胡同组织俱乐部,操纵新国会选举,当选为新国会议员,出任国务院秘书。1917年,张勋率军入京拥戴清逊帝溥仪复辟,张勋复辟帝制失败后,曾毓隽被任命为京汉铁路局局长,之后被任命为交通部次长兼代总长,钱能训组阁时,曾毓隽升任交通总长。

1920年,曾毓隽被列为安福系十大战犯之一,遭到通缉,亡命日本,后通缉令撤销。1924年,第二次直奉战争爆发,因冯玉祥倒戈,直军大败,张作霖和冯玉祥推举段祺瑞出任中华民国临时执政,在段祺瑞的力邀下,曾毓隽就任执政府参议。孙中山北上经过天津时,曾毓隽曾代表段祺瑞前往张园会晤。

曾毓隽与张作霖私交甚密,是段祺瑞与张作霖之间的媒介。段祺瑞出任临时执政后,冯玉祥与张作霖矛盾日深。1925年12月,冯玉祥令北京警备司令鹿钟麟扣押了曾毓隽。在被监禁4个月后,曾家买通看守,使曾逃离警备司令部,避入天津日租界。不久,冯玉祥的国民军受奉军排挤,撤往西北,段祺瑞也因镇压三一八学生运动下野,张作霖就任安国军大元帅,接管了北京政府,段祺瑞和曾毓隽从此退出政治舞台,皖系也彻底瓦解。

1926年曾毓隽到天津后,经常与段祺瑞、靳云鹏、王揖唐、李盛铎等人潜心研究佛经。因为家产在战乱中丧失殆尽,曾毓隽将北京安定门内郎家胡同的住宅抵押给银行贷款,遣散了随员和仆役,天津东郊军粮城的田地和英租界的一些地皮也于20年代末先后售出。曾毓隽与日本特务机关往来密切,与白坚武等人组织了正谊社。

1937年,曾毓隽罹患重病,在天津法租界养病。此时华北已经沦陷,日本人、汉奸多次派人邀请他出任伪职,曾均以患病为由固辞不就。1938年4月,为躲避日伪纠缠,曾毓隽悄然离津赴沪,搭轮船到了香港。曾毓隽在香港只与当年的皖系旧人来往,或者独自研究佛经。后前往重庆,受到蒋介石接见。后为治病又返回香港就医。1941年12月太平洋战争爆发后,日军侵占香港。曾毓隽辗转北归平津,闭门谢客。曾毓隽在天津英租界租赁了一幢楼房作为住处,在北京也是借住在友人宅中。

1945年日本无条件投降,蒋介石派人分别拜访和慰问沦陷时期未参加伪政权的北洋元老,包括靳云鹏和曾毓隽等人。1946年,蒋介石到北平后,在怀仁堂接见这些人士,嘉勉了他们的高风亮节。

1949年北平和平解放时,曾毓隽在津致函毛泽东和周恩来,表示衷心拥护人民政权,党中央派习仲勋前来慰问。1953年,曾毓隽将金鱼池产权交售北京市人民政府,仅留几间住房翻修自用,后由章士钊引荐为中央文史研究馆馆员,并加入民革参加活动。1956年开始,年迈的曾毓隽长期居住在天津女儿家中。1964年九十寿诞时,周恩来总理派专人持函来津祝寿。

1967年11月14日,曾毓隽病逝于天津,终年92岁。

参考文献:

天津市河西区政协文史委编:《河西文史资料选辑》第2辑,1997年内部印行。

中央文史研究馆编:《中央文史研究馆馆员传略》,中华书局,2001年。

福建省地方志编纂委员会编:《福建省志·人物志》上册,中国社会科学出版社,2003年。

（高　鹏）

张　彪

　　张彪(1860—1927),字虎臣,山西榆次人。1860年12月28日(清咸丰十年十一月十七日)生于山西省榆次县西左辅村,自幼父母双亡,由舅父抚养。张彪少时入太原城学习刻字、裱糊等手艺谋生,因身强体壮,膂力过人,后习武练技,中武举人。

　　1882年2月,张彪成为张之洞侍从,张之洞对其亲信有加。[①]1884年,张之洞任两广总督,张彪任中军官。1892年,受张之洞派遣,张彪赴日本考察军务,得到日本天皇授予一等旭日勋章的嘉奖。回国后他建议张之洞选派优秀人员分批入日本士官学校学习军事,张彪也成为湖北首批赴日本学习的军事人员之一。1895年,张之洞创"江南自强军",新军全部改用洋操、新械,张彪参与其事。两年后,张之洞又在湖北创"湖北新军",任张彪为前营管带。张彪曾前后三次赴日本学习军事,后又成为湖北防营将弁学堂管理,为学员请教师、改编制、易章服、择器械,先后共聘用了30多名外籍军官担任教练及顾问。1904年湖北全省营务处成立,张彪任总办,负责编练新军。

　　其后,张彪被清廷授予湖广总督标中副将头衔。1906年,清政府统一整编全国各省军队,张彪任第八镇统制。一年后,张之洞调任京师军机大臣、内阁大学士,此时的张彪除统率新军第八镇外,还统带江防"楚"字舰队21艘舰船、升空气球队、探测阵型队、脚踏车队等,并在

---

①张以新、王翁如:《张彪生平纪略》,载天津市政协文史委编:《天津文史资料选辑》第55辑,天津人民出版社,1992年,第133—143页。

各种军工厂、军事学校任总办、会办、帮办,并负责湖北制皮、制毯、制呢诸厂事,最多时张彪一个人持有21颗"印信"和"关防"。[1] 1908年,张彪因在清廷南北新军安徽芜湖会操中表现突出,被授予"奇穆钦巴图鲁"称号,两年后由松潘镇总兵升为湖北提督,并任湖北陆军讲武堂总办。[2]

辛亥革命爆发时,张彪率军顽抗。南北议和后,张彪被袁世凯调任后路总粮台,被夺去兵权。张彪辞去未就,随后东渡日本,在长崎居住。一年后携家人定居天津,开始过寓公生活。

张彪寓居天津期间,被北洋政府聘为高等顾问。黎元洪经常由北京来访,敦劝其出山,张彪坚辞不就,黎遂授其"建威将军"名衔,并奖给一等大绥嘉禾章。无心政治的张彪,开始投资实业。张彪筹资入股大兴纱厂,并在天津购置土地建筑了"露香园",即后来著名的"张园"。张园除供自己家人享用外,张彪还将其出租做游艺场。1923年,张彪与广东商人彭某订了3年出租合同,彭在园内开设了北安利广东餐馆、剧场、曲艺场、露天电影场、台球房等,还利用园内亭台、假山、荷塘、石桌等设立茶座、冷饮。张园变成了一座露天游乐场,与大罗天游乐场遥相对应。

1924年,段祺瑞发起直奉战争"善后会议",孙中山北上商讨国是,12月4日到天津后,进张园休息,张园遂成为孙中山的行辕,孙中山在此居住27日。1925年2月23日,末代皇帝溥仪及后妃来天津投住张园,张彪对溥仪精心照顾。张患病期间,溥仪亲自探望,并召"御医"为其看病。寓居天津的张彪较少外出,著有《辛亥革命日记》一册。

1927年9月13日,张彪病逝,终年67岁。

---

①张鸣:《辛亥:摇晃的中国》,广西师范大学出版社,2011年,第97—98页。
②徐策伟:《武昌起义军的死敌——张彪》,载《武汉文史资料》编辑部编:《武汉人物选录》,武汉市政协文史委,1998年,第135—137页。

参考文献：

南京大学历史系《中国历代名人辞典》编写组编：《中国历代名人辞典》，江西人民出版社，1982年。

刘俊礼、郝启康、王敏政主编：《晋中历史人物》，晋中地区地方志编纂委员会办公室，1987年。

李盛平主编：《中国近现代人名大辞典》，中国国际广播出版社，1989年。

（张雅男）

张伯苓

张伯苓(1876—1951),名寿春,1876 年 4 月 5 日(清光绪二年三月十一日)生于天津。其父张云藻是个教书先生,教子甚严。张伯苓 6 岁入私塾读书,13 岁考入北洋水师学堂,1894 年以第一名的成绩毕业。

1895 年 2 月,张伯苓在海军实习舰“通济”号任见习军官前后约三年。1898 年,在刘公岛实习期间,他写道:“我正在那里,并且威海卫的旗子两天内换了三次。我看见龙旗替下来太阳旗,第二天我又看见龙旗被英国旗代替了。悲楚和愤怒使我深思。我得到一种坚强的信念:中国想在现代世界生存,惟有赖一种能制造一代新国民的新教育。我决心把我的生命用在教育救国的事业上。”①

1898 年 11 月,张伯苓离开北洋舰队,回到天津。不久应严修之聘,在严氏家馆教授西学。学校除设置英文、数学、自然等课程外,更注重科学和体育,师生共同学习,共同游戏。1901 年,张伯苓又受津绅王奎章之请,兼理王家学馆,教授西学。为此,胡适称其“实为中国现代教育的鼻祖之一”②。

1903 年访问日本后,张伯苓对日本教育的发达极表钦佩,特别是他把日本教育与日本富强作为因果的判断与思考,深得严修的赏识。1904 年 10 月 17 日,一所由严氏、王氏两家学馆合并的“私立中学堂”正

①海天:《张伯苓三失策》,《中国内幕》第 2 期,1947 年 12 月,第 5 页。
②沈卫星:《重读张伯苓》,光明日报出版社,2006 年,第 365 页。

式成立。校舍是修缮后的严家学馆。翌年正月,学校更名为"私立敬业中学堂"。是年夏,直隶总督兼北洋大臣袁世凯参观了这所学堂,给予了很高评价,并且当场捐助白银5000两。1905年底,学校更名为"私立第一中学堂"。

经过两年的艰苦创业,学校声名鹊起,各省学子纷纷负笈投考,甚至美国、南洋、朝鲜的青年也慕名而来,在校学生超过百名。正当求学者越来越多之时,天津士绅郑菊如捐献了城西南"南开洼"的一块十余亩空地用于建设新校舍,从此,"南开"的事业得以拓展、壮大。

1907年初,学校迁入新址,时有学生160名。9月22日,新校舍落成典礼暨学校成立3周年纪念会隆重举行,学校定名"私立南开中学堂"。南开学校,至此成名。

1907年10月24日,在天津基督教青年会第五届学校运动会闭幕式上,张伯苓发表了题为《雅典的奥运会》的演说,他说:"此次运动会的成功,使我对吾国选手,在不久的将来参加奥运会充满了希望。虽然许多欧洲国家奥运选手获奖甚微,但他们仍然派出选手参加奥运会。在此,我呼吁我们的运动员加紧准备,筹建奥运会代表队,争取早日出现在奥运会的赛场上。"①张伯苓明确提出中国参加奥运会的主张。

1908年后,南开学校规模不断扩大。1911年,天津客籍学堂和长芦中学堂归并南开,南开每年有了10,800两白银的常规收入,校舍面积达到了90亩。

张伯苓注重培养学生多方面的才能,倡导学生编演话剧。1909年10月17日,校庆5周年,张伯苓自编自导的三幕话剧《用非所学》,在南开校园首次公演,他兼演主要角色。著名剧作家曹禺曾说:"张伯苓主张搞新剧很不容易,那时有人认为搞新剧是下流的,可张伯苓却认为

---

① 孙海麟主编:《中国奥运先驱张伯苓》,人民出版社,2007年,第7页。

新剧与教育有关。"此后,张伯苓组织师生中的新剧爱好者正式成立了南开新剧团,设编纂部、演作部、布景部、审定部等。他带着周恩来、曹禺等学生编写剧本,与师生多次同台演出,在南开形成了良好的文化艺术氛围。

1910年10月,张伯苓联合上海、天津等地基督教青年会中热心体育的人士,在南京共同筹办了第一届全国运动会,并以赛会创始人、总裁判的身份,成立了中国近代第一个社会体育组织——全国学校校区分队第一次体育同盟会。1912年,他还参与发起了远东业余运动协会和远东运动会,并积极与国际奥委会联系。民国初年,在严修的支持下,张伯苓出席了全国教育会议并任副议长,参与了《民国教育宗旨》的制定,并兼任清华学校教务长。

南开中学的成功,坚定了张伯苓教育救国的理想,于是他又开始筹划创办大学。1916年,张伯苓的胞弟张彭春从美国留学归来,出任南开学校专门部主任,张彭春提议把南开的专门部改办成大学,并且草拟了改办计划,于是,创立大学正式提上了南开学校的议事日程。

1918年,严修、张伯苓考察了美国私立大学的组织和设施,为成立中国的私立大学做了各方面的准备。归国后,他们发动各方面关系,南下北上,多方奔走,获得了总统徐世昌、前总统黎元洪等众多要人的支持,筹款8万余元。1919年秋,位于南开学校南部的大学教学楼落成。9月25日举行了开学典礼。南开大学设立文、理、商三科,凡南开中学应届毕业生均可参加考试,而平时成绩优秀者更可免试入学。1922年,在校学生已达300余人。1923年,新教学楼秀山堂在八里台建成,6月28日,南开大学第一届毕业生的毕业典礼在这里举行。与此同时,在美国洛克菲勒基金会和袁述之(袁世凯堂弟)的捐助下,科学馆破土动工。8月,南开大学正式迁入八里台新址。

20世纪20年代初,天津的女子中学教育尚属空白,因此,考入大学的女生很少。1923年,王文田等12名女生联名上书张伯苓,希望他能在天津建立女子中学。张伯苓亲自接见她们并采纳了她们的建议。是年底,女中在南开中学东侧六里台建成。翌年,由于女中人数激增,学校又在南开中学附近购地10亩,兴建了女中部新校舍。当时,南开中学的男女两部毗邻,共享理化实验室,而政治、经济、商法等课程则男女合堂上课,部分实现了男女同校。

1924年5月,中华全国体育协进会成立,张伯苓担任名誉会长。1931年,在张伯苓等人的努力下,中华全国体育协进会被国际奥委会正式承认为其团体会员。张伯苓不仅是奥林匹克运动的传播者,也是"强国必先强种,强种必先强身"体育理念的践行者。他认为,"教育里没有了体育,教育就不完全",甚至,"不懂体育的,不应该当校长"。①

1928年,张伯苓在南开女中对面建立了南开小学部,这所小学是着力推行美国设计教学法的实验小学。张伯苓还专门从美国聘请了一位实验导师,从事教学法的设计和实验。至此,南开学校形成了包括大学、中学、女中和小学在内的完整的私立教育体系,成为中国近代教育史上的成功典范。

南开教育从初创之时便着力培养学生"爱国爱群之公德,与夫服务社会之能力",前者乃爱国之心,后者乃救国之力;前者为"公",后者为"能",这正是张伯苓在1934年建校30周年庆典上宣布的"允公允能,日新月异"校训的含义。

张伯苓坚持不懈地对学生进行爱国主义教育,其教育形式包括修身班讲演、节日纪念、参观调查等。九一八事变后,张伯苓发表《东北事件与吾人应持之态度》的演讲,勉励南开学子抱为国奋斗至死不腐之志,他不顾私立学校的财政负担,先后接纳了78名东北大学流亡学生免费借读。

---

① 孙海麟主编:《中国奥运先驱张伯苓》,人民出版社,2007年,第26页。

1935年,日军在华北频繁挑衅。为了保全南开的教育事业,张伯苓做出迁校重庆沙坪坝的决定。由于得到重庆南开校友的鼎力帮助,购买到沙坪坝土地700余亩。学校定名为南渝中学,1936年9月开学,首批招生200余人。1937年8月,近百名天津南开师生辗转入川,来到南渝中学。10月17日,在这里举行了隆重的校庆纪念会。翌年,南渝中学更名为南开中学。

1937年7月30日凌晨,日军疯狂轰炸南开大学,学校三分之二的建筑被毁,5万余册珍贵图书被掠走。9月10日,南开大学与北京大学、清华大学在湖南组建国立长沙临时大学,后因战局变化,迁至云南昆明,1938年4月2日改称国立西南联合大学。抗战胜利后,国民政府教育部下拨8亿元作为南开大学回迁费用,但南开大学的复建需要大笔的资金,为此张伯苓致函蒋介石,要求政府支持10年的建设费用,蒋介石借此提出要将南开大学变私立为国立。1946年4月,蒋介石签署了南开大学正式改为国立的文件。

1948年5月,在蒋介石的再三邀请下,张伯苓出任了国民政府考试院院长一职。7月返津时,经过再三考虑,他决定辞去南开大学校长的职务。10月17日,在南开学校建校44周年、张伯苓办学50周年之际,何廉就任南开大学校长。但终因割舍不下南开,5个月后,张伯苓以"体弱需静养"为由辞去考试院院长之职,并且拒绝了蒋介石让他去台湾的邀请,毅然留在了大陆。

张伯苓的生活朴实无华。他执掌南开系列学校,身兼多个社会职务,但他只领南开中学的一份工资。从在严氏家馆任教开始,他就一直住在天津西南角平民区的小宅院。一次,张学良慕名来访,汽车在土路上跑了几趟也没找到"校长公寓",最后还是在这所小宅院里找到了张伯苓。事后张学良惊叹:"偌大大学校长居此陋室,令人敬佩!"

新中国成立后不久,身在重庆的张伯苓非常想回到天津。1950年3月,他给周恩来总理写信表达了北归的心情。在得到周总理"允其北归"的批示后,5月4日,张伯苓和夫人搭乘一架军用运输机飞抵北京,周恩来和老友傅作义亲往机场迎接。9月,张伯苓回到天津,行前,周恩来在中南海西花厅为其钱行。

1951年2月23日,张伯苓病逝于天津居所,终年75岁。弥留之际,他给南开学子留下遗嘱:"凡我友好同学,尤宜竭尽所能,合群团结,为公为国,拥护人民政府,以建设富强康乐之新中国。"[1]张伯苓逝世第二天,日理万机的周恩来专程到天津吊唁,送上花圈,上书:"伯苓师千古! 学生周恩来敬挽。"

参考文献

梁吉生:《张伯苓年谱长编》,人民教育出版社,2009年。

张伯苓:《张伯苓自述》,安徽文艺出版社,2013年。

李冬君:《中国私学百年祭》,香港文化中国出版社,2002年。

黄殿祺编:《话剧在北方奠基人之———张彭春》,中国戏剧出版社,2007年。

(周利成)

---

[1]华银投资工作室:《思想者的产业——张伯苓与南开新私学传统》,海南出版社,1999年,第325页。

张 铸

张铸(1911—1999)，字叔农，祖籍山东无棣，出生于广州。张铸之父张鸣岐曾任两广总督，辛亥革命胜利后，携家人流亡日本，1912年回国，定居天津。张铸的启蒙教育是在天津的私塾中完成的，后随父调任，先后在上海复旦高中、天津新学书院、上海沪江大学附中就读。1929年张铸随全家回津，就读于南开大学预科。1930年考入东北大学建筑工程系。1931年九一八事变后，张铸转学至南京中央大学建筑工程系继续学习。

1934年，张铸毕业后回到天津，进入当时较有名气的建筑事务所基泰工程司工作，主要跟随工程司合伙人杨廷宝从事建筑设计工作。由于张铸业务精湛，不断受到公司的重用和嘉奖。

1935年初，旧都文物整理委员会委托基泰工程司对天坛进行全面修缮，中国营造学社为技术顾问，杨廷宝负责施工指导。基泰工程司于1935年3月成立了北平事务所，张铸跟随杨廷宝把工作重心转移到北平。由于张铸出色的业务能力，常被抽调到基泰工程司的分所工作。1936年4月，张铸被调到基泰工程司南京事务所，1937年7月，张铸又调到上海事务所工作。

1937年八一三淞沪抗战后，张铸随上海、南京的同事撤退到重庆。1938年初，重庆建立了基泰工程司总所，张铸升任图房主任建筑师。

1940年4月，张铸从重庆辗转港、沪回津，成为平津地区基泰工程司的顶梁柱，并任天津工商学院建筑工程系兼职教授。1940年底，天津中原公司大楼在火灾中焚毁，张铸负责重建大楼的设计工作，这是基泰工程司这一时期最大的工程设计项目,也是张镈早期的代表性作品。中原公司大楼(现天津百货大楼)至今仍然是天津市标志性建筑之一。

1940年起,张镈在天津工商学院建筑工程系任教时,以出色的业务水平和处事能力赢得学生们的认可,建立了深厚的师生情谊,培养了众多优秀的建筑设计人才。

1941年夏,中国营造学社社长朱启钤责成基泰工程司测绘故宫中轴线、左祖右社,以及天坛、先农坛等外围古建筑。张镈带领天津工商学院建筑工程系的部分学生经过几番努力,至1944年底测绘工作全部完成。张镈积累了丰富的中国传统建筑资料,为他探索创作民族风格的建筑打下坚实基础。

1945年8月日本投降。1946年2月起,基泰工程司接受平津敌伪产业处理局的委托,承担了敌伪房地产业的调查、测定、估价、造册、处理工作。张镈辞去天津工商学院建筑工程系教授一职,把工作重心放在了公司事务上。

抗战胜利后,基泰工程司也承揽了一些维修、改扩建的设计任务,主要集中在北平。天津的设计项目主要有天津市立第五医院大楼、天津农民银行农贷办公楼、天津农民银行嫩江路宿舍、天津义聚钱庄等。1947年初,张镈以出色的工作业绩成为基泰工程司的初级合伙人。1948年12月,张镈南下上海,华北基泰工程司至此解体。1949年6月,张镈转入香港基泰工程司,并定居香港。

1951年3月,张镈从香港回到北京,任职于北京市都市计划委员会,后任北京市建筑设计研究院总建筑师,其间张镈主持设计了人民大会堂、民族文化宫、北京饭店东楼、民族饭店、新侨饭店、友谊宾馆、友谊医院等著名建筑。1990年,张镈被评为全国工程勘察设计大师。

1994年,天津百货大楼扩建新商厦,委托张镈所在的北京市建筑设计研究院进行设计。张镈出于对天津城市和自己早期作品的深厚感情,虽年逾八旬,仍亲临指导。

1999年7月1日,张镈病逝于北京,终年88岁。

参考文献:

张镈:《我的建筑创作道路》(增订版),天津大学出版社,2011年。

宋昆编:《天津大学建筑学院院史》,天津大学出版社,2008年。

关英健:《天津建筑名家虞福京研究》,天津大学,2012年硕士研究生毕业论文。

北平市工务局编:《北平市工务局民国二十年、二十一年工务合刊》,北平市工务局,1933年。

(宋　昆)

张 德 成

张德成(1846—1900),河北新城人。张德成船工出身,常年在大清河、子牙河、南运河上行船,来往于新城县板家窝,静海县王家口、独流镇,津西杨柳青镇,霸县胜芳镇等地,为商铺运送石灰、煤炭等货品杂物谋生。其为人诡谲多智,与沿岸各村镇之水手、脚行、渔户颇多往来,后因轮船运输兴起而失业。

义和团运动兴起后,张德成于1899年开始在原籍和雄县、白沟河等地组织义和团,被推为首领。1900年春,张德成在静海县独流镇设法搭救因练拳而被捕入狱的当地拳首刘连胜等人,自此名声大振,百姓称其为"张天师"。后又与刘连胜等人以"扶清灭洋"为号召,在独流镇、静海县属地方、天津县等地的庙宇广为"铺团",建立拳坛数十处,包括由稍有文化者和小商贩组成的文坛数处,团众发展达2万余人。其中以位于独流镇老君庙的北坛成立最早、人数最多,为张德成常驻之地,称为"义和神团天下第一坛",亦称"举国第一坛""天下第一团"。在静海独流设坛期间,张德成率义和团民攻打独流、静海、唐官屯等地教堂,驱杀教民,铲除恶霸,受到当地百姓拥戴。红灯照首领林黑儿欲在杨柳青文昌宫建立坛口,遭到当地保甲局董反对,张德成协助林黑儿在天津县城外侯家后归贾胡同口南运河畔设立坛口。1900年6月2日,俄国哥萨克骑兵队二三十人从天津租界出发到静海,寻找从保定等地撤回的比利时工程人员,途经独流镇时,滥杀村民,张德成率众围攻,打死俄国士官1名,击伤士兵1名。张德成还善于结交本地官吏,如天津候补道员谭文焕①、静海县令王庆保②等人都是其挚友。

1900年6月下旬，慈禧太后下诏"急招义勇，固结民心，帮助官兵节节防护抵御"③，清政府起用义和团对付洋人，直隶总督裕禄致函张德成邀其进津议事，张德成多次拒绝，称："我非食禄居官者，何得以总督威严横以相加耶?"④大沽失陷后，张德成才应裕禄之请，6月27日率领义和团民5000余人起程，沿南运河进入天津县。28日抵达天津城，在北门里小宜门口刘子良宅内设立总坛口。当日张德成前往直隶总督衙门谒见直隶总督裕禄，要求供给粮食、弹药，裕禄均应允。裕禄接见张德成后即向清政府奏明："各属义和团民，先后来津，随同打仗，兹有静海县独流镇团总张德成，带同所部团民五千人，于本月初二日到津来谒。奴才察看其人年力正强，志趣向上，现饬择地驻扎，听候调遣，并酌给军火粮食。"⑤张德成又相继在城厢内外设立坛口约20个，团众达15,000余人，参加者包括农民、手工业者、船工及少数工人和清军士兵。张德成十分注意约束团众行为，要求他们严守纪律，并分派团众昼夜巡逻，惩办奸细和不法之人，使天津城的社会秩序开始好转。但其也会通过恐吓与洋人有关联的人而获得钱财。

张德成在天津活动的半个多月里，联合曹福田、林黑儿、刘呈祥、庞维等人率领的义和团，配合清军共同反抗八国联军的入侵，成为保

---

①谭文焕曾因围剿义和团而被团民抓获，张德成以礼相待，谭被释放后全力支持义和团的活动，后被直隶总督李鸿章以纵容"拳匪""实与逆匪无异"等罪名，禀奏清廷判其死刑。12月7日，天津都统衙门将谭文焕处死，并悬首于北门示众。

②静海县令王庆保上任初欲以镇压义和团邀功请赏，张德成前往拜见，说服他加入义和团，后其被奏劾革职。

③故宫博物院明清档案部编：《义和团档案史料》上册，中华书局，1959年，第153页。

④侨析生撰：《拳匪纪略》，载沈云龙主编：《近代中国史料丛刊》(45)，台北文海出版社，1973年，第87页。

⑤中国社会科学院近代史研究所《近代史资料》编辑室主编：《近代史资料专刊·义和团史料》(上)，知识产权出版社，2013年，第180页。

卫天津的重要力量之一。6月28日,张德成抵达天津后,便邀在津义和团首领曹福田、林黑儿、王德成、杨寿臣等在河东药王庙聚会,共议破敌之计。与曹福田联名在铁桥、河东一带张贴告示:"初三日与洋人合仗,从兴隆街至老龙头,所有住户铺面,皆须一律腾净,不然恐有妨碍。"①29日,张德成、曹福田指挥义和团向火车站发起进攻,官府练军在三岔河口、黑炮台等处也用大炮给予火力支援,一度占领了火车站。此后裕禄召集清军将领聂士成、马玉昆等人会商战斗部署,决定调整兵力分路进攻,张德成与聂士成的军队从租界的西、南侧进攻,"以为三面进攻之计"。7月1日,张德成率义和团攻打紫竹林租界,一度攻入租界,杀伤大批敌人,烧毁三井洋行等租界洋楼多处,后因伤亡过重撤出。7月6日,张德成率义和团驻扎在马家口,晚间遭到联军偷袭。张德成率义和团民数千人进行反击,并乘胜追至华界、租界交界处,焚烧洋楼数座、仓库一座。7月9日,张德成、曹福田、庞维带领团民持续攻打租界、老龙头火车站。11日,义和团和清军进攻老龙头火车站和铁路附近的联军,并一度攻入车站,租界内联军急赴增援,激战3小时,打死打伤联军150人,清军损失300余人,团民伤亡严重。12日,张德成、曹福田再次进攻紫竹林租界。

7月13日清晨,联军兵分两路进攻天津城。日军司令福岛指挥的日、美、英、法军5000人进攻南门。以张德成为首的义和团与练军在南门顽强抵抗,打退联军多次进攻,南门外的芦勇和雁户军②用排枪射击。美军上校里斯库姆,日军少佐服部、大尉吉泽、中尉中村被击毙,法军司令白勒被打伤,联军伤亡775人,这是义和团歼敌人数最多的一次战斗。14日凌晨,联军继续进攻天津城,日军用猛烈炮火轰开天

---

①陈振江、程啸编著:《义和团文献辑注与研究》,天津人民出版社,1985年,第40页。

②芦勇为天津地方武装。雁户军是义和团组织起来的武装力量,平日以打雁为生,枪法精准。

津城南的外城门,强渡护城河,用火药桶将内城墙炸破,日、美、英、法军趁机冲入城内。守城练军和义和团弹尽无援,南门被破,与敌肉搏,在城内外敌人的夹击下被迫撤离战场。张德成手臂受伤,仍坚持在城内与八国联军展开激烈的巷战,撤出战斗后退至杨柳青,收抚残部。因该镇保甲局董阻挠其活动,乃再退至独流镇。

张德成于7月14日返回独流镇,后以独流镇与大邑县王家口为据点,再次竖起"天下第一团"旗帜,募集民众立坛练武,图谋再起,并向周围村庄征集钱粮,声称等待时机成熟,将率众收复天津城。

9月10日,都统衙门派清军和联军6000余人进剿独流镇,将该镇焚毁大半,居民死伤者、妇女被奸污者不计其数。清军还发布告,声称各地如再有义和团活动"亦照此法办理"[1]。张德成率义和团民撤进苇塘内伺机展开游击战。

9月24日,张德成来到王家口筹办钱粮,26日准备将筹集到的粮食装船运往独流。王家口当地商人、地主联合红枪会首领刘翼鹤[2]、刘文垣等人事先设下埋伏,当张德成所率船队行至王家口桥北的子牙河上时,粮船即被缴截,张德成被刘翼鹤杀害,弃尸于子牙河中,终年54岁。

参考文献:

杨家骆主编:《义和团文献汇编》(全四册),鼎文书局,1973年。

中国史学会主编:中国近代史资料丛刊《义和团》,上海人民出版社、上海书店出版社,2000年。

路遥主编:《义和团运动文献资料汇编》,山东大学出版社,2012年。

(王　冬)

---

①中国社会科学院近代史研究所《近代史资料》编辑室主编:《近代史资料专刊·义和团史料》(上),知识产权出版社,2013年,第529页。

②有的资料记为刘义鹤或刘义贺。

张 国 藩

张国藩(1905—1978),字铁屏,湖北安陆人。1905 年 12 月,张国藩出生在安陆县北大乡张家湾的一个农民家庭。张国藩 9 岁进莲花庵读私塾,13 岁进安陆县城英国教会办的崇文小学读书,16 岁升入英国教会办的武昌博文中学。1926 年,在该校校长、英人丁克生的资助下,去上海沪江大学学习物理和数学。1930 年,他发表《物理常数和分子力》论文,提出了液体和固体的状态方程式:P−K(V−Vo)/Vo=RT/(V−Vo),在当时这是具有独创性的。是年毕业后,按照契约规定,返回母校博文中学任教。一年后,通过考试,获湖北省官费赴美留学。张国藩不仅学业优秀,同时在课外还阅读了大量农学、心理学、伦理学、哲学和社会主义等方面的书籍。他受大革命的影响,关心国家的命运,想对国计民生有所裨益,"立志不做官","专心想做一个学问家"。

1931 年,张国藩到美国康奈尔大学学习水利工程和物理学。1932年他的硕士论文《液体分子聚集态的理论本性及其结构》发表。1933年 2 月毕业,取得理学硕士学位。他决心继续深造,随即转入美国中部的爱荷华大学攻读水利,兼攻流体力学、空气动力学和航空力学,开始从事流体力学的湍流理论及应用方面的研究。1935 年 3 月,张国藩获得工学博士学位。他的博士论文《溪流中的落体及对湍流的影响》,研究落体落到一流体中后的状态及对湍流的影响,这一成果后来多被引用。

此后,他的研究成果主要集中在三个方面:一是对微分方程的研究,二是对分子物理学和原子物理学的研究,三是对湍流理论的研究。其中成果最突出的是关于流体力学中湍流理论的研究。在微分方程的研究方面,他先后在国内外发表研究论文《改良皮卡氏之近似法求解微分方程式》《用逐次逼近法解偏微分方程》《用近似法解普郎特边层公式》等。在对分子物理学和原子物理学的研究方面,他发表有《物理学中的几个问题》等文章。在对湍流理论的研究方面,其成果最为突出。其中《湍流的热性理论》一文,把湍流与分子热运动相比拟,提出湍流温度的比拟概念,并对某些问题进行了计算,得到了与实验相符的结果。此后发表一系列论文,形成了他独特的学术观点,得到了国际学术界的认可。

为了回国后大展宏图,张国藩借回国返程之便到欧洲进行了考察。1935年3月他从美国纽约出发,第一站到英国伦敦,先后考察了剑桥大学、伦敦大学、爱登堡大学以及格拉斯哥、利物浦和曼彻斯特的大学、研究所、博物馆。第二站到法国巴黎,参观了巴黎大学和博物馆。第三站到德国柏林,在哥廷根他拜访了著名流体力学教授普郎特,同时见到了在此学习的中国学生陈省身。而后去了荷兰、意大利等国,于1935年6月回到上海。

1935年9月,张国藩前往北洋工学院任教。1937年日军侵占华北,北洋工学院被迫西迁入陕,与其他院校合组为西北工学院,张国藩任西北工学院教授,教授物理、流体力学和航空力学。其后又出任航空系主任、校评审委员会委员。

抗日战争胜利后,1946年北洋大学在天津复校。张国藩应聘为北洋大学教授,教授流体力学、物理、力学课程,兼航空系主任。

1949年1月天津解放,2月张国藩被任命为北洋大学教务长兼物理系主任。1951年9月,北洋大学与河北工学院合并,定名为天津大学。同时津沽大学改为公立,任命张国藩为津沽大学校长。1952年,全国院系调整,同年2月张国藩又回到天津大学,担任天津大学第一副校长并主持学校工作(当时的天津大学校长由天津市市长吴德兼任,1955年吴德虽调离天津,但仍任校长)。1950—1951年曾兼任天津市教育局局长。自1957年起张国藩担任天津大学校长,直到1978年病逝。1956—1966年兼任天津市副市长,1959—1966年兼任天津市科协主席。1958年兼任民盟河北省副主委、民盟中央常委等职。曾当选第一至第四届全国人大代表,1960—1977年任第二至第四届天津市政协副主席和民盟天津市委员会主任委员。

张国藩担任天津大学校长期间,于1957年4月10日接待了周恩来总理陪同波兰部长会议主席西伦凯维兹到天津大学视察。1958年8月13日,毛泽东主席来天津大学视察,张国藩作为校长陪同,亲耳聆听了毛主席关于教育革命的指示,中午在正阳春饭庄陪同毛主席共进午餐。1959年5月28日,周总理专程到天津大学视察,在大操场为学校师生做了形势报告,并对学校的教育教学做出了重要指示,还视察了部分实验室和工厂,张国藩再一次陪同周总理。张国藩担任天津大学校长长达21年,如何办好社会主义的高等学校始终是他思考与探索的主要课题。他按照党的路线方针开展工作,发挥自己的聪明才智,为天津大学的建设与发展做出了重要贡献。

张国藩在发展湍流应用研究方面很有远见。1964年,我国制定了十年科技规划,其中力学部分的中心问题之一是"湍流理论的研究",张国藩承担了这一重大项目,并成为该项目的学术带头人和项目负责人。同时他也重视应用研究,重视科研实验。天津大学是一所多科性工科大学,张国藩认为工科学校更应当着手解决工程技术中迫切的实际问题,例如气力输送、液态化等。他还给这些研究内容取名叫"颗粒-流体力学",他认为这方面与许多工程实际问题紧密联系,研究成果能马上用于生产,促进生产发展。20年后,国际上在这方面的研究得到蓬勃发展,证明了张国藩的远见卓识。

晚年,张国藩积几十年的教学经验和科研成果,编著了《流体力学》《振动力学》两部教材,被很多高等院校所采用。

1978年12月5日,张国藩病逝于天津,终年73岁。

参考文献:

吕志毅主编:《河北大学史》,河北大学出版社,2001年。

王杰:《著名流体力学与物理学家张国藩》,载天津市政协文史委编:《近代天津十二大自然科学家》,天津人民出版社,2011年。

张绍祖:《著名物理学家与教育家张国藩》,载中共天津市河西区委宣传部、天津市河西区档案馆编:《天津河西历史文化名人传略》,线装书局,2013年。

(张绍祖)

张 国 淦

　　张国淦(1876—1959),字乾若、仲嘉,号石公,湖北蒲圻人。张国淦自幼随父寓居安徽。1902年,张国淦乡试中举,1904年考取内阁中书。1906年授礼部学馆纂修,同年清政府设考察政治馆(后改名宪政编查馆),张国淦任馆员。

　　1907年,张国淦前往黑龙江,历任黑龙江抚院文案(秘书长)、财政局会办等职。1910年,经奏保以道员留黑龙江补用。次年,任黑龙江交涉局总办。1911年,擢任黑龙江清理财政监理官;6月调北京任内阁统计局副局长。1912年4月任国务院铨叙局局长、国务院秘书长,后历任总统府秘书长、内务次长、教育总长。黎元洪执政时,他因同乡关系继续受重用,历任总统府秘书长、国务院秘书长、农商总长、司法总长、全国水利局总裁等要职。周旋于北洋军阀各派系之间,调解矛盾,为各方所倚重。1918—1926年,先后担任平政院院长、高等文官惩戒委员会委员长、农商总长兼署内务总长、教育总长、司法总长、北京图书馆馆长等职。

　　1926年7月,广州国民政府进行北伐,推翻了北京政府的统治。至此,张国淦也结束了他的官僚政治生涯。去职后,他移居天津,常往来于北平与东北,从事史地调查研究工作,以写稿、卖书维持生活,一心闭门整理方志,从事地方志的收集和研究,考订了全国地方志近万种,从秦汉方志到明清方志,积成稿本300万字,地方志部分著作即成于此时。其中,从秦汉至宋元的方志考订稿约70万字,成《中国古代方志考》。1937年七七事变后,他迁居上海,继续潜心研究地方史志并著述。

1945年秋,《文汇报》在上海复刊,张国淦被推为董事长。复刊后的《文汇报》坚持进步方向,持论公正,触犯了蒋介石,于1947年5月24日被无理查封,勒令永久停刊。新中国成立后,《文汇报》迎来新生,张国淦仍然代理董事长一职,悉心馆务,维持公正舆论,直至1953年《文汇报》公私合营。随后张国淦受聘为上海文史馆馆员。

1953年,中央人民政府副主席董必武力邀张国淦北上参加工作,受聘为中国科学院近代史研究所特约研究员,专事民国初政事的研究。1954年张国淦任北京市政协委员,1955年任全国政协委员。

新中国成立后,张国淦将数千张珍贵的碑帖拓本及部分珍贵藏书捐献国家。1952年,中南图书馆(现湖北省图书馆)馆长方壮猷向中南军政委员会文化部报告,请示收购张国淦"无倦斋"藏书。张国淦欣然应允,自称"藉悉私藏图书自当公诸人民,况武汉家乡……今幸得归中南图书馆,实获我心,不足言谢"。这些书从上海运抵武汉,大部分藏书遂归中南图书馆收藏,其中地方志较多,计有1698部18,696册,明清刻本较多,亦有十数种宋元明刻本和抄本,鄂人著述近3000册。张国淦为此受到中南军政委员会文化部表扬。

张国淦晚年专事著述,成为一代方志学泰斗,他对东北史和方志学进行汇集研究,考证史传得失遗阙,成一家之言。主要著作有《历代石经考》《俄罗斯东渐史略》《中国古方志考》《〈永乐大典〉方志辑本》《芜湖乡土志》《黑龙江旗制辑要》《黑龙江志略》《西伯利亚铁路图考》《续修河北通志》《湖北书征》《湖北献征》《中国书装源流》《常熟瞿氏观书记》《辛亥革命史料》《北洋述闻》《潜园文集》《潜园诗集》等,并参加过《湖北文征》的编纂。

1959年1月,张国淦病逝于北京,终年83岁,安葬于北京八宝山革命公墓。

参考文献：

周家骏:《张国淦先生其人其事》,《档案与史学》,1997年第5期。

李新等主编:《中华民国史·人物传》,中华书局,2001年。

李玉安、黄正雨编著:《中国藏书家通典》,中国国际文化出版社,2005年。

（郭以正）

张 含 英

张含英（1900—2002），字华甫，山东菏泽人，1900年5月10日（清光绪二十六年四月十二日）生于菏泽县城文庙东三皇庙前街的一个教师家庭。其父张建基教过私塾，后在曹州中学任教。

张含英早年就读菏泽第一初等小学，1914年入山东省第六中学。菏泽地处黄河岸边，中学时代他常听国文老师讲黄河改道的事，河流决口、改道、抢险及报水的锣声，给张含英留下深刻印象，也促使他后来选择了学水利、治黄河的人生道路。1918年，考取著名的国立北洋大学土木工程系预科。1919年初冬，转北京大学物理系继续求学。

1921年，张含英考取山东官费留学备取生，同年夏赴美国入伊利诺伊州立大学土木工程系学习。他坚持半工半读，以三年时间读完四年本科课程，1924年毕业获荣誉结业证书。后赴美国康奈尔大学研究院深造，1925年获土木工程硕士学位。他放弃在美国工作的机会回到祖国。

1925年夏，张含英回到家乡菏泽，恰遇城北20多公里的濮阳县李升屯的黄河南岸堤埝决口。山东省河务局派员查勘并筹备堵塞决口，听说张含英专学水利，遂派员赴菏泽邀请他参加查勘。通过这次查勘，张含英初步认识了黄河及其危害的严重性，并略得堵口常识。回来后他写下《李升屯黄河决口调查记》一文。

1926年8月，张含英出任青岛大学教授。两年后转任山东省建设厅主管水利的技正①兼科长。因黄河为"地上河"，张含英等常有引水

① 技正是旧时中国技术人员的官职，相当于今天的总工程师。

灌溉和利用跌水发电的议论,遭到一些人的反对。后在他的一再坚持下,与人合作在齐河县安装了一个虹吸管引水灌溉装置,并在济南小东门外东流水修了一座小型示范性水电站,但得不到推广。治河实践遭遇挫折,张含英转而从事治河历史及理论的研究。他详细研究了我国历代治河论著,提出两点新认识:第一,要制订切实可行的治河计划,必须有充分的科学依据;第二,过去治河多侧重于孟津以下,而黄河为患的原因,是来自于上游的洪水和泥沙,故专治下游,不能正本清源。

1930年9月,张含英出任北宁铁路局葫芦岛港务处主任工程师。1931年3月,他在天津《大公报》上发表了第一篇关于黄河治理的文章《论治黄》,[①]这是针对该报载李仪祉在华北水利委员会第九次会议上提出的《导治黄河宜注重上游》议案而作的,[②]论及了黄河治理应上下游并重、统筹兼顾,并提及黄河为患的原因和治理意见。1931年4月,中国工程水利学会成立,张含英为董事。学会创办了《水利》期刊和《水利特刊》,他先后发表《黄河之迷信》《黄河流域之土壤及其冲击》《黄河沙量置疑》等文章。从1931年至1947年10月,该学会召开11次年会,张含英9次当选为董事。

1932年10月,张含英出任设在天津的华北水利委员会课长,主管文书,兼任北方大港筹备处主任工程师,同时兼任北洋大学教授,主讲水力学。同年,应国民政府黄河视察专员王应榆邀请,陪同视察黄河下游,途经的冀、鲁、豫三省分别派工程负责人同行。这次视察使张含英对黄河下游有了全面的、进一步的认识,写下了长文《视察黄河杂记》。在天津这段时间,他到各图书馆阅览了不少古代治河文献,对黄

①张含英:《论治黄》,《大公报》,1931年3月2日第4版。
②《华北水委会第九次委员会昨日之决议:导治黄河注重上游、堵筑马厂新河决口、兴办青龙减河工程》,《大公报》,1931年2月24日第7版;李仪祉:《治黄研究意见》,《大公报》,1931年2月25日。

河的认识不断深入。

1933年8月,黄河发生特大洪水,下游决口50多处,灾情极为严重。国民政府为应付局面,特派李仪祉任委员长,王应榆任副委员长,张含英任委员兼秘书长,9月1日在开封正式成立黄河水利委员会(简称黄委会)。根据黄委会组织条例,下设总务处与工务处。总务处由张含英兼任处长。张含英在黄委会工作的三年里,加强对基本资料的研究,并多次亲赴现场调查观测,先后发表论文多篇。1936年,他将这些文章连同以前著作汇集成《治河论丛》等,由上海商务印书馆出版。

1935年底,张含英辞去总务处兼职,但因还有若干事务未结,其作为总工程师暂留半年,后离开黄委会。

1936年8月,张含英担任天津北洋大学教务长,11月出任全国经济委员会水利处副处长。1938年2月,他任国民政府经济部技正,9月任湘桂水道工程处处长兼总工程师。在连绵战火中,他于1938年完成了两部水利学专著——《水力学》和《黄河水患之控制》,由上海商务印书馆出版。

1939年12月,张含英出任扬子江水利委员会代理委员长。1941年1月,任扬子江水利委员会顾问,8月任黄河水利委员会委员长,12月任中央设计局设计委员兼水利组组长。

1945年抗战结束,国民政府水利委员会组织了由8位高级水利技术人员组成的赴美水利考察团,张含英为团长。他结合黄河的治理与开发,考察美国水利科学技术发展状况。此次考察时间虽短,但收获很大。同年商务印书馆出版他的两部著作,即《土壤的冲刷与控制》《历代治河方略探讨》。

1946年5月,国民政府水利部组织黄河治本研究团,一行7人多为水利、地质专家,张含英任团长。7月初出发,在河南视察了新安的八里胡同及其下口的小浪底、陕县的三门峡。然后西上,视察宁夏的青龙峡至青海贵德以上的龙羊峡一段黄河。这段路程共历12个峡谷，山中无路，有时只能步行，视察归来已是11月底。该团写有一本建议书供决策参考。

1947年，中国工程师学会第14届年会上，张含英发表代表作《黄河治理纲要》，在中国治黄历史上第一次提出中下游统筹规划、综合利用和综合治理的治黄指导思想。同年兼任中央大学水利系教授，首次开讲"防洪工程"课。

1947年末，教育部任命张含英为北洋大学校长。1948年2月1日，张含英来到天津履职。张含英来校不久，教育部拨来1948年经费8亿元、设备费12亿元、修建费30亿元，准备接建图书馆第三层。9月间，又拨来建筑及改良费800亿元。有了校长和经费，一度沉寂的北洋大学又重现生机。张含英首先稳定教学秩序，延聘教授，改善学习和生活条件。为了便于接触学生，他也在水利系教授"防洪工程学"课程。张含英努力保持和发扬北洋大学"实事求是"的校训，严格治校，审慎治学。为了提高教学质量和学术水平，他向教育部请求拨发外汇，与美国五大书店联系，购置大批最新科技图书和杂志。同时扩大图书馆的阅览室，增加阅览时间以配合教学。

1948年秋，学校经费日益困难。张含英订好机票欲到南京交涉。这时，国民政府教育部要求北洋大学南迁，张含英顺应多数同学意愿，决定不去南京，把机票退了。年底，由于经费长期无着，学校实难维持，他被迫赴南京交涉经费。不久交通断绝，张含英无法返校。他决意与国民党政府断绝关系，留在南京，迎接解放。

1949年4月南京解放。不久，解放区黄河水利委员会主任王化云等从开封专程来访，请张含英到该会工作。6月下旬，他赴开封受聘为黄河水利委员会顾问。王化云征求治河意见时，他以《黄河治理纲要》作答，同时建议在郑州铁路桥以西的黄河北岸建闸引水灌溉。这个建议很快被人民政府采纳，"人民胜利渠"于1951年开工，1953年建成，灌溉面积36万亩,开黄河下游引黄灌溉先河。1950年1月,张含英被任命为中央人民政府水利部副部长,后又兼任技术委员会主任。

1953年4月,张含英任西北水土保持考察团团长,率领水利部、农业部、中国科学院和西北行政委员会等有关部门的领导、专家36人,在黄土高原水土流失区进行实地考察,历时85天,行程2000多公里,工作结束后集体撰写了《西北水土保持考察团工作报告》。1954年2月23日至4月15日,他作为核心成员参加黄河考察团工作。该团由有关部门负责人和中苏专家120多人组成,从黄河出海口上溯到兰州以上的刘家峡做了全面考察。这次考察为后来编制《黄河综合利用规划技术经济报告》奠定了基础,也为1955年7月18日邓子恢副总理在全国人大一届二次会议上做的《关于根治黄河水害和开发黄河水利的综合规划报告》提供了基础资料。1955年7月30日,大会通过了《关于根治黄河水害和开发黄河水利的综合规划的决议》,开始了大规模的黄河治理与开发。

1956年,张含英撰写了《水利概说》,由水利出版社出版。1958年,张含英任水利电力部副部长,兼任技术委员会主任。1979年3月,改任水利部顾问,从此退出一线工作,但仍担任全国政协常委。1981年5月12日,由钱正英、李伯宁介绍,张含英加入中国共产党。

从1982年开始,张含英整理30多年来的旧稿,编为《治河论丛续篇》,又写成《历代治河方略探讨》和《明清治河概论》。《明清治河概论》于1989年获得首届全国科技史优秀图书评选委员会荣誉奖。另《张含英自传》于1990年由中国水利学会刊印。

新中国成立后,张含英当选第一至第三届全国人大代表,任第五、第六届全国政协常委,中国水利委员会第一、第二届理事长,第三、第四届名誉理事长。1990年11月,张含英以90岁高龄出任水利部技术委员会顾问,享受政府特殊津贴。此时他已出版各种著作21部。1993年4月,水利电力出版社出版了他的著作《我有三个生日》。他在序中写道:"我是一个平凡的人,却生活在一个不平凡的时代,因之使我觉得有三个生日,一个是1900年我自己的生日,一个是1949年解放,一个是1981年入党。"1999年,他荣获水利部授予的"从事水利工作75周年特殊贡献奖"。

2000年5月10日,张含英百岁生日。他说:"我只要活一天,就要学习一天,就要做一天事。我觉得生活是快乐的,活着是有意义的。"2001年11月1日,《中国水利报》发表了张含英生前最后一篇文章《我国水利从古老型到现代化述要》。11月初,他以101岁高龄出席中国水利学会成立70周年纪念大会,荣获中国水利学会功勋奖,并在大会上讲话。

2002年12月6日,张含英在北京病逝,终年102岁。

参考文献:

张建虹:《著名水利专家张含英》,载天津市政协文史委编:《近代天津十二大自然科学家》,天津人民出版社,2011年。

北洋大学－天津大学校史编辑室:《北洋大学－天津大学校史》(1),天津大学出版社,1990年。

张含英:《我有三个生日》,水利电力出版社,1993年。

张含英:《北洋大学回忆片断》,《今晚报》,1993年11月21日。

(张绍祖)

张　弧

张弧(1875—1937),曾用名毓源,字岱杉,又字戴三,别号超观。祖籍河南开封,生于浙江省萧山县。张弧是1904年甲辰科举人,以候补知府分发福建。历任闽浙总督署文案、署理福建提学司等职。在职时力主禁止缠足,禁绝鸦片,开办学校,选派学生赴日留学。后为闽浙总督松寿所不容,被发往东三省任职。

张弧到奉天后,在吉林珲春等地办理盐务,因成绩卓著,调任奉天盐运司公署第一科科长。张弧协助奉天盐运使熊希龄整顿东三省盐务,使税收大增,得到熊的信任。辛亥革命后,熊希龄辞去盐运使职务,与张弧、李宾四等率家属到上海。袁世凯就任临时大总统后,张弧来北京活动,受到袁世凯的赏识,被任命为两淮盐运使,后调任长芦盐运使。

1913年财政总长周学熙与英、法、德、俄、日五国银行团签订善后大借款合同,以直隶、河南、山东、江苏四省的中央政府税项为担保,其中盐税为主。当时借款合同中规定于财政部设盐务署,设中国总办1员,洋人会办1员,主管稽核盐务之事。该稽核所的第一任总办,由财政次长兼盐务署署长张弧担任。

张弧致力于整顿盐务,增加税收。首先,统一全国称盐所用的衡器,一律使用司马秤。其次,调整盐价,将盐的销售价格改为按照距离产区远近分别计价。为培养盐务专业人员,他还在北京创办了盐务学校,培养了一些专业人才。当时,各省的中央税常被地方截留,关税盐税大权又被外人掌握,财政部不能自由动用。张弧决定进行清查,清理积欠,增加了税收,使国家财政得以维持。

袁世凯预谋称帝时,张弧因受到威胁,不敢为袁筹款,招致袁的不满,被免职并遭通缉。张弧逃回天津日租界福岛街私宅后,袁世凯密令天津警察厅厅长杨以德与日本领事馆交涉,欲将其逮捕。日本领事馆将张弧藏匿在福岛街、须磨街转角的井上医院,并由日本警察署加岗保护,才使其得以脱险。

1917年7月,张勋扶植溥仪复辟,段祺瑞在天津组织讨逆军讨伐,张弧以顾问名义参加策划,筹集饷银,与日本正金银行北京支行商洽,借款10万元,一部分用来收买逆军,一部分用来发放警饷,维持治安。1919年11月,靳云鹏第一次组阁,张弧第二次担任财政次长、盐务署署长兼币制局总裁。后来还曾任侨工局局长,与李石曾商谈赴法勤工俭学事宜。

1921年12月梁士诒组阁,张弧任财政总长兼盐务署署长,1922年5月,兼币制局督办。由于发行公债时徇私舞弊,被司法总长弹劾,张弧第二次逃匿,徐世昌下令对其通缉,其北京草帽胡同住宅的财产也被查抄,后来在直隶省长王承斌的保护下,他才回到天津英租界达文波路寓所。1923年10月,曹锟贿选总统,为了筹措资金,请张弧再次出山,在高凌霨摄政内阁中担任财政总长。

张弧与日本人坂西利八郎、土肥原贤二关系密切,私交甚好,他于1923年下野后回津居住,初居住在英租界,后迁入日租界须磨街。土肥原贤二来津活动时,便向张弧、王揖唐、曹汝霖等人了解华北军政情况。天津日本驻屯军参谋长吉冈安直也经常到张弧家做客。对于日本人的来访,张弧心存顾忌,时常避居德美医院。

1928年6月,中日双方在修建吉会路问题上出现纠纷。为解决这一问题,张学良和满铁总裁松冈洋右、奉天总领事有田八郎请张弧来到奉天协商调解,但最终调解未成。九一八事变后不久,土肥原贤二电邀张弧前去商谈,张弧以病推托。后因怕蒋介石加害而迁居大连。

1934年,张弧受聘伪满洲采金会社理事长一职。1935年12月,殷汝耕担任冀东防共自治政府行政长官,聘任张弧为高等顾问,后来池宗墨继任行政长官,仍聘张弧为顾问。1935年12月,宋哲元出任冀察政务委员会委员长,仍旧聘请张弧为顾问,并在北平苏州胡同为其购置住宅。但是张弧看到华北问题难以解决,感觉无能为力,便辞去顾问之职再次回到大连。

1937年7月全民族抗战爆发,日本天津特务机关长柴山兼四郎、北平特务机关长喜多诚一及管理经济的阪谷希一,都一再催促张弧来津。1937年7月28日,在小林英一和炭田七郎的陪同下张弧来津。曹汝霖、王揖唐、方若、高凌霨、李思浩等人均是张家常客。柴山、喜多、阪谷每日和张弧商讨京津政治经济问题和华北人事安排。不过,张弧自到津后,身体日渐衰弱,病情恶化,于1937年12月12日去世,终年62岁。

参考文献:

张同礼:《张弧的一生》,载天津市政协文史委编:《天津文史资料选辑》第23辑,天津人民出版社,1983年。

李果主编:《海上文苑散忆》,上海人民出版社,2006年。

(万鲁建)

张 汇 兰

张汇兰(1898—1996),江苏南京人。张汇兰少年时期就读于南京培珍女中,1917年考入上海女青年会体育师范学校,当时担任体育系主任的正是著名体育家麦克乐(C. H. McCloy)。该校学制为两年,一切课程与教学制度均采用美国模式,课程方面偏重于术科,并配合女生生理与心理的特点施教。张汇兰在学校求学之时,受到麦克乐的赏识,1920年,由学校派赴美国威斯康辛大学留学。张汇兰在留学期间,师从著名的专业师资培养人赫斯灵顿(Hans Arlington),除了体育专业课程与教学实习之外,还系统地学习了动物学、化学、历史、英文等科目。1925年获得威斯康辛大学体育系学士学位。

1927年秋,张汇兰就任南京金陵女子大学体育系主任。1928年8月,受体育家吴蕴瑞邀请,到中央大学体育系担任讲师,在此执教6年,除了教授本科学生人体解剖学之外,还任教全校女生的普通体育课。

1932年秋,张汇兰来天津,任河北女子师范学院体育系主任。她此次来津主要是为河北女师做计划并编制课程。1933年春辞职回到中央大学继续任职。1934年8月,再度回河北女师体育系任教,后任系主任、教授,对于该校体育学科之建设贡献颇多。

在张汇兰的培养下,河北女师的体育教员素质较高,多拥有海外及国内青年会教育、工作背景。教习体育课程的教员有13人,其中,齐国梁为美国斯坦福大学教育学硕士,胡人椿毕业于日本广岛高等师范学校,校医冯启亚为德国狄平根大学医学博士。此外,王汝珉、吴厚柏毕业于中央大学,杜隆元、孙征和毕业于上海女青年会体育师范学校。①河北女师的体育活动在天津很有名气,如获得1933年天津春季运动会女子普通组第一名;女子篮球队在天津成绩始终优异,无队能与其抗衡;排球队亦颇有名气,经常代表天津参加华北区运动会。由于河北女师体育系面向华北培养体育工作者,在当时被视为"华北女子教育的中心"。

张汇兰建议体育课程分为术科与学科两种。术科种类颇多,如各种球类、田径、体操、舞蹈、韵律动作、国术等。四年在校,各种运动至少选修三季,修足即可自选,如好舞蹈者可选择舞蹈,好篮球者可选择篮球。学科范围也颇广,除主修体育学科之外,还辅修物理、化学、生物、教育、社会、国文、英文等,以求知识之充足。②

张汇兰为河北女师配置了完备的设施。河北女师户内体育馆中部健身房面积550平方米。健身房之上部,周围有看楼,可容千人观看。健身房之南端为乒乓球室。户外设有网球场、篮球场、排球场、垒球场及田赛场。对于和缓运动,有专门的木棒、绳操、豆囊、环板、桥木等。关于解剖学所用之骨骼,皆设备完全。③她根据在河北女师体育系的教育活动经验,写作并出版专著《和缓运动》。④

张汇兰体育思想的重要组成部分,是将女子体育与中国社会改造相结合。⑤因此,她积极推动社会性体育活动。1932年,张汇兰兼任国民政府教育部体育委员会委员。1933年1月,被聘为第五届全国运动会筹备委员、华北体育改进社委员。1935、1936年任天津体育协进

---

① 《河北女师体育系概况》(一),《庸报》,1935年7月25日。
② 《河北女师体育系概况》(五),《庸报》,1935年7月31日。
③ 《河北女师体育系概况》(二),《庸报》,1935年7月26日。
④ 王淑贞:《读书介绍:和缓运动》,《勤奋体育月报》,1937年第4卷第8期。
⑤ 张汇兰、高梓:《中国女子体育问题》,《科学的中国》,1933年第2卷第8期。

会副会长。①

1936年,中国政府派出观摩团前往柏林参加奥运会,张汇兰与杜隆元为观摩团成员。她们对丹麦、瑞典、德国、捷克、奥地利、匈牙利、意大利等7国体育工作进行了考察。②期间,她们还参加了在德国汉堡举行的第二次国际娱乐大会。

1937年7月29日,天津被日军占领。河北女师被迫停办,后并入国立西北联合大学。抗战期间,张汇兰在美国威斯康辛大学、麻省理工学院、衣阿华大学学习,先后获得生物学、公共卫生学硕士以及哲学博士学位。1948年,张汇兰任教于南京金陵女子文理学院。③

新中国成立后,张汇兰于1952年到上海体育学院任教务长、教授。曾当选第二、第三届全国人大代表,任第五届全国政协委员,中华全国体育总会副主席、中国奥委会副主席等职务。1987年6月获联合国教科文组织颁发的体育教育和运动荣誉奖。

张汇兰于1996年12月逝世,终年98岁。

参考文献:

刘春燕、赵斌、白少双:《张汇兰与天津近代体育》,《体育学刊》,2008年4月。

(汤　锐)

---

①天津体育协进会:《天津体育协进会年刊》,1935年(未刊稿),第23页;1936年(未刊稿),第25页。

②中华全国体育协进会:《出席第十一届世界运动会中华代表团报告》(后编),1937年(未刊稿),第18页。

③金海:《体坛名宿张汇兰的人生追求》,《纵横》,2002年第5期。

张 季 鸾

张季鸾(1888—1941),原名炽章,陕西榆林人,1888年3月20日(清光绪十四年二月初八日)生于山东邹平,父亲张翘轩为清光绪二年(1876)进士,时任山东邹平县县令,为官清廉。母亲是一位慈祥温和的女性,父亲去世后,母亲带着他和两个妹妹,回到了祖籍陕西榆林。

在艰难的生活条件下,母亲坚持让儿子去读私塾。张季鸾聪敏过人,刻苦好学,父亲生前常教他读书识字,他过目不忘,作文一挥而就,文采超群。15岁时,张季鸾受陈兆璜资助到醴泉烟霞草堂读书,遇到了恩师刘古愚。陕西很多文化名人都受到过刘古愚的教育,民国时期著名的"陕西三杰",其中两个就是他的学生,即于右任和张季鸾。张季鸾后来执笔办报,纵横时事,所秉持的原则就是"国家至上,民族至上",恩师的教导对于后来张季鸾经世学文、立言于天下影响深远,为张季鸾以后从事记者职业打下了良好的基础。

1904年母亲去世,张季鸾悲痛不已,他更加发奋学习,刻苦求知。不久他赴省会西安应试,受到沈钧儒的父亲、时任陕西学政沈卫的器重。1905年10月,沈卫保举张季鸾官费留学日本。他先入东京经纬学堂,后入东京第一高等学校攻读政治经济学。1906年,陕西的留日学生在东京成立了同盟会陕西分会,张季鸾是首批加入同盟会的成员之一。张季鸾在日本留学五年的经历,使其在后来的抗战中,对日本问题分析得深刻而中肯,常常能触到日本人的痛处。

1911年,张季鸾学成回国,出任于右任主办的《民立报》编辑。在于右任的影响和启迪下,张季鸾在新闻界脱颖而出,崭露头角。

1912年元旦,中华民国临时政府成立,孙中山就任中华民国临时大总统。经于右任推荐,张季鸾出任总统府秘书,并参与起草孙中山的《临时大总统就职宣言》。

孙中山就职时,张季鸾曾向《民立报》拍发新闻专电,报道临时政府成立和大总统就职情况,这也是民国报纸第一次拍发的新闻专电,为民国报纸有新闻专电的开始。孙中山辞去临时大总统后,张季鸾也随之离去。张季鸾曾与于右任、胡政之、曹成甫等人合作创办过民立图书公司。1916年9月至1924年底,他在北京和上海主持过《中华新报》。

1926年初,张季鸾失业后滞留天津。1926年9月1日,与吴鼎昌、胡政之合作接办《大公报》,以“大公报新记公司”名义,重新复刊。张季鸾作为《大公报》总编辑(时称“主笔”),提出著名的“不党、不卖、不私、不盲”的“四不主义”,成为“新记”时期《大公报》的办报方针。与此同时,他们还完善机构,网罗人才,购置设备,加强管理。在具体的办报活动中,张季鸾始终坚持对时局进行尽可能公正、客观的报道和评论。1930年底至1931年夏,蒋介石连续三次“围剿”红军,《大公报》在追踪报道中,不乏肯定红军的文章。20世纪30年代,国民党政府要求各个报刊一律称共产党为“共匪”,只有《大公报》从未服从这个命令。1935年,在国民党一片“剿匪”声中,《大公报》发表了范长江采访延安的稿子,报道了陕北边区的真相。

1931年5月22日,正是社长吴鼎昌48岁生日,这一天《大公报》发行第一万期,当天报纸发行量骤然猛增数倍。北大文学院院长胡适发给《大公报》的贺词说:“《大公报》已超越上海《申报》,天津报纸发展成全国舆论机关。”

1931年,震惊中外的九一八事变爆发,记者汪松年立即打电话给主笔张季鸾,张季鸾临时在要闻版补进了这条震惊世人的消息,《大公报》成为国内第一家报道九一八事变的报纸。同时张季鸾还打电话给在京的胡政之,要他赶往协和医院采访张学良。

1936年以后,华北局势危机四伏,《大公报》在天津已无法立足,这时张季鸾首先想到了上海。同年4月1日,张季鸾创办上海《大公报》,他发表社论说:《大公报》在天津和上海两地发行,不是扩张事业,而是形势所迫。

1936年12月12日西安事变爆发,14日,张季鸾在《大公报》发表了题为《西安事变之善后》的社评。16日,他写了第二篇社评《再论西安事变》。18日,他的第三篇社评《给西安军界的公开信》发表,这是他在事变发生后的力作,也是他人生中最著名、最有力的代表作。对于张季鸾对事变的影响,中共领导人给予了充分的肯定。七七事变爆发后,《大公报》先迁汉口,再迁重庆,继续出版。

1941年5月,《大公报》获得美国密苏里大学新闻学院"最佳新闻服务奖"的殊荣。在学院给《大公报》的获奖词中说:"在中国遭遇国内外严重局势之长时期中,《大公报》对于国内新闻和国际新闻之报道,始终充实而精粹,其勇敢而锋利之社评影响于国内舆论者至巨。"[1]

1941年9月6日,张季鸾在重庆病逝,终年53岁。毛泽东从延安发来唁电,称张先生"坚持团结抗战,功在国家"[2]。周恩来、董必武等在重庆参加吊唁活动,并谓"季鸾先生,文坛巨擘,报界宗师。谋国之忠,立言之达,尤为士林所矜式"[3]。

参考文献:

王润泽:《张季鸾与〈大公报〉》,中华书局,2008年。

(杨秀玲)

---

[1]王润泽:《张季鸾与〈大公报〉》,中华书局,2008年,第116—117页。
[2]王润泽:《张季鸾与〈大公报〉》,中华书局,2008年,第89页。
[3]王润泽:《张季鸾与〈大公报〉》,中华书局,2008年,第59页。

张 锦 文

　　张锦文(1795—1875),字绣岩,天津人。张锦文先世寒微,幼时孤苦无业,成年后为谋生外走沈阳。

　　张锦文早年跟随盛京将军海仁谋生,以其聪明才智救过海仁的命,海仁出于感激收其为义子,[①]群谓之"海张五"[②]。后跟随麟庆,据薛福成的《庸庵笔记》载:"张锦文者,前为麟见亭河帅家丁,为司庖放,续以盐荚致富。"[③]在盐商查有圻宅中为仆役时,张锦文利用自己的聪明才智,帮助主人要回了一笔欠款,并保全了已经"入不敷出、捉襟见肘"的主人的脸面,查有圻馈赠给张锦文一万两白银,"张由是始富而自立"[④]。

　　当时一些长芦盐引岸,允许他人认领承运,如河南的安阳、林县、汤阴、淇县四县引岸因为运输困难,脚银消耗太大,一般盐商视为畏途,无人认领。张锦文得以认办引岸,"囊橐日丰"。因其出身微贱,部分长芦盐商不屑与之为伍,极力反对其入纲。直到崇纶任长芦巡盐御史(1848—1852)时,张锦文才得以入纲。崇纶离职后,麟庆的女婿文谦继任长芦盐政(1852—1857)。文谦离职后不久,麟庆之子崇厚就任长芦盐运使。崇纶、文谦、崇厚这些"亲旧"长期管理长芦盐务,使张锦文得以依靠,加之张锦文利用自己的聪明才智为"亲旧"们出谋划策,

---

　　①关文斌:《文明初曙:近代天津盐商与社会》,天津人民出版社,1999年,第153页。
　　②郝福森:《津门闻见录》,载《东园纪实·总目》卷2,清抄本。
　　③薛福成著,丁凤麟、张道贵点校:《庸庵笔记》,江苏人民出版社,1983年,第31页。
　　④戴愚庵著,张宪春点校:《沽水旧闻》,天津古籍出版社,1986年,第18页。

解决难题,起到了"左膀右臂"的作用。

在经营盐务期间,张锦文不仅关照亲朋挚友及其后代,还致力于天津的公益事业。宗族亲邻中有孤儿孤女无人照顾者,张锦文必抚养成人。天津城内道路损坏、桥梁坍塌之处,以及北门外石路凹陷,多年失修,往来阻滞,凡是被张锦文发现的,一律修整如新。张锦文每年都还要亲自察验,雇工修补,这些都是他捐资进行的。为感谢他的善举,乡里公送他"履坦思劳"匾额。另外,张锦文每年都雇人"分巡四野荒丘",发现坟墓塌陷、骸骨曝露的情况,即行培筑掩埋。他做慈善:"施棺木以救丧,舍棉衣以御寒,煮粥以待饥渴,舍药以疗(疾)。"[1]

1853年秋,太平天国北伐军由河南省攻入直隶省,为预防太平军进攻天津,张锦文前去拜谒长芦盐政文谦,献呈《平贼裕国便民策》十二条和炮台炮架脚齿等图,深得文谦的嘉许(因直隶总督驻节保定城,天津城内此时的最高长官为长芦盐政)。张锦文建议在城西稍直口一带设置第一道防线。张锦文自募万余民夫于稍直门挑挖长壕,拿出银二万四千两,备营造各项之用。张锦文督率民夫用竹席裹土堆垒炮台,安置火炮盘旋施放。10月30日,天津守军与太平天国北伐军在稍直口一带交锋。张锦文和知县谢子澄在战场上亲自操作大炮。火器的大量使用给太平军造成了大量伤亡。张锦文掏钱将宜兴埠雁户抵押在当铺中的排枪尽数赎出,这些雁户善于水中用枪,技艺精熟,百发百中。受挫的太平军先是撤往杨柳青,不久又撤往静海县的独流镇。张锦文还向僧格林沁率领的清军主力捐助了大宗的米、器械和火药,在两年的时间里共捐制钱十余万缗。

1858年春,第二次鸦片战争中,英法联军从海上溯海河北犯天津。为确保天津城的安全,张锦文组织"置造军械,修筑台垒,以及接济兵

---

① 李士钤署签:《张公建祠志》,天津社会科学院图书馆藏书,第10页。

食衣服等件,均系自行筹办。勤劳主事,不遑暇处"①。在英法联军的坚船利炮面前,直隶总督谭廷襄指挥的清军一触即溃,弃守天津。英法联军炮舰沿海河而上,兵临天津城下。张锦文一面招募练勇,维持社会治安,一面与天津知县尹佩玱商议,主动登上英法军舰与英法使臣沟通。张锦文设立了支应局,为外国人供应需用物资。1860年8月,英法联军攻陷大沽口炮台,进而占领天津。张锦文以士绅的身份斡旋中外之间。事后,清政府赏给张锦文一品封典,子汝霖加盐运使衔,并赐给"尚义可风"匾额,至于绅商乡民以及邻近地方感戴其功德,赠送的匾额不可胜数。

张锦文还热心支持民间皇会活动。他"在家门左近组织龙亭公议法鼓会,长年支持会众200余人的生活费用"②。

张锦文于1875年去世,终年80岁。

参考文献:

李士钤署签:《张公建祠志》,天津社会科学院图书馆藏书。

高凌雯纂:《天津县新志·人物·张锦文传》,天津图书馆藏书。

金大扬、刘旭东:《海张五发家始末》,载天津市政协文史委编:《天津文史资料选辑》第76辑,天津人民出版社,1997年。

丁运枢、陈世勋编:《张公(锦文)襄理军务纪略》,载沈云龙主编:《近代中国史料丛刊续编》第95辑,台湾文海出版社,1977—1986年影印本。

(高　鹏)

---

① 李士钤署签:《张公建祠志》,天津社会科学院图书馆藏书,第10页。
② 全国政协文史委编:《文史资料选辑》第116辑,中国文史出版社,1987年,第198页。

张 景 祜

张景祜(1891—1967),名培承,字景祜,以字行,天津人,生于1891年,"泥人张"彩塑第三代传人。父亲张继荣是"泥人张"第二代传人张兆荣的六弟。张景祜9岁入私塾读书,随同祖父、父亲、伯父学习泥塑,十几岁开始彩塑创作。这时,"泥人张"的彩塑制作方式已经发生了变化,可以批量生产,这是伯父张兆荣在彩塑制作方式上的创新。

张景祜受伯父影响较大,在彩塑创作上吸收了前两代的优点。但从他开始从事彩塑创作,"泥人张"的制作已采取分工协作的方式,张景祜负责彩塑的修正,所以,他在彩塑技艺上的经验积累完全不同于前两代。他的作品也就带有了鲜明的个人风格,并能从中窥见制作方式改变对其作品的影响。从现存张景祜的作品中,可以看到他在彩塑创作题材的选择上跨度还是比较大的,既有传统题材又有现当代题材,作品万余件。

1912—1945年,张景祜的作品大多体量较大,线条简练大方,用色丰富、讲究,多在服饰上加花纹以突出彩绘效果,装饰性与工艺性更强。

1945年8月15日,日本宣布无条件投降,抗日战争胜利。内战爆发后,国民政府滥发纸币,使得通货膨胀更加严重,物价飞涨,工厂商店倒闭,民不聊生,张家人的生活也非常艰难。为了生活,张家的大部分人都改行做其他生意,只有张景祜还坚持着家族的祖业,捏点简单易卖的小玩具维持生计。

新中国成立后,张景祜所传承的"泥人张"彩塑技艺受到了政府的保护、扶持,得到了发展。张景祜不仅有了稳定的生活,还有了发展祖传彩塑艺术的机会。他来到中央工艺美术学院任教,并从事创作和研究工作。中央工艺美术学院建于1956年,设有6个专门的研究室,张景祜的泥塑工作室即在其中。张景祜在中央工艺美术学院任教期间,到广东、江苏、云南等地讲学,传授彩塑创作知识,为培养彩塑创作人才积极努力。他的学生不仅继承了他的创作技法,有的还形成了自己的风格,并产生了一定的影响。张景祜突破了"泥人张"家族内部传承的经营模式,在推动"泥人张"彩塑艺术学院化方面起到了至关重要的作用。

这个时期张景祜作品数量多而且题材丰富,有大量反映现实的作品。如抗美援朝战争爆发后,他创作了《英勇的铁骑队》《志愿军负伤》等作品。对于传统题材,张景祜也没有荒废,他创作的《惜春作画》《将相和》得到了毛泽东、周恩来的称赞。

张景祜曾经到广东、广西、云南、贵州等少数民族聚居地区深入考察,了解当地的风土民情,创作出大量少数民族题材作品,如《母与子》《藏族妇女》《选花布》《谈北京》等。这个时期,在创作技法上,张景祜强调彩塑中画的重要性,在捏塑的时候就规划好颜色的施绘方案,不同的艺术人物要用不同的颜色表现,大件作品、室外作品也可以上色,强调颜色的明暗对比给艺术作品带来的不同影响,注重向其他画种学习,对人体解剖、透视等技法有新的探索,将艺术性与实用性相结合,将时代精神与装饰作用相结合,发扬民间艺术的优点,提高了创作质量。

新中国成立后,张景祜曾任中国文联委员、中国美术家协会常务理事。

1967年,张景祜逝世,终年76岁。

参考文献:

高狄主编:《毛泽东周恩来刘少奇朱德邓小平陈云著作大辞典》下卷,辽宁人民出版社,1991年。

张映雪:《泥人张的生平及其艺术》,天津人民出版社,1956年。

邱树森、陈振江主编:《新编中国通史》第3册,福建人民出版社,2001年。

周志:《张景祜》,《装饰》,2008年第7期。

张景祜:《谈彩塑的色彩》,《美术》,1959年第5期。

（宋　杨）

张 克 忠

张克忠(1903—1954),字子丹,直隶静海人,1903年1月13日(清光绪二十八年十二月十五日)生于天津,幼年丧父,家境贫寒。张克忠12岁毕业于天津模范小学,随后考入南开中学,虽学行优良,但因家庭经济拮据,交不起学费,几濒于辍学,校长张伯苓准予他免费就读。鉴于他的数学成绩优良,每当寒暑假学校举办数学补习班时,便破格特许张克忠教课,以资补学业之需。中学毕业后,南开大学还处于草创阶段,数理科还不具备招生条件,他只得投考唐山交通大学。

1922年,南开大学迁入八里台新校舍后,张克忠离开唐山交大,重新考入南开大学文理混合班。这一年,南洋兄弟烟草公司(董事长为华侨简氏兄弟)从大学毕业生中招考资助生赴美留学深造。各地大学纷纷推荐成绩优秀的毕业生应考,当时南开大学尚无毕业生。张伯苓校长亲自向简氏基金招考机构推荐张克忠,使他获准到上海参加考试。1923年,张克忠获得简氏资助赴美留学。抵美后,他考取麻省理工学院攻读化学工程学。麻省理工学院著名教授路易斯博士被公认为化学工程学科的权威,他看到张克忠不仅有扎实的数理化基础,英文听说读写的能力也很强,便亲自担任他的导师。张克忠用了五年的时间学完了一般需八九年才能完成的从大学本科到博士的所有课程和实验,最后完成了他的博士论文《扩散原理》。1928年,学校授予张克忠化学工程科学博士学位,美国科学界将"扩散原理"定名为"张氏扩散原理"。[1]

1928年暑假,张克忠谢辞了路易斯博士在学校为他安排的工作,回到母校南开大学。他向张伯苓提出创建化学工程系(简称化工系)与应用化学研究所的具体方案,张伯苓完全赞同。1931年8月,化工系正式成立,招收首届新生。张克忠主持化工系工作,并担任工业化学方面的课程。他聘请张洪沅教授担任化工原理、化工计算方面的课程,又聘请高少白等教授担任教学工作。张克忠十分重视理论与实践的结合,"学以致用"成为化工系坚定不移的教学方针。张克忠重视人才培养,每届新生入学,每个学生他都亲自接见,掌握每个学生的情况,帮助他们安排学习。

作为一门新兴的学科——化学工程学,国内还没有现成的教材,需采用国外的教材,张克忠与张洪沅教授承担了繁重的教材翻译工作。在张克忠的倡议下,南开大学、浙江大学化工系的教授们决定自编化工学教材,填补了国内化学工程学教材的空白。张克忠编著的《无机工业化学》《有机工业化学》也相继出版,书中以现代工业化学之实例,作原理原则之论述,引起了化工界的重视。

1932年,张克忠创建南开大学应用化学研究所并担任所长,张洪沅担任副所长兼研究部主任,全所人员最多时达15人。张克忠强调"科研与生产并举",该所直接接受各工厂的委托进行技术攻关,解决实际问题。张伯苓与张克忠在给研究所定名时特别强调"应用"二字,并提出要赚钱"以所养所"。张克忠在这方面做了大量的工作,先后接受了王桢祥桅灯厂、孙恩吉铁工厂及《大公报》等应用研究项目,委托业务日益扩大,天津市外许多地区的机构也慕名而来洽商业务。

1933年6月,张克忠接受天津利中硫酸厂的设计、建设和投产任

---

①王端骊:《缅怀张克忠——一位勇于探索的科学家》,载天津市政协文史委编:《天津文史资料选辑》第24辑,天津人民出版社,1983年,第48—51页。

务。1934年5月试车成功，运转良好，年产3万吨硫酸，总耗资仅13万元，相比由外商承包节约投资100余万元。[1]

1934年，张克忠筹建了"南开化学工业社"，1936年改建为研究所的试验工厂。试制产品有金属磨光皂、油墨、复写纸等，研制成功了酒精、硬脂酸、油酸、甘油等。张克忠也非常注意农产品的加工利用和生物化工的开发，他认为这是中国工农业发展的方向。研究的课题有棉籽蛋白的提取、棉籽皮的利用、棉籽油的加氢硬化和转化为汽油等，成效最显著者为利用高粱发酵制取酒精。[2]

张克忠很重视国际学术交流，积极推进中国的化学工程学科进入国际科学的行列。从1928年到1937年的10年中，他单独或与别人合作撰写了许多论文，仅在美国化学会印行的《化学文摘》上就发表了十五六篇。

1930年2月9日，中国化学工程学会在美国麻省理工学院成立，张克忠担任学会化工名词审定委员会主席，他会同国内外的同行们，对所有化工名词做了重新审定和编译。张克忠还和该会同人创办《化学工程》杂志，于1934年起在天津出版，他担任经理、编辑。

1937年7月29日，南开园遭到侵华日军的猛烈轰炸，化工系与应用化学研究所建筑遭毁坏。随后，张克忠赴重庆积极进行南开大学应用化学研究所的迁渝活动，并参加筹建永利制碱川厂。张克忠利用南渝中学提供的地点开办了南开化工厂，因陋就简，生产精制白糖、酒精、油墨等产品，后因战时通货膨胀，不得不停办。

1938年西南联大成立后，张克忠兼任联大工学院教学工作。此外他全力协助范旭东、侯德榜诸先生筹划永久公司在川建厂的有关事宜，同时继续担任黄海化学工业研究社的研究员，与他的老师孙颖川

---

①张俭：《化学工程学家张克忠》，载王文俊主编：《南开人物志》第1辑，南开大学出版社，1995年，第284页。

②伉铁隽：《抗战前的南开大学应用化学研究所》，载天津市政协文史委编：《天津文史资料选辑》第24辑，天津人民出版社，1983年，第95—100页。

博士共同研究制碱、制酸、制铝、取溴等化工科学课题。这个时期的张克忠成为"永久黄"（永利碱厂、久大精盐公司、黄海化学工业社）的技术骨干。

1942年底，张克忠携眷离渝入滇，担任昆明化工厂厂长。他决定该厂以生产硫酸为主，继续研究制碱、生产化肥等项目。他先后把得意弟子、西南联大化学系高材生张鎏、杨铁云等聘请到工厂，充实技术力量。他亲自设计改造了旧有的设备，生产出硫酸，办起了磷肥厂，还生产出小批量的纯碱及食用碱，投放市场。

抗战胜利后，国民政府请张克忠出面接收青岛的敌伪化工厂，并担任接收小组的组长。张克忠认为，把青岛创建成一个化学工业的基地大有可为，他亲自制定了青岛发展橡胶、化肥、染料、酸、碱及酿酒等化学工业的初步计划。经过一段时间的努力，一共有11个化工厂的产品投放市场。

1946年后，国民政府的政治、经济危机日甚，物价飞涨，工厂开工不如囤积居奇。张克忠想方设法不使橡胶厂停工，他亲自找到经济部资源委员会。1947年初，资源委员会从上海拨给一批橡胶，当时橡胶和黄金一样值钱，只要囤积一两周，成倍的利润唾手可得，张克忠却毫不犹豫地将这批原料投入生产。

1947年4月，张克忠一家回到故乡天津，重返母校南开大学，担任工学院院长，并兼任化工系主任。张克忠利用业余时间编教材，撰写了《工业化学》一书。这时，永利碱厂、久大精盐公司和黄海化学工业研究社也开始北上，侯德榜、孙颖川、李烛尘等先后返回平津。张克忠仍与他们保持关系，继续为"永久黄"做些工作。

1947年下半年，张克忠接到杨公庶（杨度之长子，德国柏林大学化学博士）的电邀飞往上海，杨公庶意欲请张克忠去台湾办化工厂，张克忠果断回绝了杨公庶。1948年，张克忠成为南开大学护校委员会成员之一。

1949年1月31日北平和平解放。张克忠接到天津军管会的通知，周恩来邀请他到北平，讨论有关中国化学工业状况及发展化学工业、化学工程方面的专门问题。

1949年，高等教育委员会在北京成立，张克忠担任委员。他还应邀参加了全国政协第一届会议，应邀列席最高国务会议，还当选为天津市第二届各界人民代表会议的代表。在最高国务会议开幕的那天，周恩来总理拉着他走到毛泽东主席身边，向毛主席介绍，而毛主席对他也像对故知一样。张克忠说，他将以实践"全心全意为人民服务"这句名言来报答党与国家。①

天津解放初期，黄敬市长亲自邀请张克忠谈话，专门听取他对发展化工科学的意见。1950年，张克忠任《化学工业与工程》杂志总编辑兼经理。1951年9月，天津市工业试验所正式成立，张克忠担任所长，他提出科研工作必须与生产实际相结合，必须为国民经济服务的办所方针。②他还担任了南开大学工学院院长兼化工系主任的职务。在十分繁忙的情况下，张克忠仍然坚持著书立说。

1954年3月25日，张克忠病逝于天津，终年51岁。

参考文献：

天津市政协文史委编：《天津文史资料选辑》第24辑，天津人民出版社，1983年。

王文俊主编、郑致光副主编：《南开人物志》第1辑，南开大学出版社，1995年。

天津市政协文史委编：《近代天津十二大自然科学家》，天津人民出版社，2011年。
（张绍祖）

---

① 史霏：《我国化学工程学奠基人张克忠》，载天津市政协文史委编：《近代天津十二大自然科学家》，天津人民出版社，2011年，第241—278页。
② 优铁隽：《回顾天津市工业试验所的十五年》，载天津市政协文史委编：《天津文史资料选辑》第29辑，天津人民出版社，1984年，第36页。

张 明 山

张明山（1826—1906），名长林，字明山，以字行，天津人，祖籍浙江绍兴。其父张万全曾任师爷，卸任后定居天津，以捏泥人补贴家用。由于家境贫寒，张明山仅读了三年私塾，自幼跟父亲学习捏泥人，13岁起就以泥塑为职业了。这时，他已不局限于捏小泥人和小动物、小玩具，而是开始给制作好的泥塑上色，以达到更丰富的艺术效果。张明山最喜欢塑造戏曲人物和戏曲故事。家里境况不好的时候，他赶庙会，看后台戏。生活稍微宽裕，他就到茶园之类的娱乐场所看戏。台上人物的容貌、扮相、衣饰、姿态，都成为他日后创作的素材，故事的起承转合、跌宕起伏，都给他带来丰富的创作灵感。这一时期，他创作了大量戏曲故事作品，如《黄鹤楼》《佘太君》《春秋配》《回荆州》等。1844年，张明山18岁的时候，著名京剧老生余三胜来津演出，有不少人为他画像、塑像，张明山多次去看余三胜的戏，反复揣摩，完成了一尊余三胜塑像。塑像摆出后，引来很多人观看，都说这个余三胜太像了，简直就是"活余三胜"。张明山的彩塑，由此名声大振，获得了"泥人张"的艺名。

张明山青壮年时期的彩塑创作，注重彩塑技艺的探索与钻研。他发现凭记忆塑造的人物不够准确，再去看戏的时候，他把泥块放在衣袖里，一边看戏，一边不动声色地在袖子里捏出台上人物的头像来。通过这种方法，张明山积累了大量素材，也为泥人张彩塑的写实手法奠定了基础。注重对人物形象的观察与记忆，成为泥人张彩塑艺术的重要创作经验。这个时期，张明山创作了京剧名角程长庚、刘赶三等众多彩塑作品。纵观张明山的创作生涯,这一时期的作品受唐代绘画、雕塑的影响很大,尤其是人物面部的塑造和描绘,在一些留存至今的作品中得到体现。如创作于1858年的彩塑《断桥》,整套作品是由许仙、白蛇、青蛇组成的群像,三个塑像可以分开,但凭借三人脸上的神情,又能有机组合在一起,人物关系及所处场景一目了然。彩塑《孙夫人试剑》,女像的面部塑造与《断桥》如出一辙,侍女是立像、探头、弓背,身体微微前倾,从侧面看形成一条柔和的曲线,与唐代女俑造型有颇多相似之处。随着彩塑技艺的日臻成熟和完善,除戏曲人物、历史故事、人物肖像外,张明山还创作了民间故事、时装人物等题材的彩塑作品。

1860年到1894年,张明山的创作主题更加丰富,最为著名的是反映殡仪习俗的作品。西方人到中国采风,发现中国的葬礼有特点,于是请张明山创作一套相关内容的作品。这套作品中的人物多至上百人,而且形态各异,没有重复的形象出现。张明山把朋友的形象作为素材,塑入作品之中。此时,张明山已闻名遐迩,求购泥人者络绎不绝。西方人花重金购买张明山的作品带回国,在博物馆展览。张明山还喜爱捏塑戏剧人物,京剧"伶界大王"谭鑫培塑像,是他这个时期的作品。随着知名度提高,张明山的交游更加广泛。他广结书画界朋友,与画家刘小亭、梅韵生等人都有交往。对绘画的喜爱和研习,丰富了张明山彩塑的表现手法。随着人生阅历的增加,张明山的民族气节和正义感越发显现。1870年,天津爆发了"天津教案",愤怒的人们烧毁了天主教堂望海楼。在教案发生的前一天,张明山同友人一起到法国领事馆交涉取消"仁慈堂"等事宜,与法国领事发生冲突,还因此生了病。后来,张明山创作了一套关于"天津教案"的彩塑作品,再现这个事件,可惜的是,这套作品的原作已无存世。张明山50多岁时,在北京生活了两年,60岁前后到上海、南京等地游历,结识了不少名家,并把自己创作的泥塑《武家坡》送给海上画派名家任伯年作纪念。

晚年张明山的创作力仍很旺盛。这一时期,张明山更多地把自己的爱憎融入作品。他曾给罗荣光塑像。罗荣光是湖南乾州人,天津镇总兵,八国联军侵华时为大沽炮台守将,坚守大沽炮台,最后以身殉国。张明山也曾捏过"海张五"。张明山把这个人物捏得活灵活现,才有了"贱卖海张五"的传说。张明山喜欢结交各界朋友,尤其是文化艺术界的朋友。他与画家曹鸿年交好,为京剧名角杨小楼、汪桂芬、田桂凤等人塑像。张明山文化程度不高,但他一生读书不辍,与教育界人士林墨青来往密切,与著名教育家、学者严修一家交情深厚。他曾为严修的父亲严克宽塑像,整件作品人物比例精准,骨骼构架准确,惟妙惟肖,令人百看不厌。这件作品成为张明山写实主义作品的代表作之一。他也曾为严修塑像,严修曾撰文记述张明山的生平。在慈禧太后70岁生日的时候,清廷内务府官员进贡张明山创作的"八匣泥人"给慈禧作为礼物,现收藏在颐和园乐寿堂中。

张明山是泥人张彩塑艺术的创始人,在几十年的彩塑生涯中,创作有作品上万件。由于泥塑本身的特点,存世作品很少。他的作品以人们喜闻乐见的古装仕女、戏曲人物、传说故事等传统题材居多。不论是单体塑像还是群像,均注重人物精气神的塑造以及人物关系的处理,捏塑与彩绘完美结合,对人物衣饰的表现自成风格。他的写实主义作品在民间小雕塑中独树一帜,获得了徐悲鸿等艺术大师的高度评价。1915年,张明山的彩塑作品《编织女工》获得巴拿马万国博览会一等奖。

1906年,张明山因病去世,终年80岁。

参考文献:

严修:《张君明山事略》,《社会教育星期报》,1921年5月第298期。

张映雪编著:《泥人张的生平及其艺术》,天津人民出版社,1956年。

(清)张焘:《津门杂记》,1884年(清光绪十年)刻本。

燕归来簃主人编:《天津游览志》,中华书局,1936年。

(宋　杨)

张 鸣 岐

张鸣岐(1875—1945),字坚白,号韩斋,山东无棣人,1875年8月29日(清光绪元年七月二十九日)出生。张家系无棣望族,其父张凌云,屡试不第,供事北京衙门,积资捐官,曾任湖南湘潭朱亭丞。1894年,张鸣岐考取举人,次年会试落选,留国子监南学读书。

1898年,张鸣岐结识了太仆寺少卿岑春煊,成为岑的重要幕僚。张鸣岐长于文案奏章,办事干练,深受岑春煊的赏识。[①]张鸣岐为其代拟奏稿、出谋划策,成为其最得力的助手之一。岑春煊凭借张鸣岐代拟的奏折受到光绪帝的嘉奖而获任广东、甘肃布政使。1900年,八国联军进攻北京时,岑春煊率兵"勤王",深得慈禧宠信,升任陕西巡抚,后迁山西巡抚,再迁四川总督。也正是由于得到了岑春煊的垂青,并在其力荐之下,张鸣岐也随着岑的升迁,先后任职两广学务、营务处,广西太平思顺道等职位。

1906年12月,清政府任命张鸣岐为广西布政使,署理广西巡抚。是年,广西柳州、庆远等府属淫雨成灾,太平等府属大旱,广西全省受灾达二十四州县。张鸣岐及时到各地进行巡察,掌握了具体情况,上奏清政府,按律例减免了许多税赋。张鸣岐还组织民众进行了抗灾自救,在重灾区设立救济所。次年6月,清政府正式任命张鸣岐为广西巡抚。1906—1910年,张鸣岐主政广西期间,大力推行"新政"。他立

---

①高言弘:《张鸣岐》,载莫乃群主编:《广西历史人物传》第5辑,广西地方史志研究组,1981年内部印行,第212页。

足于广西僻处边陲、民智未启、资源丰富这一现实,以统筹"边防全局""振兴实业""培养人才"为指导思想,致力于广西各项事业的建设。他开办各类学校和设立革新机构;引进了许多军事人才,编练新军;同时又注重兴办实业,奖励工商业,开发广西矿业,对促进广西近代化起到了积极的作用。[①]

1910年,张鸣岐重金买通清政府首席军机大臣奕劻,取得署理两广总督的高位。次年1月,张鸣岐到广州上任,适逢黄兴等革命党人准备起义。4月8日,署广州将军孚琦被革命党人刺杀。清政府任命张鸣岐为署广州将军,不久实授为两广总督。他残酷镇压黄花岗起义,杀害林觉民、喻培伦等许多革命党人。辛亥革命爆发后,张鸣岐不肯附从革命而弃职,先后逃往香港、日本。

袁世凯执政后,张鸣岐回到北京,挂名为袁的高等顾问。在镇压二次革命后,为监视西南军阀,袁世凯于1913年派张鸣岐任广西民政长(后改官名为广西巡按使)会办广西军务。1915年任广东巡按使。次年拥护袁世凯称帝,被封为一等伯。不久,张因政界矛盾,辞去巡按使职务,隐居在上海法租界。

1927年南京国民政府建立后,张鸣岐移居天津英租界。在津期间,他同下野的军阀政客白坚武相勾结,与日本驻屯军特使接上关系。1937年全民族抗战爆发后,他公开投敌。1942年与王克敏、靳云鹏等充任伪华北政务委员会咨议会议委员。

1945年9月15日,张鸣岐在天津去世,终年70岁。

参考文献:

秦颖:《两广总督张鸣岐的寓所》,载李正中主编:《近代中国天津名人故居》,天津人民出版社,2009年。

---

①钟霞:《张鸣岐与清末广西近代化》,《中国边疆史地研究》,2003年第2期。

高言弘:《张鸣岐》,载莫乃群主编:《广西历史人物传》第5辑,广西地方史志研究组,1981年内部印行。

李新等主编:《中华民国史·人物传》第8卷,中华书局,2011年。

(王建明)

张 彭 春

张彭春(1892—1957),字仲述。1892年4月22日(清光绪十八年三月二十六日)出生于天津。其父张久庵酷爱音乐及戏曲,与孙菊仙堪称莫逆。[1]张彭春幼年时,父亲常带他到戏园听西皮二黄。1904年,张彭春入其兄张伯苓建立的天津敬业学堂(南开中学前身)学习。

1908年,张彭春考入保定高等学堂,两年后参加游美学务处(清华学堂前身)第二届庚子赔款留美学生考试,名列第十,同榜有胡适、钱崇树、竺可桢、赵元任等。1910年9月赴美国克拉克大学学习,任学生辩论队队长,练就了极佳口才。[2]1912年12月,张彭春代表克拉克大学在费城举行的世界大同会年会上发表演说,引人瞩目。[3] 1913年进入哥伦比亚大学学习,1915年获得文学、教育学硕士学位。

张彭春在国外期间,对欧美戏剧产生了极大兴趣,用大量时间学习研究戏剧理论和编导艺术,并用英文写下了《灰衣人》《外侮》《醒》三个剧本。寓意剧《灰衣人》发表于北美中国学生基督教协会1915年3月《留美青年》杂志,表达了一位热血青年对中国命运的关注,对世界和平的呼唤。关于《外侮》,胡适在1915年2月的一篇日记中评价此剧道:"结构甚精,而用心亦可取,不可谓非佳作。吾读剧甚多,而未尝敢

①张锡祚:《张伯苓先生传略》,载天津市政协文史委编:《天津文史资料选辑》第8辑,天津人民出版社,1980年,第76—77页。

②张新月、郑师拙:《张彭春年表》,载黄殿祺主编:《话剧在北方奠基人之一——张彭春》,中国戏剧出版社,1995年,第380页。

③马明:《张彭春与中国现代话剧》,载黄殿祺主编:《话剧在北方奠基人之一——张彭春》,中国戏剧出版社,1995年,第338页。

自为之,遂令仲述先我为之。"①

1916年夏,张彭春回国到南开中学工作,很快担任南开新剧团副团长。他废除了剧团原先的编演程序,引进了西方戏剧编导演体制,并用新的方式方法导演了自己编写的独幕剧《醒》,该剧于1916年10月在南开建校12周年纪念会上演出,该剧对中国政治的腐败、官场的黑暗进行了揭露,使观众受到了强烈的震撼。张彭春、周恩来、冯毓坤都在剧中扮演了角色。张彭春还导演了这出戏的英文版。

1918年10月,由张彭春主稿,南开新剧团师生共同编演了话剧《新村正》,为南开中学建校14周年献礼,剧本发表在1919年的《春柳》杂志上。15年后,张彭春与曹禺共同将剧本进行了修改,使其情节更加紧凑,更加引人入胜。该剧以土地是否能够出租给外国公司经营为线索展开剧情,有着强烈的反帝反封建意识。学者对其评价道:"无论从思想内容还是艺术形式上看,《新村正》都具有划时代的意义。它是过渡时期南开新剧的最后一个高峰之作,也标志着我国新兴话剧一个新阶段的开端。"②该剧的演出轰动全国。

1919年夏,张彭春再次赴美国深造,获得哲学博士学位。1920年,中国北方发生大水灾,洪深邀请他编写剧本《木兰》,1921年2月,该剧由洪深执导后搬上纽约百老汇的克尔戏院演出,将中国话剧推向美国舞台,为国内灾民募集捐款。该剧本后收藏在美国国会图书馆。③在纽约,张彭春与蔡秀珠举行了婚礼。1922年,张彭春应中国教育促进会邀请到欧洲,考察英国、法国、德国、波兰、丹麦等国的教育制度。回国后,被聘为清华学校教务长,负责增设大学部的工作。他

---

① 张新月、郑师拙:《张彭春年表》,载黄殿祺主编:《话剧在北方奠基人之一——张彭春》,中国戏剧出版社,1995年,第381页。

② 陈白尘、董健主编:《中国现代戏剧史稿》,中国戏剧出版社,1987年,第85页。

③ 张廷勋:《缅怀彭春恩师》,载黄殿祺主编:《话剧在北方奠基人之一——张彭春》,中国戏剧出版社,1995年,第293页。

在报告中提出,清华要成为一个造就中国领袖人才的试验学校。他还对清华的课程设置进行了一系列的改革,增加国学师资力量,主持制订了《清华大学之工作及组织纲要》,成为1925年外交部批准的《清华学校大学部暂行章程》的蓝本。张彭春被选为旧制部主任兼大学普通部主任,组织制订了《清华学校学生缺课新章草案》等章程,为清华大学形成良好校风起到奠基作用。

1926年2月,张彭春返回南开学校任职,并在南开大学兼课。他继续在南开新剧团里编导中国剧目,还推出了一批外国名剧,如易卜生的《娜拉》《国民公敌》(演出时更名为《刚愎的医生》),果戈理的《巡按》(又名《钦差大臣》),高尔斯华绥的《争强》,莫里哀的《财狂》等,提升了剧团的话剧艺术水平。

1929年,为纪念南开建校25周年,张彭春改编导演《争强》(曹禺主演)大获成功。黄佐临写文章说:"观摩得我大为欣赏,写了一篇三千字左右的观后感,分三次刊登在天津《大公报》上。"[1]一个学校业余剧团演出出现这样的盛况,一方面是张彭春首次采用了女生饰演剧中女性,另一方面与张彭春导戏的"两个艺术原则,一种工作精神"不无关系。他还主张:"这原则和精神不只应用到艺术上,也是我们剧团里为人做事、研究学问的基本。"[2]

1929年12月,张彭春赴美国为南开学校募捐。当时的美国人视中国戏曲为笑料,美国的百老汇不知道梅兰芳,而梅兰芳也不知道美国的百老汇。在张彭春的安排下,次年春季,梅兰芳带领京剧访问团抵达美国华盛顿。虽然梅兰芳带去的都是他的经典剧目,但由于文化及语言的不同,美国观众无法顺畅地欣赏首次登上美国舞台的中国京

---

①黄佐临:《张彭春教授是北方话剧起源的奠基人》,载黄殿祺主编:《话剧在北方奠基人之一——张彭春》,中国戏剧出版社,1995年,第336页。

②张彭春:《关于演剧应注意的几点原则和精神》,载黄殿祺主编:《话剧在北方奠基人之一——张彭春》,中国戏剧出版社,1995年,第171页。

剧。因此,梅兰芳紧急邀请张彭春出任剧团导演,重新选择剧目安排演出。张彭春对选定的剧目进行了大幅度的精简,他为控制演出时间,让演员、乐队反复演练再次演出后,美国观众对京剧的兴趣迅速提高,三天后,他们在美国两个星期的演出戏票全部售罄。梅兰芳在洛杉矶荣获波姆纳和南加州两所大学的名誉博士,也多赖张彭春的联络、推荐。

1931年,张彭春先后到美国芝加哥大学、哥伦比亚大学任教。暑期访问英国期间,同萧伯纳及埃斯特夫人讨论文艺,还访问了荷兰、芬兰、德国、苏联、波兰、奥地利、法国、瑞士等国家。1932年回国,在南开大学哲教系、英文系任教授。1933年夏,代表中国赴加拿大参加太平洋国际会议。归途中受夏威夷大学邀请,担任客座教授一年,讲授中国文艺。①

1935年2月,梅兰芳到苏联演出,这次访苏团以梅兰芳为团长,总指导为张彭春,副指导为余上沅。经过精心策划与安排,计划演出8场,实际演出了15场,获得了极大的成功。梅兰芳评价张彭春说,干话剧的朋友很少真正懂京剧,可是张彭春却也是京戏的大行家。②

1935年春,张彭春与曹禺合译了莫里哀的五幕话剧《吝啬鬼》,并将原剧本改编成三幕话剧,重新定名为《财狂》。张彭春任导演,林徽因设计布景,由南开新剧团在学校礼堂演出。该剧融入了京剧艺术的内涵,为话剧舞台注入了新的活力。舞台设计也有所创新,张彭春主张舞台不用幕布,改用灯光替代。开幕时,灯光一明一暗,布景时现时隐,观众看起来,确是别有一番情趣。③文化名人郑振铎、李健吾等专

①马明:《张彭春与中国现代话剧》,载黄殿祺主编:《话剧在北方奠基人之一——张彭春》,中国戏剧出版社,1995年,第338页。

②中国戏曲志编辑委员会编:《中国戏曲志·天津卷》,文化艺术出版社,1990年,第445页。

③张镜潭:《回忆张彭春教授导演〈财狂〉》,载崔国良主编:《南开话剧史料丛编·编演纪事卷》,南开大学出版社,2009年,第218页。

程从北京来津观看演出。关于《财狂》的演出，《大公报》将其誉为"华北文艺界的盛事"①。《益世报》也整版刊登萧乾、李健吾等人的评介，并连续报道近半个月。

由于张彭春专业的培养、精心的教导，南开新剧团的骨干曹禺、鲁韧、黄宗江等后来均成为一代戏剧大师。1936年，曹禺在其剧作《雷雨》的自序中虔诚地写道："我将这本戏献给我的导师张彭春先生，他是第一个启发我接近戏剧的人。"②半个多世纪后，曹禺在为《话剧在北方奠基人之———张彭春》一书作的序言中，仍然深情地写道："彭春老师通过导演、演出、不断地指导，教给我认识国内外许多戏剧大师。我时常怀念他在南开中学礼堂后台和校长会议室排戏的情景。在那几间宽大、亮堂的房间里，为我们专心排练，那样认真，甚至有一种严肃的战斗气息。我将永远不能忘记张彭春先生的恩情。"

1936年，张彭春赴英国讲学。5月，在英国伦敦戏剧学馆和老维克剧院作"京剧艺术与技巧"的学术报告，把京剧艺术从理论到表演都做了详细的宣讲与推广。为张彭春促成这次演讲的黄佐临说："报告既生动又理论化，而且还与西方戏剧紧密联系，引起全馆师生以及当时英国戏剧界红人的热烈反响。"他还进一步说："看来当前欧美'京剧热''戏剧热'与那次的学术报告不无关系。"③

全民族抗战爆发以后，张彭春多次受政府委派出国宣传中国的抗日，争取国际支持，还代表天津参加了国民政府参政会。1940年担任国民政府外交官，先后任驻土耳其公使、智利大使。二战结束后，1946年联合国人权委员会成立，张彭春参与起草了《世界人权宣言》，后任

---

① 田鹏：《跟随九先生、老伉先生排戏》，载崔国良主编：《南开话剧史料丛编·编演纪事卷》，南开大学出版社，2009年，第224页。

② 崔国良：《曹禺与张彭春的戏剧情缘》，载崔国良主编：《南开话剧史料丛编·编演纪事卷》，南开大学出版社，2009年，第351页。

③ 黄佐临：《张彭春教授是北方话剧起源的奠基人》，载黄殿祺主编：《话剧在北方奠基人之———张彭春》，第336页。

中国驻联合国经济暨社会理事会常任代表兼人权委员会副会长。1947年代表中国出席联合国新闻自由会议,任首席代表。

1952年6月,张彭春正式离职,在美国新泽西州纳特莱城休养。1957年7月19日,因突发心脏病逝世,终年65岁。

参考文献:

黄殿祺主编:《话剧在北方奠基人之一——张彭春》,中国戏剧出版社,1995年。

崔国良主编:《南开话剧史料丛编》,南开大学出版社,2009年。

（齐会英）

张 绍 曾

　　张绍曾(1879—1928),字敬舆,直隶大城县人,生于1879年10月19日(清光绪五年九月初五日)。父亲张汝封早年当长工维持生活,后刻苦读书,考中秀才,于是偕妻带子,举家迁往天津,在西门里一户王姓人家教私塾。

　　1895年,张绍曾考入天津武备学堂炮科。1898年由清政府选派到日本陆军士官学校第一期炮科学习。回国后被派到保定速成武备学堂任教官,开始了他的军旅生涯。先后担任北洋陆军第二镇步兵第二协第五标帮统、直隶督练公所教练处总监督等职。1907年被新任东三省总督徐世昌调到奉天军界任职。这时,宋教仁以创办实业为名,来东北发展同盟会,并在奉天成立辽东支部,张绍曾秘密加入同盟会,成为支部的重要负责人。[①]1909年,调任陆军贵胄学堂监督。1911年任第二十镇统制,驻防在奉天、新民。武昌起义后,张绍曾响应革命,通电提出12条政纲,主张立宪,还政于民,同时截留清政府从国外所购军火,与吴禄贞等密谋推翻清政府。

　　1912年春,袁世凯利用张绍曾与革命党人的关系,任其为长江宣抚使。张奔走于京、沪间,参与南北议和。同年出任绥远将军兼垦务督办,并被授予陆军中将加上将衔。时值外蒙古发生叛乱,叛军南犯,张绍曾指挥三路军队迎战,打退了叛军,维护了国家的统一。大总统

---

①宁武:《东北辛亥革命简述》,载全国政协文史委编:《辛亥革命回忆录》(5),中华书局,1963年,第536页。

袁世凯为表彰其功绩,授予他陆军上将、勋三位秩爵和一等文虎章。1914年张绍曾奉调回京,加封"树威将军"称号。

1915年,针对袁世凯的复辟称帝活动,张绍曾与蔡锷达成共识,积极组织力量准备起事。当蔡锷在云南举起护国大旗时,张绍曾积极响应。1916年6月袁世凯死后,黎元洪继任大总统,12月,张绍曾出任陆军训练总监。1917年7月,张绍曾积极参与反对张勋复辟的活动。1921年,张绍曾在庐山发起"国是会议",主张解除各省军阀的兵权,全国议和,但因张作霖反对而作罢。1922年以后,张绍曾在唐绍仪、王宠惠、汪大燮内阁中担任陆军总长。1923年,黎元洪再次担任大总统时,张绍曾出任北洋政府内阁总理兼陆军总长。他主张和平统一,倡议迎请孙中山北上,协商南北统一。他的政见与曹锟、吴佩孚发生分歧。1923年6月,张绍曾在直系发动的倒黎运动中被迫辞职下野,后来一直隐居在天津英租界。

张绍曾虽然息影津门,表面上诵佛经、习书法、练拳术,但仍然关注着国家的和平与统一。多年的宦海沉浮,使他对北洋政府失去了信心,而把国家的全部希望寄托于广州国民政府。此时的冯玉祥与孙中山等国民党人士有联系,张绍曾与冯玉祥是儿女亲家,对冯玉祥的一些重大政治、军事活动经常出谋划策。冯玉祥反对吴佩孚的"武力统一"政策,对曹锟通过贿选担任大总统也甚为不满,第二次直奉战争中冯玉祥准备倒戈,曾秘密派人到天津征求张绍曾的意见,请他代为决策。他对冯玉祥的计划非常支持,在给冯的回信中提出了24字策略:"死中求活,只有如此;事成之日,善后需图;究是故人,毋为已甚。"①虽然冯玉祥发动北京政变加速了直系军阀势力的崩溃,但段祺瑞以临时执政的身份掌握了政权。对此终局,张绍曾十分气愤,决心不再与北

<hr/>

① 张绍程:《张绍曾事迹回忆》,载全国政协文史委编:《文史资料选辑》第30辑,中国文史出版社,1995年,第200页。

洋军阀往来。他每天与朋友对弈、联诗,或独自阅内典、练书法,更多的时间则潜心研究佛、道学说。他曾撰写一部《三教谈论》的手稿,并著《觉道日记》一书。

1926年9月,冯玉祥在五原誓师后,率部配合国民革命军北伐,对张作霖的奉军形成威胁。张绍曾利用自己特殊的身份与地位,主动收集有关政治、军事情报及奉军的动态与部署,为了及时把直、奉方面的部署、动态及其他情况通报冯玉祥,他在自己家中架设电台与冯玉祥保持频繁的联系,有时一日数电,为冯玉祥出谋划策。

张绍曾为冯玉祥收集奉军情报的事情逐渐被张作霖察觉,他对张绍曾恨之入骨,顿起杀机。1928年3月,张作霖派亲信将领王琦到天津秘密布置暗杀张绍曾事宜,参加密谋的还有直隶督办褚玉璞、警察局长厉大森和时任直隶督办公署总参议的赵景云。3月21日晚,由赵景云出面,邀请张绍曾等人在天津南市的天和玉饭庄吃饭。饭后饮茶时,张绍曾被装成送信人的刺客骗出,遭迎面枪击,身中三弹。次日,张绍曾在其寓所不治身亡,终年49岁。

1933年秋,张氏后人、生前好友及一些知名人士集资,在北京西山卧佛寺旁购置山地,兴建陵墓,为其举行公葬。

参考文献:

何明主编:《北洋政府总理的最后结局》,中共党史出版社,2008年。

冯玉祥:《我的生活——冯玉祥自传》,世界知识出版社,2006年。

河北省政协文史委编:《河北文史集粹·政治卷》,河北人民出版社,1992年。

全国政协文史委编:《文史资料选辑》第30辑,中国文史出版社,1995年。

(郭登浩)

张 士 骏

张士骏(1889—1969),字子腾,直隶省丰润县人。张士骏幼时聪明好学,熟读四书五经。1908年入天津北洋法政学堂学习。1914年张士骏从法政学堂毕业后,开始从事律师职业。

1920年1月,在天津学生抗议日本强占山东的爱国运动中,学生领袖周恩来、马骏、张若名等被军阀当局逮捕入狱。张士骏非常同情爱国学生,与刘崇佑等律师一起,从法律的角度伸张正义,向警察厅长杨以德等施压。最后在全国抗议浪潮和天津各界反对声中,杨以德被迫释放了周恩来、马骏等进步学生。1921年6月,张士骏加入天津律师公会。

1931年8月25日,末代皇帝溥仪的妃子淑妃文绣突然逃离天津静园,向溥仪提出离婚。张士骏代理了文绣与溥仪离婚案。溥仪急聘林廷琛为代理律师,与张士骏等接洽,意欲和解以保颜面。张为帮文绣彻底脱离溥仪,将计就计知会法院签发传票,林闻讯后诘张不守信用,问为何边调解边告状,林为此拒接传票,结果正中张的下怀,即以调解为名,行告状之实。9月4日,双方律师再次见面,文绣坚决要求离婚,并向溥仪提出条件。9月15日,林、张又商谈两次,在供养费等问题上均达成一致。10月2日最后办理手续,林廷琛和张士骏等签字,轰动一时的"妃子革命",以文绣成功与溥仪离婚终结。

1937年七七事变前,张士骏与著名律师李景光一起,分别介入"桐达李家"分家事。这个家族后来出了一位杰出人物——弘一法师李叔同,因此在后世的有关研究中,张士骏还不时被提起。①

张士骏当律师时,遇穷人打官司常少收或不收费,甚至还提供食宿和盘缠。天津人解桐萱与族长打官司,因族长有钱有势打通关节,致使解几次败诉而倾家荡产,一家老小十余口难以为生。解仰慕张士骏之名请其为己申冤。张士骏不仅未收诉讼费用,反而付给其生活之资。在两个多月时间里,经过张士骏多次出庭据理力争,终于替解桐萱洗雪了冤情。张士骏家的奶妈杨妈的娘家出了人命冤案,因家贫打不起官司,张士骏主动出面代理诉讼。他不仅不收费用,还给当事人提供食宿,胜诉后又另送200银元补贴家用。②

天津沦陷时期,张士骏和共产党人杨秀峰、李运昌有过多方面的联系。他或为八路军捐款筹粮,或为地下党提供避难处所,还通过这些共产党人为延安输送过两批革命学生。他还多次利用法律手段和社会地位,营救被捕的共产党人。③

1946年4月18日,在中共天津工作委员会直接领导下,党的地下工作者创办了一份公开发行的报纸《中国新闻》。该报表面上挂靠在重庆中国新闻摄影通讯社天津分社,社长张树德(时任天津市市长张廷谔之族侄)是共产党员。张士骏作为进步民主人士,被聘为报社法律顾问。由于报纸有明显的求民主、求和平倾向,1946年8月被迫停刊。

1949年1月,天津城被我东北野战军团团围住。此时的张士骏,在中共华北局城工部领导下,与张树德一直保持密切联系。张士骏接受了给即将入城的解放军某部准备军粮的任务,为此他日夜守在家中的电话机旁。当解放军某部开进市内河北地区时,他安排好部队给

---

①李端:《家事琐记》、李孟娟:《弘一法师的俗家》,载郭凤岐主编:《李叔同-弘一法师纪念集》,天津人民出版社,2000年,第240、246页。

②张景宝:《著名律师张士骏》,载河北省政协文史委编:《河北历史名人传·社会卷》,河北人民出版社,1997年,第175页。

③梁崇扬:《律师张士骏》,《今晚报》,2008年3月16日。

养,迎接大部队进城。①

天津解放前夕,张士骏还掩护过娄凝先、杨振亚等党的地下工作者以及杨石先等革命和民主人士。

1950年,年逾花甲的张士骏随子女迁居北京。1969年张士骏逝世,终年80岁。

参考文献:

张景宝:《著名律师张士骏》,载河北省政协文史委编:《河北历史名人传·社会卷》,河北人民出版社,1997年。

梁崇扬:《律师张士骏》,《今晚报》,2008年3月16日。

天津律师公会编:《天津律师公会会员录》,1946、1947年印本。

(杜 鱼)

---

①张景宝:《著名律师张士骏》,载河北省政协文史委编:《河北历史名人传·社会卷》,河北人民出版社,1997年,第183页。

张 寿 臣

张寿臣（1899—1970），原籍河北深州，1899年1月29日（清光绪二十四年十二月十八日）出生于北京。张寿臣的父亲是评书艺人。张寿臣5岁时，父亲送他去读书，但他从小就痴迷于北京天桥艺人的表演。7岁时他开始边读书边在天桥说相声。12岁时父亲去世，张寿臣拜"相声八德"之一焦德海为师，开始正式学习相声。

三年后，张寿臣学徒期满。他和师弟聂文治离开北京出外闯荡，先后到过通州、三河、玉田、丰润、唐山，再经塘沽、天津返回北京，相声技艺也得到了锤炼。回到北京后，张寿臣开始跟着焦德海在场子里演出，有机会看到了很多前辈艺人的表演，给了他博采众长的机会。经过近三年的学习实践，20岁时他已经会说大小近300个段子。此时一个叫魏三的人在先农坛东边开办了一个专说相声的场子，请张寿臣去挑大梁。得到师父的同意后，他约请了长辈刘德智及师弟郭启儒、于俊波等开始组班演出，在相声表演方面迈出了坚实的第一步。

1923年时，他白天在先农坛演出，晚上则被邀请进入"四海升平"等曲艺园子献艺，声名逐渐显赫。这个时候，在天津的"德"字辈的相声艺人李德钖主动提出和他合作，张寿臣离开北京来到天津与李德钖合作，并在天津定居。

李德钖向张寿臣传授了对口相声《粥挑子》《大审案》《拉洋片》《十八愁绕口令》《豆腐堂会》，单口相声《杨林标》《五人义》《三怪婿》，以及中篇《古董王》《君臣斗》等段子，并对原有的段子进行进一步加工。到了1927年，张寿臣已经成为各大曲艺演出场所争抢的相声艺人。当时报纸发起由观众票选不同曲种"大王"的活动,他被选为"相声大王"。之后,他又有了"幽默大王""笑话大王"等称谓。

张寿臣读书很多。他订阅了多份报纸,熟读了很多历史演义、笔记小说和史书等,如《水浒传》《三国演义》《两晋演义》《阅微草堂笔记》《清朝野史大观》《夜雨秋灯录》《聊斋志异》《香祖笔记》《史记》《三国志》等。根据从书中得到的知识,他把自己掌握的相声段子进行了梳理,对里面涉及的史实进行了订正。他还到讲习所听文人们的讲座,听蔡友梅的《京华故事》、关多福的《豫让论》等,这也使他开阔了视野,并且接受了新文化思想。这一切都为他成为一代相声宗师夯实了基础。

张寿臣表演精湛,"现挂"也极具水平。天津沦陷时期,有一次他在舞台上说:"小日本长不了,为什么? 日本天皇的年号就不是好兆。昭和,'昭'字怎么写? 左边是个'日',右边,上边儿是个'刀',下边儿是个'口',小日本躺在刀口上了,他还能活几天啊?"这样的"现挂",充分体现出他的民族气节。汉奸特务以此要挟他,向他讹钱,后被特务抓进了警察局,在遭到皮鞭毒打后,被关进了大牢,继而又是惨无人道的暴打。他的师弟常连安设法将他保出,他已经被打得遍体鳞伤,险些丧命,卧床近半年才康复。

张寿臣是天主教徒,于1934年接受洗礼。新中国成立后,梵蒂冈教皇庇护十二世在美国的策动下,编造"中国教徒信仰不自由"等谎言,制造混乱,以达到反华的目的。鉴于此,中国教友自发成立了以爱国爱教为宗旨的天主教爱国促进会。张寿臣积极加入,并被选为委员,先爱国,后爱教,是爱国人士。

1953年,张寿臣进入天津市曲艺工作团,从事单口相声、评书的表演,该团后并入天津人民广播电台曲艺团。1958年,天津人民出版社出版了《张寿臣单口相声选》,收录了张寿臣15段有代表性的单口相声作品。同年,他开始在天津戏校少年训练队任教。

张寿臣是相声艺术承前启后的一代宗师,他改编、整理的相声段子如《卖挂票》《大保镖》《文章会》《对春联》《小神仙》等,创作的《地理图》《夸讲究》《大戏魔》《西江月》《洋药方》《歪讲百家姓》《窝头论》《开粥厂》《五百出戏名》《巧嘴媒婆》《偷斧子》《娃娃哥哥》《庸医》《姚家井》(中篇)等,都已成为经典的相声段子,而多数又都成为今日相声演员的必会曲目。

　　张寿臣曾当选为天津市人大代表,任第三、第四届天津市政协委员,中国曲协理事、天津市曲协副主席,受到过毛泽东主席的接见。

　　1964年,张寿臣退休,但仍坚持传艺和史料整理方面的工作。1970年,张寿臣病逝于天津,终年71岁。

参考文献:

中国曲艺志编辑委员会、《中国曲艺志·天津卷》编辑委员会编著:《中国曲艺志·天津卷》,中国ISBN中心,2009年。

(高玉琮　刘文赞)

张 太 雷

张太雷(1898—1927),江苏武进人,本名张曾让,乳名泰来,学名张复,自号长铗,1898年6月17日(清光绪二十四年四月二十九日)生于常州市一个没落的封建世家。参加革命后又名椿年、春木,后改名张太雷,寓意把自己化作惊雷,冲破旧社会的反动统治。

张太雷年幼时随父母亲在外祖父家生活。1901年,张太雷父亲到安源煤矿工作,一家人随迁安源煤矿。1906年2月,因父亲病故,张太雷随母亲和姐姐迁回常州。后受张绍曾资助入贞和堂张氏私塾学习,一年后转入西郊初等小学。1911年冬,张太雷小学毕业后,受校长马次立资助考入常州府中学堂预科学习,翌年转入本科一年级学习。常州府中学堂是革命党人宣传民主革命的场所,张太雷深受民主革命思想的影响。1911年武昌起义爆发后,张太雷带头剪掉辫子,宣传反清思想。1913年,张太雷积极参加学生自治会组织的抵制日货活动。1915年7月,张太雷因参与闹学潮而被学校当局开除。

1915年秋,张太雷考入北京大学法科预科,由于学习费用难以为继,同年冬转往天津北洋大学法政科预备班,半年后以优异成绩升入北洋大学法科学习。在校期间,张太雷在美国教授创办的《华北明星报》担任兼职编辑,负责翻译工作。十月革命爆发后,张太雷受李大钊所撰文章《庶民的胜利》和《布尔什维主义的胜利》的鼓舞,对中国革命前途充满希望和信心。为反对段祺瑞政府的卖国行为,1919年2月,张太雷不顾学校当局的制止,发起成立进步团体"社会建设会",为救国救民奔走呼号,他坚定地说:"做人要整个儿改,我以后不到上海当律师了。国家兴亡,匹夫有责。只有走十月革命的路,才能救中国!"①
这表明张太雷的思想开始从革命民主主义者向马克思主义者转变。

1919年5月,张太雷作为天津地区骨干,参加了五四爱国运动。5月5日,北洋大学全体学生率先通电北京政府,要求释放参加爱国运动被捕的学生,学校当局极力压制学生运动,广大学生掀起罢课风潮,并组成44个演讲团,分赴杨柳青、北仓、南仓、塘沽等地工厂、农村开展宣传活动,揭露反动政府出卖山东权益的罪行。6月24日,张太雷作为学生代表参加抵制日货委员会,开展抵制日货活动,他被选为天津学联评议会评议长。8月,张太雷等天津学联代表赴京营救抗议山东惨案请愿团遭到逮捕的代表,他们冲破反动当局的重重阻挠,高呼"如果需要,我们可以随时抛头颅,洒热血,绝不迟疑!"最终迫使反动军阀释放全部被捕代表。12月,天津中等以上学校学生联合会成立,张太雷被选为演讲委员会筹备委员。通过五四运动的洗礼,张太雷认识到人民群众的巨大力量,同时与李大钊、周恩来、于方舟等建立了革命友谊。

在领导学生运动期间,张太雷还与苏俄共产党人建立了联系,他阅读了大量马克思主义著作,秘密翻译社会主义革命文献,在津京传播马克思主义,介绍列宁的思想,直接同苏俄共产党人探讨建立工会、党团等问题,为他成为职业革命家奠定了坚实的基础。

1920年4月,共产国际东方局派维经斯基和杨明斋来中国了解国内政治情况,与李大钊、陈独秀等人讨论建立共产党和青年团的问题,张太雷担任英文翻译。6月,张太雷在北洋大学法科毕业后前往上海,与俞秀松等发起组织上海社会主义青年团,参加了中国共产党上海发起组的活动,直接参与了上海、北京党团组织的筹建工作。回到天津

---

① 中共党史人物研究会编:《中共党史人物传》第4卷,陕西人民出版社,1982年,第67页。

后,张太雷和于方舟分别在天津北洋大学和省立中学成立了马克思主义研究会,进行马克思主义研究活动。10月,张太雷加入李大钊发起组织的北京共产党早期组织。随后,张太雷在天津筹建社会主义青年团,任小组书记。

为进一步推动马克思主义与工人运动的结合,张太雷致力于在天津、唐山等地发起和开展工人运动。为深入开展工人运动,宣传马克思主义,张太雷到长辛店、南口以及京奉、津浦、京汉铁路沿线工人集中地区活动。1920年冬,张太雷与邓中夏等在长辛店创办劳动补习学校,成立长辛店铁路工会,作为开展工人运动的据点,他们经常深入工人家中,了解工人生活情况,为北方铁路工人运动培养了一批骨干。在张太雷的领导下,1921年初,唐山地区"除共产主义组织外,还有两个小组,一个是五金工人小组,另一个是铁路工人小组,在它们周围,团结了一批有关的工会"①。唐山地区的工人运动蓬勃开展起来。

1921年春,张太雷赴俄国伊尔库茨克共产国际远东书记处任中国科书记,从事共产国际与中国共产党组织的联系工作,向中国共产党组织传达共产国际执行委员会的指示,并以共产国际工作人员的身份,承担共产国际组织局委派的工作。在推动建立中国共产党统一组织期间,张太雷对中国社会进行了科学的分析,对党的性质、基本任务和最终奋斗目标做了精辟的阐述,指出了中国社会的半殖民地半封建性质,提出中国人民摆脱外国剥削、实现国家经济复兴的唯一道路,是通过阶级斗争夺取政权。他运用马克思主义阶级分析的方法,对中国社会各阶级进行了深入研究,提出了工农联盟的思想,从思想和实践上为中国共产党的建立做出了贡献。

1921年5月,张太雷代表中国共产党在朝鲜共产党建党大会上致

---

①中共天津市委党史资料征集委员会编:《战斗在天津的共产党人》,天津人民出版社,1991年,第59页。

辞。为筹建中国共产党,1921年6月,张太雷陪同共产国际代表马林和赤色职工国际代表尼科洛斯基来到中国,同李大钊、张国焘会面,确定在上海召开党的第一次全国代表大会,张太雷负责翻译《中国共产党宣言》。同月,张太雷受党的委托,作为中国共产党第一次派出的代表,出席共产国际第三次代表大会并发言。为了贯彻共产国际三大决议,推动国际共产主义青年运动的发展,青年共产国际于7月9日至23日在莫斯科举行第二次代表大会,张太雷、俞秀松作为中国社会主义青年团的代表出席了大会,并当选青年共产国际执行委员。回国后,张太雷作为共产国际代表马林的翻译,协助其开展中国共产党的建党工作。8月,张太雷与邓中夏、俞秀松等重新登记团员,1921年底各地团的组织逐渐健全,张太雷积极向中央局建议,提出将"地方性组织联合在一起,就可创建出一个有影响的青年组织"①。中央局接受张太雷的意见,准备在广州召开社会主义青年团第一次全国代表大会。

1922年1月,共产国际远东各国共产党及民族革命团体大会在伊尔库茨克召开,张太雷参与大会宣言《告东方各民族书》的起草工作。会议期间,他介绍瞿秋白加入了中国共产党。1922年二三月间,张太雷代表中国社会主义青年团参加在莫斯科召开的赤色职工国际成立大会和青年共产国际第三次代表大会,再次当选青年共产国际执行委员。5月5日至10日,中国社会主义青年团第一次全国代表大会在广州举行,会议由张太雷主持,会议通过了《中国社会主义青年团纲领》和《中国社会主义青年团章程》,确定成立青年团中央,张太雷当选为中央委员。根据8月中共中央全会的决定,张太雷以个人身份加入国民党。

1923年6月,中国共产党第三次全国代表大会召开,张太雷被选

---

① 中共党史人物研究会编:《中共党史人物传》第4卷,陕西人民出版社,1982年,第77页。

举为候补中央委员,负责草拟《青年运动决议案》,进一步发动青年开展反对帝国主义和封建军阀的斗争。8月,社会主义青年团第二次全国代表大会在南京举行,张太雷当选团中央常务委员,负责团中央日常工作。会后,张太雷接受党的派遣,跟随孙中山去俄国考察,10月担任中国社会主义青年团驻青年共产国际代表。

1924年春,张太雷回国任团中央书记。3月,主持团中央扩大会议,决定调整行动纲领和策略,动员团员、青年投入大革命。下半年,张太雷在国共合作创办的上海《民国日报》工作,担任主笔兼社论委员会委员。1925年1月,社会主义青年团第三次代表大会在上海召开,张太雷当选团中央书记兼妇女部部长。党的第四次全国代表大会后,张太雷被派往广州,在国民党中央宣传部工作,任苏联顾问鲍罗廷的翻译,推动了革命统一战线工作的开展。

1925年,张太雷兼任中共广东区委常委、宣传部部长,主编区委机关刊物《人民周刊》,发表多篇文章,宣传马列主义,号召广大群众投入反帝反封建的斗争中。他常以各种身份到群众中演讲,给各种讲习班和训练班授课,还为毛泽东主办的农民运动讲习所讲授《中国革命问题》。1926年,英帝国主义制造封闭粤海关事件,张太雷一针见血地指出,这是"英帝国主义有阴谋、有目的地破坏省港大罢工的伎俩"①。3月"中山舰事件"发生后,张太雷受广东区委委托草拟公开信,揭露国民党通过制造"中山舰事件"陷害共产党的阴谋。5月,蒋介石在国民党二届二中全会上提出整理党务案,进一步将共产党人排挤出国民党中央领导机关。张太雷发表《反动派在广东之活动》《到底要不要国民党?》等文章,指出"中山舰事件"和"整理党务案"显而易见是国民党右派造成的,揭穿了蒋介石篡夺革命领导权的阴谋。北伐军攻克武汉

---

①中共党史人物研究会编:《中共党史人物传》第4卷,陕西人民出版社,1982年,第88页。

后,蒋介石将南昌作为国民党新右派的巢穴,张太雷于12月抵达武汉,担任鲍罗廷的助手,积极参加领导湖北革命运动。

1927年四一二反革命政变后,为挽救革命危机,中国共产党在武昌召开第五次全国代表大会,张太雷出席并当选中央委员。蒋介石公开叛变革命后,汪精卫集团也加紧反共活动,时任湖北区委书记的张太雷夜以继日地部署工作,安排党员隐蔽、撤离。6月,党中央在汉口召开紧急会议研究时局,采纳张太雷的提议将中央机关由汉口迁至武昌,湖北区委也同时迁址。为了挽救革命、挽救党,7月10日前后,中共中央政治局进行改组,张太雷等组成中央常务委员会,代行中央政治局职权。7月15日,汪精卫集团公开叛变革命,大肆通缉、屠杀共产党员,张太雷也在通缉之列,党中央和湖北区委转入地下工作,张太雷积极组织共产党员及革命群众向九江、南昌转移,准备参加起义。

1927年8月7日,党中央在汉口召开紧急会议,史称"八七会议",纠正陈独秀右倾错误,确定土地革命和武装反抗国民党反动派的总方针,张太雷当选为中央临时政治局候补委员。会后,为加强对广东、广西及闽南等地的武装斗争和政治、军事工作的领导,决定由张国焘、周恩来、张太雷等组成中共中央南方局,张太雷任中共广东省委书记。9月下旬,张太雷发动潮汕铁路工人罢工,配合南昌起义部队攻下潮州、汕头,成立潮州县工农兵学商联合政府、汕头市人民政府。10月15日,张太雷在香港主持召开南方局和广东省委联席会议,总结南昌起义部队在广东失败的教训,并作《"八一事变"的经过、失败原因和前途》的报告,决定改组南方局和广东省委,张太雷等6人任南方局委员,张太雷仍任广东省委书记。会后,张太雷与苏兆征及共产国际代表罗乃曼研究制定广州起义计划。

1927年11月26日,张太雷主持召开广东省委常委会议,成立广州起义总指挥部——革命军事委员会,张太雷任总指挥。在白色恐怖下,张太雷忘我工作,召集工人代表传达起义决定,部署具体工作,积极争取张发奎军队,亲自主持教导团各级干部的分组训练。由于广州起义消息走漏,张太雷决定将起义提前到12月11日凌晨举行。由于参加起义人员英勇奋战,不到两个小时便占领了珠江北岸的大部分地区,张太雷宣布广州苏维埃政府成立。12日,张太雷从西瓜园大会演说结束后返回总部时,闻讯敌人反扑,他立即乘车赶往大北门指挥战斗,途中遭遇敌人伏击,身受重伤,医治无效,壮烈牺牲,年仅29岁。

参考文献：

中共党史人物研究会编:《中共党史人物传》第4卷,陕西人民出版社,1982年。

中共天津市委党史资料征集委员会编:《战斗在天津的共产党人》,天津人民出版社,1991年。

（孟　里）

张 相 文

张相文(1867—1933),字蔚西,晚号沌谷居士,江苏桃园人。9岁入乡塾,因家中无力支付学费而辍读。21岁时补博士弟子员。

25岁以后辗转于私人家中授徒。曾经参加过乡试,后弃科举,学习新学,尤喜中外地理科学。除了遍读二十四史、诸子百家外,又喜读江南制造局出版的科学书籍。戊戌变法时,苏州护龙街墨林堂书店出售《时务报》《孔子改制考》等书刊,张相文都买来阅读。受这些书籍影响,他的思想发生了很大变化,甚至打算在康有为路过上海时,前去拜访。时在苏州的一位美国教士,赠与汪瑶庭以郑兆桐所译绘世界地图一册,因此引起他研究世界地理的极大兴趣,上海徐家汇土山湾天主堂出版之《地理备说》等书,他都购得存阅。这时的张相文已经把地理学作为了研究方向。1900年,张相文以33岁的年纪,带着儿子一起进入南洋公学,充师范生,兼教留学班国文地理等课,并向日本人栗林孝太郎学习日语。两年以后,张相文学通了日语,开始翻译日文书籍,曾转译日文版的法国孟德斯鸠《万法精理》。同年编成了中国最早的地理课本《初等地理教科书》《中等地理教科书》,两书印行达200万余册。

南洋公学与北洋大学都是盛宣怀一手促成的,这是国内废科举之前两所最早的大学。北洋大学旨在培养一流工科人才,南洋公学旨在培养一流“商战人才”。张相文在南洋公学教书的几年中,结识了一批国内最优秀的人才,与章太炎、蔡元培等成为挚友,加入了同盟会,为他后来在北方的发展打下了基础。1908年秋,张相文接受直隶提学使傅增湘的聘请,到天津北洋女子高等学校任教务长。当时直隶总督袁世凯曾要求傅增湘选用年老者担任女校职务,傅见张相文42岁鬓发已斑,就多报了10岁,也没人怀疑。这一年,他编著了我国第一本自然地理著作《地文学》,书中说:"言地理,必济之以地文,其旨趣始深,乃不病于枯寂无味,且与他学科互相关联,如天文学、地质学、动植物学、气象学、物理学、化学,莫不兼容并包,以为裨益人生之功……此地文学所以为最重要之学科也。"此书是他试图建立新地理学的重要尝试。两年后,张相文升任北洋女子高等学校校长,并在这一年创立了中国地学会,这是中国最早的地理学研究组织。几个月以后,会刊《地学杂志》创刊问世,这是中国第一本地理学术刊物。

在天津,张相文积极参加了同盟会在北方筹划起义的活动,曾与同盟会友秘密组织"天津共和会",经常去法租界生昌酒楼共商策划滦州起义——生昌酒楼是共和会在天津的会址。他还让女儿张星华秘密传送武器,散发传单。

1912年夏,张相文辞去了北洋女子高等学校校长职务,专办中国地学会事务。1913年,张相文被选为众议院议员。他始终反对袁世凯的独裁和复辟,7月南下广州参加护法运动。为了躲避袁世凯的迫害,1916年4月,张相文化装成老农抵津,在法租界老西开恒安里租房居住。后来因政局变动,张相文多次来津避难。他曾多次到淮河中下游、黄河中下游及塞外高原山区,实地考察了解各地区的自然及人文现象。1914年春,农商部长张謇委托他调查西北农田水利。他调查回来后与张謇商量策划,各捐2000元,组织西通垦牧公司,开垦黄河后套。由于官僚豪绅的敲诈勒索和土匪的抢劫,开垦活动最终失败。

张相文最成功的事业还是他一手创办的中国地学会和《地学杂志》。学会建立之前,张相文征求张謇的意见,张謇告诫他要吸取湖北邹代钧曾为翻印地图几乎倾家荡产的教训。不出张謇所料,在之后建立学会的过程中,张相文经常陷入经费短缺的窘境,但是他筚路蓝缕,为事业坚持不懈。《地学杂志》自创刊起至1937年因抗战暂时停刊止，历时28年，共刊181期，共载文1600余篇。学会和杂志聚集了一支我国最早研究地理学的队伍，张相文把当时的国学大师章太炎、地理学家白眉初、地质学家章鸿钊、水利学家武同举、历史学家陈垣、教育家蔡元培和张伯苓等都团结在中国地学会中，撰稿人中还包括很多地理、地质等方面的专家，地理学在中国逐渐成为一门成熟的学科。

1933年1月16日，张相文因病逝世于北平，终年66岁。

其主要著作有《初等地理教科书》《中等地理教科书》《新撰地文学》《最新地质学教科书》《南园丛稿》(24卷)等。

参考文献:

张相文:《南园丛稿》,载《民国丛书》第5编,上海书店,1996年。

《地学杂志》创刊号,宣统二年正月(1910年2月),天津博物馆藏。

（陈　克）

张 肖 虎

张肖虎(1914—1997),天津人。祖父张翰云、父亲张城(字瘦虎)均擅长作画,张肖虎在家中排行最小,上有三个姐姐和一个兄长。

1920年秋,张肖虎入河北师范学校附属国民小学初小读书。1924年,转入天津直指庵小学高小读书。在家庭艺术氛围的熏陶下,张肖虎兴趣广泛,爱好吟古诗、习书法和唱京剧。

1926年秋,张肖虎以优异成绩进入南开中学,并跳级直升初中部二年级学习。在南开中学就读期间,他对音乐表现出了浓厚兴趣,参加了学校里的各种音乐社团,学习唱昆曲,弹钢琴,演奏二胡、笛子、月琴、六弦琴、萨克斯等乐器。

1931年,张肖虎考入清华大学土木工程系,那时课余音乐社团很多也很活跃,张肖虎入学不久就参加了学校的管弦乐队,在乐队排练期间受到乐队指挥、外籍教授、著名小提琴家托诺夫的关注。大二时,张肖虎开始向托诺夫和另一名外籍教授、钢琴家古普克学习作曲理论和钢琴。大三时,他担任清华大学管弦乐队和军乐队的训练干事,辅导新队员练习管乐。大四时,除了在清华大学学习,担任清华大学管弦乐队和军乐队队长及助理指挥外,他还在燕京大学音乐系选修了音乐理论课,参加燕京大学乐队和合唱团。他吹单簧管、长笛、短笛,担任长笛独奏,参加室内乐队,演奏巴赫、贝多芬的作品。1933年,19岁的张肖虎采用宋代女词人李清照的词作,创作了声乐曲《声声慢》。1936年夏,张肖虎大学毕业,获工科学士学位。清华大学教务长潘光旦和工学院院长顾毓秀就张肖虎的工作去向产生不同意见,潘光旦更加肯定张肖虎的音乐才能,要留他在学校音乐室做助教;顾毓琇则认为培养一个工科生不容易,改行损失太大。经过校务会的讨论,最终潘光旦说服了顾毓琇,张肖虎留校任音乐助教。

1937年七七事变爆发,平津先后沦陷。张肖虎为照顾老母亲,回到天津,本想在安顿好家庭后回清华大学继续工作,他致信清华校长梅贻琦征询意见,梅校长回信说:"南方尚缺音乐教育条件,可在天津边执教音乐,边学习音乐……"①张肖虎遂留在天津,先后受聘于天津私立耀华中学、天津基督教青年会和天津工商学院,担任音乐教员、指挥和教授等职。张肖虎与人合作先后创办了私立天津音乐专修学院、青年会音乐专修科、音乐学塾等音乐教育机构。

在耀华中学时,他建议全面改革音乐教学,以健康、严肃的音乐陶冶学生,用民族性强、有爱国意识的音乐鼓舞激励学生,使他们日后成长为对国家有用的人才。在校长的同意和支持下,耀华中学的音乐课由"唱歌为主"转为"唱歌、欣赏、乐理并举",鼓励学生课余学乐器,同时组成了口琴队、管弦乐队及人数众多的大型歌咏团,学习演唱积极、健康的作品。张肖虎组织和指挥的耀华中学、青年会合唱团,吸引了天津200多名青年音乐爱好者,经过严格训练,合唱团曾用英语演出《乡村骑士》《唐豪塞》等歌剧选曲和《蓝色多瑙河》《弥赛亚》等世界名曲。

1939年,张肖虎编写了《乐学基础》一书,全书25万余字,包括基本乐理、曲式和乐器知识。此外还与其他音乐教师重新选编了三本歌曲选,分别为小学、初中音乐课上使用,其中排除了敌伪歌曲。1940年,张肖虎与同在耀华教书的清华校友王守惠共同构思创作了4幕历史题材歌剧《木兰从军》。

---

① 张肖虎:《沦陷时期的天津音乐活动》,载天津市政协文史委编:《天津文史资料选辑》第67辑,天津人民出版社,1995年,第59页。

1941年,张肖虎建立了以天津工商学院为主,同时兼收社会爱乐青年的工商学院管弦乐队,他任指挥及正指导,定期练习乐器。在天津市举办的梵蒂冈第二任驻华代表蔡宁主教的欢迎会上,天津工商学院管弦乐队演奏了莫扎特《小夜曲》。该年是莫扎特逝世150周年,为了赈济灾民和救助学校贫困生,管弦乐队还举办了莫扎特作品慈善音乐会。

1944年,在天津青年会总干事杨肖彭的鼓舞下,由燕京大学宗教学院院长赵紫宸根据圣诞的故事,采用中国古典诗词的风格作词,张肖虎谱曲,创作了大合唱《圣诞曲》,在天津第六区青年会服务部礼堂公演,张肖虎任音乐指导。

1945年,张肖虎创作交响乐《苏武》,以古曲《苏武牧羊》为主题音调,并将歌词各段进行变体处理,用苏武思念祖国的故事,抒发爱国情怀。其时天津正为筹办一所山东医院募捐,医院院长邀约张肖虎以作品《苏武》举办筹款义演。张肖虎指挥天津工商学院扩大交响乐团在天津耀华礼堂进行了演出,引起天津民众感情共鸣,有些听众寄信表示,"听了这首交响乐,爱国之心油然而生"。

1946年秋,清华大学迁回北平,张肖虎又重新受聘于清华大学,任音乐室主任导师。由他作曲并指挥的大型4幕歌剧《松梅风雨》,在平津两地巡回演出20场次。之后他在清华大学恢复重组了管弦乐队、军乐队、合唱团,开设了音乐理论方面的选修课,举办了钢琴、提琴、声乐学习班和音乐讲座,同时还指挥着燕京大学的管弦乐队。

1949年开国大典时,张肖虎身背大鼓,率领作为大学生仪仗队的清华大学军乐队走过天安门广场,接受毛泽东等党和国家领导人的检阅。自1950年起,他先后任北京师范大学音乐系理论作曲教研室主任、作曲系副主任、音乐系主任、艺术教育系主任等职,创办并指挥了北师大合唱团。1956年后,他又陆续任北京艺术师范学院、北京艺术学院音乐系主任,燕京大学和中央音乐学院作曲系兼职教授。其间,张肖虎创作大型舞剧《宝莲灯》，并获邀赴苏联，协助新西伯利亚歌剧院改编此剧并上演，作为我国国庆10周年贺礼。在新西伯利亚市，他荣膺了"劳动荣誉奖""新西伯利亚市人民奖"。

1964年，张肖虎任新建的中国音乐学院作曲系副主任。1973年，中国音乐学院与中央音乐学院合并成立中央五七艺术大学音乐学院，张肖虎任作曲系教授。

1980年5月，张肖虎参加中国音乐学院的复建工作，任副院长兼作曲系主任和研究生导师。同期还参加了北京师范大学艺术教育系复系工作，任系主任。

1997年2月19日，张肖虎病逝于北京，终年83岁。

参考文献：

向延生主编：《中国近现代音乐家传》，春风文艺出版社，1994年。

孙玉蓉：《音乐家张肖虎早年歌剧创作拾珍》，载天津市政协文史委编：《天津文史资料选辑》第69辑，天津人民出版社，2007年。

秦德祥编著：《高山流水——常州音乐名家》，方志出版社，2010年。

（赵云利）

张 学 铭

张学铭(1908—1983)，字西卿，辽宁海城人，张作霖次子、张学良胞弟。生于1908年，早年入东北讲武堂学习，1928年进入日本陆军步兵学校学习。

1929年张学铭回国，就职于东北军。1930年10月，就任天津市公安局局长，1931年3月，出任天津市市长，兼任公安局局长和东北政务委员会财务整理委员会委员。

张学铭上任后，任用王一民等整顿天津保安队。保安队本是警察部队，《辛丑条约》规定天津城外围10公里内不得驻扎中国军队，因此保安队肩负保卫天津、维护社会治安的责任。但此时的保安队纪律废弛，武器陈旧，难以履职。张学铭从东北军中抽调骨干分子，将保安队兵力增加到3个团，更新旧式武器，配齐弹药，加强军事训练和爱国保土教育，整顿军风军纪，提高了保安队的战斗力。同时，张学铭还加强了对日本租界的情报工作，在保安队内成立特务队，随时了解掌握日本人的动向。

九一八事变后，11月8日，日本天津驻屯军司令香椎浩平和特务土肥原贤二发动了便衣队暴乱事件。早有准备的张学铭迅速做出反应，11月9日凌晨，天津保安队击溃了便衣队的进攻，夺回了被占领的重要地点。但日军并不死心，11月26日晚，带领便衣队再次从日租界出发袭击中国军警，训练有素的东北军保安队再次将暴乱队伍击溃。

便衣队两次暴乱失败，日本人恼羞成怒。在日本人的压力下，南京国民政府妥协退让，迫使张学铭辞职出国考察。他先后到英、法、德、美等国游历。在德国,他遇见了前北洋政府代总理朱启钤的女儿朱洛筠。在天津时他们就是好朋友。此次异国相逢,两人交往更加密切,终于结为夫妻。

抗日战争初期,张学铭住在欧洲和香港,1941年太平洋战争爆发后,香港沦陷,张学铭返回内地,住在南京。1943年被迫接受日伪政权军事委员会委员职,但抗战胜利后未被追究。

1945年日本投降后,国民政府任命张学铭为东北保安司令部参议室中将主任、东北行辕参议室副主任及中将总参议等职。1949年前夕,他拒往台湾,留在天津等待解放。

新中国成立后,张学铭一家得到了党和政府的热情关怀。1950年,张学铭进入华北人民革命大学学习,并参加了土地改革运动。毕业时,他希望能做一名真正的劳动者,自食其力,并提出愿意管理公园。于是,政府任命他为天津人民公园管理所副所长。就职后张学铭始终认真履行职责,积极参与公园建设。

1954年国庆节前夕,人民公园前门楼修建工程竣工在即,张学铭等人赴京转托章士钊请毛主席题字。第二天即收到了毛主席亲笔题字并一封复函,张学铭十分高兴,马上回天津,将题字放大刻板,制成匾悬挂于公园正门上方。这四个黑底金字,气势豪放,气贯长虹。这是毛泽东主席为全国园林、公园亲笔题写的唯一匾额。

张学铭曾担任天津市市政工程局副局长,还担任过全国政协委员。"文化大革命"期间,由于受到周恩来总理的保护,张学铭一家没有受到冲击。每当回忆起这段经历,张学铭就对周恩来总理感念不已。

1976年以后,张学铭先后担任天津市政协常务委员、民革天津市委员会主任委员、民革中央委员会委员等职务。每每忆及大哥张学良,他便禁不住情绪激动,热泪盈眶。每年6月张学良生日时,张学铭总会按照传统习俗,在家里摆上寿桃,举行寿宴,领着全家人吃长寿面,遥祝大哥平安健康。

1983年4月9日张学铭病逝于北京,终年75岁。临终前,他留下遗言嘱托儿子张鹏举:"我一生唯一的遗憾,就是不能与大哥见面。将来有机会的话,你一定要把我的话告诉他。"[1]

1998年6月3日,张鹏举专门赴美国夏威夷为大伯张学良祝寿,完成了父亲的心愿。

参考文献:

张学良口述,[美]唐德刚撰写:《张学良口述历史》,中国档案出版社,2007年。

(王　进)

---

[1]郭俊胜:《走进大帅府 走近张学良》,辽宁教育出版社,2009年,第335页。

张 勋

张勋(1854—1923),曾用名张和,字少轩、绍轩,晚年自号松寿老人。江西省奉新县人,1854年12月14日(清咸丰四年十月二十五日)生于江西省奉新县冈咀乡赤田村。

张勋8岁时,祖父被太平天国起义军杀死,同年,其生母病故。10岁入私塾读书,仅读了一年多,因父亲病亡,被迫辍学。14岁时,继母因不堪劳苦自尽身亡,张勋成了孤儿。15岁进入当地望族老翰林许振祎家,成为许家一名在册的仆役,后又成为许家二老爷许仙屏之子许希甫的书童,经历了长达五年的伴读生涯。1876年,随许希甫到南昌许公馆居住。1879年,经许家引荐,进入南昌府衙当兵。

1884年,张勋在长沙加入潘鼎新的部队,后随部参加中法战争,1891年升为参将。1894年,中日甲午战争爆发,张勋奉命率部由湖北驰援奉天,遂加入驻扎在奉天的宋庆的毅军。《马关条约》签订后,张勋投到正在天津小站地区编练新建陆军的袁世凯门下,袁对其十分器重,任命为工兵营管带。1899年,张勋跟随袁世凯到山东后被提升为副将,又因镇压义和团运动有功,升至总兵。1901年,袁世凯继李鸿章署理直隶总督兼北洋大臣,张勋又随袁回到天津,统带武卫亲军。次年调北京,多次担任慈禧太后、光绪帝的扈从。1906年调到奉天,为奉军辽北总统,驻昌图县。两年后被清廷任命为云南提督,又改为甘肃提督,均未到任,仍留在奉天驻防。1910年接统江防营,驻浦口。

1911年8月,清廷任命张勋为江南提督,10月,南京新军第九镇准备响应武昌起义,两江总督张人骏召张勋入南京,商议对策。张勋对倡议响应人员大声叫嚷:"独立即造反,反则皆贼也"①,遂率领江防营与新军战于雨花台。新军被迫退到镇江。张勋在城内搜捕革命党人,恣意滥杀,凡剪发、悬白旗、携白布者辄遭暴戮。不久,江浙革命联军围攻南京,张勋战败北窜,退守徐州,而清政府则授予他江苏巡抚、署两江总督兼南洋大臣。

1912年元旦,南京临时政府成立,孙中山为临时大总统。张勋对新成立的中华民国极端仇视,不时向革命军挑衅,孙中山曾通电严厉斥责其行动。2月,清帝退位,袁世凯出任临时大总统,张勋的队伍被改编为武卫前军,驻扎在山东兖州。但他仍以清朝的忠臣自命,自称"非坚忍无冀于挽回",一直梦想推翻民国。为表示忠于清廷,张勋本人及所部均留发辫,人称"辫帅",所部军人称"辫子军"。他暗中和蜷伏于各地的清朝复辟分子建立联系,并成为复辟集团中握有兵权的代表人物。1913年4月,他曾图谋拥溥仪复辟,但由于事情败露,无奈中止。7月,袁世凯命他镇压二次革命,他率军攻下南京,纵兵烧杀,大掠三天,旋被袁世凯提升为江苏督军。12月转任长江巡阅使,移驻徐州。1915年武卫前军改称为定武军,袁世凯授予张勋定武上将军,袁世凯称帝后又封其为一等公。但张勋内心仍一意维护清廷,对袁世凯称帝一事十分不满。

张勋醉心于复辟清室,1916年至1917年间,先后4次在徐州召开督军会议,被推举为13省区大盟主。1916年,康有为应邀至徐州,在黉庙大搞祭孔活动,并经张勋许可,"通电各省长官一致主张定孔教为国教"②,为复辟进行舆论宣传。日本首相寺内正毅指派日本军部参谋次长田中义一和黑龙会成员等到徐州,密谈复辟帝制。驻天津的日军

---

①江苏省政协文史委编:《民国江苏的督军和省长(1911—1949)》(江苏文史资料第49辑),1993年内部印行,第45页。
②孤竹里奴:《张勋稗史》,台湾文海出版社,1987年影印本,第21页。

司令石光真臣也到了徐州,帮助张勋策划复辟活动。徐州作为张勋复辟的策源地,一时复辟分子会聚。

1917年3月,中华民国大总统黎元洪与国务总理段祺瑞针对是否参加第一次世界大战问题发生"府院之争"。段祺瑞主张对德宣战,而黎元洪和国会多数议员则坚决反对,势如水火。由于德国暗中表示支持清廷的复辟,并愿以德华银行资本协助张勋,因而张勋反对对德宣战,但同时他又蔑视国会和黎元洪。为此,黎、段双方争相拉拢张勋以为己助。张勋趁机伪装为黎、段之间的调停人,企图利用矛盾,坐收渔人之利,伺机控制中央政权。同时,他暗中勾结德、日帝国主义,招纳清朝遗老、帝制余孽,四面八方拉拢关系,拼凑实力,积极为复辟做准备。

5月23日,黎元洪正式免去段祺瑞国务总理职务,宣布由李经羲(李鸿章之子)接替。段离京赴天津,声明该总统令没有他的附署,依法无效,并策动各省督军宣布独立(史称"督军团叛变"),全国形势危急。李不敢贸然履任,便躲在天津租界家中。为此,黎元洪电召长江巡阅使张勋入京调停。6月,张勋率辫军10营约5000人北上,8日抵达天津,张勋在天津停留一周,为复辟帝制,奔波周旋于各派之间。他先去拜会直隶省长朱家宝,紧接着到李经羲府上会谈,又至徐世昌家中拜访,谈及复辟一事,被徐泼了冷水。8日夜,黎元洪派夏寿康到天津接张勋进京,张提出解散国会等6项条件。张勋还拜会了段祺瑞,接待了各国来宾。又拜访了铁良、那桐等清朝遗老。在他的逼迫下,黎元洪于13日解散了国会。14日上午11点,张勋乘专车同李经羲共赴北京。

入京后,张勋表面上向黎元洪表示支持李经羲组织责任内阁,并通电独立各省,取消独立。暗中却叫万绳栻密电各地复辟分子急速进京,赞襄复辟大业。6月30日,张勋与陈宝琛等召开"御前会议",密谋复辟。当天深夜,派兵占据火车站、邮局等要地,并派人劝黎元洪"奉还大政",遭黎拒绝。张勋遂不顾一切,于7月1日凌晨,穿上清代的朝服冠带,率领康有为等群党,拥12岁的溥仪"登极",接受朝拜,复辟丑剧正式揭幕。张勋自封为议政大臣、直隶总督兼北洋大臣,掌握军政大权。当天,张勋还通电各省,命令各地立即改用宣统年号,悬挂黄龙旗。

张勋及其复辟集团的倒行逆施,立即遭到全国舆论的一致声讨。复辟消息传到上海后,孙中山发表讨逆宣言,并命令各省革命党人出师讨逆。各大城市群众团体、社会名流,纷纷集会,发表通电,坚决反对复辟,要求讨伐张勋。黎元洪拒绝与复辟分子合作,逃入日本使馆避难。拥有军事实力的段祺瑞借助全国反对复辟的声势和日本政府的财政支援,组成"讨逆军",于7月3日在天津附近的马厂誓师,宣布讨伐张勋。云集京津一带的"讨逆军"达5万多人,分东、西两路沿京津、京汉铁路进攻,很快攻入北京。张勋见大势已去,在两个"德国人"[①]的保护下仓皇逃入荷兰公使馆。随后,溥仪再次宣布退位,复辟丑剧仅上演了12天,就在万人唾骂声中彻底失败。

段祺瑞于7月14日到北京,重掌政府大权。段政府虽然做了一下表面文章,"在城内外各冲要街区,遍贴通告安民,并详述张勋之罪状"[②],背地里却打算以"法律犯"引渡。之后段政府迫于舆论压力,也发表缉拿通告,但迟迟没有缉拿的行动。1918年10月28日,刚刚就任大总统不到半个月的徐世昌,发布特赦令,对复辟首犯张勋予以特赦。10月30日,张勋走出待了一年零三个月的荷兰公使馆,重获自由。随后,张勋在北京隐居一年多。1920年夏,移居天津英租界的公馆。

张勋寓居天津的最后几年,闲来读书写大字,倾心实业,不问世

---

① 据许指严撰《复辟半月记》记载,德国与复辟派早有勾结,并指出6条佐证。
② 许指严:《复辟半月记》,中华书局,2007年,第132页。

事。故友数度请他出山,均被其拒绝。张勋时常与老友或旧部相聚饮酒取乐,席间绝口不提复辟往事。张勋幼年读书不多,在津隐居期间,勤于阅读一些粗浅的历史入门读物,或《笑林广记》之类的通俗读物。[1]1921年9月,已经68岁的张勋借续修江西张氏通谱机会,对自己的一生做了个粗线条的回顾,请门人代笔,写下相当于个人小传的《松寿老人自叙》。

张勋虽读书不多,做生意却是一把好手。他早在1904年便投资参股修建九江至南昌的南浔铁路,1914年创办徐州耀华电灯厂。1918年张勋被特赦以后,更把多年搜刮的大量民脂民膏,在九江、徐州、宣化、济南、北京、天津、南昌等地投资工商企业。1919年出资在江西九江筹建的纱厂,建成后效益一直不错,是江西最早、最大的近代工业企业。除了投资实业,张勋对银行业的投资也很积极。中国近代金融史上所谓的"北四行"中,张勋投资了总部设在天津的盐业、大陆两家银行。另外,张勋参与投资的银行和实业还有北京商业银行、山东华宝煤矿、江西萍乡煤矿等。据统计,张勋独资或投资经营的当铺、电影公司、银行、钱庄、金店、工厂、商店等企业有70多家。有人估计,张勋的动产、不动产加起来达五六千万元之多。[2]

因此,张勋离开了呼风唤雨的军政舞台后,张家仍过着奢华生活。1923年9月12日,张勋在天津德租界公馆病逝,终年69岁。他的辫子至死未剪,一直带入棺材。他的灵柩经水道运回老家江西奉新安葬。

参考文献:

朱信泉:《民国著名人物传》第1卷,中国青年出版社,1997年。

李新等主编:《中华民国史·人物传》第1卷,中华书局,1978年。

---

[1]孙献韬:《复辟纪:张勋传》,光明日报出版社,2008年,第139页。
[2]赵福琪:《张勋的最后几年》,《人民政协报》,2013年4月25日。

刘绍唐主编:《民国人物小传》第4册,台湾传记文学出版社,1977年。

孙献韬:《复辟纪:张勋传》,光明日报出版社,2008年。

许指严:《复辟半月记》,中华书局,2007年。

(万亚萍)

张 友 清

张友清(1904—1942),本名张学静,字守仁,号新侬,1904年出生于陕西省神木县一个贫农家庭。他8岁入私塾,14岁进入神木县立第一高小,17岁考入山西省立第一中学。在一中学习期间,张友清受到社会主义青年团、青年学会等革命团体和进步组织的影响,开始阅读进步书刊,并与一些同学探讨马克思、列宁的思想主张和社会主义国家苏联的情况。

1925年7月,张友清考入北京中国大学。在这里,他阅读了《共产党宣言》和《中国青年》《向导》《觉悟》等革命书刊,思想觉悟进一步提高。不久,经安子文、李波涛介绍,张友清加入共产主义青年团,年底转为中共党员。1927年初,张友清被党组织派赴中央军事政治学校武汉分校学习军事。蒋介石发动四一二反革命政变后,夏斗寅率部叛变,通电联蒋反共,进攻武汉国民政府,张友清参加了由叶挺领导和指挥的讨伐夏斗寅叛军的战斗。

大革命失败后,根据中共中央军委的指示,张友清等30多名共产党员离开武汉,到十九军(后改为四十七军)高桂滋部和第十军杨虎城部搞兵运工作,同时进行地方上的农运和建党工作。后因蒋介石在军队中实行"清党",时任民运工作队队长张友清,离开军队,转入皖北农村,任亳县分特委委员兼鹿邑县委书记。

皖北暴动失败后,张友清被党组织调回北方,从事城市中共地下组织工作。1928年底,张友清被中共顺直省委派到北平,担任中共北平市委书记。1929年2月,他根据中共六大决议和顺直省委1月扩大会议"关于争取群众、发动群众,准备迎接新的革命高潮"的精神,并依照刘少奇巡视北平市委时的指示意见,研究制定了工作计划,确定北平党组织的总任务是争取群众,在群众中扩大党的政治影响,建立党的基层组织。经过一段时间的努力,使党在工运、学运及青年团、互济会等各方面工作都有了新的起色,逐渐在北平所属的平汉、平绥、京奉三条铁路和各大站,以及市政(电灯、电话、电车)工人、邮务工人、印刷工人及人力车工人中,恢复和建立了党支部,并领导工人建立工会组织,开展了一系列经济斗争和政治斗争。10月22日,张友清领导全市人力车工人举行声势浩大的"车潮"斗争,被敌探跟踪逮捕。张友清被捕后,关押在北平宪兵司令部的监狱中。在敌人的严刑拷打和威胁利诱下,他始终坚贞不屈。1930年9月,统治北平的阎锡山倒蒋失败,东北军接管北平,张友清被党组织营救出狱。

1930年10月,张友清被中共中央北方局分配到天津任中共天津市委书记,后又被中共河北临时省委任命为省委委员。这一时期,顺直省委和河北省委内部,在重大问题上看法不一,省委所在地天津市的党组织遭到严重破坏。张友清根据当时面临的实际情况,在北方局和河北省委的领导下,从维护党的团结和统一出发,与分裂党的活动进行坚决斗争,整顿和恢复了党的基层组织,并建立了南北两个区委。

1931年2月全7月,由于白色恐怖严重和叛徒的告密,河北省委和天津市委等党的组织接二连三遭到破坏,一大批党的领导干部先后被捕,张友清也于6月被捕。张友清等39人被认为是共产党的"重要分子"和"危险分子",全部判了重刑,8月初转送到陆海空军副总司令行营军法处。这时,张友清等利用行营军法处与宪兵司令部之间的矛盾,秘密串连进行"翻供",并获得成功,最后全被改判减刑,8月底被送进北平军人反省分院(草岚子监狱)监禁服刑。他们在狱中建立了党支部,张友清是支部骨干成员。

为了反虐待、反迫害,争取改善狱中生活,狱中党组织经反复研究和准备,提出了全体下镣、自由阅读公开书报、增加火炉等条件,领导政治犯们从1934年12月19日开始进行绝食斗争。张友清患有肺病,身体十分瘦弱,支部劝他和其他几个重病号不要参加这次绝食斗争,但他仍然和大家一道,坚决投入绝食斗争。1936年,华北地区的抗日救亡运动蓬勃发展。以刘少奇为首的中共中央北方局报经党中央批准,将草岚子监狱中的50多位同志先后营救出狱。张友清于9月下旬出狱。

1936年10月,张友清被派到山西,任中共山西省工委书记。北方局还根据阎锡山的邀请,派以薄一波为首的一批共产党员,组成公开工作委员会,以合法身份从事上层统战工作和领导牺盟会等公开的抗日救亡团体,同阎锡山形成了特殊形式的统一战线。省工委与公开工作委员在中共北方局的直接领导下,迅速开创了山西革命形势的新局面。

1937年7月7日,七七事变爆发。7月12日,张友清受命举办训练班(亦称北方局太原党校),组织当时在太原的入党较早的100多名老党员进行学习,提高他们对形势任务和党的路线方针的认识。根据北方局关于动员群众、动员一切力量参加抗战,准备独立自主进行游击战争的指示,张友清、林枫召开工委会议,提出了"武装山西工人,坚持山西抗战"的口号,并指示太原、阳泉、榆次等地和铁路系统党的组织,把组建一支工人阶级的抗日武装,作为党的中心任务来抓。经过有关党组织和广大党员以及牺盟会的共同努力,山西工人武装自卫队、铁工游击队和阳泉矿工游击队等工人抗日武装很快建立起来。

1937年9月,八路军3个师的主力开赴山西前线对日作战和实行战略展开后,10月23日,毛泽东发出了在山西进行游击战争的指示电,提出在山西应分为晋西北、晋东北、晋东南、晋西南四区,开展游击战争和创建根据地。根据这一指示和北方局的决定,中共山西省工委改称中共山西省委,张友清继续任书记。11月8日,太原失陷后,张友清率领省委机关人员随第二战区及山西省政府机关撤退到临汾。中共山西省委作出规定,共产党员不准过黄河,要在山西坚持武装斗争,发动群众,收集国民党军队丢弃的武器,组织抗日武装。此时,周恩来代表中共中央军委,向山西省委布置了"20天扩兵2000人补充八路军一一五师和一二○师"的紧急任务。省委立即采取有力措施,提前超额完成扩兵任务。

张友清还指示牺盟会总会,要重视和加强对农民的工作。从1937年底开始,各地牺盟会在当地党委的领导下,把工作重点放到农村,派出大部分骨干开展农村工作,认真贯彻执行合理负担和减租减息政策,普遍组织农救会,把广大农民团结在牺盟会和党的周围,成为有组织的战斗集团。1938年5月,遵照党中央和北方局的指示决定,中共山西省委改为中共晋西南区党委,由林枫任书记,张友清任宣传部部长(后改任统战部部长)。其间,张友清除兼任区党委党校副校长培训大批党员干部外,主要是大力进行统战和组织武装的工作。他经常深入各特委和新军指导工作。

1939年1月,张友清调任中共中央北方局统战部部长。1月下旬,国民党五届五中全会后,顽固派掀起了一股"反共"逆流。阎锡山也采取"扶旧抑新"政策,更加向"右"转。三四月间,在宜川县秋林镇召开了军政民高级干部会议(史称"秋林会议")。这实际上是一次取缔牺盟会、消灭新军、反共反八路军,及阴谋投降妥协的准备和动员会议。在张友清和薄一波的正确领导下,参加秋林会议的党员和牺盟会、新军的负责人,对反共顽固派的投降妥协分裂倒退的言论,进行了针锋相对的揭露和斗争,同时还以牺盟会的名义,通电声讨汪精卫的卖国罪行,有力地打击了反共顽固势力的气焰。

1940年至1942年,敌后抗日根据地进入最困难、最艰苦的时期,张友清在北方局主管统战工作,并兼管妇委、青年工作,同时兼任调查研究室主任,有一段时间还兼任宣传部部长。1942年2月,张友清又被任命为中共中央北方局秘书长和八路军前方总部秘书长。他每天要处理各种紧迫的日常工作,参加各种会议,同各方面的同志谈话,并起草和签发各种文件与撰写指导性文章,如《巩固党加强反奸细斗争》《纪念〈新华日报〉(华北版)创刊两周年》《调查研究发刊词》《加强调查研究是1942年的一个重大任务》等。

1942年5月,日军对太行根据地进行了空前规模的、残酷的大扫荡。北方局等机关在转移途中被日军合围,张友清不幸被捕。他受尽敌人的毒打和折磨,始终没有吐露任何机密,保持了共产党员的崇高气节。

1942年7月7日,张友清病逝于狱中,年仅38岁。

参考文献:

中共党史人物研究会编:《中共党史人物传》第72卷,中央文献出版社,2000年。

(周 巍)

张 玉 亭

张玉亭(1863—1954),名兆荣,字玉亭,以字行。祖父靠制售泥人养家,父亲张明山在清道光年间,就已经是名满津城的"泥人张"了。

张玉亭是家里的第五个孩子,他聪慧勤奋,为人憨厚、质朴、寡言,性情平易近人。在他幼年的时候,虽然父亲已然成名,但家中生活仍然清贫。他13岁便开始和父亲一起做泥人。当他可以独立完成作品的时候,父亲受朋友之邀去北京从事泥塑创作,他独自承担起"泥人张"在天津的业务。

1906年张明山去世后,张玉亭继承了世传作坊溯古斋。彼时,正逢泥塑市场需求量大增,他便改进了泥塑制作方式,让自己的兄弟、子侄、孙辈都加入创作行列,众多家人分工合作,在提高生产效率的同时,又确保了泥塑的质量。他们还开设专门出售"泥人张"彩塑作品的店铺——同升号,使"泥人张"彩塑创作有了坚实的经济基础。

张玉亭49岁时,经过多年艺术实践的磨炼,一些大场面的群像泥塑被创作出来。即使在动荡的时局下,他依然没有失掉艺术家的社会责任感和良心。他的作品总是能将关注的焦点集中在普通百姓身上,表现他们的喜怒哀乐,对美好的予以赞扬,对不幸的给予同情,对丑恶现象,又能用极度夸张的手法进行放大,让这些丑恶无处遁形。

1949年新中国成立,民间艺人终于得到了艺术家的地位和待遇,受到尊重与推崇。此时,张玉亭已经86岁高龄了,由于眼睛看东西不方便,他的泥塑创作也就停止了。

张玉亭一生创作了两万多件作品。他在选择创作主题的时候,还是因循父辈的主题选择,题材多集中在古典文学作品、民间传说故事、社会生活、民风民俗,等等,而他本人偏爱《红楼梦》题材。《红楼梦》这部作品中有许多具备想象和发挥空间的情节。尽管他受教育程度不高,但是仍然愿意揣摩和钻研《红楼梦》题材的泥塑。当创作上遇到困难的时候,他就请教对古典文学造诣颇深的六弟。他创作的《红楼梦》题材作品,有单人的也有多人的,最壮观的一组有70多个人物,但可惜的是这套作品已不存世。这类作品的人物体量有大有小。同一情节,他会反复多次创作,作品呈现出的效果各不相同。如《晴雯补裘》同样是三个人物,一套作品约有15厘米高,而另一套作品高30多厘米。

张玉亭对泥塑技法进行创新,形成了鲜明的个人风格。在线条的塑造上,他的彩塑人物线条更加简练,呈现出一种刚劲大方的美感。人物面部既有古代仕女画中人物的古典与娟秀,又贴近现实生活,有更多的人情味,他以动态的面部表情展现人物情感,奔放而直观;在用色方面,他喜欢用大面积的色块装饰,颜色的纯度更高,对比更加强烈。他的最大贡献是在细致塑造正面的同时,兼顾塑像的背面处理,从而使作品更加完整美观。在泥塑细节的处理上,他会采用真实的材料做装饰。比如用绢、绸等做仕女头上的花,用丝绦做人物衣服上的小装饰,等等。这些细节的处理,成为其重要的艺术特色之一。

创作群像作品是"泥人张"的创作传统之一,就存世的"泥人张"泥塑作品而言,张玉亭创作的大场面、多人物的泥塑群像存世最多。他创作过表现殡葬仪式的作品,还创作了《三百六十行》《红楼梦》《钟馗嫁妹》等群像作品,人物少则一二十人,多则三百余人,一套作品全部摆开相当壮观与震撼。现有《钟馗嫁妹》及《三百六十行》中的一部分泥像存世。

在张玉亭创作的众多作品中,还有一些制作较粗糙的反映近代生活的小型作品。这些作品体量小巧,造型、用色不讲究,缺乏细腻的细节处理。这些几厘米高的小型作品,就艺术成就来说稍显逊色,但却为后世研究当时的社会风俗提供了很好的参考。

张玉亭开创了"泥人张"集体创作的先河,改变了"泥人张"彩塑制作流程,将彩塑市场化。

1953年6月,90岁高龄的张玉亭成为天津市文史研究馆第一批馆员。

1954年,张玉亭辞世,终年91岁。

参考文献:

张映雪:《泥人张的生平及其艺术》,天津人民出版社,1956年。

（宋　杨）

张 元 第

张元第(1898—1952),字崧冠,祖籍浙江绍兴嵊州,1898年2月18日(清光绪二十四年正月二十八日)生于天津。1912年毕业于官立行宫庙小学校,1916年12月毕业于直隶省立甲种水产学校渔捞科。该校前身为直隶水产讲习所,是我国第一家水产教育机构。

1917年5月,直隶省立甲种水产学校选派留日学生10人,张元第作为毕业生入选,与其他9名同学在孙凤藻校长的率领下东渡日本留学,并调查日本水产教育。[①]张元第先实习于日本长崎水产试验场,两年期满后,于1919年3月考入日本农商务省东京水产讲习所制造科。1922年3月毕业,在日本千叶县德岛海产制造厂任技师。

1922年7月,张元第回国任母校直隶省立甲种水产学校制造科主任。1925年1月,担任奉天陆军粮秣罐头厂技师,7月又任该厂厂长兼技师。任职期间他成功试制出牛肉罐头。

1928年9月,张元第应留日学友、国立中央大学农学院水产学校(原江苏省立水产学校)校长侯朝海聘请,赴上海担任该校教务主任。1929年10月,直隶省立甲种水产学校改称"河北省立水产专科学校"[②],校长王文泰多次邀请张元第回校,张元第于是回津担任河北省立水产专科学校制造组主任。1930年9月5日,该校校长骆启荣因病

---

①河北省立水产专科学校文书室编辑股编:《河北省立水产专科学校一览》,天津工业印字馆,1936年,第5页。

②1929年5月,河北省政府会议决定,将直隶省立甲种水产学校改为河北省立水产专门学校,10月又改为河北省立水产专科学校。

辞职,河北省教育厅委任张元第为校长。张元第任职后,健全了学校机构,并向河北省政府申请增加学校临时经费。

1931年1月,张元第和留日同学郑恩绥一起赴大连考察渔轮,以解决学生的实习问题。是月下旬,张元第获准购置华北水利委员会汽艇一艘,命名为"白河号",专供本校调查内河及实习之用。经过努力,6月下旬又从大连购得双聚兴铁工厂一、二号渔轮,命名为"渤海一号""渤海二号",从而解决了学生内河及出海实习的困难。

1931年2月,张元第在校外添置船桅一架,专供学生练习帆篷用法及信号实习。3月,张元第在学校成立刊物出版委员会,8月5日创刊我国最早的水产学术刊物《水产学报》。张元第还著有《河北省渔业志》,对河北省的水产、盐务都有详细记述。7月,张元第主持校舍的建筑投标,改善了教学、实习及生活条件。是年夏,张元第决定招收女生。

1932年3月10日,为慰问参加上海抗战的十九路军将士,张元第与本校师生一起捐助军用罐头。5月,张元第呈准建生物实验室、细菌实验室及图书馆。为了从根本上解决学校的实习条件,张元第主张校址应改设在塘沽或北戴河靠海的地方。1932年7月,他亲赴北戴河查勘迁校校址,但由于日本不断加紧对中国的侵略,筹款又遇到困难,迁校之举未能实现,但在张元第的努力下,学校规模不断扩大。1932年8月,张元第会同省立各院校校长为争取经费赴北平财政委员会请愿。同年12月,呈准教育厅借拨农业试验场余地作为运动场。1934年6月23日,教育厅将校址附近各湖泊划归学校管理。

张元第主张贯彻新学制要与本校实际相结合。1933年11月,他为贯彻新学制事亲赴南京教育部商洽,结果将录取的新学制班改称水产科,前三年为高职,后二年为本科。张元第既重视人才培养,又注重实习产品的质量。1932年1月,该校学生实习水产制品总计65种98件,参加了由实业部在南京举办的展览会。

张元第还担任过其他一些社会职务,实业部聘他为冀鲁区渔业改进会委员,他还担任了中国科学化运动学会天津分会理事、中国地方自治学会天津分会理事、中国文化建设协会天津分会理事等职务。1935年12月18日,张元第支持水产学校学生参加了由天津十余所中小学校5000多名学生参与的抗日示威游行。

1936年秋,冀察政务委员会因裁减冀省教育费,令张元第将该校专科取消,改办高职,改名为"河北省立高级水产职业学校",在校肄业生计有6班之多。1937年春,冀察政务委员会又饬令张元第将高职班次结束,不再招生。继而冀察政务委员会决定将该校改归市属,改为天津市水产试验场,仍由张元第主持。①

1937年7月30日天津沦陷,天津市水产试验场被日军自动车工厂强占。至此,张元第主持下的水产学校已先后毕业学生计甲种220多人、专科160多人,服务于全国各地的水产事业和教育行政机构。

水产学校停办后,张元第在烟台开办了水产公司。1941年12月张元第返津,1942年8月出任天津市立第三中学校长。1938年底,在重庆政府教育部战区教育委员会的组织领导下,天津部分教育界人士成立了秘密的抗日团体"天津教育促进会",张元第是这个组织的成员。他在三中任校长期间,坚持对学生进行抗日爱国教育,经常请名人到校讲演,学生们都深受张元第抗日爱国思想的影响。

1944年2月,天津教育促进会被日本特务侦破。2月19日,该会副理事长王润秋教授在劝业场前被捕。4月,张元第(被捕后化名张壁臣)、袁贤能(天津达仁学院院长)、刘乃仁(天津工商学院院长)、罗光道(天津广东中学校长)等相继被捕。张元第和王润秋等在遭受严

---

① 《为奉令接收水产学校业经办理完毕检同接收清册呈请鉴核文》第二〇八号,《天津教育公报》,1937年第18期。

刑拷打后,被送到北平陆军监狱关押,在狱中饱受折磨,直到抗战胜利前夕才被保释出狱。出狱后,张元第将对日本侵略者的深仇大恨铭记心中,他一直保存着监狱的灰布号牌,用来教育学生和子女。

1945年8月日本无条件投降后,张元第被委派负责接收天津冷藏库。1946年张元第负责筹备河北省立水产专科学校复校。经张元第多方努力,于1946年10月暂借河北省立师范学校校址开学。开课后,张元第继续同有关部门反复交涉,直到1947年7月,学校才正式迁回原址。但此时校舍大部分被破坏,图书、仪器损坏丢失,所剩无几。

张元第在着手恢复河北省立水产专科学校的同时,还兼任冀鲁区海洋渔业督导处主任、天津鱼市场主任。他每天上午到学校安排处理有关教学事宜,下午去渔业督导处工作。

1949年1月天津解放后,张元第继续担任河北省立水产专科学校校长。不久,市委文教部派韦力等同志来校指导工作,在张元第的积极配合下,学校工作进展顺利。在张元第的主持下,该校还参加了华北区高等学校在全国各地的联合招生,录取的新生来自全国25个省市。1951年,教育部拨专款修缮校舍,扩充教学设备,学校图书馆、生物实验室、定量化学实验室、生物标本室、渔具渔网实习室、航海仪器室等,面貌为之一新。气象台也增添了不少仪器设备,罐头工厂初具规模,学生素质有了很大提高,毕业生分配遍布全国。

1950年至1951年,华北区物资交流展览会在天津召开,张元第出任水产馆馆长。他还担任了河北省政协委员。1952年10月5日,张元第因病在天津逝世,终年54岁。

参考文献:

张绍祖:《著名水产教育家张元第》,载天津市政协文史委编:《天津文史资料选辑》第68辑,天津人民出版社,1995年。

河北省立水产专科学校文书室编辑股编:《河北省立水产专科学校一览》,天津工业印字馆,1936年。

河北省立水产专科学校出版委员会编:《水产学报》第1—5期,天津工业印字馆,1931年7月至1935年11月。

(张绍祖)

张 兆 祥

张兆祥（1852—1908），字和庵，亦书龢庵，斋号听松轩，天津人。
1852年6月14日（清咸丰二年四月二十七日），出生于天津的一个书香
门第。

受家庭影响，张兆祥自幼酷爱书画，少年就读私塾，后经词曲家张
效伯引荐，拜天津书画名家孟毓梓为师，得以入天津书画主流文脉之
中。孟毓梓师承嘉庆、道光年间天津书画名家李绂麟，继承了李绂麟
没骨花卉巧用西洋红的创意和技法，在人物画、花卉画及书法、音律词
曲诸方面皆有成就，具有深厚的国学根基与书画基础。当时随孟毓梓
学画者很多，但以张兆祥、马家桐、王鼎平、徐子明四人最为杰出，时称
"津门四子"，后成为津派国画开宗立派的最初班底。张兆祥对恩师孟
毓梓极为尊敬和爱戴，日常如对父亲般服侍左右，认真学其书画技法
和理论，有时还给老师的绘画补景。

1871年，张兆祥用国画笔法创作《群盲品古图》扇面，现收藏于天
津博物馆。扇面共有44个人物，其身份、年龄、形态、服饰各异，五官
表情清晰可见，构图聚散得体、疏密有致，以严谨、细致的工笔画法，略
用朱砂、赭石、藤黄、花青等浅淡之色，使画面效果古雅且富于书卷气
息，如刘奎龄在临写这幅作品时题识所云："笔墨间含有一种渊静之
致，穆然有古大家风。"[1]这幅扇面也是现存张兆祥画作中题字最多的，
字画相间，图文合璧，表现出非凡的艺术天赋与洞悉世事的才情，成为

---

①《刘奎龄画集》第2卷，天津人民美术出版社，1996年，第19页。

其步入画坛的开山之作。

　　青年时期的张兆祥将绘画题材转向了花卉与蔬果,他一面学画恩师孟毓梓作品,一面吸取前辈恽南田、邹小山、王忘庵乃至天津沈青来、李绂麟的花卉画之优长,尝试将没骨写生与勾勒点乩合而用之,坚持边学习前人,边外出写生,边进行创作。[①]张兆祥在27岁前后进入创作旺期,其在1879年创作的16开册页《蔬果折卉图》,可视为他青年时代的力作。这套册页有画有字,所画花果蔬菜有牡丹、樱桃等几十种,均以没骨法画成,形象生动准确,色彩鲜活雅致,章法灵巧饱满,充满祥和淡雅的气象。所书内容皆选自晋代郭璞五言《游仙诗》,四首诗均以扁平端庄的汉隶书体写成,表明他向往淡泊清静的田园生活与自然风光,许身借古抒怀的书画事业。此后十多年间,张兆祥应达官富商和亲朋好友请求,创作了大量花卉作品,在书画界的声誉日益提高。如为天津西城振德黄家创作《荷花图》,为翰林傅增湘创作《百菊图》,1890年初夏创作了《折枝花卉图》。张兆祥与文美斋老板焦书卿的交往最为亲密和长久。焦书卿是清末著名的鉴赏家和出版家,他专门代理京津沪宁等地书画名家作品,并为之刻印画谱与笺谱。1892年,他请张兆祥创作《百花画谱》,张兆祥的创作大致用了7年时间。他一面研究古今花鸟名家黄荃、徐熙、钱选、周之冕、恽南田、王武、蒋廷锡、邹小山、郎世宁、沈青来、李绂麟和恩师孟毓梓的画作,一面到南北各地写生,辅以摄影方式,使其在搜集素材方面如虎添翼。该画谱以传统技法为根基,融汇西洋技法,形成了物理与画理相契合的形神兼备、笔精墨妙、水色相融、鲜活生动的独特画风,凝聚并引领了众多的津派画家。该画谱每幅图只画一种花卉,共百图百种,每幅均有词曲名家、书法家查铁卿的词曲或诗文,书册封面严修题签,使这部画谱图文并茂、

---

①陆文郁:《天津书画家小记》,载天津市文史研究馆编:《天津文史丛刊》第10期,1989年内部印行,第221页。

品位超众,成为开创津派画风的代表作。此书于 1899 年初刊,有册装本、单页百开集两种装帧方式。①1900 年庚子之乱时,初刊版本被焚毁。后来,焦书卿复请张兆祥续画百花笺谱,仍用查铁卿词曲配图,并于 1911 年重刻面世。但重刻本品质远逊于初刊本。民国年间,北京清秘阁、上海九华堂等书画老店皆有翻刻本。1983 年 8 月,长春市古籍书店重新影印清末文美斋《龢庵百花画谱》,为当代人学画津派花卉提供了经典范本。

1900 年前后,是张兆祥创作的鼎盛时期,也是其绘画风格形成的时期,他的四时花卉及各种花鸟蔬果作品,不仅畅销国内,而且得到国外特别是日本画商的青睐。现存天津美术学院和天津博物馆的两种《泥金折枝花卉册》,每套册页所画花卉的种类皆在百种左右,形象精妙生动,色泽富丽堂皇。但天津美术学院所存系用没骨技法绘成,每册均画 5 种以上花卉,而天津博物馆所存则为工笔重彩技法绘成,每册花卉都有主有次,但两套册页的风格却很统一,反映了张兆祥深厚的艺术修养和高超的绘画技能。

张兆祥迁居听松轩后,宅院较大,画室宽敞,画界同仁时常聚会,品茗饮酒,切磋画艺,挥毫泼墨,多有合作墨迹,如与同门画友马家桐合画的《篱边芭蕉图》便是一例。②他不赞成作假画者,认为:"真者假不得,假者亦真不得,求一时之利,而终世为人之诟病,岁能乱真焉,自问非古人之罪人乎?且行笔之不同,如人知面,虽极意从入,终不可耻者乎?"③在社会各界及亲友恳切请求下,德艺双馨的张兆祥接收了几位入室弟子,他为弟子们讲授花卉虫鸟画法与书法常识,不收学费,弟

①杨大辛:《津门往事杂录》("天津市文史研究馆馆员著述系列"之三),天津市文史研究馆编印,2004 年,第 228 页。

②张树基:《联璧之逸》,《今晚报》,2006 年 5 月 14 日。

③天津特别市社教审会编辑:《民教》第 2 卷第 1 期,1942 年,第 44 页。

子们仅在年节时略送薄礼,表表心意而已。①张兆祥也深知弟子们前来学画的不容易,因此倾心竭力地口传手授,见弟子们画艺有成,即为之亲定笔单,推荐到相关画店或客户去卖画营生。如1901年春天,他介绍弟子陆文郁到文美斋、同文仁记、名贤书画局等三家南纸局售画,定其笔润为扇面五百文、镜心千文、三尺挑山一千五百文等。②

张兆祥书画功力全面,花卉、蔬果、禽鸟、鱼虫、山水、人物均画得精妙,以花卉蔬果画的最多,晚年画的牡丹备受世人推崇。现藏于天津博物馆的《五色牡丹图》,以工笔设色技法描绘红粉白绿紫五色牡丹斗艳于坡坨奇石之上,画上有张海若、章梫、傅增湘三位名家题诗,整幅画充满了富贵荣华气象。台湾历史博物馆藏《五色牡丹图》,虽无坡石和题诗,但工笔、没骨、写意并用,水色相融,同样精妙异常。

张兆祥自幼研习书法,尤擅行书、隶书,对前人碑帖墨迹颇有研究。他还擅画玻璃,以油调色,极细腻,于玻璃上反画折纸花,或为镜心,或为灯片,干后装置,如以真花贴玻璃片上。1900年之前,天津城隍庙及瓮城、关帝庙都有张兆祥所画方灯,在每年上元节夜时悬展。

1908年春节,病榻中的张兆祥倾残年余力,创作巨幅《秋葵胭脂图》。此画笔力苍郁,气势高迈,色晕水融,异于往昔,令人观之心绪难平。此画竟为其绝笔之作,现存天津博物馆。

1908年3月1日,张兆祥病逝于自家画室听松轩,时年56岁。

参考文献:

陆文郁:《天津书画家小记》,载天津市文史研究馆编:《天津文史丛刊》第10期,1989年内部印行。

刘芝清:《津沽画家传略》,载天津市政协文史委编:《天津文史资

---

①②陆惠元:《陆辛农先生年谱》,载天津市文史研究馆编:《天津文史丛刊》第10期,1989年内部印行,第167页。

料选辑》第49辑,天津人民出版社,1990年。

王振德:《张兆祥与"津派国画"第一代》,《国画家》,2009年第2期。

（王峻立　王振德）

张 镇 芳

　　张镇芳(1863—1933),字馨庵,号芝圃,河南项城人。早年以八股文称于乡里。1885年(清光绪十一年)乙酉科举人,1892年壬辰科进士,曾任翰林院庶吉士、编修、户部主事等职。1900年庚子事变时,张镇芳扈从慈禧至西安,任陕西司行走。

　　张镇芳与袁世凯有姻亲关系,袁世凯任直隶总督兼北洋大臣后,推荐张镇芳担任北洋银元局会办。在袁世凯的提携下,张镇芳先后担任直隶永平七属盐务局总办、清理财政局总办、禁烟局总办、直隶银行督办、财政总汇处帮办、长芦盐运使、陆军粮饷局总办、天津道等要职。其间,张镇芳为袁世凯办理军需十分得力,深得袁的赏识,称赞他"善理财"①。1905年,张镇芳任天津道,实授长芦盐运使兼护理直隶臬司。1907年,升任湖南按察使,仍留任盐运使。

　　1908年11月,光绪帝和慈禧太后相继去世。1909年1月2日,时任军机大臣、外务部尚书的袁世凯被朝廷开缺。当日,袁世凯逃到天津,住进利顺德饭店。时任长芦盐运使兼陆军粮饷局总办的张镇芳偷偷探视袁世凯,赠其白银30万两,表示可以照料袁氏家属的生活,并劝其赶快返京,免遭物议。袁遂返京,随即回到河南彰德府洹上村。②

　　在袁世凯出京前,张镇芳就已投在主管盐政的度支部尚书载泽门

---

　　①张学继:《张镇芳》,载李新等主编:《中华民国史·人物传》第8卷,中华书局,2011年,第5121页。

　　②张伯驹:《盐业银行与北洋政府和国民党政权》,载天津市政协文史委编:《天津文史资料选辑》第13辑,天津人民出版社,1981年,第70页。

下,因此,袁世凯的失势并未对张镇芳产生多大影响。1911年4月,张镇芳调任湖南提法使,在载泽的疏通下,仍留任长芦盐运使。

1911年10月武昌起义爆发后,清廷再次起用袁世凯,11月1日,袁世凯任内阁总理大臣,遂调张镇芳办理后路粮台。1912年2月3日,袁世凯奏准张镇芳以三品京堂署理直隶总督兼北洋大臣。9日,张镇芳与张勋、段祺瑞等9人联名奏请朝廷速降圣旨,宣布共和。12日,清帝溥仪宣布退位,张镇芳成为最后一任直隶总督。3月23日,袁世凯委任张镇芳署理河南都督,后改实任。1913年1月,又兼民政长,掌管河南军政大权。

督豫期间,张镇芳奉命镇压白朗起义,后因防剿不力,于1914年2月13日被袁世凯免职,调任参政院参政。

1914年10月,袁世凯派张镇芳筹办盐业银行,张镇芳提出了经营理念和范围,并拟定了简章。1915年3月26日,盐业银行总行在北京成立,张镇芳出任总理。开业时银行的资本额仅有64.4万元,到1917年结账时,共获利425,549.72元。[①]

1915年9月19日,"变更国体全国请愿联合会"成立,张镇芳任副会长,参与袁世凯复辟帝制活动。10月23日,张镇芳与朱启钤、周自齐等拟定拥戴袁世凯为皇帝的电文,并密致各省长官。12月19日,袁世凯登基大典筹备处成立,张镇芳是主要成员。23日,反对复辟的云南都督唐继尧等致电袁世凯,将张镇芳等列入"七凶",并要求将其明正典刑,以谢天下。

袁世凯复辟帝制失败后,1916年4月12日,张镇芳辞去参政院参政一职。袁世凯病死后,黎元洪继任总统。7月14日,下令宽免张镇芳等人。

---

① 王峰:《盐业银行概况研究(1915—1937)》,2006年河北师范大学硕士论文,第15、17页。

1917年春夏,张镇芳与安徽督军张勋多次书信往来,磋商复辟事宜。张镇芳表示"世受君恩",应"忠于故主",极力怂恿复辟活动。6月8日,张勋率兵抵天津,14日,偕同张镇芳等到北京。7月1日,张勋拥溥仪登基,张镇芳被封为内阁议政大臣,随后又被任命为度支部尚书兼盐务署督办。张勋复辟失败后,张镇芳回津途中在丰台车站被段祺瑞的讨逆军逮捕,经大理院审讯,判处死刑。经上诉,改判为无期徒刑。为营救张镇芳,其子张伯驹以捐款40万元救助直隶水灾难民,遂判为保外就医,入住首善医院。同年冬,被发往汉口,以"军前效力",受到湖北督军王占元的款待,三日后即返回北京。后张镇芳回到天津,寓居英租界马场道。1918年2月28日,北京政府下令开释张镇芳等人。

1918年初,张镇芳任盐业银行董事。同年,回河南周口老家居住。1920年秋,张镇芳回到天津。后经常往来于豫、津两地。1921年,经张作霖鼎力支持,张镇芳任盐业银行董事长。1928年8月,盐业银行总行迁至天津。1933年,张镇芳在天津病逝。

参考文献:

张伯驹:《盐业银行与北洋政府和国民党政权》,载天津市政协文史委编:《天津文史资料选辑》第13辑,天津人民出版社,1981年。

张学继:《张镇芳》,载李新等主编:《中华民国史·人物传》第8卷,中华书局,2011年。

闵杰:《晚清七百名人图鉴》,上海书店出版社,2007年。

(岳　宏)

张 志 潭

张志潭(1884—1936)，字远伯，直隶丰润人。祖父张印塘与清末重臣李鸿章交谊很厚，叔父张佩纶是李鸿章的女婿。1903年张志潭考中举人，担任清政府陆军部候补郎中。由于张佩纶的关系，张志潭和朝野名流都有来往，徐世昌对他提拔尤力。1914年任绥远道尹。1917年任内务部次长，同年，段祺瑞执政后，出任国务院秘书长，不久担任段祺瑞督办参战事务处机要处处长。1919年1月任陆军部次长。

1920年7月，直皖战争爆发，皖系失败，段祺瑞被迫辞职，张志潭转而投靠直系。1920年8月任内务部总长，1921年5月任交通部总长、财政整理会会长。同年9月，张志潭与英国中英公司代表梅尔思（Myers）在北京签订了《京奉唐榆双轨借款合同》，交通部向中英公司借款50万英镑、天津通用银元200万元，用于京奉铁路局建造唐山至山海关双轨线路之用。

1922年张志潭辞去公职，筹建北京电车公司，并担任经理。1924年6月，任经济调查局副总裁。1924年9月，第二次直奉战争爆发，直系军阀被奉系打败，张志潭也被通缉。1926年，为了应对广州国民政府北伐军，张作霖、吴佩孚开始联合。6月，张志潭作为吴佩孚的代表，到天津与张作霖的代表郑谦、张景惠等举行会晤，达成军事合作等共识，此后直奉很快成为同盟，对张志潭的通缉令也被取消。1927年北伐军打败皖系军阀，张志潭离开中国政治舞台的中心——北京，到天津英租界隐居，过起了寓公生活。

1931年，日本发动九一八事变，天津日本驻屯军在高级参谋石井嘉穗的操纵下,建立了"中日密教研究会",打着研究佛教密宗的旗号,笼络寓居天津的军阀政客,宣传"中日亲善",为日本侵华制造舆论,策划建立华北伪政权。会员共有一百多人,日本人有石井嘉穗、臼井忠三、野崎诚近等,中国人有王揖唐、白坚武、张志潭等,中、日籍各约占半数。中日密教研究会经常在日租界蓬莱街耕余里王揖唐家中活动,有时召开秘密会议。张志潭除参加中日密教研究会组织的活动外,经常有日本人至其家中密谈。

1933年,国民政府行政院设立驻平政务整理委员会,张志潭被任命为行政院驻平政务整理委员会委员。①但张志潭仍在暗中与日本人合作。1935年,张志潭和齐燮元、王克敏、王揖唐等组成了"正义社",专门联络失意政客以及国民党在职军政界的亲日分子,阴谋建立"华北国"②。张志潭曾经和齐燮元一起,多次劝诱河北省主席于学忠"独立",遭到了拒绝。③

张志潭在天津期间,参与过一些文化活动。1930年,河北省政府在天津组建河北通志馆,开始编纂《河北通志》,张志潭是总裁之一。④张志潭写得一手好字,在天津书法界的名气很大。他在自己住所的一楼专门设置了一个写字间,供其练习书法,只要有时间,他就挥毫泼墨。有时写大字,就把纸铺在地上写。他题字写匾既不留名也不盖章。天津著名书法家华世奎经常来其寓所切磋书法技艺。

张志潭还有两大爱好:京剧与美食。他与诸多京剧名家有所交往,经常受邀到他家做客的就有"四大名旦"等。到了晚年,张志潭转而喜欢昆曲,与著名昆曲艺术家韩世昌、白云生来往密切。张志潭对

①郭廷以编著:《中华民国史事日志》第3册,台湾"中研院"近代史研究所,1984年印行,第257页。

②夏林根、董志正编:《中日关系辞典》,大连出版社,1991年,第34页。

③刘家鸾:《日军侵略华北与冀察政权的形成》,载全国政协文史委编:《文史资料选辑》合订本第22卷,中国文史出版社,2011年,第40页。

④王景玉:《方志学新探》,香港天马图书有限公司,2000年,第244页。

美食素有研究,在任内政总长与交通总长时,家里有6名中餐厨师和1名西餐厨师。他对鲁菜更是情有独钟,是津沽名店登瀛楼饭庄的常客,经理知道他的书法很好,便请他题写了"登瀛楼"店名。

1936年10月5日,张志潭病逝,终年52岁。

参考文献:

上海市政协文史委编:《上海文史资料存稿汇编》第1册,上海古籍出版社,2001年。

天津市和平区政协文史委编:《近代中国天津名人故居》,天津人民出版社,2009年。

郭廷以编著:《中华民国史事日志》第3册,台湾"中研院"近代史研究所,1984年。

天津市档案馆、天津市和平区档案馆编:《天津五大道名人轶事》,天津人民出版社,2008年。

（郭登浩）

张 自 忠

张自忠(1891—1940),字荩臣,后改为荩忱,山东临清人,出生于1891年8月11日(清光绪十七年七月初七日)。其父张树桂,清末任江苏赣榆县知县。

张自忠自幼随父在任所读私塾。1907年其父病故,随母返回家乡。1908年入临清中学就读,毕业后考入天津北洋法政学堂,继而转入济南法政专门学校。1911年秘密加入同盟会。1914年,张自忠投笔从戎,先投奉天陆军第二十师三十九旅八十七团车震部下当兵,1916年改投冯玉祥第十六混成旅,初任差遣兵,后任排长。1919年被选送入冯玉祥军官教导团学习,深受教导团团长鹿钟麟和旅长冯玉祥的赏识。毕业后任模范二连连长。1922年,张自忠升任学兵团营长,1924年升任团长,1926年升任冯玉祥国民军第一军第十五混成旅旅长。同年5月,国民军与直奉联军在南口大战时失败,撤退到绥远一带。

1927年5月,冯玉祥就任国民革命军第二集团军总司令,张自忠担任总司令部副官长,旋又调任第二集团军军官学校校长,1928年冬改任陆军第二十五师师长。1930年4月中原大战结束后,冯玉祥残部被张学良改编为陆军第二十九军,宋哲元为军长,张自忠任三十八师师长。九一八事变后,二十九军为策应长城各口的作战,将三十七师、三十八师推进至遵化三屯营一带,并派张自忠为前敌总指挥,三十七师师长冯治安为副总指挥。

1933年3月9日,日军进攻喜峰口,守军万福麟部未经激战急忙撤退。张自忠命令三十七师一〇九旅赵登禹部沿万福麟部撤退线路向喜峰口疾进,夺取并占领喜峰口。3月9日午夜,赵登禹部与日军在喜峰口镇内遭遇,发生激战。经过反复拼杀,赵登禹部夺取了喜峰口阵地。其后,日军以步、骑、炮兵七八千人,以装甲车为前导,向喜峰口及其两侧高地发起猛攻。张自忠立即派遣三十八师一一二旅黄维纲部进行增援,同时又命令三十八师一一四旅旅长董升堂,率领二二四团出潘家口攻击敌人右侧,三十八师一一三旅佟泽光部出董家口进攻东侧之敌,命令喜峰口正面的黄、赵两旅坚守阵地。张自忠亲临撒河桥督战。经过7昼夜的激战,毙伤敌人近3000名。其后,日军主力向半壁山、罗文峪进攻。张自忠当即命令三十七师、三十八师各一团急援罗文峪,同时亲自率师直属部队及手枪营到前线督战,使罗文峪阵地得以确保。3月28日,张自忠部全线出击,击溃日军。主力部队在喜峰口、罗文峪、马兰峪长城一线构筑工事,与日军形成对峙状态。喜峰口战役,勇挫了日军的骄横气焰,极大地鼓舞了中国军民的抗日斗志。

1935年12月,国民政府在日本的压迫下设立"冀察政务委员会",宋哲元任委员长,辖平津两市和冀察两省。张自忠任察哈尔省保安司令兼省政府主席。1936年5月,张自忠出任天津市市长。张自忠派黄维纲一一二旅驻小站,刘振三一一三旅驻廊坊,董升堂一一四旅驻韩柳墅,形成掎角之势,保卫天津。同时将李致远独立二十六旅分驻马厂、沧州一带,保护津浦线。另外,将三十八师特务营改为保安队,驻扎于政府内,保卫机关。

1936年6月26日,三十八师特务营的一个连长误入日租界被捕,争执之中打死一名日本特务。张自忠令市政府秘书长马彦翀与日租界当局交涉,最终没有酿成大的冲突。1936年夏天,英租界发生巡捕殴打中国人力车夫事件,一时全市为之哗然。张自忠令相关部门将英租界的八千余户人力车夫组织起来,不去英租界拉车。最终以英国领事惩办肇事者并保证今后不再发生类似事件而结束。天津英商平和洋行出口大批西口羊毛,但拒不交纳地方捐税。张自忠强硬表示:"不纳捐税,不准开船。"①英国领事何伯特出面交涉,最终还是平和洋行照章完税,货船才得以放行。1937年5月8日至18日,英国驻天津总领事馆为庆贺英王加冕典礼举行宴会,招待驻津各国宾客。日本华北驻屯军司令官田代皖一郎要求以最高来宾的身份出席,张自忠闻讯后表示:"英界为中国领土,日军驻津系不平等条约的产物,国际场合,不能喧宾夺主,如以田代为最高来宾,中国方面绝不出席。"①最后,英国总领事馆以张自忠为最高来宾。张自忠此举维护了国家尊严。

1937年4月,张自忠率冀察军政考察团访日,日本将冀察商品陈列馆与伪满和冀东的陈列馆等同,同时还举行"冀东日"广播。为此,张自忠向日本政府提出郑重交涉,告诫日方不要有此类做法,以发生误会。4月23日至5月29日,张自忠访问了东京、大阪、神户、奈良、名古屋等地,虽然只是考察日本工业,但是由于日方故意渲染考察团亲日气氛,致使中国国内舆论哗然,批评张自忠为亲日派,甚至是汉奸。

七七事变爆发后,张自忠从天津到北平与其他将领会商军务,并与冯治安、秦德纯、张维藩等人联合急电宋哲元,报告事变发生情况,敦促宋哲元返京主持大局。7月11日,中日双方达成停战协议。同日,宋哲元从山东乐陵到达天津。张自忠当即从北平返回天津,向宋哲元报告事件的详细情况。18日,宋哲元偕张自忠与日本华北驻屯军司令官香月清司会晤。19日,张自忠等秉承宋哲元对日妥协旨意,与日军签订停战协议补充细则。25日,日军撕毁协议,强占廊坊、杨村等地,并派兵进入北平广安门,拉开了全面侵华的序幕。驻守南苑的二十九军副军长兼教导团团长佟麟阁、南苑驻军一三二师师长赵登禹相继阵亡。拱卫天津的三十八师,在副师长李文田的率领下,于29日向

①刘景岳:《为国捐躯的张自忠将军》,载天津市政协文史委编:《天津文史资料选辑》第21辑,天津人民出版社,1982年,第63页。

天津火车站、东局子飞机场和海光寺日军兵营等处发起进攻,后奉命撤退。7月30日,天津失守。宋哲元于7月28日召开最高军事会议,决定暂时撤离平津,集中力量实行外线作战,由张自忠代理冀察政务委员会委员长兼北平市市长。张自忠知事无可为,于8月7日宣布辞职,自行结束北平行政。后在美国友人帮助下,化装逃入天津英租界,转乘英国轮船经烟台到济南,前往南京面见蒋介石,将事情经过做了汇报。鉴于当时社会舆论,蒋介石对张自忠先给予撤职查办处分,一个月后任命他为军事委员会中将部附。后在宋哲元的要求下,张自忠复任五十九军军长。

1937年12月,五十九军奉命开赴河南商丘,后又奉命调赴徐州,归第五战区司令长官李宗仁指挥。1938年,日军为打通津浦线,企图南北夹击徐州。张自忠部奉李宗仁的命令,率五十九军驰援。2月11日到达固镇,与日军遭遇。五十九军发起猛烈进攻,日军不支溃退。五十九军克复曹老集、小蚌埠,与日军形成对峙态势。3月3日,奉命以三十八师之一部袭击邹县敌军,后来奉命改变计划,驰援临沂庞炳勋部。到达临沂后,张自忠与徐祖贻、庞炳勋研究作战计划。张自忠主张发动攻势,以五十九军在城外向攻城之敌侧背攻击,减轻守城部队的压力。由于张自忠指挥得当,号称"铁军"的日军板垣师团一败涂地,中国军队取得临沂大捷。张自忠因功升任二十七军团军团长,仍兼五十九军军长。

1938年9月初,日军分五路进攻武汉,其中一路由安徽合肥、六安进窥豫南潢川、固始、商城。五十九军奉命开赴潢川,阻击由六安西进之敌。6日,在潢川以东的春河集遭遇敌人,经过激战将其阻遏在春河集以东地区。由于潢川阻击战的战功,张自忠升任第三十三集团军总司令,除五十九军外,七十七军、五十五军均归其节制。

日军占领武汉后,继续集结兵力向第五战区侵扰。时张自忠驻守鄂西荆门,升任第五战区右翼兵团司令官,除其三十三集团军外,战区右翼各军归其指挥。1939年4月,张自忠的右翼兵团与豫南鄂北之敌展开激烈战斗。张自忠率领两团兵力,渡河指挥,追击北窜之敌。在亭子山、耗子岗一带,出其不意打击敌人,连战皆捷,取得了第一次豫鄂会战大捷。其后,张自忠以右翼兵团驻守襄河两岸,并时常派出营团轻装奇袭部队,袭扰京山、大洪山、随县方面的敌人。

1940年4月,日军为了保证平汉路的安全和巩固战略要地武汉,从湖北、河南、江西三省抽调大部兵力,发动攻势,企图从信阳、随县、钟祥分三路会攻襄樊,从而进逼李宗仁之第五战区司令部。张自忠的右翼兵团首当其冲,关系到全军的胜败。为此,张自忠召集所属部队的军师团长、参谋长在总部开会。他说:"我与弟等参加抗战以来,已经受了千辛万苦,现在到了最后一个时期,为山九仞,何忍功亏一篑?故唯有盼弟打起精神,咬紧牙关,激励部下,拼这一仗!"①

1940年5月1日,日军向我军进犯,张自忠命令七十七军一七九师进驻长寿店以北、以东地区,命五十九军之三十八师由流水沟附近渡河,控制丰乐河及其以东地区,以支援长寿店一八〇师作战;同时命令襄河右岸守备队做好死守应战准备。张自忠还分别给五十九军各师长、旅长、团长、参谋长,以及三十三集团军副总司令兼七十七军军长冯治安写了一封信。希望大家同仇敌忾,为国尽力。14日,张自忠率部两千余人与日军多次激战,伤亡严重。战至16日,张自忠身中数弹,仍坚持指挥作战,最后壮烈殉国,时年48岁。

当晚,三十八师师长黄维纲率便衣队将张自忠遗体夺回。18日送回集团军司令部,以上将礼服重殓。28日灵柩运至重庆。蒋介石、冯玉祥、孔祥熙、宋子文、孙科等军政要人和各界人士数百人到江岸迎候,同日举行了隆重的葬礼。中国共产党也在延安为其举行了追悼大

---

① 刘景岳:《为国捐躯的张自忠将军》,载《天津文史资料选辑》第21辑,天津人民出版社,1982年,第79页。

会,毛泽东、朱德等各界人士参加了追悼会。

参考文献:

天津市政协文史委编:《天津文史资料选辑》第21辑,天津人民出版社,1982年。

天津市和平区政协文史委编:《天津和平文史资料选辑》第3辑,1991年内部印行。

中国人民抗日战争纪念馆编,李惠兰、明道广主编:《七七事变的前前后后》,天津人民出版社,1997年。

(万鲁建)

张 作 相

张作相(1881—1949),字辅臣,又作辅忱,辽宁锦州凌海市班吉塔镇人,祖籍直隶保定。1881年2月9日(清光绪七年正月十一日)生于辽宁锦州的一个农民家庭。1792年,张家先世举家逃荒至山海关,其父张永安以农为业,有时兼做吹鼓手。

张作相少时曾读私塾三年,长大后,为糊口离乡至沈阳谋生。16岁习泥瓦匠,20岁时因为同族兄弟报仇被官府缉拿而投身绿林,与张作霖结为义兄。之后,逐渐成为张作霖心腹、奉系骨干将领和张氏父子的忠实"辅帅"。[①]

1902年9月,张作霖被新民知府增韫招安,任地方马步游击队管带,张作相随之被收编,任哨官、奉天前路巡防营管带。翌年8月,张作相改任游击中营哨官,后升为右路巡防马步五营中营马队前哨哨官。1907年,提升为管带,后又任骑兵第三营统带。1911年,张作相入徐世昌在东三省创办的讲武堂第一期受训,[②]一年后,任张作霖陆军第二十七师骑兵第二十七团团长,1915年授少将衔,翌年任第二十七师五十四旅旅长。1918年晋中将衔,后历任东三省巡阅使署参谋长兼卫队旅旅长、奉天警备司令、奉天陆军第二十七师师长。1920年官至东三省巡阅使署及奉天督军署总参议。1924年,继孙烈臣接任吉林省督军兼省长并东三省保安副司令。1925年后,历任北京政府善后会议

---

① 赵福山编著:《西柏坡人物》,中国广播电视出版社,2003年,第275页。
② 李新等主编:《中华民国史·人物传》第8卷,中华书局,2011年,第5180—5185页。

会员兼中东护路军总司令、陆军第十五师师长、吉林省省长、安国军第五方面军军团长、东三省护路军总司令、辅威将军、东三省保安司令兼吉林省保安司令等职。1927 年 9 月,晋上将衔,回任吉林省省长。1928 年皇姑屯事件后,张作相对张学良推举的东北保安总司令一职坚辞不就,并最终帮助张学良主政东北。1928 年东北"易帜"后,张作相任东北边防军副司令长官、东北政务委员会委员、吉林省政务委员会主席兼国民政府委员、吉林省政府主席,后兼国民党中央政治会议委员。其间,他创办吉林大学并任校长,修建吉敦铁路,兴办自来水,铺筑柏油马路,拒绝与日本人合作修筑吉海铁路。

九一八事变后,张作相与张学良分别受命为第一、二集团军军长。1933 年 2 月,日军进攻热河,3 月 3 日,张作相兵败古北口。11 日,张学良下野,张作相也退出军界,到天津当寓公。张作相隐居天津期间,其来往之人主要为张学良和原东北军高级将领。为了给张学良东山再起做准备,张作相曾与王树翰牵头组织了一个俱乐部,许多原奉系文武高级官员常在此聚会,以打台球和打麻将做掩饰,互通情报,增进联系。西安事变后,张学良被蒋介石囚禁,奉系元老顿感大势已去,此种聚会渐少。张作相也无心政治,开始过闲散的寓公生活。

由于张作相在奉系和东北地区的威望,1932 年至 1933 年间,日本人多次威逼利诱张作相出任伪职,都被他拒绝。时任伪满洲国国务总理的张景惠,也是张作相当绿林时的结义兄弟,派亲信持亲笔信入关至天津张作相公馆,请张回东北主持伪满洲国政务,被张作相拒绝。1937 年七七事变后,伪满汉奸张燕卿、洪维国等勾结侵华日军华北派遣军参谋部第二课茂川秀和大佐,多次到天津张作相公馆,诱劝其出任伪华北政务委员会要职,张作相亦严词拒绝。后来,伪华北政务委员会委员长王揖唐,受冈村宁次之命,组织平津在野名流去北平赴宴、参观,时任伪天津市市长的温世珍亲自登门拜访,请张作相赴宴,亦被拒绝。当时张作相全家在津,每日开销甚大,经常入不敷出[1]，张嘱家人不得以任何形式接受日本人的资助。

张作相寓津期间生活简朴，保持着农民淳朴的生活习惯。他经常亲自买煤、买粮、买菜，张公馆附近的肉铺、菜店和粮店的商贩大多认识他。他不好烟酒，不爱听戏，也无其他兴趣爱好，最喜每日早起，在庭院花坛施肥浇花，侍候花草，消磨时光。[2]

抗战胜利后，张作相任国民政府军事委员会委员、东北行营政治委员会委员、国民政府顾问。1948年4月，任东北政务委员会副主任兼东北"剿总"副总司令。同年10月15日，张在锦州家中被误俘，后被解放军送回天津。[3]平津战役前夕，南京政府委任张为国民政府国策顾问，并令其去南京，张置之不理。蒋派人送飞机票催他去台湾，他不为所动。

1949年4月19日张作相在津去世，终年68岁。

参考文献：

沈阳市人民政府地方志办公室编：《张氏帅府志》，沈阳出版社，2013年。

沉度、应列等编：《国民党高级将领传略》，华文出版社，2005年。

蒋立文、姜成文、高乐才、陈祺主编：《中国近代军阀人物志》，吉林文史出版社，1990年。

天津市档案馆、天津市和平区档案馆编：《天津五大道名人轶事》，天津人民出版社，2008年。

张丽婕编：《民国范儿——近代百人微历史》，同心出版社，2011年。

（张雅男）

---

[1]陈志新、邵桂花：《北洋时期吉林军民长官》，载吉林市政协文史委编：《吉林市文史资料》第16辑，1998年内部印行，第315—317页。

[2]王振良：《茬苒芳华：洋楼背后的故事》，天津古籍出版社，2014年，第52—58页。

[3]赵福山编著：《西柏坡人物》，中国广播电视出版社，2003年，第275页。

章遏云

章遏云(1912—2003)，祖籍广东省中山县，生于上海，别号珠尘馆主。章遏云幼年时，家庭生活极其艰难，母亲把她送给邓氏抚养，但养母嗜赌如命，欠下不少债务。在朋友的劝说下，养母将章遏云送到自己妹夫京剧武生演员张德俊家学戏，以赚钱还债。

章遏云最初工老生行当。第一次登台是在上海大世界的乾坤大剧场，客串演出《武家坡》中的薛平贵。后来改学旦行是缘于梅兰芳到上海演出《廉锦风》，梅兰芳清亮委婉的嗓音和美丽的扮相，使她心生向往。为改学青衣、花旦，养母把她带到天津。

章遏云到天津读书后，拜名票王庾生为师。时值北洋军阀统治的动荡年代，虽困难重重，但她竭力坚持，几年里便学会了十数出青衣戏，打下了青衣戏的坚实基础。

章遏云在天津广东会馆第一次登台，演出的剧目是《汾河湾》。在这次演出中，当章遏云一字不漏地唱完整部戏后，观众反响热烈。《汾河湾》的演出成功，为章遏云走上京剧演艺之路奠定了基础。

章遏云随养母到北京后，她便以"响遏行云"四字的"遏""云"两字为名。此后她登台演出就启用"遏云女士"的艺名。

章遏云初到北京是在城南游艺园唱戏，以"遏云女士"挂名，连唱10天，观众印象不错，一炮打响。章遏云先后跟随李宝琴、荣蝶仙、李寿山、张彩林、江顺仙、律佩芳、陶玉芝学戏，获益匪浅。后来，章遏云在上海磕头拜师梅兰芳，梅兰芳为其亲授《霸王别姬》，章遏云在上海天蟾舞台、黄金大戏院，先后与三位著名的"霸王"杨小楼、金少山、袁世海合演《霸王别姬》，反响热烈。

章遏云经众位老师严格的"口传心授"，集各师之长，融汇贯通，结合自身清纯甜亮的嗓音和秀丽俊美的扮相，唱做俱佳，除工青衣戏外，还兼能老生、小生行当。

章遏云第一次回天津，演出的是《四郎探母》《汾河湾》。与名票头牌老生王又宸搭档，连演10天，大获成功。二三十年代期间，章遏云多次应邀在天津明星、天华景、春和、北洋、中国大戏院等剧场领衔演出，均受到观众欢迎。章遏云从此声名鹊起。

1930年，章遏云拜师王瑶卿门下，王瑶卿为其亲授《棋盘山》《貂蝉》《芦花河》《缇萦救父》《福寿镜》等戏。同年，天津《北洋画报》举办京剧"四大坤伶皇后"的推选活动，章遏云榜上有名。

1932年，章遏云随程砚秋的琴师穆铁芬学习程派剧目，穆铁芬将程腔重新整理悉心教导，章深得程戏三昧。如《荒山泪》《碧玉簪》《文姬归汉》《六月雪》等为常演剧目，红极一时。

章遏云师从先梅后程，取梅、尚、程腔之长，行腔圆润含蓄，高低音婉转自如，形成刚柔相济、流利酣畅的演唱风格。她曾与雪艳琴、新艳秋、杜丽芸并誉为"北方四大坤旦"。

章遏云在天津各剧场演出约20年之久。在津、京、沪、汉、豫、苏、鲁等地，先后与王又宸、高庆奎、言菊朋、谭富英、马连良、杨宝森、奚啸伯、梁一鸣、叶盛兰等合作演出。在上海海格路大沪花园的堂会上，她与尚小云、荀慧生、新艳秋合演《四五花洞》，与杜月笙、马连良、梅兰芳、芙蓉草等合作演出《四郎探母》，受到观众热捧。

章遏云多次参加募捐义演。1932年3月，为捐助上海十九路军抗日将士，曾在天津春和戏院反串义演粤剧《仕林祭塔》《园林幽怨》。1947年9月，在上海黄金大戏院募捐义演《得意缘》。在香港赈灾义演《六月雪》，在台湾为"八七水灾"赈灾义演。1948年章遏云移居香港。

天津金石书画社曾出版《遏云集》，收集了社会各界题赠章遏云的诗词120首。章遏云擅演的剧目有《得意缘》《霸王别姬》《十三妹》《汾河湾》《打渔杀家》《法门寺》《虹霓关》《四郎探母》《昭君出塞》《玉堂春》《锁麟囊》《荒山泪》《碧玉簪》《文姬归汉》《青霜剑》《六月雪》《雷峰塔》《棋盘山》《雁门关》《樊江关》《福寿镜》《貂蝉》《杏元和番》《孔雀东南飞》和《缇萦救父》等。

1954年，章遏云在香港拍摄了卜万苍执导的京剧电影《王宝钏》，其后拍摄了《章遏云舞台艺术》纪录片，还灌制唱片多张。

1958年，章遏云定居台湾，曾演出《六月雪》《雁门关》《碧玉簪》《五花洞》《亡蜀鉴》《朱痕记》《回令》《大登殿》《武家坡》《三娘教子》等，并去泰国等地演出，极受赞誉。她还培养了弟子多人。

2003年11月11日，章遏云在台湾去世，终年91岁。

参考文献：

章遏云著，沈苇窗编：《章遏云自传》，中国戏剧出版社，1991年。

（许艳萍）

章 辑 五

　　章辑五(1889—?)字济武,天津人。1910年,章辑五毕业于直隶高等工业学校机器科,后留校任教。1912年在天津、上海、大连等地的美孚石油公司担任工程师。1915年被聘为南开学校物理、英文教员,兼课外运动指导及童子军教练。先后任天津学校体育联合会会长、中华童子军联合会总干事。1923年赴东南大学,随美国体育家麦克乐(Charles Harold McCloy)研究体育问题。

　　1924年,章辑五返回天津,在南开系列学校担任体育主任。针对南开课程内无正式体育班的情况,章辑五规定除了大学四年级之外,各级皆习普通体育,并实行科学计分法。1926年秋季开始,章辑五使用体育家麦克乐新发明的体格健康检查表,并使用体格健康进退计分法检验身体,聘裘景仲大夫充任大学、中学两部校医。章辑五还将运动列入学校日常计划,定期举行各种比赛,实现了体育教学的系统化。1924—1925年,南开学校体育比赛获奖数量占天津市总获奖数的百分之六七十,南开的体育迎来了空前辉煌时期。

　　章辑五还把南开的体育人才引向全国,推向世界。1931年,章辑五邀请德国中距离赛跑著名选手布起指导南开中学径赛选手,南开派校运会400米、800米冠军范祝昌与其进行赛跑表演。1932年10月,章辑五组织中华田径赛队,参加在英租界民园运动场举行的万国运动会。他组织"南开五虎"篮球队到北京、上海比赛,组织南开排球队去南京、上海参赛,每年与清华、燕京两大学篮球队举行互访观摩赛。此外,他还邀请著名运动员、球队来南开学校指导及比赛。

章辑五不遗余力地推进天津社会体育事业。1927年第八届远东运动会，中国选手成绩不佳，张伯苓等萌生发展民众体育的想法。1927年10月18日，张伯苓、章辑五等人在南开中学会议厅召开天津体育协进会成立大会，章辑五被选为会长，张伯苓任名誉会长。[①]章辑五自1927年至1934年连任会长，1936年复任会长。1930年，体育协进会有以董守义为代表的个人会员133人，有学校、企业、政府机构、民间组织等成员63个。[②]体育协进会提倡健康体育、民众生活体育化及健康化、传统体育科学化。另外，章辑五还担任万国童子军指导员、天津市公共体育场委员及青年会体育部负责人。

他意识到体育科学化以及教育化的重要性，在张伯苓及诸多亲友的支持之下，1934年赴美国哥伦比亚大学师范学院深造，获得体育硕士学位。1935年回国，仍然任职于南开学校。

童子军教育，是章辑五推行学校基础体育的一个重要方面。南开童子军创立于1915年，以陶尔图为军长，以章辑五等为教练员。1919年夏，以章辑五、伉乃如为军长。南开童子军主要目标是训练少年积极之道德，发达其天赋的本能，务必使皆能养成诚实、忠勇、仁慈、耐劳等美德。规定初级中学第一、二年级学生（与童子军资格相符者），必须施以童子军训练。每学期由军长审查各童子军之工作与操行之成绩，酌给分数。[③]

童子军的服务在体育比赛中成效显著。1934年，第18届华北运动会在天津举行，章辑五穿着一套老旧的童子军制服，指挥童子军在各处服务。1937年，章辑五、严家麟率领两队童子军团员共47人，参加在荷兰举行的第四届世界童子军大会。

---

①《天津体育协进会》，《大公报》，1927年10月21日。

②《1930年天津体育协进会会员题名》，载《天津体育协进会年刊》（未刊稿），1933年，第35—36页。

③章辑五：《愿童子军教育蓬勃起来》，《童子军教学》，1947年第2卷第10期。

章辑五引进体育理论,著述颇丰。他积极向国人介绍世界体育新情况,如推荐《体育释义》《人之测量》《女子运动原理》等十余种体育名著。[1]同时,章辑五编撰了《非常时期之国民体育》一书,纠正了对于体育认识不正确的观念,改善并调整现行组织,确定急需充实的体育内容。[2]所著《世界体育史略》一书,介绍了西方体育历史。

抗战期间,章辑五任国民政府教育部国民体育委员会专任委员兼设计组长,云南大学体育学教授、体育主任、训导长等职。在教学条件异常艰苦的情况下,章辑五仍然致力于儿童体育教育研究。他认为儿童在9—10岁时期,每天应该有五六个小时的大肌肉活动,才可以促进其发育和健康,神经肌肉的发达有助于将来智能的发展。章辑五撰写的《小学时期体育设施的重要性》一文,亦被广东、广西、湖北、贵州、福建、江西各省出版的《国民教育指导月刊》转载。1946年起,章辑五任国立体育师范专科学校校长,后去香港定居。1957年章辑五移居美国,其后事迹不详。[3]

参考文献:

章辑五:《南开体育概况》,《南开大学周刊》,1928年第60期。

陈封雄:《章先生和南开体育》,载梁吉生编:《南开逸事》,辽海出版社,1998年。

《名人传·章辑五》,《体育周报》,1932年第1卷第4期。

章辑五:《小学时期体育设施的重要性》,《国民教育指导月刊 江西地方教育》,1942年第2期。

(汤　锐)

---

[1]章辑五:《介绍现代几本体育名著》,《勤奋体育月报》,1936年第4卷第1期。
[2]章辑五:《非常时期之国民体育》,中华书局,1937年,第2页。
[3]南开大学校史编写组编:《南开大学校史(1919—1949)》,南开大学出版社,1989年,第61页。

章 瑞 庭

章瑞庭(1878—1944),名隽琛,字瑞庭,以字行,天津人。青年时给船主做伙计,为袁世凯的小站新军运输军需物资。他为人机敏,聚财有道,1915年利用袁世凯主持开辟大经路之机,在黄纬路开办了恒源帆布厂。第二年,开始涉足军装制造业,在地纬路开设了恒记德军衣庄,承揽包做军服。章瑞庭与奉系关系密切,由恒源帆布厂提供原料,恒记德军衣庄建立了专为东北军及各兵站承做军服的生产线。直系掌握天津军政大权后,章瑞庭也常同直系军政要人往来。曹锐任直隶省长、直系军队兵站总监时,章瑞庭找到曹锐,要求承租直隶模范纱厂。章瑞庭的要求引起了曹锐的兴趣,因为办纱厂既可以解决军需还可以获利,但曹锐提出模范纱厂不能租归商办,而是由他自己与恒源帆布厂官商合办。

1919年,模范纱厂与恒源帆布厂合作,成立恒源纺织有限公司(即恒源纱厂)。成立时,资金额为银元400万元,恒源纱厂的发起人除曹、章外,还有王鹿泉、田中玉、鲍贵卿等人,曹锐是总理,章瑞庭是协理。1924年,冯玉祥在第二次直奉战争中倒戈,曹锐死后,章瑞庭逐渐掌握了恒源纱厂的管理权。

章瑞庭管理恒源纱厂期间,把北厂全部设备迁并到南厂,增置细纱锭4000锭、合股机4台。1925年,工厂昼夜两班,创立了"蓝虎""八仙"等品牌,还修缮了河坝码头,扩建了厂房。章瑞庭重视生产技术,充分发挥技术人员的作用,在企业内建立了一套行之有效的技术管理制度,纱厂发展稍有起色。然而,由于军阀混战、局势动荡,恒源纱厂处境越来越困难。1928年停业,次年接受银行贷款开工。1934年又停业,后将资产抵押给中南、盐业、金城、东莱四家银行组织的诚孚公司,再度开工。

章瑞庭组建恒源纱厂之后,又相继投资永豫、肇华、余大亨银号及恒泰永棉纱庄等实业,并接办北洋商业第一纺织股份有限公司(即北洋纱厂)。北洋纱厂成立于第一次世界大战后,由敦庆隆倡议,集合隆顺、隆聚、瑞兴益、同益兴、庆丰益、万德成六家同业及永利银号,集资200万元共同开办。1930年,北洋纺织公司因欠外债太多,负担利息过重,不得已预抛期货,濒临倒闭。章瑞庭自忖身后有靠山,于11月组织新记公司租办,改称北洋新记第一纺织公司。1934年5月,章瑞庭单独出资租办,意图力挽狂澜,结果仍是负债累累,不得不酝酿出售以偿还债务。1936年4月,章瑞庭租期届满,未能挽回公司的颓势。[①]当时日本纺织系统在天津市场上具有相当实力,意图收购该公司,但章瑞庭表示坚决不卖与日人,而是将"北洋"以68万元低价售予金城、中南两家银行组织的诚孚公司。

章瑞庭一生俭朴,除了开办实业,还热心社会公益事业,1933年向南开学校捐款10万元修建大礼堂,深得张伯苓校长称赞:"章瑞庭先生之独捐巨款建筑大礼堂,蔚为中学部最庄严最宏丽之建筑。"[②]1933年,南开学校礼堂落成,命名为"瑞庭礼堂"。1944年,章瑞庭病逝于天津,终年66岁。

参考文献:

全国政协文史委编:《文史资料选辑》合订本总第48—50辑,中国

---

①中国人民银行上海市分行金融研究室编:《金城银行史料》,上海人民出版社,1983年,第2页。

②朱有瓛主编:《中国近代学制史料》第2辑(上),华东师范大学出版社,1987年,第6页。

文史出版社,2011年。

张连红、严海建主编:《民国财经巨擘百人传》,南京出版社,
2013年。

王戈主编,天津市河西区地方志编修委员会编著:《河西区志》,天
津社会科学院出版社,1998年。

寿充一等编:《近代中国工商人物志》第2册,中国文史出版社,
1995年。

陈真、姚洛编:《中国近代工业史资料》第1辑,生活·读书·新知三
联书店,1957年。

（张慕洋）

章　钰

　　章钰(1865—1937),字式之,又字坚孟,别署蛰存、茗理等,晚年自号霜根老人,江苏苏州人。章钰年幼时喜欢读书,家境虽然很贫困,但父亲仍然为他购买了《日知录》《困学纪闻》,这两部书对他的影响很大,一直伴随他终生,他认为自己的学业根基是从这两部书开始的。

　　17岁时,章钰考入苏州府学,后又入紫阳书院读书。1903年,章钰考中进士,他以奉养母亲为由回到故里,被江苏巡抚延入学务处任职。章钰是苏州当地开办小学的发轫者,在学务处期间,规划、帮助建立40余所初等学校。1909年,章钰调外务部充一等秘书,兼京师图书馆编修。

　　辛亥革命后,正值盛年的章钰绝意仕途,辞官后退居天津,潜心学问,对经史、辞章、金石、考据各门,无不博洽。在天津居住20年,专注于藏书、读书、校书。初到天津时,章钰受聘为张叔诚(天津著名的文物收藏家)家所办的家学授课。1914年一度在清史馆纂修《乾隆朝大臣传》《忠义传》《艺文志》。

　　1927年,章钰接受严修延请,在著名的天津崇化学会担任主讲。他遵循儒家"有教无类"的传统,对求学者不分贫富贵贱,来者不拒,一视同仁。出于振兴国学的一片热忱,章钰特为崇化学会订立学程,设义理、掌故、辞章三部。学生既可专学也可兼学。他还手书"学海"匾额悬挂于崇化堂。最初课堂设在严范孙家,每月授课两次,以经史发题,并校阅笔记,分数最高的给予奖励。后来崇化学会迁到河北二经路,再迁文庙明伦堂。授课改为每周三、周六两天,讲授经义及讨论各种学术得失,析疑辩难。由于章钰学识渊博,崇化学会一时盛况空前,为振兴天津国学,研究经史古文做出了突出贡献,培育了一批优秀文化人才。

章钰少孤,家境贫寒,10多岁时即靠替人抄书来奉养母亲。一次偶然的机会读到曾国藩家书中有关读书的日程安排,于是节衣缩食,开始购置数量不多的图书。这时章钰的购书主要是供自己阅读之用,还谈不上有意识地藏书。中举以后,章钰声誉日起,于是更为刻苦攻读。这时他的藏书已有2万余卷,其中以金石目录及史部掌故之书为多。章钰有意识地藏书大约是从此时开始的。他的经济状况已有明显的好转,他以授徒之束脩、书院之膏火,大量购置经史集部图书。他在所收藏图书的12个书箱上,标上"得此书,费辛苦,后之人,其鉴我"12个大字,每箱一字,既是编号,也表现了自己对图书的珍爱,反映了自己收藏图书的艰难。

章钰藏书之处取名"四当斋","四当"二字兼取两位古代藏书家宋尤延之、明胡元瑞之遗说,前者"饥读之以当肉,寒读之以当裘,孤寂而读之以当友朋,幽忧而读之以当金石琴瑟";后者"饥以当食,渴以当饮,诵之可以当《韶濩》,览之可以当夷施"。章钰收集图书几乎成癖,他在所藏书记的跋语中说过:"三十年来有敛书之癖,一日不添书即觉虚度一日。"一生之中,四当斋收藏图书3368部72,787卷,达21,596册之多。章钰藏书以史部最多,而其用力最多者也是史部书,其次则是集部书。其藏书中不乏珍贵的名家抄本、稿本,其中稿本《四寸学》一书则经过师生三代、祖孙五代之手。原来章钰得书《四寸学》后,请恩师俞曲园鉴定,章钰去世后,章钰之子章元善将《四寸学》赠予为章钰写传记的张尔田,张尔田就是章钰的弟子,而《四寸学》的作者张云璈是张尔田的高祖,高祖的稿本最终流传到玄孙手中,不能不说是一段书坛佳话。

章钰的校书更是成就卓著,有功于学林。他认为:读书不求善本,则郢书燕说,谬种流传,为学之大蠹。到1912年,章钰手校已达600卷,1921年左右,已经积累到四五千卷。一生中,他手校、手抄合计15,000卷,其中很大一部分是在天津完成的。其中在天津完成的《资治通鉴》和《读书敏求记》用力最大、贡献最深厚。在将近300卷的《资治通鉴》中,章钰校出"脱、衍、误、倒"这四种情况共七千多处、万字以上,最终编撰成《胡刻通鉴正文校宋记》于1931年刊行。新中国成立后,毛泽东主席倡导读《资治通鉴》,就是用的章钰校勘过的版本标点重印,一直沿用至今。1926年刊行的《读书敏求记》以管庭芬著本为主,但参考了28种刊本、抄本、校本,如今已经成为目录学入门的必读书之一,甫一问世,时评"此本一出,旧本可废"。此外,《南齐书》《宋史》《旧五代史》等多部校勘著作,虽然成就斐然,但惜未刊行。

章钰不仅在校勘实践上成绩很大,而且在校勘理论上也做过探索,并将这种探索灵活应用到自己的校勘实践中去。章钰认为,古来校勘之学略分为两类:一在存古,明知版本有误也不轻改,而是另撰校记以备考证;一在求是,在证据确凿的情况下做必要的合理的改正,为的是不使全书"复留疮痏",可为将来"留一善本"。与一些校勘名家偏执一法不同,章钰强调应根据具体情况采用不同的方法。如他校《资治通鉴》,更多的是采用"存古"法,而他为陶湘校《程雪楼集》,就基本采用"求是"法,"择善而从,谊固应尔"。

1931年冬,章钰定居北平,定期到天津来讲学,后来病情加重,不能往返平津之间,他让人将学会学员们的评卷和学习札记专程送到北平批阅。严修曾作《祝章钰六十寿》云:"君为斯文忧,教我距邪镵。我虽心折服,庸陋弗能为。惟颜能匡谬,惟韩能起衰。已为先知者,斯能觉后知。求之时贤中,舍君更有谁?"

1937年5月,章钰在北京去世,终年72岁。当年10月,其遗孀王丹芬女士将四当斋的藏书全部捐献给燕京大学。燕大图书馆专辟纪念室收藏,同时陈列章钰生前用过的文具、书案等,又由其问业弟子顾廷龙负责编成《章氏四当斋藏书书目》3卷行世。章钰著有《四当斋集》《四当斋藏书目》等,还与罗振玉等以殷墟甲骨文字撰楹联400余副刊行。

参考文献:

周斌主编:《中国近现代书法家辞典》,浙江人民出版社,2009年。

章用秀:《天津书法三百年》,天津人民美术出版社,2013年。

曹子西主编:《北京历史人物传》(下),北京燕山出版社,2014年。

(郭登浩)

赵秉钧

赵秉钧(1859—1914)，字智庵，河南汝州人，出生于1859年2月3日(清咸丰九年正月初一日)，自幼家境贫寒，父母早亡。曾在官宦人家做书童，受雇主恩惠，得到学习机会。1878年考秀才未中，入左宗棠所部楚军，进驻新疆。1883年，在伊犁任勘划中俄边界办事员，因工作优异，晋升为巡检。1889年改捐典史，分发直隶省。1892年补新乐县典史。1895年署理东明县典史。其间，适袁世凯在小站练兵，赵秉钧随习军政，专攻侦探、警察两门，此为与袁世凯相交之始。1897年署理东明县中汛管河巡检，兼署理开州下汛中判。1899年调署天津北仓大使，题补献县管河主簿，不久捐升知县，充直隶保甲局总办，兼统率巡防营。李鸿章最后一任督直时，委派赵秉钧为淮军前敌营务处兼统带巡捕三营，并奏保他以直隶州知州仍留直隶补用。

1901年11月，袁世凯任直隶总督兼北洋大臣，驻保定，认为赵秉钧"智勇兼优，长于缉捕"，遂委其创办巡警的重任，并为其奏保知府加盐运使衔。赵秉钧与袁世凯的日本顾问三浦善传一起，参照日本及欧美成法，拟定警务章程，创办保定警务学堂，选募培训巡警，建立起一支500人的巡警队伍，并设立巡警局，维护保定社会秩序。此为中国警察制度之肇始。

庚子事变后，京津被八国联军占领。《辛丑条约》签订后，袁世凯与八国联军谈判交还天津，对方提出20华里以内及天津县等地不得清政府驻军条款。于是赵秉钧遵照袁世凯的命令，在小站新军中挑选1500名即将退伍的老兵培训成为警察，以备接管天津之用。1902年8

月15日,袁世凯接管天津。赵秉钧于1903年3月调任天津南段巡警局总办,[①]聘请日本警官伊藤次郎为帮办,原田俊三为顾问,创办天津侦探队(后改名探访局),开办天津警务学堂,聘请外国教习,编译外国有关警察的书籍,订立课程,培训警察,并饬令各巡警局官兵,分班进修培训。赵秉钧将津保两处警务学堂合并,在天津成立北洋巡警学堂。此后又在各州县设立巡警传习所、巡警局,建立全省巡警网。经袁世凯奏准,赵秉钧免补知府,以道员留原省补用。在此期间,铁路巡警总局在北京火车站建立,共有2000余人,负责京山铁路的警务工作,受天津南段巡警总局的领导。

1905年,赵秉钧为巡警局拟定章程十二条,建立健全警察组织制度。是年9月,他带领天津侦探队队长杨以德及200名警察赶往北京,侦破五大臣出国考察遭炸弹袭击案。袁世凯借机上奏清廷成立巡警部,任命徐世昌为尚书,赵秉钧为右侍郎。1906年1月,赵秉钧抽调天津、保定巡警官兵1000余人进京,改组北京工巡局为内外城巡警厅,使北京的警察制度得到实质性改善和确立。

1909年1月,袁世凯被罢官回籍,赵秉钧也被解职,闲居天津。1911年10月武昌起义爆发后,清廷再度启用袁世凯。11月,袁世凯任内阁总理大臣,赵秉钧成为内阁民政大臣总揽警务。其上任时,北京城谣传八旗士兵要杀尽汉人,一时间人心惶惶。赵秉钧果断采取措施,将八旗兵调到城外,撤出旗籍巡警,以减免捐税等办法确保商店营业、戏院开演,迅速恢复了北京的社会秩序。

袁世凯与武昌革命党人达成停战协议后便回到北京,一边组阁一边逼清帝退位,这其中赵秉钧起到重要作用。1912年1月,袁世凯遭炸弹袭击,遂借故不复入朝,内阁奏折及请旨等工作均交由赵秉钧及

---

①第一任总办为曹嘉祥,因贪腐被解职。曹嘉祥也是中国警察制度的创始人之一。

梁士诒、胡惟德办理。1月19日,赵秉钧代表袁世凯参加御前会议时说,革命党势力甚强,各省响应,北方军不足恃。袁总理预设临时政府于天津,与彼开议,或和或战,再定办法。他的主张遭到王公大臣强烈反对,赵秉钧以"如不采取此法,袁内阁将全体辞职"相威胁,拂袖而去。后奉袁世凯命与胡惟德、谭学衡来到恭亲王溥伟家游说,未果。赵秉钧等密请袁世凯将诸皇族尽驱入宫,以兵守禁城,派兵护卫各府,监督出入。赵秉钧说:"醇王庸懦,固不足虑。恭王颇有才气,请先除之。"①消息传出,溥伟即离京避祸。

1912年2月12日,清帝宣统被迫退位。3月,袁世凯在北京就任临时大总统,唐绍仪为第一届内阁总理,赵秉钧为内务总长。6月,唐绍仪辞职,陆征祥组阁。8月,陆征祥遭国会弹劾,称病请假,赵秉钧代理内阁总理,9月正式任职内阁总理。

1913年初,国会选举揭晓,国民党获胜,袁世凯致电宋教仁,邀其北上北京共商国是。3月20日晚,宋教仁在上海火车站遇刺,两天后不治而死。3月23日,即有人向租界巡捕房报告凶犯行迹,巡捕随即在举报人及国民党要人的指引下,将指使杀人的帮会头子应桂馨(又名应夔丞)和杀人凶犯武士英缉拿归案,并在应桂馨家中搜出其与政府内务秘书洪述祖、总理赵秉钧的往来电报原件及底稿多件,其中有1月14日赵秉钧致应桂馨电:"密码送请检收,以后有电,直寄国务院可也。"有1月26日应桂馨致电赵秉钧:"国会盲争,真相已得,洪回面祥。"国民党将证据公诸于众,并认定系赵秉钧背后指使。洪述祖逃往青岛租界避难,武士英于4月20日暴毙于看押场所。5月1日,法庭向总理赵秉钧发出传票,赵秉钧称病辞职,回津赋闲。7月16日,其辞职被批准,第二天即被任命为步兵统领兼管京师巡警事务,旋兼北京警备司令。

---

① 溥伟:《逊国御前会议日记》,《社会科学战线》,1982年第3期。

此时国民党领导人孙中山、黄兴等发动二次革命,起兵讨伐袁世凯,但很快失败。1913年12月16日,赵秉钧被任命为直隶都督,翌年2月兼任直隶民政长。1914年2月27日,赵秉钧病逝,终年55岁。

参考文献:

李新、孙思白主编:《中华民国史资料丛稿·民国人物传》第2卷,中华书局,1980年。

杨大辛主编:《北洋政府总统与总理》,南开大学出版社,1989年。

廖一中:《一代枭雄袁世凯》,北京图书馆出版社,1998年。

天津图书馆、天津社会科学院历史研究所编,廖一中、罗真容整理:《袁世凯奏议》,天津古籍出版社,1987年。

(周醉天)

赵今声

　　赵今声(1903—2000)，原名玉振，以字行，河北辛集人。1903年6月，赵今声生于束鹿县回生村的一个普通农民家庭。7岁时进私塾读书。翌年，入村里初等小学堂。1915年升入束鹿县第一高等小学校，1917年夏毕业，考入保定私立育德中学。1921年考入天津北洋大学预科，翌年以优异成绩考取直隶省教育厅保送香港大学读书的公费留学生。1926年底在香港大学工科土木工程专业毕业，获得一级荣誉工学士学位。

　　大学毕业后，赵今声于1927年7月赴南洋群岛，在北加里曼丹沙捞越油田公司任测量员。1930年9月回国，在沈阳东北大学土木系任助教。1931年九一八事变后，于12月回到保定，在育德中学任高中物理教员。1933年8月，他又到天津，在河北省立工业学院市政水利工程系工作，历任讲师、副教授、教授，主要讲授平面测量、应用天文、道路工程、水力学等课程。在抗战期间，他赴西北工学院任教，主要讲授测量及道路工程等课。

　　抗战胜利后，赵今声于1946年被选派去美国考察进修，先后在密歇根大学研究院、美国陆军工程兵团所属海岸侵蚀研究所、港口水道研究所学习港口工程。1947年秋回国，重返天津，出任河北工学院水利系教授兼系主任，讲授港口工程、海岸及河口动力学等课程。

　　1949年天津解放后，赵今声被任命为河北工学院院长。1951年，河北工学院与北洋大学合并成立天津大学，他出任校务委员会副主任兼秘书长、水利系主任。在他的建议下，天津大学水利系创建了港口及水道工程专业,赵今声担任教研室主任,编写教材,建设实验室。他亲自指导学生做课程设计和毕业设计,还带领学生前往烟台、青岛、大连、连云港等港口码头工地实习。1952年,天津新港开港后,淤积严重,每年需要耗费大量资金,清除淤泥数百万立方米。1958年,赵今声受交通部委派,任天津新港回淤研究组副组长,并在天津大学建立海岸工程研究室,进行海岸及河口泥沙运动的研究。经过5年的艰苦努力,于1963年提出减轻新港回淤第一期工程方案,被采纳后效果显著,新港回淤量大大减少。赵今声的研究,为中国海岸及河口泥沙运动学的建立与发展开了先河,并为我国培养了这方面的专业人才。

1964年,赵今声被任命为天津大学副校长。1969年,他写出了《从船舶发展看港口发展趋势》《码头防护设备》两篇论文。他提出的相关建议,为新港海洋石油基地码头建设节省了20多万元费用。此后他又受交通部的委托,就砂质海岸输沙率进行研究,提出了一个砂质海岸输沙率的计算公式,被交通部采纳。1971年,交通部委任赵今声为主编,用三年时间完成了87万字的《港口工程》教科书,被各大学采用,并于1989年被国家教委评为优秀教科书。此后他又对广西铁山湾建立南海石油开采供应基地的可行性和开挖航道后的回淤量进行研究。70年代末,他随交通部组织的专家团考察山东岚山、江苏连云港,对建设10万吨级轮船码头选址提出良策并被采纳。1979年以后,他还曾赴美国、日本和澳大利亚一些高校进行考察,一方面学习外国的先进科学技术和教育教学经验,另一方面也向国外介绍我国的学术研究成果和教育成就,促进了中外文化交流。赵今声在从教60余年中,直接教过的学生达数千人,培养了一批港口及航道工程和海岸工程专业的研究生,其中很多人成为专家,或担任了领导职务。

1979年赵今声加入中国共产党。1982年,他从天津大学副校长的行政职务退了下来,专任天津大学水利系教授。80年代中期,赵今声作为技术总负责人,对天津市海岸及海洋资源综合调查进行指导,提出了开发利用方案。他对天津市对外经济技术开发区选址和建设方针提出全面设想,均被市政府采纳,并受到表彰。1985年,他被推选为天津海岸带开发咨询服务公司名誉董事长。赵今声还被全国科学大会评为先进工作者,《光明日报》在头版头条,以《退居二线,又立新功》为题予以报道。他还编写了70万字的《海岸及河口动力学》一书,由海洋出版社出版。他又应海洋出版社的特约,整理了研究波浪及水流作用下泥沙运动基本理论的论文,出版了30余万字的《赵今声论文集》。

1952年赵今声参加民盟,曾任民盟天津市委员会第六、第七届主任委员及第八、第九届名誉主委,民盟中央第四、第五届常委,民盟中央参议委员会第一、第二届常委。曾任天津市政协第一届常委,第二、第三届秘书长,第四至第八届副主席。曾当选第三、第五至第七届全国人大代表。曾任天津市水运工程学会第一届理事长,天津市水利学会名誉理事长,天津市科学技术协会第二届副主席,全国科学技术协会第三届常委,中国海洋学会第二届副理事长。

2000年7月24日,赵今声在天津病逝,终年97岁。

参考文献:

田俊:《港口专家赵今声教授》,载左森主编:《天津大学人物志》,天津大学出版社,1993年。

薛万军:《港口专家赵今声》,载陈德第主编:《代代风流(1903—2003)》,黑龙江人民出版社,2004年。

王家琦、王丽:《著名水利与港口工程专家赵今声》,载天津市政协文史委编:《近代天津十二大自然科学家》,天津人民出版社,2011年。

(张绍祖)

赵聘卿

赵聘卿(1880—1958),名德珍,字聘卿,以字行,天津人。幼年接受传统教育,青年时代进入堂兄魏信臣开办的源发永木厂当学徒。由于精明能干,赵聘卿逐渐从学徒成为经理,并与魏信臣建立了良好关系。1915年,王郅隆开办裕元纱厂,并担任总经理。在魏信臣的力荐下,赵聘卿成为裕元纱厂经理,他从保定职工学校招聘了一批纺织专业学生,参与纱厂的管理工作,还从上海、河南、河北等地招收千余名工人进行技术培训,充任纱厂技术骨干。1922年,纱厂获纯利60多万元。随后,工厂因经营不善及扩充太快,导致资金周转不足。赵聘卿因与王郅隆发生矛盾而辞职。

1923年,李少波创办嘉瑞面粉公司,后魏信臣任董事长,赵聘卿担任该公司经理。此外,赵聘卿还独资经营德源银号,合资开办裕津银行,与章瑞庭合资开办恒泰永棉纱庄,先后任监察人和协董。赵聘卿积极参与慈善救济等社会事业,曾当选为大津房产业公会会长、天津市商会常务委员及代理会长、天津慈善事业联合会会长、中国红十字会天津分会会长。

1931年九一八事变后东北沦陷,商会为充实抗战物资而发起筹措捐款运动,并成立组织救国基金委员会,赵聘卿等5人当选为常务委员。同时赵聘卿也参与了商会自动减餐活动,以充实反日救国基金,表明抗日之决心。1932年一·二八上海事变中,日军不断出动飞机轰炸,国人逐渐认识到空军建设的重要性。1933年5月,南京国民政府组织"全国航空建设协会",经收各地汇缴的飞机捐款。为响应抗日号召,天津商界成立"天津号"机筹委会,赵聘卿当选为常委进行募款购机。①

1933年,赵聘卿与赵幼梅等发起创办了赈济组织乐善堂,并任董事长。同年5月,香河、武清、宝坻等县因临近战区,民众纷纷逃难至杨村一带及东局子法军兵营附近,风餐露宿。赵聘卿会同其他社会慈善救助人员拨发玉米面1万斤,加运苇席为难民保暖,派专员驻守稽查不法分子,出面协调交通铁路部门,免费运送战区难民,等等。②1934年冬,为了集中救济缺衣少食的贫民,避免其流离失所,乐善堂设立暖厂,收容无房可住之人,以躲避严寒,每晚可收容300人。1935年,受"天津事变"影响,天津旅店业一直未能恢复元气,特别是南市华界旅店营业状况低迷。为此,旅栈业同业公会要求商会、社会局减轻铺捐。在商会主席纪仲石的倡议下,商会常务委员赵聘卿与其他三位委员合议呈报社会局,据理力争,维护商民权益。同年12月,天津发行铜元票,并重新规定兑换价。为防止市面混乱和商民兑换受到损失,赵聘卿以慈联会会长身份组织召开联席会,解决铜元恐慌问题。赵聘卿还参与了天津崇化学会和中国大戏院的筹建,并担任中国大戏院董事。

1936年,天津商会改选,因商会内部新旧两派委员意见分歧,致使改选一度陷于僵局。为解决困局,赵聘卿等三人专门到社会局陈情纠纷情况,并与社会局局长商讨调解办法。鉴于赵聘卿在商界的威望,责成赵聘卿进行调解,最终新旧两派实现融洽团结,内部组织得以改善,最终王竹林当选为商会会长,这一风波得以平息。

1937年7月底日本侵占天津。8月1日,伪天津市地方治安维持会成立,日伪政府拉拢赵聘卿任伪维持会委员、伪物资调整委员会委

---

① 《天津号机筹委会成立》,《申报》,1933年11月6日。
② 《战区难民麋集平津》,《申报》,1933年5月27日。

员及伪冬赈委员会委员。1939年,赵聘卿任多个伪职,如伪天津特别市公署参事兼代社会局局长,华北水灾救济委员会副委员长兼赈务部部长、常务委员,天津日华经济联盟会会长,上海制造绢丝株式会社理事等职,为日本经济掠夺效力。

1945年日本无条件投降后,国民政府将赵聘卿以汉奸罪逮捕,经审判后释放。1958年,赵聘卿去世,终年78岁。

参考文献:

天津市政协文史委编:《天津文史资料选辑》第4辑,天津人民出版社,1979年。

天津市河西区地方志编修委员会编:《河西区志》,天津社会科学院出版社,1998年。

李良玉、吴修申主编:《倪嗣冲与北洋军阀》,黄山书社,2012年。

郑成林、魏文享、李勇军:《中国近代商会通史(1938—1953)》第4卷,社会科学文献出版社,2015年。

（王　静）

赵 天 麟

赵天麟(1886—1938),字君达,天津人。1886年7月6日(清光绪十二年五月初五日)生于天津。早年入天津府官立中学堂学习,后入北洋大学堂法律系学习。1906年作为北洋大学堂第一批官费生赴美留学,1909年毕业于美国哈佛大学法律系,获法学博士学位,并被授予哈佛大学金钥匙。回国后,1912年任北洋大学法律兼理财学教员。

1914年3月13日,赵天麟被任命为国立北洋大学校长,在担任北洋大学校长期间(1914—1920),他将北洋大学近二十年的办学经验,总结概括为"实事求是"四字,并以之教导学生,遂成为北洋大学"校训"。

赵天麟还主持制定了《国立北洋大学校办事总纲》。它体现了"校长负责、专家治校"的管理体制,反映了资产阶级民主革命的"科学""民主"精神,保证了北洋大学内部机制的健全与完善,使北洋大学得以在社会动荡的岁月中稳步前进。为配合贯彻《总纲》,还制定了《国立北洋大学学事通则》。《通则》共14章100多条,是一部系统全面的管理规则。《总纲》和《通则》的制定,使北洋大学早期的管理水平达到了较高程度,为中国高等学校管理工作提供了范例。

赵天麟始终把慎重选聘教师作为至关紧要的大事来抓,坚持好中选优,聘请国内外著名专家学者来校执教。据北洋大学历史文献记载,赵天麟任职期间,北洋大学师资阵容强大,中外籍教师皆为专家学者,学识渊博,授课水平高,对学生循循善诱,讲授内容新颖、生动,颇受学生欢迎。

赵天麟关心北洋大学图书馆的建设,不断充实图书馆藏书。当时馆藏中西书籍1万多册、中西刊物一二百种。另设有法律研究室,藏有各种书报刊物3670多册。校内图书拥有量在当时全国高校中名列前茅。他重视实验、实习等教学实践活动,建设了一批实验室、实习室、陈列室及实习工厂,设备之齐全名列当时全国高校之首。[1]

1918年,北洋大学法科丁班学生毕业时出现了"连中三元"的盛事:在全国同时举行的外交官、高等文官和清华留学生三项重要考试中均获榜首,为社会人士所称道。

为了开展体育活动,增强学生体质,赵天麟于1915年冬,请美国体育专家柯克尔(Clark)先生来校讲演,他致欢迎词,强调学生在课余锻炼身体的重要性。赵天麟抓紧充实学校体育设施,建起了足球场、篮球场、跑道,并兴建了室内体操室,运动器材也逐渐完善。聘请了专职体育教员。由于赵天麟的提倡,北洋学生喜爱体育之风兴起,在许多比赛中均取得好成绩。

1916年10月,天津人民反对法帝国主义强占老西开运动爆发。10月21日,大津市民齐聚北马路商务总会,举行"维护国权国土会"全体大会,卞月庭当选为会长,赵天麟当选为副会长。[2]赵天麟多次代表维护国权国土会与北洋政府官员详谈法国强占老西开交涉事,并参加了赴京请愿活动。

1919年五四运动中,北洋大学成为天津各校的骨干力量,时任学生会会长孙越崎将罢课决定通知赵天麟校长时,他对此不予阻拦。1920年1月,因不满北洋当局采取高压手段阻止学生罢课,并制裁领导罢课的学生代表,赵天麟辞去北洋大学校长职务。

赵天麟去职后,受聘于开滦矿务局任协理。任职期间,赵天麟秉

---

①北洋大学–天津大学校史编辑室:《北洋大学–天津大学校史》(1),天津大学出版社,1990年,第93—94页。
②天津市政协文史委编:天津史志丛刊(二)《天津近代人物录》,天津市地方史志编修委员会总编辑室,1986年内部印行,第265—266页。

公办事、清正廉洁,深得同行上下的称道和尊敬。其间还为天津基督教女青年会会所的建设提供了场地。1931年被选为天津英租界工部局董事会华人董事。

1934年,赵天麟就任耀华学校校长。他深知,要办好学校,必须有精通业务的教师队伍。他聘任教师时,一不看介绍人的地位,二不单凭学历资历,而是认真地进行业务考核。1937年七七事变后,赵天麟在耀华学校原有教师基础上,又补充了不少名校的名师,其中有钱伟长(物理)、张肖虎(音乐)、王守惠(国文)、苏良赫(地理)、田崇厚(化学)、刘迪生(地理)等。赵天麟每学期向教师发聘书一次,还制定了多种福利制度,使师资质量和教学水平得以保证,激励了教师安心工作。

赵天麟主张学生德智体全面发展。他主持兴建了壮观、实用的体育馆和健身房,修建了宽阔的运动场,体育器械应有尽有,为学校体育运动的发展创造了良好条件。学校男女篮球队、男女田径队、男女垒球队和男子足球队等,在全市比赛中常名列前茅。女篮、女垒曾连续三年获全市冠军,其中不少人还代表河北省、天津市参加全国和华北运动会。赵天麟对音乐、美术教育也同样重视。

1937年7月7日,七七事变爆发,7月29日,南开大学、中学被轰炸和烧抢,张伯苓率多数师生南迁,不便南下的部分师生面临失学失业的困境。赵天麟基于民族义愤,顶住种种压力,克服重重困难,凭借耀华学校处在英租界的有利条件,采用本校生与南开等校的外校生“二部制”,在中学部开设6个特别班,招收失学学生1000多人。

天津沦陷后,每逢耀华学校校庆及重要节日,赵天麟坚持悬挂中国国旗,唱中国国歌。日本侵略者在天津利用伪政权推行奴化教育。1937年10月中旬,伪天津市治安维持会通令机关学校取消一切纪念日,删减课本,删改中国地图,强设日语课,颁发反共校训,等等。赵天麟联络法汉中学、志达中学、慈惠中学校长和教师50多人,于1937年12月12日在海大道女青年会召开秘密会议,商讨抵制奴化教育等问题。赵天麟任会议主席并做了慷慨激昂的讲演。几个学校共同决定：
(一)继续用旧课本,决不更改有三民主义内容的教科书;(二)各校学
生抗日爱国到底,一律不买日货;(三)各校从即日起增加军训一小时。

抗战初期,天津的英法租界是一个特殊的"中立地区",抗日团体
经常在耀华学校、新学中学、广东中学等校集会。耀华学校的抗日活
动尤为活跃,这与赵天麟的支持是分不开的,有的耀华学生要离开天
津去抗日后方,赵天麟曾资助路费。[①]

赵天麟在经济上资助过不少学生。他被害后,在其遗物中发现了
一个专记对学生资助的小本子,但只记有日期和一笔笔的钱数,而没
有任何被资助人的名字。

赵天麟的爱国举动引起日本侵略者的注意和仇视。1938年6月
27日,赵天麟被日本宪兵队暗杀团特务杀害,终年52岁。

1992年4月6日,国务院民政部追认赵天麟为革命烈士。

参考文献:

北洋大学-天津大学校史编辑室:《北洋大学-天津大学校史》
(1),天津大学出版社,1990年,

李国丽:《为国捐躯的赵天麟》,载天津市政协文史委编:《近代天
津十二大教育家》,天津人民出版社,1999年。

张绍祖:《爱国教育家赵天麟》,载杨慧兰主编:《世纪记往》,天津
大学出版社,2000年。

(张绍祖)

[①]张绍祖:《赵天麟(1886—1938)》,载潘强主编:《天津近现代著名教育家传略》,
天津教育史研究会,1995年内部印行,第123—124页。

赵 元 礼

赵元礼(1868—1939),字体仁,又字幼梅,号藏斋。赵元礼从四五岁时即开始识字读书,13岁时负笈三河县,师从胡若卿,专心攻读经书,还研习书法。18岁师从南皮县张筱云学时文之外,兼学诗赋,熟读了大量经史诗词。其间结识了有三世交谊的严范孙,自此,二人结下终生友谊,经常以文章相切磋,书札往来繁密。

1887年,赵元礼赴天津应试,考中秀才,为优廪生。但在获取科举功名上,屡试不第,始终未中举。20岁起赵元礼开始在天津以教家馆为业。1896年秋,赵元礼开始教授17岁的李叔同书法和诗词。1900年初,赵元礼就教于严范孙的家馆,教其子侄智崇、智怡、锡敏、锡庸等人八股试帖。

1900年庚子之乱后,长芦盐商请严范孙为义务堂董,重新整顿天津育婴堂。受严范孙的邀请,赵元礼负责经理其事,代为主持一切。历经二年,赵元礼对育婴堂内多项设施进行维护增改,使得育婴堂焕然一新。严范孙对其更加倚重,成为志同道合的知己。

1902年,直隶总督兼北洋大臣袁世凯,在直隶积极推行新政。1902年冬,袁世凯接受直隶候补道周学熙创建直隶工艺总局暨附设工艺学堂的建议,委令天津知府凌福彭筹建工艺学堂。赵元礼在严范孙的引荐下,协助凌福彭负责筹建,初任董理,继改为监督。1903年3月19日,北洋工艺学堂正式开学,周学熙兼任总办,聘赵元礼为庶务长。同年9月,直隶工艺总局正式创立,赵元礼任参议。1904年,北洋工艺学堂改称直隶高等工业学堂,"以培养工业人才为宗旨",培养高级工程师和教师,其所设专业班有:化学科、机器科、化学制造科、化学专科、机器专科、图绘科等。①赵元礼根据当时兴办实业的方针,在学堂积极培养人才,成绩斐然,以劳绩得保知县。但他无心仕途,旋被直隶省派赴日本考察实业,对日本明治维新以来兴办学校、设立工厂的办法,进行考察和研究,回国后运用到学堂之内,受到周学熙的称赞和重视。至1907年10月,高等工业学堂培养出来的学生人数计153人。

1908年8月,周学熙电邀赵元礼至北京,委任他负责调查棉花产量及纺纱事宜。月底,赵元礼偕同孙霁白、施自斋由北京出发,调查保定以南数十个产棉州县的棉花生产情况。之后又到湖北、上海调查各纺纱厂的生产,直至年底才回到北京。1909年初,赵元礼又受周学熙委托经办滦州煤矿。3月,直隶绅商学各界集会,决定上书同乡京官,要求收回被英国强占的开平煤矿,反对英国图谋染指滦州煤矿,公举王劭廉、李士伟、赵元礼为晋京代表,在天津开始掀起保矿风潮。1912年中华民国成立,赵元礼加入新成立的统一党,5月,统一党直隶支部在天津李公祠举行成立会,200多名党员出席,选举王观铭、纪文翰为正、副支部长。1913年1月党内改组,由陈庚虞、赵元礼出任正、副支部长。1912年6月,历时近3年的保矿斗争以开平、滦州两矿务局的合并宣告结束,赵元礼被聘为开滦矿务局交际员,后又改任秘书。之后,他还襄赞周学熙、周学辉兄弟创办北京自来水公司、唐山华新纱厂等企业。1918年北京政府组织国会,选举参、众两院议员,徐世昌任大总统,赵元礼当选为直隶省国会参议员。另外,他还担任过直隶省银行监理官、天津造胰公司经理等职。

1923年秋,日本发生关东大地震,时任中国红十字会天津分会会长的赵元礼本着人道主义精神,召集天津红十字会各董事,举行紧急

①唐少君:《周学熙与北洋工艺局》,《安徽史学》,1987年第4期。

会议,决议对日本人民予以救济。天津红十字会与各界联合会相配合,协力开展赈灾工作,制作棉衣 1000 套送往日本灾区。1924 年夏,天津遭遇洪水,加之第二次直奉战争爆发后溃兵的洗劫,津城众多灾民生活困难。为了赈济灾民,天津书画界数次举办展览,以所卖书画助赈。1927 年 8 月,严范孙等人认为在提倡新式教育的同时,儒家传统也不能沦没。在其倡导下,林墨青、华世奎、赵元礼、高凌雯、李金藻、刘嘉琛、王守恂等人在天津文庙筹建了研究国学团体"崇化学会"。

赵元礼在担任社会职务的同时,并不废习字和吟诵。他与天津各方文人名士多有书法交流和诗文唱和。其书法宗苏东坡,但不拘于形似,能够在雅逸婀娜之中展现出一种隽永刚健的韵味。《藏斋居士临观海堂帖》是赵元礼 65 岁时创作的,是他宗法苏东坡书法中的上乘之作。赵元礼被业界同行赞为"写苏于天津称第一",与华世奎、严范孙、孟广慧合称津派书法四大家。

赵元礼年少时即以擅长诗文在津门崭露头角,为当时天津问津书院院长李越缦所欣赏。1921 年,赵元礼与严范孙、林墨青、金息侯、王守恂等人筹议成立了"城南诗社",参与唱和者多达百余人,成为当时津门文坛一大盛事。1936 年以后,日本帝国主义侵略中国的势头日趋严重,天津政局不稳。赵元礼迁入租界赁屋而居,从此闭门习静。他以写日记的形式记述其诗文所得,著有《藏斋集》《藏斋诗话》《藏斋随笔》等。他的诗清新、隽永,在同界诗友里非常突出,与严范孙、王守恂一起被誉为津门诗坛三杰。

赵元礼于 1939 年去世,终年 71 岁。

参考文献:

任云兰:《从天津长芦育婴堂的变迁看慈善事业中国家与社会的关系》,《理论与现代化》,2009 年第 5 期。

唐少君:《周学熙与北洋工艺局》,《安徽史学》,1987年第4期。

刘炎臣:《赵元礼生平事略》,载天津市政协文史委编:《天津文史资料选辑》第76辑,天津人民出版社,1997年。

（赵云利）

赵 元 任

　　赵元任(1892—1982),号宣重、重远,原籍江苏常州。1892年,赵元任出生于天津一个官宦诗书人家,六世祖赵翼是乾隆进士。赵元任的父亲中过举人,母亲擅诗词及昆曲。年幼的赵元任随家人在北京、保定等地居住,这时他就显露出极高的语言天赋,喜欢学别人说话,并善于辨别出各地方言和语音特点。9岁时,因为祖父病故,全家迁回常州。13岁时,由于父母双亡,赵元任移居苏州大姨母家,跟随大表哥读书并学会苏州话。14岁时,赵元任回到常州青果巷,与三个堂兄由大伯母照管并进入高小接受新式学校教育。他与同学组织了"青年集益社"买书,成立可供社员借阅的图书室。他还创办了《课余杂志》,并任科学编辑。

　　赵元任15岁时赴南京,考入江南高等学堂,其预科设置的课程有国文、英文、数学、物理、生物、图画、体操等。通过学习,赵元任英语水平大有提高,已经达到可以写诗的程度。在江南高等学堂的最后一年,17岁的赵元任学习了化学、德语。1910年,赵元任以第二名的成绩考取了第二批公费赴美留学资格,进入康奈尔大学主修数学,还选修了物理、哲学和声学、教育心理学、生物实验、音韵学。其博闻强记,成绩优异。1914年9月,他进入康奈尔研究生院并改学哲学。1915年,赵元任学习和研究罗素著作后撰写论文并获奖。4月,他收到哈佛大学授予的哲学奖学金,并接到攻读博士学位的通知。这一年,他还发表了多篇论文、科学小品、译文及音乐作品。读博期间,他在《科学》杂志上发表了多篇科学小品及文章。1918年,赵元任顺利完成毕业论文,并获得雪尔登旅行奖学金。8月,赵元任离开哈佛,去芝加哥大学、伯克利大学游学,学习哲学史、数学史。他在加州读书时,学校音乐活动丰富,他参加了阿瑟·法尔韦尔指挥的合唱团,该团在希腊剧院演唱大型歌剧《阿依达》时,赵元任参演剧中僧侣及市民合唱。他还翻译中国民歌《湘江浪》并谱和声。1919年,他回母校康奈尔大学任教。

1920年,赵元任返回祖国,到清华任教,教授中国音韵学、普通语言学、中国现代方言、数学、物理学、中国乐谱乐调和西洋音乐欣赏等课程。适逢美国教育家杜威和英国哲学家罗素来中国讲学,清华派他给罗素当翻译。1920年10月至1921年7月,罗素辗转上海、杭州、南京、长沙和北京各地讲学,赵元任陪同翻译,应对自如。每至一地,他都会用当地语言来为听众翻译。赵元任不仅将罗素的演讲内容完整无误地翻译出来,就连其中的笑话、俚语,也翻译得毫不走样,罗素极为满意。他与罗素建立了终生友谊。其间,赵元任解除了旧式包办婚姻,与中国佛教协会创始人杨仁山的孙女、首位留日医学女博士杨步伟喜结连理。赵元任还参加了国语统一筹备会,从事国语运动。此外,他还参加了多种学术活动。

1921年,赵元任偕夫人离开清华,去哈佛任教。1922年1月商务印书馆出版了他的译著《阿丽思漫游奇境记》,其后还出版了赵元任所编的《国语留声片课本》与留声片。1923年,赵元任继续在哈佛教授中国语言课。其间,在伍兹教授的帮助下,赵元任顺利申请到查尔斯·霍尔基金,成立了哈佛-燕京社,该社逐渐成为国际上研究中国与远东文化的重要中心之一。1923年,赵元任再次接受清华之邀,准备回国任教。回国之前,赵元任旅欧游学,其间曾在巴黎大学学习,时而去英国参加伦敦大学的学术活动。

1925年6月,赵元任抵达清华。此时的清华正在筹备成立国学研究院,遂聘请梁启超、王国维、赵元任与陈寅恪为导师(四大导师)。赵元任教授方音学、普通语言学和音韵学等课程,指导学员进行专题研究的范围包括中国音韵学、中国乐谱乐调和中国现代方言等。他在清华国学研究院任教期间,除语言学与语音学外,还在哲学系兼授逻辑学并在校外兼课讲学。

1926年2月,赵元任开始到燕京大学授课。他还抽时间为《国际音标国语正音字典》正音,并开始翻译高本汉的《中国音韵学研究》,撰写并发表《北京、苏州、常州语助词研究》《符号学大纲》等,音乐方面还谱写了《也是微云》《茶花女》中的《饮酒歌》《上山》《教我如何不想他》等,并计划编写歌曲选集《新诗歌集》。1928年,赵元任作为中央研究院语言研究所研究员,在广州进行了大量的语言田野调查和民间音乐采风工作。1929年,中央研究院历史语言研究所成立,赵元任受聘为所长兼语言组主任。他不仅完成了粤语方言调查,还编译出版了《最后五分钟》。1930—1937年间,他一直在中研院史语所工作,除了继续在各个大学兼课,他还继续赴各地完成整理研究各地方言的工作。赵元任是中国第一位用科学方法做方言和方音调查的学者。他的耳朵能辨别各种细微的语音差别。他曾亲自考察和研究过吴语等近60种方言,会说33种方言。这期间,他发表论文《音位标音法的多能性》,谱写歌曲,出版《儿童节歌曲集》,并继续翻译高本汉《中国音韵学研究》一书。

1938年,赵元任夫妇赴美,先是任教于夏威夷大学,开设过中国音乐课程,后任教于耶鲁大学至1941年,其间继续从事语言研究,撰写文章和书评,参加学术及社会活动。此后的5年中,他又回哈佛任教并参加《哈佛燕京字典》的编辑工作,其间加入了美国国籍。从1947年到1962年退休为止,赵元任在加州大学伯克利分校教授中国语文和语言学,退休后仍担任加州大学离职教授。1945年,赵元任当选美国语言学学会主席。1952年,荣任阿加西基金会东方语和语文学教授。1960年,被选为美国东方学会主席。他先后获得美国三个大学的名誉博士称号。

1973年,中美关系正常化刚起步,赵元任夫妇就偕外孙女昭波和女婿迈克回国探亲。5月13日晚至14日凌晨,受到周恩来总理的亲切接见,周总理还跟赵元任谈到文字改革和赵元任致力研究的《通字方案》。在座的有郭沫若、刘西尧、吴有训、竺可桢、黎锦熙诸友。1981年,赵元任应中国社会科学院语言研究所之邀,偕长女赵如兰、女婿卞学磺、四女赵小中再次回国探亲,受到邓小平的热情接见,并接受了北京大学授予的名誉教授称号。

作为五四时期科学与民主思想的积极提倡者与实践者,赵元任在大学和研究生学习阶段参与了"中国科学社"的创建,成为《科学》杂志的撰稿人并长期参与该杂志的编辑工作。从1920年执教清华至1972年在美国加州大学退休,从事教育事业42年,中国著名语言学家王力、朱德熙、吕叔湘、丁声树、杨时逢等都是他的学生,"给中国语言学的研究事业培养了一支庞大的队伍",也培养了罗杰瑞等一批美国汉学家。

在音乐方面,赵元任突破了"学堂乐歌"借用外国乐谱填词的模式,开始完全由中国人独立作曲作词,使中国近现代音乐进入新的发展阶段。他是中国近现代音乐史上当之无愧的先驱者之一。他创作的歌曲《劳动歌》《卖布谣》《教我如何不想他》《上山》《听雨》《也是微云》和合唱曲《海韵》等广为流传。赵元任一生著作等身,在语言学方面的代表作有《现代吴语的研究》《中国话的文法》《国语留声片课本》等。赵元任在音乐方面的代表作有《教我如何不想他》《海韵》《厦门大学校歌》等。赵元任翻译的代表作有《阿丽思漫游奇境记》。他是公认的中国现代语言学先驱,被誉为"中国现代语言学之父",同时也是中国现代音乐学先驱,中国科学社的创始人之一,为汉语和中华文化的传播做出了突出的贡献。

1982年2月24日,赵元任在美国马萨诸塞州坎布里奇逝世,终年90岁。

参考文献:

张树铮:《遥遥长路·赵元任》,山东画报出版社,1998年。

赵新那、黄培云编:《赵元任年谱》,商务印书馆,1998年。

[美]罗斯玛丽·列文森采访:《赵元任传》,焦立为译,河北教育出版社,2010年。

苏金智:《赵元任传》,江苏文艺出版社,2012年。

(冯智强)

郑 炳 勋

郑炳勋(1866—1954),字纪常,号菊如,天津人。1866年10月10日(清同治五年九月初二日),郑炳勋出生于天津西门里大街的罗底铺胡同。郑家是广东香山县的书香世家,郑炳勋幼承家学,8岁时适逢上德堂药铺延李北溟设馆授徒,就前去拜师学习经史。20岁时,入天津县学,参加过两次乡试,第一次因荐卷落选,第二次因名额满了未能就试,从此他就放弃了举业。

清末实施新政后,全国各地中小学堂蓬勃发展,但师资力量薄弱。严修任直隶学务处总办时,多次考选学生出洋留学。1903年秋,郑炳勋等十余人奉派赴日留学,入东京弘文书院师范学科学习。翌年,郑炳勋学成归国,任直隶工艺总局教育品陈列所管理一职。教育品陈列所中不但有仪器、标本、模型等各种教学用品,还陈列着有关入学年龄、就学表格及各种教育方面的调查统计资料,甚至连学生的考试成绩,也加以甄选展陈。教育品陈列所中附设藏书楼,收藏有数千卷图书,以应用科学方面为多。其间,郑炳勋撰著了《教育品分级编目》,呈请直隶总督批准后印行,分发各学校备录。

郑家在天津城西南水闸旁有10余亩地,俗称"南开洼"。当时严修建立的私立第一中学堂因"地狭不敷应用",正向社会筹款扩建,郑炳勋代表家族将这10余亩地捐给学校。学校建成后以地名命名为私立南开中学堂,后改称为私立南开学校,郑炳勋任学校讲师和校董事会董事。

辛亥革命后,郑炳勋在京津两地专心从事文化教育工作。他在北京新街口北小七条购地,建书斋"书带草堂",在天津罗底铺胡同老宅建"小书斋"。郑炳勋历任北洋政府农工商部商品陈列馆庋设课课长、京师蚕业讲习所管理兼国文教员、天津劝学所海河区劝学、北京国立高等师范学校庶务长兼管各专修科教务、河北省立第一中学国文教员、天津耀华学校教务主任兼国文教员、天津市立第一贫民救济院主任、河北省教育厅秘书兼第四科主任科员。

1927年,严修在天津文庙成立"崇化学会",郑炳勋受聘在此讲学。30年代初,郑炳勋任天津国学研究社讲师。他讲授《诗经》,反对朱熹把郑之国风多斥为淫诗,而是有自己的个人见解,并在讲授时反复阐明自己的观点。

1939年春,郑炳勋任伪天津特别市市立第二图书馆馆长。该馆前身是河北省立第一图书馆,原为清末直隶提学使卢木斋所倡建,除各省督抚送书及自购书外,以严修捐赠的家藏12,000多部计50,000余卷珍贵善本书为主。1937年七七事变后天津沦陷,此馆饱受战火,被迫关闭。为使珍贵图书免遭兵燹,馆内员工将图书分装30余箱寄存于天津盐业银行。后来日军进驻河北公园,图书被查封。经过多方交涉,日军才同意图书馆将书启封外迁,但限3日内必须搬完。该馆仓促间只得急租西关外联兴里230号民房一处,在日军荷枪监视下昼夜抢运,终于按时搬迁完毕。郑炳勋上任后,感到藏书民房地势低洼,易遭水患,便改租城内鼓楼东大街164号徐朴庵宅前院15间房为新馆舍,赶在雨季到来之前将全部藏书搬迁完毕。1939年天津大水,全市几乎被淹,但这批图书幸免于难,被完好地保存下来。经过编目整理,一年后图书馆向社会开放阅览。1942年,郑炳勋在馆内设儿童读书会,收不满10岁的贫苦家庭儿童,他义务授课,每天下午两小时。儿童嬉闹无拘,没有定性,郑炳勋却口讲指画,毫不厌倦。随着日伪统治逐渐加剧,馆内经费被不断压缩,无法购置新书刊,只能以现有书刊开展借阅工作,读者日渐稀少,最终陷于停滞状态。1943年冬,郑炳勋辞职。

1945年日本投降后,郑炳勋任天津私立众成高等商业学校校长。当时市面物价飞涨,学校经费匮乏。为了延聘教师,已届79岁高龄的郑炳勋四处奔走,筹借薪资。为了节省开支,他自任国文课老师,并不领薪水。1947年,他又倡建天津私立崇化中学,选县文庙为校址。改庙为校,既能保护庙产,又能增加一处教育青少年的学校,可谓一举两得。

1952年,郑炳勋被聘任为中央文史研究馆馆员。1954年1月21日,郑炳勋在北京病逝,终年88岁。

郑炳勋著有《教育品分级编目》《文艺精选》《礼记选读》《诗经讲义》《古近体诗存》等。

参考文献:

《郑菊如先生诗存》,南开大学出版社,2011年。

谭汝为、刘利祥编著:《天津地名故事》,天津人民出版社,2012年。

(赵云利)

郑 朝 熙

郑朝熙(1878—1956),字际唐,河北衡水人,其父早亡,他与母亲相依为命,过着穷苦的日子。郑朝熙自幼勤奋好学,每日打柴回来路上便立于村内私塾窗外偷听老师讲课。日久天长,终被老师发觉,老师便考问他一些经史知识,他都能对答如流,于是收留他在私塾当杂工。老师非常喜爱郑朝熙,不仅让他和学生一起学习,还为他做课外讲授,因此郑朝熙的学业进步很快。郑朝熙16岁时在县里考中案首(即秀才第一名),一时名声大噪,也因此结识了不少读书人。1908年,郑朝熙被保送东渡日本留学,入仙台宏文学院专攻教育。在学期间,他对日本中小学教育进行了考察。1911年,郑朝熙应召回国,出任京师优级师范学堂讲师,承担教学法和教育心理学的教学工作,他亲自编写了教材。[①]

1912年9月,郑朝熙被委任创办北师大附属小学,并担任校长。他亲自规划学校建设,设计校舍、聘请教师、安排教学。1923年,为解决城郊平民子弟失学问题,郑朝熙在北京朝阳门外蓝旗营房附近创办北师大附小第二部。至1927年10月,郑朝熙在北师大一附小任校长达15年。

1927年秋,郑朝熙应交通部部长叶恭绰聘请任津浦铁路局督察处育才科视学,撰有《扶轮小学视察记》一书。1928年9月,郑朝熙应河

---

①邵华:《天津近代教育家郑朝熙》,载刘开基编:《天津河西老学校》,中国文史出版社,2008年,第151页。

北省教育厅厅长曹秉国之邀到河北省立第六师范学校任教,教授教育学和教学法课程,并兼任附小主任,继而被任命为省立第六师范学校校长。

1930年底,郑朝熙任河北省教育厅小学科科长,不久调天津特别市教育局任督学处主任兼义务教育办事处处长。1933年,他还兼任直隶女子师范学院师范部实习课指导教师。七七事变后,郑朝熙退职。①

退职后的郑朝熙决定自办一所小学。他向当时的河北省银行贷款6万元,购买了位于当时六区(现河西区)杭州道的一所房子改建为小学校舍。1938年,伪河北省政府教育厅厅长陶尚明恢复省立女师学校,将郑朝熙自办的小学作为省立女师附属小学,郑朝熙任小学主任。他组织"学生家长助学委员会",动员社会名流及工商业者协助办学。此时,靳佩芬女士(即台湾著名作家罗兰)来校担任音乐教师,并组织学校合唱团,在该校任教6年。1940年8月,伪河北省政府由天津迁往保定,省立女师归为市辖,其附小更名为天津市立女子师范学校附属小学。1942年1月,河北女师并入天津市立师范学校,附小更名为天津市立第五十一小学,郑朝熙仍任校长。1946年8月,第五十一小学改为天津市第六区中心国民学校,有20个班、963名学生、31名教职员,②郑朝熙任校长。1946年9月,天津市立师范学校复校上课,郑朝熙任教务主任,兼教育学、教学法课程,天津市第六区中心国民学校改为市师附属小学。

郑朝熙对教育教学很有研究,每星期开一次校务会,着重研究教学工作。他非常注重师资水平,聘任的教师都具有省师、市师学历或

---

① 闵文:《天津近代著名教育家郑朝熙》,载天津市河西区政协文史委编:《河西文史资料选辑》第9辑,中国戏剧出版社,2011年,第340页。

② 中共天津市河西区委宣传部、天津市河西区档案馆编:《天津河西历史文化名人传略》,线装书局,2013年,第178页。

高中以上学历。他对教师、学生的要求十分严格。他经常听课，抽查教案和学生笔记、作业、作文等。他主张采用自学辅导、作业分析讨论等多种课堂教学形式，提倡启发式教学，语文强调作文、写字，数学强调灵活、反复练习。他对学生的写作尤为重视，要求一年级写组句，二年级写周记，三年级以上写日记，每周都要写一次，教师要当天批阅当天发还。学生普遍写字基础好，写作水平高。数学精讲多练，数学课每节60分钟，前30分钟讲新课，后30分钟做练习题。教师对后进生个别辅导，还要为学习速度快的同学设计补充题。

郑朝熙注重学生参加社会实践，提高学生的生活能力。他特地请老师开设劳作课，教男生班学木工，修理课桌椅；学砖瓦工，盖小库房；学农事，种花草树木。女生班学补衣服、纳鞋底、盘扣襻、烹饪等。

郑朝熙注重学生的体育锻炼，每天早操后，由校长、教师带队跑步，定期举行运动会。学校每学期举行一次展览会，把学生的优秀作文、各科作业、写字、图画、手工等都陈列出来，请家长参观。还让学生当场演示，如当场造句(低年级)、写字、作画、写文章、做计算题等，受到家长的称赞。

1947年，郑朝熙因年老有病辞去校长职务。1956年1月13日，郑朝熙因病去世，终年78岁。

参考文献：

张绍祖编著:《津门校史百汇》，天津人民出版社，1994年。

（张绍祖）

郑 汝 铨

郑汝铨(1907—2011)，女，北京人。1907年9月14日(清光绪三十三年八月初七日)出生于江西九江。郑汝铨3岁起，母亲开始教她认字。6岁，全家迁到天津。郑汝铨先在私立竞存小学读书，后来转入刚成立的圣功女子学校就读，成为该校的首届学生。

1919年，郑汝铨考入天津中西女中。每天上课前，在外国或中国牧师的带领下，学生们进行半个小时的灵修会。受学校氛围的影响，郑汝铨开始信仰基督教，她在学校做过霓虹团的干事、市会的委员及总干事。

1927年，郑汝铨中学毕业，考入天津南开大学。1928年冬，郑汝铨转校到上海沪江大学攻读教育学兼社会学。1931年毕业后，天津中西女中和上海中华基督教女青年会全国协会都对她发出工作邀请，郑汝铨选择回母校工作，并担任天津女青年会劳工部委员。

27岁时，郑汝铨在上海正式受洗，加入教会，成为基督徒。1934年，郑汝铨到美国密歇根大学深造。1935年毕业回国，在上海工部局中学为一名因生育而请假的老师代课，后受聘于长老会的上海清心女中。

1936年夏，郑汝铨回天津探亲，好友劝说她留在天津，担任女青年会总干事。此时郑汝铨受聘于上海清心女中，感到非常为难。女青年会与清心女中张蓉珍校长接洽，张校长同意郑汝铨离开。1936年8月5日《华北明星报》刊发消息：郑汝铨担任天津女青年会总干事。她还曾担任维斯理堂基督教徒青年主日学教师、培才小学董事，并参加过中国妇女友谊会、国际妇女友谊会、美国大学妇女会。

一二·九运动后，天津女青年会成为中共地下组织活动的阵地，虽然郑汝铨不清楚这些人的政治身份，但她抱着爱国热情，对他们的活动给予大力支持。

天津女青年会经费完全依靠捐款，为扩大募捐队伍的影响力和号召力，郑汝铨义务教当时天津市市长张自忠的妻子英语，并请她参观女青年会，并担任募捐队名誉总队长。张自忠的妻子为女青年会在市府内募捐到期望的数目，同时发展局长们的妻子担任募捐队队长，并吸收女职员加入募捐队伍。一些社会名流都曾为女青年会捐款做事。另外天津女青年会还向英、美、法等领事馆，各国传教士，外国军营、银行、公司等募捐。郑汝铨担任总干事期间，得到的捐助年年超过目标，为开展各项工作打下了坚实的经济基础。

女青年会会员最初要读经祷告，后来增加了识字、唱歌、救济等活动，宗教色彩慢慢变淡。按照女青年会“服务社会，造福人群”的宗旨，郑汝铨带领女青年会一方面进行赈灾等救济工作，一方面开展义务教育、创办学校等教育工作。

在郑汝铨的带领下，天津女青年会的会员部（后改称成人教育部）有了很大发展，学生人数增多、科目增加。1937年，开办女仆识字班。1938年，成立初级小学部、义务小学。

1937年七七事变后，天津女青年会劳工部创办“车夫幸福社”，把人力车低价租给车夫，租金用来救济车夫疾病和意外。还与相关部门合办难民诊疗所，设立“弃儿箱”救助弃婴。

1944年，郑汝铨结婚，不再担任天津女青年会总干事一职。同年秋，郑汝铨赴南京，担任南京基督教女青年会复员工作筹备主任、南京基督教女青年会总干事。1948年7月—1949年1月，郑汝铨获得联合国奖金，去美国考察社会福利工作。

新中国成立后，郑汝铨任南京市基督教三自爱国会副主委，南京市人民代表、政协常委。1951年,中央人民政府政务院文化教育委员会宗教事务处在北京召开"处理接受美国津贴的基督教团体会议"。时任南京女青年会总干事的郑汝铨参会,并积极响应吴耀宗先生提出的中国基督教三自革新宣言,中国基督教团体要"自治、自养、自传"。

1953年下半年,郑汝铨从南京女青年会调到位于上海的女青年会全国协会任储备干事,被派到天津女青年会协助工作。1957年,郑汝铨再次出任天津基督教女青年会总干事。"文化大革命"期间,天津女青年会停止活动。

改革开放后,在郑汝铨的倡导下,天津女青年会首创护工培训班,并于1982年正式开班,培训班共开办9期,培养430名护工。1995年,郑汝铨出席全国妇联"部分大中城市妇联开展家务劳动工作现场会",并在会上介绍天津女青年会创办护工班的经验。1984年,天津女青年会创办幼光幼儿园,郑汝铨为幼儿园房舍问题多方奔走,并筹集资金,率先开办多种特色教学。

1995年,天津女青年会开始从事社区服务工作,进行居民保健、提高养老水平等相关工作。天津女青年会还与相关单位联合开办美发班、烹饪班等职业技能培训班,对在产业结构调整中下岗的女工进行培训。

郑汝铨历任天津市妇联常委,天津市第一至第五届政协委员、第六至第十届政协常委,天津市妇联第四、第五届常委,第六至第八届执委,第九、第十届名誉执委,天津市第五届青联委员及第六至第七届青联常委等职。2011年,郑汝铨住院期间,捐出30万元积蓄,用于在宁河丰台镇建立希望小学。

2011年10月5日,郑汝铨逝世,终年104岁。

参考文献:

郑汝铨:《我所知道的天津基督教女青年会》,载天津市政协文史委编:《天津文史资料选辑》第21辑,天津人民出版社,1982年。

天津市政协文史委编:《天津文史资料选辑》第83辑,天津人民出版社,1999年。

（魏淑赟）

郑士琦

郑士琦(1873—1935),又名余琦,字蕴卿、云卿,安徽定远人。出生于军官家庭,其祖父郑怀仁(亦说郑大仁)、祖母周氏一生耕读为本。父郑有儒,字席珍,为从二品武官,副将衔,官至补用游击,长期在外,郑士琦15岁时到山东父亲身边就读。

1890年,17岁的郑士琦考取了安徽省陆军随营学堂。由于学习刻苦努力,科学、技术科及各种训练的成绩均名列前茅,毕业后分配到北洋军队中任排长。其间因作战勇敢、指挥有方,颇得上司赏识,1893年前后相继提升为连长、营长、团长。

1911年,郑士琦在山东历任北洋军第五镇管带、统带。武昌起义爆发时,郑士琦身为山东第五镇统带,他宣布:"今各省已宣告独立,山东岂可落后! 以武力,吾当正厉兵秣马以待。"①13日,孙宝琦迫不得已通电中外,宣告山东独立。

1912年,郑士琦出任陆军第五师师长兼第十旅旅长,又兼陆军第七混成旅旅长。1915年底,袁世凯在北京称帝,郑士琦配合陈美士等人,在山东组织讨伐袁世凯活动。1916年6月6日,袁世凯病逝,黎元洪继任大总统,段祺瑞任国务总理,北洋军分成皖、直、奉系,郑士琦加入了段祺瑞的皖系。

1920年直皖战争后,皖系段祺瑞下野,郑又归直系指挥。1921

---

①合肥市政协文史委编:《合肥人物》(《合肥文史资料》第5辑),1988年内部印行,第105页。

年,郑士琦任帮办山东军务,是年10月21日作为山东省代表,出席曹锟在保定邀集的直、鲁、豫巡阅使军政会议。1923年10月,曹锟由保定到北京就任大总统,为笼络郑士琦,任命其"督理山东军务善后事宜",并授"济威将军"加陆军上将衔。

1923年5月,山东发生临城劫车案,郑士琦任剿抚总司令。5月13日,他偕同美国人安迪生①,参加在时任山东督军田中玉的专列上同匪首孙美瑶、郭其才的正式谈判。匪首孙美瑶于5月26日主动派人下山与郑士琦接洽,重开谈判,临城劫车绑票案告一段落。北洋政府不久即全盘推翻了对孙美瑶的招抚改编,因此,外国使节团就事件发生进行问责。北洋政府迫于压力免去田中玉职务,郑士琦借机上台,继任山东督军。

1924年10月,第二次直奉战争爆发后,当时山东督军郑士琦"突将津浦路南段利国驿、韩庄之铁桥炸毁,断绝吴氏归路"②。1925年,张作霖为扩充地盘,力请段祺瑞任命张宗昌为山东督军,调郑士琦为安徽督军,段不得不依。不久,奉军就囊括了从直隶一直到长江下游的大片地区。郑士琦受到奉军排挤,段祺瑞虽任其为安徽省军务督办,但因奉军南下亦未能到任,他就此下野。

郑士琦下野后在天津做寓公。1935年,郑士琦病逝于天津,终年62岁。

参考文献:

安徽省阜阳市政协文史委编:《皖系北洋人物》,安徽人民出版社,1993年。

辛平编著:《民国将领录》,辽宁人民出版社,1992年。

李正中主编:《近代中国天津名人故居》,天津人民出版社,2009年。

(万亚萍)

————————————

①安迪生,美国人,当时为民国总统府顾问、山东枣庄总税务司。
②古蒋孙撰:《乙丑军阀变乱纪实》,中华书局,2007年,第27页。

郑翼之

郑翼之(1861—1921),原名官辅,后改应麟,字正扬,别名翼之,广东香山人。郑翼之出身于富裕的农民家庭,其父共育有九子八女,其中,编纂《盛世危言》的郑观应,就是郑翼之的同父异母哥哥。

1877年,16岁的郑翼之跟随兄长来到上海,入太古洋行当学徒。1881年,太古洋行准备在天津成立分行,英方经理推荐郑翼之随洋员北上,着手天津分行筹备工作。在天津分行的筹办过程中,他承担了全部洋行对华人的联络、业务等开拓性工作。天津分行很快发展为主营航运与食糖的大洋行,郑翼之任买办。

19世纪90年代,洋商在华航运势力逐渐向内河水域扩张,其中英商怡和、太古洋行逐渐占据了垄断地位。在天津航运业的竞争中,郑翼之发现海河河道狭窄弯曲,吃水较浅,这其中蕴藏着巨大商机。郑翼之专门在英国订制"湖北号""湖南号"两轮以适应狭窄河道,并成立驳船公司,负责英租界太古码头和俄租界人古河东码头的船只驳运,自装自卸,形成了海河太古轮运网络,太古洋行天津分行也因此独霸海河轮运业。在天津的食糖营销上,郑翼之共设立了8家代理、64处销售站,制订促销措施,将城市和农村纳入营销网络,将闽潮帮经营的白糖挤出了农村市场。天津太古洋行的业务发展迅速,航运业务跃居天津外轮第一位,食糖、油漆、面粉、保险、驳船、房地产等其他业务也发展迅速,郑翼之因此积累了大量财富,成为仅次于怡和洋行买办梁炎卿的又一大买办。

郑翼之的洋行买办收入主要来自于航运佣金,并从搬运费、托运客商和货物损耗等方面赚取收入,郑翼之可以从中拿到太古洋行营业额3%的航运佣金。此外,太古洋行的食糖、油漆、面粉、保险、驳船等其他业务,郑翼之也可以拿到2%的佣金。郑翼之也有许多"灰色"收入。对搬运工人脚费的剥削,以太古洋行运量而算的话,仅此一项就是巨大的数目。

房地产买卖更是郑翼之敛财的重要渠道。20世纪20年代初,他开发商业地产,在今大沽路与开封道附近兴建小营门市场,因其东临海河码头,又与金融中心中街贯连,不久这里就成了外国人及官僚、买办、下野政客和军阀的销金窟。

对地方公益活动,郑翼之积极参加。1903年,唐绍仪倡议修建广东会馆,郑翼之捐银3000两;1912年天津妇女红十字协济会开售品会筹款助赈,郑翼之积极参与售卖并进行了捐助。

在子女教育上,郑翼之采取男女有别的方针。他一面以《朱柏庐治家格言》《曾文正公家书》向女儿、孙女灌输孔孟之道,禁止其学习英文,只准在家学习针线和随聘请的女老师学习中文,不准自由婚姻;一面又鼓励儿子、孙子学习西方文化,精通英语,谙熟洋人生活方式,凡是考入大学的都会资助学费,如果出洋留学更是每年资助2000英镑。他还明确规定后辈不准干银行和钱庄,要多做善事积德。

1921年郑翼之在津病故,终年60岁。

参考文献:

天津市档案馆等编:《天津商会档案汇编(1903—1911)》上,天津人民出版社,1989年。

天津市政协文史委编:《天津的洋行与买办》,天津人民出版社,1987年。

邵华:《太古大班——郑翼之》,《天津政协》,2011年第9期。

（王　静）

钟 茂 芳

钟茂芳(1884—?),又名马凤珍,生于南洋的一个华侨家庭。1903年留学英国前,钟茂芳曾在天津北洋医学堂①学习看护。1909年毕业于英国伦敦葛氏医院,成为中国第一位留学国外接受看护教育的女性。是年回国,被天津北洋女医院院长兼北洋女医学堂监督金韵梅聘为护校校长,从事护士训练和管理工作,成为金韵梅的得力助手。

钟茂芳教习护生采用英国护理教材,收到很好的效果。钟茂芳深得袁世凯器重,1913年袁世凯捐款资助她翻译了看护教义《牛津护理手册》。这本译著是当时传入中国较早的西方护理学理论书籍,成为女医学堂乃至许多护校的专用教材。钟茂芳在教学中引进"南丁格尔"精神,提倡救死扶伤、无私奉献的职业道德,许多学生毕业后终身受益。

1914年,第一次全国护士代表大会在上海召开,共有来自8省21所公立、私立、教会医院的代表24人,其中外籍人员竟有23人,只有钟茂芳一位中国人。在大会上她被选为中华护士会首任华人副会长,年仅30岁。

在这次大会上,钟茂芳对"看护"一词首次提出异议,建议将英文nurse的汉译"看护"改称为"护士"。为此她曾请教数位知名学者,详加审议,广为考证。她认为"看护"一词甚不合宜,"护士"具有较高的

①1893年12月,李鸿章委派法国军医梅尼在原医学馆基础上创建北洋医学堂,并附设北洋医院,专门培养军医人才,地点在天津法租界海大道。

职业意识,更能准确表达本职业的文明和高尚,赋予护士尊重生命、护理生命的神圣职责。钟茂芳的智慧解释获得大家一致赞同,被大会批准,"护士"一词沿用至今。[1]

1915年9月,钟茂芳参加了中华护士会第二届全国护士会员代表大会,会议在北京协和医院礼堂召开,在来自9省的47位代表中,外籍护士46人,中国护士仍只有钟茂芳1人。她在会上追述在天津北洋女医院工作时做地段家庭访视的体会。她认为教育和培养国民卫生习惯、保护妇幼健康、降低婴儿死亡率、提高民族素质非常重要,并建议将上述内容列入护校课程。这一次钟茂芳再度被选为中华护士会副会长。同年她加入国际护士会并被选为荣誉副会长。

钟茂芳在天津工作时间只有6年,后远嫁美国。定居美国的钟茂芳时刻关心中国护理事业的发展。1928年1月,中国第九届全国护士会员代表大会在上海召开,钟茂芳特意从美国发来贺电表示祝贺。她的这种关切之情一直保持到晚年。

钟茂芳卒年不详。

参考文献:

林菊英、金乔主编:《中华护理全书》,江西科学技术出版社,1993年。

王益锵主编:《中国护理发展史》,中国医药科技出版社,2000年。

姜月萍:《钟茂芳——中国护士的一面旗帜》,载李红梅主编:《天津河西老医院》,华龄出版社,2016年。

(张绍祖)

---

[1] 姜月萍:《"护士":钟茂芳为一个职业取名》,载贾长华主编:《水阁医院108年》,百花文艺出版社,2011年,第15页。

周 恩 来

周恩来(1898—1976),字翔宇,曾用名飞飞、伍豪、少山、冠生等,1898年3月5日(清光绪二十四年二月十三日)出生于江苏省淮安府山阳县城内的驸马巷。祖父周起魁,父亲周贻能(后改名劭纲),为人忠厚老实。母亲万氏,系清河县知事万青选的女儿,性格开朗,处世精明,全力主持家务。周恩来不满半岁时,过继给叔父周贻淦。不久,嗣父去世,由嗣母陈氏抚养。陈氏才学出众,会书画,好诗文,对周恩来的影响很大。在嗣母的教育下,周恩来4岁开始认字和背诵唐诗,5岁进家塾读书,并取学名"恩来",字翔宇。此后,周恩来勤奋读书,先后读了《三字经》《千字文》《神童诗》和《论语》《孟子》《大学》《中庸》《诗经》中的一些篇章,并先后读了《西游记》《水浒传》《三国演义》《说岳全传》《红楼梦》《镜花缘》等古典名著。

周恩来9岁时生母病故,10岁时嗣母病故,经济陷入困境。父亲离家去湖北做事。无奈之下,周恩来带着两个弟弟迁回淮安老家居住,他"佐理家务,井然有序"[1]。1910年春,周恩来12岁,到奉天省银州堂伯父周贻谦家寄居,入银岗学院读书。秋季,移居奉天府堂伯父周贻赓家,入新建的奉天第六两等小学堂丁班学习。其间,受进步思想影响,阅读了陈天华的《警示钟》《猛回头》和邹容的《革命军》等书,养成了每天坚持读报、关心国事的习惯。在一次修身课上,当老师问

---

①中共中央文献研究室编:《周恩来年谱(1898—1949)》,中央文献出版社、人民出版社,1990年,第8页。

到"读书为了什么"时,周恩来回答"为了中华之崛起"①,表达出强烈的爱国情怀。

1913年春,因周贻赓工作变动,15岁的周恩来随伯父来到天津,并进入大泽英文算学补习学校补习功课。8月中旬,周恩来考取天津南开学校。

在校期间,周恩来每门功课的成绩都很突出。当年的南开中学同学录评价周恩来:"善演讲,能文章,工行书;曾代表本班与全校辩论;于全校文试夺得首席;习字比赛复列其名;长于数学,往往于教授外自出新法,捷算赛速,两列前茅。"②他与同学张瑞峰、常策欧等发起组织敬业乐群会,并创办会刊《敬业》,发表了一系列文章与文学作品,宣传新思想。1915年10月,在南开学校参加演出新剧《一元钱》,扮剧中女主角,并先后参加《恩怨缘》《老千金全德》《华娥传》《仇大娘》《一念差》等十多部新剧的编导和演出,赢得师生广泛赞誉。

1915年5月,袁世凯接受日本企图独占中国的"二十一条"修正案,周恩来悲愤交加,他撰文疾呼:"事急矣,时逼矣,非常之势,多难之秋,至斯亦云极矣。""莽莽神州,已倒之狂澜待挽,茫茫华夏,中流之砥柱伊谁? 弱冠请缨,闻鸡起舞,吾甚望国人之勿负是期也。"③1916年10月,在反抗法国制造的"老西开事件"中,周恩来站到了反帝救国斗争的前列。在南开学校召开的全校大会上,周恩来以"中国现实之危机"为题,发表了长篇演讲,号召一切有爱国心的青年,都应当"闻而兴鸡鸣起舞之威,天下兴亡匹夫有责之念"④,担负起救国救民的重任。

1917年6月,周恩来从南开学校毕业。9月,为寻求救国救民道

---

①中共中央文献研究室编:《周恩来年谱(1898—1949)》,中央文献出版社、人民出版社,1990年,第10页。

②中共天津市委党史资料征集委员会编:《战斗在天津的共产党人》,天津人民出版社,1991年,第25页。

③④中共中央文献研究室编:《周恩来年谱(1898—1949)》,中央文献出版社、人民出版社,1990年,第16、19页。

路,东渡日本求学。行前,写七言诗一首:"大江歌罢掉头东,邃密群科济世穷。面壁十年图破壁,难酬蹈海亦英雄。"[①]这首诗表现了周恩来的崇高志向和坚强意志。1917年俄国十月革命爆发后,周恩来以极大的热忱关注着俄国革命的发展。他开始接触马克思主义,阅读各种报纸和进步书籍。他用"风雪残留犹未尽,一轮红日已东升"的诗句来抒发情感。此时,日本发生了大规模的"抢米暴动",参加者达1000万人。周恩来从中看到了人民群众的伟大力量,他开始用无产阶级的观点来审视国家命运,重新思考自己的人生道路。

1919年3月,周恩来得知南开学校即将创办大学部,决定回国学习。5月中旬,周恩来回到天津。五四运动爆发后,周恩来积极投身爱国运动,承接创办《天津学生联合会报》的工作。在创刊号上,周恩来发表了社论《革心、革新》,提出"在改造旧社会的同时改造自己思想"的口号。针对北洋政府出卖国家权益与镇压爱国学生运动的罪行,周恩来发表《黑暗势力》文章,呼吁国民"要有预备!要有办法!要有牺牲!""推倒安福派,推倒安福派所凭藉的军阀,推倒安福派所请来的外力"[②]。《天津学生联合会报》被广大读者誉为"全国学生联合会会报之冠"。

为统一领导天津的反帝爱国运动,1919年9月16日,周恩来、郭隆真、邓颖超、马骏等成立了觉悟社,该社由周恩来直接领导。1919年11月24日,为抗议日本企图强占山东的阴谋,天津各校学生1000多人到省公署请愿,要求北洋政府"向日本交涉,以保国权而维民命"。1920年1月23日,北洋政府出动军警,非法逮捕了马骏等各界代表24人,并查封天津各界联合会、学生联合会等爱国团体办事机构。面对严峻的形势,周恩来决定举行更大规模示威活动,要求启封各界联合

①中共中央文献研究室编:《周恩来年谱(1898—1949)》,中央文献出版社、人民出版社,1990年,第23页。

②《天津学生联合会报》第19号,1919年8月9日。

会,释放被捕代表。1月29日,周恩来等4位代表进入省公署后,随后遭反动军阀逮捕,省公署外的群众队伍遭到残酷镇压,造成震惊中外的天津"一·二九"惨案。

在邓颖超等人的积极声援下,在强大的舆论压力下,反动当局被迫于1920年7月17日释放了周恩来等被捕代表。周恩来在狱中撰写的《警厅拘留记》和《检厅日录》,成为记述狱中斗争和生活的珍贵资料。

为学习和深入理解马克思主义,1920年11月,周恩来起程赴法国勤工俭学。在法国,他于1921年春加入中共旅法早期组织,成为中国最早的共产主义者之一,曾任中国共产主义青年团旅欧总支书记、中共旅欧支部领导人。1922年3月,周恩来在写给天津觉悟社社员的信中,激情洋溢地提出:"我们当信共产主义的原理和阶级革命与无产阶级专政两大原则,而实行的手段则当因时制宜。"[①]

1924年9月国共合作期间,周恩来回国出任中共广东区委委员长,并兼任宣传部部长,负责广东、广西、厦门和香港等地党的工作,11月兼任黄埔军校政治部主任。1925年9月被任命为国民革命军第一军政治部主任,参加了国民革命军第一次东征。其间,周恩来对党在中国革命中统一战线问题、武装斗争问题、党的建设问题,都做出了创造性探索和尝试,取得了可贵的经验。

1926年12月,周恩来转往上海任中共中央军委书记兼中共江浙区军委书记。1927年3月,领导了上海工人第三次武装起义,迎接北伐军入城。周恩来认真总结了上海前两次武装起义的经验与教训,事前做了周密部署和安排,经过连续30个小时的战斗,取得了第三次武装起义的胜利。5月当选为中共五届中央委员。

1927年四一二政变和七一五事变发生,国共合作破裂,为保存革

---

① 周恩来:《西欧的赤况》,《觉邮》第2期,1923年4月5日。

命武装力量,中央决定举行南昌起义,周恩来任中共前委书记。8月1日凌晨,周恩来、贺龙、叶挺、朱德、刘伯承率部起义,到清晨6时,城内的敌军全部肃清。南昌起义打响了武装反抗国民党反动派的第一枪,打开了中国革命的新局面。

1928年,周恩来被选为中共六届中央政治局委员、常委,任中共中央组织部部长、军委书记、特委负责人。他为保证中共中央的安全,保护党的大批领导骨干,指导多地的武装斗争,支持工农武装割据,发展在国统区的秘密工作做出了重要贡献。

由于中共顺直省委党内政治生活和思想认识混乱,1928年中共中央决定派周恩来到天津整顿顺直省委。经过广泛调查和深入研究,周恩来于12月17日向中央提出了改造顺直省委的意见。18日,他在顺直省委机关刊物《出路》上发表《改造顺直党的过程中几个问题的回答》。在周恩来的指导下,顺直省委认真加强党的思想建设,党组织得到健全和发展,政治生活走上正确轨道。12月底,中共顺直省委扩大会议在天津召开,周恩来代表党中央在会上作了题为《当前形势和北方党的任务》的政治报告,得到了与会代表的一致拥护。[1]

1931年12月,周恩来到达中央苏区,先后任中共苏区中央局书记、中国工农红军总政委兼第一方面军总政委、中央革命军事委员会副主席。1933年,与朱德指挥了中央苏区第四次反“围剿”战役。1933年1月,国民党以16万的兵力进犯中央苏区,进行第四次“围剿”。周恩来、朱德以5万兵力,以少胜多,首次创造了大兵团伏击歼灭战的宝贵经验。第四次反“围剿”胜利后,中央红军发展到10万人,中央革命根据地与闽浙赣革命根据地连成一片。

1934年长征开始后,周恩来在党内军内身兼数项重要领导职务,

---

①中共天津市委党史研究室:《中国共产党天津历史》第1卷,中共党史出版社,2005年,第167—168页。

既是中央政治局常委、中革军委副主席、红军总政委，又是中央最高"三人团"成员之一，肩负的责任十分重大。湘江之战后，周恩来不顾博古、李德的反对，坚决支持毛泽东西进渡过乌江北上的意见，为中央红军转危为安迈出第一步做出了重要贡献。1935年1月15日至17日，中共中央在遵义举行政治局扩大会议。会上，毛泽东作长篇发言，批评博古、李德在军事指挥和战略战术上的错误，周恩来在发言中全力推举由毛泽东来领导红军的今后行动，他的倡议得到大多数人的支持。这次会议决定毛泽东为中央政治局常委，取消由博古、李德、周恩来组成的"三人团"，周恩来继续被选为中央政治局常委，分工负责军事领导工作，以毛泽东为周恩来军事指挥上的帮助者。此后，红军在毛泽东、周恩来、朱德的指挥下，根据敌情变化，采取了四渡赤水等高度灵活机动的运动战方针对付敌人，终于跳出了数十万敌军围追堵截的圈子，实现了北上的战略方针。

1936年12月12日，国民党爱国将领张学良、杨虎城率部发动震惊中外的西安事变。中共中央以民族利益为重，不计前嫌，及时做出了和平解决西安事变的决策，由周恩来率中共代表团前往西安。12月17日下午，周恩来一行抵达西安。他到西安后不到20个小时，与张学良、杨虎城分别谈话，三方面取得了一致意见，为和平解决西安事变、争取蒋介石抗日打下了基础。随后，周恩来、张学良、杨虎城先后与国民党中央代表宋美龄、宋子文等进行了会谈，提出了六项和平条件，并就停止内战、共同抗日达成协议。25日下午，张学良亲自送蒋回南京。西安事变的和平解决，"成为当时停止内战、发动抗战的一个历史上的转变关键"①。在这个历史转折关头，周恩来为中国人民做出了不可磨灭的贡献。

---

①中共中央党史研究室科研管理部编：《周恩来世纪行》，中共党史出版社，1998年，第78页。

1937年全民族抗战开始后,周恩来亲临山西抗日前线领导抗日斗争。抗日战争时期,他大部分时间在武汉、重庆地区从事统一战线工作,任中共中央代表和长江局副书记、南方局书记,领导中共在国统区的工作。1945年当选中共七届中央政治局委员、书记处书记。8月陪同毛泽东赴重庆与蒋介石谈判。

解放战争时期,周恩来作为中共中央军委副主席兼代理总参谋长,协助毛泽东指挥全国解放战争。1948年9月至1949年1月,三大战役发起。在战略决战的日日夜夜里,周恩来与书记处的其他同志经常在晚上集中到毛泽东的办公室里集体办公,几乎每天都通宵达旦。周恩来除参与战略决战的重大决策外,还要具体组织实施,处理中央军委对各大战场、各战役的指挥及各战区、各部队向中央军委上报的战况、请示问题的来往电报。周恩来始终对敌我双方的战略态势、兵力部署、部队和指挥员的特点、战役战斗进程等都了如指掌,并将这些情况不断向毛泽东报告,以为决策之基础。据不完全统计,在三大战役中,由周恩来起草的重要文电近40份。战略决战期间每一个战役的指挥,都凝聚着周恩来的心血和智慧。

1948年11月,平津战役发起。周恩来根据敌我双方情况和瞬息万变的战场形势,协助毛泽东制订了"抑留傅作义集团于平津地区就地歼灭"的作战方针,并就实现和平解放天津、实现顺利接管、战犯处理等方面,做出了许多重要指示。为使天津这座华北最大的工商业城市免遭战火,他亲自指导东北野战军参谋长刘亚楼与傅方代表在蓟县进行谈判,提出和平解决的具体方案。1948年12月14日,周恩来在为中共中央起草的致陈云的电报中,要求立即从沈阳抽调二三十名得力干部,由黄克诚带领前往天津,准备参加接管工作,同时确定了天津市军管会组成人员。

新中国成立后,周恩来任中央人民政府政务院总理、国务院总理,曾兼任外交部长,并任中共中央军委副主席,中共中央政治局常委,中共中央副主席、全国政协副主席、主席等职，担负处理党和国家日常工作的任务，参与制定党和社会主义建设的路线、方针、政策，进行了精细的规划和大量组织工作，在政治、经济、外交、国防、统战、科技、文化、教育、体育等各领域倾注了大量心血，做出了奠基性贡献。

1950年6月，朝鲜战争爆发，10月，中国人民志愿军开始抗美援朝，在中央领导下，他具体负责了作战指挥、后勤供应、国家管理、外交谈判等工作。1953年，在大规模经济建设开始的同时，周恩来主持起草了《中华人民共和国全国人民代表大会及地方各级人民代表大会选举法》，国家的政治建设迈上了新台阶。为了在外交工作中打开新局面，周恩来在着手改善同西方国家关系的同时，更加注重发展同亚非拉国家的友好合作和睦邻关系。1953年12月，他接见印度政府代表团时，第一次提出著名的"和平共处五项原则"。1955年4月18日，亚非会议召开时，同中国建立外交关系的国家已达到22个。

1955年1月15日，中共中央书记处扩大会议做出发展中国原子能事业的战略决策。在苏联政府单方面撕毁关于援助中国建设原子能工业的协定和合同，撤走全部专家，并带走全部重要图纸资料的情况下，又逢"大跃进"重大失误和严重的自然灾害，国民经济进入严重困难的特殊时期，1962年11月，党中央决定成立专门委员会，负责第一颗原子弹研制的工作，并决定由周恩来直接主持。周恩来亲自领导指挥了这场全国大协作，他连续组织召开中央专委会会议，及时解决工作进展中遇到的许多重大问题，1964年10月16日，中国第一颗原子弹在罗布泊爆炸成功。

"文化大革命"中，周恩来顶住压力和迫害，同林彪、江青反党集团进行了各种形式的斗争。1975年1月，第四届全国人大第一次会议开幕，周恩来代表国务院作政府工作报告，郑重重申1964年三届人大政府工作报告中关于"在本世纪末，全面实现农业、工业、国防和科学技术的现代化"的内容，明确提出了实现四个现代化的宏伟目标。

作为共和国总理的周恩来,多次来到天津,深入工厂、农村、学校、部队视察指导工作。

1951年2月23日,南开中学校长张伯苓逝世。第二天,周恩来专程从北京赶来,领衔组成治丧委员会,并对张伯苓的一生给予了客观公正的评价。

1959年4月,周恩来陪同外宾来天津参观,在南开大学等院校万名师生欢迎会上,他回顾了自己的学生生活,勉励青年们为祖国的富强、人民的幸福努力奋斗。

1959年5月,周恩来到轧钢五厂视察,强调要改造陈旧的设备,争取早日实现工厂的自动化。

1976年1月8日,周恩来于北京病逝,终年78岁。他的部分骨灰撒到天津海河。他的主要著作收入《周恩来选集》。

参考文献:

中共中央文献研究室编:《周恩来年谱(1898—1949)》,中央文献出版社、人民出版社,1990年。

中共中央党史研究室科研管理部编:《周恩来世纪行》,中共党史出版社,1998年。

中共中央文献研究室编:《周恩来传》,中央文献出版社,1998年。

（王凯捷）

周　馥

　　周馥(1837—1921)，原名宗培，字玉山，号兰溪，安徽至德人，1837年出生。周家世业农商，无仕官显宦。父周光德常年在外帮工，母亲叶氏在家抚育子女。

　　周馥8岁入私塾，读书习字，学作诗文。1853年2月，周馥赴安庆参加童子试，考试未完毕，太平军攻入安庆，周馥惶惶回到家中。9月，太平军攻占建德，清军团练与之对峙争夺，周家先后避战乱于后河、彭泽等地。

　　1860年，湘军水师收复彭泽，周馥到一个姓祝的营官处帮办文案，兼任家庭教师，随部队进驻枞阳。后一度脱离湘军，回建德贩茶至芜湖，积累了一些闲钱。1861年11月，周馥抵安庆湘军大营，此时总理淮阳水师李鸿章正在网罗人才，见其文字简要、书写刚劲，遂延聘周馥入幕办理文案。1862年3月，周馥及军士600人随李鸿章前往上海，李鸿章任江苏巡抚后，周馥负责保管巡抚印信、办理文牍等。1865年，周馥随李鸿章进入金陵，周馥因功被李鸿章奏保直隶知府留江苏补用，负责襄办金陵善后工程局事务。

　　1871年，周馥奉直隶总督李鸿章命到达天津，负责筹划西沽筑城事宜，后因堵塞卢沟桥石堤决口有功，被奏保道员留直隶尽先补用。1873年，周馥奉命查勘黄河铜瓦厢决口、下游淮徐故道及运河，代李鸿章拟写《筹议黄河运河折》上奏获准。周馥督办入海减河(金钟河)工程时，提出建议："就南运河之南、北运河之北，于两河上游减之，勿使水至天津始减。"①被李鸿章采纳。后周传盛采纳周馥创议,实行屯田,开挖兴济减河灌溉小站垦田数千顷,新农镇遂成鱼米之乡。周馥在筹办北运河筐儿港减河工程时,实地勘察,倾听民意,采纳民间提出的建议:"必挑河两道,中留平地半里,而经挑河之土筑南堤,以挑北河之土筑北堤,水小则走两河槽内,水大则中间半里河滩足以容矣,水退我尚可种滩地。"②工程如期竣工,分泄了北运河洪水,保证了漕运畅通。

　　1875年,李鸿章为建设北洋海军筹措经费,任命四人会办海防支应局,专责周馥任驻局经理,每年各省协饷300万两。1881年7月,李鸿章委周馥署津海关道兼北洋行营翼长,翌年补授津海关道。其间,周馥政绩卓著:一是奉命扩充天津机器局,经过多次扩建,生产能力大幅度提高,成为北方最大的军工企业。二是考核接收留美幼童70余人,占回国幼童总数的70%,将其安置在电报局、天津机器局(东、西两局)等洋务部门,北洋水师学堂、电报学堂等新式学校,津海关道、天津道台等政府部门,或学员或听差。三是会办电报官局管理电报线路,附设电报学堂培养技术骨干,创议架设北塘至山海关电报线路,筹办天津武备学堂,铺设由胥各庄至闫庄铁路60里,此为中国商办铁路之始。四是捐银1万两助设研经书院,捐银2600两购买三岔河口土地创建集贤书院,创建博文书院培养急需的通译人才。五是督办旅顺船坞工程,会同订立北洋海军章程,参与平息朝鲜"大院君李罡欲弑王妃之乱"等外交活动。此后周馥先后担任长芦盐运使、总理北洋沿海前敌营务处、补授直隶按察使,奔波于津、保两地,妥订清赋章程,督办船坞炮台,治理永定河水患,被清廷赏头品顶戴。

　　1894年7月,中日甲午战争爆发,"高升"号被日军击沉,2000名清军陷入牙山绝境,清廷派李鸿章"派兵往剿",但军需全未准备。根据李鸿章的提议,周馥奉旨赴奉天总理前敌营务处联络诸将,以保证军

　　①②周慰曾:《周馥编年辑要》,自印本,第13、17页。

需供给。周馥筹办后路粮台,分设转运局,专办转运饷械。此时前线各军既无主帅,又缺乏粮械,因此节节败退,凤凰山、九连城、摩天岭相继陷落,威海卫失守,京畿震骇。李鸿章急调周馥回津商办津沽设防诸事,前敌转运由袁世凯接手。中日《马关条约》签订后,李鸿章去职,周馥称病呈请开缺回籍获准。

1898年11月,李鸿章复出,周馥被电召赴山东襄勘黄河工程,到达济南后拟定"治河办法十二条"①。次年9月,经李鸿章密奏,周馥简放四川布政使。1900年庚子之变后,周馥调任直隶布政使,参与磋商德、奥等11国提出的"合约十二条"。1901年《辛丑条约》签订后,周馥到保定正式接藩司印,主管直隶省民政与财务事宜。他设立善后局,筹措赈济,安抚流亡,建筑城垣,修缮庙署,努力消弭庚子之变的创伤。李鸿章病逝后,周馥奉旨护理直隶总督兼北洋大臣。11月,交卸直隶总督印,留京照料巡防事务,准备迎接两宫从西安回銮。

1902年4月,周馥任山东巡抚。任内,他亲赴黄河上游勘察,督办河工,提出"养民之政,莫大于治河";奏请辟济南、周村、潍县为商埠,以钳制德国人蚕食地方;筹巨资创办官银号、铜元局、工艺局,以振兴工商而富民;设立高等师范、武备、巡警、农林、蚕桑、外语学校,培养急需人才;开设医院,设立官报,筹官股扩大煤矿生产,考察治理徒骇河,此后十余年黄河未发生过决口。

1904年10月,周馥调任两江总督。任内,他创设武备、法政、师范学校,设立女子学校,责成马相伯成立复旦公学;选派员匠出洋学习机器制造,兴办矿务,开辟商埠,编练新军,操练巡警,地方晏然。1906年8月,周馥调任闽浙总督,不久调补两广总督。1907年7月,周馥赴庐山养病,两广总督开缺,后在浙江建德、安徽芜湖两地轮流居住,著书立说。

---

①周慰曾:《周馥编年辑要》,自印本,第28页。

1914年7月,周馥迁居天津。1921年10月21日,周馥病逝于天津英租界寓所,终年84岁。

周馥组织编纂有《教务纪略》,撰有《治水述要》10卷、《玉山文集》4卷、《玉山诗集》4卷、《易理汇参》12卷等,纂修《建德县志》和《周氏宗谱》16卷。有《周悫慎公全集》传世。

参考文献:

《清史稿》卷449《列传》236《周馥传》,中华书局,1977年。

北京图书馆编:《北京图书馆藏珍本年谱丛刊》第178册《周悫慎公自著年谱》,北京图书馆出版社,1999年。

欧阳跃峰:《人才荟萃——李鸿章幕府》,岳麓书社,2001年。

傅金奎主编:《周馥家族与近代天津》,载天津市河东区政协文史委编:《河东文史资料》第18辑,2006年内部印行。

(井振武)

周 华 庭

周华庭(1906—1942),又名周景春,化名苏钺东,1906年出生于山东福山县柳行村。幼年时期,由于家贫,他靠叔叔资助念了几年私塾。后到北京大顺染厂当学徒工,因受不了资本家的气,周华庭跑到关外,在东北当了卫生兵,不久又考入国民革命军军医学校,毕业后被分派到于学忠部当医生。

1933年5月,卖国的《塘沽协定》签订以后,冀东22个县只留于学忠部两个团,将其改编为"非战区"的冀东保安队,负责该地区的治安工作。许多官兵因不满国民党政府的软弱无能而开了小差,周华庭等几个军医也来到蓟县县城,在县城西大街路北开办了一所大同医院。院长张顾三,医生有周华庭、宋瑞轩等。在大同医院行医期间,周华庭开始接触中共地下党员。1935年,在共产党员李子光的帮助下,周华庭离开大同医院,去城东五百户村开办了华锋医院,医院设在董宝林家,以治病为掩护,实则为党的秘密联络站。

周华庭主攻西医,医术精,医德好。他对病人和蔼可亲,还经常免费为穷人看病,周边许多村民都过来找他看病。周华庭还经常走村串户行医治病,马伸桥一带各村都留下了他的足迹。利用行医的机会,他积极主动向群众进行抗日爱国宣传,发动和组织群众开展抗日活动,并从中了解掌握敌人的情况。在周华庭的宣传带动下,当地群众的抗日热情不断高涨,涌现出许多抗日积极分子。

华锋医院成立不久,周华庭参加了王克兴领导的五百户秘密抗日小组,并成为领导者之一。县区党组织负责人王少奇、王克兴等来医院研究工作时,周华庭详细汇报搜集了解到的情况,为党组织掌握敌情、开展抗日斗争提供了便利条件。周华庭等人联络抗日群众,以禁止毒品的名义,巧妙地赶跑了日本特务大金、二金,得到广大群众一致称赞。

1938年7月,冀东人民举行抗日大暴动,周华庭积极响应并参与,义务治疗伤病员,同时继续做好党的秘密工作。1940年,根据抗日斗争的需要,周华庭离开华锋医院,投身抗日部队,把自己开办医院的医疗器械和药品全部献给了八路军。1941年,八路军十三团成立卫生所,周华庭任医务主任。由于当时部队以打游击为主,经常转移,伤病员行动不便,卫生所建立了三个分所:一分所主要活动在长城以北渔子山一带,二分所主要活动在七区下仓一带,三分所主要活动在河东太和洼一带,三个分所分别在所在区域为部队提供医疗服务。卫生所本部主要随十三团团部活动,也经常派人到三个分所进行业务指导。

作为医务主任的周华庭,除了随团部转移,还得翻山越岭,往返于三个分所之间。当时很多在战场上负伤的战士尤其是重伤员,需要实施外科手术,卫生所的医护人员不够,要日夜加班抢救伤员。为抢时间,多做创伤手术,多挽救战士生命,周华庭经常夜以继日地工作,吃饭、上厕所都要节省时间。由于他医术好,治病细致入微,废寝忘食地抢救伤员,许多重伤战士因此得以伤愈,又重新投入战斗一线。

1942年,敌人对冀东抗日根据地进行疯狂"扫荡"。这年秋季,上级党组织特地从冀东军区派周华庭到黄崖关外,为时任冀东西部书记田野治病,并从生活上予以照顾。在周华庭等4名同志的陪同下,田野到兴隆县石门台村小沙峪沟的土窑里治病。不幸的是,田野养病的秘密被叛徒发觉并向日军告密。9月19日拂晓,驻兴隆县茅山伪警察署的大批敌人突然包围了田野养病的小沙峪沟。周华庭等人选择有利地形,奋勇抵抗,多次击退敌军冲锋,经过一夜激战,终因寡不敌众,周华庭壮烈牺牲,年仅36岁。

参考文献:

中共天津市委党史资料征集委员会编:《天津抗日英烈》,天津古籍出版社,1995年。

中共天津市委党史研究室:《中国共产党天津历史》第1卷,中共党史出版社,2005年。

(李占浦)

周 铭 新

周铭新(1904—1940),又名周化民,吉林和龙人。1932年,加入中共北平西区反帝大同盟,后经人介绍加入中国共产党。在北平期间,周铭新曾入东北难民职业中学学习,后到洛阳潼关扶轮小学任教。

1934年8月,周铭新调到塘沽扶轮小学工作。经中共天津市委批准,9月,在塘沽扶轮小学成立了"中共塘沽支部",这是中国共产党在塘沽建立的第一个支部组织,周铭新任组织委员。中共塘沽支部建立后,一面积极开展抗日宣传,一面发展壮大组织。除将外地一批共产党员调入塘沽外,还帮助该校毕业的永利碱厂工人成立了"塘沽扶轮小学毕业同学会"。以同学会的名义出版油印刊物《自励》,交流校友信息,传播进步思想,并鼓励阅读进步书籍,以此积极培养发展本地进步青年入党。与此同时,还利用成立塘沽扶轮小学新河分校的机会,成立了党小组。塘沽扶轮小学成为塘沽地下党组织活动的基地。

1935年,周铭新任中共塘沽支部书记。其间,中国共产党的中心工作以抗日斗争为主线,以周铭新为首的地下支部积极组织地下党员和进步群众学习抗日思想,反对伪冀东自治政府的建立,举办纪念"九一八"四周年活动。在抗日救亡运动中,周铭新领导的党支部带领党员和进步青年印传单、写标语,在街道、码头、车站、火车车厢上,甚至警察局和国民党党部门口秘密张贴,宣传中国共产党的《八一宣言》,揭露南京政府的卖国行径,要求"停止内战,一致抗日",号召"打回老家去",抵制日货,等等。在当地产生了很大的影响。在这些活动中,以发动塘沽扶轮小学学生驱逐反动校长孟昭权的活动为最盛,直接揭露了日本侵略者的罪行本质。1935年9月,孟昭权接任塘沽扶轮小学校长后,百般限制进步青年在学校的活动,遭到学生和校友们的反对。于是党支部通过六年级的进步学生发动了一次罢课,学生们和一些校友一起把孟昭权逐出了学校。孟昭权跑到主管上级铁道部去告状,铁道部育才科又派人带着警察把孟昭权送回了塘沽扶轮小学,接着周铭新和该校的党员教师陆续被调走。周铭新被调走后,由周铭新等在塘沽发展的第一个共产党员许光庭任支部书记,支部活动基地也从小学转移到许光庭家。后来支部又先后发展党员十余人,组织成立了"塘沽青年学术研究会"。为了声援一二·九运动,他们通过组织青年工人集会,组织进步学生秘密刻印传单并散发和张贴,出版油印小报等宣传抗日救国思想。1936年2月,经中共天津市委批准,中共塘沽支部改为特别支部,7月改为中共塘沽区委。

1935年12月,中共党组织将周铭新调到河南开封继续从事革命活动。1938年,周铭新任山西省闻喜县公安局局长,继续从事中共地下工作。1939年12月,周铭新不幸被捕。1940年2月,在山西省平陆县曹川乡,周铭新被阎锡山第七专署专员关民权杀害,年仅36岁。

1988年,民政部追认周铭新为革命烈士。

参考文献:

赵继华、于棣主编,天津市地方志编修委员会办公室编著:《抗日烽火在天津》,天津人民出版社,2005年。

(张甜甜)

周 汝 昌

周汝昌(1918—2012),字禹言,号敏庵,后改字玉言。1918年4月14日生于天津咸水沽镇。周家祖上于明崇祯年间为避患自安徽桐城县迁居天津咸水沽镇。周汝昌祖父周铜,清末捐同知衔,热心支持地方文化、教育及民间艺术活动。父亲周景颐,光绪末科秀才,民国初年被推举为镇长,后来担任商会会长。周汝昌的母亲李彩凤自幼好学,喜欢吟诵唐诗宋词、读《红楼梦》。周汝昌从小深受熏陶。

1926年,周汝昌8岁时开始上学,为躲败兵的骚扰,小学校常常停课。1932年,考入天津市内的党民中学。1935年,考入南开中学高中班,与著名散文家、藏书家黄裳,著名演艺家、剧作家黄宗江,皆为同学。这一年周汝昌开始了学术研究活动,第一篇读词杂记《杂俎》,连载于《南开高中》。1936年,散文《无题》发表于《南开高中》。1937年,汉译林语堂英文《白日梦》,发表于《南开高中》。常与黄裳谈《红楼梦》。

1937年七七事变爆发后,日本侵略者轰炸了南开中学。平津沦陷,学校解散。1938年,周汝昌考入法国天主教会创办的工商学院附中,成为高三年级插班生。1939年毕业后考入北平燕京大学。因天津发大水,未能在当年入学,1940年才前去入学。1941年太平洋战争爆发,日本侵略者封闭了燕京大学。周汝昌回到家乡咸水沽,在镇上唯一的小学当教师,教过国文、修身等课程。周汝昌每日躲在暗室,与老师、北平的著名词人顾随先生书信往来与诗词唱和,常常书写一些激愤的句子,以抒发对日本侵略者的愤怒。抗战胜利后,周汝昌于1947

年重新考入燕大,继续未完成的学业。

其时四哥周祜昌正失业在家,在读到胡适关于《红楼梦》的考证文章后,嘱周汝昌留意寻找曹雪芹好友敦敏的《懋斋诗钞》。周汝昌遂在燕京大学图书馆发现此书,书中有直接咏及曹雪芹的诗作6首。周汝昌当即写了一篇考证的文稿,后来发表在天津的《民国日报》副刊《图书》上。这篇文章引起了北大校长胡适的注意,他主动给周汝昌写信,此信全文发表于《民国日报》,引起了很大的反响。以此为始,胡适与周汝昌通信频繁,讨论切磋。周汝昌向胡适借阅他珍藏的海内孤本《乾隆甲戌脂砚斋重评石头记》。

1948年暑假,周汝昌将《乾隆甲戌脂砚斋重评石头记》带回了家乡天津咸水沽,与周祜昌共同研读,发现流行的《红楼梦》与甲戌本相比改动极大。周汝昌给胡适先生写信,提出"校订出一部新版来,恢复曹雪芹的本来面目"的想法,得到胡适的支持。周祜昌执笔抄录一部《乾隆甲戌脂砚斋重评石头记》副本,周汝昌则整理半年来寻获的有关《红楼梦》的诗文资料。这也就是日后《红楼梦新证》一书的先声。

1953年,草创于1947—1948年、约40万言的《红楼梦新证》由上海棠棣出版社出版。这是一本关于小说《红楼梦》及其作者曹雪芹的材料考证书,内容所涉极为繁富,著者所研阅参考的书籍在1000种以上,实际征引著录的书目也多达700余种,挖掘出一批丰富珍贵的史料。此书出版后,不到3个月的时间连销3版,当时正召开全国文代会,代表们人手一册。毛泽东主席对此书进行了圈阅。1976年上半年修改增订为上下两册共80万言,由人民文学出版社出版,同时印行专供毛泽东等中央领导同志阅读的"大字本"。1999年,《红楼梦新证》荣获文化部第一届优秀科技文化成果一等奖。

2004年,周氏兄弟"集本校勘,恢复真本"的"大汇校"工程——10卷本、500万字的《石头记会真》出版。早在1948年将甲戌本《石头记》抄录一副本之时,周氏兄弟就发下宏愿:集齐所有能见到的《石头记》

古抄本,让曹雪芹的真本原笔恢复应有的光辉。从此兄弟俩一头扎进了"红学研究"这一汪洋大海之中,经历了长达56年的坎坷,这部巨著才终于问世。

周汝昌曾感言:"如果你想要挑选一件最困难而又最值得、也最需要做的文化工作,那么就请你从事研究和评价曹雪芹的工作。"[①]曹雪芹是中国历史上最伟大的文学家,然而有关他的身世生平的历史资料却十分匮乏。撰写曹雪芹传记,难在文献奇缺,东鳞西爪、只言片语,从传记学的角度来看确实很难。但在周汝昌看来:"我们拿不出一部曹雪芹传,对自己的历史、对世界人类文化,都是说不过去、难为人原谅的憾事。"[②]为此,周汝昌自1964年写出10余万字的《曹雪芹》,到21世纪的《曹雪芹传》,40年间5次为曹雪芹作传。曹雪芹传记的出版对于红学研究具有重大的历史意义,所挖掘的资料和塑造的艺术形象弥足珍贵。2011年,周汝昌的《曹雪芹传》在美国出版了英译本。同年,《曹雪芹传》在日本出版了日译本。

天津是周汝昌的故乡,他对天津有着深厚的感情,20世纪60年代就在《天津晚报》开辟专栏"沽湾琐话",对故乡的历史人文充满深情地记述和感怀。改革开放后,更是频频在《天津日报》《今晚报》刊发文章,续写对桑梓故里绵绵不绝的热爱之情。周汝昌对天津话,对天津的历史地理、季候、节气、交通、戏曲、曲艺等都做过较为详尽且独到的考证与论述。更对天津的妈祖文化倾力弘扬,多次亲临天后宫参加庆典活动。对恢复水西庄文化情有独钟,倡议成立"水西庄学会"。周汝昌先生在60余年的学术生涯中,出版了70余部著作,包括红学、诗词、书法、随笔、自传等。晚年仍然笔耕不辍,每年都有新著出版。

周汝昌先后任燕京大学西语系教员、华西大学与四川大学外文系

①周汝昌:《周汝昌红楼梦学术馆·解说词》。该馆于2004年建馆,地址在天津市津南区咸水沽镇。

②周汝昌:《文采风流第一人——曹雪芹传》前言,东方出版社,1999年。

讲师、人民文学出版社古典部编辑,任第五至第八届全国政协委员,中国和平统一促进会理事,中国作家协会和书法家协会会员,中国韵文学会、中国楹联学会、中国大观园文化协会顾问,中国曹雪芹学会荣誉会长,《红楼梦学刊》编委等职。2010年成为中国艺术研究院首批终身研究员。

2012年5月31日,周汝昌在北京去世,终年94岁。

参考文献:

曹雪芹:《石头记会真》,周祐昌、周汝昌、周伦玲校订,海燕出版社,2004年。

周汝昌著,周丽苓、周伦苓编:《我与胡适先生》,漓江出版社,2005年。

周汝昌:《红楼梦新证》(全三册),中华书局,2012年。

(周贵麟)

周 叔 弢

周叔弢(1891—1984),原名暹,字叔弢,以字行。安徽至德人。1891年7月18日(清光绪十七年六月十三日)出生。周叔弢是曾任清两江、两广总督周馥之孙。

周叔弢幼年住在扬州,5岁入家塾读书。后移居青岛,曾跟随外籍教师学习英文。周家藏书丰富,周叔弢自幼养成读书的习惯,课余时间则喜欢到扬州辕门桥外的书店寻觅自己感兴趣的书籍。1911年父母去世后,周叔弢放弃祖辈的盐业生意,带着分到的遗产离开扬州,举家先后迁往青岛、上海,后于1914年移居天津。

1919年,在叔父周学熙的推荐下,周叔弢任青岛华新纱厂专务董事,主持该厂筹建和经营管理工作。周叔弢虽从未接触过纺织业,但勤奋好学、勇于实践。新机器一到厂,他就和工人一起开箱、组装、试车。工厂正式投产运营后,他已然对生产过程熟稔,并且对工人也有了一定程度的了解,从而在经营上做到了心里有数。1920年5月青岛华新纱厂正式投产后,当年就开机2.5万锭,获利丰厚。因为他在企业管理方面的卓越才干,逐渐受到华新企业集团上层的重视。此后,他又参与了华新卫辉、唐山纱厂的创建。1925年后任唐山华新纱厂董事兼经理、天津华新纱厂经理及滦州矿务、启新洋灰、耀华玻璃等公司董事。在生产经营中,他不仅引进先进设备,改革旧设备,而且还对旧管理制度进行改革,比如精简企业机构,规定非生产人员占职工总数不超过5%。注重选贤任能,重视技术人员。除了重用周学熙棉业传习所的技术员外,还特意从无锡等地招聘技术人员和熟练工人。为了调动工人的生产积极性,他对职工生活也非常关心,专门设立职工子弟学校以解决职工子弟的教育问题,同时还创办了工人补习学校,全部费用由工厂提供。1936年冬,因拒绝与日本方面合作,周叔弢愤然离职,长期寓居天津,曾一度以变卖股票和藏书维持生活。1945年7月出任启新洋灰公司协理,12月任总经理,成为我国北方民族工业代表人物。

1946年国民党发动内战,民族企业发展受到严重冲击,启新洋灰公司也陷入了危急时刻,他大声疾呼"没有和平,就没有工业"。在痛苦和徘徊中,周叔弢开始接触马克思主义,阅读了马克思和恩格斯的《共产党宣言》、马克思的《资本论》、毛泽东的《新民主主义论》等书籍,并逐渐倾向中共和平民主的建国方针。解放战争时期,他欣然接受了中共地下党的帮助,以自己的威望在民族资产阶级上层人士中宣传中国共产党的城市工商业政策,为迎接天津解放做了大量有益的工作。1949年1月15日,他和广大人民群众、爱国工商界人士一起欢欣鼓舞地迎接天津解放。新中国成立后,周叔弢以民族工商业者的身份,积极参加国家的政治生活和经济建设。1949年9月,周叔弢赴京参加中国人民政治协商会议第一届全体会议。在这次会议上,他被选为全国政协常委。翌年任天津市副市长。

1954年党的社会主义过渡时期总路线公布以后,周叔弢衷心拥护,带领启新洋灰公司率先申请公私合营。合营后的董事会,由周叔弢任董事长。他自动放弃全部定息,分文不取。

1978年12月,中国共产党十一届三中全会拨乱反正,周叔弢迎来了又一个春天。1979年1月17日,邓小平会见周叔弢等5位工商界著名人士,做了《搞建设要利用外资和发挥原工商业者的作用》的重要讲话。回到天津后,周叔弢向工商界人士传达了邓小平接见时的重要指示,天津广大工商业者受到巨大鼓舞,极大地焕发出经济建设热情。他们或者开办经济实体,或者进行咨询服务,为经济建设献计出力。

周叔弢还响应邓小平的号召,引进外资和技术人才,参与市政建设,为天津改革开放做出了重要贡献。

周叔弢不只是著名的爱国工商业人士,还是海内外闻名的古籍文物鉴赏家和藏书家,他集毕生之精力和一生经营企业所得的大部分收入来购买古籍善本和金石文物,其藏书皆以刻版好、纸张好、题跋好、收藏印章好和装潢好而蜚声天下。周叔弢先后收藏图书达4万多册,所得宋元精品甚多,此外还有活字本、历代抄校本、批跋本多种。周叔弢曾从海源阁杨氏后人及其他途径收得海源阁藏书55种。最为可贵的是,周叔弢不仅视藏书为个人癖好,而且以挽救民族文化不至于沦于异域为己任。在旧中国,大量佳刊秘籍、国粹瑰宝流失国外,有些已难璧归,对此他深感痛惜。每闻有古籍、文物要流失国外,他总是不惜重金辗转搜求,唯恐失之。1952年,周叔弢将生平所收珍贵罕见的宋、元、明刻本和抄校本715种共2672册捐献给国家,收藏于北京图书馆。1954年捐献中外文图书3521册,收藏于南开大学图书馆。1955年捐献清代善本古籍2.2万多册,收藏于天津图书馆。1981年将8572册善本古籍和1262件文物全部捐献国家,分别收藏于天津图书馆和天津市艺术博物馆。

周叔弢大半生在天津度过,因而与南开大学结下了不解之缘。周氏家祠"孝友堂"藏有珍贵书籍数万册,皆为古代珍藏本。出于爱书之心,周叔弢很想把一些书籍捐赠给国家,捐赠给人民。在他的大力动员之下,经过居住在天津的周家阖族公议,终于在1950年将家祠"孝友堂"收藏的380多箱6万多册书籍捐赠给南开大学,其中包括明刻本《南藏》及百余部丛书。这些书籍成为南开大学师生们学习研究中可以利用的珍贵资料。

周叔弢后历任天津市工商联主任委员、天津市人大常委会副主任、全国工商联副主任委员、第二届全国政协常务委员、第六届全国政协副主席,第一至第五届全国人大常委会委员,第一、第三、第四届全国政协委员。晚年的周叔弢以极大的政治热情参与各种社会活动。他曾担任天津佛教协会名誉会长、天津市图书馆学会名誉会长、天津国际信托投资公司董事长、天津市政协副主席等职。1983年,他还以92岁高龄出任全国政协副主席。

1984年2月14日,周叔弢病逝于天津,终年93岁。

参考文献:

李长华编著:《近代以来中国有影响的安徽人》,黄山书社,2001年。

孙小金:《爱国民族资本家——周馥之孙周叔弢》,载孙小金主编:《名人后代大追踪》第3卷,中国古籍出版社,2009年。

周景良:《丁亥观书杂记——回忆我的父亲周叔弢》,国家图书馆出版社,2012年。

周慰曾:《周叔弢传》,北京师范大学出版社,1994年。

（王　静）

周 文 彬

周文彬(1908—1944),原名金成镐,1908年9月23日生于朝鲜平安北道新义州红南洞,排行第三。父亲金基昌是朝鲜革命者,1914年因受日本殖民统治者和朝鲜反动派迫害,携全家来到中国,定居于河北省通县复兴庄,后加入中国国籍。

1916年,周文彬入通县潞河小学,1922年又考入潞河中学。在学校里,他与进步同学组织了社会主义科学学习小组,一起阅读马克思主义书籍,参加各种革命活动。1926年加入中国共产党。

1927年四一二反革命政变后,面对极端残酷的白色恐怖,周文彬没有任何动摇和退缩,继续坚持革命活动。他组织成立中共潞河中学党支部,并担任党支部书记兼党小组长,积极宣传党的革命主张。为发展革命力量,他还开办夜校,组织工人学习文化。1928年秋,周文彬在潞河中学毕业后,受党组织派遣从事地下工作。1936年,周文彬调任中共唐山市工委书记,他在唐山华东电料行以修理收音机为掩护,开展党的秘密工作。

1937年七七事变爆发后,中共河北省委遵照中共中央北方局的指示,在敌人后方全力组织群众抗日武装,在冀东地区发动抗日大暴动。河北省委决定时任唐山工委书记的周文彬负责组织领导开滦矿工斗争,为发动冀东抗日大暴动做准备。周文彬根据河北省委指示,深入开滦赵各庄煤矿,利用自己掌握的医学知识,给工人看病,同时宣传党的革命思想,秘密恢复和发展党的组织。

1938年3月16日,在周文彬领导下,赵各庄矿首先拉开了大罢工的序幕。在赵各庄矿罢工的影响下,林西、唐家庄矿工人也相继举行罢工,周文彬和中共唐山工委领导三矿工人联合成立东三矿罢工委员会,罢工斗争坚持了半个月之久。至4月9日,唐山矿和马家沟矿也加入罢工斗争,从而形成开滦五矿3.5万名矿工声势浩大的总同盟罢工。1938年7月,在冀东抗日大暴动鼓舞和抗日联军的配合下,周文彬领导赵各庄矿工人武装纠察队举行起义,随后又策应唐家庄矿工人举行起义,成为抗日大暴动的骨干队伍,后这支队伍转移至丰(润)滦(县)迁(安)农村,编为冀东抗日联军工人大队,成为坚持冀东抗日游击战争的一支劲旅。

冀东抗日大暴动胜利后,1938年8月,冀东抗日联军在遵化铁厂与八路军四纵队会师,决定冀东八路军主力和抗日联军全部西撤,周文彬留下任地委书记兼八路军第一支队政治部主任,领导冀东东部地区的抗日斗争。面对艰苦的斗争环境,周文彬遵照党中央和北方局的指示,采取有事集中、平时分散隐蔽和便衣活动的灵活方法,依靠人民群众与敌人周旋,保存发展抗日力量,在创建冀东抗日根据地的斗争中做出了贡献。1939年底,为了加强领导,进一步开展冀东的抗日工作,巩固和扩大根据地,冀热察区党委冀东分委成立,周文彬任委员。在此期间,周文彬转战冀东东部地区,坚持抗日游击战争,建立冀东第一个联合县委和县政权,即丰(润)滦(县)迁(安)联合县委和县政府,周文彬兼任联合县委书记。

1943年夏,冀东根据地进一步扩大,晋察冀中央局决定把冀东地委改为冀热边特委,周文彬任特委组织部部长。1944年10月16日,冀热边特委在驻地丰润县张店子召开减租减息会议,会议进行中发现敌情。为了安全,周文彬决定结束会议,全体与会干部立刻向杨家铺转移。第二天拂晓,敌人将杨家铺包围,周文彬下令从毡帽山突围。由于敌众我寡,经过激烈的作战,部队伤亡很大,周文彬头部中弹,壮烈牺牲,年仅36岁。

周文彬烈士牺牲后,冀东人民将他的遗体安葬在毡帽山下,新中国成立后移葬唐山市冀东烈士陵园。

参考文献:

中国中共党史人物研究会编:《中共党史人物传》第21卷,陕西人民出版社,1985年。

中共天津市委党史资料征集委员会编:《天津抗日英烈》,天津古籍出版社,1995年。

（孟　罡）

周 学 熙

周学熙（1866—1947），字缉之，别号止庵，又号卧云居士，安徽至德人，1866年1月12日（清同治五年十一月二十六日）出生于南京。其父周馥曾任津海关道、山东巡抚、两江总督、两广总督等职。

1872年，周学熙投奔父亲来津，从塾师张鉴廷、李幼龙读书。1878年随父回秋浦纸坑山为祖母守孝，曾步行100多里去池州府求学，深得池州督学孙毓汶的赏识。1882年考中秀才。1893年周学熙参加顺天乡试，中举人。后多次参加会试，屡试不第。待试期间，求学于邵班卿等人门下，深受"中学为体，西学为用"的思想影响，遂决心放弃科举，报捐候补道，踏上仕途。

1896年，周学熙到姻亲张翼督办的开平矿务局当差，任驻上海售煤处主任。1898年直隶总督裕禄委派他为开平矿务局总办。

1900年庚子事变，开平矿务局被俄国占领，督办张翼将煤矿私自出售给英国公司，周学熙愤而辞职，投效山东巡抚袁世凯。袁世凯与其父周馥是故交好友，遂委派周学熙为山东大学堂总办。

1902年周馥升任山东巡抚，周学熙，遵例回避以候补道身份返归天津。直隶总督兼北洋大臣袁世凯委派周学熙任北洋银元局总办。庚子之乱后的天津，满目疮痍，元气大伤，商务一落千丈。"钱行、银炉、货庄倒闭者百十家。以致客商裹足，街市滞塞"[1]，金融风潮迭

---

①天津市档案馆等编：《天津商会档案汇编（1903—1911）》（上），天津人民出版社，1989年，第339页。

076

起，社会动荡，形势严峻。周学熙选河北西窑洼大悲院护卫宫旧址，将天津机器局内旧机器运来安装，聘用人才，招募工匠，仅用73天时间铸造出150万枚铜元，满足了市场流通的需要。为了稳定银根奇紧的天津金融，袁世凯在天津建立了一个官办金融机构——天津官银号（初为平市官银号），发行铸币、管制金融市场，并且准备以此为基础，开设"天津银行"，但筹措资本时遇到困难。这时，周学熙提出天津官银号添设储蓄业务和商务柜，经营官民的存款业务，吸收社会游资，扩充官银号的资本，同时商务柜开办经营工商业的贷款、贴现和汇兑业务，并且发行银钱票。袁世凯遂任命周学熙为官银号督办。周学熙首先在人事制度方面进行了大胆的改革，极大提高了办事效率，还编订了官银号各项规则。为了确保金融业务的正常进行，改组后的官银号还规定，无论是公司、局、所还是商号前来借款，必须先查明有无偿还能力，如果没有确切的偿还保障，概不出借，禁止军政各方的硬性摊派和人情贷款，使银号避免了大量的呆账。经过周学熙的改组，官银号扩大了营业范围，增加了营业项目，活跃了市面金融的周转流通，积累了大量的资金，促进了直隶工商业的发展，成为直隶全省重要的金融枢纽。

1903年4月，周学熙奉直隶总督袁世凯命赴日本考察工商和币制事宜。周学熙回国后即向袁世凯提出兴学校、办工厂的建议，深得袁的赞许。

1903年9月，袁世凯任命周学熙为直隶工艺总局总办。周学熙把直隶工艺总局作为振兴全省实业的枢纽机关，颁布《直隶工艺总局开办宗旨七条》，府州县设立对应的工艺局60余处，形成上下贯通的组织网络，从工、学、商、农、社会救助五方面同时并举。工艺局成立实习工厂、劝业铁工场等，选送人员去日本大阪铁工厂等处深造，培养了大批机电技术工人，带动了天津民族工业的发展；成立工艺学堂（后称直隶高等工艺学堂）、图算学堂，毕业生由工艺总局负责分配；

成立教育品陈列馆,印制《教育品分级编目》《教科书分级编目》《各种仪器标签浅说》等,普及知识;成立考工厂、工商研究所、天津商会,搜集中国各省的工业产品陈列,还陈列外国的产品,1906年,考工厂举办了中国首届物产展览会;建立官办植物园,后更名为农事实验场;创办考工厂陈列所,为提倡国货之机构。还接办天津广仁堂,附设女工厂、慈幼所、幼稚园、女医院等,由周学熙夫人刘氏主持。在五年的时间里,周学熙不断升迁,先后署天津道、授通永道、升长芦盐运使、署直隶按察使等职,还兼任北洋银元局总办、官银号总办等要职,地位显赫,成为推行北洋新政的重要人物。

1906年,袁世凯命周学熙办理收回开平煤矿产权交涉,他提出先收回部分权益的建议。8月,在德国技师昆德的帮助下,周学熙收回了唐山细棉土厂,经过整顿改名为"启新洋灰股份有限公司"。公司股本定为100万元,设立股东会、董事会、总事务所,在上海、天津、沈阳、汉口等地设立总批发所,其生产的"马牌"洋灰因质量高、价格廉,销路畅,在与日商的竞争中站稳脚跟,并垄断中国水泥市场多年,其产品屡获国际博览会及国内展览会奖章和奖状。周学熙兴办实业成绩卓著,与南方实业家张謇齐名,被时人誉为"南张北周"。

为抵制英国公司侵占开平煤矿,在袁世凯的授命下,周学熙于1907年创办滦州矿务公司,并担任总经理,希图以滦制开。滦州矿务公司在开平煤矿周围330平方公里矿区内竖起多座土矿井,并修建铁路、安装电话,购进最新式采煤设备,其煤产量猛增,使英商控制的开平煤矿受到严重的威胁。第二年,直隶总督陈夔龙任命周学熙主持回收矿权交涉。英商看到开平矿煤源枯竭,双方谈判达成协议,英国把开平煤矿交还中国,中国支付给英商178万英镑。但因张翼从中作梗,交涉搁浅,随后双方展开价格大战。英商无奈提出"开滦合作",并借辛亥革命之机施加压力,一些股东也附和所议,周学熙被迫接受了合作联营的条件。

1907年底,母亲周氏病故,周学熙去职返故乡丁忧。1908年3月,在袁世凯举荐下,清政府命周学熙主持京师自来水公司建设。周学熙组织业务骨干,勘察水源,设计水厂,丈量水管线路,采用公开招标方式,由天津瑞记洋行(德资)承包工程,于1910年2月竣工供水,极大地改善了京师民众的生活。

1912年中华民国建立,周学熙出任财政总长。他整顿财政,注重经济,以启新洋灰公司、滦州矿务公司为大股东,吸引北洋官僚徐世昌、陈光远、田中玉、孟恩远等人投资,在天津设立华新纱厂。1913年,周学熙奉命以盐税担保,向英、德、法、日、俄五国银行进行2500万英镑的"善后大借款"。借款表面理由是偿还外债、裁兵和政费,但袁世凯暗中移作镇压二次革命的军费,参议院一片哗然,反对声四起。周学熙请假出京,避祸青岛,辞官隐居。

1915年,周学熙再度出任财政总长。上任后他整理田赋、盐产,推行烟酒公卖,清理官产,筹办民国实业银行等,国库收支出现平衡。经袁世凯批准,周学熙创办华新纺织公司,官商四六股合办,在直、鲁、豫三省设厂,并首先在天津筹建华新纱厂。1919年1月,华新纺织公司在天津创办的华新一厂竣工投产。此后,华新公司相继在青岛设立华新二厂,即青岛华新棉纺厂;在河北唐山创办第三厂,即唐山华新纱厂;在河南卫辉创办第四厂,即河南卫辉华新纱厂。华新公司所辖津、唐、青、卫四厂,成为北方纺织工业的骨干力量。

1917年3月,周学熙与言敦源、李士伟等投资15万元,创办华记唐山电力厂,事务所设在天津。1919年,大总统徐世昌邀周学熙为全国棉业督办。1919年10月,周学熙与陈光远投资200万元,创办兴华棉业公司。1922年3月,周学熙投资8万元,创办中国建筑公司;投资20万元,创办祥泰和五金公司;在秦皇岛与比商联合开办了耀华玻璃公司等企业。[1]

1924年,周学熙归隐津门,曾一度组织实业总汇处,作为控制各企业的枢纽。周学熙陆续辞去各公司领导职务,仅任实业总汇处理事长一职。但各公司的负责人常自行其是,使周难以统驭。1925年3月,周学熙以年力衰颓、精神益复疲惫为由结束实业总汇处,从此淡出工商界,与旧友组织诗社,雅集吟咏,闲情自乐。周学熙制定了一个创立"悫慎精舍"计划,以诗书传家。他在周氏宗祠西侧园林内设立"师古堂文课",建藏书楼一座,重金聘请王武禄、唐兰、张同书、赵元礼、朱士焕等名士授课,分诗、文、字三种,"使本支子弟藉文字为观察,所以增学问而振家风"[2]。

1930年,周学熙出资在北平寓所成立师古堂刻书局,选刻书籍,备家塾之用。至1936年共选刻书目50余种,计有《古训编》《圣哲学粹》《论语分类讲诵》《周氏师古堂经传简本》《七经精义纂要》《古文辞类纂》《圣哲微言》《圣域述闻续编》《南华经解选读》《张文端诗文约选》《周氏医学丛书》,等等。

1945年抗战胜利后,周学熙迁居北平。1947年9月26日,在北平寓所病逝,终年81岁。

著有《周止庵先生自叙年谱》《东游日记》《止庵诗存》(上下册)、《止庵诗外集》等书,并有《周悫慎公祀典录》传世。

参考文献:

李新等主编:《中华民国史·人物传》第8卷,中华书局,2011年。

侯振彤译:《二十世纪初的天津概况》,天津市地方史编修委员会

---

[1] 宋美云:《北洋军阀统治时期天津近代工业的发展》,载天津市政协文史委编:《天津文史资料选辑》第41辑,天津人民出版社,1987年,第144页。

[2] 周慰曾:《周氏师古堂创办始末》,载天津市政协文史编委:《天津文史资料选辑》第38辑,天津人民出版社,1987年,第78页。

总编辑室,1986年内部印行。

天津市档案馆编:《近代以来天津城市化进程实录》,天津人民出版社,2005年。

淳夫:《周学熙与北洋实业》,载天津市政协文史委编:《天津文史资料选辑》第 1 辑,天津人民出版社,1978年。

（井振武　周醉天）

周 云 生

周云生(1880—1936)，江苏宝山人。自幼丧父，与母亲和胞姐一同度日。年纪稍长，开始学做木工。姐夫黄延生在天津开有黄记木厂。1903年，周云生从家乡来到天津，在姐夫开办的木厂当监工，除了领取监工的工资以外，周云生还在木厂中承包木工活，可以分得一部分额外收入。几年下来，周云生手中便有了一些积蓄。木厂经营越来越不景气，黄延生决定将木厂兑出。1910年春，周云生将"黄记木厂"改名为"协顺木厂"。

周云生虽然不识字，但人很聪明，为了与洋人打交道，还学会了英语。他在承包大型工程时，估算材料一律使用象形符号。他将这些符号都记在脑子里，然后由木厂管账依照他的口述进行估价。同时，周云生还自己设计、绘制建筑图纸，设计的楼房图案常常令外籍工程师佩服。民国初年，外国人在天津大兴土木，在租界内投资建造各式楼房，为天津建筑业发展创造了机会。

协顺木厂正式开业后不久，周云生在承包工程过程中结识了祥泰营造厂股东德国人丁洛达。毗连周云生协顺木厂有一片空地，属于德租界，于是周云生找到丁洛达，两人协商后，决定由周云生出资，用丁洛达的名字，永久租用这块土地。丁洛达于1915年出面向德租界工部局承租了小营门外地皮，正在周云生计划修建房屋时，协顺木厂突遭火灾，损失数万元，房屋建筑工程不得不停工。1917年，北洋政府对德宣战，丁洛达回国。中国政府收回德租界后，改为天津特别第一区。那片以丁洛达名义承租的地皮虽仍然空闲着，但周云生已经无权使用。时任特别一区主任的丁振芝与周云生同乡,凭借这个关系,将丁洛达所订原契约换在周云生名下。周云生在这片土地上建筑了汝南里、勤艺里、三多里等大片楼房、平房,多有出租,协顺木厂也由此很快发展起来。

为了适应租界建设的需要,周云生专门从上海请来一批具有西式楼房建筑经验的能工巧匠,以高超的建筑技术博得外国人的信任。在早期承包太古、怡和等洋行建筑工程时,周云生尽量避免偷工减料,还给工程师们送礼,请客吃饭,标榜不求赚钱多少,只求坚固耐久。在承建英美烟草公司后,周云生为工程师鲁溥修建了4所楼房,不仅没有收取工价,还赠予其大部分建筑材料。在建筑汇丰银行大楼后,他还赠送同和工程司的工程师普纳提豪华楼房一所。此外,每逢圣诞节,周云生便在天宝、恒利两家金店定制成套的金银器皿,购买绸缎、呢绒、皮货等高档礼品,分送给洋人工程师。他与华信工程司的沈理源、基泰工程司的关颂声等中国工程师,也形成了良好的合作关系。协顺木厂得到了中外工程师的认可,身价倍增,成为质量可靠的象征,为中外富商大贾、官僚买办所追捧。

当时天津的几家大工程司,如英商乐利工程司、同和工程司、永固工程司等,都与周云生形成了良好的合作关系,周云生从中获利不少。周云生与乐利工程司合作承包建筑大王庄英美烟草公司厂房一项,获利10万两银子;与同和工程司合作建筑汇丰银行大楼的包价高达100万两白银。此外,周云生承包的著名建筑还有怡和洋行办公大楼、进出口仓库、美商美丰银行办公大楼、东马路青年会、英商惠罗公司、利顺德饭店、开滦俱乐部、隆茂洋行、海关大楼、打包公司、美国营盘礼堂、中国盐业银行大楼和仓库、造币厂厂房、金城银行后楼、新华银行宿舍、达仁堂制药厂、跑马场、祥泰木行厂房和住宅、北京清华大学(生物馆、机械馆、图书馆及第六院的教学楼、工字厅)、北京师范大学、那桐公馆、沈阳张学良帅府内宅等,共计30多处,小型工程更多。

周云生在上海、北京、天津等地均建筑了豪华的私宅,拥有大量房产。

1936年3月,周云生病故,终年56岁。

参考文献:

周昆陶:《周云生与协顺木厂》,载天津市政协文史委编:《天津文史资料选辑》第108辑,天津人民出版社,2006年。

(王社庄)

周 志 辅

周志辅(1896—1994),名明泰,号几礼居主人,安徽至德人,生于1896年6月,周馥嫡孙、周学熙长子。

周志辅幼年读私塾,稍长学德语、英语。1918年,受聘任北洋政府徐世昌总统府秘书。1922年调农商部参事。因谙德语、英语,同年秋,周志辅奉部令出国考察德国战后经济状况,6个月后回国,著《德国战后之经济与实业》一书。1924年到内务部,先任秘书,后任参事。1928年,北洋政府倒台,周志辅被解职。周志辅年少时对《易经》《三国志》等经史之书有深入研究,并著有专著。在解职后的一段时间里,他往来于京津,经理家务,兼照料其父周学熙创立的师古堂刻书事务。后子承父业,先后任青岛华新纱厂董事、天津元安信托(银行)常务董事及董事长。1931年九一八事变后,周学熙卸去了周氏家族占股最多的青岛华新公司董事长职务,股东推举周志辅继任。此外,周志辅还担任上海信和纱厂董事长、上海茂华商业银行常务董事等职多年。

1933年,周志辅由北平移居天津。他将自己的居室定名为“几礼居”,自号“几礼居主人”。民国时期天津收藏界有“周书徐砚”之说,其中“周”即指周志辅、周叔弢兄弟,“徐”是指徐世昌及堂弟徐世章。周志辅的收藏都珍藏于几礼居中,他醉心于对收藏进行整理、研究,并著书立说。他的一些品位极高的封泥珍藏,是其堂兄——金石收藏大家周季木让给他的,依据这些藏品,他于1928年编著《续封泥考略》6卷、《再续封泥考略》4卷,对于考证古代官制、地理,具有很高的文献价值。30年代,他与堂兄周季木、三弟周叔迦、挚友柯燕舲组织“展社”,研究史学金石,并出版"展社<u>丛</u>书"。

　　周志辅在收藏上最大的成就,还是对戏曲文献的收藏。他的出生地位于安徽西南隅,与贵池、枞阳、石牌、石台相距不远,这里是明末青阳腔盛行之地,也是清代徽班的摇篮。清末民初,京剧风行全国,成为影响最大的剧种,不少文人和票友热衷于京剧史料的搜集和艺术研究。

　　周志辅对由自己家乡的戏曲演变而来的京剧怀有极大的兴趣和爱好。他广泛收集有关京剧的各种史料。首先是戏曲图书,30年代,他用重金收购到大量清代南府和升平署的抄本,还有乾隆内廷精抄传奇《江流记》与《进瓜记》,前者注明"弋腔",后者注明"昆腔"。他所藏昆曲身段谱,有乾隆至德书屋抄本的《幽闺记》中《拜月》《回军》《双拜》等出;乾隆曹文澜抄本《连环计》中《议剑》,《寻亲记》中《饭店》,《焚香记》中《阳告》;乾嘉间陈金雀抄本《琵琶记》中《书馆》等出;乾隆四十九年(1784)聚坤堂精抄本《牡丹亭》中《描真》,乾隆五十年(1785)桃源厅抄本《南西厢记》中《草桥》《惊梦》等出。他还收藏有不少明刻善本,如明刻汤显祖评《西厢记》、冯维敏海浮山堂原刻本《不伏老,僧尼共犯》、来集之倘湖筑原刻本《两纱》(附《挑灯》)、张凤翼续志斋刻汤显祖评本《红拂记》、陆来宝晋刻本《明珠记》、陈与郊师俭堂刻本《鹦鹉洲》等,均是罕见刻本。而明末师俭堂刊《汤海若先生批评西厢记》则更为突出,书中钤有"夕偃文库""虚静""读耕斋之家藏""夕阳红半楼书记"等收藏印章。其次是戏单,大约从光绪年间起,北京各大戏馆都印有戏单。这种戏单木刻印制,彩色纸张,极为古朴,随座奉送。周志辅认为,戏单就是晚清戏剧演出史料。他收集戏单达万张,时间从1881年到1947年,其中包括民国时期北京吉祥戏园在内的各家戏院(园)戏单计624张。此外还有京剧唱片,周志辅花费巨资大量收集了20世纪30年代百代、胜利、高亭等公司所制的京剧唱片。周志辅从自己已收的戏单中精选一部分编印成书,书名为《五十年来北平戏剧史材》,刘半农为之作序。

　　周志辅因听戏、谈戏,常与杨小楼、余叔岩、梅兰芳、尚小云等京剧名家相往。他曾为杨小楼演出的《宁武关》拍摄舞台电影,为刘宝全的京韵大鼓录制多张唱片。因此他非常熟悉梨园掌故和舞台变迁,从而使他在戏曲理论研究方面更上一个层次。他钻研戏曲源流及版本,研究老艺人生平和舞台艺术也较多。1933—1949年,周志辅撰写了许多戏曲研究著作,主要有《三曾年谱》《易卦十二讲》《续易卦十二讲》《元明乐府套数举略》《续剧说》《续曲类稿》《几礼居随笔》《明本传奇杂录》《枕流答问》等。另有"几礼居丛书"7种:《都门纪略中之戏曲史料》《道咸以来梨园系年小录》(该书后在香港更名《京戏近百年琐记》再版)、《五十年来北平戏剧史材》《清升平署存档事例漫抄》《近百年的戏剧》《杨小楼评传》《几礼居杂著》等。

　　20年代,周志辅与刘半农等共组"光社"于北平,于1924—1927年,在中央公园举办了4次摄影作品展览。第4次影展(1927年10月8日至11日)后,参加影展的16人各自选出摄影作品2—5幅,共56幅,编成《北京光社年鉴》第1集,于1928年1月1日出版。第5次影展后,由刘半农、老焱若、郑颖荪、周志辅4人担任审查员,从15位社员的展品中评选出68幅摄影作品,编辑成《北平光社年鉴》第2集,于1929年1月1日出版。这两本年鉴是我国最早的摄影艺术作品选集,对扩大摄影艺术的影响和保存早期摄影艺术作品具有积极作用。

　　1949年周志辅离津移居上海,同年移居香港,再移居美国华盛顿。去香港前,周志辅将自己珍藏多年的戏曲图籍及文献资料、名伶书画等物,均寄存于上海的一家图书馆——合众图书馆。合众图书馆的顾廷龙翻检整理时发现,其中仅戏单就有好几大箱,顾廷龙将其整理后编成《几礼居藏戏曲文献录存目录》一册。除戏单外,还有图书资料千余种,分杂剧、传奇、乐谱、散曲、乱弹、剧本、清内廷戏曲、曲话、曲目等28类。新中国成立后,周志辅来信申明将这批珍贵史料全部捐献给上海市人民政府,市政府交由上海图书馆收藏。1957年,周志辅又将原存于天津旧居的京剧唱片全部捐献给国家,由中国京剧院收藏。定居美国后,他闭门著述,潜心学术,著作甚多,其中《后汉县邑省并表》《三国志世系表》,都弥补了正史的缺憾。

1994年5月,周志辅在美国逝世,终年98岁。

参考文献:

周小鹃:《周学熙传记汇编》,甘肃文化出版社,1997年。

蒋星煜:《中国戏曲史钩沉》(下),上海人民出版社,2010年。

沈津:《周志辅和他收藏的戏曲文献》,《中国典籍与文化》,2003年第1期。

宋路霞:《周馥家族百年轶事》(下),《档案与史学》,2002年第5期。

陈子善:《刘半农的〈五十年来北平戏剧史材〉序》,《鲁迅研究月刊》,2002年第6期。

(赵云利)

周 作 民

周作民(1884—1955),原名维新,江苏淮安人。1884年2月12日(清光绪十年正月十六日)出生于淮安的一个书香之家,家境清贫。他的父亲周佩香是个举人,在乡里设馆教学,周作民幼年随父读书。

1898年周作民入东文学堂学习,汉文教师为罗振玉。1902年,追随罗振玉赴粤,入广东公学,在罗振玉的资助下完成学业。1906年,考取广东官费留学日本,入京都第三高等学校学习。1908年周作民肄业回国在南京法政学堂做翻译。辛亥革命后在南京临时政府财政部任职,政府北迁后任财政部库藏司司长,并兼任财政部派驻交通银行国库稽核。1915年,周作民任交通银行芜湖分行经理,旋即改任交通银行总行稽核课主任。1917年,与王郅隆等人发起创建金城银行,行名寓意"金城汤池,永久坚固"。该行设总行于天津,并在北京、上海两地设立分行。

金城银行初创时,注册资本200万元,收足50万元开业。董、监事多为皖系军阀、官僚的代表人物,王郅隆任董事长,周作民任总经理。金城银行的经营范围主要包括活期存款、定期存款、贴现放款、抵押放款、根单押汇、生金银买卖、各种汇兑、保管珍物、代理收款及有价证券等业务。并确定了"趋重市场工商事业,首从津行积极进行,次第及于沪行以树基础,再进而及汉行共同发展"[①]的经营战略。

1920年直皖战争皖系失利,王郅隆亡命日本,周作民借此改组金

---

① 《金城银行1922年4月行务会议议案》,上海市档案馆藏档案,Q264-1-201。

城董事会,提高自己在金城银行的地位。1921年,周作民进一步修改《金城银行办事章程》,赋予总经理极大的权力,同时调整总分行关系,将权力集中于总经理处,以便及时掌握各地各分行情况,实现有效控制。

1921年9月,周作民在董事会的支持下,从扩大营业、规避风险出发,与盐业、中南三银行共同发起组织"联合营业事务所",1922年大陆银行加入,"北四行"金融集团形成。1922年11月,北四行仿效英国银联准备库成立"四行准备库",联合发行银行兑换券——中南钞券。1923年6月,北四行各行又各自出资25万元,开办了"四行储蓄会",通过吸收社会闲散资金,壮大四行资力。1927年末,四行准备库发行的中南钞券高达1700多万元,储蓄存款达1000多万元,占全国重要银行存款总额2.4%。[①]

周作民学习日本三井、三菱集团的托拉斯经营模式,把金城银行的资本投资和放款投向重要产业领域,并建立了投资放款业务风险防范机制。投资重点集中在北方一些规模较大的工商企业:工矿企业如久大精盐公司、永利制碱公司等;商业企业如通成公司、丰大号等;纺织企业如裕元、恒源等。周作民利用其与政府要人、财政部、交通银行的密切联系套购公债,买卖公债、库券也是金城银行比较重要的收益之一。为创新附属业务,1920年11月与交通银行于天津合办通成公司,经营货栈业务,后改为金城独办。并创办丰大号专营公债买卖。

周作民的经营战略,为金城银行获得了巨额的利润,1917年5月到1925年间,净利计1065.29万元,内中再提存公积金189万元,股东所分配者实际876.29万元。[②]股东分到的股本分红,利得率高达

---

①徐国懋、邵怡度:《金城银行简史》,载吴汉民主编:《20世纪上海文史资料文库》(5),上海书店出版社,1999年,第133页。

②中国人民银行上海市分行金融研究室编:《金城银行史料》,上海人民出版社,1983年,第35页。

166.2%。到 1927 年,金城银行的资本总额已增为 700 万元,投资人的构成也发生了变化,官僚军阀的投资比例由 1917 年的 90.4% 降为 1927 年的 50.5%,工商业者、金融业者、买办的投资以及金城银行自有股份已达 25%。

1927 年国民政府成立,政治中心南迁,周作民数次南下了解南方政治经济形势。通过增设分支机构、改革用人体制、加强同业合作、完善规章制度等一系列措施,使得金城银行业务进一步发展。1935 年董事会进一步改组,周作民、吴鼎昌、任振采、胡笔江、钱新之等人的股份增加,军阀官僚股减少,周作民以总经理身份兼任总董事长,对金城银行的经营管理有了更多话语权,确立了周作民在金城银行不可撼动的绝对地位。1936 年 1 月将总行、总经理处迁到上海,并修订了公司章程和组织大纲。金城银行的重心正式从华北迁移到了上海。

此时的金城不仅与在北方影响较大的大陆、盐业、中南、中国、交通等银行继续保持密切合作关系,而且与上海商业储蓄银行、浙江兴业银行等南方行在一些业务上也进行了合作,并谋求与中央等银行的业务联系。1936 年,金城参加了由中国、交通、中南、盐业、大陆、浙兴、上海等 20 家行庄组成的"二十五年江浙春期收茧放款银团",放款总额达 3000 万元。[1]同年,实业部联合上海各银行组织渔业放款银团,金城也是参与者之一。永利公司放款银团、中华农业合作放款银团等,金城也以主要参加者的身份列于其中。1935 年,国民政府财政部宣布法币政策,取消各商业银行货币发行权,四行准备库中南钞票发行总额达到 1.03 亿元,内流动券 7228 多万元,超过了交通银行。[2]

此时期,在周作民的经营管理下,除不断扩展政府机关放款和投资政府公债、债券,以及铁路、工矿业、商业放款外,还开展了救济性质

---

[1]《江苏春茧放款银团成立》,《银行周报》第 20 卷第 18 号,1936 年 5 月 12 日。

[2]应永玉:《北四行的联合经营》,载吴汉民主编:《20 世纪上海文史资料文库》(5),上海书店出版社,1999 年,第 168 页。

的农业放款。20世纪30年代上半期,华资银行纷纷将资金投向农村,并关注对小本农工商业的救济。金城银行是河北棉产改进会工作的重要参加者。周作民担任改进会理事长,利用其地位和社会关系为该会有关事务奔走出力,尤其在筹集和提供资金上更是发挥了重要作用。同时,周作民还参与了中华农业合作贷款银团、农本局的农业放款等工作。

与此同时,周作民还调整、完善业务管理制度,继续加强信用信息调查,注重同行经营方法的学习与借鉴,修订投资放款规则,高度重视人才的培养与任用。从1928年到1937年6月,金城总计获净利864万元,股东所得股息和红利共为588万元,得利率前三年为10%,后六年为9%,为股东带来可观的收益。

1937年全民族抗战爆发,周作民将金城银行的经营南移,一面筹设广州分行,一面在香港筹设办事处,以购买外汇、囤积物资作为经营方针。1941年12月,太平洋战争爆发,日军占领香港后,周作民在香港被拘留,后被遣返上海。日方想与他合作,但周作民除了担任金城银行和有关的投资银行职务外,假托身体有病,未出任任何职务。

抗战胜利后,国民党特务对周作民进行恐吓及敲诈,几有逮捕之势。后经张群、吴鼎昌等疏通,经蒋介石批准,知照有关军、政、司法机关对他进行了保护。1948年8月,国民政府实行币制改革,发行金圆券。9月,又迫使各商业银行出售黄金、外汇,向中央银行缴存现金。金城银行也被迫出售了多年储蓄的外汇。当时,蒋经国任上海区经济管制督导员,对金融界头面人物进行威胁,要周作民交出私人外汇,并下令非经蒋经国许可,不准离沪。但在美国陈纳德民用航空公司的庇护下,周作民终于安全离开上海前往香港。

1951年6月,周作民由香港回到北京。他是私营金融业领军人物中第一个回归内地的,很快被邀担任全国政协委员。1951年9月,"北五行"(即金城、盐业、中南、大陆、联合五家银行)公私合营,他担任联合董事会董事长。1952年12月,私营金融业实行全行业合营,成立公私合营银行联合董事会,他任联合董事会副董事长。

金城银行自1917年成立至1952年公私合营,在周作民历任总经理和董事长的30年间,金城银行的收益始终名列私营商业银行前列,一度超越上海商业储蓄银行名列第一。

1955年1月,周作民在上海视察行务时,心脏病复发,于3月8日病逝,终年71岁。1957年,他的家属遵其遗嘱,将他收藏的各类文物1407件、图书374种共5300册捐给故宫博物院,故宫博物院举办专门展览以示纪念。

参考文献:

中国人民银行上海市分行金融研究室编:《金城银行史料》,上海人民出版社,1983年。

天津市档案馆编:《金城银行档案史料选编》,天津人民出版社,2010年。

李新等主编:《中华民国史·人物传》第8卷,中华书局,2011年。

徐矛等主编:《中国十银行家》,上海人民出版社,1997年。

（黑映月）

朱 道 孔

朱道孔(1891—1969),名锡纯,字道孔,以字行,号仰素,回族,北京大兴人。朱氏先民世居安徽寿州,明初随军北上落户为民。其祖、父在京东通州执教办学,颇孚众望。民国初年,朱道孔随父母迁居天津。

朱道孔接受的是新式教育,于北京化石桥法政专门学校法律本科毕业。1924年2月17日,在天津地方法院注册成为律师,主要承接民事、刑事诉讼案件,履行律师业务职责。同日加入天津律师公会。

1925年,朱道孔代理了一件十分棘手的债务案。在法庭上,朱道孔冒着被打击报复的风险,揭露了被告代理人制造伪证的不法行为,义无反顾地维护了原告的合法权益,自此声名大振。朱道孔为人正直,处事公道,恪守法律准绳,办案严肃认真。他的工作作风得到业界同人的肯定,同时也得到委托人的好评。在天津律师公会职员选举时,朱道孔当选副会长。

朱道孔逐步成为一位著名律师,被一些文化单位或知名团体邀聘。1931年,朱道孔应邀为天津《益世报》副刊"法律问答"专栏撰稿,为读者提供法律咨询服务。1935年7月,天津商会聘朱道孔为商会义务律师。1937年7月,天津《益世报》董事长雷鸣远聘任朱道孔为报社法律顾问。

朱道孔作为一位正理平治的著名律师,深知自身的法律责任及社会义务。天津律师公会成立了平民法律扶助部,帮助那些贫困当事人完成诉讼。朱道孔身体力行,不辞劳苦,不收报酬,其承接办理的平民法律扶助案件达40余件。

1937年7月30日天津沦陷。为抵制日本侵略者的统治,朱道孔毅然关闭了亲手创办的法律事务所,毅然辞去副会长职务并退出天津律师公会,自动停止律师及其他社会工作。朱道孔举家回到通县乡下,他和夫人窦氏抚养着6个子女,过着节衣缩食的生活。

1945年8月15日,日本无条件投降。朱道孔心情振奋,决定把法律事务所重新开办起来。1947年3月,他首先加入北平律师公会,并在北平地方法院登录注册,开始在北平履行律师职务,事务所设在通县。

1948年2月,朱道孔回到天津。3月9日,重新加入天津律师公会;3月16日,在天津地方法院、河北高等法院登记注册,继续在天津履行律师职责,事务所仍然设在河北宙纬路原址。4月4日,天津律师公会举行选举,朱道孔当选理事。

新中国成立后,朱道孔到河北省立宁河中学任教。1957年4月20日,朱道孔当选政协宁河县委员会第一届副主席。1958年1月,朱道孔被错划为"右派"。不久他回到天津,过着深居简出的生活。他把当年从事律师工作时经手办理的案卷及担任天津律师公会副会长期间保存下来的文件等资料整理成册,共计1114卷(册),时间跨度近30年,定名为《朱道孔法律事务所全宗》,由天津市档案馆收藏。这些历史资料十分珍贵,是研究民国时期律师行业及司法制度的宝贵文献。

在"文化大革命"中,朱道孔遭受迫害。1969年,朱道孔逝世,终年78岁。

1979年,朱道孔被错划为"右派"的冤案得到平反昭雪。

参考文献:

天津市档案馆藏档案:朱道孔法律事务所全宗。

天津市政协文史委编:《天津文史资料选辑》第37辑,天津人民出版社,1986年。

宁河县地方史志编纂委员会编著:《宁河县志》,天津社会科学院出版社,1991年。

朱江:《潞河松茂堂朱氏宗谱》(民国十七年),朱向如1993年重修。

（尹忠田）

朱继圣

朱继圣(1894—1972),字边埏,浙江鄞县人。幼年家境贫寒,全家依靠父亲教私塾为生。朱继圣幼年时随父亲读书,后以优异成绩考入宁波浙江第四中学,之后考取北京清华学堂。1915年获公费留美资格。1916年,朱继圣进入美国威斯康星大学攻读经济学和货币银行学,取得硕士学位。留美期间,朱继圣加入了以中国留美学生为主要成员的"十字架与宝剑会"。该会创始人为王正廷,以实业救国、教育救国及会员互助为宗旨。1920年,朱继圣进入纽约大通银行实习,曾获金钥匙奖章。

1921年底,朱继圣回国,在北京大学和交通大学任讲师。原清华学堂校长周诒春欣赏朱继圣的才干,便邀请他到自己名下的北京仁立公司任职,该公司专门经营手工艺品、古玩、地毯等出口业务。1922年初,仁立号增资为10万元,并在北京王府井大街设立新办公楼和门市部,改组为仁立实业股份有限公司,朱继圣任副经理。

上任后,朱继圣主要从采购原料和推销产品两个方面打开新局面。为了保证生产地毯的原料质量过关且价格低廉,朱继圣亲自到张家口、大同、包头等原产地购买羊毛。为了打开产品销路,1928年初,朱继圣专门在天津设立办事处,携带大量手工艺品和地毯图案,亲自带队到日、法、美、英等国进行商业旅行,收集了大量国际市场信息,并同各国有关企业建立了合作关系。鉴于地毯出口需求的旺盛,朱继圣将仁立实业公司的主要业务放在地毯生产和出口上。朱继圣深知质量和信誉的重要性,他亲自了解市场、采购原料,特别对出口地毯的图案、花色严格把关,每批出口货物都亲自过目,由此赢得了广阔的国内外市场。随着业务的扩大,朱继圣认识到天津作为华北港口城市的重要性。1930年,朱继圣正式决定在天津创设毛纺厂,生产机纱并就地加工地毯,由天津港直接出口。

1931年,仁立实业公司在天津建立仁立毛纺厂,从英国购进旧梳毛机2台、旧纱锭机3台及旧打毛机等附属设备,还特地从外商海京洋行毛纺厂雇用了一批毛纺技术工人。仁立毛纺厂开工后,生产的毛纱除提供北平仁立地毯厂外,还向天津的一些小地毯厂、作坊出售,然后以"仁立"品牌出口。其间,朱继圣成功仿制了日本地毯生产的关键工具——扎针,并在全国率先发展女工地毯,引领了中国地毯织造与出口的潮流。

在天津仁立毛纺厂的经营上,朱继圣以"不断适应市场的需要,扩展产品的销路"[1]为主旨,在地毯的花色品种和质量上下功夫。他引进新机器,创新生产技术,从1932年底开始,仁立毛纺厂扩建厂房,并陆续增添了织造和染整设备。朱继圣为避免与洋货竞争,决定生产廉价的制服呢和普通花呢,产品行销各地,并与上海章华毛纺织厂建立了军呢联合营业所。从1936年开始,仁立毛纺厂还从德国购进全新的精纺全套设备,从日本购进58台新织机,更新了动力设备,装设了两台锅炉。1937年,精纺车间扩建落成,仁立毛纺厂成为粗纺、精纺、织呢、染织的全能工厂。1936年,仁立实业公司由北平迁到天津,分支机构有北平分公司、上海分公司、北平地毯厂、天津东方地毯厂、天津毛纺织厂,成为华北地区著名的企业集团。朱继圣举家从北平迁到天津。

朱继圣在提高地毯质量的同时,不断研究推出各种新图案和配

---

[1] 王志辉:《"成志会"对朱继圣及仁立实业公司的影响》,载天津市档案馆编:《天津档案与历史》第1辑,天津人民出版社,2008年,第195页。

色。男工地毯采用古香古色的图案,具有浓郁的中国民族特色。女工地毯则仿照美国妇女钩针制毯方法并加以改进,从而使地毯质地坚实、美观。朱继圣还增添了制服呢、人字呢、法兰绒、床毯等产品,在社会上享有良好声誉。

1936年,天津仁立实业公司资本达到150万元,为建厂时的5倍。这与朱继圣先进的生产管理策略是分不开的。他力推公司经营制度化,试行新式簿记账册法,主持修改公司章程。在股份公司分红制度下,除了规定每年提取10%作为公积金外,还提取特别公积金、红利平衡基金、改善设备基金作为公司积累。朱继圣重视职工福利,对职工实行年终分红。在人才录用方面,他不用"三爷"(少爷、舅爷、姑爷)的原则曾在商界广为流传。同时,朱继圣作风严谨,即便是出差这样的小事都是凭单据按制度报账,从不多拿公司一分钱。朱继圣的经营策略充分反映了近代民族企业家的眼光和胸怀。

1937年全民族抗战爆发时,朱继圣除了利用天津东方地毯厂生产外,还委托三四十家小工厂加工生产,使针织地毯继续保持着良好的发展态势。但随着平津沦陷,仁立公司的生产经营受到很大冲击。朱继圣反其道而行之,他抓住时局紧张、毛价跌落的机会,购进5000吨羊毛原料,以供日后长期使用。1938年,朱继圣兼并了生产男工地毯的东方地毯厂及另外一些小厂。1941年底太平洋战争爆发后,地毯出口贸易被迫中断。日军进入租界,强令仁立织造军用哔叽,并企图进一步征用厂内毛条原料。朱继圣得悉后,迅速将一批毛条染成黑、蓝两色,掺入原色毛条中,因黑、蓝与白混合的毛条不合军用,避免了被强征。

抗战胜利后,由于洋货充斥和通货膨胀,仁立一时无法正常营业,但朱继圣利用一切机会推销仁立产品。1946年,美国总统杜鲁门的私人代表来仁立公司参观,朱继圣借机送给杜鲁门总统一块精美的地毯。1947年,美国特使魏德迈来津,朱继圣用英文分析华北经济状况、阐发政治主张,美国政界称朱继圣为"对于社会极有影响的公众人士"①,对朱继圣大加赞赏。朱继圣迅速将积压的大量地毯抢运到美国市场,十分畅销,为中国女工地毯赢得了新的声誉。在以后的几年里,中国女工地毯出口贸易盛极一时,仁立实业公司在国际市场竞争中处于优势地位。

朱继圣作为公司经理却无个人财富积累,他认为买房置地的观念早已过时,还有更重要的事去做。他热心社会活动,先后任天津结核病防治院、北平协和医院常务董事和董事长、天津英租界工部局董事,他加入商界人士联谊组织,任志诚社、联青社社长及扶轮社华北区区长。1941年,他为建结核病院四处奔走,游说募捐。

朱继圣任组长的天津结核病院筹备小组成立后,为筹钱购置X光机,他不仅自己捐款6000元,还四处筹备捐款。因战争原因,此次购买的设备被冻结,他又另寻购置途径,解决了设备问题。在朱继圣的积极奔走下,1942年7月,天津结核病院门诊部接受患者就诊。1947年,天津结核病院改为"天津公立结核病防治院",朱继圣长期担任该院董事长,成为医院正常运转的坚强后盾。

1949年1月天津解放,朱继圣以极大的热忱投入新中国的建设,两个月后仁立即恢复生产,并于当年6月从美国调回26万美元存入中国银行,15万美元用于购置机器设备,创建仁和蛋厂和津、京两处麻袋厂。朱继圣说:"民族资本过去受国民党反动派的统治,民族工业没有法子发展,只好将一部分资金存入国外。现在解放了,在新民主主义的中国,经济上没有官僚资本的压迫和剥削,为什么还要把资金外存让外国人赚钱?"②

抗美援朝时期,仁立公司于1951年捐献战斗机1架,朱继圣被推

---

① 天津市政协文史委编:《近代天津十大实业家》,天津人民出版社,1999年,第165页。

② 《朱继圣谈提回美汇目的在求投资增产》,《进步日报》,1949年6月21日。

2100

选为中国人民赴朝慰问团代表。1954年,仁立公司实现公私合营,朱继圣任公私合营仁立公司总经理。1956年调任天津市毛麻公司经理。

新中国成立后,朱继圣被选为第一至第三届全国人大代表,任第三、第四届全国政协委员,民主建国会中央常委,全国工商联常委等,曾任天津市工商联副主任委员,天津市民建主任委员,天津市人大代表,天津市人民委员会委员,天津市政协常委、副主席,并受到了毛泽东主席的接见。

1972年9月5日,朱继圣逝世,终年78岁。

参考文献:

《中国近代纺织史》编辑委员会编著:《中国近代纺织史(1840—1949)》上卷,中国纺织出版社,1997年。

全国政协文史委编:《文史资料选辑(合订本)》第13卷,中国文史出版社,2011年。

天津日报传媒集团编,牛一兵、王宏主编:《天津小洋楼:名人故居完全档案》第2卷,天津教育出版社,2011年。

(王　静)

朱梦苏

朱梦苏(1895—1966),名应奎,字梦苏,以字行,湖南汝城县人。1912年毕业于长沙湖南省立明德学校,考取公费留学,就读于日本东京工业大学机械系。

朱梦苏1921年毕业回国后,先是进入上海日商公大第一纱厂任见习工程师,1926年被上海申新纱厂聘为工程师,1927年任上海申新第二纱厂工程师,1930年任上海申新第七纱厂工程师。1933年4月,任无锡振新纱厂厂长兼工程师。1935年12月,任江西九江利中纱厂工程师。朱梦苏重视培养技术管理人才。当时,朱梦苏已经成为国内比较知名的纺织专家。

1936年5月,在恒源纱厂经理曾伯康的推荐下,朱梦苏接受金城、中南两家银行的聘任,在上海招募了技术、事务管理方面的人才,就任天津北洋纱厂厂长。朱梦苏到北洋纱厂上任后,采取了一系列革新措施。他首先充实了一些职工,开工前对原有工人进行甄选,减少了劳动时间。天津应募的女工不多,朱梦苏从上海招来一批熟练女工,同时从保定、济南等地招募来一批青年女工,由厂里指派专人对她们施以基本操作训练。人员安排完成后,对工厂机器进行检修。经过整顿,北洋纱厂于1936年6月1日正式开工生产。

经过朱梦苏的整顿,北洋纱厂的棉纱产量和质量都有所提高,产品销售也打开了局面。朱梦苏将北洋厂的原商标"三鼎"改为"金三鼎"。经过6个月的生产经营,到1936年底,北洋厂扭亏为盈。

1936年底,因厂方减发工人花红,北洋纱厂工人开始罢工,朱梦苏吸取教训,施行了一些开明的举措。他在不同层次的职工中定期、不定期地发给一些工资补贴,技术工人和工头另有一些奖金;还实行了生产奖、超产奖、清洁奖、出勤奖等奖励制度;在职工福利上,为路途远的职工建有单身宿舍;伙食费用计算一个基数,物价上涨时给予一定的补贴;不时以低价向职工出售面粉、玉米粉,等等;建立京剧社、篮球队等职工文体组织,丰富职工业余生活。

1936年,北洋纱厂被诚孚信托公司接管。1937年,诚孚公司根据朱梦苏的建议,从日本购进荣光式448锭细纱机28台,共12,544枚纱锭,又从日本、英国、瑞士、美国分别购进为增锭配套的机器设备及1000瓦发电机两台,并扩建了部分厂房。到1938年,北洋纱厂拥有2800瓦发电机,细纱机从25,088锭扩充到37,632锭,成为当时华北地区民族工业中的一家大厂。朱梦苏非常注重设备改造,简化工艺流程,减少物料消耗,降低成本,改善了照明及纺机传动设备,因此北洋纱厂的盈利逐年递增。

抗日战争时期,日本钟渊纺绩株式会社和日本纺绩株式会社购买了裕元纱厂后,将附近的土地强行收购,以扩建其厂区,并把临近海河的围墙一再向河岸推进。日方不断公开出面或者通过日本宪兵队、日本陆军特务机关示意北洋纱厂,要求日中合办或由日本收购,都被朱梦苏严词拒绝。日方转而采取暗中排挤的方式扼杀北洋纱厂。裕元纱厂扩展了围墙后,沿河马路被压缩成一条曲折小道,给北洋纱厂的运输造成不便,企图使"北洋"俯首就范。朱梦苏征得诚孚公司的同意,购买了一部分厂区附近的民房,以阻止日商的蚕食,确保运输畅通。

1944年,日本侵略者为了搜刮钢材,支援侵略战争,勒令各厂献铁。当时要拆毁北洋纱厂纺纱机,还要拆去与之配套的其他机器设备。机器和纱锭是纱厂的命脉,朱梦苏为了争取少毁机锭以谋将来,把两台纺纱机(相当于600多锭)掩藏在仓库里,并设法用其他废铁抵充重量。1948年,朱梦苏参加了全国纱厂联合会,后又担任天津市纺织同业公会理事等职。

新中国成立前夕,朱梦苏接受中共地下组织的劝告,选择留下来与职工一起护厂,迎接解放。1949年1月15日天津解放,北洋纱厂次日组织复工,朱梦苏担任厂长。

在解放军的帮助下,1951年,北洋纱厂向上海诚孚铁工厂订购新纱锭5000多枚,北洋的纱锭恢复到1938年的37,000多枚。国民政府时期三年没能实现的增锭愿望,在新中国成立后得到了实现,进一步激发了朱梦苏生产经营的积极性。1951年5月,朱梦苏随天津南下工作团到川西地区参加土改工作半年。抗美援朝时期,朱梦苏代表资方与工人签订增产节约捐献合同,公私双方共同捐献飞机一架,以实际行动支持保家卫国。1954年2月11日,北洋纱厂在天津市私营大厂中第一个宣布公私合营,为恒源纱厂、启新洋灰公司的公私合营树立了榜样。1955年3月,朱梦苏任天津市纺织工业局副局长兼公私合营北洋纱厂厂长。

1966年12月24日,朱梦苏病故于天津,终年71岁。

参考文献:

李景玉纂编:《朱梦苏传略》,天津棉纺六厂厂志资料。

天津市政协文史委编:《天津文史资料选辑》第6辑,天津人民出版社,1979年。

《中国近代纺织史》编辑委员会编著:《中国近代纺织史(1840—1949)》(上),中国纺织出版社,1997年。

寿充一等编:《近代中国工商人物志》第2册,中国文史出版社,1995年。

(高　鹏)

朱彭寿

朱彭寿(1892—1938),字杰夫,江苏松江人。朱彭寿自幼勤奋好学,聪颖过人,少年时就读于苏州英文专修馆,后转入上海南洋公学读书。1913年考取官费留学美国,学习电气工程,获硕士学位。毕业后任西方电气公司工程师,1919年返回祖国。

朱彭寿回国后来到天津,任天津电话局副总工程师,由于成绩卓著,1929年升任总工程师,在电话局广大职工中享有很高声望。

1937年7月底,天津沦陷,日本侵略者建立了殖民统治。当时天津电话局共有6个分局,其中2个分局设在租界区。天津沦陷初期,租界区属于中立区,日伪殖民统治不能深入租界区内,但日伪殖民当局以电话局属于一个系统为由,要求接管租界区内电话局。在打入电话局工作的中共党员朱其文的领导下,在国民党电话局局长张子奇的支持下,租界区电话局广大职工发起了一场拒绝日伪接管电话局的"抗交"斗争。这是天津沦陷后,党领导的第一次以公开形式进行的群众性抗日斗争,朱彭寿积极参加了这场斗争。

日伪当局为达到接管租界区电话局的目的,不但在政治上施加种种压力,而且在技术上也采取了各种破坏手段,使租界区电话局的业务工作不能运行。日伪还在租界区外大量逮捕扣押电话局职工,制造恐怖气氛,使租界区电话局不少职工被迫离开工作岗位,电话局的技术力量遭到削弱。为了反击敌人的破坏阴谋,朱彭寿在局内成立了短期技术训练班,动员职工家属参加训练,结业后立即上岗补充缺额,很快解决了人员短缺问题。日伪又收买一些民族败类和地痞流氓,破坏电话局的相关设施,妄图中断租界区电话局的业务。他们潜入法租界破坏电缆,将电话线与电力线连通,企图制造电死抢修人员的事件,等等。但是这些破坏事件,都被朱彭寿迅速解决,使敌人的破坏目的始终不能得逞。

日伪当局还采取种种收买利诱手段,破坏电话局职工的"抗交"斗争。在敌人的利诱下,管理股一名主任有投敌意图,朱彭寿得知后立即与局长张子奇研究,撤销了这名主任的职务。敌人还企图直接收买利诱朱彭寿,要他提供租界区电话局机线图,许诺给以重酬,朱彭寿闻言大怒,厉声斥逐来人。

朱彭寿以坚定的爱国立场和高超的技术,阻止日伪在技术上破坏租界区电话通信。敌人看在眼里,恨在心里,决意置他于死地。

1938年4月5日,朱彭寿在上班路上被日本宪兵劫持,押往日本宪兵分队。敌人企图对其利诱收买,朱彭寿愤然拒绝。敌人见软的不成,就露出凶残的面目,企图用酷刑征服这位坚定的爱国者。敌人将朱彭寿绑在架子上,用马鞭、军棍猛烈抽打,打昏后用水泼醒又灌辣椒水,折腾了一整天,而朱彭寿始终坚贞不屈,直至天黑,全身血肉模糊的他才由两个日本宪兵抬回牢房。第二天,敌人继续对其施以酷刑,手段之残忍,令人发指。这位铮铮铁骨的爱国志士,最终惨死在牢中,为祖国的抗日民族解放事业,奉献出自己的宝贵生命,终年46岁。

朱彭寿壮烈殉国的消息传来后,电话局广大职工无比悲痛,他们决心继承烈士遗志,把"抗交"斗争进行到底。从1937年8月开始的"抗交"斗争,直至1940年9月天津租界区被日伪接管为止,一直坚持了三年之久。

参考文献:

中共天津市委党史资料征集委员会编:《天津抗日英烈》,天津古籍出版社,1995年。

（朱漓江）

朱启钤

朱启钤(1872—1964),谱名启纶,字桂辛,号蠖园,晚年别属蠖公,祖籍贵州开阳,1872年11月22日(清同治十一年十月二十二日)生于河南信阳。

朱启钤3岁丧父,后随母亲寄居在外祖父家,8岁开始读书。1884年朱启钤随母亲到杭州探望姨父姨母。在相处中,姨父瞿鸿机①发觉朱启钤难以科举进身,却有经世之才。后瞿鸿机赴四川典试,朱启钤随侍左右。瞿鸿机很注意对朱启钤的培养,每在自己批阅案卷时,都让朱启钤在一旁学习,晓之以史乘掌故,并让朱启钤试着模仿自己的笔迹,代为阅卷。1893年瞿鸿机离开四川之时,出资为朱启钤捐了一个小官。1898年瞿鸿机按试苏松、太仓地区,朱启钤又随侍左右。后随瞿鸿机进京,被引见给朝廷后,分发他到江苏任职,家属也迁到了苏州。

1899年,朱启钤在上海出口捐局任职,合家迁居上海。1900年,母亲病故,他奉母灵柩回长沙,并守丧一年。1902年,朱启钤送姨母(瞿鸿机夫人)入京,此时瞿鸿机已任军机大臣,地位显赫。瞿鸿机留朱启钤在京,并推荐其入路矿总局任职。不久,朱启钤又奉令任京师大学堂译学馆提调,翌年升任译学馆监督,于是全家迁至北京。1904年冬,经徐世昌介绍和推荐,朱启钤与袁世凯相识。

①瞿鸿机(1850—1918),清末大臣。同治进士,授翰林院编修。光绪初年,擢为侍讲学士。先后任多省乡试考官及学政。后出任工部尚书、军机大臣、政务大臣、外务部尚书等职,授协办大学士。

庚子事变以后,清政府迫于国内外形势,开始推行新政。1905年,创办京师习艺所,朱启钤为首任监督。1905年10月,成立巡警部。1906年,朱启钤任内城巡警厅厅丞,很快又调任外城巡警厅厅丞。

1907年,朱启钤的姨父瞿鸿机被革职,朱启钤也自请辞职。1908年,徐世昌任东三省总督,奏请调朱启钤任蒙务局督办。1909年,袁世凯被摄政王罢官,徐世昌调离东三省改任邮传部尚书,朱启钤也被迫辞去蒙务局职务。之后,他赴俄罗斯西伯利亚东海滨省及日本北海道,游历6个月后回国。1910年,徐世昌又奏调朱启钤任邮传部丞参,兼任津浦铁路北段总办。1911年,朱启钤任津浦铁路督办,该年7月他到南京会勘浦口商埠码头,并勘定济宁、峄县中兴煤矿支线,10月津浦铁路全线通车。

中华民国成立后,朱启钤于1912年任交通总长。1913年初,朱启钤兼代国务总理,后任内务总长。在内务总长任内,朱启钤主持干了两件重要工程,一是创建中山公园。中山公园原是皇家祭祀的社稷坛,清帝退位后荒废,坛里榛莽丛生、蛇鼠为患。朱启钤自行捐款并向社会各界募集资金4万多元作为创建公园的资本,重新规划,精心设计。1914年10月10日,公园向社会开放,"男女游园者数以万计"①。二是改建正阳门城垣。正阳门城楼建于1419年(明永乐十七年),最初沿用元大都皇宫南门丽正门之名,1437年(明正统二年)才改为正阳门,是北京内城的南大门。明清两代正阳门从来不许黎民百姓通行,京城的老百姓,要从鼓楼去趟前门,需绕开皇城奔西四、西单,南出宣武门,再顺护城河往东至前门,步行要差不多一天。1914年6月,朱启钤向袁世凯呈文提议改造正阳门,委托德国建筑师罗克格制订方案。1915年6月16日,朱启钤亲自主持开工典礼。经过改造,辟北京西苑为新华门,拆旧街千步廊为天安门广场;拆皇城城垣,在正阳门两侧打

①李理:《朱启钤对北京的贡献》,《北京档案》,2011年第12期。

开两个门,东进西出,又打通府右街、南长街与北长街、南池子与北池子,开通了长安街南北方向的交通要道;建北京环城铁路及东、西火车站;改造前门城垣,并推进南城香厂新市区规划建设。

1915年底,袁世凯筹备称帝登极大典时,任命朱启钤为洪宪皇帝登极大典筹备委员会的总负责。后在全国反对下,袁氏被迫取消帝制。1916年6月,袁世凯忧惧而死。袁死后,朱启钤辞去职务,举家避居于天津英租界。

1916年11月,山东峄县中兴煤矿公司在天津召开第6次股东会,改组董事会,徐世昌为董事长。徐世昌因政事繁忙,便委托身在天津的朱启钤代理董事长一职,总理各项事务。中兴煤矿的新大井在1915年2月发生特大事故,死伤矿工700多人,矿井淹没,造成亏损10多万元,加上原有欠债300多万元,公司经营极度困难。公司创始人张莲芬因忧致疾,于1915年底去世。朱启钤接任后,面对岌岌可危的现状,不得不亟筹救急之法:一、在天津设立总公司,购置办公大楼;二、制定《中兴煤矿公司暂行简章》《中兴煤矿公司章程》《董事会议事规则》《总公司办事规则》等规章制度,使公司的生产、经营从此走上正轨。同时,为了偿还急债而筹建第二大井,朱启钤联络南北股东,募集资金,增加资本。到1917年,股金增至380万元,公司不仅渡过了难关,营业也逐渐兴旺起来。1918年,朱启钤被推举为中兴煤矿公司的总经理,此后一直担任董事长兼总经理一职。他完全依靠民族资本,将负债累累、一度停产的煤矿建设成为当时全国第三大煤矿。

1916年,朱启钤在天津闲居时带着家室到北戴河海滨避暑,在风景优美的联峰山买下一块地皮,自己设计建造了一座别墅。建成后的别墅命名为"蠡天小筑",取战国时范蠡脱离政治隐于商贾之意。彼时的海滨外籍人近千,他们以宗教名义各自结成团伙,购买当地土地,共同对付中国人和中国当局,并彼此划分势力范围,大有喧宾夺主之势。朱启钤敏锐地发现了其中的严重性和复杂性。1918年夏,他筹备创办地方自治公益会。1919年6月,经内务部批准、直隶省公署备案,该会于8月10日成立,设会长、副会长、董事会董事、监事等职,朱启钤被推选为会长,并当场捐赠大洋4000元。在他的带动下,当时在海滨的上层人士也纷纷捐款、捐地,使公益会有了较为充足的基金。朱启钤就利用这笔资金,开始了对北戴河海滨的建设。在他任会长的10年(1918—1927)里,海滨地区修筑公路干线和支道共36条,长达22公里;新建桥梁、涵洞160多座;新建医院一所、小学一所和莲花石公园一处,在海边修建了三座游泳场,均设有更衣室和公共厕所;设苗圃,引良种,种树50多万株。还设了邮局、银行、电报局、自来水厂等公用设施,并重新整修了当地的名胜古迹,极大地改善了海滨地区的风貌和环境卫生,为后来北戴河海滨发展为北方最大的避暑胜地奠定了基础。

1918年8月21日,朱启钤被安福国会选为参议院副议长,但未就任。10月,徐世昌任大总统后,倡议南北和平统一,并于11月下令南北各军就地停战,继由双方商定于1919年2月20日在上海召开南北议和会议。朱启钤受徐世昌委托,为北方议和总代表,与南方军政府派出的议和总代表唐绍仪进行谈判。然而,因受多方干涉,谈判一直无果。5月10日,双方谈判最后破裂,南北议和失败,朱启钤遂于13日请求解职。此次进沪议和虽无功而返,但在赴上海途经南京时,他在江南图书馆发现了手抄本宋代《营造法式》一书,于是通过江苏省省长严震将该书借出,委托商务印书馆影印出版,以传后世。1921年,法国巴黎大学授予大总统徐世昌文学博士学位,徐世昌派朱启钤为专使,赴法国代其接受学位。在法国期间,朱启钤获悉中国留法勤工俭学学生因华法教育会拒付学生生活费用而陷入困境,便慷慨解囊,捐款5万元接济。接受学位之后,他游历了英、意、比、德、美、日六国。回国后,朱启钤决意脱离政界,返回天津寓居。

1922年,朱启钤的夫人因病需要静养,他就斥资营建了一座庭院式别墅。朱启钤将其名为"蠖园"。此后,朱启钤偕全家以蠖园为冬天居住的地方,蠡天小筑为夏天避暑之所。他闭户读书,先后撰写《存素堂丝绣录》《女红传征略》等书。

1925年,《营造法式》经陶湘校对、装帧并刊布,朱启钤读过此书后对营造学的兴趣大增。于是便有了组建专门研究中国古代建筑的营造学社的愿望。[①]他于该年在蠖园成立了"营造学会",与阚铎、瞿兑之等共同收集中国古代营造散佚史书、图籍。同时,朱启钤还组织同仁制作了一些古建筑模型,并辑录《哲匠录》《漆书》等论著。1928年,朱启钤在中央公园举办了一次展览会,展出了营造学会所收集、制作的书籍、图纸、古建筑模型等。这次展览引起了社会各界对中国古建筑研究的普遍关注,中华教育基金会也予以高度重视,并愿意拨款援助研究工作。

1930年,朱启钤在北平赵堂子胡同购买了一所未完成的建筑,经他重新设计和督造,建成了一座四进四合院。该院建成后,他组织成立中国营造学社,办公地址即在四合院的前院,后院为其家眷住所。1931年,朱启钤邀梁思成、刘敦桢加入中国营造学社。中国营造学社在近代中国古建筑研究史上留下了光辉的印迹。

1937年七七事变后,北平沦陷。在日本人的操纵下,以王克敏为首的伪临时政府成立,欲请朱启钤出面捧场,朱启钤一直装病在家,始终未就伪职。为逼朱启钤就范,日伪甚至强行用低价征购了他的住宅,朱启钤被迫移居北总布胡同。

1949年全国解放前夕,朱启钤住在上海四女儿家中,周恩来授意章士钊写信给朱启钤,劝他留在大陆,不要去香港、台湾。新中国成立后不久,周恩来总理即派人将朱启钤接回北京。此后,朱启钤先后担任中央文史馆馆员、全国政协委员等职务。朱启钤将自己珍藏的名贵

[①]崔勇:《中国营造学社研究》,东南大学出版社,2004年,第53页。

文物56件捐献给故宫博物院,文化部颁发奖状予以表彰。他还先后将大量藏书分别捐给北京图书馆、清华大学、古代建筑修整所和贵州图书馆。他关心新中国的建设,对北京市政建设悉心提出意见和建议。1961年朱启钤90寿诞时,周总理送来一个大花篮为他祝寿,后又在政协小礼堂为他举行了一次小型祝寿宴会。

1964年2月,朱启钤因感冒继发肺炎,医治无效,与世长辞,终年92岁。经中央批准,葬于八宝山革命公墓,以示永志。

参考文献:

林洙:《叩开鲁班的大门——中国营造学社史略》,中国建筑工业出版社,1995年。

北京市政协文史委编:《蠖公纪事——朱启钤先生生平纪实》,中国文史出版社,1991年。

崔勇:《中国营造学社研究》,东南大学出版社,2004年。

朱汉国、杨群主编:《中华民国史》第6册,四川人民出版社,2006年。

(赵云利)

朱 维 之

朱维之（1905—1999），浙江苍南人。1905年3月，朱维之出生于温州苍南县仙居乡朱家岛村的一个基督徒家庭。他是朱家五兄弟中最小的孩子。朱维之7岁入私塾学习，他记忆力好，很快就认识许多字。9岁时，父亲送朱维之到温州的一家教会小学——崇真小学读书。从此朱维之的一生就与基督教文学结缘。教会小学的师资力量雄厚，特别是历史老师王乐泉，知识渊博、讲课生动，对他影响颇深。1917年冬，朱维之从崇真小学毕业。

1919年，朱维之进入温州中学读书。在五四精神的感召下，他与当时众多的热血青年，上街游行示威，查禁、烧毁洋货。他还阅读了大量进步书刊和文学作品。1923年，朱自清到温州中学任教，在朱自清先生的教育、鼓励下，朱维之开始走上文学道路。他喜爱一些新文化运动的名人如徐志摩、冰心等人的作品。1924年，他完成了《墨翟的人生哲学》，并在校刊上发表，后来他将此文投稿上海刊物《青年进步》杂志发表，引起主编的注意，主编亲自询问，得知此文是出自中学生之手，很惊奇。从此朱维之经常给该杂志投稿，《中国最早的文学家屈原》《诗仙李白》等都是当时完成的。朱维之求知欲旺盛，他还喜欢读一些西方的书籍，因为从小在教会读书，所以特别喜欢读《圣经》，尤其是《诗篇》《雅歌》《约伯记》《马太福音》等篇章。后来朱维之也试着翻译一些西方作品，第一篇是美国欧文的散文《航程》，译文虽然显得很稚嫩，却在校刊刊出，这极大地鼓舞了朱维之的信心，他在翻译道路上迈出了第一步。

中学毕业后，迫于家境困窘，朱维之没有报考正规大学，而是进入免费的金陵神学院读书。在金陵神学院的三年间，他博览群书，潜心研究希伯来文化与基督教文学。1927年，《青年进步》出版创刊10周年纪念专号，朱维之应约撰写了《十年来的中国文学》。这篇论文决定了其一生的生活道路。同年朱维之投笔从戎，参加北伐，从南京到达武汉，参加北伐军总政治部工作，并被委任为第三军宣传科科长，随军北上，直至攻克许昌，驻守开封。不久大革命失败后，朱维之来到上海，进入《青年进步》杂志所属的青年书局从事编译工作。1928年，朱维之翻译出版了爱尔兰著名作家叶芝的诗剧《心所向往的国土》。

1929年初，新创办的福建协和大学来上海招聘教员，朱维之拿着两年前发表的长篇论文《十年来的中国文学》前去应聘，得到协大校长林景润博士的赏识。朱维之随即南下，来到福建协大讲授中国新文学课程。1930年，朱维之被学校派往日本早稻田大学和中央大学进修，从事日本文学与中国文艺思潮史研究。1932年，朱维之毕业于日本中央大学研究科。回国后，朱维之继续在协大国文系任教，同时出任《福建文化》主编。其间，朱维之先后出版了《李卓吾论》《李卓吾年谱》两部著作。抗战期间，朱维之一边在上海沪江大学任教，一边埋头著述，先后出版了《中国文艺思潮史略》《基督教与文学》《文艺宗教论集》等学术专著。

1952年，他调任南开大学教授，先后担任南开大学中文系外国文学教研室主任、中文系主任等职，并当选天津外国文学学会会长、天津比较文学研究会会长、中国比较文学学会顾问、中国外国文学学会顾问。1957年，朱维之翻译并出版了英国著名诗人弥尔顿的长诗《复乐园》。1958年"大跃进"及其后"文化大革命"期间，朱维之遭到错误批判。"文化大革命"结束后，朱维之重登讲台，为本科生、研究生讲课。他痛感"文化大革命"贻害，学生无书可读，教师无教材可用，遂于1977年发起倡议，联合京津及华北地区一批专业教师，共同编写外国文学教材,由他和中国人民大学赵澧教授为主编,成立了由全国多所高校重要学者组成的外国文学史教材编写组,并在1980年首先推出了《外国文学简编》(欧美部分),于1983年推出了《外国文学简编》(亚非部分),均由中国人民大学出版社出版。在此基础上,朱维之和赵澧又主持编写了《外国文学史(欧美卷)》和《外国文学史(亚非卷)》,分别在1985年和1988年由南开大学出版社出版。无论是南开版还是人大版的教材,其后都每隔数年就修订一次,在全国高校的外国文学教学中产生了持久而深远的影响,被学界称作"经典教材"。

1979年,朱维之被推举为南开大学中文系主任。在繁忙的教学和学术活动之余,他一直潜心研究并翻译弥尔顿的作品。1981年,朱维之翻译并出版了弥尔顿的《斗士参孙》,接着又出版了《失乐园》,1993年出版了《弥尔顿抒情诗选》。朱维之数十年呕心沥血,翻译、研究弥尔顿的诗歌作品,其中皇皇巨著《失乐园》,凡12卷,1万多行,是国内最早也是迄今唯一的一部全译本。

朱维之是中国希伯来基督教文学与文化研究的开拓者之一。早在1941年他出版的《基督教与文学》一书中,就全面论述了《圣经》的文学特质及其对欧美文学的深远影响,出版后引起学术界、宗教界的广泛关注,此书多次再版,1991年被上海书店出版社收入"民国丛书"影印发行。1951年,朱维之的一部重要著作《文艺宗教论集》出版,此书旁征博引,论述了基督教、佛教、印度教等宗教对中外文学及著名作家创作的影响。上述两部著作在中国相关领域的学术研究方面,无疑具有重要的开拓性意义。

朱维之在《外国文学研究》1980年第2期上发表了《希伯来文学简介——向〈旧约全书〉文学探险》一文,强烈表达了探索研究希伯来-基督教文学的学术勇气与学术期望。此后他带领南开大学中文系外国文学教研室的青年教师与研究生,陆续编写出版了《圣经文学故事选》(1983)、《希伯来文化》(1988)、《圣经文学十二讲》(1989)、《圣经奇文妙语选》(1992)、《古犹太文化史》(1997)、《古希伯来文学史》(2001)等系列著作,使南开大学中文系迅速成为国内研究希伯来-基督教文学与文化的一方重镇。这些著作不仅从文学与文化的角度对《圣经》进行了新的解读与阐释,而且厘正了希伯来文学、希伯来文化的发展历史,论述了希伯来-基督教文化对西方文学与文化的深远影响。

1999年,朱维之因病在天津辞世,终年94岁。

参考文献:

郝岚等:《世界文学与20世纪天津》,中国社会科学出版社,2011年。

张大为主编:《天津文学史·新中国初十七年卷》,天津人民出版社,2011年。

林勇:《朱维之:融通古今 学贯中西》,苍南新闻网(www. cnxw. com. cn),2015年12月3日。

(冯智强)

庄 乐 峰

庄乐峰(1873—1949),名仁松,字育文,号乐峰,江苏丹阳人。1887年入北洋水师学堂驾驶班学习,在校期间,因在一次训练中不小心从桅杆上摔落,导致腿部受伤,失去了向军界发展的机会。1892年10月毕业后,因成绩优异而任教于山海关铁路学堂。在学校,除了担任外籍教师史卜雷的助教外,庄乐峰还担任英文、物理课程的教学工作。

1900年,庄乐峰被调派至开平矿务局,任督办张翼的翻译,这成为其人生的转折点。开平煤矿因矿藏丰富,引起英国人的垂涎。1898年英商墨林勾结张翼的德国顾问德璀琳,以借款方式进入矿务局,接着又引进国际财团资本将开平煤矿变为中外合资公司。1900年,八国联军攻陷天津,张翼将开平公司文件交与德璀琳保管。庚子事变后,英方伙同德璀琳拒交文件。后张翼与英方签订合约,将开平公司租与英方办理。张翼不通英文,所有合同等一切文件交由庄乐峰办理,庄乐峰为谋取额外利益而将"租"字变为"卖"字,最终使开平落入英国人手中,庄乐峰因此受到舆论非议,一度避居青岛。因有天津水师学堂和开平矿务局的经历,庄乐峰后任开滦煤矿董事。之后,庄乐峰在美国胜家缝纫机公司任买办。这一时期正是胜家公司在全球建立分厂形成垄断的时期,庄乐峰也因此积累了雄厚的资本。

1927年,经担任英租界工部局董事会董事的庄乐峰提议,董事会讨论同意,在租界内建立第一所华人小学,定名天津公学。庄乐峰还提议从英租界华人纳税会税款中提取18%及社会捐款充作经费,并从华人纳税会中选举三位董事组成天津公学管理委员会,庄乐峰成为首任主任委员。

天津公学成立后,校长为王龙光(前北洋大学校学监)。学校成立时,学生只有37人,随着学生逐渐增多,教室不敷使用,庄乐峰被公推总负责募捐及设计校舍。经过筹划,最后选定在墙子河畔53亩洼地修建新校舍。学校由英商永固工程司的库克和安德森设计。学校建成后,天津公学改名为耀华学校,取"光耀华人"之意,庄乐峰任董事,严松章任校长。学校设男生中学部、女生中学部和初、高两级小学部,校训为"勤朴忠诚"。学校正在初创时期,校长一职至关重要,不久,庄乐峰聘用为人廉洁、秉公办事的赵天麟为耀华校长。

1937年7月天津沦陷后,庄乐峰与校长赵天麟一起带领全校师生,抵制敌伪当局强制推行的奴化教育,默许在校学生参加抗日锄奸活动。当时天津南开学校校舍被日军飞机炸毁,庄乐峰支持校长赵天麟开设特班收留南开中学师生。

山东中兴枣庄煤矿于前清时期创办,矿藏丰富,煤质优良,但因交通不便而发展受到局限。民国初年,庄乐峰成为中兴公司股东。之后公司通过台枣铁路衔接津浦铁路,购买车皮,开设新井,煤矿生产得到发展,日产量逐步提高到5000吨以上。全民族抗战爆发后,日军对中兴煤矿实行军事管制。1938年4月,众董事一致决定不与日本人合作。两个月后,公司炸毁了在连云港的码头和装煤机,并用3艘巨轮沉船封港。其间,庄乐峰还与其他董事一道,将煤矿的生产设备埋入地下,不为日本人生产。中兴公司股份是庄乐峰最大的经济来源,日本人控制矿井后,庄家生活陷入窘境。

庄乐峰是天津行商分所成员,该分所在一定程度上操纵着天津的经济。同时,他是曾任北洋政府内务总长朱启钤创建的北戴河海滨自治公益会会员。庄乐峰在北戴河捐资修建了一座建筑面积为500多平方米的海滨别墅,以及一条长约600米、宽5米的道路,命名为"乐

2118

峰路"。

1949年,庄乐峰病逝于天津,终年76岁。

参考文献:

文昊编:《民国的实业精英》,中国文史出版社,2013年。

傅海伦编著:《山东科学技术史》,山东人民出版社,2011年。

天津市地方志编修委员会办公室、天津图书馆编:《〈益世报〉天津资料点校汇编》(2),天津社会科学院出版社,1999年。

天津市档案馆等编:《天津商会档案汇编(1945—1950)》,天津人民出版社,1998年。

张其雪编:《白浪滔滔北戴河》,河南人民出版社,2003年。

（王　静）

资 耀 华

　　资耀华(1900—1996),本名资朝琮,字璧如,湖南耒阳人。资耀华5岁启蒙,熟读四书五经,辛亥革命以后,他从私塾转到新式小学。小学毕业后,资耀华入衡州府的湖南省第三中学学习,他刻苦读书,成绩名列前茅。

　　1917年,资耀华到日本留学,先在东亚补习学校补习日语。他刻苦攻读,进步很快,年内就顺利考上了大学预备班——第一高等学校(简称"一高")。在"一高"读书期间,资耀华偶遇田汉和李达,由此对他的人生轨迹产生了影响。在李达的建议下,资耀华进入日本帝国大学经济部,受业于日本著名"左派"经济学家河上肇教授。他在日勤学10年,除学习经济、金融理论外,日语造诣也很深,还掌握了法文和英文。1926年3月,资耀华毕业,5月初回到了北京。

　　回国后,资耀华到中国大学、民国大学担任兼课教授。当时北洋政府的要员、资耀华的同乡熊希龄非常赏识他的才华,介绍他到中华汇业银行工作,并为《银行月刊》撰稿,资耀华从而受到中国第一代银行家、时任上海商业储蓄银行总经理陈光甫的赏识。1928年8月,资耀华任上海商业储蓄银行调查部主任。当时在上海金融业中,钱庄的势力很大,一般市民认为银行是"洋玩意"。资耀华向陈光甫建议,举办"一元开户"业务,用以联系广大市民,扩大银行的宣传。消息一传开,很多市民都来尝试,招徕了大量客户。资耀华提出建议,在上海各区增设分支行和办事处,不仅地点选得要适当,而且要遴选通晓情况的人员,同客户友好交往。他还提出在各大学设办事处,为大学师生服务,扩大银行的影响。这些建议实施以后,上海商业储蓄银行的业务增加了不少,更提高了银行的声誉。

1930年,陈光甫派资耀华去东北和四川调查研究,考察开设分行事宜。资耀华认为东北时局艰险,因此力主入川,并提出具体方略。1930年,资耀华还与中国银行、浙江实业银行、新华银行等金融机构共同创办了中国第一家征信所——上海中国征信所,由资耀华和张禹九、章乃器三人组成领导班子。这个征信所除积累内部资料、编印征信新闻外,还为各银行和企业代办调查业务。资耀华还为上海商业储蓄银行创办附属事业——中国旅行社出谋划策,开创了中国创办旅行社的先河。

1933年,资耀华被派往美国宾夕法尼亚大学工商管理学院——沃顿商学院进修,师从约翰逊教授(陈光甫的老师),获硕士学位。1934年前往英国考察银行制度。九一八事变后,日本侵略势力步步深入,妄图进一步侵占华北,同时"北四行"势力进一步发展,上海银行天津分行处境艰难。1935年,资耀华受命于危难之际,被任命为上海商业储蓄银行天津分行总经理、华北管辖行总负责人及中国旅行社华北区经理。

当时天津分行的业务很不景气,贷款收不回来,入不敷出。经调查,资耀华发现此种状况为天津纱厂和火油厂压货所致。于是他动用一切关系,帮助两厂打开销路,收回了资金。他建议总行增加资本,其中部分股份由本行员工认购,使全体员工都成了股东,大大地激发了员工的工作热情。这些措施使天津分行渐渐强盛起来,存款多了,贷款也能如期收回。

1936年,资耀华赴日本考察银行制度。当得知日本将要大举侵华的消息后,他立即返回国内,拜访中国银行天津分行的两位经理,以及南开大学两位经济学家何廉及方显廷博士,将此消息告知他们。大家认为,金融业可能被日本拉拢利用作为其侵略中国的工具。华北沦陷后,日本施行"以战养战"的方针,疯狂掠夺中国的经济和金融资本。资耀华坚决落实总部"坚守岗位、保存资产、利用租界、抵抗敌人"的指示,团结、带领金融界与日本人展开博弈。他暗中收缩放贷,逐步收回租界外的贷款,将业务转向租界;巧设银行家午餐会,互通消息共商对策;联合业界同人与伪联银券展开货币斗争。1941年底太平洋战争爆发后,日军侵入天津租界,他拒绝出任伪职,在家中度过了4年的归隐岁月。

抗战胜利后,因对国民党独裁不满,资耀华开始暗中接触共产党。1947年他被迫离津,赴美国哈佛大学进修。1949年,在家国情怀的感召下,资耀华谢绝美国优厚的待遇,回到天津。他建议军管会"要迅速恢复天津市场,首先要恢复金融市场",重点保护中国银行和交通银行,为战后天津金融市场的重建贡献了不少智慧。不久资耀华由华北区行兼天津分行经理升任上海银行总经理。他审时度势,与各方商谈,决定将上海银行实行公私合营,为金融业公私合营开了先河。金融业全行业公私合营后,成立合营银行总管理处,资耀华被任命为副总经理。

1959年后,资耀华担任中国人民银行参事室主任,兼中国银行常务董事、交通银行副董事长,中国金融学会副会长,中国国际信托投资公司、中国工商经济开发公司董事,第二至第七届全国政协委员,天津市人民委员会委员,民主建国会中央常委、咨议委员会副主任等职。

20世纪二三十年代,资耀华著有《货币论》《英美银行制度论》《信托及信托公司论》《国外汇兑之理论与实务》等,在当时属于金融界前沿性著作。60年代后,资耀华以惊人的速度完成了由银行家向学者的转型。他潜心研究金融货币史,直接主持编著并以中国人民银行参事室的名义出版了《清政府统治时期货币史料》《中华民国货币史料》(第一、二辑及《清代外债史》等。出版了自传《世纪足音:一位近代金融学家的自述》。

1996年，资耀华因病在北京去世，终年96岁。

参考文献：

许涤新主编：《中国企业家列传》第3册，经济日报出版社，1989年。

钟祥财：《中国近代民族企业家经济思想史》，上海社会科学院出版社，1992年。

张连红、严海建主编：《民国财经巨擘百人传》，南京出版社，2013年。

（王社庄）

ISBN 978-7-201-20874-9